财政部规划教材

数据分析与智慧审计

Data Analysis and Smart Audit

陈耿　李勇　韩志耕　编著

中国财经出版传媒集团
经济科学出版社
Economic Science Press

图书在版编目（CIP）数据

数据分析与智慧审计/陈耿，李勇，韩志耕编著.
—北京：经济科学出版社，2020.10
ISBN 978－7－5218－1626－6

Ⅰ.①数… Ⅱ.①陈… ②李… ③韩… Ⅲ.①计算机审计-高等学校-教材 Ⅳ.①F239.1

中国版本图书馆CIP数据核字（2020）第096461号

责任编辑：杜　鹏　刘　悦
责任校对：靳玉环
责任印制：邱　天

数据分析与智慧审计
陈　耿　李　勇　韩志耕　编著
经济科学出版社出版、发行　新华书店经销
社址：北京市海淀区阜成路甲28号　邮编：100142
编辑部电话：010－88191441　发行部电话：010－88191522
网址：www.esp.com.cn
电子邮箱：esp_bj@163.com
天猫网店：经济科学出版社旗舰店
网址：http：//jjkxcbs.tmall.com
固安华明印业有限公司印装
787×1092　16开　26.75印张　570000字
2020年10月第1版　2020年10月第1次印刷
印数：0001—3000册
ISBN 978－7－5218－1626－6　定价：59.00元
（图书出现印装问题，本社负责调换。电话：010－88191510）

序

PREFACE

随着人工智能、大数据、云计算、区块链、5G通信等新兴技术的快速发展，作为这些新技术应用的原材料，“数据”已然成为业界的宠儿。有专家预计，2020年互联网的数据字节数将达到可观测宇宙星体的40倍！从数据中获取商业价值，实现数据资产变现，已经成为企业实施数字化治理的关键路径，而审计正是这一路径中的重要一环。

陈耿教授在本教材中提出“1个平台，2个应用，3个维度，4个领域，5个系统”的思想独特且新颖，是对目前审计信息系统建设的概括与提炼。即审计信息系统为审计人员提供了1个工作平台，实现了审计管理信息化和审计分析信息化2个方面的应用，围绕审计项目管理、审计作业分析、远程预警监控3个维度展开，重点关注财务数据分析、销售数据分析、资产数据分析、资金数据分析4个业务领域，并且通过管理系统、现场系统、监控中心、在线审计、数据中心5大系统对接审计职能。

陈耿教授认为审计的未来是数据分析，如何应用信息技术提高数据分析能力很重要，因此，数据密集型研究范式是审计未来最重要的研究范式之一。更难能可贵的是，教材中的商业数据全部来自真实的应用场景，使得数据分析、问题发现、审计结论言之有据，读者可以举一反三，拓展思维。

另外，Python语言是目前数据分析方面最重要的编程语言之一，也是大数据和人工智能领域学习的热点，本教材的数据分析算法全部采用Python语言编写，因而对于Python语言的学习者也非常有帮助。

智能会计和智慧审计都离不开数据分析，陈耿教授长期从事审计信息化研究，主持过国家级等纵横向课题20多项，获得6次省部级科技奖。本教材是作者长期对审计信息化理论研究和实践经验的总结，采用实例来自真实的场景，使本教材既有理论价值，又具有实践指导意义。本教材可以作为会计、审计、商业数据分析、大数据、管理信息系统等专业本科生、研究生的教材使用，也可以作为审计实践工作的参考手册使用。我很乐意向大家推荐这本教材。

中国会计学会会计信息化专业委员会主任

上海国家会计学院副院长、副书记

刘勤

2020 年 1 月

前 言
INTRODUCTION

那些正在使用新技术、自动化、大数据、机器学习的公司，获得了市场份额，并打乱了在适应数字化以及向数字化转变中速度较慢的传统公司的节奏。实际上，按市值计算，全世界最大的六家公司中有五家（苹果、亚马逊、Alphabet、微软、Facebook）都是数据技术公司。颠覆性创新者将大数据解决方案作为竞争优势，以降低运营成本、增加收入、预测行为并改善现金流。他们将数据编入组织的每个职能部门。数据不仅用于记录已发生的事情，而且还用于以惊人的速度预测和驱动变革性的变化。

那些了解数据的真正价值并通过信息技术加以分析的公司，正在实现持续增长。同样道理，信息技术和数据分析使审计师能够更好地识别财务报告、欺诈和商业风险，那些掌握信息技术和数据分析的审计师才能赢得未来。

笔者从2000年开始参与“金审工程”和审计署承担的国家“863”计划软件重大专项研究课题《计算机审计数据采集与处理技术》项目，又先后主持了多项国家自然科学基金等科研项目，参与了企业的审计信息化研究、设计与咨询等工作，并且多次荣获省部级科学技术奖，因此，本教材既是笔者主持的科研项目在实际应用中的成果，也是多年来对审计信息化理论研究和实践经验的总结。

虽然在审计信息化建设过程中，各企业研发的审计软件系统不尽相同，但是审计信息化经过20多年的建设和沉淀，系统逐步成熟，架构逐步稳定，功能逐步完善。

经过20多年的发展，我们发现审计信息系统的设计理念和体系架构与会计信息系统存在很大差异。本教材提出：审计信息系统为审计人员提供了1个工作平台，实现了审计管理信息化和审计分析信息化2大应用，软件围绕审计项目管理、审计作业分析、远程预警监控3个维度展开，重点关注财务数据分析、销售数据分析、资产数据分析、资金数据分析4个业务领域，通过管理系统、现场系统、监控中心、在线审计和数据中心5大系统对接审计职能。本教材的结构布局是按照这个体系展开的。

1个平台：为审计人员的工作开展提供1个高效的智慧平台，它大幅度地提高了审计工作的效率与质量，增强和拓展了审计的能力，深刻地影响了审计工作，这部分内容在本教材的第1章。

2个应用：一是审计管理信息化，是以管理信息系统理论与方法为基础；二是审计分析信息化，是以数据分析理论与方法为基础。这2个应用是一枚硬币的两个面，相辅相成，不可分割，但是它们的理论基础和方法体系又不一样，本教材第3章和第4章对此进行详细介绍。

3个维度：审计信息系统以审计项目管理、审计作业分析、远程预警监控为3个维度，成为审计信息系统的基本特征，特别是远程预警监控功能大大提升了审计的风险管控能力。本教材第2章对此进行阐述。

4个领域：审计分析不仅局限于财务，而且与业务交叉融合进行大数据分析，主要包括财务数据分析、销售数据分析、资产数据分析、资金数据分析。审计信息系统的分析功能始终围绕这4个领域展开，成为审计信息系统的核心能力，也成为评价一个系统好坏的重要指标。这是与会计信息系统最大的不同，会计信息化关注控制，审计信息化关注分析，数据分析的理论与方法是审计信息化的重要基础之一，在本教材中专门用了五个章节的篇幅，对实际应用场景进行了介绍，也就是教材中的第5~9章，避免一些商业数据分析与审计书籍没有实际案例的缺陷，特别适合审计人员使用。

5个系统：从审计职能上划分，审计信息系统一般包括5个核心子系统，即管理系统、现场系统、监控中心、在线审计、数据中心。这5个核心系统也同步引发了审计组织架构和工作方式的变革，对审计软件开发人员具有参考价值。

本教材的特色：提出“1个平台，2个应用，3个维度，4个领域，5个系统”的思想，观点新颖独特，既有理论又有应用，为科学地指导企业内部的审计信息化建设提供了依据。

审计的未来是数据分析，审计学的研究范式必须转型，因此，本教材把数据密集型研究范式作为新的理论基础。

本教材选取的案例全部来自真实的应用场景，使得数据分析、问题发现、审计结论言之有据，引导读者开阔视野，举一反三，指导实践。

本教材的数据分析算法全部采用Python语言编写，对于已经学习掌握了Python语言的基本方法的读者，特别适合作为进一步学习的教材。

每章后面的阅读材料经过精挑细选，既可以拓展读者的视野，同时也弥补了正文的某些缺憾，与正文相互补充，构成一个完整的知识体系。

本教材的读者：高等学校经济管理类专业的本科生，特别是会计、审计、数据分析等专业，以及 Maud、MPAcc、MPA、MBA、大数据方向等专业的研究生作为教材使用；审计师、会计师、数据分析师、审计软件研发人员、IT 审计师、IT 咨询师等从业人员作为培训材料使用，也可以作为工作中的参考手册使用。

本教材的使用：如果是审计信息系统课程，可以选用本教材第 1 ~9 章的内容。如果是商业数据分析或者大数据课程，可以选用本教材第 4 ~9 章的内容。如果是 IT 审计课程，可以选用本教材第 1 ~12 章的内容。如果是信息系统审计课程，可以选用本教材第 1 章、第 10 ~12 章的内容。从事 IT 审计培训与咨询，可以选用本教材第 5 ~9 章的内容，从事 IS 审计培训与咨询，可以采用本教材第 10 ~12 章的内容。

本教材得到了国家自然科学基金（71271117）的资助，感谢丰千数化科技有限责任公司和江苏链路区块链公司的支持。

感谢上海国家会计学院副院长、副书记、中国会计学会会计信息化专业委员会主任刘勤教授为本教材作序。感谢德勤中国合伙人朱灏先生和 ACL 中国区总裁郝子毅先生的帮助。

王峥嵘、李建龙、许晓敏、朱玉全、郁金华、刘语琪、周红宇、李婷婷、郑晶茹、周诗琪等也参与了部分写作、案例整理、材料收集、教材校对、课件制作等工作。本教材在写作中参考了大量文献，在此一并致谢。

由于水平有限，本教材中疏漏难以避免，欢迎读者提出宝贵意见。

陈耿

2020 年 1 月

目 录
CONTENTS

第1章 导论

1.1 信息技术对审计的影响

21世纪以来，互联网潮流涌动、信息技术迭代发展，新经济、新技术、新业态、新模式不断涌现，这些信息技术不断地给审计赋能，极大地推动了审计的发展。信息技术不仅改变了审计的技术与方法，还对整个审计工作的方式、程序、质量和管理，以及审计人员的思维方式和自身素质产生了革命性的改变，主要体现在以下十二个方面。

1.1.1 信息技术扩大了审计的职能：从审计为主到审计与管控并重

1983年9月审计署正式成立，《宪法》指出审计的职能为“对国家财政收支和法律法规规定属于审计监督范围的财务收支的真实、合法和效益进行审计监督”。由此可见，传统审计主要集中于事后的审计。

2002年7月，国家计委正式批准“金审工程”，国家审计开始了信息化建设。信息技术提升了审计能力，审计预警系统的出现使审计有能力前移，使事前、事中审计也成为可能，风险管控的能力越来越强。因此，时任审计长刘家义提出，“审计本质上是一个国家经济社会运行的‘免疫系统’”。可见，审计职能已由单一的审核职能，逐步扩展到管控职能，审计成为国家治理的一部分。

与此同时，企业内部审计也开始利用信息技术构建风险预警模型，建立预警中心，辅助企业决策，通过对企业日常运营数据的采集和分析及时识别风险，采取措施有效控制风险。随着信息技术的广泛应用，内部审计的职能也在不断拓展，更加关注企业的风险预警及防范，内部审计已经成为企业治理的重要组成。

1.1.2 信息技术扩大了审计的范围：从经济安全为主到经济与信息安全并重

传统审计主要侧重于经济范畴，即运用专门的方法，对被审计单位的财政、财务收支、经营管理活动及其相关资料的真实性、正确性、合规性、合法性、效益性进行审查和监督，评价经济责任，鉴证经济业务，用以维护财经法纪、改善经营管理、提高经济效益，是一项独立性的经济监督活动。

众所周知，电子数据由于其自身特质，极易被篡改、销毁、盗用，进而可能给企业造成无法估量的损失。例如，1999 年戴维·史密斯编写的梅利莎病毒使世界上 300 多家公司的电脑系统崩溃，该病毒造成的损失接近 4 亿美元，它是首个具有全球破坏力的病毒。2016 年，英国《泰晤士报》的一项调查显示，10 万英国人被盗的信用卡信息已出现在互联网上，而只要花费不到 2.5 美元就能买到这些信息。对于被盗银行，由于其信息安全保护措施不到位，将使其公信力大大下降，客户将失去对其的信任，从而导致客户流失，企业经营也将面临极大挑战。此类事件的发生使得审计人员不得不将信息安全加入审计工作的范畴。

审计人员执行工作时，需要考虑信息制度、信息科技风险、信息资产、IT 外包安全管理、存储介质管理、物理设备设施以及系统、网络、数据库、源代码、应用等方面的信息安全是否满足安全合规性要求，同时也应确定系统内部相关信息安全工作的有效性、充分性和适宜性，保证数据信息的安全。

由此可见，各类信息软件系统的出现，使得企业内部审计的关注重点由传统的经济安全延伸至信息安全，信息安全已经与经济安全密不可分、相互影响。国际内部审计师协会（IIA）在《2019 年内部审计脉搏》的调查中，来自全球大型企业 70% 的首席审计执行官将数据泄露引起的声誉损害列为其最大的信息安全问题。因此，审计的范围不得不扩展到信息安全上。

1.1.3 信息技术扩大了审计的内容：从财务为主到财务与业务并重

传统审计以财务数据为核心，注重应收账款、应付账款、银行存款、流动负债等财务会计数据的审计，从而评估企业财务报表存在重大错报风险的可能性，并对重要风险领域实施必要的审计程序，以此对企业财务报表整体出具审计意见、发布审计报告。

但是，财务信息化以后，仅通过分析财务数据发现舞弊的难度越来越大，因此，审计人员需要同时参考业务、行业等数据，并且与财务数据相互印证，才能保证财务信息的真实性和可靠性。例如，獐子岛扇贝在继 2014 年“逃跑”、2018 年“饿死”之后，2019 年 11 月 14 日，獐子岛集团发布公告称，扇贝非正常死亡情况可能还将持续，并且已经对其 2019 年的经营业绩构成了重大影响。对于审计人员来说，农业类上市企业的存货审计难度较大，尤其是扇贝这种生物性资产，常因气候、环境、人为等因素影响其价值，进而造成存货跌价准备。而审计人员仅能通过财务报表了解跌价的多少，却无法知晓跌价的原因及其真实性和准确性，这给企业提供了财务造假的机会。于是审计人员需要同时将各类相关业务信息与财务信息对比，以确定两种信息是否相互联系、相互印证，从而保证财务数据的真实性。

企业内部信息管理系统在整合财务信息的基础上将业务信息电子化，实现了企业资源整合，同时，电子商务的发展与普及又进一步实现了企业内外部资源的整合。这样有利于审计人员将财务、业务数据进行比对，通过财务数据与业务数据、内部数据与外部数据相互印证，从而及时有效地发现问题，提高审计质量。

1.1.4 信息技术改变了审计的对象：从账本到数据库

传统审计中，审计对象主要为纸质财务账本，以及资产负债表、现金流量表、所有者权益变动表等。随着计算机的出现到普遍应用，企业会计信息系统代替了纸质账本，企业的财务数据从传统纸质会计凭证、账本、财务报表为载体，已经全部保存在计算机的数据库中。而且企业的大部分业务、经营数据也以电子形式保存在数据库中。

审计人员利用数据库易于存储、提取、分析的特性，在数据库中选取需要的数据信息，运用专门的程序、算法、模型等，对企业各类数据进行审核、确认，以完成审计程序，提高审计效率。因此，审计人员必须掌握数据库理论与技术。

1.1.5 信息技术改变了审计的模式：从事后到事前、事中、事后

传统审计由于其内容主要为财务报表审计，而会计期间分为年度和中期，因此，我们只能经过一整个月、季度、半年或是一年，最终才能获得一份完整的财务报告，从时间上来看，审计属于事后工作。而财务报告又是企业管理层作出经营决策的重要依据，会计期间越长，审计时间越晚，获得决策依据越晚，便越难以及时作出应变决策。

随着实时审计、在线审计、持续审计的出现，审计人员可以将审计工作前移，由事后审计转为事中审计和事前审计。审计人员通过对信息系统的内部设置进行审查，以确认业务是否按照流程进行；重要业务授权设置是否恰当，是否对职位不相容进行了特别设定等，从前期规则制定角度对企业的内部控制设置及运行有效性进行事前控制，从源头防范问题的发生，进而发挥更大审计价值。同时，在线审计系统规定了特定职位人员申报特定金额内的业务，一旦相关人员越权申报，系统会自动警示，对业务实时审查，实现事中审计。

另外，审计人员可以利用大数据建立各类数据分析模型，用于预警，以提高审计效率、效果，充分发挥审计“治已病、防未病”的建设性作用，从而实现事前、事中、事后审计全时段覆盖。

1.1.6 信息技术改变了审计的方式：从现场勘察为主到远程分析为主

传统审计由于技术等客观因素限制，审计人员只能进驻被审计单位，进行现场审计，审计周期相对较长、效率不高、成本开支大、人员分散，甚至影响最终

的审计成果。

在企业的信息化建设中，日常运行相关的业务、财务、内部管控等信息全部在管理信息系统中。在此基础上，企业建设审计数据分析中心，利用分析工具便可对企业数据进行远程监督，在线分析，及时发现审计线索，这样审计人员可以带着问题和线索去现场，有针对性地核实勘查，实施进一步审计程序，对问题进行确认。这种精准化审计方法，克服了传统审计中仅凭经验的盲目审查，不仅节约审计过程中的人力、物力资源成本，而且提高审计效果和效率，将业务能力强、分析水平好的审计人员集中到分析中心，群策群力，发挥集体智慧，发现问题，现场勘察是带着问题有针对性地进行，并且与分析中心保持同步，随时得到支持，保证工作质量和效率，实现了“中心上移，重心下沉”的新审计方式，优化了人员配置。

1.1.7 信息技术变革了审计的手段：从纸质到电子

传统的审计通常采用传统的手工计算方式对纸质账本数据进行财务分析，计算、筛选、排序以确定重点审计领域、重要性水平、重大异常项目，并通过重新计算、函证等方式对往来款项账龄、固定资产折旧等方面会计处理是否正确进行核实。

现代信息技术背景下，由于大多数企业都已将各类信息储存于数据库中，审计人员通常利用数据库 SQL 语句进行审计，有效节约了时间成本，提高了审计效率，并且可通过实时监控技术，及时为企业出现重大异常数据提供预警信号。

审计人员采用的技术手段主要有：（1）结构化查询语言（structured query language，SQL）。它是专为数据库而建立的操作命令集，用于存取数据以及查询、更新和管理关系数据库系统，它功能齐全且具有交互性特点，能为用户提供极大的便利，提高计算机应用系统的工作质量与效率。（2）联机分析处理（OLAP）。它是一种软件技术，主要任务是进行数据分析和决策支持，支持以不同的形式显示数据以满足不同的用户需要，从而使分析人员能够迅速、一致、交互地从各个方面观察信息，以达到深入理解数据的目的。它具有快速性、可分析性、多维性、信息性四个特征。（3）数据仓库。它是一个提供决策支持功能的数据库，它与公司的操作数据库分开维护，它为统一的历史数据分析提供坚实的平台，对信息处理提供支持。（4）数据挖掘。它是指从大量的数据中通过人工智能、机器学习、模式识别、统计学、数据库、可视化等技术搜索隐藏于其中信息的过程，它能高度自动化地分析企业的数据，作出归纳性的推理，从中挖掘出潜在的模式，帮助决策者调整市场策略，减少风险，作出正确的决策。

因此，在信息化环境下，审计人员必须掌握三种新工具：财务分析工具——Excel，业务分析工具——SQL，数据统计工具——Python。

1.1.8 信息技术改变了审计的证据形式：从有形到无形

传统审计查阅的审计证据由于技术的限制，合同、收据、发票、各类账簿等通常以纸质形式存在，属于有形线索。

随着信息技术的不断发展，企业资源计划（ERP）系统开始应用于企业财务、业务等经营管理活动中，其产生的各种数据也存储于数据库、云平台中，合同、收据、发票、账簿电子化，使得有形审计线索明显减少，审计人员面对的是一个实时的、数字化的企业管理系统，数据的电子化、管理的程序化、交易的数字化给审计人员实施审计工作带来方便，提升了审计效率和质量，同时也带来了巨大挑战，例如审计证据的获取、存放、分析、利用、共享等，需要通过一系列的技术手段保证访问安全、存放可靠、内容难以篡改等。

1.1.9 信息技术改变了审计的抽样基础：从抽样到全样本

传统审计过程中，由于时间、成本等客观因素的限制，审计人员无法对所有财务数据进行审计，因而通常采用审计抽样方法，根据经验判断，选取风险较高、具有代表性的样本进行分析，通过样本得出的结果推断项目的总体情况。此方法具有一定风险，容易出现以偏概全，从而导致审计结果出现偏差，审计风险难以控制，审计质量难以保证。

目前，审计依靠先进的大数据分析技术，可以对海量的数据进行分析处理，因此，在实施审计时，不再抽样分析，而是采集相关的全部数据进行分析与挖掘，查找线索，发现问题，从而大大降低了审计风险，提高了审计工作的科学性和准确性。

1.1.10 信息技术颠覆了审计的测试内容：从人工系统到信息系统

传统的控制薄弱点主要在人与人的交接点。由于各类凭证、报表、合同等均为相关人员手工填制完成的纸质文件，各类数据主要以非电子形式储存在纸质文件中，企业内部之间、内部和外部之间数据和业务的交换、交流、授权也均通过相关工作人员以纸质文件为载体进行面对面的交接和流转，因此，企业内部控制制度对各项业务相关的流程、手续等严格规范，此时针对企业内部控制的符合性测试重点关注人工系统的操作、流程、规章等是否符合规范，以评价其内部控制系统的规范性和有效性。

随着企业信息系统的不断成熟与发展，管理流程实现程序化、虚拟化、无纸化、电子化，任务交接、授权审批等已不再需要执行者双方面对面交接，工作人员可以跨越时间和空间的限制，采用人机交互的方式，即以计算机为媒介完成工作交接、授权等任务，以此提高工作效率，节约时间成本，控制的关注重点由此转移到信息系统中的人机接口。国际会计联合会会长罗伯特·梅尔指出："审计师将不得不对实际上通过计算机报告的财务信息承担责任。"

《华为内部控制手册》中提出："防护性控制一般是在过程内部设置约束机制，以防止差错的发生。要在事先对可能产生的差错原因进行缜密的分析，找出导致差错的种种根源，设计出相应的防止这些差错的控制措施，然后将控制措施融合到日常业务活动的处理程序中去，使之成为程序的组成部分。"因此，审计人员在做内控测试时，应该关注信息系统的人机接口，分析控制的实际效果，例如系统接口使用的可追溯性、系统界面的合理性和鲁棒性、接口安全技术的可靠性和先进性、系统接口研发的可审性、发现风险的纠错性等内容。

1.1.11 信息技术改革了审计的工作形式：从合作到协同

传统审计中，审计人员通常被分为若干功能相同的小组进行合作，每个小组的审计内容为不同的科目，但总体目标大致相似，然后各小组将每个科目存在的重大错报进行汇总，形成对企业财务报表的总体评价。

不同于传统的合作审计形式，协同审计以要素为核心，优化人员布局。人才要素包括审计人员、数据分析人员、模型设计人员、软件研发人员等；数据要素包括财务数据、业务数据、资金数据、资产数据等；技术要素包括数据收集软件、处理工具、分析模型、可视化平台等。通过要素的相互协作、要素间的有序整合，梳理出复杂数据背后隐藏的疑点和线索，提高审计的效率与质量。罗申美（RSM）质量和风险工作的全球负责人鲍勃·多勒认为："未来的会计所是由数据科学家和审计师联合组队。"安永数字工作的全球负责人赫尔曼·希督认为："从历史上来看，事务所聘用的是具备会计背景的审计师，但在未来（我们已经看到），我们的团队将拥有更多的数据科学家和数学家。"

协同审计以协同理论为基础，结合大数据、信息化的特征，构建协同审计的平台网络，审计人员将跨越时间、跨越空间协同展开审计管理，挖掘审计线索，创新审计工作模式，进一步实现审计监督的全覆盖。

1.1.12 信息技术改变了审计的风险内涵：从经验到模型

2019 年 2 月印发的《中国注册会计师审计准则第 1101 号——注册会计师的总体目标和审计工作的基本要求》中第十三条指出，"审计风险是指当财务报表存在重大错报时，注册会计师发表不恰当审计意见的可能性。审计风险取决于重大错报风险和检查风险"。

第十四条指出，"固有风险，是指在考虑相关的内部控制之前，某类交易、账户余额或披露的某一认定易于发生错报（该错报单独或连同其他错报可能是重大的）的可能性。控制风险，是指某类交易、账户余额或披露的某一认定发生错报，该错报单独或连同其他错报可能是重大的，但没有被内部控制及时防止或发现并纠正的可能性”。

第十五条指出，“检查风险，是指如果存在某一错报，该错报单独或连同其他错报可能是重大的，注册会计师为将审计风险降至可接受的低水平而实施程序后没有发现这种错报的风险”。

根据美国注册会计师协会发布的第47号审计标准说明中提出的审计风险模型“审计风险=固有风险×控制风险×检查风险”可知，审计风险由固有风险、控制风险和抽样风险组成，而信息技术加入后，尽管审计风险的组成没有变化，但是固有风险、控制风险和抽样风险的影响因素与传统审计有了较大的变化，过去审计风险更多地与审计人员的经验相关，而未来审计风险则与软件模型设计的质量等关联度越来越高。

首先，信息技术自身的局限性和可能存在的缺陷导致其安全性和可靠性受到影响，信息系统的设计就可能存在漏洞，系统内部运行程序可能出现错误，从而导致数据信息存在重大误差，且难以被发现，这使得信息系统中某类交易、账户余额或披露的某一认定易于发生错报的可能性增加，影响固有风险；其次，企业使用信息管理系统时，传统的内部控制理念被应用其中，相关数据的录入、审核、查阅权限的设置，业务流程的授权级别设置的完善与否等人机交互环节一旦有误，将会给企业内部控制的有效运行带来直接后果，对企业的控制风险造成影响；最后，分析模型设计的局限性、收集到的数据质量、收集数据的渠道、审计人员使用信息技术的能力以及职业判断能力等，都会导致检查风险的提升，从而影响审计风险的高低。

1.2 审计信息化的概念

1.2.1 审计信息化

审计信息化（auditing informatization）是指将审计信息作为管理信息资源，全面运用信息技术和通信技术对其进行获取、加工、传输、应用等处理的过程，为企业风险控制、经营管理、战略决策等提供充足、实时、全方位的信息。审计信息化是信息社会的产物，是不断发展、不断迭代、不断融合的过程。

在与传统审计工作相融合的过程中，审计信息化不仅是审计技术方法问题，还对整个审计工作的方式、程序、质量和管理以及审计人员的思维方式和自身素质带来了重大影响，从根本上改变了审计的思维方式、理论基础和方法体系。

我国政府审计信息化始于2002年的金审工程，至今仍在建设中，目的是实现我国政府审计的六个转变，即：实现由单点离散审计向多点联动审计转变；由局部审计向全覆盖审计转变；由静态审计向静态审计与动态审计相结合转变；由事后审计向事后审计与事中审计相结合转变；由现场审计向现场审计与非现场审计相结合转变；由微观审计向微观审计与宏观审计相结合转变。社会审计信息化始于2010年，中国注册会计师协会确立启动实施行业信息化战略，建立起较为完善的行业信息基础设施、信息应用体系和支撑体系。企业内部审计信息化建设有早有晚，一些大型国有企业在内部审计信息化建设方面卓有成效，大大提高了内部审计的效率和精细化程度。

1.2.2 计算机审计

计算机审计（computer audit，IT audit）反映了信息技术与审计的融合与应用，是审计信息化建设早期的称谓，随着人工智能、大数据、区块链、物联网等信息技术与审计的高度融合，“计算机审计”已经难以反映审计的颠覆性变化，本教材提出了“智慧审计”（smart audit）的概念，既能反映新技术与审计高度融合的现状，也能动态刻画审计信息化的发展方向。智慧审计包括两个方面的内容：一是对计算机管理的数据进行检查，也就是将信息技术作为审计的方法和手段，即数据审计（data auditing），给审计人员和审计组织赋能，提高审计的准确性和前瞻性，本书的第2~9章主要围绕这部分内容展开。二是对管理数据的计算机进行检查，也就是将信息系统作为审计的对象，即信息系统审计（information system audit），通过安全性审计、真实性审计和绩效审计，为审计工作保驾护航，提高企业内部控制和风险管理的质量和水平，本书的第9~12章主要围绕这部分内容展开。具体如图1.1所示。

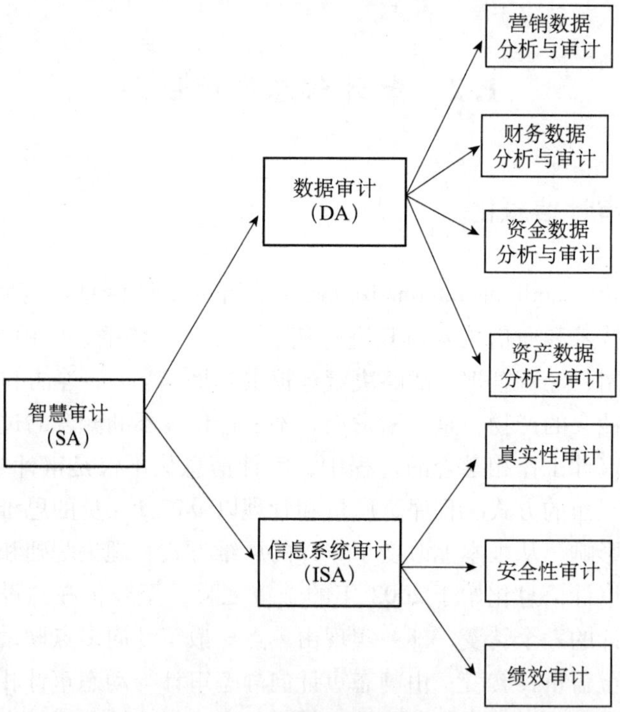

图1.1 计算机审计的概念

数据审计的对象包括财务数据在内的数据，与传统审计一样，只不过数据范围增加了，即不仅有财务数据，还包括其他数据。数据审计的手段和方法则完全采用算法模型，完全颠覆了传统审计。信息系统审计的对象是信息系统，包括硬件、软件、网络、通信以及其他设备等，与传统审计的对象完全不同。信息系统审计的主要手段和方法是实质性测试（substantive testing）和符合性测试（compliance testing），形式上更加接近传统审计。

1999 年，我国颁布了《独立审计具体准则第 20 号——计算机信息系统环境下的审计》。2004 年 11 月，国家质量监督总局、国家标准化管理委员会、审计署、财政部在京联合召开《信息技术会计核算软件数据接口》（GB/T19581—2004）国家标准发布会，该标准于 2005 年 1 月 1 日起实施。

1.2.3 审计信息系统

审计信息系统（auditing information systems）是一种专门用于审计业务处理的应用软件，是属于管理信息系统中的一个子系统。审计信息系统为审计人员提供了一个工作平台，实现了审计管理信息化和审计分析信息化两大应用，围绕着审计项目管理、审计作业分析、远程预警监控三个维度展开工作，重点关注财务数据分析、销售数据分析、资产数据分析、资金数据分析四个核心领域，实现了管理系统、现场系统、监控中心、在线审计、数据中心五大审计职能系统。

与智慧审计的概念相比较，审计信息系统是智慧审计的具体应用和成果表现形式。国外审计软件的研制与开发始于 20 世纪 60 年代中期，最初开发审计软件的是几个大型会计公司，后来一些软件公司也开始研制审计软件。一般认为最早的审计商品软件是 1987 年成立于加拿大温哥华的 ACL 公司开发的 ACL 审计软件，1988 年成立于加拿大多伦多的 CaseWare 公司开发的 IDEA 数据分析软件。1990 年 11 月山西省审计局开发的“工业企业财务收支审计软件”是我国第一个通过审计署鉴定的审计软件。国内审计软件虽然起步晚，但是目前逐步走向成熟，功能日趋完善。

1.3 审计信息化的演进

审计的信息化过程是一个不断给审计赋能的过程。在不同的阶段，出现了许多名称，例如计算机辅助审计、大数据审计、智慧审计、区块链审计等，从本质上看，由于各种信息技术在赋能的类型、程度等不同，导致各类名词层出不穷，应接不暇，无法科学地指导审计信息化健康有序地发展。

审计工作具有专业性强、业务能力要求高的特点。审计人员应具备找准问题的能力、查实问题的能力、讲明问题的能力、甄别问题的能力等。深入研究审计人员的能力，可以发现分析问题的能力和现场查证的能力是审计人员最核心的能力，其他能力都不同程度地归属于这两个能力，因此，以这两个能力为变量，考察信息技术如何赋能审计，将审计信息化分成五个级别，审计信息化的过程就是不断上升成熟的过程，从 L0 逐步到 L4，而且也将各类名词统一在这个五级架构中，从而科学地指导审计信息化工作的开展（见图 1.2）。

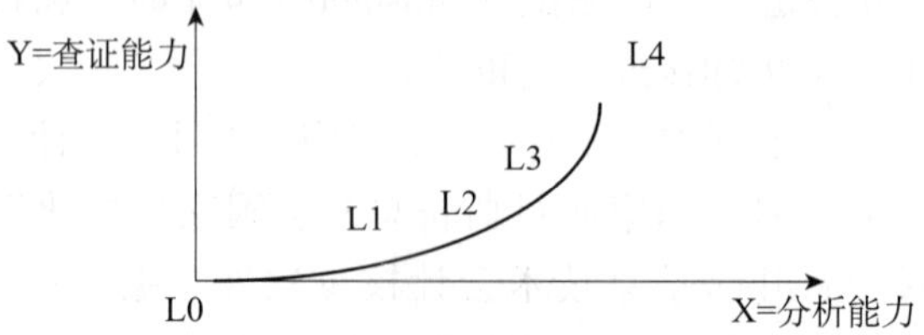

图 1.2　审计信息化的演化

如图 1.2 所示，模型用 X 轴衡量计算机赋予审计的分析能力高低，Y 轴衡量计算机赋予审计的查证能力高低。L0 处于原点，随着信息技术的发展，更多的是在增强审计人员的分析能力方面，如 L1 和 L2。随着区块链技术的出现，账本共同维护可以确保交易的真实性，从而大大提升了审计人员的查证能力，如 L3，这是未来审计信息化发展的方向。特别是智能合约技术可以使得审计工作完全自动去执行，审计人员只需要根据审计要求对智能合约进行设置，审计过程本身不需要人的参与，这是审计的高级阶段，我们称为 L4 智慧审计。以下详细加以介绍。

L0：传统审计。为了知识体系的完整性，将 L0 定义为传统审计，即完全没有采用信息技术的审计，以会计报表和各种纸质账册等为审计对象。

L1：计算机辅助审计。采用了信息技术为审计服务，但是信息技术的应用是有限的、局部的、表层的，运用办公软件帮助审计人员进行数据加工和处理，提高工作效率，充分体现出在各类软件的帮助下，审计人员增强了数据分析的能力，提高了工作的效率。

L2：大数据审计。数据挖掘技术、大数据分析技术、人工智能技术等的飞速发展，极大地提升了审计人员的数据分析能力，审计也从抽样审计到全样本审计，大大降低了抽样的风险，审计人员的数据分析能力生产质的飞跃。通过这种分析能力的增强，可以迅速产生大量审计结果，形成连续监督与审计核查相结合的工作模式。由于审计分析能力的飞速发展，审计的组织架构、职能、范围、方法等都产生了深刻的变化。此时一般称为大数据审计。目前这种分析能力伴随着信息技术的发展还在不断加强之中。

但是，在审计查证能力方面没有大的突破。虽然大数据审计阶段已经产生电子发票等信息技术的应用，但作用和影响力有限，审计查证功能的发挥依旧靠人。文字提取、语音识别、图像识别等技术逐步成熟，开始商用，并且已经应用到审计调查、取证、查证等方面，但对于审计人员的帮助仍然是局部的和有限的，在查证赋能方面比较弱。

L3：区块链审计。区块链（blockchain）是一种由多方共同维护，使用密码学保证传输和访问安全，能够实现数据一致存储、难以篡改、防止抵赖的记账技术，也称为分布式账本技术。

区块链对数据的不可篡改和可追溯机制保证了数据的真实性与高质量，能够对被审计数据的真实性、合法性、有效性提供保障，成为大数据审计的基础。

因此，区块链可以在保护数据隐私的前提下实现多方协作的数据审计，解决大数据审计面临的“数据垄断”和“数据孤岛”问题。

同时，利用区块链技术的公开透明、可溯源、不可篡改、隐私安全等特性，可以保障交易的真实，因此，审计人员无须现场勘察交易的真实性，从而实现审计取证、存证、溯源等工作的自动化管理。区块链已经成为赋能审计查账能力的最重要的一种技术，弥补了大数据审计最大的短板。

L4：智慧审计。随着人工智能技术、区块链技术和大数据分析技术的不断成熟，应用不断推广，信息技术对审计查证能力和审计分析能力的赋能越来越强，对人的替代性越来越强，最终达到最高层级——智慧审计。

在大数据审计阶段，计算机发现的结果只能作为审计线索，而不能直接成为审计证据，一个根本的原因就是被审计的数据和交易的真实性无法得到保障。

未来互联网、人工智能、物联网都将产生海量数据，现有中心化数据存储（计算模式）将面临巨大挑战，区块链技术可以保证数据和交易的真实、合法，在智能合约中嵌入人工智能和大数据分析技术，这样可以实现审计工作的完全自动化。审计人员的工作变为督促整改，而事务性的审计则基本由机器和代码执行。

延伸阅读——“金审工程”

“金审工程”是审计信息化系统建设项目的简称，是《国家信息化领导小组关于我国电子政务建设指导意见》中确定的12个重点业务系统之一。“金审工程”的总体目标是：建成对财政、银行、税务、海关等部门和重点国有企业事业单位的财务信息系统及相关电子数据进行密切跟踪，对财政收支或者财务收支的真实、合法和效益实施有效审计监督的信息化系统。逐步实现审计监督的三个“转变”，即：从单一的事后审计转变为事后审计与事中审计相结合；从单一的静态审计转变为静态审计与动态审计相结合；从单一的现场审计转变为现场审计与远程审计相结合。增强审计机关在计算机环境下查错纠弊、规范管理、揭露腐败、打击犯罪的能力，维护经济秩序，促进廉洁高效政府的建设，更好地履行审计法定监督职责。

“金审工程”一期建设的任务有以下五个方面。

(1) 应用系统建设。整合审计业务和原有的应用系统，初步建成基于应用平台、实现数据共享的办公和业务应用系统，开展联网审计试点，探索“预算跟踪+联网核查”审计模式的实现途径与方法。

(2) 局域网建设。改建、扩建和提升审计署机关和驻地方的18个特派员办事处的原有网络基础设施，使之适应应用系统运行的需要；实施审计机关之间、审计机关与政府部门和重点被审计单位之间、审计机关与审计现场之间的广域连接试点。

“金审工程”建成之后，审计署与省级审计机关、驻地方的18个特派员办事处之间的城际广域连接，将依托国家统一电子政务网络平台。不搞重复建设。

(3) 安全系统建设。以国家关于电子政务安全体系框架为指导，以确保审计信息的安全为核心，在局域网系统设计、数据传输、审计业务应用、安全管理机构和制度等方面，采取符合国家有关安全规定的建设措施。重点解决电子政务网络统一平台环境下的数据交换、共享的安全。

(4) 标准规范建设。以国家关于电子政务标准体系框架为指导，以确保网络互连互通、信息资源共享为目标，按照“有国标用国标，无国标定署标”的原则，制定“金审工程”需要的审计准则、审计操作指南、审计机关、审计事项、被审计单位、违纪违规行为等标准代码。

(5) 人员培训。继续抓好审计人员信息技术知识培训，依照工作岗位和人员比例，分别开展计算机基础知识和操作技能培训、计算机审计中级培训。

“金审工程”二期建设目标与任务是为有效履行国家审计在信息化条件下对财政财务收支的真实、合法和效益的审计监督职责，初步建成国家审计信息系统，培养适应信息化的审计队伍，有效提升审计监督能力。

“金审工程”三期建设目标是以国家审计免疫系统为顶层设计模型，通过“一个平台、两个中心、一个实验室、一个支撑系统”进行建设，即着重建设审计综合作业平台、数字化审计指挥中心、审计大数据数据中心、审计模拟仿真实验室、综合服务支撑系统，提升审计指挥决策、审计质量管理、数据汇聚与共享、数据综合分析等能力，适应国家治理的发展变革而不断赋予审计工作新内涵、新目标、新任务、新重点、新方式，从而提升国家审计在保障经济社会健康运行中发挥免疫系统功能的能力，切实发挥国家审计推动完善国家治理的作用。

通过“金审工程”，建成数字化审计指挥平台、大数据综合分析平台、审计综合作业平台、模拟仿真实验室和综合服务支撑系统，构建国家和省级审计数据系统。将推动上下内外“连起来”，推进上下级审计机关之间网络互联、审计机关与审计现场之间信息共享。推动及时有效“用起来”，广泛运用数字化审计方式，归集数据、分析数据、查找疑点、综合提炼，为现场审计“升级”“导航”，大幅提高审计的精准度和时效性；从宏观层面进行大数据关联分析，提高研判宏观经济发展趋势、感知经济社会运行风险、发现违纪违法问题线索的能力。因此，审计工作将实现“六大转变”，即：实现由单点离散审计向多点联动审计转变；由局部审计向全覆盖审计转变；由静态审计向静态审计与动态审计相结合转变；由事后审计向事后审计与事中审计相结合转变；由现场审计向现场审计与非现场审计相结合转变；由微观审计向微观审计与宏观审计相结合转变。

国家审计信息化，其审计系统应用包括三大部分，即审计管理系统、审计实施系统、联网审计系统，如图 1.3 所示。

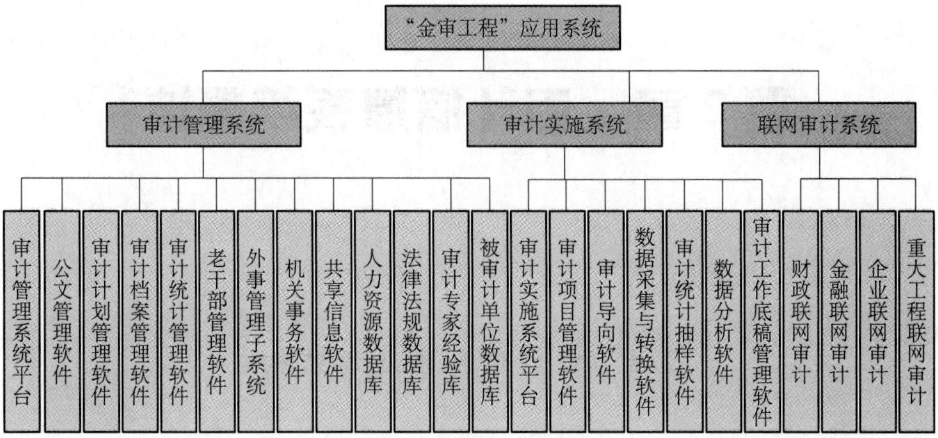

图 1.3 应用系统总体规划

(1) 审计管理系统 (office automatine)，简称 OA 系统，主要为审计机关局域网上开展业务管理和行政办公与决策提供计算机技术的管理手段，它包括审计管理系统平台、公文管理软件、审计计划管理软件、档案管理软件、审计统计管理软件、老干部管理软件、外事管理软件、共享信息软件、人力资源数据库等。通过组合这些软件的功能模块和外购的一些信息类软件，实现五个子系统，即：领导决策参阅信息，公文的起草签批、发文、阅文和公文管理等公文流转系统。

(2) 审计实施系统 (audit office)，简称 AO 系统，主要为审计人员计算机上提供开展审计项目所需的计算机审计软件，包括审计项目管理、审计程序导向、数据采集与转换、审计统计抽样、审计工作底稿管理等软件和相应的数据库。

(3) 联网审计系统，主要为审计机关开展与重点资金、重要领域、重要部门的联网审计提供计算机审计的手段，包括财政联网系统、金融联网审计系统、企业联网审计系统和大型固定资产投资项目联网审计系统等。

思考题

1. 为什么说"金审工程"实现了审计工作的六大转变？
2. 如何评价审计信息化的成熟度？
3. 如何理解 IT 审计、大数据审计、区块链审计、智慧审计等概念之间的关系？

第2章　审计信息系统概述

2.1　审计信息系统的结构

虽然在审计信息化建设过程中各企业研发的审计软件系统不尽相同，但是审计信息化经过20多年的发展，系统逐步成熟，体系架构逐步稳定，软件功能逐步定型，而且审计信息系统的设计理念和体系架构与会计信息系统完全不一样。相较于业务架构和应用架构，因为数据能够真实而有效地反映出信息系统支撑下的企业全面运作状况，所以审计信息系统是以数据为核心的架构。

一般而言，审计信息系统为审计人员提供一个工作平台，实现审计管理信息化和审计分析信息化两大应用，软件围绕审计项目管理、审计作业分析、远程预警监控三个维度展开，重点关注财务数据分析、销售数据分析、资产数据分析、资金数据分析四个业务领域，建设管理系统、现场系统、监控中心、在线审计、数据中心五大系统，如图2.1所示，同时本书的写作也按照这个体系展开。

一个平台：为审计人员的工作开展提供一个高效的信息化平台，大幅度地提高了审计工作的效率与质量，增强和拓展了审计的能力，深刻地影响了审计工作，本书第1章做了介绍。

两个应用：一是审计管理信息化，是以管理信息系统理论与方法为基础；二是审计分析信息化，是以数据分析理论与方法为基础。这两个应用是一枚硬币的两个面，相辅相成，不可分割，但是它们的理论基础和方法体系又不一样，本书第3章和第4章对此进行了详细介绍。

三个维度：审计信息系统以审计项目管理、审计作业分析、远程预警监控为三个维度，成为审计信息系统的基本特征，特别是远程预警监控功能大大提升了审计的风险管控能力。本书第2章进行了阐述。

四个领域：在信息环境下，审计人员必须具备的商业数据分析与审计能力，即收集关键信息、看清业务逻辑、解决风险问题等。而且审计分析不能局限于财务，而是与业务交叉融合进行大数据分析，主要包括财务数据分析、销售数据分析、资产数据分析、资金数据分析。审计信息系统的分析功能始终围绕这四个领域展开，成为审计信息系统的核心能力，也成为评价一个系统好坏的重

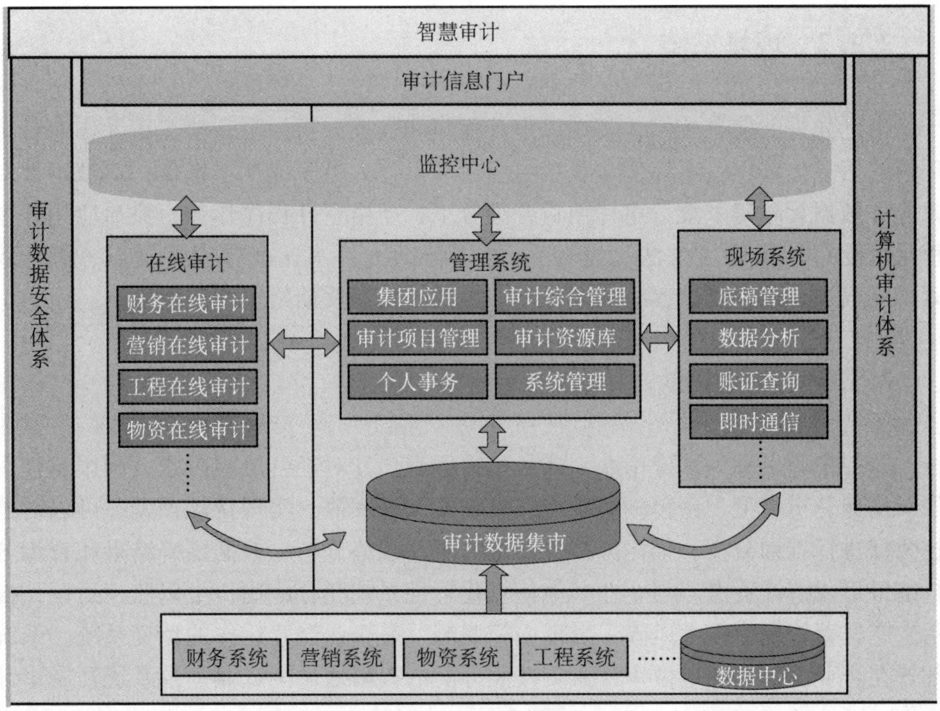

图 2.1　审计信息系统的构成

要指标。这是审计信息系统与会计信息系统最大的不同，会计信息化关注控制，审计信息化关注分析，数据分析的理论与方法是审计信息化的重要基础之一，在本书中专门用了五个章的篇幅，给出了实际案例进行介绍，也就是书中的第 5 ~ 9 章。

五个系统：从审计职能上划分，目前大多数的审计信息系统包括五个核心子系统，即管理系统、现场系统、监控中心、在线审计、数据中心。这五个核心系统也引发了审计组织架构和工作方式的变革。五个应用系统介绍如下。

2.1.1 管理系统

管理系统以审计计划为龙头，以审计项目为核心，以审计人才、审计对象、法律法规等信息为基础，涵盖审计准备、审计实施、审计终结和审计整改四个主要审计项目管理阶段，实现审计项目全过程的质量控制、审计档案的及时归集、审计工作的考核及为领导决策提供有效依据。最终实现企业审计机构、审计人才、审计对象、审计计划、审计项目、审计档案的统一管理，将企业审计部和各下级单位审计人员有机地结合在一起，高效协同办公。

2.1.2 现场系统

借助先进的信息技术，实现以审计程序和数据分析为主，覆盖审计作业各个环节的信息化环境。审计作业系统可以帮助审计人员完成如下操作：对被审计对象业务数据无障碍采集、审计项目合理分工、严格审计程序作业、灵活应用并过程化沉淀审计经验（方法、技巧）、运用辅助工具快速找寻审计疑点、审计线索，全面进行内控测试，将审计工作底稿及时传递反馈给审计管理人员。

2.1.3 监控中心

监控中心也称为预警中心，或者指挥中心。针对经营风险因素，利用建模引擎，构建分析模型、预警模型，能够自定义预警阈值，实现自动预警；可以对监控数据进行查询分析、结构分析、图形分析、趋势分析；根据预警结果和查询分析结果形成审计疑点。与企业其他信息化管理系统联合应用，可以监控运营，揭示生产经营管理中重大风险，发现内控漏洞，是企业经营运作的免疫系统。系统部署在企业总部，各单位审计人员按照分配的权限通过浏览器登录系统开展审计工作。

2.1.4 在线审计

在线审计面向已具备信息化条件的财务、营销等相关业务系统，建立相应审计监督指标体系，并据此进行数据抽取和分析，实现相关业务的持续在线审计监督。它能以风险为导向，提炼出宝贵的审计经验模型，让计算机自动实现及时、高效、准确的风险监控与预警，从而最高程度和最大限度地解放审计人员的生产力，推进审计工作发展。

2.1.5 数据中心

数据中心在规范审计数据的获取、存储、利用和管理的同时，加快审计转型，为审计项目的确定和实施、审计数据的查询和分析、审计结果的总结和利用提供足够的数据支持。

以上五个系统是与审计职能对接的，为了实现这五个应用系统，不同于以业务为核心的体系架构和以应用为核心的体系架构，审计信息系统的体系架构是以数据为核心的，包括数据收集、处理、存储、分析、展示等。因此，从系统实现的角度来看，审计信息系统的体系架构至少包括五层，即界面表现层、业务逻辑层、数据处理层、数据存储层、数据治理层等，如图 2. 2 所示。

（1）界面表现层：直接面向系统使用者，运行于客户端计算机的浏览器上，

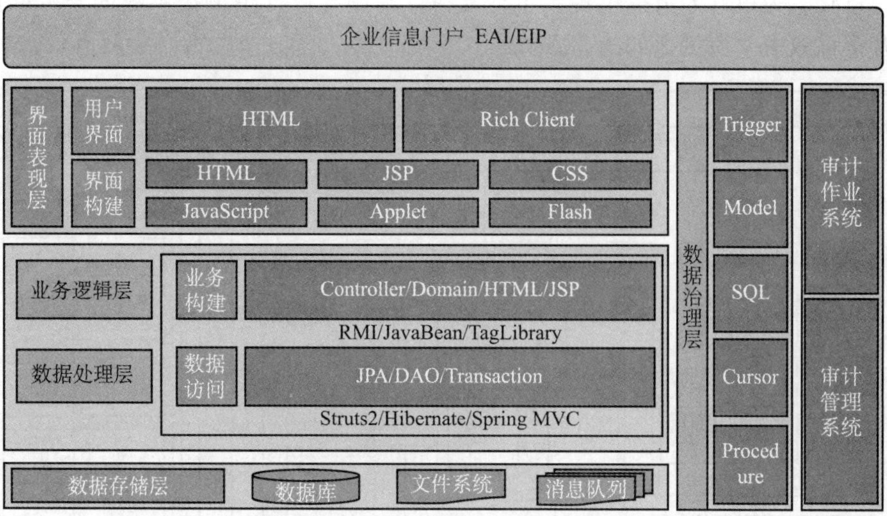

图 2.2　审计信息系统的体系架构

通过 HTML 实现。界面表现层使用浏览器作为应用的容器，这种技术结构也称为 B/S 结构。界面表现层的优点包括：实现客户端零安装，容易保证应用系统功能的一致性，也增加了系统的可维护性；自然具备 WEB 应用界面上的优点，界面美观、形态灵活、易于维护；便于不同应用基于界面层进行集成。

（2）业务逻辑层：为 Web 应用层提供支持，封装应用系统的业务逻辑功能，完成 Web 应用层的调用请求。通过把业务逻辑单独封装，使应用系统性能上具备高度的伸缩性，使应用系统业务逻辑独立于界面表现存在，使应用系统具备高度的开放性。

（3）数据处理层：为业务逻辑层提供支持，持久化保存和访问应用系统的业务数据，通过结合大型关系数据库来实现。运用数据分析、数据挖掘、深度学习等算法从生产数据集中挖掘出数据内在的价值，为业务逻辑层提供数据和决策支持。

（4）数据存储层：存储了经过清洗处理后的可用于审计系统的数据，包括传统的数据库、数据仓库、分布式数据库、NOSQL 数据库、半结构化数据、无结构化数据、爬虫、日志系统等，形成了数据集市。

（5）数据治理层：通过数据标准制定、标准发布、模型管理、流程管理、规则管理等功能，明确数据规范，提升数据质量，为数据分析与审计提供规范化支持。

2.2　审计信息系统的功能

审计信息系统将审计业务划分成不同的功能模块，以实现管理系统、现场系统、监控中心、在线审计、数据中心五个系统的审计职能，实现审计业务全过程的信息化，为审计人员提供现场审计支持，为领导审计决策提供数据分析依据，提升审计效率与质量，如图 2.3 所示。

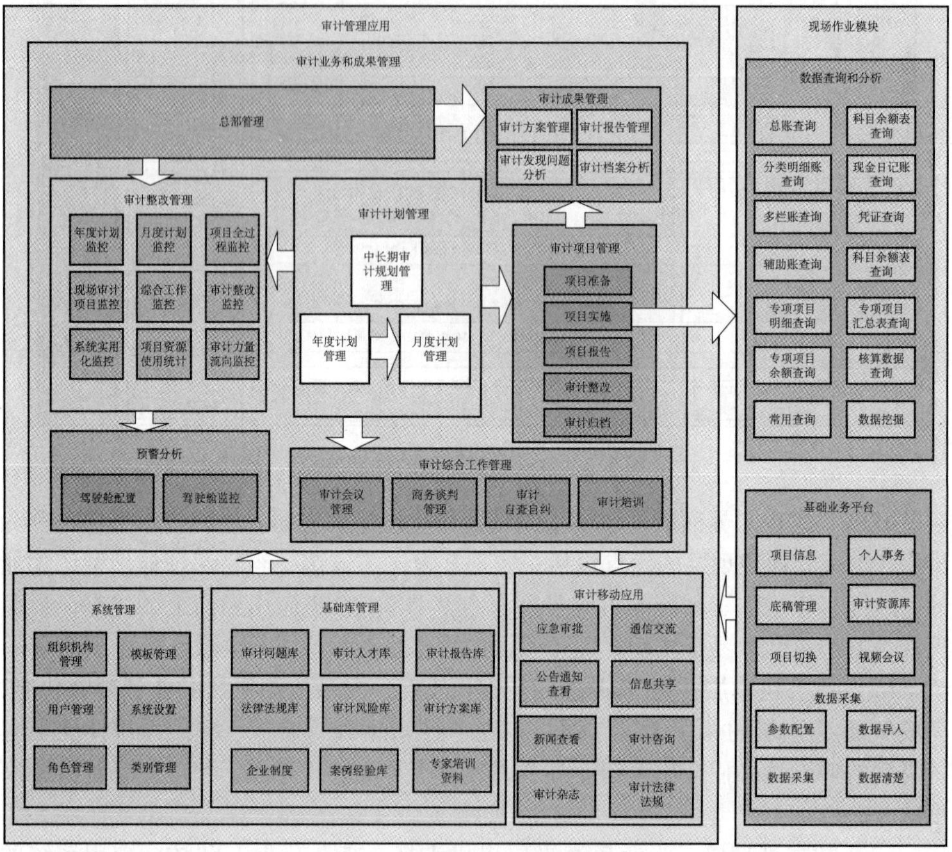

图 2.3　审计信息系统功能架构

审计信息系统的主要功能模块介绍如下。

2.2.1　审计计划管理

审计计划管理包括中长期审计计划、年度审计计划和月度审计计划管理，具体如图 2.4 所示。中长期审计计划是指审计部门制定的能指导未来一定时期内审计业务活动的战略安排计划，其编制目的是对审计的供给与需求进行综合规划，以便全面履行审计职责。它代表审计工作的发展方向，需要通过以后审计工作中的多个年度计划来逐步实现。年度审计计划是指审计机构和人员为完成审计业务，达到预期的审计目的，对一个自然年度内的审计工作任务作出的事先规划。月度审计计划是各级审计部门对每个月需完成工作的详细分解和对每月需完成工作的详细内容的反映。

计划管理功能通过灵活性的流程配置，满足各单位不同的管理需求，对审计计划提供编制、审批、汇总、发布功能。其中，中长期审计计划由总部编辑、下

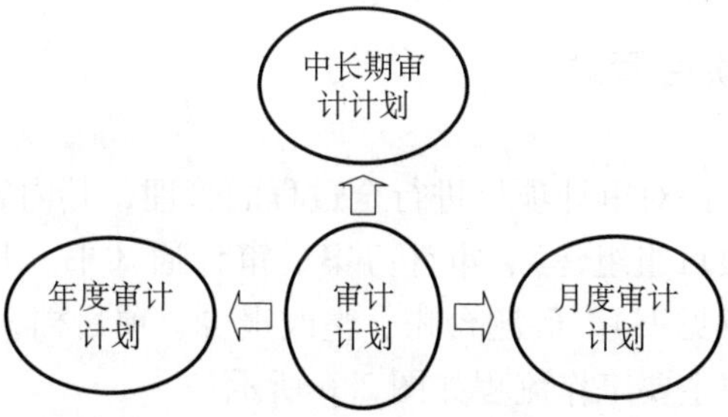

图 2.4 审计计划

发，下级单位无须编辑中长期审计计划。各级单位可平行编制年度审计计划，也可选择下发年度审计项目给下级单位。在编制年度计划时，系统自动将项目和综合工作按时间属性生成对应的月度计划。

编制年度审计计划的业务流程如图 2.5 所示。

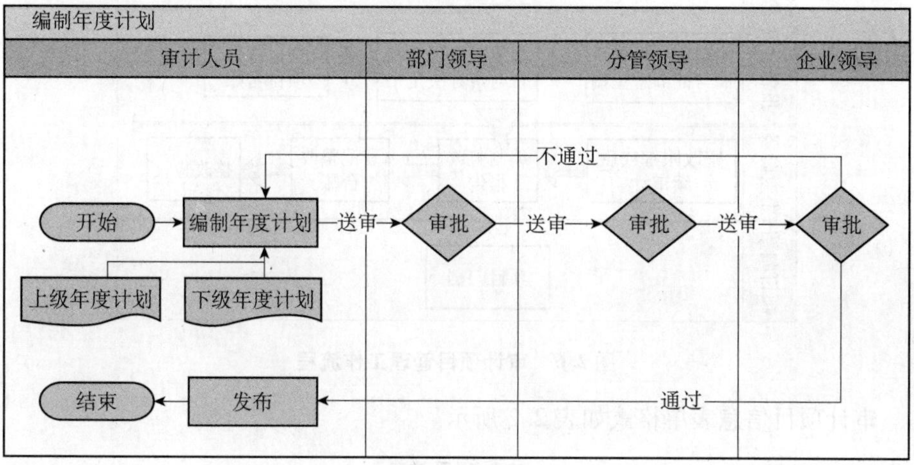

图 2.5 编制年度审计计划业务流程

年度审计计划表单格式如表 2.1 所示。

表 2.1　　年度审计计划

××××年度审计计划

计划名称：	××××年审计年度计划		负责人				
编制依据：	以此处输入为编制依据		指导思想：	以此处输入为指导思想			
工作重点：	以此处输入为工作重点		审计措施：	以此处输入为审计措施			
审计资源：	以此处输入为审计资源		后续措施：	以此处输入为后续措施			
编号	工作名称	审计对象	工作内容	时间	执行单位	负责人	计划类型

2.2.2 审计项目管理

审计项目管理是针对审计项目进行全过程的管理，其内容主要包括项目信息管理（项目立项、项目组组建）、审计方案、审计通知书、日志、取证表、审计总结、审计报告（意见书）、问题台账、整改报告、项目档案的管理。

审计项目管理的主要工作流程如图 2.6 所示。

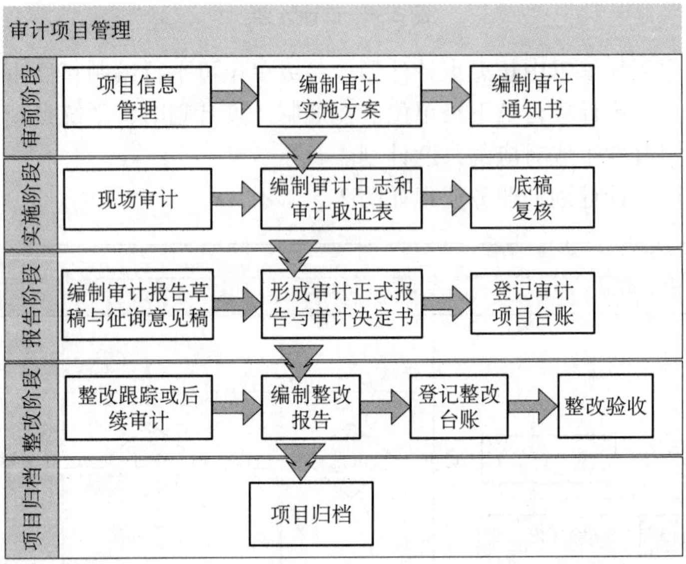

图 2.6 审计项目管理工作流程

审计项目信息表单格式如表 2.2 所示。

表 2.2 审计项目信息

审计项目信息			
项目名称			
审计类型		重要级别	
立项依据		计划来源	
审计规模			
被审单位			
实施单位			
开始时间		结束时间	
负责人		执行人	
审计目的			

续表

审计范围			
审计风险			
主审		审计组员	
录入时间		录入人	

2.2.3 审计综合工作管理

审计综合工作管理模块对各项综合工作进行新增录入、启动工作和结束工作全过程管理。综合工作主要内容如图 2.7 所示。

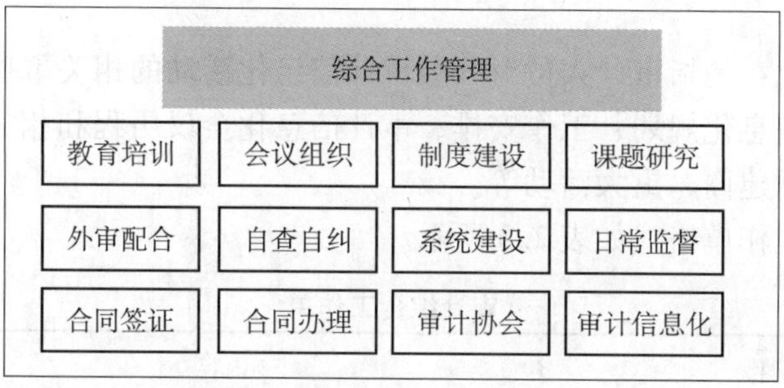

图 2.7 综合工作主要内容

教育培训：是指审计部门登记教育培养工作相关内容，登记教育培养中的积分管理事项等内容。

会议组织：是指审计部门登记日常与审计相关的会议组织工作相关内容，包括会议地点、会议名称、会议组织单位、参与单位、会议主题及内容、会议纪要或者决议等。

制度建设：是指审计部门登记本部门制度建设工作相关内容，例如制度名称、参与会签部门、拟稿人、参与人、审批人信息、审批时间、文号等。

课题研究：是指审计部门登记与审计业务相关课题研究方面的工作内容，包括课题名称、课题领域、课题拟订时间、课题参与人、实施时间、资源和费用等。

外审配合：是指审计部门登记与外部审计配合工作相关内容，例如外审的项目名称、外审工作内容、与外审配合工作事项、外审实施时间、组织、人员、费用等，以及外审报告资料登记等。

自查自纠：是指审计部门对公司开展的自查自纠活动，对照本领域业务管理情况认真检查，登记问题，登记问题整改的措施和效果及相关偏差纠正情况。

系统建设：是指审计部门登记审计系统建设相关情况，例如系统名称、系统建设背景、系统版本信息、系统建设周期、系统建设费用、开发厂商等情况。

日常监督：是指审计人员根据相关部门通知参加公司日常监督活动，例如工程招投标活动、各种重大事项监督等会议，并对会议过程中的讨论情况和会议结果进行记录，必要时需要保留会议纪要或者相关记录作为证明。

合同签证：是指审计人员根据相关部门通知参加公司合同签证活动，例如设备厂家选择、合同签订、重大采购合同监督等会议，并对会议过程中的讨论情况和会议结果进行记录，必要时需要保留合同等相关资料作为证明。

合同办理：是指审计人员参与相关合同管理活动登记合同办理的时间、内容、办理人、合同总金额、付款方式、合同履约期限等事项。

审计协会：是指审计部门登记审计协会工作内容，包括审计协会成立时间、理事会成员名单、章程、协会开展的活动、协会相关制度、会费收缴和使用情况等。

审计信息化：是指审计人员对开展审计信息化活动的相关事项进行登记和反映，包括审计信息化规划、工作安排、审计信息化会议历程和相关情况、审计信息化各产品的承建商、重大活动等。

审计综合工作单格式如表 2.3 所示。

表 2.3　　审计综合工作单

编号	属性	内容
1	工作名称	
2	工作内容	
3	负责人	
4	参与人员	
5	工作类型	
6	工作来源	
7	开始时间	
8	结束时间	
9	录入时间	
10	录入人	
11	附件	

2.2.4　审计整改管理

审计整改管理实现审计工作流程覆盖，全面落实审计整改工作，使审计部门与被审单位的后续整改交流工作留下痕迹，实现整改工作督办和复核，加强审计整改工作的时效性。整改管理模块的功能主要包括编制整改任务单、整改任务单反馈和审核、编制审计整改报告等。

从总部—地区公司—子公司—业务部的四级审计整改业务流程如图 2.8 所示，从流程中可以看到，从录入审计问题台账开始，审计整改任务单被逐级下发，最终落实到由整改责任单位或者部门编制整改措施和计划、审计整改报告上报，并由下发单位进行审核，流程结束，实现对审计问题的闭环管理。

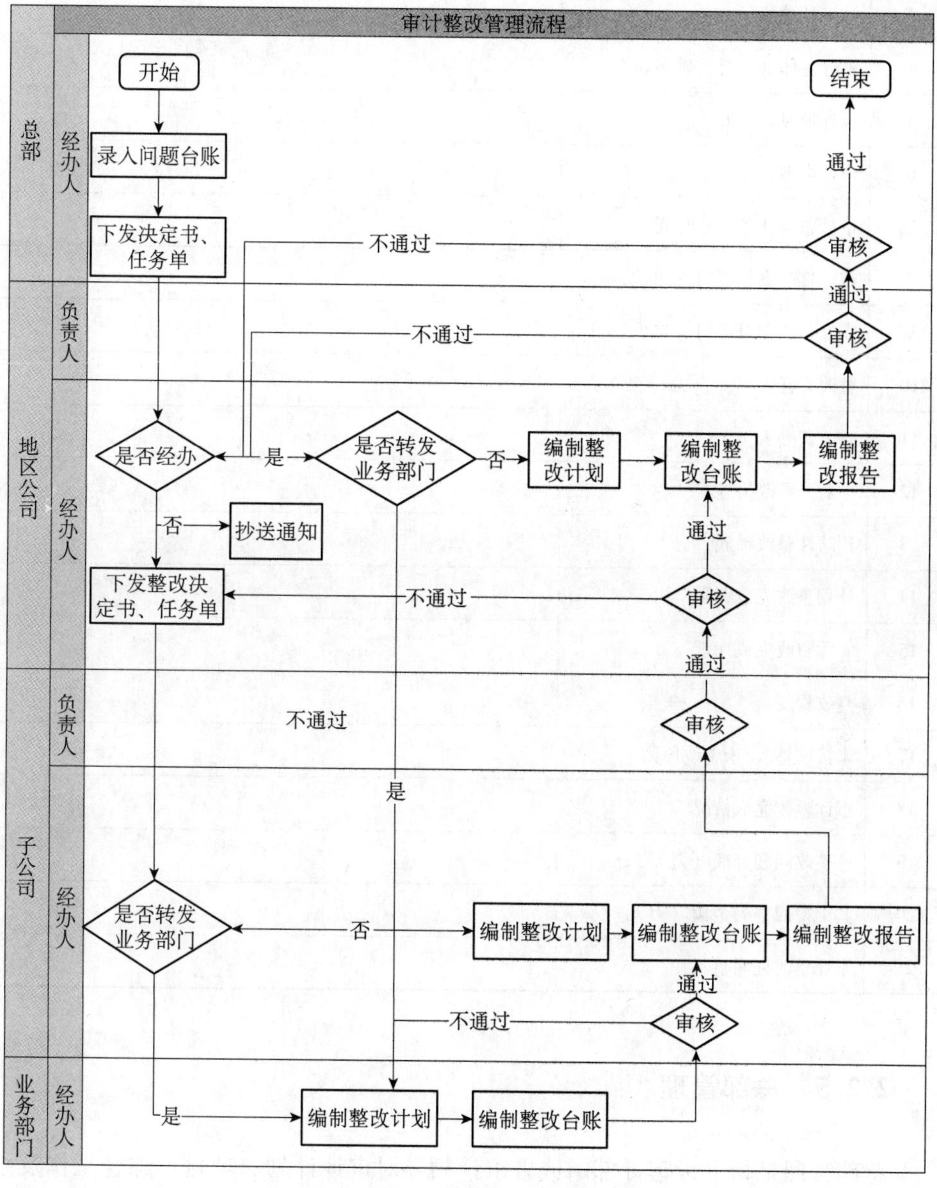

图 2.8 审计整改流程

审计整改任务单格式如表 2.4 所示。

表 2.4　　审计整改任务单

编号	属性	内容
1	项目名称	
2	审计发现问题描述	
3	被审计单位	
4	审计主体（审计实施单位）	
5	审计项目负责人	
6	审计类型	
7	审计整改任务下达时间	
8	审计整改责任部门（单位）	
9	审计整改配合部门（单位）	
10	整改责任人	
11	整改督办人	
12	一对一整改措施	
13	预防性整改措施	
14	计划整改完成期限	
15	实际整改完成期限	
16	整改程度	
17	未按期整改/未整改原因	
18	审计整改完成情况	
19	已整改问题金额（万元）	
20	其中挽回损失金额（万元）	
21	审计整改证明材料	

2.2.5　总部管理

总部管理是指上级审计部门或者审计领导对审计计划、项目、综合工作及系统应用情况等业务进行实时监督和在线监控，对审计业务、审计任务各项完成情况进行统计和分析，对审计信息、审计报表、审计总结开展管理、考核。总部管理功能流程如图 2.9 所示。

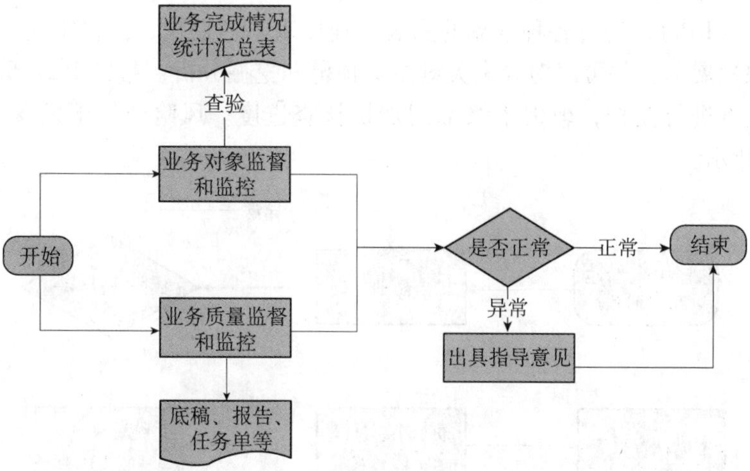

图 2.9　总部管理流程

2.2.6　预警分析

驾驶舱是为企业决策层和审计人员提供的指标分析型系统，是审计预警分析的核心功能。驾驶舱打破数据隔离，实现指标分析及决策场景落地。通过详尽的指标体系，实时反映企业的运行状态，将采集的数据形象化、直观化、具体化。审计风险预警驾驶舱如图 2.10 所示。

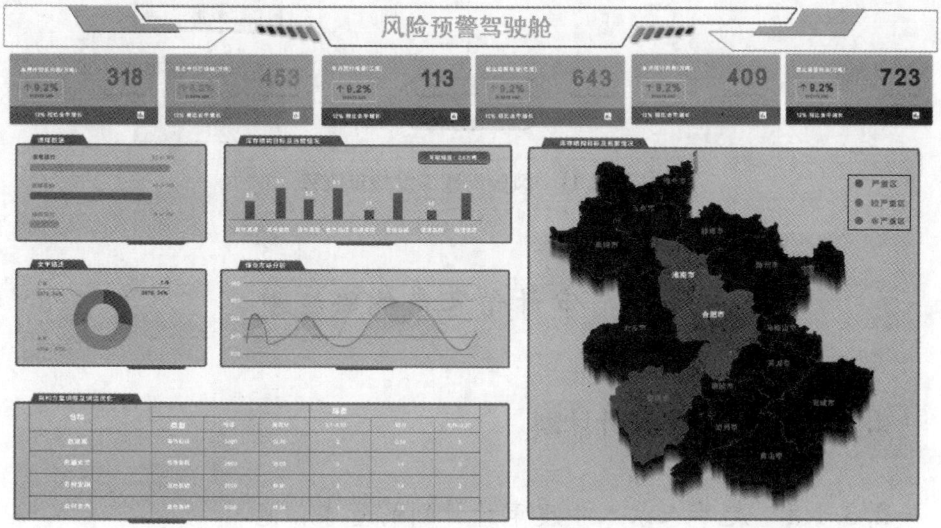

图 2.10　审计风险预警驾驶舱

审计风险预警驾驶舱是对当前的问题数量、已经核查的问题数量、未核查的问题数量、已经接收的问题数量以及风险问题点分布领域、待办、已办、在办等关键指标（KPI），通过各种常见的图表（速度表、音量柱、预警雷达、雷达球）直观形象地展示，并可以对异常关键指标预警和挖掘分析，帮助上级部门对整体的核查进度进行监控，敦促下级部门加快核查进度。风险数据下发核查流程如图 2. 11 所示。

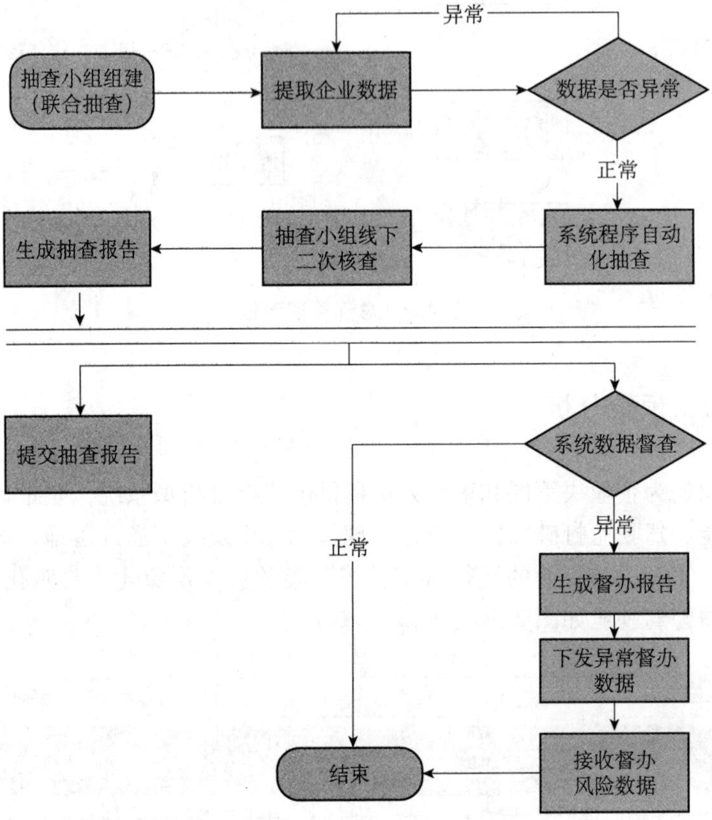

图 2. 11　风险问题下发核查流程

2. 3　审计信息系统的应用

2. 3. 1　编制年度审计计划

2. 3. 1. 1　起草人录入年度审计计划的基本信息

采用“审计综合管理—计划管理—年计划管理”功能，根据实际情况先填写好本单位本年度的审计计划信息，包括年计划负责人、编制依据、指导思想等。具体如表 2. 5 所示。

表 2.5 年度审计计划

××××年度审计计划

编制依据	1. 上级内部审计部门确定的年度审计工作指导意见； 2. 本单位年度生产经营目标及管理重点； 3. 本单位领导的指示、要求及有关部门或单位的委托	指导思想	贯彻落实公司今年的总目标
工作重点	1. 抓好基础建设，使审计工作有章可循、有据可依； 2. 积极开展财务收支审计，有效控制经营风险	审计措施	1. 加强科学统筹管理，以健全完善的制度保障审计健康发展； 2. 推进审计创新工作
审计资源	成员名单如下： ……	后续措施	1. 整理审计工作档案，实行审计项目管理； 2. 落实审计整改措施，有针对性地开展审计复查工作
录入时间		录入人	

2.3.1.2 起草人录入年度审计计划工作的详细信息

年度审计计划工作如表 2.6 所示。

表 2.6 年度审计计划工作

序号	工作名称	审计对象	审计内容	时间	执行单位	负责人	计划类型
1	A 审计项目	××分公司		起止时间	××公司/审计部	部门主任	审计项目
2	财务收支审计	财务处		起止时间	××公司/审计部	部门副主任	审计项目
3	工程竣工决算审计项目	基建处		起止时间	××公司/审计部	部门主任	审计项目
4	工会经费收支审计	工会		起止时间	××公司/审计部	部门主任	审计项目

2.3.1.3 年度审计计划编制

起草人在编制界面录入上述表单内容，如图 2.12 所示。

2.3.1.4 年度审计计划审批

按一般流程，年度审计计划先交部门主任审批。部门主任可通过“待办事务”处理和审批。部门主任审批时可视情况需要，决定是否交下一环节审批，若需要，则选择相关信息后，由起草人选择下一个环节的审批领导继续提交，执行审批流程。审批完成后，年度计划作为下一年度审计工作开展的依据，具体如图 2.13所示。

图 2.12　编制审计计划界面

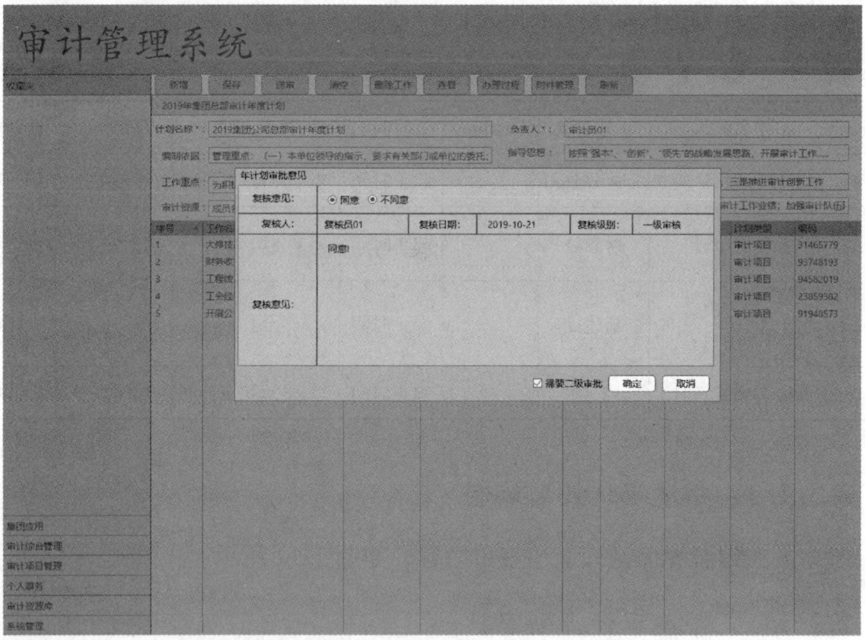

图 2.13　年度审计计划审批界面

完成以上四个步骤后，就生成一份完整的年度审计计划了，可以通过这份计划进行审计项目管理工作。

2.3.1.5 年度审计计划调整

年度审计计划调整工作也是在审计信息系统中进行。在已审批状态下不得任意修改年计划信息，但在有计划外的项目需要开展，或者在年底有部分项目未开展需要删除的情况下，则由审计负责人在年度审计计划界面进行调增或调减处理，调整后的信息同样需提交至相关领导进行审批处理，审批完成后调整内容生效。审计负责人先录入计划外要开展的项目信息，填写后进行保存送审。选择“调减”时，会进入当前年度审计计划已有的工作列表中，选中后提交送审，经由相关领导审批后即生效（见图2.14）。

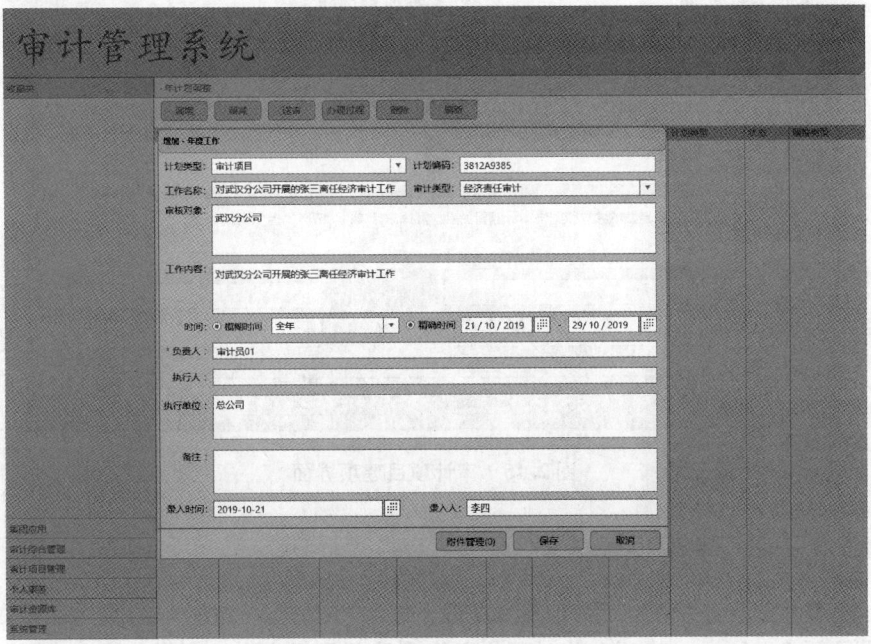

图2.14 年度审计计划调整界面

2.3.2 建立审计项目

2.3.2.1 审计项目建项

审计项目建项工作也是在审计信息系统中进行。当年度审计计划已通过审批，例如审计部门即将开展工会经费收支审计项目和大修技改工程审计，开展审计项目工作前，需进行审计项目建项。

在“审计项目管理——项目管理”功能中，审计人员选择计划年度，选择目标审计项目，进行提取操作，即可自动生成“草拟状态”的审计项目，并自动归并到审计项目所属年度列表展示。如图2.15所示，审计人员选取年度审计计划中已列好的“工会经费收支审计”作为目标审计项目。

图 2.15　审计项目建项界面

2.3.2.2　审计项目送审

在审计信息系统的"审计项目管理——项目管理"功能中，所属年度的审计项目会一一展示，建项人此时可将目标审计项目提交审计项目负责人审批（见图 2.16）。

2.3.2.3　审计项目审批

审批人通过"待办事务"对审计项目进行处理和审批。若完成审批，则审计项目状态会标识为"执行中"，审计项目阶段会标识为"审前阶段"，此时，项目负责人或执行人可进入审计项目工作台进行项目实施，例如项目组工作任务安排、角色管理、现场用户信息下载等。

2.3.3　组建项目组

完成建项工作后，审计负责人或者执行人可开展组建项目组工作，包括明确项目组组长、项目组主审和组员等角色，系统会根据角色自动默认他们所拥有的初始权限。

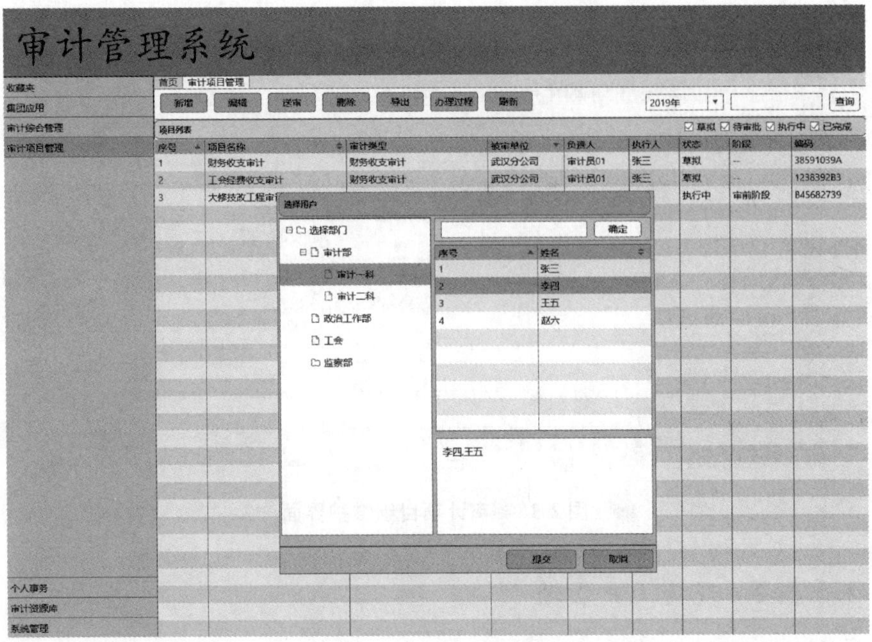

图 2.16 审计项目送审界面

2.3.3.1 项目组管理

如在“大修技改工程审计项目”中，审计人员可以开展项目组管理工作。审计项目基本信息和维护界面分别如图 2.17、图 2.18 所示。

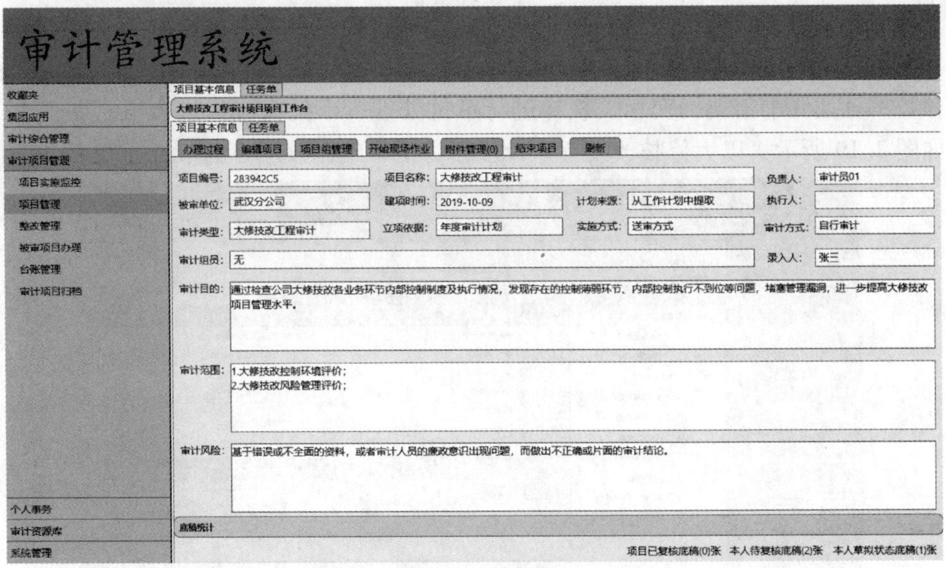

图 2.17 审计项目基本信息界面

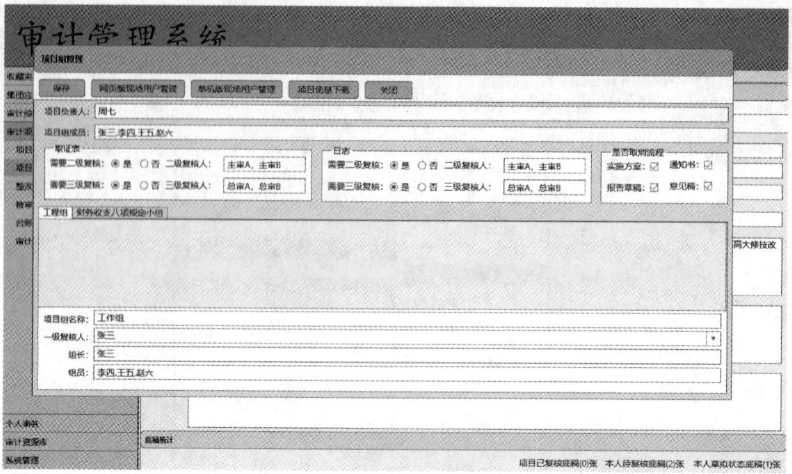

图 2.18　审计项目组维护界面

2.3.3.2　现场用户管理

审计人员可下载项目组成员信息，凭用户名和密码登录现场作业系统，选择目标审计项目操作。

2.3.4　编制审计通知书

在“审计项目管理——项目工作台”功能中，审计人员根据单位实际情况选择模板信息，根据项目信息编辑正文，开展审计通知书管理。在生成的 Word 界面审计人员可根据需要对其内容进行修正，然后形成一份正式的审计通知书保存。审计通知书需要提交相关领导进行审批处理，审批完成后进入下一步工作。如图 2.19 所示，以大修技改工程审计项目为例，编制该项目的审计通知书。

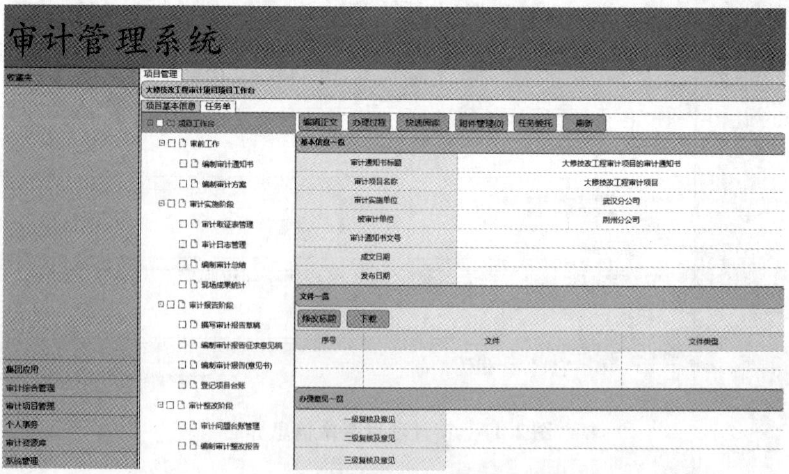

图 2.19　编制审计通知书界面

2.3.5　开展现场作业

审计项目负责人可在项目开始后，决定开启现场作业工作。开始现场作业后，项目组成员可正常登录使用现场作业系统。

来到审计项目实施现场，审计组员采用现场作业系统开展数据查询和分析工作。

2.3.6　编制审计日志

审计人员在审计每个工作日编制审计日志。在“底稿管理—审计日志”功能中，利用日志模板详细记录每天实施审计的方法、审计查阅资料、专业判断及下一步工作安排等，让组长、主审、总审等清晰地了解每一个人员的工作动态，为现场审计工作开展思路及决策提供信息支撑（见图2.20）。

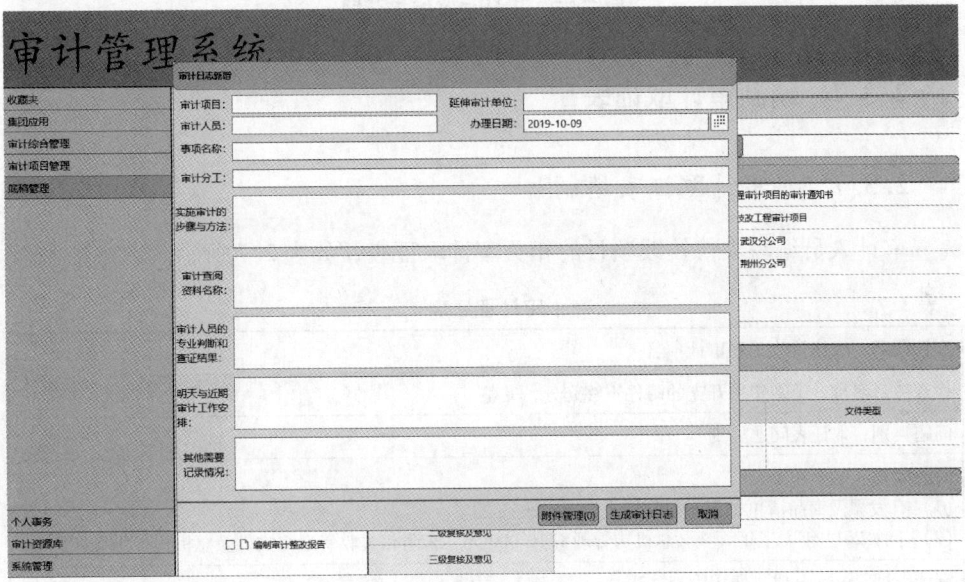

图2.20　编制审计日志界面

审计日志编制完成后，依照审计信息系统中审计项目组设定的流程，逐级提交给组长、主审、总审进行复核，复核的过程中可选择“不同意”退回，或给出审批意见信息，对于退回的底稿信息审计人员可修改后重新提交，或查看复核人员给出的审批意见参照对工作进行调整（见图2.21）。

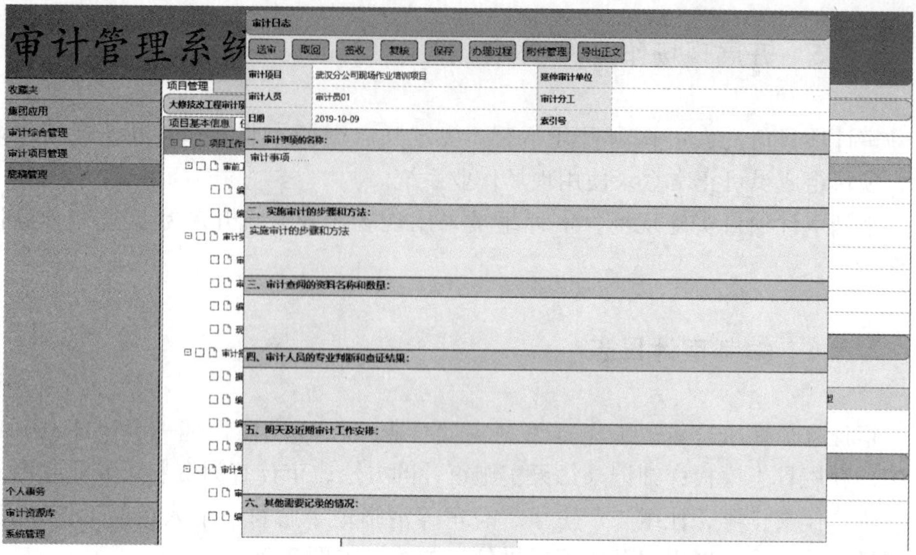

图 2.21　审计日志送审界面

2.3.7　编制审计取证表

2.3.7.1　审计取证表填制

审计人员编写大修技改项目的相关审计取证表，如表 2.7 所示。

表 2.7　　　　审计取证表

审计项目：大修技改工程审计项目	
检查项目名称：个别费用开支的附件不够充分、完整	
问题类别：取证表问题类别	
问题摘要： （1）有发票及商品清单，但未附领用去向明细表； （2）上缴 2014 年下半年×××总机构管理费 10 000 元，未附相关收费通知文件及总机构费用分摊标准	
审计依据：×××成本费用管理办法	
审计意见： 建议加强公司业务开支内部控制管理，保证会计业务附件的完整性、充分性，确保成本费用内控管理符合相关规定	
审计人员：×××	编制日期：

审计人员填写后保存如图 2.22 所示。

2.3.7.2　审计取证表送审

审计人员可根据需要选择对应审计取证表，按审批流程，依照项目组管理中设置的复核人进行提交复核，系统会自动在所选审批人的“待办事务”界面显

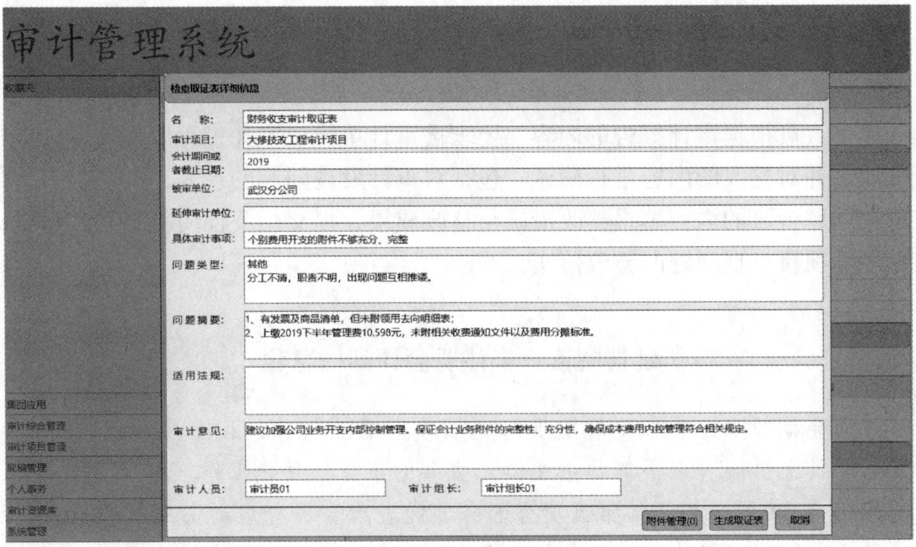

图 2.22　审计取证表界面

示待签收审批的事务。审批人可审批审计取证表。

2.3.7.3　审计取证表下发与反馈

包括以下流程：取证表下发、被审单位接收取证表、被审单位反馈取证表、取证表转发、取证表转发至业务部门确认、业务部门反馈提交等。

2.3.8　编制审计报告

经办人选择撰写审计报告草稿，审计人员可根据需要对其内容进行完善和修正，系统会形成一份 Word 格式审计报告草稿保存（见图 2.23）。

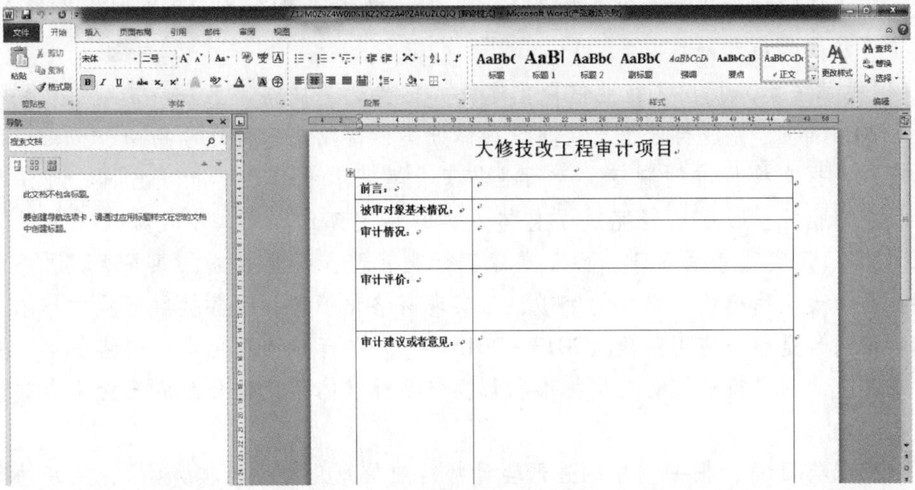

图 2.23　编制审计报告界面

2.3.9 跟踪整改

审计人员根据审计报告的内容，要求被审计单位对审计过程中发现的问题进行整改，并对整改的内容进行确认。包括对审计发现问题的录入，并由被审计单位根据问题台账的内容填报整改措施与整改成果，提交相关证明材料等。审计人员可跟踪项目发现问题的整改落实。

延伸阅读——注册会计师信息化

注册会计师审计信息化的发展起先依赖于商业软件，2010年后开展了由中国注册会计师协会（以下简称中注协）主导的审计信息化工作。

2010年11月，中注协第五次全国会员代表大会确立启动实施行业信息化战略，建立起较为完善的行业信息基础设施、信息应用体系和支撑体系。中注协随后成立了中国注册会计师协会行业信息化委员会。

2011年2月，中国注册会计师协会行业信息化委员会第一次会议正式启动行业信息化战略。随后，中注协成立了行业信息化办公室。2010年综合排名前百家事务所大多成立了专门部门，负责信息化建设和系统运维工作。

2011年10月，行业信息化委员会第二次会议审议并通过了《中国注册会计师行业信息化建设总体方案》，2011年12月9日，中注协发布了《中国注册会计师行业信息化建设总体方案》（以下简称《总体方案》）。《总体方案》的发布，标志着行业信息化战略全面启动。

《总体方案》提出“四大主体、四大架构”的行业信息化建设的总体框架，即在行业信息化建设总体目标的统领下，针对中注协、地方注协、大型事务所、中小型事务所四个不同主体，按应用、支撑、数据、设施四大架构开展信息化建设，确保实现硬件资源共享、软件系统互联、数据资源互通、共性与个性结合，打造开放式的信息网络。

《总体方案》提出了行业信息化建设“三步走”战略。第一步是制定规划阶段（2011年），完成行业信息化建设总体方案、行业信息化建设指南、核心应用标准和数据交换标准的制定，为行业信息化建设找出问题、指明方向、理清思路、定出措施。目前已经完成了总体方案的制定工作。第二步是建设系统阶段（2012年），实现考试管理、行业党建、行业管理、行业服务、事务所、服务经济社会六大应用模块信息化的突破，为实现网络化管理和服务提供坚强的技术支撑。第三步是整合应用阶段（2013～2015年），在行业信息化骨干网络基本建成的基础上，形成行业核心应用标准和数据交换标准体系，整合完成三大平台建设任务。

2012年2月，根据《中国注册会计师行业信息化建设总体方案》，中注协印发《中国注册会计师行业信息化建设主要工作任务分解表》《中国注册会计师行业信息化应用功能描述》《中国注册会计师行业信息化建设指南》三个配套文件。其后，很多地方注协也相继发布了《省（市）注册会计师行业信息化建设方案》。2012年4月，中注协发布了《关于2012年度推进行业信息化建设重点工作的实施意见》。2013年3月，中注协印发了《2013年注册会计师行业信息化建设主要工作任务分解表》。2013年，中国注册会计师审计信息系统、行业法律法规库、行业管理信息系统（二期）、行业高清视频会议系统等相继研发完成投入使用。2014年9月，中国注册会计师协会印发了《会计师事务所信息化建设奖励办法》，以鼓励会计师事务所大力研发和应用审计信息化成果。

思考题

1. 审计信息系统的构成包括哪些要素？
2. 为什么审计信息系统与会计信息系统的差异巨大？
3. 审计信息系统的功能有哪些？如何为审计赋能？

第3章　审计管理信息化

3.1　理论基础：管理信息系统

3.1.1　管理信息系统的概念

3.1.1.1　管理信息系统的定义

管理信息系统（management information systems，MIS）最早由瓦尔特·肯尼万（Walter T. Kennevan）于1970年提出，“以书面或口头的形式，在合适的时间向经理、职员以及外界人员提供过去的、现在的、预测未来的有关企业内部及其环境的信息，以帮助他们进行决策”。很显然，这个定义是从管理角度出发的，不涉及信息技术。

1985年，被誉为管理信息系统的创始人戈登·戴维斯（Gordon B. Davis）对管理信息系统做了以下定义，“管理信息系统是一个利用计算机软硬件资源进行作业、分析、计划、控制和决策的模型以及数据库人—机系统。它能提供信息以支持企业或组织的运行、管理和决策功能”。这个定义已经较符合当代管理信息系统的特点。

在我国，管理信息系统一词始于20世纪70年代末80年代初，在《中国企业管理百科全书》中，对管理信息系统做了以下定义：“管理信息系统是一个由人、计算机等组成的能进行信息的收集、传递、储存、加工、维护和使用的系统。管理信息系统能实时监测企业的各种运行情况；利用过去的数据预测未来；从企业全局出发辅助企业进行决策；利用信息控制企业的行为；帮助企业实现其规划目标。”这个定义体现了管理信息系统是一个人机交互系统。

目前比较流行的定义为：管理信息系统是一个以人为主导，利用计算机硬件、软件、网络通信设备以及其他办公设备，进行信息的收集、传输、加工、储存、更新和维护，以企业战略竞优、提高效益和效率为目的，支持企业的高层决策、中层控制、基层运作的集成化的人机系统。

3.1.1.2 管理信息系统的特征

(1) 面向管理决策的系统。管理信息系统本质上是一种具有企业或组织管理流程和思想的计算机软件，其目的在于为企业或组织提供管理决策。一个经过良好设计且符合用户管理需求的管理信息系统，能够及时收集和提供相关的信息，辅助决策者作出决策。

(2) 人机系统。管理信息系统的目的在于通过计算机来辅助一个企业或组织进行相关决策，而决策只能由人来做，因而管理信息系统必然是一个人机结合的系统。在管理信息系统中，各级管理人员既是系统的使用者，又是系统的组成部分。这一特点也是正确界定人和计算机在系统中的地位和作用的依据。在开发和部署管理信息系统过程中，要充分发挥人和计算机各自的长处，使系统整体性能达到最优。

(3) 现代管理方法和信息技术相结合的系统。管理信息系统虽然属于计算机软件系统的一种，但它并不仅仅是采用信息技术处理计算或仅仅提高处理速度，而是融合了先进的企业或组织管理思想和方法的计算机软件系统。管理信息系统要发挥其在管理中的作用，就必须将先进的管理方法和信息技术相结合，在开发管理信息系统时，以管理方法为指导核心，利用信息技术高效地实现管理方法的自动化。

(4) 综合的系统。一个具有完整功能的管理信息系统，其必然包含了一个企业或组织的各类业务工作，而这些工作在系统中又可表现为相对独立的子系统。不同的子系统通过业务关系进行综合，最终组成一个完整的系统。除此之外，它是人与技术的综合体，也是硬件与软件的综合体。它包括了管理人员、系统分析人员、系统设计人员、程序员和工作人员等，也包括了计算机、通信工具、网络设备等各种硬件设备。

(5) 动态的系统。管理信息系统是一种计算机软件产品，其存在依赖于企业或组织的内部环境或外部环境。当管理信息系统由于环境发生变化而不能满足企业或组织的要求时，就需要通过对系统不断的更新维护以延长其生命周期。当环境变化过大而无法继续更新或更新成本高于重新开发的成本时，就需要在新的条件和环境下开发新的管理信息系统。

3.1.1.3 管理信息系统的发展

20世纪60年代初，信息技术首次被用于库存管理，这意味着管理信息系统的雏形产生了。在这一基础上，物料需求计划（MRP）被推出。这可视为最早的也是真正意义上的管理信息系统。自MRP开始，经过近半个世纪的发展，又产生了制造资源计划（MRPII）、企业资源计划（ERP）以及功能上更为专注的业务系统。

(1) 物料需求计划（MRP）。MRP是一种应用物料清单、库存数据、车间在制品数据，以及主生产计划MPS来计算相关需求的一种技术。利用这种技术，可以较好地保证用户订单需求数量和交货日期。MRP 的基本内容是编制零件的生产计划和采购计划。

（2）制造资源计划（MRPII）。MRPII 产生于 20 世纪 70 年代末，它把企业的生产、库存、销售、财务、成本等各个部门联系起来，逐渐地发展为一个涵盖企业各个部门和全部生产资源的管理信息系统。MRPII 是在模拟制造企业生产经营的基础上建立起来的。它本身并不是一个具体、确定的管理信息系统软件，而是一种适合于制造企业管理的思想。MRPII 在 MRP 的基础上，增加了对企业生产中心、生产能力等方面的管理，实现计算机安排生产，形成以计算机为核心的闭环管理系统，以动态监察产、供、销的过程。

（3）企业资源计划（ERP）。企业资源计划产生于 20 世纪 90 年代，是物料需求计划的进一步发展。它是针对物资资源管理（物流）、人力资源管理（人流）、财务资源管理（财流）、信息资源管理（信息流）集成一体化的企业管理软件。与 MRPII 相比，其包含了更多的企业业务，且在技术上更为成熟，可视为管理信息系统的集大成者。

（4）其他业务系统。随着信息技术的进一步发展，以及管理信息系统的广泛使用，人们发现 ERP 系统虽然大而全，但并不是最符合需求的。例如物流企业可能更关注供应，猎头公司可能更注重客户管理，在这种情况下，产生了一些功能上更为关注的业务系统。比较常见的有供应链管理系统（SCM）、客户关系管理系统（CRM）、进销存系统、决策支持系统、专家系统等。这类管理信息系统，相比较 ERP，具有小而精的特点，并且能最大限度地满足企业的特殊需求，而且从实施成本上也明显低于 ERP。目前，对于一些特大型企业，由于其管理业务复杂，会选择部署 ERP，而对于一些发展中或者业务性较强的企业，则往往灵活地部署其所需要的业务系统。

3.1.2 管理信息系统的结构

3.1.2.1 管理信息系统的概念结构

从概念上划分，管理信息系统由四大部件组成，分别是信息源、信息处理器、信息用户和信息管理者，如图 3.1 所示。

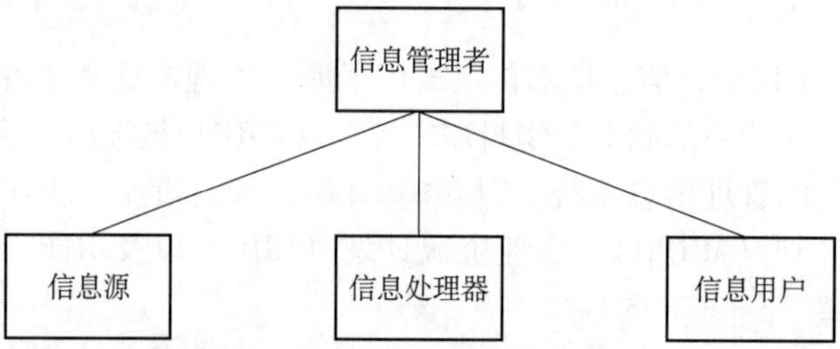

图 3.1 管理信息系统概念结构

信息源是信息的产生地；信息处理器担负信息的传输、加工、保存等任务；信息用户是信息的使用者，一般利用信息进行决策；信息管理者则负责信息系统的设计实现以及信息系统的运行和协调。

3.1.2.2　管理信息系统的层次结构

管理活动可分为战略规划层（战略层）、管理控制层（战术层）、运行和操作控制层（业务层）三个不同层次，因此，管理信息系统也可做相应的层次划分，即层次结构，如图3.2所示。

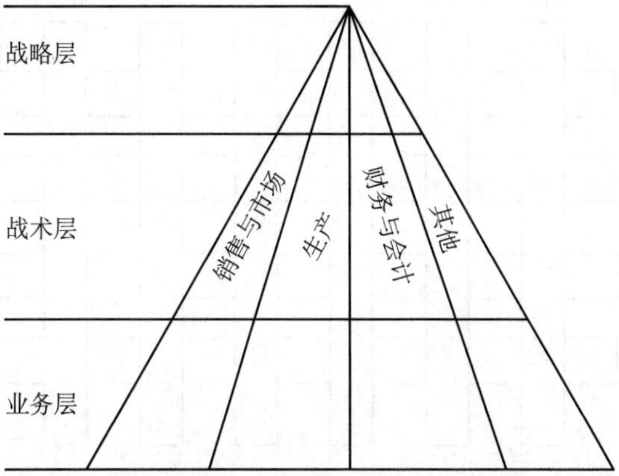

图3.2　管理信息系统的层次结构

（1）战略层管理信息系统。由于战略层的管理活动涉及企业的总体目标和长远发展规划，例如制定市场开发战略、产品开发战略等，因此，为战略层服务的管理信息系统，它的数据和信息来源是广泛和概括性的，其中包括相当数量的外部信息，例如当前社会的政治、经济形势，本企业在国内外市场上的地位和竞争力等。由于战略层管理信息系统又是为企业制定战略计划服务的，因而它所提供的信息也必须是高度概括和综合性的，如对市场需求的预测，对市场主要竞争对手的实力分析及预测等信息。它们都可以为企业制定战略计划提供参考价值。

（2）战术层管理信息系统。战术层的管理活动属于中层管理，它包括各个部门工作计划的制定、监控和各项计划完成情况的评价等主要内容。因此，战术层管理信息系统主要是为各个部门负责人提供信息服务，以保证他们在管理控制活动中能够正确地制定各项计划。战术层管理信息系统的信息来源于两个方面：一方面来源于战略层，包括各种预算、标准和计划等；另一方面来自业务处理层，包括企业各种计划的完成情况和经过业务处理层加工后的信息等。战术层管理信息系统所能提供的信息主要有各部门的工作计划、计划执行情况的定期报告和不定期报告、对管理控制问题的分析评价、对各项查询的响应等。

（3）业务层管理信息系统。业务层的管理活动属于企业基层管理，它是有效利用现有资源和设备所展开的各项管理活动，主要包括作业控制和业务处理两大部分。由于这一层的管理活动比较稳定，各项管理决策呈结构性，可按一定的数学模型或预先设计好的程序和规划进行相应的信息处理。一般来说，业务层管理信息系统包括事物处理、报告处理和查询处理等功能信息处理方式。

3.1.2.3 管理信息系统的系统结构

管理信息系统软件结构是指支持管理信息系统各种功能的软件系统或软件模块所组成的系统结构，一个管理系统可用一个功能/层次矩阵表示，如图 3.3 所示。

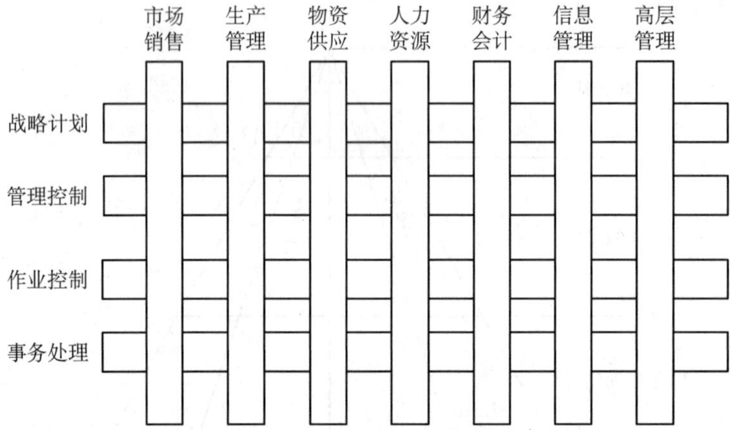

图 3.3 功能/层次矩阵

由软件模块组成的软件结构，其中每个方块是一段程序块或一个文件，每一个纵行是支持某一个管理领域的软件系统。对应于这个管理系统的软件结构如图 3.4 所示。

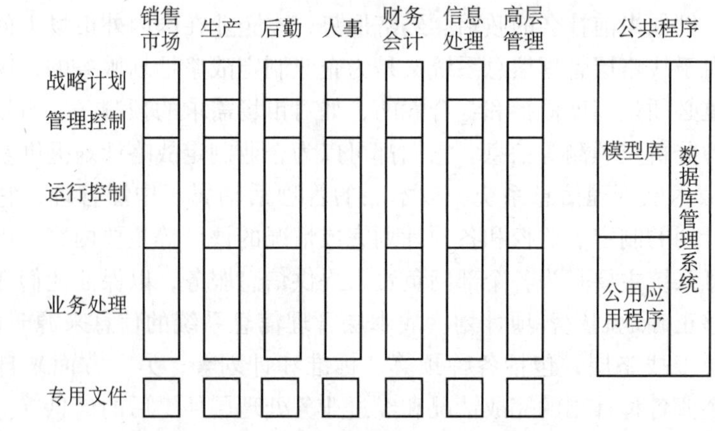

图 3.4 管理信息系统的系统结构

图 3.4 中每一列代表一种软件功能，每一行表示一个管理层次，行列交叉表示每一种功能的子系统，各个职能子系统的简要职能如下。

（1）市场销售子系统。它的功能包括销售和推销。在运行控制方面包括雇用和训练销售人员、销售和推销的日常调度，还包括按区域、产品、顾客的销售数量的定期分析等；在管理控制方面，包含总的成果和市场计划的比较，它所用的信息有顾客、竞争者、竞争产品和销售力量要求等；在战略计划方面包含新市场的开发和新市场的战略，它使用的信息包含顾客分析、竞争者分析、顾客评价、收入预测、人口预测和技术预测等。

（2）生产子系统。它的功能包括产品设计、生产设备计划、生产设备的调度和运行、生产人员的雇用和训练、质量控制和检查等；典型的业务处理是生产订货（即将成品订货展开成部件需求）、装配订货、成品票、废品票、工时票等；运行控制要求把实际进度与计划相比较，发现“卡脖子”环节；管理控制要求进行总进度、单位成本和单位工时消耗的计划比较；战略计划要考虑加工方法和自动化的方法。

（3）后勤子系统。它的功能包括采购、收货、库存控制和分发；典型的业务包括采购的征收、采购订货、制造订货、收货报告、库存票、运输票和装货票、脱库项目、超库项目、库营业额报告、卖主性能总结、运输单位性能分析等；管理控制包括每一后勤工作的实际与计划的比较，如库存水平、采购成本、出库项目和库存营业额等；战略分析包括新的分配战略分析、对卖主的新政策、“作和买”的战略、新技术信息、分配方案等。

（4）人事子系统。它的功能包括雇用、培训、考核记录、工资和解雇等。其典型的业务有雇用需求的说明、工作岗位责任说明、培训说明、人员基本情况数据（学历、技术专长、经历等）、工资变化、工作小时和离职说明等。运行控制关心的是雇用、培训、终止、变化工资率、产生效果；管理控制主要进行实情与计划的比较，包括雇用数、招募费用、技术库存成分、培训费用、支付工资、工资率的分配和政府要求符合的情况；战略计划包括雇用战略和方案评价、工资、训练、收益、建筑位置及对留用人员的分析等，把本国的人员流动、工资率、教育情况和世界的情况进行比较。

（5）财务会计子系统。财务管理的目标是保证企业的财务要求，并使其花费尽可能的低；会计管理的目标则是把财务业务分类、总结，填入标准财务报告，准备预算、成本数据的分析与分类等；运行控制关心每天的差错和异常情况报告、延迟处理的报告和未处理业务的报告等；管理控制包括预算和成本数据的分析比较，如财务资源的实际成本。处理会计数据的成本和差错率等；战略计划关心的是财务保证的长期计划、减少税收影响的长期计划，成本会计和预算系统的计划。

（6）信息处理子系统。该系统的作用是保证企业的信息需要。典型的任务是处理请求、收集数据、改变数据和程序的请求、报告硬件和软件的故障以及规划建议等。运行控制的内容包括日常任务调度、差错率、设备故障，对于新项目的开发还应当包括程序开发的进展和调试时间；管理控制关心计划和实际的比较，例如设备成本、全体程序员的水平、新项目的进度和计划的对比等；战略计划关心功能的组织是分散还是集中、信息系统总体计划、硬件软件的总体结构，办公室自动化也可算作与信息处理分开的一个子系统或者是合一的系统。当前办公室自动化主要的作用是支持知识工作和文书工作，例如字符处理、电子信件、电子文件和数据与声音通信。

（7）审计管理子系统。审计管理信息系统为审计人员提供一个工作平台，实现审计管理信息化和审计分析信息化两大应用，软件围绕审计项目管理、审计作业分析、远程预警监控三个维度展开，重点关注财务数据分析、销售数据分析、资产数据分析、资金数据分析四个业务领域，建设管理系统、现场系统、监控中心、在线审计、数据中心五大系统。

（8）高层管理子系统。每个组织均有一个最高领导层，如公司总经理和各职能域的副总经理组成的委员会，这个子系统主要为他们服务。其业务包括查询信息和支持决策、编写文件和信件便笺、向公司其他部门发送指令；运行控制层的内容包括会议进度、控制文件、联系文件；管理控制层要求各功能子系统执行计划的总结和计划的比较等；战略计划层关心公司的方向和必要的资源计划；高层战略计划要求广泛的综合的外部信息和内部信息，这里可能包括特级数据检索和分析，以及决策支持系统；它所需要的外部信息可能包括竞争者的信息、区域经济指数、顾客喜好、提供的服务质量。

3.1.2.4 管理信息系统的硬件结构

管理信息系统的硬件结构是指系统的硬件组成及其连接方式，并说明硬件所能达到的功能、物理位置安排。

（1）单机模式。单机模式是一种早期的管理软件系统开发的结构模式，一般适用于系统规模较小、数据流量不大的情况。单机系统中，客户端应用程序和数据库在同一台计算机上。客户端应用程序一般通过本地化的数据引擎来访问相应的数据库，例如 VB 中的 Jet 引擎。单机模式的管理信息系统适合小微企业。

（2）中央集中模式。中央集中模式是采用大型主机和终端结合的系统，这种模式将操作系统、数据库管理系统和访问数据库的应用程序都放在作为中心的主机上运行，终端和主机之间以专线的方式连接，终端没有任何处理能力，只是用来显示主机发送的数据以及供用户输入数据。这种模式的最大优点是数据与管理高度集中，管理比较方便，系统安全性比较高，适合计算量特别大的用户，或信息处理量特别大的用户作为中心节点。

（3）C/S 模式。C/S 模式是 20 世纪 80 年代出现的一种模式，在这种结构中，网络中的计算机分为两个有机联系的部分：客户机和服务器。客户机是由功能一般的微机来担任，它可以使用服务器中的资源。服务器可以是一台功能较强的具有大磁盘空间的微机服务器或工作站型计算机，也可以是一台小型机。用户只与客户机打交道，感觉不到服务器的存在。对于用户发出的请求，如果客户机能够满足就直接给出结果，否则，客户机就会将请求传送给服务器，并根据服务器回送的处理结果进行分析，然后显示给用户。因此，该模式在客户机和服务器之间合理均衡事务处理量。

（4）B/S 模式。B/S 模式出现在 C/S 模式之后，它由浏览器、Web 服务器、数据库服务器三个层次组成。在这种模式下，客户端使用一个通用的浏览器，代替了形形色色的各种应用软件，用户的所有操作都是通过浏览器进行的。该结构的核心部分是 Web 服务器，它负责接受远程或本地的请求，然后根据请求到数据库服务器处理相关数据，再将处理结果传送回到提出请求的浏览器。

3.1.3 管理信息系统的演进

3.1.3.1 诺兰模型

美国管理信息系统专家诺兰（Richard L. Nolan）通过对 200 多个公司、部门发展信息系统的实践和经验的总结，提出了著名的信息系统进化的阶段模型，即诺兰模型。

诺兰认为，任何组织由手工信息系统向以计算机为基础的信息系统发展时，都存在着一条客观的发展道路和规律。数据处理的发展涉及技术的进步、应用的拓展、计划和控制策略的变化以及用户的状况四个方面。1979 年，诺兰将信息系统的发展道路划分为六个阶段，如图 3.5 所示，分别是初始阶段、普及（即传播）阶段、控制阶段、集成阶段、数据管理阶段和信息管理（即成熟）阶段。

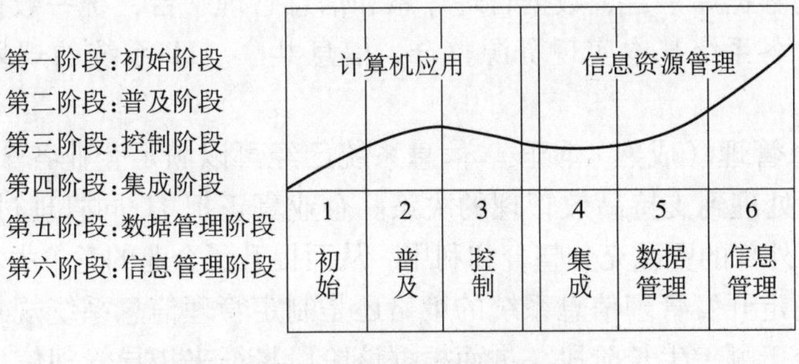

图 3.5 诺兰六阶段模型

诺兰六阶段模型总结了发达国家信息系统发展的经验和规律，前三个阶段具有计算机应用（计算机时代）的特征，后三个阶段具有信息资源管理（信息时代）的特征，其转折点处是进行信息资源规划的时机。诺兰强调，任何组织在实现以计算机为基础的信息系统时都必须从一个阶段发展到下一个阶段，不能实现跳跃式发展。诺兰模型的预见性，被其后国际上许多企业的计算机应用发展情况所证实。诺兰模型的基本思想对于管理信息系统建设具有指导意义。

3.1.3.2 管理信息系统的发展阶段

（1）初始阶段。计算机刚进入企业时只作为办公设备使用。企业对计算机基本不了解，更不清楚 IT 技术可以为企业带来哪些好处、解决哪些问题。该阶段的特点是组织中只有少部分人具有使用计算机的能力，这些人一般在组织的财务部门。

（2）普及（传播）阶段。虽然企业对计算机有了一定的了解，对 IT 应用开始产生兴趣，投入开始大幅度增加，然而缺少计划和规划，因而应用水平不高，IT 的整体效用无法凸显。该阶段的特点是数据处理能力得到迅速发展；出现许多新问题（如数据冗余、数据不一致性、难以共享等）；计算机使用效率不高等。

（3）控制阶段。在前一阶段由于盲目购机、定制开发导致效益不理想后，开始意识到要从整体上控制计算机信息系统的发展（在客观上要求组织协调、解决数据共享问题）。企业对 IT 的利用开始有了更明确的认识和目标。一些职能部门内部实现了网络化（如财务系统、人事系统、库存系统等），但各软件系统之间还存在着部门壁垒和信息孤岛的状况。该阶段的特点是成立了一个领导小组，采用了数据库技术。这一阶段是计算机管理变为数据管理的关键。

（4）集成阶段。在控制的基础上，企业开始重新进行规划设计，建立基础数据库，并建成统一的信息管理系统。企业 IT 主管开始把企业内部不同的 IT 机构和系统统一到一个系统中进行管理，使人、财、物等资源信息能够在企业集成共享……不过，这样的集成所花费的成本会更高，时间会更长，而且系统更不稳定。该阶段的特点是，建立集中式的数据库及相应的技术，增加大量硬件，预算费用迅速增长。

（5）数据管理阶段。企业高层意识到信息战略的重要性，信息成为企业的重要资源，企业的信息化建设也真正进入数据处理阶段。该阶段的特点是企业开始选定统一的数据库平台、数据管理体系和信息管理平台，统一数据的管理和使用。各部门、各系统基本实现资源整合、信息共享。IT 系统的规划及资源利用更加高效。

（6）信息管理（成熟）阶段。信息系统已经可以满足企业各个层次的需求，从简单的事务处理到支持高效管理的决策。企业真正把 IT 同管理过程结合起来。将组织内部、外部的资源充分整合和利用，从而提升了企业的竞争力和发展潜力。

无论是确定开发管理信息系统的策略还是制定管理信息系统规划，都应先明确组织当前处于哪一生长阶段，进而根据该阶段特征来指导管理信息系统建设。

3.2 技术方法：数据管理

在应用需求的驱动下，在计算机硬件、软件发展的基础上，数据管理技术经历了人工管理、文件系统、数据库系统三个阶段。

3.2.1 数据管理的模式

3.2.1.1 人工管理

人工管理阶段出现在 20 世纪 50 年代中期以前，此阶段计算机主要用于科学计算。当时的硬件外存只有纸带、卡片、磁带，没有磁盘等直接存取的存储设备。软件方面没有操作系统，也没有专门管理数据的软件。数据的处理方式是批处理。

人工管理阶段有以下四个特点。

(1) 数据不保存。当时计算机主要用于科学计算，一般不需要将数据进行长期保存。

(2) 应用程序管理数据。数据需要由应用程序自己设计、说明和管理，没有相应的软件系统负责数据的管理工作。应用程序中不仅要规定数据的逻辑结构，而且要设计物理结构，包括存储结构、存取方法、输入方式等。

(3) 数据之间无共享。数据是面向应用程序的，一组数据只能对应一个程序。当多个应用程序涉及某些相同的数据时必须各自定义，无法相互利用、参照，程序与程序之间有大量的数据冗余。

(4) 数据无独立性。当数据逻辑结构或物理结构发生变化后，须对应用程序作相应的修改，数据完全依赖于应用程序，数据之间缺乏独立性。

此阶段应用程序与数据之间的对应关系如图3.6所示。

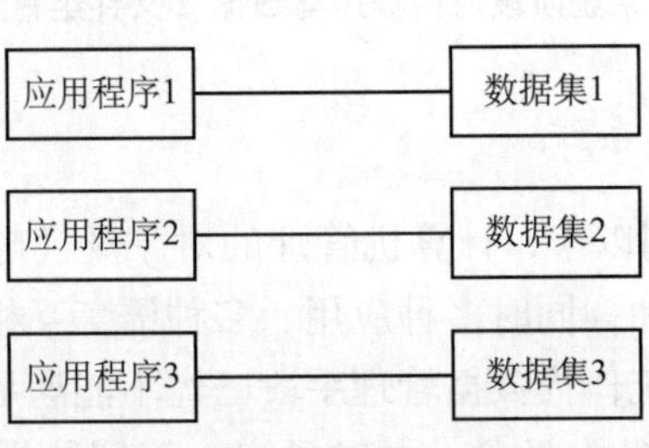

图3.6 人工管理阶段应用程序与数据间的对应关系

3.2.1.2 文件系统

文件系统阶段出现在20世纪50年代后期到60年代中期。此阶段硬件有了发展，出现了磁盘、磁鼓等直接存取存储设备。在软件方面，操作系统中出现了专门的数据管理软件，一般称为文件系统，同时还出现了批处理和联机实时处理等数据处理技术。

文件系统阶段数据管理有以下两个特点。

(1) 数据可以长期保存。计算机已大量用于数据处理，数据可以长期保存在外存上反复进行查询、修改、插入和删除等操作。

(2) 数据由文件系统进行管理。文件系统把数据组织成相互独立的数据文件，利用“按文件名访问、按记录进行存取”的管理技术，提供了对文件进行打开与关闭，对记录读取和写入等数据存取方式。

然而利用文件系统对数据进行管理仍存在以下缺点。

(1) 数据共享性差、冗余度大。文件系统中一个（或一组）文件基本上对应一个应用程序，即文件仍然是面向应用的。当不同的应用程序使用相同的数据时，也必须建立各自的文件，而不能共享相同的数据，大量冗余的数据对存储空间造成了浪费。同时，由于相同的数据重复存储且各自管理，极易造成数据之间的不一致性，给数据修改和维护带来困难。

（2）数据独立性差。文件是为某一特定的应用服务的，文件的逻辑结构通常是针对具体的应用来设计和优化的，这导致对文件中的数据再增加一些新的应用通常会很困难。

文件系统阶段应用程序与数据（文件组）的对应关系如图 3. 7 所示。

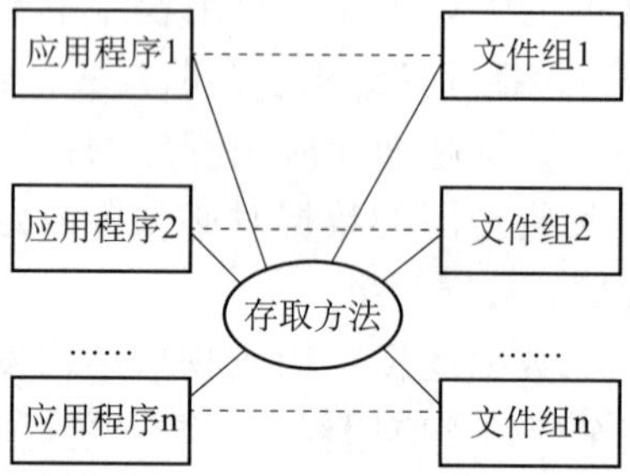

图 3. 7　文件系统阶段应用程序与数据（文件组）间的对应关系

3. 2. 1. 3　数据库系统

20 世纪 60 年代后期以来，计算机管理的对象规模越来越大，应用范围越来越广泛，数据量急剧增加，同时多种应用、多种语言互相覆盖的共享集合的要求越来越强烈。以文件系统作为数据管理手段已经不能满足应用的需求，为了解决多用户、多应用共享数据的要求，出现了统一管理数据的专用软件——数据库系统。

数据库系统阶段对数据进行管理有以下三个特点。

（1）数据呈现出结构化。文件系统中虽然文件记录具有内部结构，但是记录的结构和记录之间的联系被固化在程序中。数据库系统的出现使得数据呈现出“整体”结构化，即数据库中的数据不再针对某一特定应用，而是面向整个组织或企业。

（2）数据共享性高。数据库是长期存储在计算机内有组织的、大量的、共享的数据集合。数据是面向整个系统的，它可以供各种用户共享，被多个应用共享使用，具有较大的弹性且易于扩充。

（3）数据独立性高。数据呈现出高度的独立性，包括物理独立性，即用户应用程序与数据库中数据的物理存储是相互独立的；逻辑独立性，即用户应用程序与数据库的逻辑结构是相互独立的。

数据库管理系统在数据库建立、运用和维护时对数据库进行统一的控制，以保证数据的安全性和完整性，并且在多用户同时使用数据库时进行并发控制，在发生故障后对数据库进行恢复。应用程序、数据库管理系统和数据库的对应关系如图 3. 8 所示。

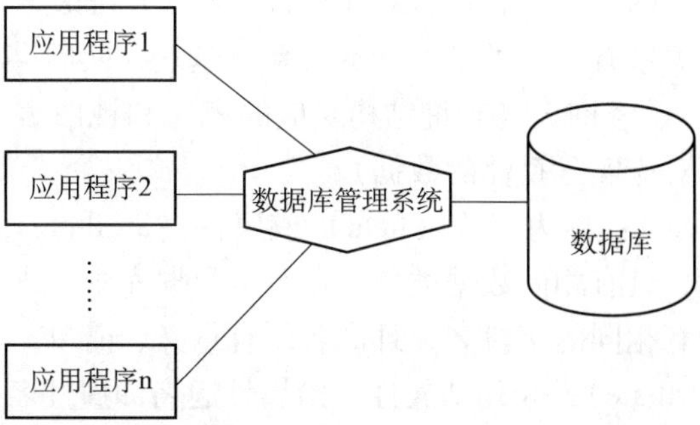

图3.8 应用程序、数据库管理系统和数据库之间的对应关系

3.2.2 结构化数据模型

1970年美国IBM公司San Jose研究室的研究员埃德加·弗兰克·科德（E. F. Codd）首次提出了数据库系统的关系模型，开创了数据库的关系方法和关系数据理论的研究，为数据库技术奠定了理论基础。由于埃德加·弗兰克·科德的杰出工作，他于1981年获得ACM图灵奖。

关系模式也称为结构化数据模型，20世纪80年代以后，在商用DBMS中，关系模型逐步取代早期的网状模型和层次模型，目前关系数据库已经成为企业管理信息系统的标配，是最主要的企业管理信息存储方式，因此，企业内部大约90%的信息是以结构化数据的形式存储和使用的。关系模型由关系数据结构、关系操作集合和关系完整性约束三部分组成的。

3.2.2.1 关系结构

结构只包含单一的数据结构（关系），现实世界的实体与实体间的各种联系均用关系来表示。关系模型是把数据库表示为关系的集合，并以二维表格的形式组织数据，如表3.1所示。

表3.1 电力企业基本信息

序号	公司	法定代表人	统一社会信用代码
1	南瑞能源有限公司	冷×	9132019113487236××
2	京能发电有限公司	王××	91152500MA0N055K××
3	国电水电开发有限公司	涂××	9151010072536102××
4	电力科学研究院有限公司	李××	9133000074290397××
…	……	……	…

基本术语如下。

（1）表（table）：也称为关系，是二维数据结构，由表名、构成表的各列及若干行数据组成，每个表由唯一的表名，每一行数据描述一条具体的记录值。

（2）关系（relation）：一个关系逻辑上对应一张二维表，可以为每个关系取一个名称来标识。关系有三种类型：基本关系（基表，实际存在的表，是实际存储数据的逻辑表示）、查询表（查询结构对应的表）和视图表（由基本表或其他视图导出的表，不对应实际存储的数据）。

（3）列（column）：称为字段（field）或属性（attribute）。每一列有一个名称，表示实体属性，具有相同数据类型。在一个数据库中，表名、字段名必须唯一，不同的表可以有相同的字段名，且命名须有意义、简单。

（4）属性（attribute）：表列即属性，给属性起名即属性名。属性的个数称为关系的元或度。列值为属性值；取值范围为值域。

（5）行（row）：称为元组（tuple）或记录（record）。表中的数据按行存储，一行数据即一条记录或元组，每行由若干个字段值组成。

（6）分量（component）：元组的属性值为分量。

（7）码/键（key）：在一个关系中，有一个属性或属性组，能用来标识该关系的元组，则为该关系的码或键。

（8）超码或超键（super key）：从码中去除某个属性，它仍然是对应关系的码，则为超码；每个关系至少有一个默认的超码（所有属性的集合）。

（9）候选码或键（candidate key）：关系中的一个码或键中，不能去除任何一个属性，否则它就不是对应关系表的码或键，则此码为候选码（键），它是关系表中最小的超码或超键。

（10）主键/码（primary key）：在一张关系表中的若干候选键中指定一个用来唯一标识该关系的元组，则该候选键为主键。

（11）全键/码（all-key）：一个关系中所有的属性集合是这个关系是主键/码，则为全键/码。

（12）主/非属性（primary attribute/nonprimary attribute）：关系中包含任何一个候选键/码的属性为主/码属性，不包含任何一个候选码的属性为非主/码属性。

（13）外键/码（foreign key）：关系中的某个属性或属性组不是这个关系的主键或候选键，而是另一个关系的主键，则该属性（属性组）为关系的外键/码。

（14）参照关系（referencing relation）/被参照关系（referenced relation）：参照关系也称从关系，被参照关系又称主关系，它们指以外码相关联的两个关系。而以外码为主码的关系为被参照关系；外码所在的关系为参照关系，这种联系通常是一对多关联。

（15）域（domain）：指属性取值范围。

（16）数据类型（data type）：每列（元关系）都有相应的数据类型，用于限制该列中存储的数据。

（17）关系模式（relation schema）：与数据模型一样，数据库也有型和值，在关系数据库中关系模式是型，关系是值，关系模式是对关系的描述。

表3.2是电力企业基本信息表关系的结构定义，关系则是元组的集合，是关系模式在某一时刻的状态或内容。

表3.2 电力企业基本信息表结构

字段名	数据类型	宽度	是否允许为空	……
序号	整数	2	否	
公司	字符	256	否	
法定代表人	字符	12	否	
统一社会信用代码	数值	64	否	

关系模式是静态的、稳定的，而关系是动态的、随时间不断变化的，因为关系操作在不断地更新着数据库的数据。实际工作中关系模式和关系统称为关系。

（18）关系数据库（relation database）：以关系模型作为数据的逻辑模型，并采用关系作为数据组织方式的一类数据库，其数据库操作建立在关系代数的基础上。在给定的应用领域中，所以关系的集合构成一个关系数据库。

关系数据库对关系的限定：每个属性都不可分解，是关系数据库对关系的最基本的限定，要求关系的每个分量必须是一个不可分的数据项，即不允许表中有表。一个关系对应一种关系模式，模式中的属性的数据类型及属性的个数是相对固定的。每个关系模式中的属性必须命名，在同一模式中，属性名必须是不同的。同一关系中不允许出现候选码或键值完全相同的元组。关系中的元组顺序是可任意交换。关系中的属性顺序可以任意交换。

3.2.2.2 关系操作

基本的关系操作有增（insert）、删（delete）、改（update）、查（query）。关系的查询表达能力是关系操作最主要的部分。查询又可分为选择、投影、连接、除、并、差、交、笛卡尔积。关系操作的对象和结果都是集合。

关系数据语言主要分为关系代数、关系演算。其中，关系代数通过对关系的操作来表达查询要求。关系演算用谓词来表达查询要求，又按谓词变元的基本对象（元组变量或域变量），分为元组关系演算和域关系演算。鉴于关系代数与关系演算在功能上的等价，本书主要介绍关系代数（见表3.3）。

表3.3 关系代数的运算符

运算符		含义
集合运算符	$\cup$	并
	$-$	差
	$\cap$	交
	$\times$	笛卡尔积
专门的关系运算符	σ	选择
	π	投影
	$\bowtie$	连接
	$\div$	除

续表

运算符		含义
比较操作符	>	大于
	⩾	大于等于
	<	小于
	⩽	小于等于
	=	等于
	≠	不等于
比较操作符	¬	非
	∧	与
	∨	或

3.2.2.3 完整性约束

关系模型允许定义三类完整性约束：实体完整性、参照完整性和用户定义的完整性。其中，实体完整性和参照完整性是关系模型必须满足的完整性约束条件，体现了具体领域中的语义约束。

实体完整性规则：若属性 A 是基本关系 R 的主属性，则属性 A 不能取空值。实体完整性规则规定基本关系的所有主属性都不能取空值，而不仅是主码整体不能取空值。

（1）实体完整性规则是针对基本关系而言的。一个基本表通常对应现实世界的一个实体集。例如学生关系对应于学生的集合。

（2）现实世界中的实体是可区分的，即它们具有某种唯一性标志。

（3）相应地，关系模型中以主码作为唯一性标志。

（4）主码中的属性即主属性不能取空值。所谓空值就是“不知道”或“无意义”的值。如果主属性取空值，就说明存在某个不可标识的实体，即存在不可区分的实体。这与第（2）点相矛盾，因而这个规则成为实体完整性。

参照完整性规则：若属性（或属性组）F 是基本关系 R 的外码，它对于基本关系 S 的主码 K 相对应（基本关系 R 和 S 不一定是不同的关系），则对于 R 中的每个元组在 F 上的值必须为：或者取空值（F 的每个属性值均为空值）；或者等于 S 中某个元组的主码值。

用户定义的完整性就是针对某一具体关系数据库的约束条件。它反映某一具体应用所涉及的数据必须满足的语义要求。例如某个属性必须取唯一值、某些属性值之间应满足一定的函数关系、某个属性的取值范围在 0 ~ 100 等。关系模型应提供定义和检验这类完整性的机制，以便于用统一的系统的方法处理它们，而不要由应用程序承担这一功能。

3.2.3 结构化查询分析

3.2.3.1 数据库查询工具

SQL（structured query language）是结构化查询语言，属于高级的非过程化编程语言，是沟通数据库服务器和客户端的重要工具，允许用户在高层数据结构上工作。它不要求用户指定对数据的存放方法，也不需要用户了解具体的数据存放方式，所以具有完全不同底层结构的不同数据库系统，可以使用相同的SQL语言作为数据输入与管理的接口。

SQL是IBM公司的圣约瑟研究实验室为其关系数据库管理系统SYSTEM R开发的一种查询语言，它以科德（Codd）的理论为基础开发的。SQL语言结构简洁、功能强大、简单易学，所以自从IBM公司1981年推出以来，SQL语言得到了广泛的应用。如今无论是像Oracle、Sybase、DB2、Informix、SQL Server这些大型的数据库管理系统，还是像Visual Foxpro、PowerBuilder这些PC上常用的数据库开发系统，都支持SQL语言作为查询语言。

1992年，国际标准化组织（ISO）和国际电子委员会（IEC）发布了SQL国际标准，称为SQL-92。美国国家标准局（ANSI）随之发布的相应标准是ANSI SQL-92，有时称为ANSI SQL。尽管不同的关系数据库使用的SQL版本有一些差异，但大多数都遵循ANSI SQL标准。SQL Server使用ANSI SQL-92的扩展集，称为T-SQL，其遵循ANSI制定的SQL-92标准。SQL语言包含四个部分。

（1）数据定义语言（DDL），例如CREATE、DROP、ALTER等语句；

（2）数据操作语言（DML），例如INSERT（插入）、UPDATE（修改）、DELETE（删除）语句；

（3）数据查询语言（DQL），例如SELECT语句；

（4）数据控制语言（DCL），例如GRANT、REVOKE、COMMIT、ROLLBACK等语句。

SQL语句可以嵌入宿主语言（如C、JAVA语言等）中使用，也可以在终端上以联机交互方式使用，在信息系统审计时，审计人员利用SQL工具查询信息系统中的数据。

SQL语言提供了SELECT语句进行数据库查询。SQL语言的数据查询语句的语法格式为：

SELECT [DISTINCT] <属性表>FROM R_1 [<别名>]，…，R_n [<别名>]

WHEREcondition

[GROUP BY <分组属性表> [HAVING <分组选择条件>]]

[ORDER BY <列名> [<ORDER>]，…，<列名> [<ORDER>]]

其中，属性表是作为查询结果的新关系所包含的属性，可选项DISTINCT表示查询结果中不出现重复元组。R_1，…，R_n 是n个不同的关系，“别名”是各个关系的简化名称，condition 是查询条件表达式，由逻辑运算符、算术比较符、常值和属性名等构成。可选从句 GROUP BY…HAVING 表示依照 < 分组属性表 > 中的属性值和 < 分组选择条件 > 把结果关系分组，ORDER BY 从句实现查询结果排序。

整个 SELECT 语句操作过程如下：将 FROM 子句所指出的关系进行连接，从中选取满足 WHERE 子句中条件 condition 的行（元组），然后按 GROUP 子句给定列的值进行分组，并按 ORDER 子句的要求排序，最后根据 SELECT 子句给出的列名或列表达式将查询结果表输出。

以下介绍如何在采用 SQL 查询工具查询、统计、分析信息系统中的数据。

3.2.3.2　对单个表的查询

SQL 语句的语法是“SELECT ＊ FROM 表名 WHERE 条件”。用 WHERE 指定查询条件，可以指定单个条件或多个条件，并可配合函数或关键字使用，也可以不用 WHERE，只用函数查询。是否能准确找到所需的数据，条件设置是关键，同时审计人员也要了解被审计单位的业务和信息系统流程等，表 3.4 罗列了一些常用的查询条件。

表 3.4　　常用的查询条件

查询条件	谓词
比较	=，>，<，≤，≥，< >，! >，! <，! =
范围	BETWEEN AND，NOT BETWEEN AND
集合	IN，NOT IN
匹配	LIKE，NOT LIKE
空值	IS NULL，IS NOT NULL
逻辑	AND，OR，NOT

（1）单个条件的查询，设定的条件放在 WHERE 后面，如在存款表中查询所有存款金额 10 万元以上（含 10 万元）的记录：

SELECT ＊ FROM 存款表
WHERE 金额≥100 000；

这是最基本的查询语句。

（2）多个条件的查询，各条件间可能是 and 或 or 的关系，如在存款表中查询存款金额 10 万元以上（含 10 万元），并且存款时间 2 年以上（含 2 年）的全部记录：

SELECT ＊ FROM 存款表
WHERE 金额≥100 000 and 存款年限 > =2；

对多个条件的查询，根据关键字 and 或 or 来决定各种条件之间的关系。

（3）对关键字的内容进行查询，如把所有摘要中含有“招待费”的凭证找出来：

SELECT * FROM 凭证表

WHERE 摘要 like ‘%招待费%’;

查询包含某些关键字的条件也可以是多个，采用关键字 and 或 or 进行组合。

（4）查询内容包含在一定的范围内，如在科目代码表中查询科目代码分别是101、102的记录：

SELECT * FROM 科目代码表

WHERE 科目代码 IN （‘101’,’102’）;

常用在已基本确定查询范围之后。当所关心内容类别较多时可使用下面将提到的两张表的嵌套查询。

（5）不用写条件，用聚集函数进行查询，如要查找最大的一笔存款额：

SELECT max（发生金额）FROM 存款表;

函数在审计实际工作当中非常有用，我们在下一部分详细介绍。

3.2.3.3　对单个表的统计

审计人员还可以利用查询语句提供的强大功能进行分组、排序、计算等统计工作，综合运用聚集函数、GROUP BY、ORDER BY 等可以进行各种统计分析，形成一系列的审计中间表。一些常见的聚集函数如表3.5所示。

SELECT count（*）FROM 凭证表

WHERE 金额≥100 000;

SELECT avg（发生金额）FROM 存款表;

表3.5　常见的聚集函数

函数形式	功能说明
COUNT（*）	统计元组的个数
COUNT（列名）	统计某一列中字段的个数
AVG（列名）	计算某一列中值的平均值
SUM（列名）	计算某一列中值的和
MAX（列名）	求出某一列中的最大值
MIN（列名）	求出某一列中的最小值

（1）对多个条件的查询，得到符合条件的某字段的合计值

SELECT sum（金额）FROM 存款表

WHERE 金额≥100 000 and 存款时间≥#2011－1－1#

and 存款时间≤#2011－12－31#

ORDER BY 金额 DESC，存款时间 ASC;

该情况一般用于统计某种条件下的合计值，常用于对某种情况下的总金额情况进行了解。

（2）对某个字段进行分组，查询各字段属性分别对应的发生次数，并按发

生次数进行排序：

SELECT 款项代码，count（款项代码）AS 次数 FROM 大额现金支取表

GROUP BY 款项代码

ORDER BY count（款项代码）DESC；

该情况常用于对某个所关心字段的分类统计，得出每个类别所发生的次数，并可按发生次数进行排序。

（3）按某个字段的长度进行分类并进行排序：

SELECT len（科目代码）AS 发生次数 FROM 科目代码表

GROUP BY len（科目代码）

ORDER BY len（科目代码）DESC；

该情况用于了解某字段的长度分组情况，可对所取得的原始数据进行验证，以证实原始数据的规范性或找出不规范情况的问题所在。

（4）分组查询，GROUP BY 与 HAVING 联用：

SELECT 客户号，count（ * ）AS 发生次数 FROM 存款表

WHERE 发生金额≥100 000

GROUP BY 客户号

HAVING count（ * ）>1；

常用于要列出所关心某字段的某一个或几个条件限制下发生次数超出某范围的情况。如查询发生多次（即同一关键字发生的记录数大于 1）大额存取的客户号及其存取次数，查询结果按客户号分组。

GROUP BY 子句将表按列的值分组，列值相同的分在一组，GROUP BY 后可以有多个列名，先按第一列名分组，在按第二列名在已分得的组中再分组，直到 GROUP BY 子句所指名的列都是具有相同的值基本组。使用 GROUP BY 子句后，SELECT 子句所取的值必须在基本组中是唯一的，即只能是 GROUP BY 子句所指名的列或聚集函数。上例中，按学号对学生选课情况进行分组后，SELECT 子句所取的值 SNAME 和 SUM（GRADE）在每个基本组中都是唯一的。

3.2.3.4 生成审计中间表

以上介绍了如何对单个表进行查询和统计，但是这些结果并未直接存储成新表，不利于对查询结果的进一步分析利用，审计人员常常使用“SELECT * INTO 表名（审计中间表）FROM 表名 WHERE 条件”这种语句格式把查询结果保存在审计中间表中（一张新表）。这些审计中间表非常有用，其作用类似审计工作底稿，审计人员可以直接对这些中间表做进一步统计分析等。

（1）例如，审计人员可以把查出的金额超过 10 万元的存款记录放在一张审计中间表中，这张审计中间表称为“大额存款发生情况表”，具体语句如下。

SELECT * INTO 大额存款发生情况表

FROM 存款表

WHERE 金额≥100 000；

（2）两张结构相同的表合并生成一张新表，使用关键字UNION进行联合查询：

SELECT * INTO 审计中间表 FROM

（SELECT * FROM 原始表1 UNION SELECT * FROM 原始表2）；

该情况常用于对多个原始表的整理以生成中间表，便于后续的查询工作。如合并采集到的原始数据，将原本分月存储的数据表合并成分年度存储的数据表。

（3）连接两张表，生成新的中间表：

SELECT a. *，b. 客户名称 INTO 含客户名称的现金支取表

FROM 现金支取表 AS a，客户基本信息表 AS b

WHERE a. 款项代码 = b. 款项代码；

使用该类语句的前提是两张表存在相关联的关键字，常用于一张表根据两表的连接关键字引入另一张表的某些字段，为后续的查询准备好中间表。其中使用别名可以简化SQL语句的输入。如财务数据中采集到的凭证表是两张表时，可连接两表引入摘要字段等。

3.2.3.5 对多个表的查询

若一个查询同时涉及两个以上的表，则称之为连接查询，包括等值连接查询、非等值连接查询、简单连接查询和复合连接查询等。

这种情况下必须对各表的对应关键字进行关联，一般情况下是对两张表的关联查询，当有更多张表要操作时可以每次对两张表操作后再和剩余的表关联操作，也可以扩展SQL语句同时对两个以上的表操作，以下只列出对两张表操作的情况。

（1）两张表的关联查询：

SELECT a. *，b. 科目代码 FROM 对公活期存款明细表 AS a，活期存款账户动态表 AS b

WHERE a. 款项代码 = b. 款项代码 and 科目代码 LIKE ‘201%’；

该情况可看作对两张表连接的扩展，即根据WHERE所限定的条件来对两张表关联查询。

（2）两张表的嵌套查询，两层查询间要使用关键字IN：

SELECT * INTO 频繁发生大额现金支取表 FROM 大额现金支取表

WHERE 交易金额≥100 000 and 款项代码 IN

（SELECT 款项代码 FROM 款项代码发生次数_大额现金支取

WHERE 次数≥10）

ORDER BY 款项代码，交易金额，记账日期；

这种情况也可理解为简单查询，不同的是其中WHERE所指定的某个条件是由另一张表的又一个查询所指定的，与单表查询的语句：

SELECT * FROM 科目代码表 WHERE 科目代码 in（‘101’，‘102’）；

进行对比后发现，可将两张表的嵌套查询看作如上语句的扩展。例如利用大

额现金支取表和大额现金支取的款项代码发生次数表查询交易金额大且发生次数多的情况。再如利用贷款表和股东表查询贷款表中含股东贷款的情况。

嵌套查询使我们可以用多个简单查询构成复杂查询，从而扩充SQL的查询能力。以多层嵌套的方式来构造程序，正是SQL中“结构化”的含义所在。

3.2.3.6 应用实例

（1）房产税征缴审计目标与流程。房产税征缴审计目标是检查地方税务机关房产税收入的真实性、完整性、合法性，以及征管控制的有效性。

通过关联纳税人基本信息表和税款征收数据表，分析纳税人房产税缴纳情况，以及比对纳税人近几年缴纳房产税是否异常，审查地方税务机关房产税收入是否真实完整、合法合规，是否对纳税人及时足额缴纳房产税实施有效监控。房产税征缴审计逻辑关系如图3.9所示。

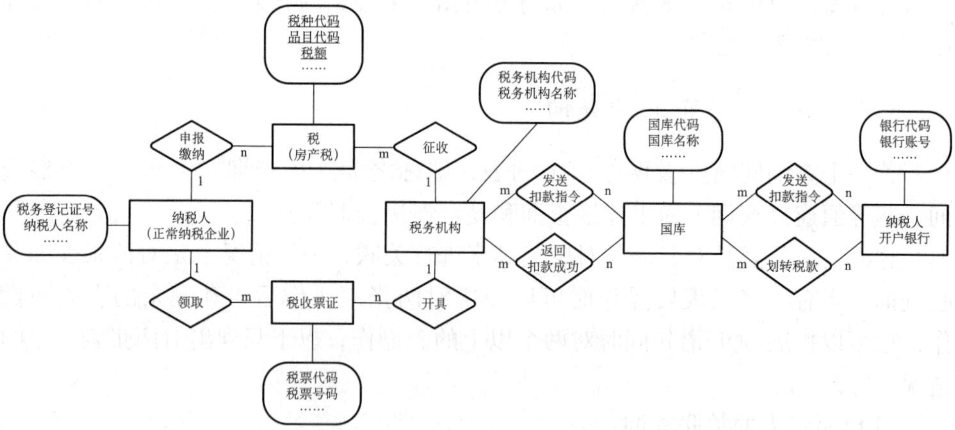

图3.9 房产税征缴审计的E-R

（2）建立缴纳房产税差额较大纳税人的查询模型。纳税金额较大的企业一般都有自己的固定房产，且缴纳的房产税较稳定，因此，将正常缴纳税款但未缴纳房产税或缴纳房产税较少的、近两年房产税纳税金额变化较大的重点税源户，确定为延伸审计对象；延伸时重点关注税务机关的征管措施，同时审查纳税人拥有的房产和变化情况以及相关涉税资料，检查是否及时、足额申报纳税。所以建立缴纳房产税差额较大纳税人的查询如下。

SELECT 税务登记证号，纳税人名称，sum（实纳税额）AS 本年税款总额

FROM 分析表_ 房产税税款征收数据表

WHERE 税种代码 = ‘11’AND 冲负调整标志 < > ‘9’AND 税款状态代码 = ‘08’AND year（税款状态改变日期） =@ 审计年度

GROUP BY 税务登记证号

JOIN

SELECT 税务登记证号，纳税人名称，sum（实纳税额） AS 上年税款总额

FROM 分析表_ 房产税税款征收数据表

WHERE 税种代码 = '11' AND 冲负调整标志 < > '9' AND 税款状态代码 = '08' AND year（税款状态改变日期） = （@审计年度 -1）

GROUP BY 税务登记证号

3.3　系统实现：审计管理系统

审计管理信息系统实现了审计业务全过程覆盖的信息化管理，为审计人员提供审计支持，为企业决策提供依据，提升审计效率与质量。审计管理信息系统针对审计项目进行全过程的管理，涵盖审计的各个阶段，即审前阶段、实施阶段、报告阶段、整改阶段、归档阶段等，其内容主要包括项目信息管理（项目立项、项目组组建）、审计方案、审计通知书、日志、取证表、审计总结、审计报告（意见书）、问题台账、整改报告、项目档案的管理等，如图 3.10 所示。

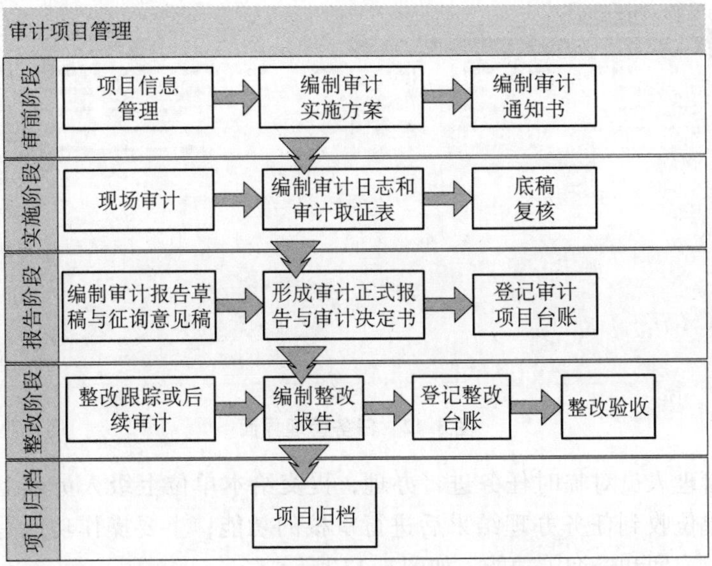

图 3.10　各阶段的审计管理工作及流程

3.3.1　审前阶段

主要有计划管理、项目管理、任务管理等方面内容，其中，计划管理和项目管理已经在第 2 章中介绍，这里不再赘述。任务管理是对计划外的项目的管理，由审计管理人员编制本单位的临时任务，下达给本单位下级人员或下级单位人员，下级单位收到任务进行实行后整理提交，本单位再进行审核、汇总的功能，如图 3.11 所示。主要操作功能有新增、编辑、删除、下达、汇总和查询等功能如图 3.12 所示。

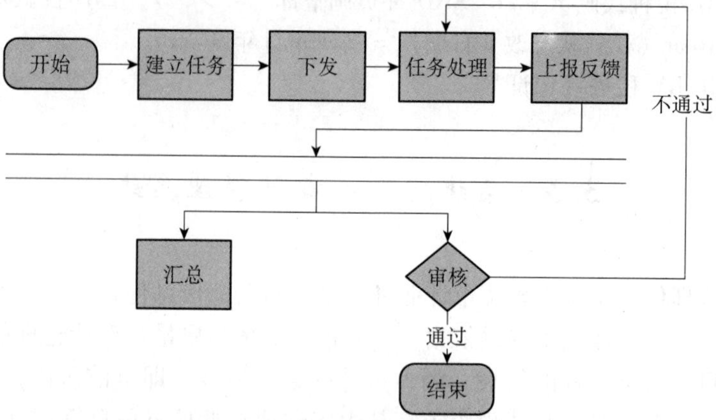

图 3.11　任务管理流程

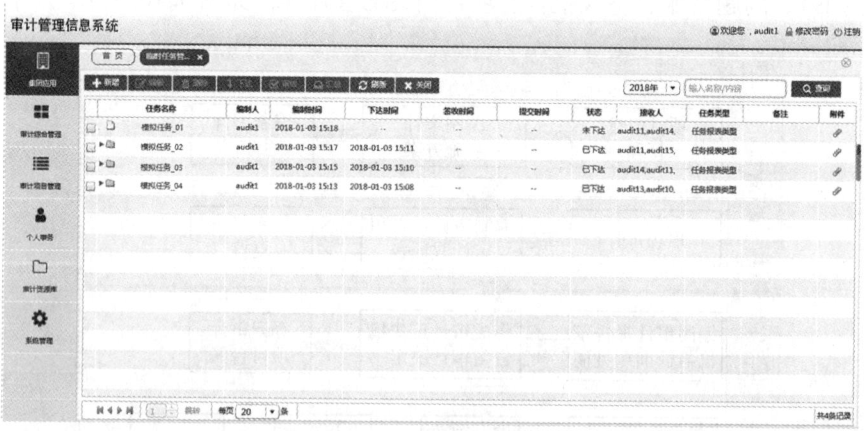

图 3.12　任务管理界面

审计管理人员对临时任务进行办理，提交给本单位上级人员或上级单位人员，上级单位收到任务办理结果后进行审核的功能；主要操作功能有签收、编辑、提交、取回和查询等功能，如图 3.13 所示。

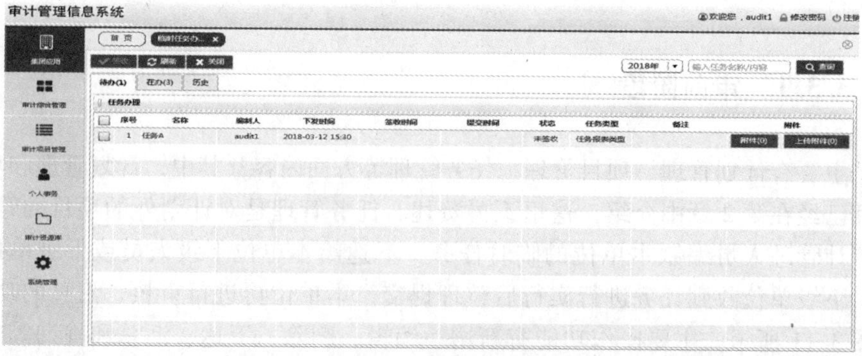

图 3.13　任务办理界面

3.3.2　实施阶段

实施阶段主要包括工作底稿管理和项目实时监控等方面内容。

审计人员对审计底稿信息与底稿类型的统一维护管理，其中包括结构化数据的录入、更新和附件管理等，同时提供精确定位查询功能，为审计人员快速定位需要的相关底稿。如图3.14和图3.15所示。

图3.14　底稿管理界面

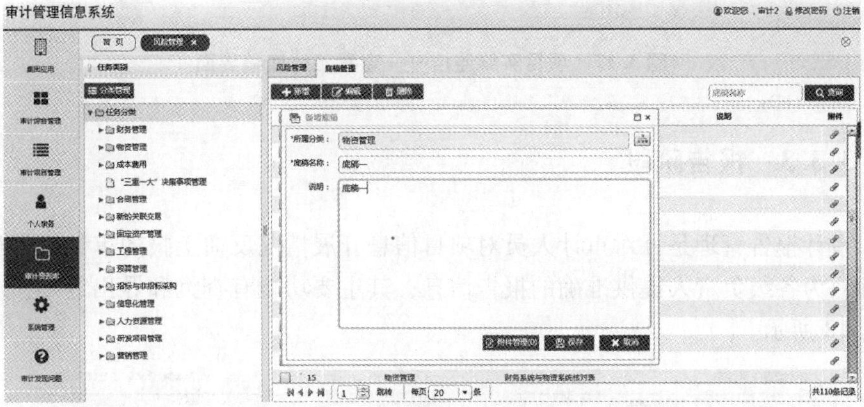

图3.15　新增底稿界面

项目实施监控是对所在项目的信息进行监控，指审计人员对本级及其下级单位的审计项目进行监控，监控的内容包括审计日志数据和审计取证表数据；主要功能有导出、查询、查看底稿功能。如图3.16所示。

双击该记录可成功打开查看审计日志页面，查看工作底稿，如图3.17所示。

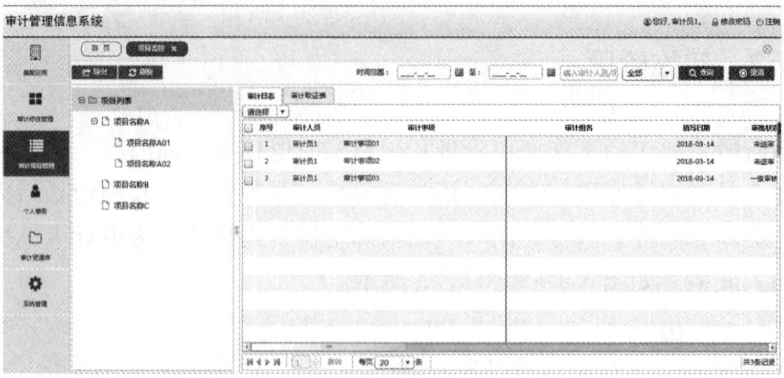

图 3.16　项目实施监控界面

图 3.17　项目实施监控——查看工作底稿界面

3.3.3　报告阶段

审计报告管理是针对审计人员对项目信息开展情况反馈上报的审计报告进行管理，为各级负责人提供准确的报告信息；其主要功能有查询和导出等操作。如图 3.18 所示。

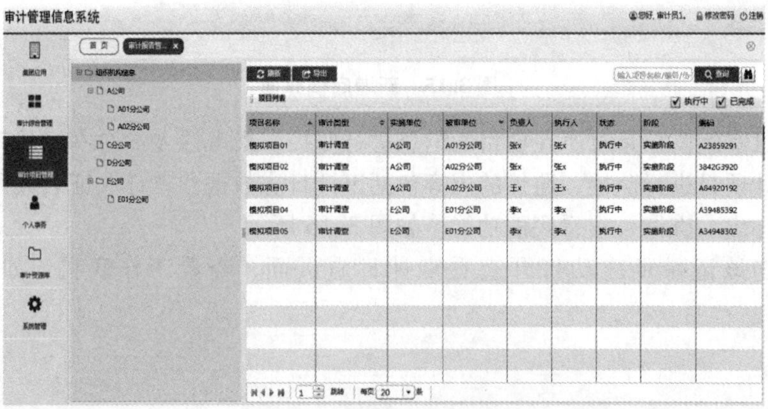

图 3.18　审计报告管理界面

审计人员对本单位审计工作开展情况进行亮点总结和归纳反映，将审计工作中的做法和经验进行总结提炼，形成文字处理材料上报给上级单位。主要功能有新增、编辑、上报、删除、统计、取回、转发和接收人等功能操作。具体如图 3. 19 所示。

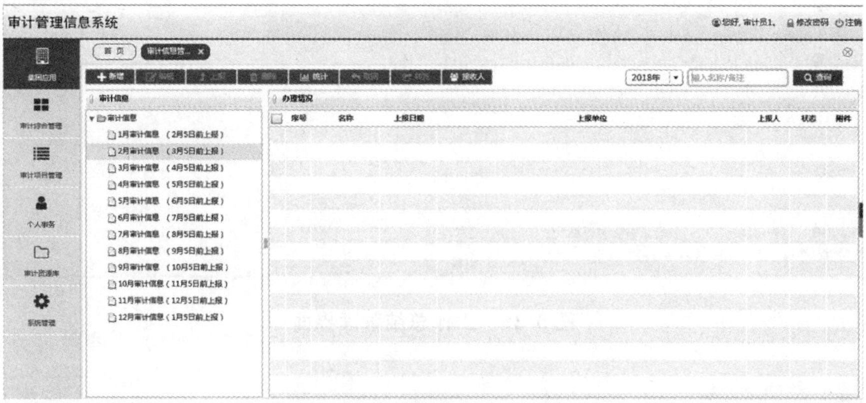

图 3. 19　上报信息管理界面

此模块是对各类台账信息进行统计汇总查看，其中包括项目汇总台账、项目明细台账、问题汇总台账、问题明细台账。可辅助审计人员进行项目问题金额、问题项目数，整改的问题金额与发现问题进行汇总分析。具体如图 3. 20 所示。

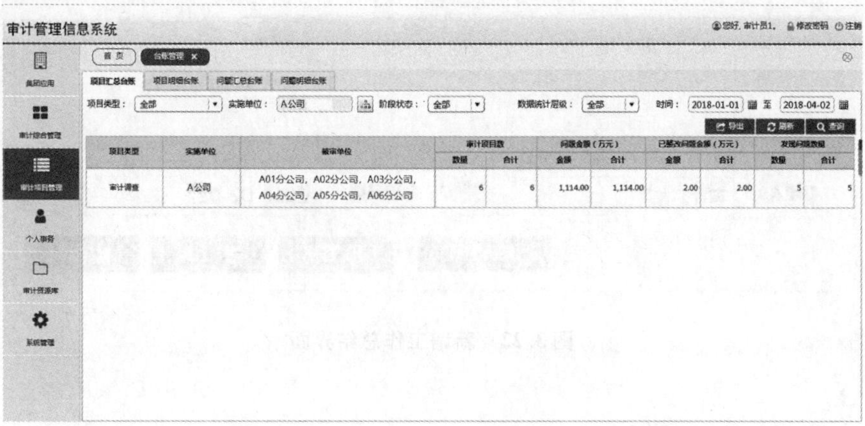

图 3. 20　项目汇总台账界面

审计人员对本单位审计工作开展情况进行月度、季度、半年和年度审计情况总结和归纳反映，形成文字处理材料，上报给上级单位。如图 3. 21 和图 3. 22 所示。

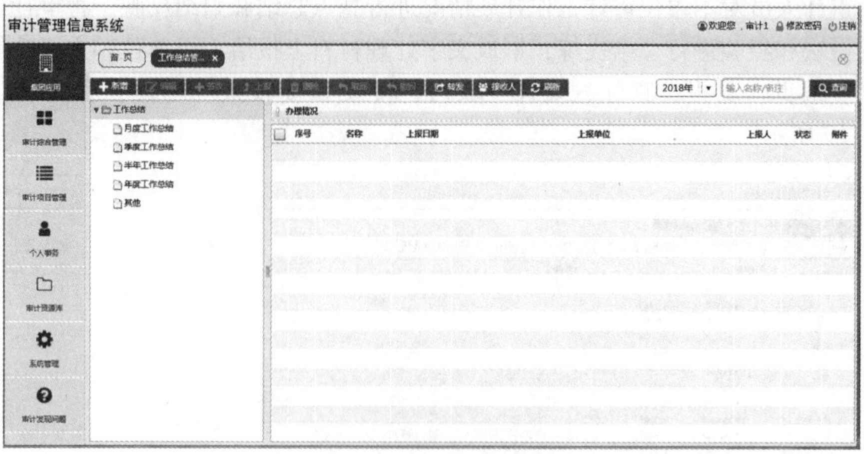

图 3.21　工作总结管理界面

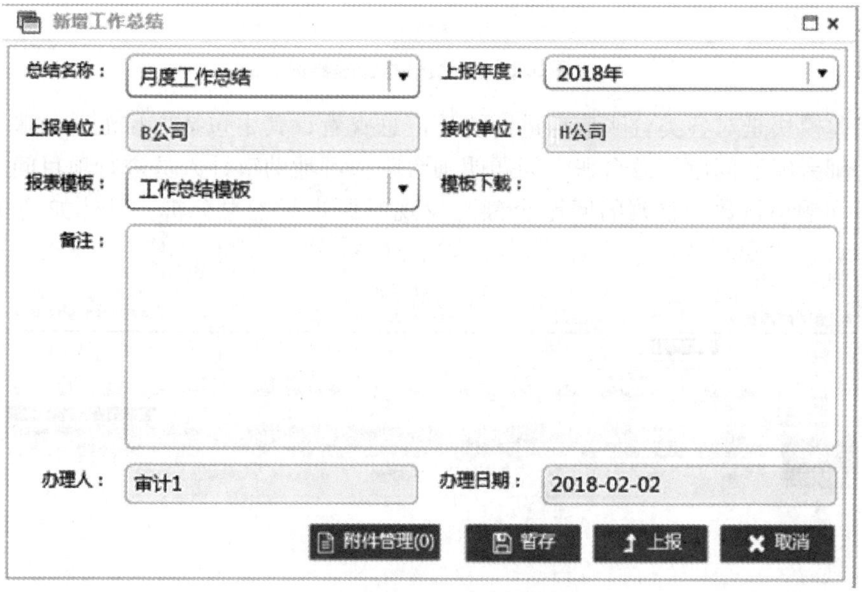

图 3.22　新增工作总结界面

3.3.4　整改阶段

登记问题台账提供对照报告或底稿登记和保存项目台账。经办人根据提取审计项目信息、提取审计报告信息，汇总归纳审计问题填写项目台账。辅助审计人员查看存在审计意见书及审计报告检查、汇总归纳审计问题项目台账以及项目附件上传等管理。如图 3.23 所示。

图 3.23　登记项目台账界面

根据年份进行核查统计下级单位上报的审计报表，发现超期上报单位，缺漏上报单位；对上报信息文件的查阅；确保各单位及时有效的上报报表，为审计人员大大提高数据的准确性。如图 3.24 所示。

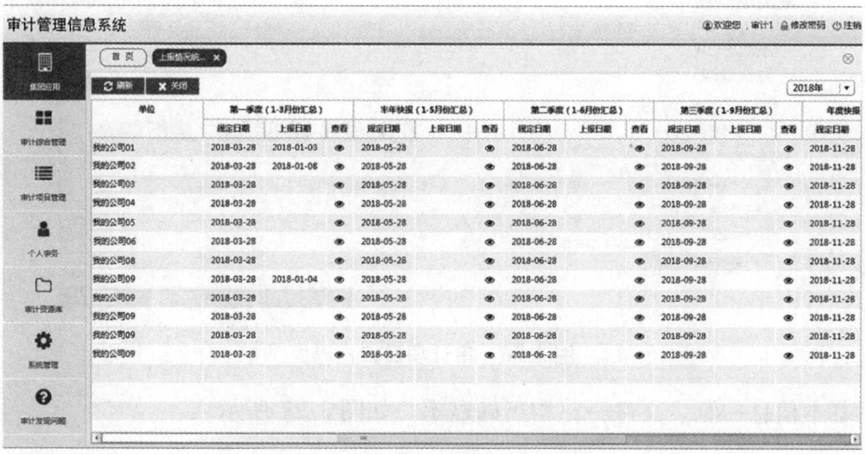

图 3.24　上报情况统计界面

3.3.5　归档阶段

此模块是对审计项目信息进行归档管理，将项目缺失资料进行补充，归档形式可分为 Word、PDF 格式等。归档后的档案信息，进行送审核查。主要功能有新增、编辑、删除、送审、发布、导出、加入经验库等操作。如图 3.25 所示。

审计归档基本信息录入，档案号、审计期间、保管期限为必填项；提交所需归档的文件材料；并生成 Word 或 PDF 附件文件。如图 3.26 所示。

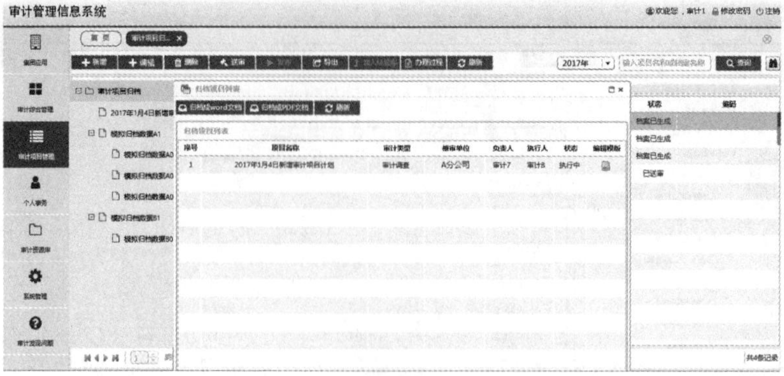

图 3.25　审计项目归档管理界面

图 3.26　审计项目归档界面

基本信息一览、文件一览均正确显示。如图 3.27 所示。

图 3.27　归档基本信息查看界面

复核人员在复核页面进行填写复核结果，若一级复核通过，需要进行二级审批，则需要参考一级送审流程做下一级送审操作。如图3.28所示。

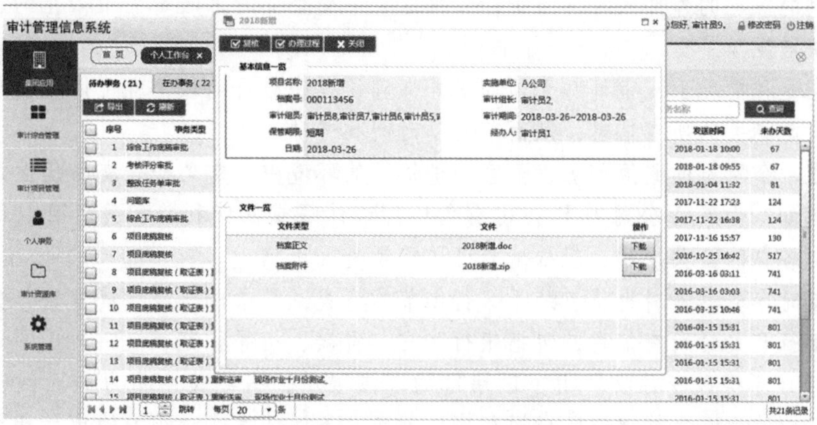

图3.28　归档复核审批界面

延伸阅读——区块链赋能审计管理

区块链正在改变审计行业，四大会计师事务所纷纷布局。全球四大审计师事务所——德勤（Deloitte）、安永（Ernst & Young）、毕马威（KPMG）和普华永道（PwC），最近发起了一项行动，加入了由20家台湾银行组成的试点计划，测试区块链技术用于财务审计。这一行动证实了外界对外部审计工作发展的预期。

尽管审计人员有时被批评缺乏在问题爆发前发现问题的能力，但无论对私人还是公共集团，外部审计都是国际集团的保证外围环境的基本组成部分。

审计可以被定义为对一个组织的账目、账簿、文件和内部过程进行客观检查的过程，以确定它是否呈现了一个“真实和公平”的财务表现和财务状况。它基于一套预先确定的准则——通常是国际财务报告标准或公认的会计原则——来验证公司财务报表的准确性。

那么审计和区块链之间的联系是什么呢？短期内什么会改变，什么不会改变呢？

（1）能改变什么。尽管受到许多标准和实践的约束，外部审计往往是一个繁重的过程，需要专业团队花大量的时间来审查客户账簿的大量交易和账目。在这种情况下，区块链技术可能会扮演一个真正具有颠覆性的角色。

国际会计师联合会（IFAC）首席财务官罗素·格思里（Russell Guthrie）表示：“区块链和人工智能等新技术正在推动全球职业发展，它们提高了行业门槛，并推动了对新员工技能和能力的需求。”

由于区块链具有分布式分类账概念和密码学的基础，它保证了透明性、不可变性、安全性、可审计性、高成本效率和“永远可用”，区块链技术在审计验证中的即时应用与外部确认过程有关。

外部确认是所有审计过程的关键部分，因为它们使审计团队能够检查公司内部提供的信息的外部来源。但是，如果这样一个企业的总账是去中心化的、公共的区块链呢？

在这种情况下，审计师无须通过外部确认程序进行确认，就可以获得与公司财务交易相关的所有信息，从而节省了时间和资源。

在一个所有的账簿都可以很容易地访问的环境中，交叉检查交易仍然是可能的。例如，如果A公司对B公司有负债，审计师或任何利益相关者可以通过交叉检查各自的公共账簿，轻松地验证该记录是否正确。

随时存取的资料也将有助于银行细节的审查，其中外聘审计员审查与公司和商业银行有关的所有信息，包括银行账户、贷款、担保和签署权。

(2) 不会改变什么。由于区块链的范围很广，需要集中精力和时间研究如何最好地使用它来构建实际应用程序，因而业务评估领域和相关的审计活动可能需要更多的时间进行更改，并受到区块链的影响。

常见会计概算的例子与资产公允价值的定义、收入确认和权责发生制的确定有关。确定概算的过程包括不确定因素，这些不确定因素通常会因业务知识、市场比较和历史数据的使用而减轻。

在区块链将被广泛采用的情况下，交易可随时访问并非常透明，来自公司管理层和外部审计师的相关猜测会减少。

大型企业对区块链创新的反应如何？

国际审计市场由所谓的“四大会计师事务所”主导：普华永道、毕马威、安永和德勤。

过去几年，由于经济复苏，德勤的收入一直在稳步增长。图3.29给出了2009~2017年全球四大会计师/审计师事务所的总收入。

图3.29　2009~2017年全球四大会计师/审计师事务所的总收入

资料来源：陈耿等：《信息系统审计控制与管理》，清华大学出版社2014年版。

在这种动态环境下，四大会计师事务所正在推出旨在提高审计活动效率和开发保证工具的具体举措。

2016年5月，德勤在都柏林设立了第一个区块链实验室，以便与那些希望在不同国家推出区块链解决方案的国际组织合作。德勤最近还发现，区块链技术将成为零售和消费品行业的关键资产。

安永成为首家接受比特币服务的咨询公司。自2017年初以来，安永瑞士公司的客户可以选择用比特币结算审计和咨询服务费用。

一家瑞士分行也宣布正式支持并加入瑞士比特币协会（BAS）。

2016年11月，普华永道推出了Vulcan数字资产服务，使数字资产能够用于日常银行、商业和其他个人货币和资产相关服务。该公司还收购了中国初创公司唯链（VeChain）的少数股权。这家公司使用区块链技术，通过建立一个透明的供应链来保护客户的品牌和产品，从而保证产品的真实性和可追溯性。

普华永道瑞士区块链主管Pierre-Edouard Wahl分享了他的公司与区块链相关的活动："我们提供非常广泛的服务：我们与初创公司合作，也与成型的公司们合作，我们提供一系列服务，当然我不会说是整套的服务，因为现在仍然缺乏清晰性。但是我们想提供首次检查，以确保事情能正确地完成，且如果监管者允许我们这样做，我们有希望作出影响。对于普华永道瑞士公司来说，我们的大客户向他们的客户提供加密货币，我们需要找到一种审计方法。但我们有办法确保资金掌握在合适的人手中。我们也在基础设施层面工作，在全球与许多ICO进行合作。我们提供法律税务服务、保险服务、工程服务、一些代码审查服务——我不喜欢在这里使用'审计'这个词，因为它听起来好像无懈可击，而实际只被另一方检查罢了。"

2016年9月，毕马威推出了数字账簿服务（Digital Ledger Services）——一套旨在帮助金融服务公司实现区块链的潜力的服务。在2017年11月，毕马威作为华尔街区块链联盟（WSBA）的成员签署了协议。

(3) 未来的审计。虽然区块链可以促进审计活动在某些关键领域的效力，并减少执行现有审计程序的需要，但外部审计员仍然需要在财务报表的许多领域使用其专业判断，特别是在确定会计概算时。

正如安永瑞士公司前首席执行官马塞尔·斯塔尔德（Marcel Stadler）所强调的："对我们来说，重要的是每个人都参与进来，通过区块链为商界即将发生的革命。"

因此，审计预计会得到进一步的发展，采用新的程序来处理与区块链环境相关的风险。这些发展可能会重塑外部审计的工作，其中，对公共分类账和IT控制的审查将获得更为关键的作用，以确保财务报表"真实且公平地"呈现公司财务业绩的状况。

（资料来源：区块链每日解读：区块链正在改变审计行业，四大会计师事务所纷纷布局，https://www.sohu.com/a/243 987 058_ 100 099 842）

思考题

1. 什么是诺兰模型？
2. 区块链技术如何赋能审计？
3. 什么是结构化数据？有哪些特点？
4. 结构化数据如何进行分析与统计？

第4章 审计作业信息化

4.1 理论基础：数据密集型发现

4.1.1 研究的范式

“范式”（paradigm）这一概念最初由美国著名科学哲学家托马斯·库恩（Thomas Samuel Kuhn）在《科学革命的结构》中提出来。范式是指科学研究所赖以运作的理论基础和实践规范，是科学研究者共同遵从的世界观和行为方式。

“范式”的基本理论和方法随着科学的发展发生变化。新范式的产生，一方面是由于科学研究范式本身的发展；另一方面则是由于外部环境的推动。人类进入21世纪以来，信息技术的飞速发展，促使新的问题不断产生，使得原有的科学研究范式受到各个方面的挑战。因此，2007年图灵奖得主吉姆·格雷（Jim Gray）提出了科学研究的第四范式——数据密集型科学发现（data-intensive scientific discovery）。这里所谓的“数据密集型”，就是现在我们所称的“大数据”（big data）。

科学范式也相应地从经验范式发展到理论范式再到计算机模拟范式到第四范式。每一个范式都有各自相应的特征和范例，清楚认识各个范式的特点和所包含的范例，对于科学研究第四范式的发展有着重要的意义，对数据科学和数据工程也有着重要的推动意义，同时大数据发展也将引爆智能革命，深刻地影响着审计工作。

（1）第一范式：实验范式。一切真理都必须以大量确凿的事实材料为依据，人类早期的科学研究是先观察，进而假设，再根据假设进行实验。如果实验的结果与假设不符合，则修正假设再实验。

伽利略是第一个把科学实验引进力学研究的科学家，他利用实验和数学相结合的方法确定了一些重要的力学定律。1598～1591年，伽利略通过对落体运动做细致的观察之后，在比萨斜塔上做了“两个铁球同时落地”的著名实验，从此推翻了亚里士多德“物体下落速度和重量成比例”的学说，纠正了这个持续了1900年之久的错误结论。牛顿的经典力学是实验科学的典范。

（2）第二范式：理论范式。实验科学的研究常常会受到实验条件的限制，为了对自然现象更精确的理解，出现了第二范式，即以理论研究为基础的科学研究方式。理论科学偏重理论总结和理性概括，在研究方法上，以演绎法为主，不局限于描述经验事实。例如牛顿第一定律：任何物体都要保持匀速直线运动或静止状态，直到外力迫使它改变运动状态为止。这个结论就是在假设没有摩擦力的情况下得出的，这类科学研究不以实验为主，而是通过理论推导得出结论。

这种研究范式在 19 世纪末达到巅峰，牛顿三大定律成功解释了经典力学，麦克斯韦理论成功解释了电磁学，经典物理学大厦就这样建立起来了。20 世纪出现的量子力学和相对论，则完全以理论研究为主，以天才的推理思考和复杂的数学计算构建理论大厦。

（3）第三范式：计算范式。20 世纪中叶，随着电子计算机的出现，利用电子计算机对科学实验进行模拟仿真的模式得到迅速普及，人们可以通过对复杂现象的模拟仿真，推演出越来越多复杂的现象，典型案例如模拟核试验、天气预报等。随着计算机仿真越来越多地取代实验，逐渐成为科学研究的常用方法，即所谓的第三范式——计算范式。

计算范式是一个与数据模型构建、定量分析方法以及利用计算机来分析和解决科学问题相关的研究方法。2013 年，诺贝尔化学奖授予了用计算机模拟开发多尺度复杂化学系统模型的科学家卡普拉斯、莱维特和瓦谢勒。诺贝尔化学奖评选委员会在当天发表的声明中说，目前，对化学家来说，计算机是同试管一样重要的工具，计算机对真实生命的模拟已为化学领域取得的大部分研究成果立下了汗马功劳。

计算范式研究的领域越来越广泛，例如，数值模拟，重建和理解已知事件，例如地震、海啸和其他自然灾害等；预测未来或未被观测到的情况，例如天气、亚原子粒子的行为等；模型拟合与数据分析，调整模型或利用观察来解方程，例如石油勘探地球物理学、计算语言学、基于图的网络模型、复杂网络等；计算和数学优化已知方案，例如工艺提升和制造过程改进等。

（4）第四范式：数据密集型范式。目前许多在具体研究中所面临的最大问题不是缺少数据，而是面对太多的数据却不知道如何处理。吉姆·格雷认为，鉴于数据的爆炸性增长，数据密集科学发现理应并且已经从第三范式即计算范式中分离出来，成为一个独立的科学研究范式，即“第四范式”，也就是数据密集型范式。

第三范式与第四范式区别在于：前者先有假设，再进行仿真计算，得出结论；后者先有大量数据，然后通过计算发现规律，得出结论。因此，数据密集型科学发现由传统的假设驱动研究向数据驱动研究转变。

由此可见，现代审计科学是数据驱动的社会科学，主要通过数据挖掘、大数据分析、机器学习、文本识别、自然语言处理等手段，分析数据库、网页、文本、视频、图片等形式的海量数据，完全颠覆了传统审计。审计分析信息化应用的技术工具涵盖数据分析的全过程：数据的采集与存储，数据结构化、清洗与预处理，自然语言过程与实体识别、数据仓储与关联数据、机器学习与数据挖掘、数据开放与检索、数据可视化与人机互动。

随着大数据时代的到来，第四范式将成为许多科学研究的理论基础，也成为审计信息化的重要理论基础之一。

4.1.2　数据分析模式

数据分析的模式主要有三种，即描述性数据分析、探索性数据分析和预测性数据分析等。

4.1.2.1　描述性数据分析模式（descriptive data analysis）

描述性数据分析模式是对所收集的数据进行分析，得出反映客观现象的各种数量特征的一种分析方法，它包括数据的集中趋势分析、数据离散程度分析、数据的频数分布分析等，描述性数据分析模式是在回答“过去发生了什么”，是了解现状的有力手段。

均值、中位数、众数体现了数据的集中趋势；极差、方差、标准差体现了数据的离散程度；偏度、峰度体现了数据的分布形状。

均值：容易受极值的影响，当数据集中出现极值时，所得到的均值结果将会出现较大的偏差。

中位数：数据按照从小到大的顺序排列时，最中间的数据即为中位数。当数据个数为奇数时，中位数即中间位置的那个数；当数据个数为偶数时，中位数为中间位置两个数的平均值。中位数不受极值影响，因而对极值缺乏敏感性。

众数：数据中出现次数最多的数字，即频数最大的数值。众数可能不止一个，众数不仅能用于数值型数据，还可用于非数值型数据，而且不受极值影响。

极差：最大值与最小值之差，是描述数据分散程度的量，极差描述了数据的范围，但无法描述其分布状态。且对异常值敏感，异常值的出现使得数据集的极差有很强的误导性。

四分位数：数据从小到大排列并分成四等份，处于三个分割点位置的数值，即为四分位数，四分位数分为上四分位数（数据从小到大排列排在第75%的数字，即最大的四分位数）、下四分位数（数据从小到大排列排在第25%位置的数字，即最小的四分位数）、中间的四分位数即为中位数。四分位数可以很容易地识别异常值。

方差和标准差：方差是每个数据值与全体数据的平均数差的平方的平均数。标准差是方差开方。方差与标准差表示数据集波动的大小，方差小，表示数据集比较集中，波动性小；方差大，表示数据集比较分散，波动性大。

峰度：描述正态分布中曲线峰顶尖锐程度的指标。峰度系数>0，则两侧极端数据较少，比正态分布更高更尖锐；峰度系数<0，则两侧极端数据较多，比正态分布更短更扁平。

偏度：以正态分布为标准描述数据对称性的指标。偏度系数 =0，则分布对称；偏度系数 >0，则频数分布的高峰向左偏移，长尾向右延伸，呈正偏态分布；偏度系数 <0，则频数分布的高峰向右偏移，长尾向左延伸，呈负偏态分布。

4.1.2.2 探索性数据分析模式（exploratory data analysis）

探索性数据分析模式是指对已有数据在尽量少的先验假设下通过数据挖掘、可视化等手段探索数据的未知结构和规律的一种数据分析方法。传统的统计分析方法常常先假设数据符合一种统计模型，然后依据数据样本来估计模型的一些参数及统计量，以此了解数据的特征，但实际中往往有很多数据并不符合假设的统计模型分布，这导致数据分析结果不理想。在大数据环境下，不假设、不抽样，通过数据挖掘进行全样本分析，这种数据分析模式强调让数据自身“说话”，因此，审计人员可以最真实、最直接地分析数据的结构及特征，获得审计线索。

在探索性数据分析模式中，有两个概念非常重要，即信度和效度。所谓信度，是指一个数据或指标自身的可信程度，包括两个属性：准确性和稳定性。取数是否正确？有没有计算错误？这属于准确性；每次计算的算法是否稳定？以相同的挖掘算法计算不同的对象时，准确性是否有波动？这是稳定性。做到了以上两个方面，可以说明数据或者指标是可信的，即数据或者指标的信度高。但是这还不够，还有需要一个必要条件，就是效度。所谓效度，是指一个数据或指标，与所要衡量的事物的拟合程度，就是正确性程度。因此，只有在信度和效度上都达标时，才说明挖掘出的数据或者指标是有价值的。审计人员在筛选审计线索时，如何设置信度和效度是非常关键的，设置得好，事半功倍；设置得不恰当，影响工作效率。

探索性数据分析模式最大的特点是数据为本，而不是模型为本。采用的方法包括关联规则挖掘、回归分析、聚类、分类、离群点分析等。

4.1.2.3 预测性数据分析模式（predictive data analysis）

预测性数据分析模式有两种，一种是基于因变量 Y 推测出自变量 X；另一种是基于时间序列推测出未来的数据，例如股票走势、业务发展趋势、交易量预估等（见图 4.1）。

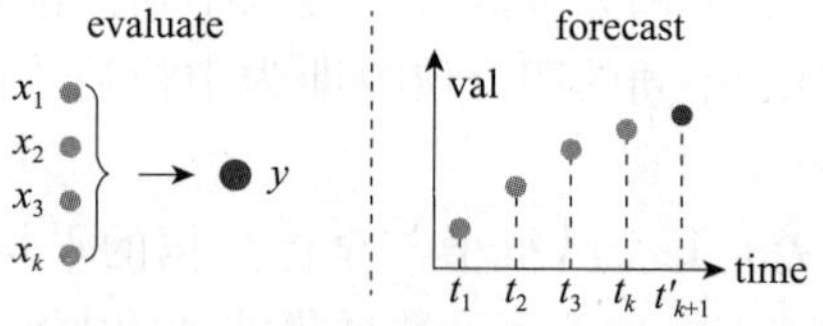

图 4.1 预测性数据分析模式

基于因变量的推测又有两种。

（1）相似个体推测。如图 4.2 所示，假如现在我们要想推测主体 B 的属性③的数值，那么我们可以找到和 B 类似的主体 A，由于 A 和 B 的共有属性中包含属性③，因此，通过主体 A 的属性③的数值推测 B 的属性③的数值，例如，对某个家电制造企业 A 进行绩效审计，只要找到生产相同家电的企业 B，它的数据属性和特征可以作为审计 A 企业的参考值。

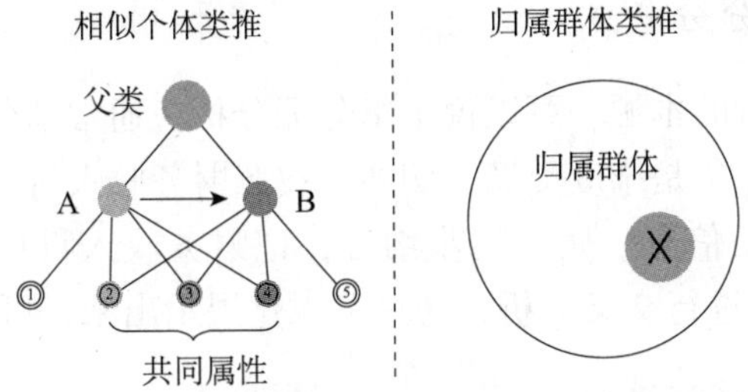

图 4.2　两种推测法

（2）归属群体推测。物以类聚，人以群分，每个类群的整体属性和个体属性差异不会很大，也可以理解为正态分布的群体的某属性的均值可以作为某个未知个体属性的替代值。如图 4.2 右图，基于背景知识，我们知道要推测的个体 X 归属于某个群体 A，那么可以用该群体 A 的属性（特征）来推断 X 的对应属性（特征）。如果我们在野外偶遇一只不知名的动物（未知的 X），发现此动物尖牙利爪长尾巴（已知属性），和我们平时见到的猫科动物（归属的群体）特征很相似，我们知道猫科动物大多数是吃肉的，那么可以推断该动物应该是肉食动物。

基于时间序列的预测是指基于历史数据预测未来发生的事件，最主要的方法是回归分析，工作原理是对历史数据进行拟合（可能是线性也可能是非线性）。其中线性的情况意味着长期的变化趋势基本一致（平稳增长或者平稳下降），非线性的情况则说明变化的速度不稳定（比如生长曲线）。在审计实务当中，基于时间序列的预测最常见的就是预测收入变化趋势、成本变化趋势、费用变化趋势、资金变化趋势等。

基于时间序列的趋势预测时，需要注意以下五个问题。

（1）要有完整的观测周期，警惕“黑天鹅”现象出现。例如观测了 1 000 天，发现火鸡没有被吃掉，但是这不能代表第 1 001 天依然好运，所以完整的观测周期很重要。

（2）数据的周期长短要视具体的业务场景而定。例如分析企业产品的周期性，与分析企业的用户，时间颗粒度是不一样的。

（3）发展趋势中需要区分自然因素和人为因素，自然因素是指一些不可控的因素，而人为因素是可控的，因此，在进行预测分析时必须将不可控的随机成分和可控的稳定成分区分开。

（4）业务发展的预测要考虑市场环境以及产品生命周期。有可能这个市场本身就在缩小，或者产品已经经历了成熟期。

（5）注意观测期和预测期是否会出现一些大的变化。例如产品的功能、业务覆盖的人群、外部市场环境等，对预测指标影响较大的因素出现时，观测期的数据和预测期的数据大概率不能“同日而语”，需要进行较大的调整。

4.1.3 数据分析方法

4.1.3.1 细分分析法

细分是一切分析的本源。可以说不细分无分析。通常细分分析法可以分为两类：一是逐步细分；二是维度交叉。例如，按照财务收入科目逐级分析，通过可视化展示出更丰富的信息，属于逐步细分，把财务收入科目与消费者行为两个（或两个以上）维度进行交叉分析，通过可视化展示出来，可以获得大量的信息。

4.1.3.2 对比分析法

对比分析主要是指将两个相互联系的指标数据进行比较，从数量上展示和说明研究对象的规模大小、水平高低、速度快慢等相对数值，通过相同维度下的指标对比，可以发现和找出业务在不同阶段的问题。

常见的对比方法包括基于时间对比、基于空间对比、基于标准对比。

时间对比有三种：同比、环比、基比。例如，本周和上周进行对比就是环比；本月第一周和上月第一周对比就是同比；所有数据同今年的第一周对比则为定基比。通过三种方式，可以分析业务增长水平和速度等信息。

时间序列对比：按照时间序列对数据进行对比分析，分析产品运营数据变化趋势，从而给产品运营提供决策。

同比：同比一般情况下是今年第 n 月与去年第 n 月比。同比发展速度主要是为了消除季节变动的影响，用以说明本期发展水平与去年同期发展水平对比而达到的相对发展速度。

$$同比增长率 = （本期数 - 同期数） \div 同期数 \times 100\%$$

环比：是报告期水平与前一时期水平之比，表明现象逐期的发展速度。如计算一年内各月与前一个月的对比。

同比和环比，这两者所反映的虽然都是变化速度，但由于采用基期的不同，其反映的内涵是完全不同的；一般来说，环比可以与环比相比较，而不能拿同比与环比相比较。以下为数极客数据报表环比功能。

（1）科目发生额同比分析。

审计人员运用“科目发生额同比分析”功能，对目标账套的××××年“生产成本——输配电成本”科目开展分析，定位到××××年6月和12月为输配电成本借方发生额的最大月和最小月，从而对这两个月的凭证去开展跟踪查证，如图4.3所示。

审计人员对该供电局的“生产成本—输配电成本—其他费用（差旅费）”开展科目分析，了解差旅费变化情况，以便确立审计重点，结果定位到××××年6月和7月为差旅费借方发生额的最大月，从而对这两个月的凭证去开展跟踪查证，如图4.4所示。

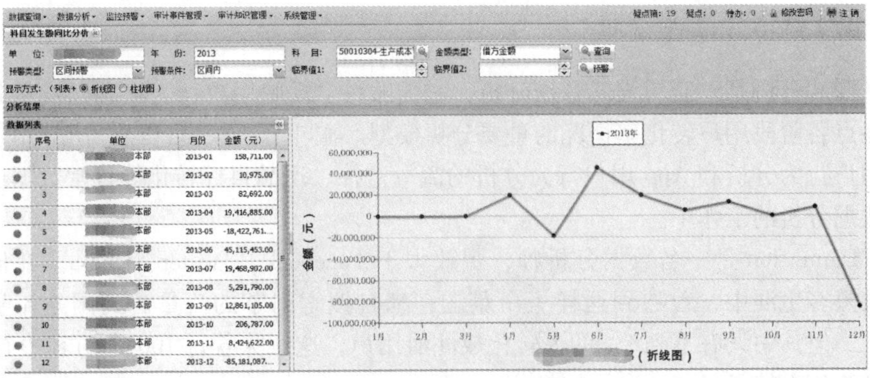

图4.3　科目发生额输配电成本同比分析结果

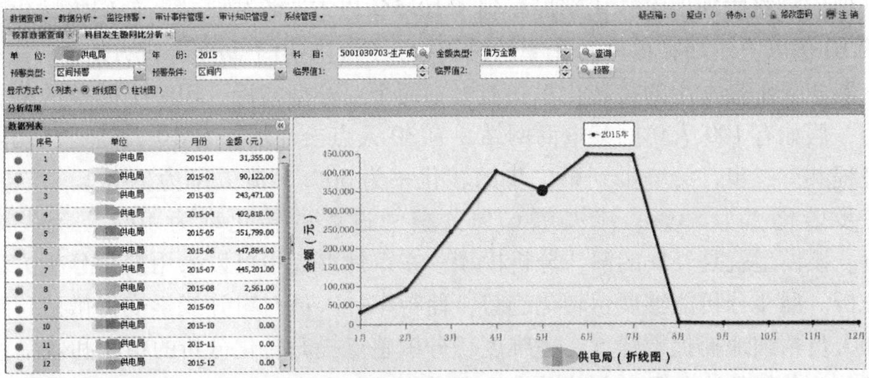

图4.4　科目发生额差旅费同比分析结果

（2）科目发生额对比分析。

审计人员还可运用“科目发生额对比分析”功能，对目标账套的××××年“生产成本—输配电成本”科目开展对比分析，定位到××××年1月、2月、6月和12月这同口径的两个单位的输配电成本借方发生额偏离度较大，从而对这四个月的凭证去开展跟踪查证，如图4.5所示。

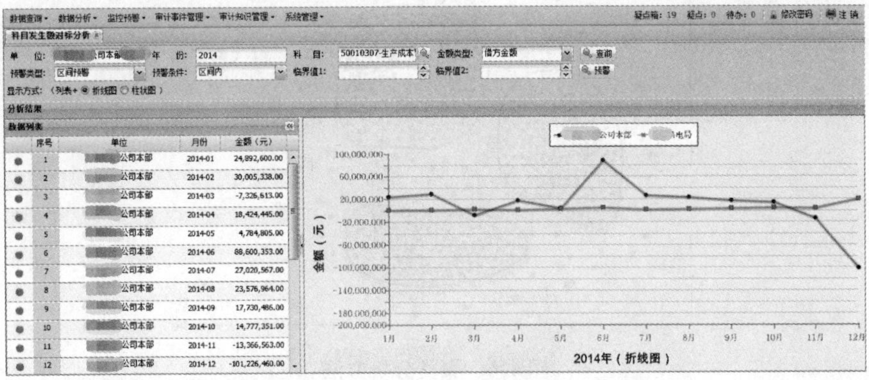

图4.5　科目发生额对比分析结果

4.1.3.3 漏斗分析

漏斗分析是一套流程式数据分析，它能够科学反映用户行为状态以及从起点到终点各阶段用户转化率情况的重要分析模型。漏斗分析模型已经广泛应用于网站用户行为分析和App用户行为分析的流量监控、产品目标转化等日常数据运营与数据分析的工作中。

Danny Jon是一名数据分析师，曾效力于Facebook、Twitter、Quora。在他的增长黑客生涯中，曾遇到这样一个难题：来自搜索引擎的流量占到网站流量的60%，但其中只有不到1%的人转化成注册用户，这意味着每100个访客中有99人最终流失掉了。

为了提高转化率，Danny的团队足足耗费了3个月的时间研究着陆页的优化，他们最终成功地将转化率提高到了10.5%以上。换句话说，他们将转化率提升了10倍以上。而在提升转化率的过程中，他们使用了漏斗分析方法。

漏斗分析最常用的是转化率和流失率两个互补型指标。用一个简单的例子来说明，假如有100人访问某电商网站，有30人点击注册，有10人注册成功。这个过程共有三步，第一步到第二步的转化率为30%，流失率为70%，第二步到第三步转化率为33%，流失率67%；整个过程的转化率为10%，流失率为90%。该模型就是经典的漏斗分析模型。在审计整改中可以采用漏斗分析方法进行分析。漏斗分析能够展示转化趋势，使得审计人员对审计线索变得敏感，帮助审计人员精细地捕捉敏感点，多维度切分敏感点提升转化分析的精度和效率。

漏斗分析的流程是：创建某个流程的漏斗（画漏斗图），发现问题节点，对问题进行分析，数据对比并改进，验证改进的效果。

4.1.3.4 聚类分析

聚类分析指将物理或抽象对象的集合分组为由类似的对象组成的多个类的分析过程。目标就是在相似的基础上收集数据来分类。如图4.6所示。

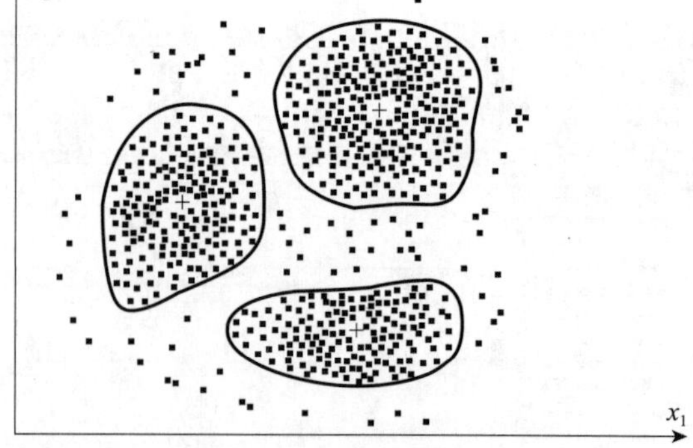

图4.6 聚类分析方法

聚类分析是一种探索性的分析，在分类的过程中，人们不必事先给出一个分类的标准，聚类分析能够从样本数据出发，自动进行分类。聚类分析所使用方法的不同，常常会得到不同的结论。不同研究者对于同一组数据进行聚类分析，所得到的聚类数未必一致。

聚类分析通过对不同的审计对象（或者类型）群的特征的刻画，被用于研究审计规律，寻找审计线索。一旦形成有效的审计模型，又可以直接应用到同一类型的审计当中，极大提高了工作效率，未来的审计人员将把精力更多地放到例外事件的处理上。

4.1.3.5　AB测试法

AB测试法简单来说就是为了同一个目标而定制的两套方案，比如说，同一个宣传广告可以定两个主要的宣传页面，然后让一部分用户看A方案，再让另一部分用户看B方案，当然要在用户观看之前先列好必要的测试数据项目，方便后续A方案和B方案的对比工作，经过大量的数据来进行比较以后就知道到底是A方案更适合市场还是B方案更适合了，直接把最合适的一套方案正式推广就可以了，效果肯定是比盲目投放要强很多，最起码是经过大量用户对比考验的最佳结果。在进行AB测试的数据收集时，一定要注意收集一下关于留存率以及对收入利润的影响，因为这是测试的重点。

4.1.3.6　埋点分析法

埋点分析法是通过在软件系统中埋点的方法分析数据和发现问题，是网站分析和App分析常用的数据分析方法。埋点分析法在审计分析中也非常有用，在财务系统和相关的业务系统中埋点，设置预警控制阈值，可以实时发现违规事件，给相关业务部门发警示函，起到事前和事中审计的作用，及时防控风险，同时也大大减少审计人员的工作量。

4.1.4　数据展示方法

数据展示也称为数据的可视化，是指将数据映射到二维或者三维空间上，显示出数据之间的复杂关系，能够让人快速理解并发现其中的模式和规律。

可视化过程中需要解决三个问题：如何将数据映射到图形元素；如何组织数据进行映射；如何解决数据维度问题。

4.1.4.1　如何将数据映射到图形元素

一般而言，在数据可视化中，需要映射的是数据、数据的属性、数据间的联系等几种信息。

数据通常用几何图形表示，例如圆圈、星号、叉号等。

数据属性的表示方法取决于属性的类型。对于取值连续的属性，可以用位置、亮度、颜色、尺寸等可以连续变化的图形元素表示；对于序数型属性，也可以用位置、亮度、颜色、尺寸等表示，不过变化不再是连续的，因此，为了对不同属性取值加以区分，可以将图形元素间的区别放大一些；对于标称型属性，要注意避免表示出“序”的信息，此时可以将属性的每个取值用不同类型的图形元素表示。

数据间的关系有显式和隐式两种形式。显式的关系是已知的、不需要去发掘的关系，我们只需要在图形中表达出来。常用的显式关系表示方法是用线条连接数据，或者将具有联系的数据赋予某一相同的图形特征；隐式的关系则需要采用合理的图表、合理的数据组织形式进行映射，这样可以更好地发现数据间的关系，例如，在分类中将相同类型的数据放在一起显示就容易发现数据间的联系。

4.1.4.2 如何组织数据进行映射

在一些可视化技术中，以特定的形式组织数据有助于发现数据间的复杂关系。数据组织形式可理解为在图表的每个维度（即每个属性）上，坐标值（属性值）分布的形式。一般情况下，对于连续型、序数型属性，通常按属性取值大小排列组织数据显示，这使得图表呈现的信息易于理解；对于标称型属性，数据的组织形式并没有约定俗成的方式，此时不同的数据组织形式呈现的信息差异就比较明显了。

4.1.4.3 如何解决数据维度问题

一个图表上一般最多能显示四个数据属性信息，即图形、面积（体积）、颜色、亮度等。

对于多属性数据来说，如何解决维度问题就是一个需要考虑的问题。通常的做法是只显示属性的一个子集，用多个图表显示不同的属性子集。

数据展示有很多既定的图表类型，表4.1概括了图表类型和适用场景。

表4.1　　图表类型和适用场景

比较	对比各个值之间的差别	柱状图	雷达图	漏斗图	极坐标	旋风漏斗	词云
占比	部分占整体的百分比	饼图	漏斗	仪表盘	矩阵树图		
相关	显示各个值之间的关系	散点图	矩阵树图	指标看板	树图	来源去向图	
趋势	数值随维度的变化情况	折线图	柱状图				
地理图	数值和地理信息映射图	气泡地图	色彩地图				

以下分别介绍这些图表类型、适用场景以及应用的优势和劣势。

（1）柱状图。柱状图是一种以长方形的长度来表达数据的统计报告图，由一系列高度不等的纵向条纹表示数据分布的情况。

适用场景：柱状图适用展示二维数据集（每个数据点包括两个值 x 和 y），但只有一个维度需要比较，如图4.7所示，各国市场新能源汽车销量就是二维数据，“市场”和“销量”就是它的两个维度，但只需要比较“销量”这一个维度。

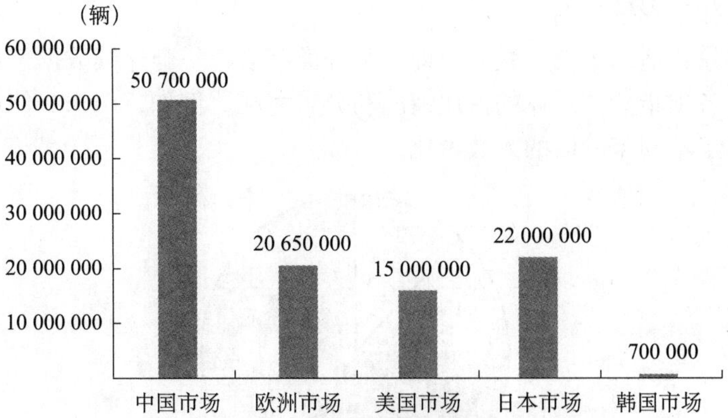

图 4.7　柱状图（各国市场新能源汽车销量）

优点：柱状图利用柱子的高度反映数据的差异。眼睛对高度差异很敏感，直观反映数据的差异性，辨识效果非常好。

缺点：柱状图的局限在于只适用中小规模的数据集。

类似图表：条形图、直方图、堆积图、百分比堆积图、双 Y 轴图等。

（2）折线图。折线图也叫作线图，将值标注成点，并通过直线将这些点按照某种顺序连接起来形成的图。折线图分为直线折线图和曲线折线图，直线折线图一般适用于离散变量，曲线折线图一般适用于连续变量。

适用场景：数据在一个有序的因变量上的变化，它的特点是反映事物随类别而变化的趋势，可以清晰展现数据的增减趋势、增减的速率、增减的规律、峰值等特征。图 4.8 就是使用折线图反映和比较了 2008 ~ 2017 年六家中华老字号百货企业的净利润水平。

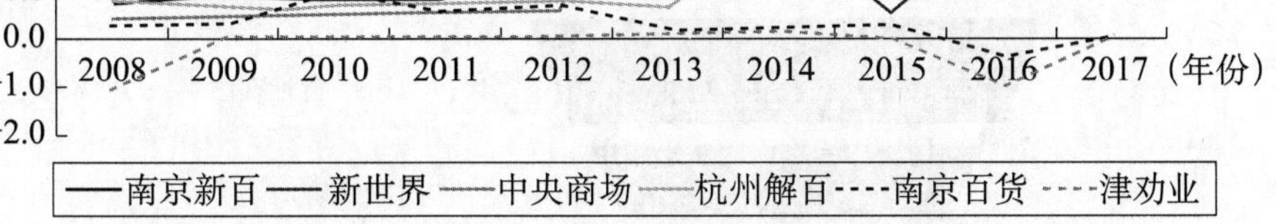

图 4.8　折线图（六家中华老字号百货企业净利润水平）

优点：直观展现沿某个维度的变化趋势，能比较多组数据在同一个维度上的趋势，适合展现较大数据集。

缺点：数据集太小时显示不直观。

（3）饼图。饼图以饼状图形显示一个数据系列中各项的大小与各项总和的比例，也称作扇形统计图。

适用场景：适用于二维数据，即一个分类字段，一个连续数据字段，适合反映一个维度各项指标占总体的占比情况和分布情况。例如，图 4.9 使用饼图反映了某公司职工不同年龄段的人数占比。

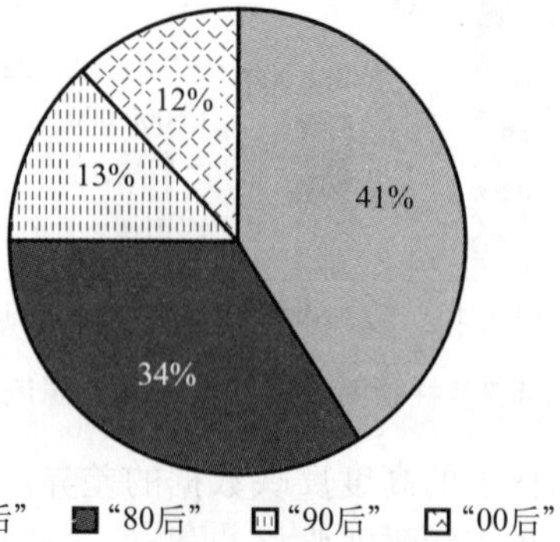

图 4.9　饼图（某公司职工年龄分布情况）

优点：直观显示各项占总体的占比，强调整体与个体之间的分布。

缺点：数据不精细，不适合分类较多的情况；不适合较大的数据集（分类）展现，数据项中不能有负值；当比例接近时，人眼很难准确判别。

类似图表：环形图、3D 饼图。

（4）漏斗图。漏斗图由多个梯形从上而下叠加而成。从上到下的项有逻辑上的顺序关系，梯形面积表示某个业务量与上一个环节之间的差异。漏斗图总是开始于一个 100% 的数量，结束于一个较小的数量。在开始和结束之间由 N 个流程环节组成，每个环节用一个梯形来表示。梯形的上底宽度表示当前环节的输入情况，下底表示当前环节的输出，上底与下底之间的差异表示在当前环节业务量的减小量，当前梯形边的斜率表示当前环节的减小率。

适用场景：适用于业务流程比较规范、周期长、环节多的单流程单向分析，通过漏斗各环节业务数据的比较能够直观地发现和说明问题所在的环节，进而作出决策。图 4.10 说明了目标客户、潜在客户、意向客户、成交客户和忠诚客户之间的转化关系。

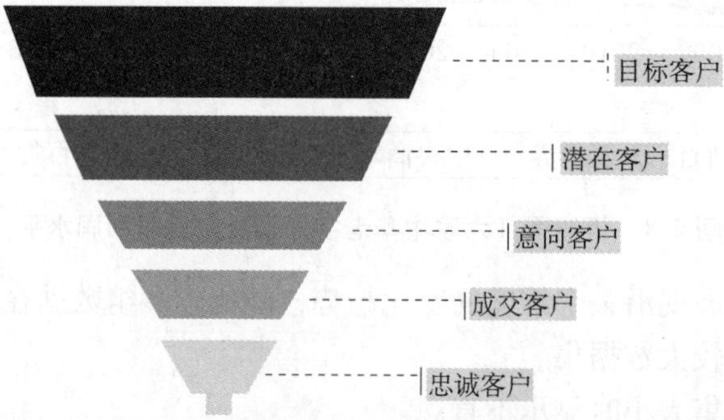

图 4.10　漏斗图（客户之间的转化关系）

优点：能够直观地发现和说明问题所在。在分析中通常用于转化率比较，它不仅能展示最终转化率，还可以展示每个步骤的转化率。

缺点：漏斗图的所有环节的流量只能使用同一个度量。单一漏斗图无法评价某个关键流程中各步骤转化率的好坏，同时还存在无序地类别或者没有流程关系的变量。

类似图表：金字塔图、对称漏斗图（旋风）、对比漏斗图。

（5）雷达图。雷达图又称蜘蛛网图，将多个维度的数据量映射到起始于同一个圆心的坐标轴上，结束于圆周边缘，然后将同一组的点使用线连接起来。

适用场景：雷达图适用于多维数据（四维以上），且每个维度必须可以排序。

优点：适合展现某个数据集的多个关键特征、适合展现某个数据集的多个关键特征和标准值的比对、适合比较多条数据在多个维度上的取值。直观反映多个维度之间的复杂关联关系，例如评价企业经营状况、财务状况、资金状况等，比各种比率要更容易理解。图 4. 11 就使用雷达图展示了 2004 年和 2005 年企业各项参数的对比。

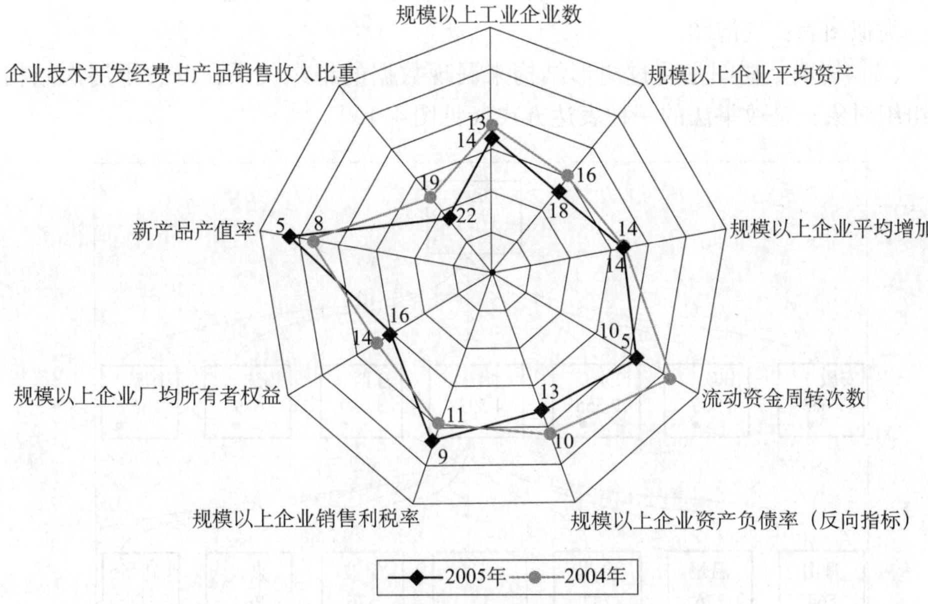

图 4. 11　雷达图（企业各项参数对比）

缺点：分类过多或变量过多，会比较混乱。

（6）散点图（scatter plot）。散点图又称 XY 散点图，将数据以点的形式展现，以显示变量间的相互关系或者影响程度，点的位置由变量的数值决定。

适用场景：显示若干数据系列中各数值之间的关系，类似 XY 轴，判断两变量之间是否存在某种关联，或者发现数据的分步或者聚合情况。图 4. 12 就使用散点图显示了申报企业近 1/3 的收入为关联收入（数据源来自美国税务局发布的 2016 纳税年度国别报告统计）。

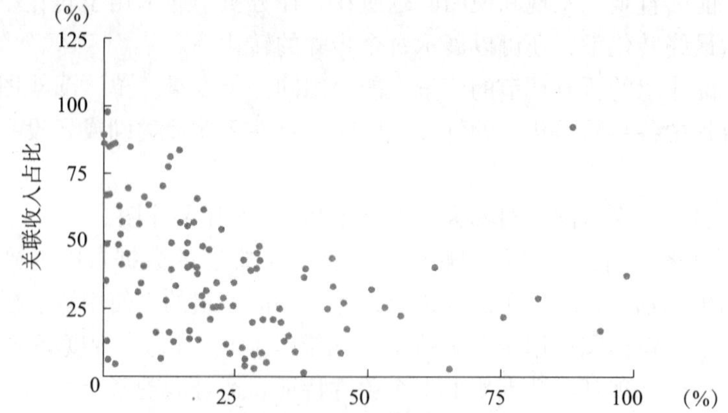

图 4.12　散点图（有效税率）

优点：可以展示数据的分布和聚合情况，对离散数据线性回归等曲线预测性具有拟合辅助作用，适合展示较大的数据集。

缺点：只能看相关、分布和聚合，其他信息均不能很好地展现。

类似图表：气泡图。

（7）树图。树图是通过树形结构来展现数据的组织关系，以父子层次结构来组织对象，是枚举法的一种表达方式（见图 4.13）。

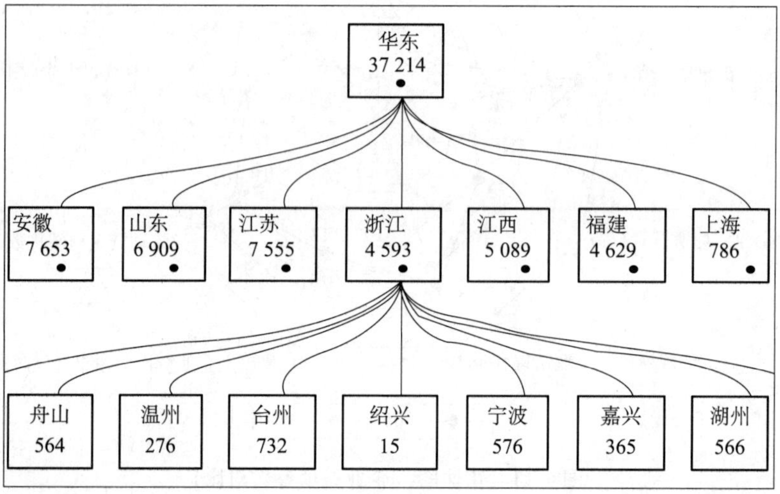

图 4.13　树图

适用场景：适用于与组织结构有关的分析，即有明确的层次关系的数据。

优点：直观地展现层次关系，可以看到各层级指标间的关系，可以进行简单的上卷、下钻等操作。

缺点：数据层级不宜过多、每层的成员不宜过多、无法展现各部分占比关系。

（8）矩阵树图。采用矩形表示层次结构的节点，父子层次关系用矩阵间的相互嵌套来表达。从根节点开始，空间根据相应的子节点数目被分为多个矩形，矩形面积大小对应节点属性。每个矩形又按照相应节点的子节点递归的进行分割，直到叶子节点为止（见图 4.14）。

图 4.14　矩阵树图

适用场景：适合展现具有层级关系的数据，能够直观体现同级之间的比较。

优点：图形更紧凑，同样大小的画布可以展现更多的信息，可以展现成员间的权重。

缺点：不够直观、明确、不像树图那么清晰，分类占比太小时不容易排布。

类似图表：树图、马赛克图、热力图。

（9）指标看板。通过文字、数字和符号和合理排版，对数据进行一目了然的展示。由看板标签和看板指标组成，标签由维度决定，指标由数据的度量决定（见图 4.15）。

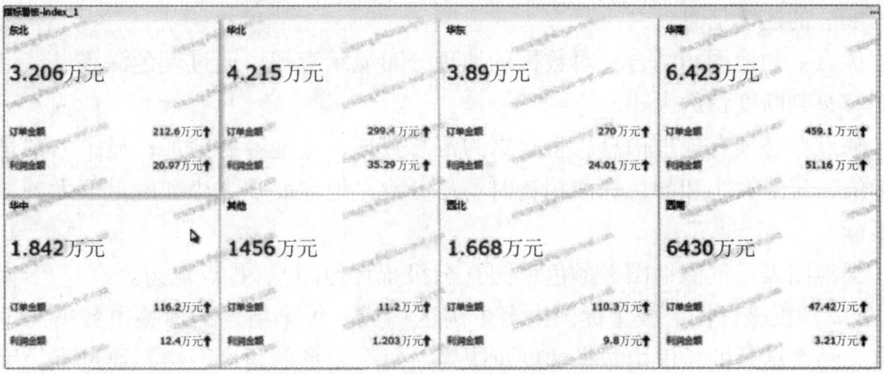

图 4.15　指标看板

适用场景：适合用来展示一个维度下的一个或者多个度量，特别是对某些指标需要精确读数的场景。

优点：展现的是详细的数字，用户得到的都是精确信息；简单直观，重点数字突出，容易得到关键信息。

缺点：展现维度只能有一个；展现指标不宜过多；只是数字面板，不具有图形的各种优势。

（10）仪表盘。像一个钟表或者可读盘，有刻度和指针，其中，刻度表示度量；指针表示维度；指针角度表示数值，指针指向当前数值。如图 4.16 所示。

图 4.16　仪表盘

适用场景：需要直观地表现出某个指标的进度或实际情况。

优点：适用于场景比较窄，主要用于进度或占比的展现。

缺点：只能一个维度，指标也不宜过多，展示信息有限。

类似图表：堆积图。

（11）地图。地图，使用地图作为背景，通过图形的位置来表现数据的地理位置，将数据在不同地理位置上的分布通过颜色或者气泡映射在地图上。

场景：适合带有地理位置信息的数据集展现，展现的通常是以某个地区为单位的汇总的连续信息。

优点：和地图相结合，对数据的地理分布显示直观；通过颜色深浅、气泡大小等容易判断度量的大小。

缺点：必须有地理信息，且数据为汇总数据，气泡容易叠加；显示的都是非精确值，气泡大小和颜色深浅相近时不易分辨；地理面积大小和度量值无关，容易误读。

类似图表：气泡地图、颜色地图（分级统计地图）、秒点地图。

（12）极坐标图。极坐标图由多个扇区构成。每个扇区的标签由数据的维度决定，每个扇区的长度由数据的度量决定。每个扇形的角度一样，通过半径展示变化（见图 4.17）。

适用场景：适用于枚举数据之间的比较，例如显示一段时间内的数据变化，或显示各项之间的比较情况。

优点：视觉效果在部分情况下比其他图表更佳；同样的画布能比部分其他图表展示数据更多。

缺点：不适合分类过少的数据集；不适合部分度量过小的数据集。

类似图表：饼图、环图、柱图、玫瑰图。

（13）词云图。词云图又称作文字云，是文本数据的视觉表示，由词汇组成类似云的彩色图形，用于展示大量文本数据。每个词的重要性以字体大小或颜色显示（见图 4. 18）。

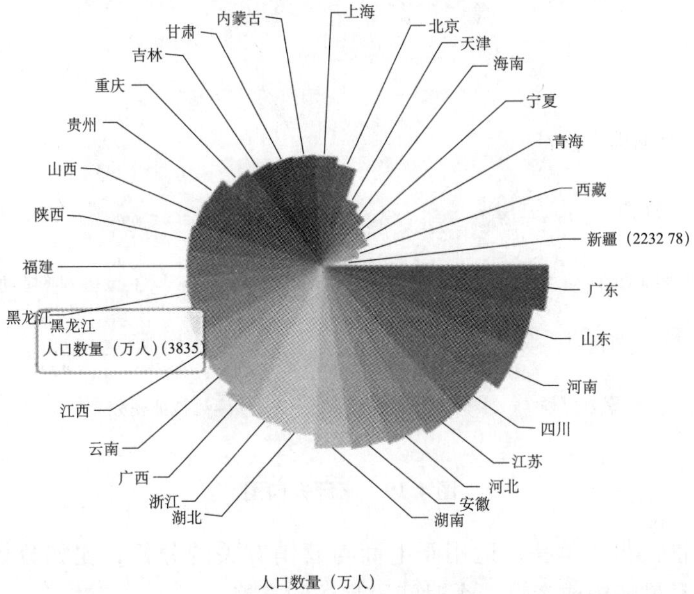

图 4. 17　极坐标图

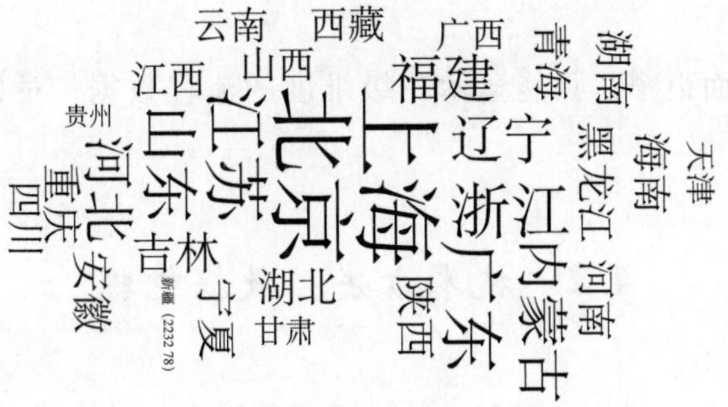

图 4. 18　词云图

场景：做用户画像，对用户进行聚类，实现精细化营销。适合用于描述网站上的关键字（即标签），或可视化自由格式文本，可以对比文字的重要程度。其本质是点图，是在相应坐标点绘制具有特定样式的文字结果。

优点：快速感知最突出的文字，或区别权重不同的文字；可展示大量文本。

缺点：不适合展现数据太少的数据集；不适展现区分度不大的数据，即无重点关键词。

类似图表：点图、柱图。

（14）来源去向图。来源去向图通过划分来源、中间和去向的统计数据，展示流转的流量数据，如图 4. 19 所示。

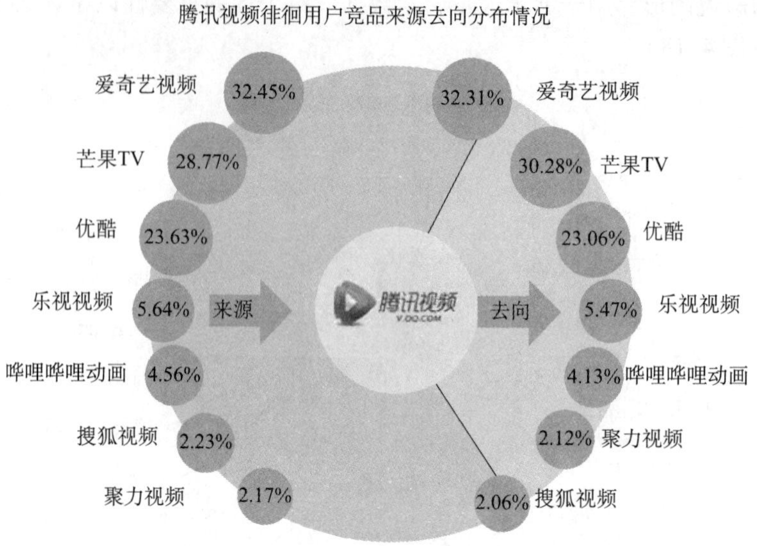

图 4.19　来源去向图

适用场景：非常单一，适用于电商与营销有关的分析，比如分析购物网站中，哪些商品最畅销或者哪一个时间段是访问高峰。

优点：特别适合分析展现网站流量的运营数据；显示结果直观，可以清晰地看到各个维度指标变化的情况；支持以某个节点查看该节点所在流程的情况。

缺点：应用面很窄，只能显示三级维度的流程数据；对显示的度量要求严格。

4.2　技术方法：数据挖掘

数据挖掘（data mining，DM）技术可以帮助人们从大量的数据中智能地、自动地抽取隐含的、事先未知的、具有潜在价值的知识或信息。数据挖掘是一种决策支持过程，它主要基于人工智能、机器学习、模式识别、统计学、数据库、可视化技术等，高度自动化地分析企业的数据，作出归纳性的推理，从中挖掘出潜在的模式，帮助决策者调整市场策略，减少风险，作出正确的决策。

4.2.1　数据挖掘的机理

数据挖掘一般需要经历数据准备、数据开采、结果表达和解释，如图 4.20 所示。

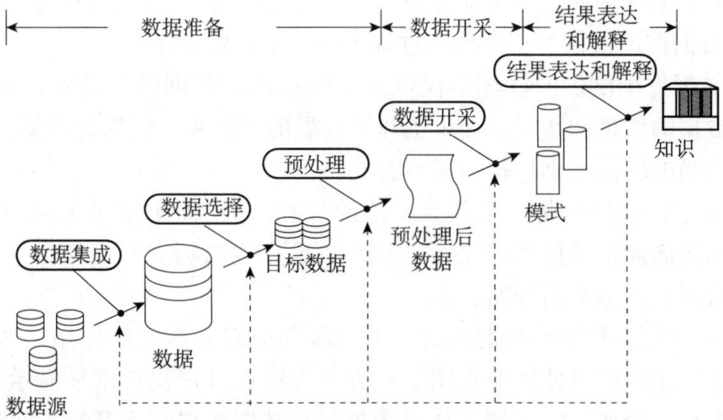

图4.20 数据挖掘过程

4.2.1.1 数据准备

数据挖掘可以在任何类型的数据上进行，包括关系数据库、数据仓库、事务数据库、面向对象的数据库、对象—关系数据库、空间数据库、时间序列数据库、文本数据库、多媒体数据库和WWW等，为此必须对挖掘对象进行相关处理。数据准备是数据挖掘中的一个重要步骤，数据准备是否做好将直接影响数据挖掘的效率、准确度以及最终模式的有效性。

这个阶段又可以进一步分成三个子步骤，分别是数据集成、数据选择、数据预处理。

（1）数据集成。数据集成是将多文件或多数据库运行环境中的数据进行合并处理，解决语义模糊性、处理数据中的遗漏和清洗脏数据等。

（2）数据选择。数据选择的目的是辨别出需要分析的数据集合，缩小处理范围，提高数据采掘的质量。

（3）数据预处理。该阶段的目的是将数据转换成适合于数据挖掘的形式，并进行一些必要的数据约简。

如果数据挖掘对象是数据仓库，那么上述这些工作往往在生成数据仓库时准备妥当。

4.2.1.2 数据开采

选定某个特定的数据挖掘算法（如关联、分类、回归、聚类等算法），用于搜索数据中的模式。它是数据挖掘过程中最关键的一步，也是挖掘中的技术难点。

4.2.1.3 结果表述和解释

数据挖掘所发现知识的表述形式有：概念（concepts）、规则（rules）、规律（regularities）、模式（patterns）、约束（constraints）、可视化（visualizations）等。

在理解数据挖掘的具体实施过程时，我们还应该注意以下四点：

（1）数据挖掘仅仅是整个挖掘过程中的一个重要步骤；

（2）数据挖掘质量的好坏不仅取决于所选用的数据挖掘技术，而且还取决于所挖掘数据的质量和数量，如果选择了错误的数据或不适当的数据，或对数据进行了不适当的转换，则挖掘结果不会成功；

（3）整个挖掘过程是一个不断反馈的过程。例如，用户在挖掘途中发现选择的数据不太满意，或使用的挖掘技术产生不了期望的结果。这时，用户需要重复先前的过程，甚至重新开始；

（4）可视化技术在数据挖掘的各个阶段都应起着重要的作用，例如在数据预处理阶段，用户可以使用散点图、直方图等统计可视化技术来显示有关数据，以期对数据有一个初步的了解，从而为更好地选取数据打下基础，在挖掘阶段，用户则要使用与领域问题有关的可视化工具，在结果表示阶段，则可能要用到可视化技术以使发现的知识更易于理解等。

4.2.2　数据挖掘方法

数据挖掘的任务是从大量的数据中发现模式，所谓模式是指关于数据集的某种抽象描述。一般而言，按照其作用模式可以分为两大类：预测型模式（predictive pattern，例如序列模式、分类模式、回归模式、偏差分析等）和描述型模式（descriptive pattern，例如聚类模式、关联模式和序列模式等）。预测型模式能够根据已有的数据集，预测某些（未知的）数据项的值。描述型模式是对数据中存在的规律、规则作出一种描述，或者根据数据间的相似性将数据分组，它一般不能直接用于预测。

4.2.2.1　关联规则挖掘

设 $I=\{i_1, i_2, \cdots, i_m\}$ 是由 m 个不同项目组成的集合，D 是交易数据库（交易数据库又称为事务数据库），其中每一个交易或事务 T 是 I 中一组项目的集合，即 $T \subseteq I$。每一个交易或事务 T 都与一个唯一的标识符 TID 相连。对于项目集 $X \subseteq I$，如果 $X \subseteq T$，则交易或事务 T 支持 X。如果 X 中有 k 个项目，则又称 X 为 k-项目集，或 X 的长度为 k。

关联规则是指形式如下的一种数据隐含关系：$X \rightarrow Y$，其中，$X \subseteq I$，$Y \subseteq I$，且 $X \cap Y \neq \Phi$。

定义 4.1　项目集 X 的支持数（度）。事务数据库 D 中支持项目集 X 的事务数称为项目集 X 的支持数，记为 Count（X）。设事务数据库 D 中总的事务数为 $|D|$，则项目集 X 的支持度为：$Count(X)/|D|$，记为 Sup（X）。

定义 4.2　关联规则 $X \rightarrow Y$ 的支持数（度）。事务数据库 D 中支持项目集 $X \cup Y$ 的事务数称为关联规则 $X \rightarrow Y$ 的支持数，记为 Count（$X \rightarrow Y$）。关联规则 $X \rightarrow Y$ 的支持度为：$Count(X \rightarrow Y)/|D|$，记为 Sup（$X \rightarrow Y$）。

定义 4.3　关联规则 X→Y 的置信度。关联规则 X→Y 的置信度定义为：Count(X→Y)/ Count(X)，记为 Conf（X→Y）。

为了挖掘出有意义的关联规则，一般需要给定两个阈值：最小支持度（minsup）和最小置信度（minconf）。前者表示了一组数据集在统计意义上所需满足的最低要求，后者反映了用户对关联规则的最低置信度。

关联规则挖掘的任务是：在给定的交易或事务数据库 D 中，发现 D 中所有的频繁关联规则。所谓频繁关联规则是指这些规则的支持度、置信度分别不低于用户给定的最小支持度和最小置信度。

关联规则的挖掘算法主要有 Apriori 算法和基于 FP-tree 的关联规则挖掘算法。

（1）关联规则的 Apriori 算法。Apriori 算法的基本思想是将关联规则的挖掘分为以下两步。

第一步，从事务数据库 D 中找出所有支持度不小于用户指定的最小支持度阈值的频繁项目集。在数据挖掘中，支持度不小于用户给定的最小支持度阈值的项目集简称为频繁项目集；

第二步，使用频繁项目集产生所期望的关联规则，产生关联规则的基本原则是其置信度不小于用户指定的最小置信度阈值。

由于第二步较为容易和直观，因此，挖掘出所有频繁项目集是该算法的核心，占据整个计算量的大部分。

Apriori 算法使用一种逐层搜索的迭代方法，先找出所有频繁 1 - 项目集 L_1，L_1 用于找频繁 2 - 项目集 L_2，L_2 用于找频繁 3 - 项目集 L_3，如此下去，直到不能找到频繁项目集为止。具体来讲，Apriori 算法的第一步是简单统计所有含一个元素的项目集出现的频率，来决定频繁 1 - 项目集；在第 k 步，分两个阶段，首先调用函数 Apriori-Gen，通过第（k - 1）步中生成的频繁（k - 1）- 项目集 L_{k-1} 来生成候选频繁 k - 项目集 C_k；其次扫描事务数据库 D 计算候选频繁 k - 项目集 C_k 中各元素在 D 中的支持数或支持度。具体描述如算法 1 所示，算法中的 C_k 表示候选频繁 k - 项目集，所谓候选是指候选中的项目集有可能成为频繁项目集，而不属于候选的项目集均不可能成为频繁项目集。

算法 1：关联规则的 Apriori 算法。

输入：事务数据库 D；最小支持度阈值 minsup；最小置信度阈值 minconf。

输出：事务数据库 D 中的所有频繁项目集 L 和关联规则 AR。

方法：

①C_1 = {candidate 1-itemsets};//生成候选频繁 1 - 项目集，一般情况下，令 $C_1 = \{\{i_1\},\{i_2\},\cdots,\{i_m\}\}$，即 C 为所有项目的集合

②$L_1 = \{c \in C_1 \mid Count(c) \geq minsup\}$；//扫描事务数据库 D 一次，生成频繁 1 - 项目集

③for(k = 2; $L_{k-1} \neq \Phi$; k + +) do begin//循环迭代，直到不能找到频繁 k - 项目集为止

④C_k = Apriori-Gen（L_{k-1}）；//由频繁（k－1）－项目集生成候选频繁 k－项目集

⑤for all transaction $t \in D$ do begin //扫描事务数据库一次

⑥C_t = subset(C_k,t)；// C_t 表示事务 t 中包含的候选频繁 k－项目集。如 t = {1,2,3,5}, C_2 = {{1,2},{1,3},{1,4},{2,3},{2,4},{3,4}}，则 C_t = {{1,2},{1,3},{2,3}}，即 C_t 为 C_2 中 t 的子集

⑦for all candidate $c \in C_t$ do

⑧Count（c）++；

⑨end；

⑩$L_k = \{c \in C_k \mid Count(c) \geq minsup\}$；//生成频繁 k－项目集 L_k

⑪end；

⑫$L = \cup_k L_k$；//L 为 D 中所有频繁项目集的集合

⑬AR = Φ；//AR 赋初值

⑭for all $\ell_k \in L$（$k \geq 2$）do begin //根据 L 生成关联规则，ℓ_k 为频繁 k－项目集

⑮for all subset $\alpha_m \subset \ell_k$ do begin // α_m 为 ℓ_k 的非空真子集，它是一个频繁 m－项目集，m<k

⑯if(Sup($\alpha_m \rightarrow \beta_{k-m}$) ≥ minconf) //$\beta_{k-m} = \ell_k - \alpha_m$。如 k=4，$\ell_k = \ell_4$ = {A,B,C,D}，m=2，$\alpha_m = \alpha_2$ = {B,D}，则 $\beta_{k-m} = \beta_2$ = {A,C}。$\alpha_m \rightarrow \beta_{k-m}$ 即为 {B，D}→{A，C}。

⑰AR = AR∪($\alpha_m \rightarrow \beta_{k-m}$)；// $\alpha_m \rightarrow \beta_{k-m}$ 的置信度不小于 minconf

⑱end；

⑲end；

其中，Apriori-Gen（L_{k-1}）函数可细化为以下两大步。

①合并（join step）。

C_k = Φ；//给候选频繁 k－项目集 C_k 赋初值

for each itemset $p \in L_{k-1}$//设 p = {p. $item_1$, p. $item_2$, …, p. $item_{(k-1)}$}

for each itemset $q \in L_{k-1}$//设 q = {q. $item_1$, q. $item_2$, …, q. $item_{(k-1)}$}

if(p. $item_1$ = q. $item_1$) and …and(p. $item_{(k-2)}$ = q. $item_{(k-2)}$) and(p. $item_{(k-1)}$ < q. $item_{(k-1)}$) then $C_k = C_k$ ∪ { p. $item_1$, p. $item_2$, …, p. $item_{(k-2)}$, p. $item_{(k-1)}$, q. $item_{(k-1)}$}；

②修剪（prune step）。

for each $c \in C_k$ do begin

$L_{(k-1)c} = \{s \mid s \subset c \text{ and } |s| = k-1\}$；// $L_{(k-1)c}$ 表示候选项目集 c 的所有长度为 k－1 的子集

for each $s \in L_{(k-1)c}$

if($s \notin L_{(k-1)}$) then

$C_k = C_k - c$；

（2）基于 FP-tree 的关联规则挖掘算法。

韩佳伟（Han Jiawei）等于 2000 年提出了一种基于 FP-tree 的关联规则挖掘算法 FP-growth，该算法仅需扫描数据库两次，不产生候选项目集，采用了“分而治之”的策略，首先将提供频繁项目集的数据库压缩到一棵频繁模式树（FP-tree）中；其次将这种压缩后的数据库分成一组条件数据库（一种特殊类型的投影数据库），并分别挖掘每个条件数据库。

算法 FP-growth 将发现所有频繁项目集分解以下两步：①构造频繁模式树 FP-tree。在 FP-tree 树中，每个结点由四个域组成：结点名称 node-name、结点计数 node-count、结点链 node-link 和父结点指针 node-parent。其中，node-name 记录结点所表示的项目名；node-count 记录能到达该结点的交易数；node-link 为指向 FP-tree 中具有相同的 node-name 值的下一结点，即通过 node-link 将 FP-tree 中具有相同 node-name 值的结点链接起来；node-parent 为指向父结点的指针。另外，为了方便树便利，创建一个频繁项目头表，它由两个域组成：项目名称 item-name 以及结点链头 node-head，其中 node-head 为指向 FP-tree 中具有相同 node-name 值的首结点的指针。②调用 FP-growth 挖掘所有频繁项目集。

频繁模式树 FP-tree 的构造如下。

①扫描事务数据库 D 一次，产生频繁 1－项目集 F 及其支持数，按其支持数降序排列 F，生成频繁项目列表 L_F。

②创建频繁模式树的根结点 root，并标为“null”。对于 D 中的每个事务 Trans 作如下处理：按 L_F 中的次序排列 Trans 中的频繁项目，设排列后的结果为［p | P］，其中，p 是 Trans 排列后的第一个项目，P 是剩余项目的列表。

③调用函数 insert-tree（［p | P］，root）。

函数 insert-tree（［p | P］，R）的执行情况如下。

如果 R 有子节点 N 使得 N. node-name = p，则 N. node-count = N. node-count + 1；否则创建一个新的结点 N，该结点的设置为：N. node-name = p、N. node-count = 1，N. node-parent = R，并通过结点链 node-link 将其链接到具有相同 node-name 的结点。

④如果 P 非空，将 P 写成［p | P］的形式，其中，p 是 P 的第一个项目，P 是剩余项目的列表，设 R = N，转第（3）步。如果 P 为空，结束。

基于 FP-tree 的频繁项目集挖掘算法是通过调用 FP-growth（FP-tree，null）来实现的。该过程的实现如下：

Procedure FP-growth（Tree，α）

①if Tree 含单个路经 P then；

②for 路经 P 中的每个组合（记为 β）do；

③产生项目集 α∪β，其支持数为 β 中结点的最小支持数，即为 node-count 域的值；

④else；

⑤for each Tree 的头部 α_i do ；

⑥产生一个项目 $\beta=\alpha\cup\alpha_i$，其支持数为 α_i 的支持数；

⑦构造 β 的条件模式基，然后构造 β 的条件频繁模式树 $Tree_\beta$；

⑧if $Tree_\beta$ 非空 then；

⑨调用 FP-growth（$Tree_\beta$，β）。

基于 FP-tree 的关联规则挖掘算法 FP-growth 将发现频繁模式的问题转换成递归地发现一些短模式，然后链接后缀。它使用最不频繁的项目作后缀，提供了较好的选择性，显著降低了搜索开销。

4.2.2.2 序列模式挖掘

设 $I=\{i_1,i_2,\cdots,i_n\}$ 表示 n 个不同项目的一个集合，minsup 表示最小支持度阈值。

定义 4.4 序列模式 α 是项目集的有序表，记为 $\alpha=<\alpha_1,\alpha_2,\cdots,\alpha_m>$，其中，$\alpha_i\subseteq I(i=1,2,\cdots,m)$。

定义 4.5 序列模式 α 的长度 k 是指 α 中所含项目的个数，即 $k=\sum_{i=1}^{m}|\alpha_i|$。长度为 k 的序列模式简记为 k－序列模式。

如序列模式＜（30），（30，90）＞的长度为 3，它是一个 3－序列模式。

定义 4.6 序列模式 $\alpha=<\alpha_1,\alpha_2,\cdots,\alpha_p>,\beta=<\beta_1,\beta_2,\cdots,\beta_q>,p\leqslant q$。如果存在 $i_1<i_2<\cdots<i_p$，使得 $\alpha_1\subseteq\beta_{i1},\alpha_2\subseteq\beta_{i2},\cdots,\alpha_p\subseteq\beta_{ip}$，则称序列模式 α 是序列模式 β 的子序列，或序列模式 β 包含序列模式 α，记 $\alpha\subseteq\beta$。

如序列模式＜（30），（30，90）＞是序列模式＜（30），（40，50），（30，60，90）＞的子序列，或序列模式＜（30），（40，50），（30，60，90）＞包含序列模式＜（30），（30，90）＞，其原因是：（30）⊆（30），（30，90）⊆（30，60，90）。

定义 4.7 给定序列数据库 SD，序列数据 $sd\in SD$，序列模式 α。如果 sd 包含 α，则称序列数据 sd 支持序列模式 α。

定义 4.8 给定序列数据库 SD，序列模式 α。SD 中支持 α 的序列数据总数称为序列模式 α 的支持数，记为 Count(α)。Count(α)所占的百分比称为 α 的支持度，记为 Sup（α），即 $Sup(\alpha)=Count(\alpha)/|SD|$，其中，|SD| 表示序列数据库中序列数据的总数。

定义 4.9 给定序列数据库 SD，序列模式 α。如果 Sup（α）⩾minsup，则称 α 为频繁序列模式。

序列模式的挖掘任务是：给定序列数据库 SD 和最小支持度阈值 minsup，找出 SD 中所有的频繁序列模式，这些频繁序列模式的支持度不小于 minsup。

目前已提出了许多频繁序列模式挖掘算法，归纳起来，这些算法大体可分为四类，分别是类 Apriori（Apriori-based）方法、GSP 算法、基于投影（Projection-based）方法以及 SPADE 方法。

（1）类 Apriori（Apriori-based）方法。该方法将序列模式挖掘过程分为五个步骤进行。

①排序阶段。以事务的客户号（customer-id）为主键，交易时间（transaction-time）为次键，对原事务数据库D进行排序，将其转换成由客户序列数据组成的序列数据库SD。

②大数据项目阶段。这一阶段找出所有的大数据项目集L，所谓大数据项目集是指那些仅包含一个项目集的序列模式，并把大数据项目集映射为一组相邻的整数，每个大数据项目对应一个整数，如<(30,60)>、<(30),(30,60)>是频繁序列模式，那么<(30,60)>是一个大数据项目，<(30),(30,60)>不是一个大数据项目，因为<(30,60)>仅包含一个项目集（30，60），而<(30),(30,60)>包含两个项目集（30）和（30，60）。

③转换阶段。将序列数据库中各客户序列数据的每一次事务用该事务所包含的大数据项目集代替；

④序列阶段。利用大数据项集挖掘出所有频繁序列模式集。

选最大阶段。在频繁序列模式集中找出最大频繁序列模式集，所谓最大频繁序列模式是指它本身是频繁序列模式，但包含它的任何序列模式均为非频繁序列模式。

（2）GSP算法。GSP算法（具体描述参见算法2）是一种非常有效的序列模式挖掘算法，该算法使用一种称作为逐层搜索的迭代方法，先找出频繁1-序列模式的集合SL_1，SL_1用于寻找频繁2-序列模式SL_2，SL_2用于寻找频繁3-序列模式SL_3，…，如此下去，直到不能找到频繁序列模式为止。

算法2：序列模式挖掘算法GSP。

输入：序列数据库SD；最小支持度阈值minsup；

输出：序列数据库SD中的频繁序列模式

方法：

（1）SL_1 = {频繁1-序列模式}；//扫描序列数据库SD一次便可得到SL_1；

（2）for(k=2; $SL_{k-1} \neq \Phi$; k++) do begin //循环迭代，直到不能找到频繁k-序列模式为止；

（3）SC_k = Generate(SL_{k-1});//由频繁（k-1）-序列模式生成候选频繁k-序列模式集；

（4）扫描序列数据库SD，计算SC_k中各序列模式的支持数；

（5）$SL_k = \{sc \in SC_k \mid Count(sc) \geq minsup\}$;//生成频繁k-序列模式集$SL_k$

（6）end。

4.2.2.3 分类模式挖掘

分类的目的是构造一个分类函数或分类模型（也称分类器），该函数能把数据库中的元组或记录映射到给定类别中的某一个，即给定数据库$D = \{t_1, t_2, \cdots, t_n\}$，其中每个元组包含若干个决策属性和一个类别属性，类别属性值的集合为$C = \{C_1, C_2, \cdots, C_m\}$，分类问题定义为从数据库到类集合的映射f：D→C，该映射能将数据库中的元组或记录t_i分配到某个类C_j中，分类的目的就是采用某种方法将隐含函数 f 表示出来。

要构造分类器，需要一个训练样本数据集作为输入，该训练样本数据集亦称为“训练集”，它是指数据库中为建立模型或构造分类函数而被分析的数据元组集合，训练集中的单个元组称为训练样本，每个训练样本的类别属性值是已知的。分类的任务就是根据从训练样本中发现的规则对未知其类别属性值的元组进行分类。也就是说，分类是从训练样本的属性中发现个体或对象的一般分类规则，从而根据这些规则对非训练样本数据对象或数据库中的其他元组进行分类。

一般情况下，分类问题需要经历以下三个阶段。

（1）分类模型训练阶段。这一阶段也称为监督学习。在该阶段，每个训练样本的类别属性值是事先已知的，需要做的工作是建立一个分类模型，用该分类模型来描述这些预先定义好的数据类别或概念，依据训练样本数据集中每个元组已知的类别归属总结出一般性的分类规则，建立分类模型。

一般情况下，分类模型以分类规则、决策树或数学公式的形式给出。

（2）分类模型评估阶段。该阶段用来评判分类模型的好坏，可以使用以下五个指标来对分类模型进行比较和评估。

①模型的准确率。该指标描述分类模型正确地预测新的或先前未见过的数据类别的能力，通常情况下，可以使用测试集（测试集中每个元素的类别标志也是已知的）来评估模型的准确率。

②计算复杂度。即产生和使用模型的计算开销，计算复杂度依赖于具体的实现细节和硬件环境，在数据挖掘中，由于操作对象是巨量的数据库，因而空间和时间复杂度是分类问题中必须考虑的一个重要环节。

③强壮性。强壮性是对模型准确率的一个补充，是在存在噪声数据及数据缺省的情况下，对未知其类别的数据进行分类的能力。对于大型数据库来讲，数据挖掘所处理的对象是大量的数据，而这些数据又常常存在不完整的情况，数据缺省、噪声数据以及冗余数据等情况是普遍存在的，在这种情况下，就要求所建立的模型对这些情况有充分的适应能力。

④可伸缩性。数据挖掘所处理的对象数据是巨大的，这就要求所构建的分类模型可以适用于各种不同规模的数据量情况。

⑤模型描述的简洁度。这是针对分类模型对问题的描述方法以及该描述方法的可理解程度提出的。分类模型的最终目的是方便决策人员的使用，因此，对于决策人员来讲，模型描述得越简洁，也就越易于理解，同时也就越受欢迎。例如，采用规则表示的分类器构造法所提供的分类模型的描述方法就比较简洁、易于理解，而神经网络方法所产生的描述结果相对来说就难以理解。

（3）分类阶段。运用分类模型对未知其类别属性值的数据进行分类处理。

在上述三个阶段中，第一阶段是重点，也是难点，分类的主要工作将集中在分类器的构造上。目前常用的分类方法有决策树方法和贝叶斯方法等。

（1）决策树方法（decision tree）。

在决策树的生成过程中，其输入为训练样本数据集，决策树是其最终的输出结果，决策树的生成过程包括以下五个步骤。

第一步，根据实际需求以及所处理数据的特性，对训练样本数据进行进一步处理，选择最能反映样本特性的决策属性，并分别确定每个样本的决策属性取值。

第二步，在决策属性集中选择最有分类标识能力的属性作为决策树的当前决策结点，所谓最有分类标识能力的属性是指给定“指标”（如信息增益、信息增益率等）在训练样本集上最佳的属性。

第三步，根据当前决策结点属性取值的不同，将训练样本数据集划分为若干子集。每个取值形成一个子集，该属性有几个取值则形成几个子集。如在图4.21所示决策树的训练样本数据集中，头发属性有三个取值：红、金及黑，则将所有训练样本划分为三个子集，子集1中所有样本的头发属性取值为红，子集2中所有样本的头发属性取值为金，子集3中所有样本的头发属性取值为黑。

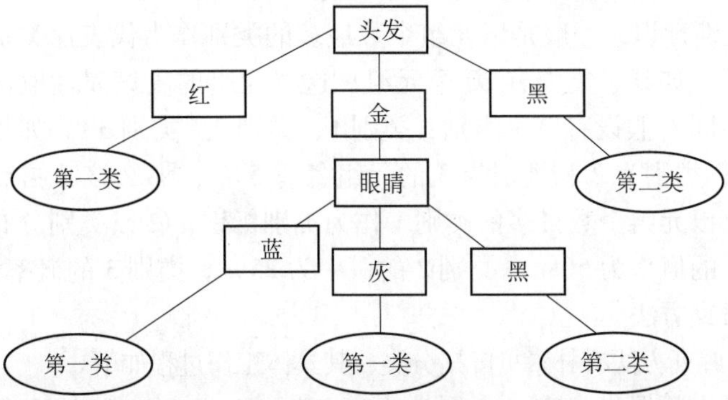

图4.21　决策树实例

第四步，针对上一步中得到的每一个子集，重复进行上述的（2）和（3）两个步骤，直到最后的子集符合下面的三个条件之一。

条件一，子集中所有元组都属于同一类；

条件二，该子集是遍历了所有决策属性得到的，如子集为表4.2所示，表中4个属性均已处理完毕，无属性可选；

表4.2　某子集的气候训练样本集

序号	特征（属性）				运动
	天气	气温	湿度	风	
1	晴	适中	正常	无风	不适合
2	多云	热	高	有风	适合
…	……				

条件三，子集中的所有剩余测定属性取值完全相同，但分类属性并不相同，已不能根据这些决策属性进一步进行子集划分，如子集为如表4.3所示，天气和气温属性已处理完毕，所有样本在未处理属性湿度和风上的取值相同，但类别属性值并不相同。

表 4.3　某子集的气候训练样本集

序号	特征（属性）				运动
	天气	气温	湿度	风	
1	晴	适中	正常	无风	不适合
2	多云	热	正常	无风	不适合
3	雨	冷	正常	无风	不适合
4	多云	热	正常	无风	适合
5	雨	适中	正常	无风	适合

第五步，生成叶子结点。对于满足步骤四中描述的“条件一”所产生的叶子结点，可以直接根据该子集的元组所属类别进行类别标识；对于满足步骤四中描述的“条件二”或“条件三”所产生的叶子结点，选取子集中所含元组的代表性类别特征进行类别标识，一般是以元组个数最多的类别作为代表性类别或类别分布进行类别标识。如某子集中有 20 个元组，这些元组的决策属性取值均相同，但类别属性值不同（假设有三个类别：类别 1、类别 2、类别 3），如果类别为 1 的元组有 10 个，类别为 2 和类别为 3 的元组各有 5 个，那么该叶结点可以有两类标识方法：①以元组个数最多的类别 1 作为类别标识；②以类别分布进行类别标识，即类别 1 的概率为 50%，类别 2 的概率为 25%，类别 3 的概率为 25%。

（2）贝叶斯方法。

常用的贝叶斯方法有朴素贝叶斯分类，其具体工作过程如下。

①假设样本数据集中有 n 个属性：A_1，A_2，…，A_n，样本 X 在这 n 个属性上的取值记为 $X=\{x_1, x_2, \cdots, x_n\}$。

②假设有 m 个类 C_1，C_2，…，C_m。给定一个数据样本 X（决策属性取值已知，而类别属性值未知），朴素贝叶斯分类将预测 X 属于具有最高后验概率的类。即该方法将类别属性值未知的样本分配给类 C_i，当且仅当：

$$P(C_i|X) > P(C_j|X), 1 \leqslant j \leqslant m, j \neq i$$

根据贝叶斯定理有：

$$P(C_i|X) = \frac{P(X|C_i)P(C_i)}{P(X)}$$

贝叶斯定理将事件的先验概率和后验概率结合起来，对未知参数向量的估计综合了它的先验信息和样本信息。

③对所有类来讲，由于 P（X）为常数，因此，$P(C_i|X)$ 的最大性与 $P(X|C_i)P(C_i)$ 的最大性是等价的。如果类的先验概率未知，则通常假设这些类是等概率的，即 $P(C_1) = P(C_2) = \cdots = P(C_m) = 1/m$。

④为了降低计算 $P(X|C_i)$ 的开销，朴素贝叶斯分类假设一个属性值对给定类的影响独立于其他属性，即属性值是互相条件独立的，在属性间不存在依赖关系，即“朴素的”，因此：

$$P(X|C_i) = \prod_{k=1}^{n} p(A_k = x_k | C_i)$$

其中，A_k 表示第 k 个属性；x_k 表示样本 X 在属性 A_k 上的取值，所以上式可以改写为：

$$P(C_i|X)=\frac{\prod_{k=1}^{n}P(Ak=xk|C_i)P(C_i)}{P(X)}$$

贝叶斯理论把在训练数据中观察到的频率作为条件概率，因此，上式中的一些概率可以直接从训练集获取。P（C_i）为任意一个样本属于类 C_i 的概率，若记类 C_i 中的样本个数为 $|S_i|$，所有样本总数为 $|S|$，则有：

$$P(C_i)=\frac{|S_i|}{|S|}$$

类似地有：

$$P(A_k=x_k|C_i)P(C_i)=\frac{|S_i(A_k=x_k)|}{|S_i|}$$

其中，$|S_i(A_k=x_k)|$ 表示类 C_i 中属性 A_k 的值为 x_k 的样本数。

从理论上讲，与其他所有的分类方法相比，贝叶斯分类具有最小的出错概率，但在实际中并非如此。这是由于对其应用的假定（如类条件独立性）的不准确性，以及缺乏可用的概率数据造成的。朴素贝叶斯分类有一个前提条件，即它要求组成数据库的各个属性在给定类中的取值必须是相互独立的，也就是说，任何属性的取值不依赖于其他属性，而在实际应用中满足此条件的情况并不多，但在具体应用时，朴素贝叶斯分类仍然能取得较好的效果。

4.2.2.4 聚类模式挖掘

（1）聚类定义。聚类分析是面向实际应用的技术，因此，聚类的定义与待处理的数据类型有关。基于不同的模型构造思想，学术界提出了一系列更加具体化的定义。

①基于距离的定义（distance-based）。一个聚类是这样一组数据的集合，其聚类成员之间距离的最大值小于这些成员到任一非聚类成员距离的最小值。显然，这种定义方法过于机械，它对于刻画复杂数据聚类的能力较弱。

②基于质心的定义（centroid-based）。在数据集合中指定若干个质心，根据各数据点到这些质心的距离划分聚类，它使得一个聚类中的元素到其质心的距离小于其到任何其他质心的距离。图 4.22 展示了由质心划分的聚类模式，这种定义方法一般只能够恰当地描述球形聚类，它不适于描述不规则形状的聚类。

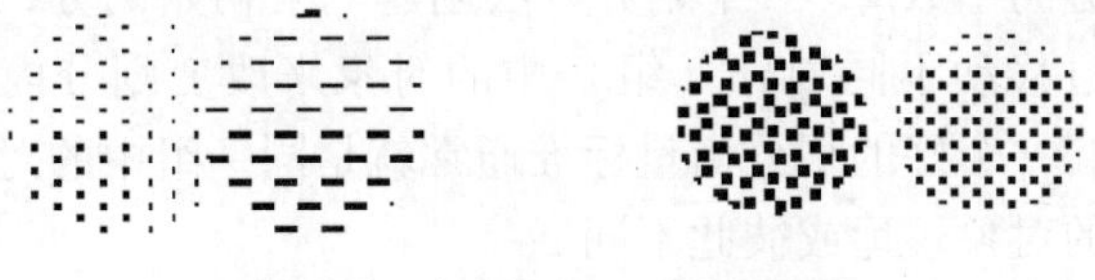

图 4.22 二维的基于质心的聚类

③基于连接的定义。一个聚类是一组彼此连接的数据点的集合，每个数据到聚类中其他数据之间的接近程度大于其到非聚类成员之间的接近程度。这种定义

方法的有效性在于它能够描述任意形状的聚类，但当数据集包含噪声时，基于连接的定义方法难以区分夹杂于噪声数据之间的不同聚类。图 4.23 展示了若干个基于连接的聚类模式。

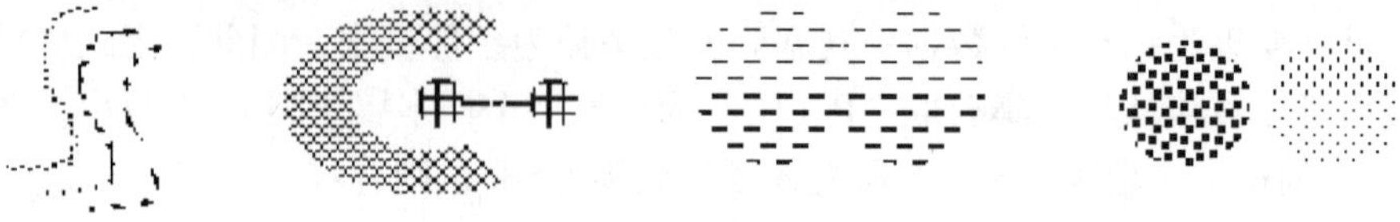

图 4.23 基于连接的聚类

④基于密度的定义。聚类是数据空间中的稠密区域元素所构成的子集合，两个聚类之间的边界通过稀疏区域划定。基于密度的定义能够适应聚类形状不规则和包含噪声数据的情形，因而它较之其他定义方法具有独到的优越性。由图 4.24 可知，尽管在矩形区域中存在大量的背景噪声点，但基于密度的描述方法仍能够有效地对稠密区域中的数据子集加以区分和识别。

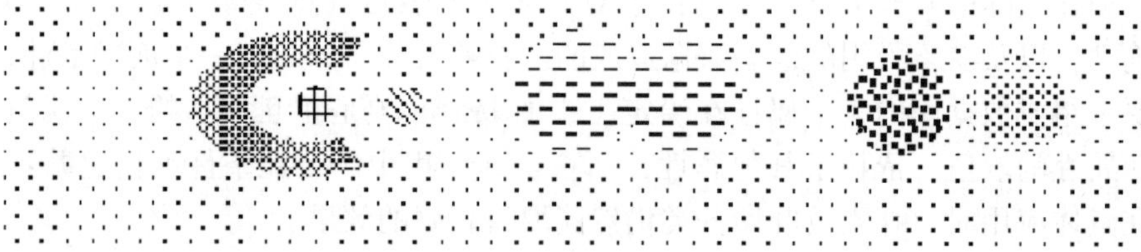

图 4.24 基于密度的聚类

⑤基于相似性的定义。聚类是一组“相似”数据对象的集合，处于不同聚类的元素彼此互不“相似”。这里，数据对象之间的相似度由相似系数确定，而对象之间是否相似则必须通过预设的阈值来加以规定，相似系数大于阈值的对象之间是相似的，否则不相似。

（2）聚类方法。作为统计学的重要研究内容，人们构造了一系列聚类分析算法，通常聚类分析算法可以划分为以下六大类：划分法、层次法、基于密度的方法、基于网格的方法、基于模型的方法以及基于变换的聚类算法。

①划分法。给定一个包含 n 个对象的数据集，划分法将数据集划分为 k 个子集（划分）。其中每个子集均代表一个聚类（k≤n）。也就是说，将数据分为 k 组，这些组满足要求：每组至少包含一个数据对象；每个对象必须只能属于一组。

给定需要划分的个数 k，一个划分方法创建一个初始划分，然后利用循环再定位技术，即通过移动不同划分（组）中的对象来改变划分内容，最终确保划分衡量标准最优。一个好的划分衡量标准通常就是同一组中的对象彼此相近或相关，而不同组中的对象较远或彼此不同。

常用的划分方法有 K-means、K-medoids、CLARANS 等。

②层次方法。层次方法就是通过分解所给定的数据对象集来创建一个层次。根据层次分解形式的方式，层次聚类方法可被划分为凝聚的层次聚类和分裂的层次聚类方法。分裂的层次聚类方法从所有对象均属于一个组开始，每一次循环将

其分解为更小的组，直到每个对象构成一组或满足终止条件为止。凝聚的层次聚类方法从每个对象均为一个组开始，逐步将这些组进行合并，直到组合并到了层次顶端或满足终止条件为止。

由于划分的不可逆性，这种方法的最大困难在于聚类过程中对聚类进行合并或分裂的选择，不适宜地选择合并或分裂会导致低质量的聚类结果。此外，每次决定聚类的合并还是分裂都需要检验和计算大量的数据对象和聚类，因而效率较低。目前，一般将基于层次的聚类方法和其他聚类技术进行集成形成多阶段聚类，以提高聚类质量。

常用的层次方法有最短距离法、最长距离法、中间距离法、BIRCH、CURE、Chameleon 等。

③基于密度的方法。大多数划分方法是基于对象间距离进行聚类的。这类方法仅能发现球形的聚类而较难发现具有任何形状的聚类。基于密度的聚类方法实际上就是不断增长所获得的聚类直到邻近密度小于一定阈值为止。这种方法可以用于消除数据中的噪声，以及帮助发现任意形状的聚类。

常用的基于密度方法有 DBSCAN、OPTICS、DENCLUE 等。

④基于网格的方法。基于网格的方法将对象空间划分为有限数目的单元以形成网络结构。所有聚类操作均是在这一网络结构上进行的。这种方法的主要优点是由于处理时间与数据对象个数无关而仅与划分对象空间的网络数相关，从而显得相对较快。

常用的基于网格方法有 STING、WaveCluster、CLIQUE 等。

4.2.2.5 孤立点分析

经常存在一些数据对象，它们不符合数据的一般模型，这样的数据对象被称为孤立点（outliers）。在聚类方法中，孤立点被当作噪声而丢弃。

孤立点可能是由于测量误差、输入错误或运行错误而造成的。例如，程序所设置的缺省值可能导致孤立点，如年龄的缺省值是999，那么年龄为999岁的数据对象就是一个孤立点；数据的内在特性也可能造成孤立点，如一个公司的首席执行官工资就可能成为一个孤立点，其工资明显高于公司的其他雇员。

许多挖掘算法都试图降低孤立点的影响，甚至消除它们。但是，由于一个应用中的噪声可能是另一个应用中的信号，从而可能导致丢失重要的信息。换句话说，孤立点本身可能包含非常重要的信息。如在欺诈检测中孤立点可能就意味着诈骗行为的发生。因此，孤立点检测和分析是一个有意义的数据挖掘任务，这一挖掘工作就称为孤立点挖掘。

孤立点挖掘可以描述为：给定 n 个数据对象（或点）和预期的孤立点个数 k，发现与剩余的数据相比是显著相异的、异常的或不一致的前面 k 个对象。孤立点挖掘问题可以被看作以下两个子问题：定义什么样的数据可以被认为是不一致的；找出一个能够挖掘出所有孤立点的有效方法。

孤立点挖掘有着广泛的用途，如上面所提到的，它可以用于欺诈检测，即监测信用卡使用或电信服务中的不寻常行为。此外，它还可以在市场分析中用于确定极低或极高收入客户的消费行为，提出有针对性的营销策略，或在医疗分析中发现多种医疗方案所产生的不同寻常的反应等。

孤立点的检测方法可以分为三种，分别是统计学方法、基于距离的方法和基于偏差的方法。

（1）基于统计的孤立点检测方法。基于统计的孤立点检测方法假设所给定的数据集存在一个分布或概率模型（如一个正态分布），然后根据相应模型并通过不一致性测试来发现孤立点。该检测需要知道数据集参数的有关知识（如数据分布情况）、分布参数知识（如均值和方差）以及所期望的孤立点个数 k。

（2）基于距离的孤立点检测方法。一个数据集 S 中的一个对象 o 是一个基于距离的孤立点（相对于参数 p 和 d），记为 DB（p，d），它表示，若 S 中至少有 p 部分对象与对象 o 的距离大于 d。换句话说，不依赖于统计检验，我们可以将基于距离的孤立点看作那些没有足够多邻居的对象，这里的邻居是基于距给定对象的距离来定义的。

目前已经开发出了许多高效的基于距离的孤立点挖掘算法，具体如下。

①基于索引的算法。给定一个数据集，基于索引的算法利用多维索引结构，例如，R-tree 或 k-d 树来帮助搜索每个对象在半径 d 内的近邻。设 M 是一个孤立点的 d－近邻中的最大对象数。因此，一旦发现对象 o 近邻数为 M＋1，就可以判定对象 o 不会是孤立点。

②嵌套循环算法。嵌套循环算法的复杂度与基于索引算法的复杂度相同，但它没有建立索引的时间开销。为了减少访问 I/O 的次数，它将内存分为两个部分，同时将数据集分为若干逻辑块，通过仔细选择各数据块读入内存的顺序，来获得较好的 I/O 效率。

③基于单元算法。在该方法中，数据空间被划分为边长为 d/（$2\sqrt{k}$）的单元，每个单元都有两个层面围绕它。第一个层面有一个单元高；第二个层面有 $2\sqrt{k}$ 高。算法逐个单元累计孤立点，而不是逐个对象进行。对于一个给定单元，它获得三个累计数：单元中的对象数、单元和第一层单元对象累计数、单元和两层单元数累计。这些累计数分别记为 cell-Count、cell-＋-1-layer、cell-2-layer-Count。设 M 为一个孤立点 d－近邻中存在的最大孤立点个数，确定孤立点的具体做法如下。

当且仅当 cell-＋-1-layer 小于等于 M 时，当前单元中的一个对象 o 被认为是孤立点，若这个条件不成立，那么这个单元中的所有对象均被移去，无须做进一步分析；

若 cell-2-layer-Count 小于等于 M 时，当前单元中的所有对象均被认为是孤立点，否则若 cell-2-layer-Count 大于 M 时，当前单元中的一部分对象可能是孤立点。为了检测出这些孤立点，需要采用逐个对象检查方式对当前单元中的和第二层中的对象进行检查。只有 d－近邻中对象数小于 M 的对象才认为是孤立点。

（3）基于偏差的孤立点检测方法。基于偏差的孤立点检测方法是通过检查一组对象的主要特征来确定孤立点的，偏差特征描述的对象就认为是孤立点。

4.2.3　数据挖掘技术的难点

数据挖掘技术是一个年轻且充满希望的研究领域，商业利益的强大驱动力将会不停地促进它的发展。每年都有新的数据挖掘方法和模型问世，人们对它的研究正日益广泛和深入。尽管如此，数据挖掘技术仍然面临着许多问题和挑战，如数据挖掘方法的效率亟待提高，尤其是超大规模数据集中数据挖掘的效率；开发适应多数据类型、容噪声的挖掘方法，以解决异质数据集的数据挖掘问题；动态数据和知识的数据挖掘；网络与分布式环境下的数据挖掘等。另外，近年来随着多媒体数据库的迅速发展，面向多媒体数据库的挖掘技术和软件也将成为今后研究开发的难点和热点。

（1）有效处理巨量和高维的数据。数据挖掘一般是以大型数据库为对象，包含上百万个元组和 n×GB 字节甚至 n×TB 字节数量级的数据库已经司空见惯。另外，数据库的关系表中所涉及的属性或变量数也可能达到成百上千的数量。这种数据的巨量性和高维性使得数据挖掘进行中的模式搜索空间异常巨大，同时还可能导致搜索出无意义模式的机会增加，必须从中筛选出有效的、有用的和用户感兴趣的规则、规律和特性。因此，传统的技术已经难以适用，如常用的机器学习方法一般只能处理不超过几千个记录或例子的数据集。为了解决这些问题，需要进一步研究高效的特别是线性计算复杂度的（近似）算法、抽象方法、大规模并行处理技术、数据约简等方法。

（2）改进“人—系统”的交互性。由于很难准确地知道能够在数据库中发现什么，数据挖掘过程应当是交互的。目前许多挖掘工作的重点还是围绕在算法效率的提高上，大多数数据挖掘集成系统还没有充分考虑用户的参与，而使得“人—系统”交互性较差。

（3）充分利用背景知识。可以使用背景知识或关于所研究领域的信息来指导发现过程，并使得发现的模式以简洁的形式在不同的抽象层表示。关于数据库的领域知识，如完整性约束和演绎规则，可以帮助聚焦和加快数据挖掘过程，或评估发现模式的兴趣度。充分使用背景知识，将使在巨大的模式空间中的搜索更为有效，目的性更强。

（4）数据噪声和不完全数据。存放在数据库中的数据可能反映噪声、异常情况或不完全的数据对象。这些对象可能扰乱分析过程，导致数据与所构造的知识模型过分适应，其结果是，所发现模式的精确性可能很差。需要有处理数据噪声的数据清洗方法和数据分析方法，以及发现和分析异常情况的孤立点挖掘方法。

（5）知识的表达和解释机制。许多应用中重要的是用户能够理解发现的知识。这要求知识的表达不仅限于数字或符号，而是更容易理解的方式，例如图形、自然语言和可视化技术等。只有当数据挖掘系统能提供更好的解释机制，用户才能更有效地评价这些知识，并且能区分出哪些是真正有用的知识，哪些只是常识性的知识或异常情况。另外，如何精化表示结果也很重要，如系统生成非常多的规则，而其中很多规则可能是明显冗余的。

(6) 数据的动态变化和知识的更新维护。数据的动态变化常常使得模式抽取存在不稳定性，并导致以前发现的模式不再有效。特别是更新数据库，例如增加、删除或改变相关的记录。发生这些情况时则要求所设计的数据挖掘系统必须考虑知识的更新维护。另外，数据挖掘的动态性也提出了新的数据挖掘问题。

(7) 应用系统的集成。一个单独的数据挖掘系统如果不和具体的应用系统集成或结合，将毫无意义。数据挖掘应和数据库管理系统、电子表单、实时数据采集系统，特别是决策支持系统集成在一起。

(8) 加强对各种非结构化数据的开采。目前数据挖掘的对象从数据模型来看，主要是面向事务处理的关系型数据库，其他类型的数据库，如面向对象数据库、空间数据库、时态数据库，特别是随着 Internet 的迅速发展，WEB 上的信息或知识发现也势在必行。从数据类型来看，数据挖掘处理最多的还是数值型数据。随着计算机计算能力的发展和业务复杂性的提高，数据的类型会越来越多、越来越复杂，这要求相应的数据挖掘系统不但有处理数值数据的能力，还应能处理符号、文本、声音、图像、视频等类型数据。

(9) 发现语言的形式化描述。研究专门用于知识发现的数据挖掘语言，也许会像 SQL 语言一样走向形式化和标准化。

4.3 系统实现：审计作业系统

如果说审计管理系统是审计信息系统的基础，那么审计作业系统则是审计信息系统的核心。审计作业系统围绕数据分析与审计工作展开，是审计人员进行数据分析、发现问题、进行预警的系统，是审计人员在现场和远程分析的平台。

首先，明确数据分析与审计目的，只有明确目的，数据分析才不会偏离方向，否则得出的数据分析结果不仅没有指导意义，也没有目的性。

其次，目的明确后，需要对思路进行梳理分析，并搭建分析框架，需要把分析目的分解成若干个不同的分析要点，也就是说，要达到这个目的该如何具体开展数据分析？需要从哪几个角度进行分析？采用哪些分析指标？采用哪些逻辑思维？运用哪些理论依据？

明确数据分析目的以及确定分析思路，是确保数据分析过程有效进行的先决条件，它可以为数据采集、处理以及分析提供清晰的指引方向。审计作业系统的流程如图 4.25 所示。

4.3.1 数据采集

审计作业系统要先采集数据。数据采集是按照确定的数据分析框架，收集相关数据的过程，它为数据分析提供了素材和依据。

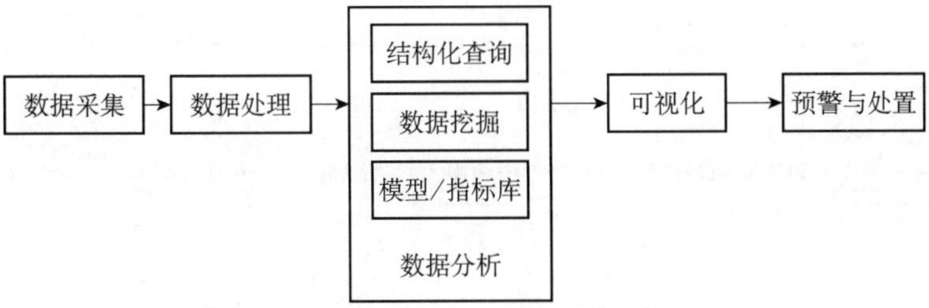

图 4.25　审计作业系统的流程

审计因其业务特殊性的要求，对数据要求比其他的分析系统更加全面，因此，数据的采集既需要内部业务系统的数据，也需要外部系统的数据（例如企业的工商信息、纠纷信息等都需要依托互联网进行爬取），以及各种非结构化的数据（例如企业的合同信息、原始凭证信息等）。

除了采集一般数据，还要采集元数据（metadata），所谓元数据就是描述数据的数据，对数据及信息资源的描述性信息。因此，元数据是审计人员理解数据的钥匙。

既要采集静态数据，也要采集动态数据。所谓静态数据又称截面数据，是指事物在某个时间节点上的状态。所谓动态数据又称时间序列数据，是对事物在不同时间节点状态的记录，反映事物的动态变化性，或者在不同时间节点上的差异性。所有的结果都是由行为产生的，把数据分成静态数据和动态数据的主要的目的是方便研究行为和结果之间的关系，这是数据分析与审计最重要的目的。

既采集原始数据，又采集加工数据。所谓加工数据是对原始数据的提炼。从数据分析的角度讲，之所以要定义原始数据和加工数据，最根本的价值在于对数据质量的控制和对数据形成和传输过程的追溯。数据质量决定了数据分析结论的准确性，在数据分析的过程中如果发现数据存在问题，或者对数据本身有疑问，则可以通过追溯数据产生的机制，追溯数据源头、数据传输的过程、数据处理过程和数据处理的方法，甚至追溯到数据采集的方式、数据采集人或者采集设备，从而找到问题的源头，解决数据的质量问题，以及保证后续数据的准确性（见图 4.26）。

本书按照营销数据、财务数据、资金数据、资产数据把数据分成四类，这样可以更好地满足审计人员进行数据分析与审计的要求。

4.3.2　数据处理

数据处理是指对采集的数据进行加工整理，形成适合数据分析的样式，保证数据的一致性和有效性。它是数据分析前必不可少的阶段。

数据处理的基本目的是从大量的可能杂乱无章、难以理解的数据中抽取并推导出对解决问题有价值、有意义的数据。如果数据本身存在错误，那么即使采用最先进的数据分析方法，得到的结果也是错误的，不具备任何参考价值，甚至还

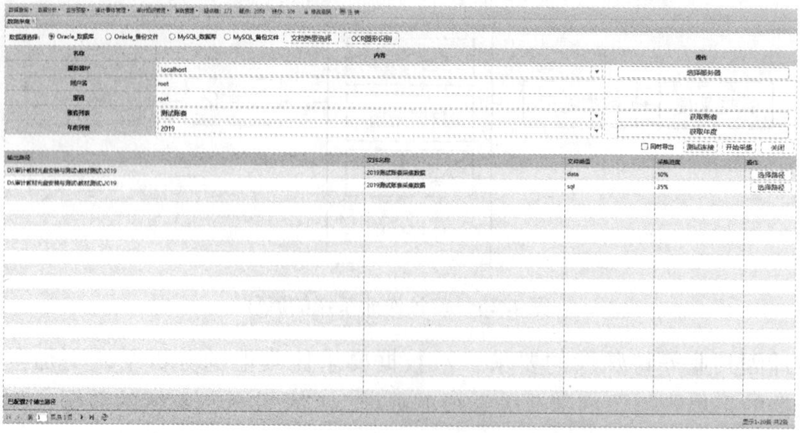

图 4.26　数据采集界面

会误导决策。

数据处理主要包括数据清洗、数据转化、数据抽取、数据合并、数据计算等处理方法。一般的数据都需要进行一定的处理才能用于后续的数据分析工作，即使再“干净”的原始数据也需要先进行一定的处理才能使用。

对于企业自己的业务系统，进行数据抽取和数据处理时只需要采用 ETL 工作流技术即可将数据同步到数据中心，形成可供分析的数据集。

对于外部系统的数据，则需要依靠爬虫等技术手段，将企业发布的数据依法爬取回来，并进行数据清洗，提取想要的数据存储到数据中心去形成分析数据集。

对于非结构化的数据，则需要依赖人工整理或者文本挖掘技术，将所需的数据整理提取出来存入数据中心，形成分析数据集。

无论数据采用何种方式进行存储和处理，在分析的过程中，数据的整理工作量在数据分析整个工作量的占比中超过 70%，即前期需要花费大量的人力和精力去收集和整理数据，数据是所有分析工作的基石，如果数据出现问题，那么所有的分析结果都将变得不可靠，数据处理界面如图 4.27 所示。

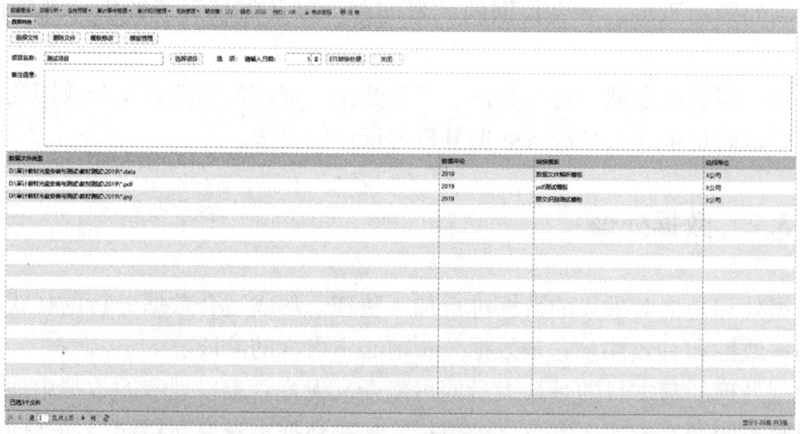

图 4.27　数据处理界面

4.3.3 数据分析

数据分析是用适当的分析方法及工具，对收集的数据进行分析，提取有价值的信息，形成有效结论的过程，例如结构化查询和数据挖掘等。审计人员应当为需要分析的内容确定适合的数据分析模型，进行算法设计，构建分析模型。到了这个阶段，就能够驾驭数据，从容地进行分析和研究。

4.3.3.1 结构化查询

在线审计系统提供核算数据查询功能，审计人员可根据重点关注账证的相关特点，开展单位、年度、科目名称、摘要、借方发生额、贷方发生额、余额等相关条件的配置。如图4.28和图4.29所示。

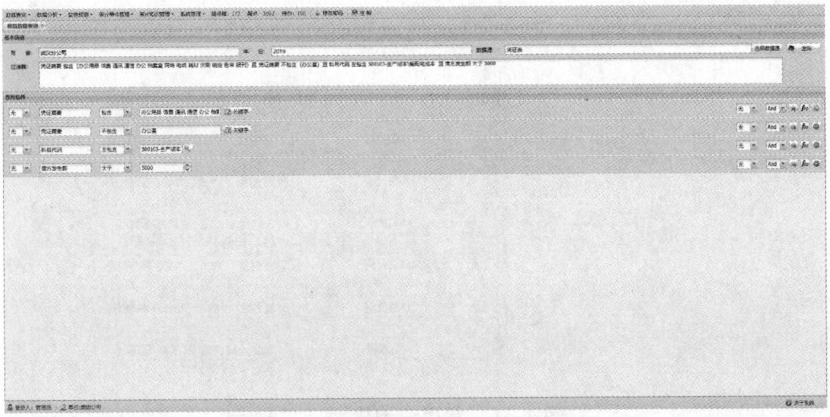

图4.28 核算数据查询界面（一）

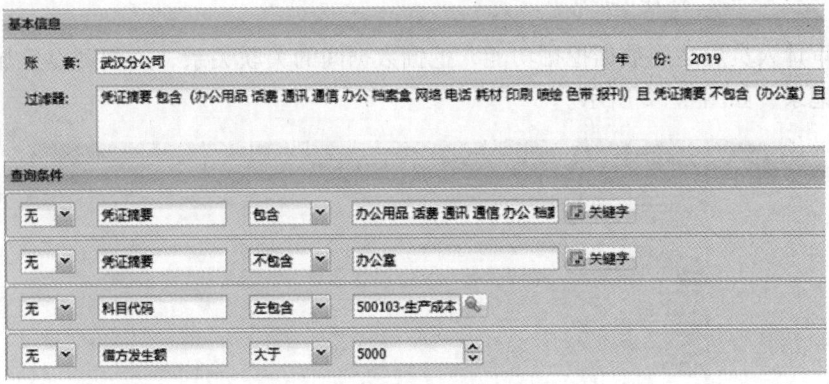

图4.29 核算数据查询界面（二）

对于一些被认为是有价值的结构化查询语句，审计人员可以将其添加为常用查询，以备日后使用。如图4.30和图4.31所示。

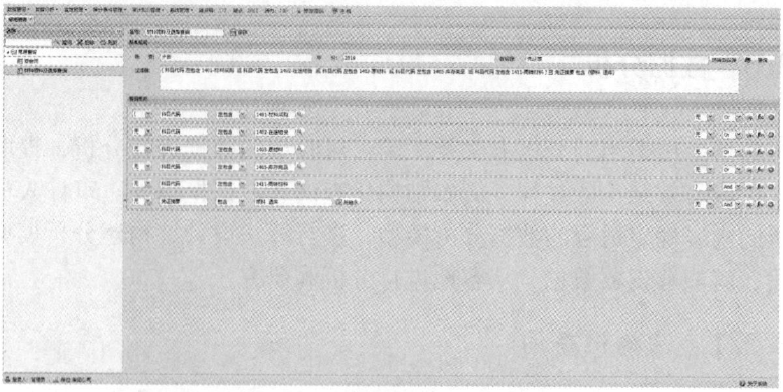

图 4.30　常用查询界面（一）

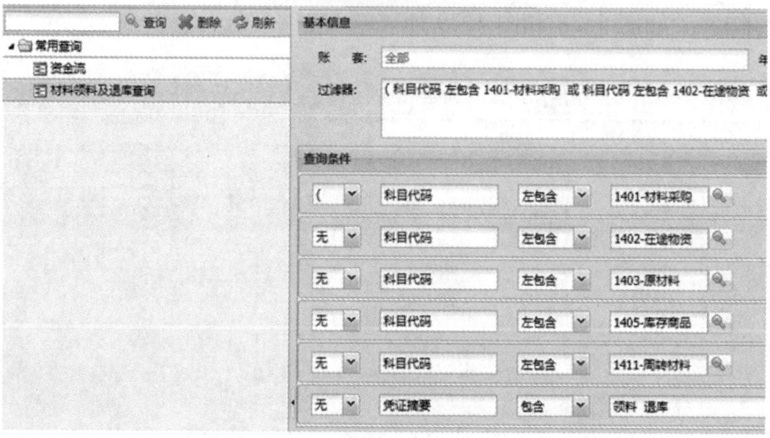

图 4.31　常用查询界面（二）

4.3.3.2　数据挖掘

审计人员可运用数据挖掘功能，挖掘数据间的关联关系，查找疑点区域或者疑点记录，如图 4.32 所示。

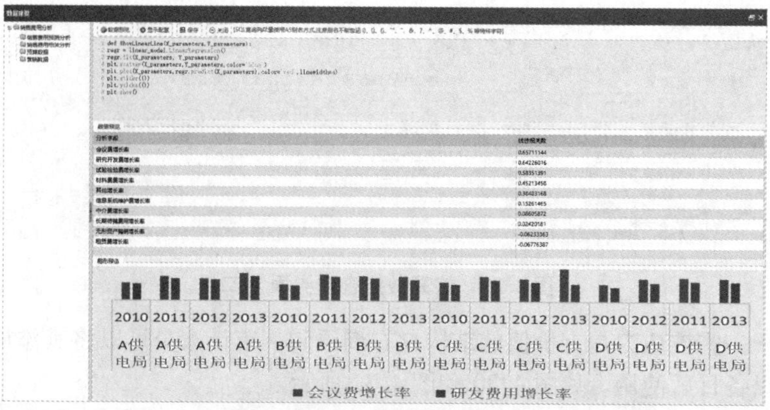

图 4.32　数据挖掘界面

4.3.3.3 指标库

指标库管理分为配置指标基本信息和配置指标标准值两个部分，通过指标公式计算与科目、报表项、变量、指标四项进行组合；通过指标配置项对指标的临界值相应的报表进行有效的分析。如图4.33和图4.34所示。

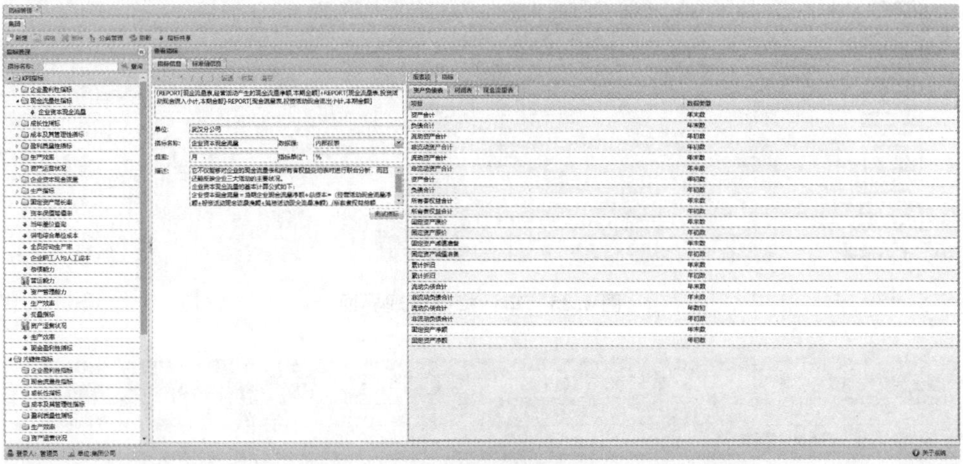

图4.33 指标管理界面（一）

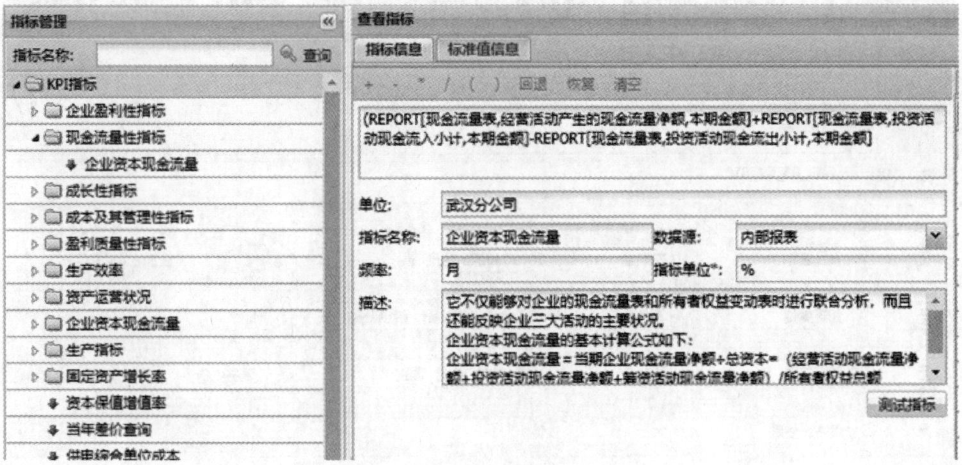

图4.34 指标管理界面（二）

4.3.3.4 模型库

审计人员可开展模型的新增、编辑、删除、下发、分类管理等工作。审计模型管理界面如图4.35和图4.36所示。

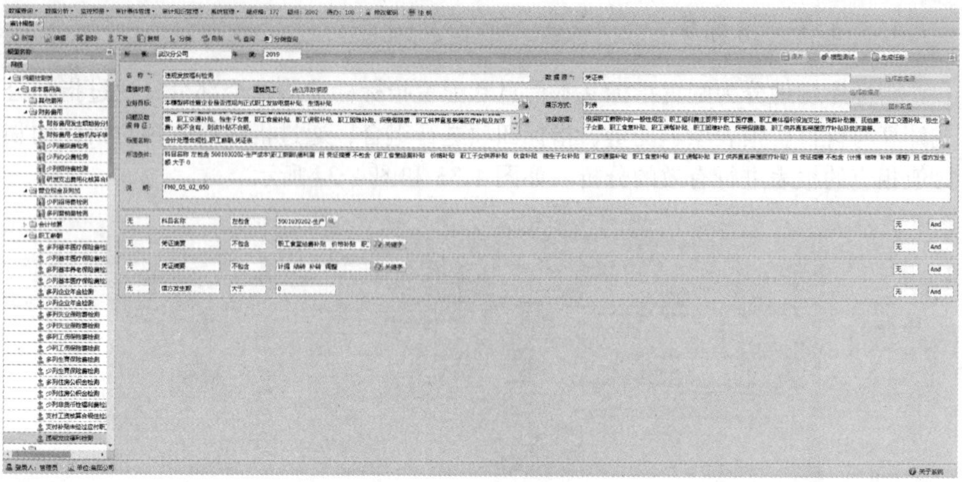

图 4.35　审计模型管理界面

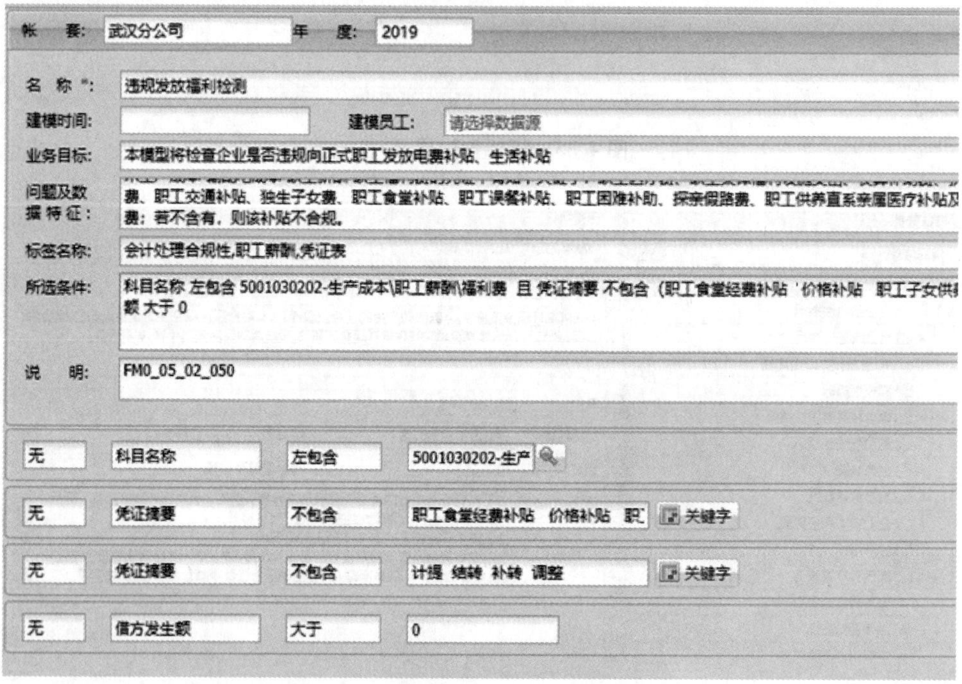

图 4.36　审计模型管理界面（局部）

4.3.4　可视化

通过数据分析，隐藏在数据内部的关系和规律就会逐渐浮现出来，那么通过什么方式展现出这些关系和规律，才能让别人一目了然呢？一般情况下，数据是通过表格和图形的方式来呈现的，即用图表说话。

常用的数据图表包括饼图、柱形图、条形图、折线图、散点图、雷达图等，当然可以对这些图表进一步整理加工。

多数情况下，人们更愿意接受图形这种数据展现方式，因为它能更加有效、直观地传递出分析师所要表达的观点。一般情况下，能用图说明问题的，就不用表格，能用表格说明问题的，就不用文字。

各种各样的趋势分析是可视化的重要方法之一。例如现金流量的趋势分析采用历年财务报表，连续多年的，甚至 5 年、10 年的财务报表并列在一起加以分析，以观察变化趋势。观察连续数期的报表，能了解到更多的信息和情况，并有利于分析变化的趋势。如图 4.37 和图 4.38 所示。

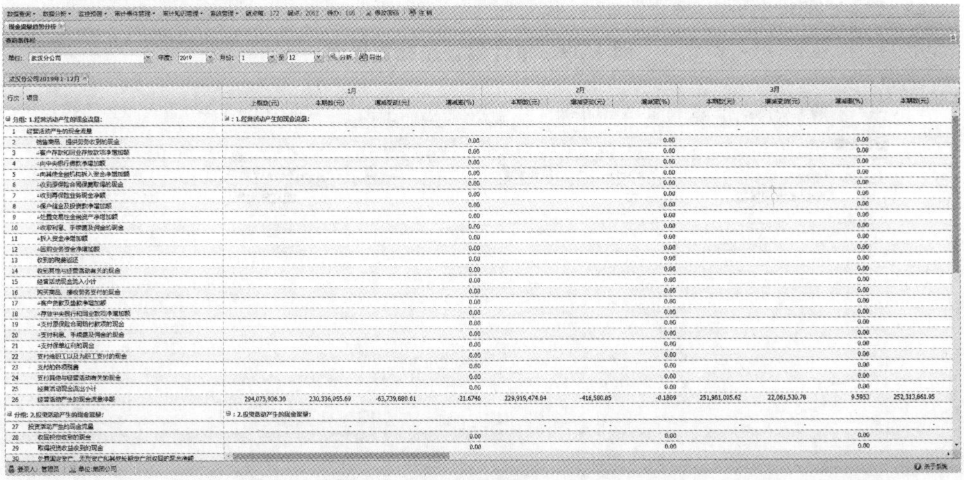

图 4.37　现金流量趋势分析界面

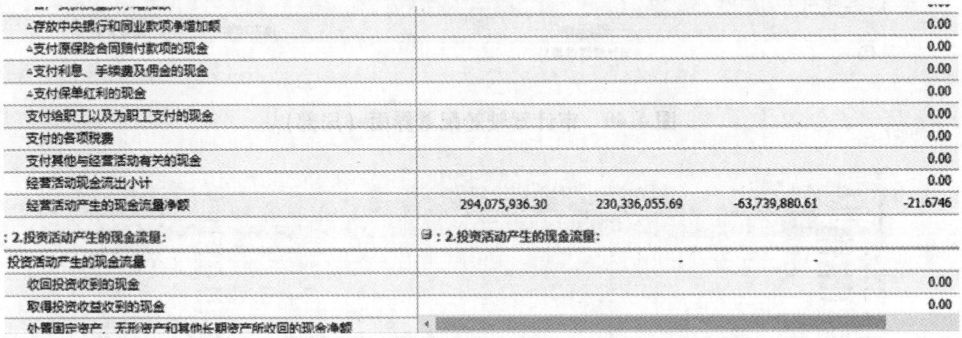

图 4.38　现金流量趋势分析界面（局部）

审计驾驶舱根据审计人员的面板配置情况，展示用户所关心的模型监测、指标监控等结果，并主动推送到审计驾驶舱，引起人员关注，如图 4.39 和图 4.40 所示。配置好生产成本—输配电成本占比分析面板后，可展示结果如图 4.41 和图 4.42 所示。

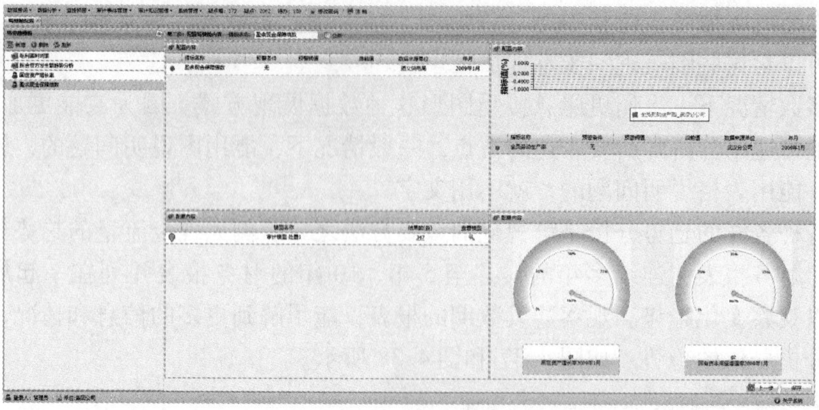

图 4.39　审计驾驶舱配置界面

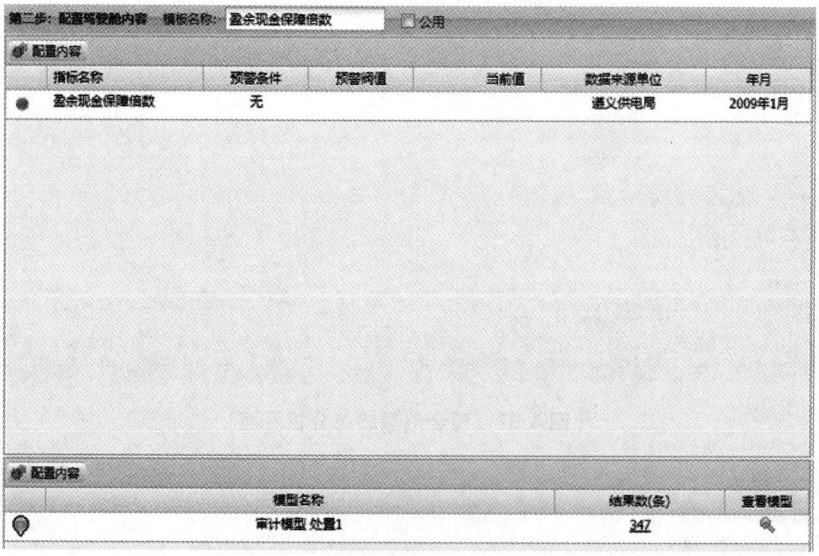

图 4.40　审计驾驶舱配置界面（局部）

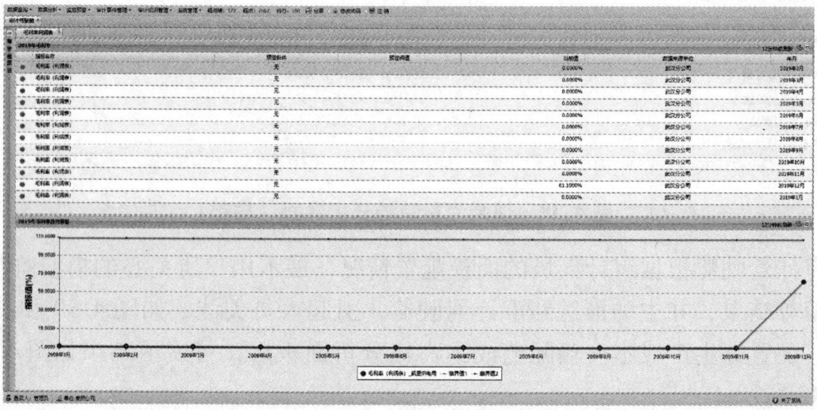

图 4.41　审计驾驶舱展示界面

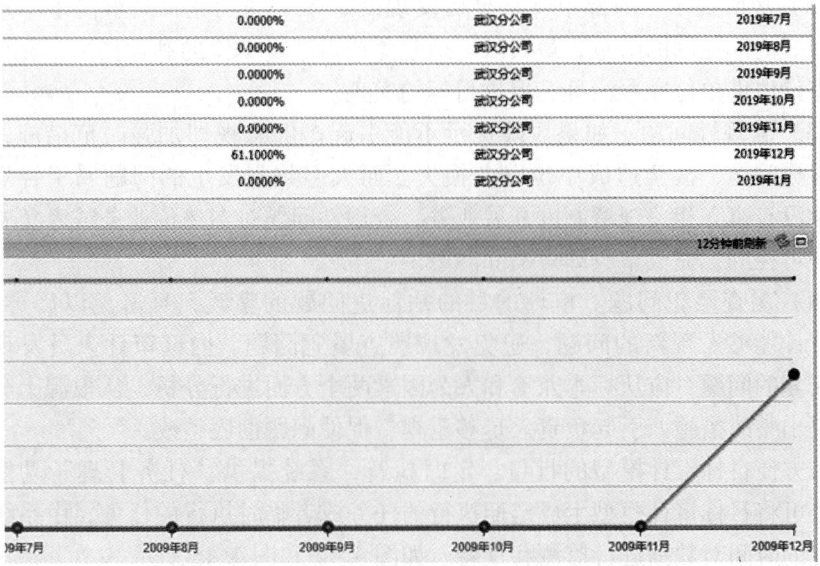

图 4.42　审计驾驶舱展示界面（局部）

4.3.5　预警与处置

通过报告，把数据分析的起因、过程、结果以及建议完整地呈现出来，对有问题的单位进行处置，对其他单位进行预警。

根据审计发现问题性质以及严重程度可以分为四类，依据问题严重程度从轻到重依次为风险提示、合规性问题、屡查屡犯性问题、违纪问题。如图 4.43 所示。

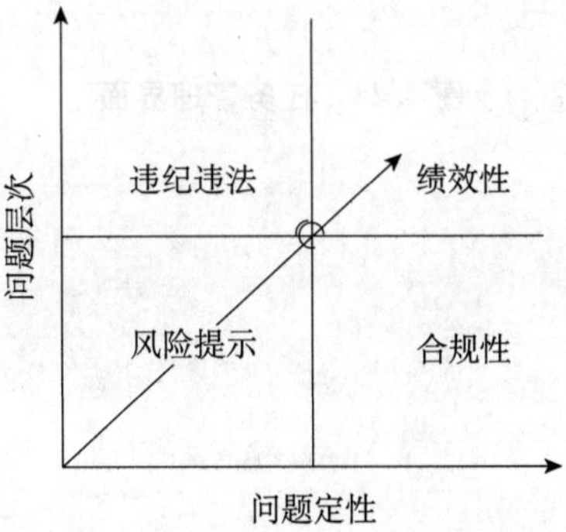

图 4.43　问题定性和问题层次

（1）违纪问题。《审计署关于内部审计工作的规定》第二十一条规定，单位对内部审计发现的重大违纪违法问题线索，应当按照管辖权限依法依规及时移送纪检监察机关、司法机关。内部审计人员关注纪检部门通报的案件，学习相关条例和制度，及时发现违纪违法问题线索。

（2）风险提示。内部审计从事后发现既定事实的问题，向事前事中审计转移，做好内部控制的防范，最大限度地避免或者减少单位的利益损失，充分发挥内部审计协助单位完善治理，促进目标的实现。

（3）合规性问题。如果风险提示不能引起足够重视即加强防范措施，有可能发展成问题，甚至造成单位财务损失。而大多数刚发生的问题属于合规性问题，即没有遵守相关规章制度开展业务，合规性问题对本单位业务或者负责人的影响是可控的，完成整改即可消除隐患。

（4）屡查屡犯问题。审计的目的是促进问题的整改，且避免以后再发生，再次审计能够发现新的问题，避免发现屡查屡犯问题。内部审计人员发现重复性、反复的问题，应从标本兼治和人为因素两个方面进行分析，从根源上分析原因，提出整改措施，引起负责人足够重视，促使问题彻底整改。

为方便目标审计模型的批量、定时执行，系统提供“任务管理”功能。审计人员可将目标审计模型生成定期执行的任务或者临时执行的任务，由系统自动在指定的时间对数据进行监测和预警。如图 4. 44 和图 4. 45 所示。

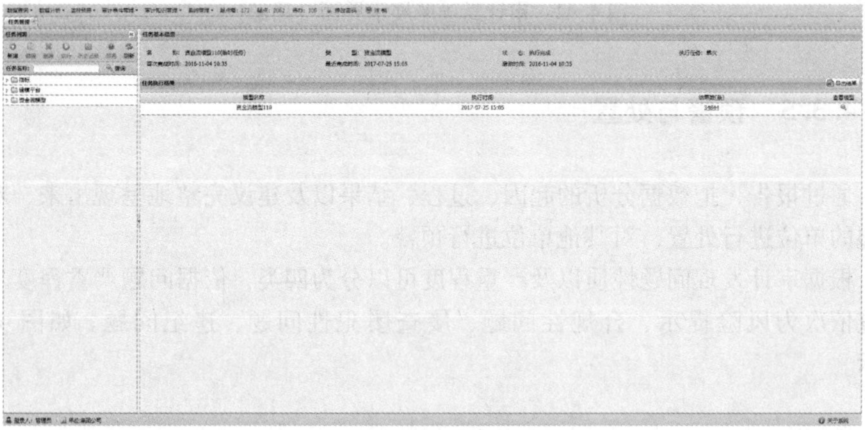

图 4. 44　任务管理界面

图 4. 45　任务管理界面（局部）

将审计日常分析中发现的问题和有疑点的数据进行处置，撰写审计工作指导意见书与附件文件同步下发到相关单位进行进一步的核实。如图 4. 46 和图 4. 47 所示。

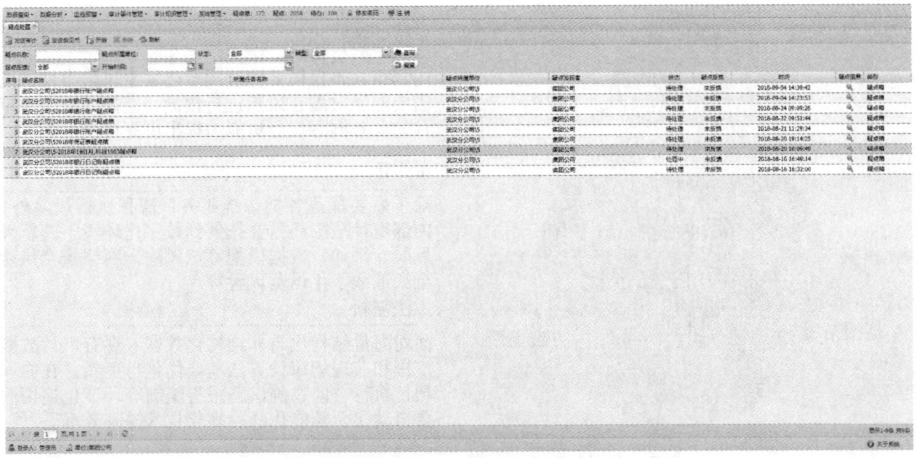

图 4.46　疑点处置界面

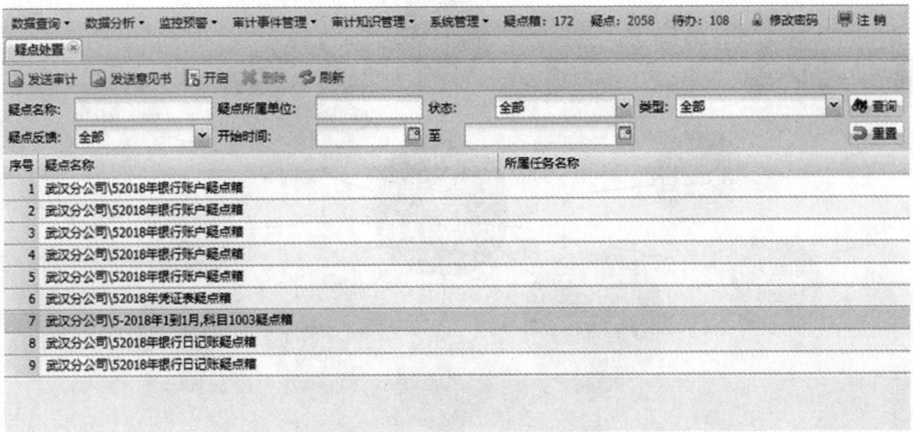

图 4.47　疑点处置界面（局部）

延伸阅读——银行智慧审计

德勤会计师事务所认为，在大数据、区块链、云计算、人工智能等创新技术的驱动下，越来越多的商业银行正在开启数字化转型之门，新兴金融科技逐渐应用到客户服务、业务受理、信贷流程、营运管理、风险决策等银行核心业务之中。数字化转型在提升银行客户体验、优化银行运营效率、降低银行营运成本的同时，也对银行的风险控制和内部审计带来诸多挑战，如图 4.48 所示。

数字化转型对银行内部审计既是挑战也是机遇，多种智能技术的出现打破了传统银行内部审计在数据规模、范围以及类型方面的限制。融合高级数据分析、认知技术、智能预测、敏捷方法和机器人流程自动化等新技术和新概念的智慧审计应用将为银行内部审计提供全方位的数字化赋能，如图 4.49 所示。

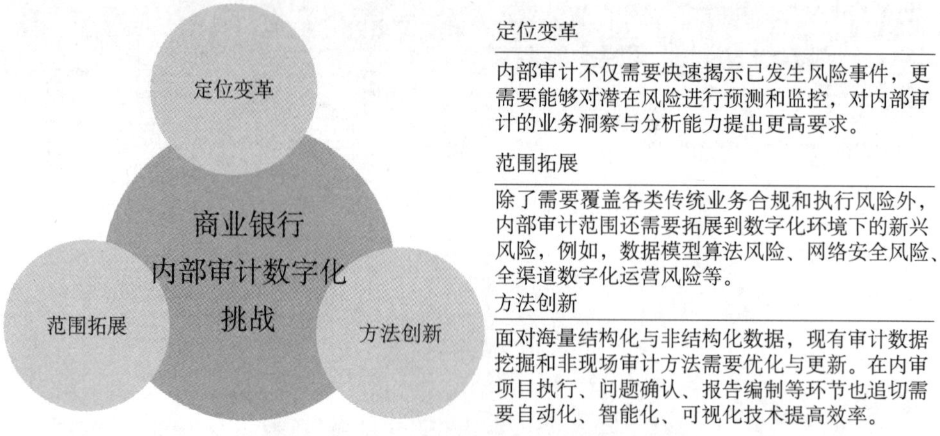

图 4.48　商业银行内部审计数字化挑战

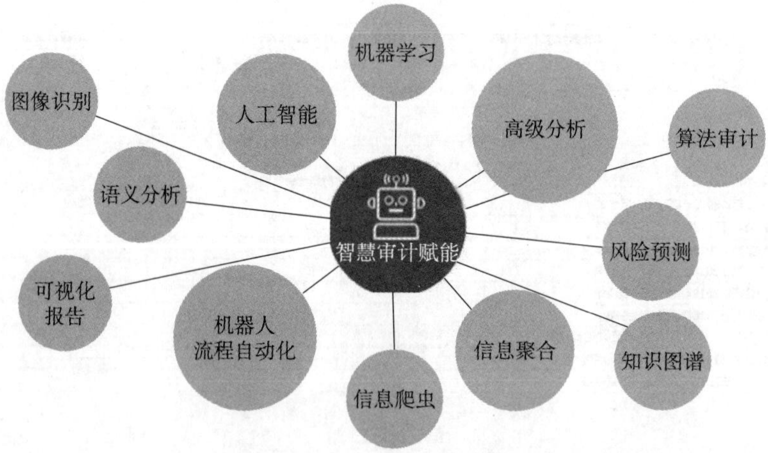

图 4.49　智慧审计赋能

（1）全面的大数据分析能力。利用数据框架建立审计大数据平台和审计数据管理与运营机制，搜集和存储银行内、外部各类结构化和非结构化数据，实现各类数据的专业化处理，包括采集、加工、转换、存储、交换、关联、共享和管理。

通过对零售客户支出情况、支付渠道、消费习惯等各类数据的全面分析，真实、全面、动态地反映出审计对象信息，帮助内部审计部门更好地识别客户异常风险特征。通过对公客户内外部数据的交叉验证和组合分析，可以为内部审计部门对相关客户信贷评价提供更好的参考依据。

（2）高效的自动化处理能力。利用审计机器人流程自动化替代人工执行具有清晰定义和极少例外情况下的重复和确定性审计动作，实现人力成本的节约和审计资源的聚焦。

审计机器人流程自动化技术可以帮助审计人员进行数据收集、外部数据爬取、数据比对、系统安全参数检查以及底稿编写等事务性工作。另外，利用模式识别等人工智能技术，可以为审计人员提供文本、图像和语音自动识别和检查工具，从而支撑各类审计项目中对银行数字化改造后业务过程产生的海量合同文本、电子证照、客服录音等非结构化数据全样本检查。

(3) 智慧的业务风险洞察能力。在以往内部审计项目中，主要依赖审计人员设定规则对样本进行异常筛选，审计效果往往与审计人员经验水平密切相关。

应用机器学习技术为审计人员提供了另外一种基于数据的风险洞察和识别路径，通过有监督和无监督机器学习模型，直接对大量审计对象数据进行分析处理，产出相应的风险预测和假设结果，从而帮助审计人员揭示隐形数据关系。此外，通过对机器学习模型结果特征进一步分析可以实现优化和扩展原有各类审计数据模型的精度和覆盖范围。

随着大数据和人工智能技术的不断发展，可以预见未来智慧审计应用场景将会越来越广泛。因此，我们建议每一个内部审计组织都可以结合自身特点，建立智慧审计技术小组，培养智慧审计人才，识别和实践智慧审计应用场景，规划和搭建智慧审计数字化平台，将智慧审计技术和理念融入日常内部审计工作中，共同推动内部审计理念和方法的创新与变革。

资料来源：https：//www2. deloitte. com/cn/zh/pages/risk/articles/commercial-bank-in-the-digital-age. html 德勤中国官网《数字化时代下商业银行智慧审计应用与创新（第一期）》。

思考题

1. 数据分析的方法有哪些？与数据分析模式的区别是什么？
2. 不同类型的图在展示时有什么利弊？
3. 阐述数据挖掘的原理。
4. 各种不同的数据挖掘技术对审计而言有何特点？

第5章　营销数据分析与审计

5.1　概述

营销就是将产品价值转移给客户、消费者的过程。不管是服务还是产品，最终目的是实现企业增值和客户满意。根据最简单的计算公式“收入 - 成本 = 利润”的规律，可以确定，营销可以创造收入，但也可以增加成本，营销对利润的影响巨大，其中营销舞弊是一个不可回避的问题。

营销部门不仅掌握的资源比其他部门多，而且在人员管理、物料分配和费用支持、客户关系管理等方面也有充分的决定权。仅从客户关系管理方面来说，客户通过与企业保持良好的沟通来实现企业目标，但客户也有自身企业发展的诉求，这就会因利益目标不一致而产生矛盾。那么如何结合不同的商业模式，确定适合企业自身的营销舞弊防范措施和查处管理是每个企业管理层和内审部门需要重视的关键问题，同时必须做到因地制宜，差异化的系统考虑。

通常来讲，行业的差异性、产品的特质、消费者的行为偏好以及商业模式的复杂性等因素使得营销审计的实施变得更困难，是审计的“拦路虎”，而且该问题难以单纯地通过审计收入等会计科目来加以解决。以银行对公客户信贷信息真实性审查工作为例，企业信息主要来自客户自己报送，以及行内累计交易历史。银行内部审计部门在材料真实性审查中，面临着企业的财务信息、非财务信息搜索整合困难，尤其是小微企业的财务信息难以核实，存在难以识别客户资料信息是否造假、是否粉饰等一系列问题。

“不识庐山真面目，只缘身在此山中”。要识别行业的差异性、产品的特质、消费者行为偏好、商业模式的复杂性等，一个重要的解决方法是获取企业外部的数据，获取一系列基准数据，结合内部数据，构建企业风险画像，实现内外部数据的融合，从而高效地感知外部风险对企业的传导，更有效地预警潜在风险，提高内审效率。网络爬虫技术，作为大数据前端的数据采集技术，可以很好地解决这类问题。

网络爬虫，又被称为网页蜘蛛，是一个自动提取网页的程序，可以从万维网上下载网页，也是搜索引擎的重要组成部分。网络爬虫技术是大数据分析技术中收集数据的主要技术。对于审计而言，它是获取企业外部数据最重要的技术。

通用网络爬虫从一个或若干初始网页的URL开始，获得初始网页上的URL，在抓取网页的过程中，不断从当前页面上抽取新的URL放入队列，直到满足系统的一定停止条件。通用网络爬虫的结构大致可以分为页面爬行模块、页面分析模块、链接过滤模块、页面数据库、URL队列、初始URL集合六个部分。为提高工作效率，通用网络爬虫会采取一定的爬行策略。常用的爬行策略有深度优先策略和广度优先策略。通用网络爬虫适用于为搜索引擎搜索广泛的主题，有较强的应用价值。

聚焦网络爬虫的工作流程较为复杂，需要根据一定的网页分析算法过滤与主题无关的链接，保留有用的链接并将其放入等待抓取的URL队列。然后，它将根据一定的搜索策略从队列中选择下一步要抓取的网页URL，并重复上述过程，直到达到系统的某一条件时停止。与通用网络爬虫相比，聚焦网络爬虫只需要抓取与主题相关的页面，极大地节省了硬件和网络资源，保存的页面也由于数量少而更新快，还可以很好地满足一些特定需求。聚焦网络爬虫对抓取目标的描述不同可以分为三种：基于目标网页特征的爬虫所抓取、存储并索引的对象一般为网站或网页；基于目标数据模式的爬虫针对的是网页上的数据，所抓取的数据一般要符合一定的模式，或者可以转化或映射为目标数据模式；基于领域概念的爬虫是建立目标领域的本体或词典，用于从语义角度分析不同特征在某一主题中的重要程度。

利用网络爬虫技术，配合图像识别、语音识别、语义理解等人工智能技术，可以实现外部海量高价值数据收集，包括来自政府公开的数据、来自企业官网的数据，以及社交数据等。审计部门通过动态获取的用户数据，为用户建立全景画像，对用户进行全视角的审查与分析。消除信息不对称，拓展审计人员的视野，为审计人员全面深入了解客户和识别关联风险提供有力武器，促使内部审计视角从“识别收入会计风险”转向“全面识别业务风险”。

因此，在数据分析与审计中，营销数据非常重要，有的时候甚至比财务数据还重要。本章围绕用户的行为特征、营业收入的变化、销售费用的变化三个方面选编了一些实例，开展营销数据分析与审计。

5.2 用户特征分析

5.2.1 用户用电行为分析

5.2.1.1 背景介绍

宏观环境：A省B市C县位于东南沿海地区，当地经济经过多年的发展，手工制造业比较发达，但是并没有形成大的企业集群，加工多以小作坊的形式进行，导致加工场地的分布比较零散。同时C县外来人口众多，公寓租房发展迅速，小作坊工厂与公寓以及其他民租房混合分布，用电环境复杂。

企业经营环境：D市供电局通过历年售电收入趋势图发现，C县最近几年的售电量在稳步提升，但是售电收入提升幅度不大，同时C县最近几年的经济增长迅速，C县除了本企业供电售电之外没有其他竞争对手。综合来看，C县的售电量与实际收入情况存在背离，因而需要对C县进行一次全方位的用电检查。检查在实际售电过程中是否存在偷电漏电，或者实际用电与用户档案性质不一致导致少收漏收电费的情况。

5.2.1.2 审计内容

审计目标：对辖区内的用户用电行为进行一次大规模的筛查，对居民可能存在的偷电漏电或者违规用电行为进行检测以及现场核查。

审计方法：通过检测居民的用电电量以及电能表更换行为对用电行为特征进行聚类分析，找出离群的用户信息，判定用电量以及业扩换表行为是否正常，找出偷漏电行为疑点用户，并对其进行重点监控。

5.2.1.3 数据准备

通过某供电企业内部存储的经营性系统数据库，提取用户每月用电量、业扩换表工单信息和用户地域信息相关数据组成一张分析维表，依据用户电量信息、业扩换表工单信息、用户地域信息作为分析维度，进行业务分析。具体流程如图5.1所示。

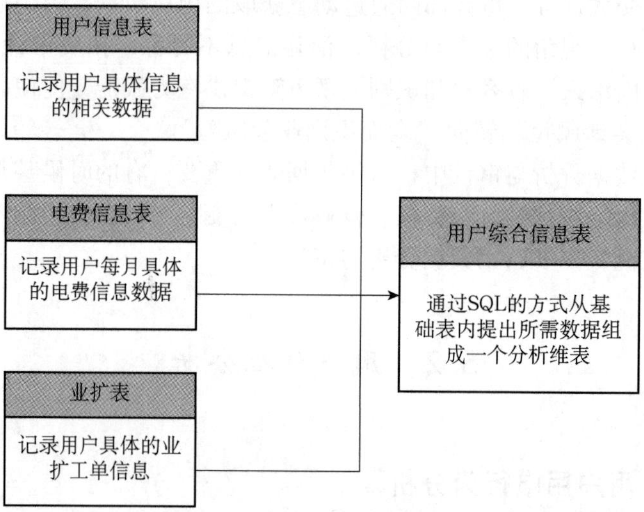

图5.1 用户综合信息抽取

通过数据清洗，得到用户综合信息（部分数据见表5.1）作为分析基表。表内包含用户完整的用电地址信息，可以将农村零散用电户进行排除，同时对于城市密集的用户群体可以按区域进行切割分析，以提升分析效率和模型的准确性。

表 5.1　　部分用户的综合信息

用户名称	用户编号	用电地址	电费年月	电量	业扩换表工单	业扩换表时间	换表原因	换表时间	省份信息	地方信息	区县信息	街道信息
A 用户	030332380789	A 省 B 市 C 县 SX 街道 123 号	201701	123	020103127	2016/9/12	电能表故障	2016/9/15	A 省	B 市	C 县	SX
A 用户	030332380789	A 省 B 市 C 县 SX 街道 123 号	201701	123	020103127	2016/10/22	电能表故障	2016/10/25	A 省	B 市	C 县	SX
B 用户	030332380724	A 省 B 市 C 县 SX 街道 23 号	201701	63	020101256	2014/3/8	电能表故障	2014/3/11	A 省	B 市	C 县	SX
C 用户	030332380708	A 省 B 市 C 县 SX 街道 18 号	201701	84	020100213	2015/6/8	电能表故障	2015/6/10	A 省	B 市	C 县	SX
D 用户	030332380729	A 省 B 市 C 县 SX 街道 25 号	201701	276	020103136	2016/10/6	电能表故障	2016/10/8	A 省	B 市	C 县	SX

5.2.1.4 模型构建

K-means 算法分析效率高，本次模型选定 K-means 作为聚类算法来聚类消费行为的数据，寻找消费者行为的特征。K-means 是比较常用的聚类算法，属于无监督学习算法，只需初始指定目标簇的数量，该算法即可自动将数据聚合到指定数量的簇中，相同簇中的数据相似度较高，不同簇中数据相似度较低。

用于消费行为特征数据聚类的 K-means 实现如下。

```
#-*-coding:utf-8-*-
import numpy as np
import pandas as pd
#参数初始化
inputfile = '../data/consumption_data.xls' #销量及其他属性数据
k = 3 #聚类的类别 由数据点的散布图直观地确定类的个数
threshold = 2 #离散点阈值,阈值是一个效应能够产生的最低值或最高值,
iteration = 500 #聚类最大循环次数
data = pd.read_excel(inputfile,index_col = 'Id')#读取数据
data_zs = 1.0*(data - data.mean())/data.std()#数据标准化
from sklearn.cluster import KMeans
model = KMeans(n_clusters = k,n_jobs = 4,max_iter = iteration)#分为 k 类,
并发数 4
model.fit(data_zs)#开始聚类
#标准化数据及其类别
r = pd.concat([data_zs,pd.Series(model.labels_,index = data.index)],ax-
is = 1)  #每个样本对应的类别
r.columns = list(data.columns) + [u'聚类类别']#重命名表头
norm = []
for i in range(k):#逐一处理
    norm_tmp = r[['R','F','M']][r[u'聚类类别'] == i]-model.cluster_centers_
[i]
     #简化为 r[a][b == i]-c[i]
    norm_tmp = norm_tmp.apply(np.linalg.norm,axis = 1)#求出绝对距离
    norm.append(norm_tmp/norm_tmp.median())#求相对距离并添加
norm = pd.concat(norm)#合并
import matplotlib.pyplot as plt
plt.rcParams['font.sans-serif'] = ['SimHei']#用来正常显示中文标签
plt.rcParams['axes.unicode_minus'] = False #用来正常显示负号
norm[norm <= threshold].plot(style = 'go')#正常点
discrete_points = norm[norm > threshold]#离群点
discrete_points.plot(style = 'ro')
plt.xlabel(u'编号')
plt.ylabel(u'相对距离')
plt.show()
```

用户用电行为异常分析流程如图 5.2 所示。

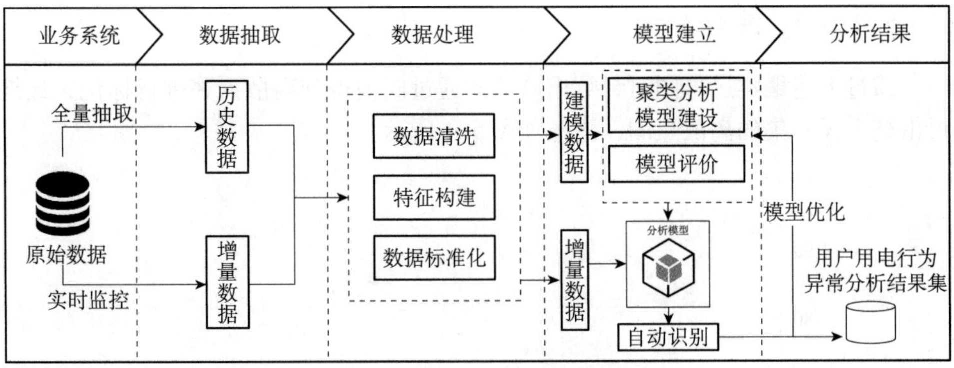

图 5.2　用户用电行为分析流程

整个流程具体描述如下。

（1）通过常用的 ETL 工具（例如 kettle、informatica、datastage）将所需的数据进行全量抽取。

（2）对抽取来的数据进行数据预处理。识别数据缺失值，并对缺失值进行处理，统一数据展示格式（如日期统一显示为 YYYY/MM/DD）。并将用电用户基础行为进行关联，构建全面的用户行为表作为建模样本数据。

（3）在得到样本数据后，建立聚类模型，识别出用户行为与其他同类型的用户行为不一致的行为特征。并对其进行展示输出。

（4）检查模型的分析结果是否满足实际使用需求，如果不满足，则对其进行优化。

（5）将优化后的模型固化好后，通过对业务系统增量数据的识别，可以实现全天候全覆盖的审计分析要求。

系统运行界面如图 5.3 所示。

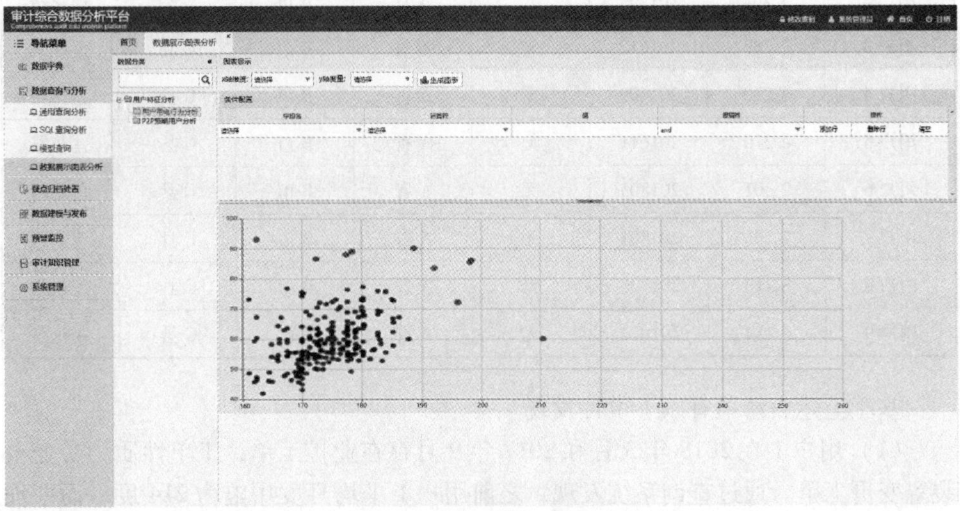

图 5.3　系统运行界面

5.2.1.5 审计分析

通过上述聚类运算同时计算出阈值。通过阈值得到离散点并进行标记，最终得出整个样本集的离散点图，具体如图 5.4 所示。

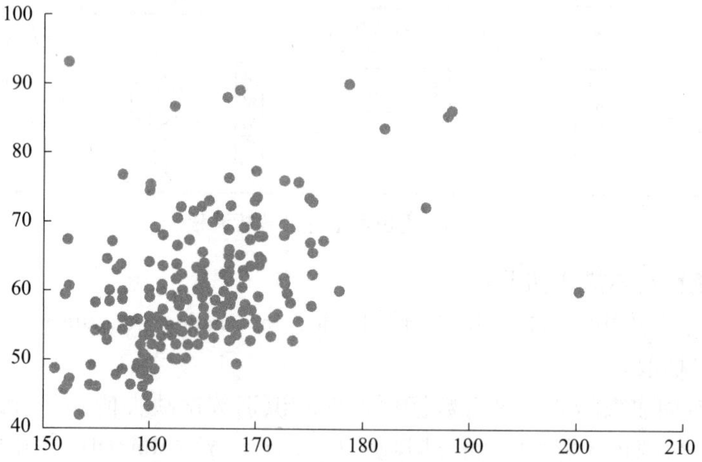

图 5.4 聚类后整个样本集的离散点分布

在图 5.4 的基础上，通过提取离群用户的具体信息，得到如表 5.2 所示的用户行为异常疑点清单。

表 5.2 行为异常用户清单

用户编号	用电量	电费年月	业扩工单	省份信息	地市信息	区县信息	街道信息
用户 1	32	201803	0300251	A 省	B 市	C 县	莲花路
用户 1	15	201709	0409382	A 省	B 市	C 县	莲花路
用户 2	1 782	201704	无	A 省	B 市	C 县	莲花路
用户 3	2 182	201612	无	A 省	B 市	C 县	莲花路
用户 4	3 210	201609	无	A 省	B 市	C 县	莲花路
用户 5	4 210	201611	无	A 省	B 市	C 县	莲花路
用户 6	2 301	201803	无	A 省	B 市	C 县	莲花路
用户 7	2 183	201801	无	A 省	B 市	C 县	莲花路
用户 8	3 210	201706	无	A 省	B 市	C 县	莲花路
用户 9	2 184	201812	无	A 省	B 市	C 县	莲花路

基于上述表清单有以下审计发现。

(1) 用户 1 在 2018 年 3 月和 2017 年 9 月存在业扩工单，工单性质为受变电装置变更工单。通过查询系统发现，之前用户 1 平均月度用电为 214 度，而办理业扩工单这两个月的用电量明显异常，需要调取当时的受变电现场记录信息，检查换表时有无记录历史表码，如果没有，即存在人为处理失误造成电量漏记导致少收电费的情况。

(2) 用户 2 ~ 用户 9 并没有出现受变电供电异常的情况，但是通过每月的用电量信息可以看出，此 8 名用户存在单月用电突增，且增幅巨大，与居民用电的正常用电量严重不符。同时检查用户的电费发行记录和退费信息，发现用户对发行的电费没有异议且没有退电费的情况，因而可以确定不存在供电局电费计算错误的情况，用户对巨额用电无异议。同时用户 9 的异常数据为最近一个月的数据，因而需要现场进行核查。检查是否有其他用电接入居民用电，通过现场实际核查，发现用户 9 与隔壁的手工加工坊合作私接线路，将普通工业用电接入居民用电内，以套取电价差。

对于之前出现电量突增的 7 名用户纳入重点监控范围，一旦电量出现异常波动，需要立即进行现场核查，杜绝违规用电。

5.2.2　P2P 逾期用户分析

5.2.2.1　背景描述

据《2013 年中国 P2P 借贷服务行业白皮书》统计显示，P2P 借款平台从 2009 年的 9 家迅猛增加到 2012 年 200 多家，可统计的 16 家 P2P 平台线上业务借款余额近 100 亿元，财富管理者超过 5 万人，年增长速度超过 300%。国际比较来看，中国的 P2P 行业虽然借款总量比不上美国为代表的发达市场，但借款的增量在短期内的增长却是相当惊人的，有的 2010 年成立的 P2P 公司，累计借款规模已超过二三十亿元，而美国最早成立的 lendingclub（2006 年成立）累计借款也只是 37 亿美元，prosper 累计借款不过 7 亿美元。另有数据显示，2013 年网络借款平台数量在 800 家左右，国内网络借款平台的借款余额约为 268 亿元，是 2012 年同期测算值的 4.8 倍。

互联网金融的快速崛起和发展，在带动金融行业快速发展的同时，逾期风险和逾期率也在提高，为了提升企业的经营效益以及降低逾期率，需要对逾期用户进行分析，判断其基本的行为特征，为以后的经营决策做支撑。

5.2.2.2　审计内容

通过获取公司逾期的用户数据，分析逾期的特征，构建逾期用户的用户行为画像。通过逾期用户行为画像，制定相应的风险应对机制，以减少公司在发展过程中因业务的增加而带来的逾期用户上涨和坏账率的提升。

5.2.2.3　数据准备

通过公司自有的数据库，找到已经逾期的用户数据，并对数据进行数据清洗和整理，形成一个数据分析原始数据集，具体结构如表 5.3 所示。

表 5.3 **用户贷款信息**

单位：元

贷款金额	还款期限	贷款利率	分期还款金额	等级	借款用途	未付本金	已付本金	已付利息	已还费用	逾期天数	贷款状态	数据库
27 050	36	0. 109 9	885. 46	B	debt_ consolidation	0	27 050	4 702. 53	0	0	COMPLETED	Lending Club
4 800	36	0. 109 9	157. 13	B	home_ improvement	0	4 800	357. 52	0	0	COMPLETED	Lending Club
12 000	36	0. 076 2	373. 94	A	debt_ consolidation	0	12 000	1 397. 54	0	0	COMPLETED	Lending Club
12 000	36	0. 119 9	398. 52	B	debt_ consolidation	0	12 000	2 346. 48	0	0	COMPLETED	Lending Club
12 000	36	0. 066 2	368. 45	A	debt_ consolidation	0	12 000	1 263. 95	0	0	COMPLETED	Lending Club
11 500	60	0. 229	323. 54	E	debt_ consolidation	0	11 500	7 286. 25	0	0	COMPLETED	Lending Club

5.2.2.4　模型构建

通过逾期用户的特征，分析其在整体逾期用户中的占比，构建逾期用户的用户画像。

```
import pandas as pd
import numpy as np
import matplotlib.pyplot as plt
from matplotlib.font_manager import FontProperties
###解析身份证前六位 地址编码
def deal_id1(x):
    try:
        returnid_dict[x['身份证号码'][:2] + '0 000']
    except Base Exception:
        return '空'
def deal_id2(x):
    try:
        return id_dict[x['身份证号码'][:4] + '00']
    except BaseException:
        return '空'
def deal_id3(x):
    try:
        return id_dict[x['身份证号码'][:6]]
    except Base Exception:
        return '空'
###解析年龄
def deal_age(x):
    try:
        tmp = 2019 - int(x['身份证号码'][6:10])
        return tmp if(tmp > 0 and tmp < 100)else 30
    except BaseException:
        print(x['身份证号码'])
        return 2019 - int('19' + x['身份证号码'][8:10])
    #特征分析
data_person['年龄'] = data_person.apply(lambda x:deal_age(x),axis =1)
age_count = data_person.groupby(['年龄']).apply(lambda x:x['身份证号码'].
count()).reset_index(name = '人数')
age_my = data_person.groupby(['年龄']).apply(lambda x:x['逾期金额'].sum()).
reset_index(name = '逾期总金额')
age_moneys = data_person.groupby(['年龄']).apply(lambda x:x['借贷金额'].sum
()).reset_index(name = '借贷总金额')
font = FontProperties(fname = "./Be_overdue.ttf",size =15)
fig,ax = plt.subplots(3,1)
#绘制图像
ax[0].plot(age_count['年龄'],age_count['人数'])
ax[0].set_xlim(15,80)
```

```
ax[0].set_ylabel('逾期人数',fontproperties = font)
ax[0].grid(True)
ax[1].plot(age_my['年龄'],age_my['逾期总金额'])
ax[1].set_xlim(15,80)
ax[1].set_ylabel('逾期总金额',fontproperties = font)
ax[1].grid(True)
ax[2].plot(age_moneys['年龄'],age_moneys['借贷总金额'])
ax[2].set_xlim(15,80)
ax[2].set_xlabel('年龄',fontproperties = font)
ax[2].set_ylabel('借贷总金额',fontproperties = font)
ax[2].grid(True)
plt.savefig('年龄_人数_逾期金额_借贷总金额.jpg')
plt.show()
```

P2P逾期用户行为特征分析流程如图5.5所示。

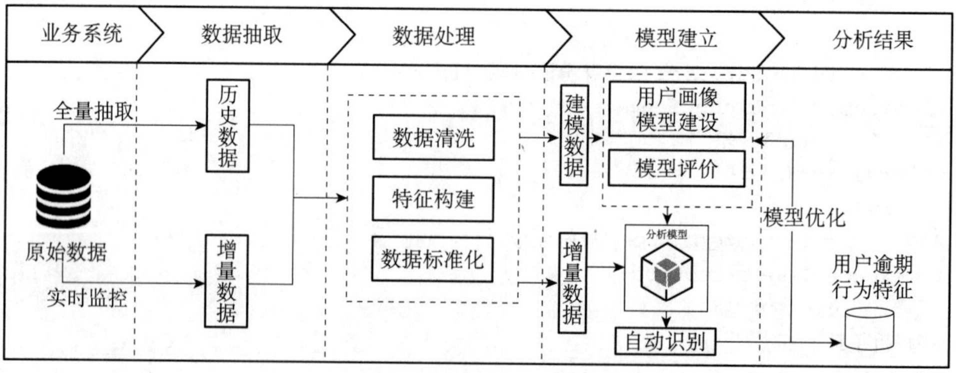

图5.5 P2P逾期用户行为特征分析流程

图5.5所示流程中的核心过程描述如下。

(1) 通过常用的ETL工具(例如kettle、informatica、datastage)将所需的数据进行全量抽取。

(2) 对抽取过来的数据进行数据预处理。处理缺失值,剔除重复的数据以及无效的数据,通过数据预处理根据P2P逾期用户相关信息构建模型样本数据。

(3) 通过对样本数据进行分析,分析逾期用户在不同维度下的占比,通过占比构建用户的行为特征,并对其进行展示。

(4) 同时通过实时监控,对增量数据进行同步分析,判断随着业务的增加,占比是否有变化,逾期的总量是否在下降。

系统运行界面如图5.6所示。

5.2.2.5 审计分析

从图5.7中可以看出,年龄段在20~30岁的用户逾期风险比较大,同时消费欲望比较强,逾期的总金额也是呈递增的趋势。对于在此年龄段人群的贷款,需要更加小心地核查用户的收入是否能满足还贷能力,对于业务审批也需要更强的风险管控。

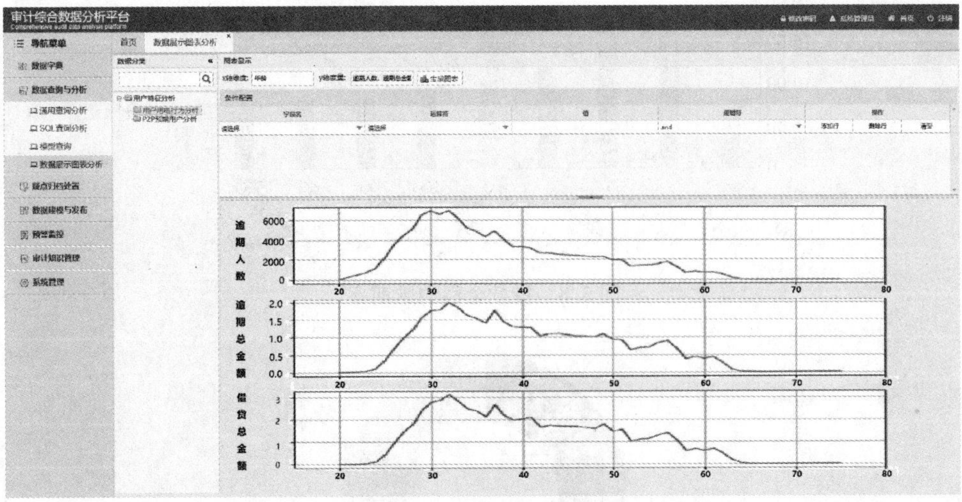

图 5.6　系统运行界面

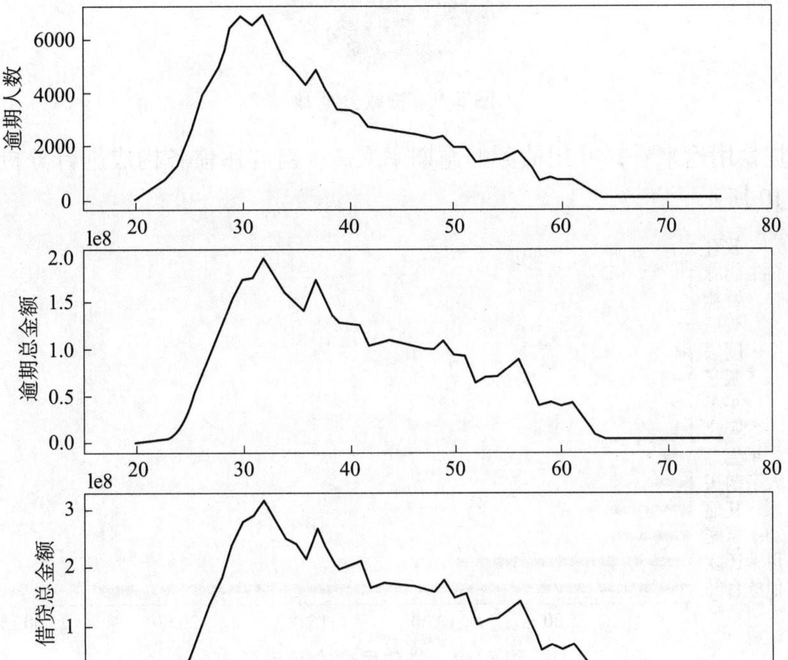

图 5.7　不同年龄段借贷总额、逾期总额和逾期人数

同时，对贷款金额的逾期率进行统计分析，具体结果如图 5.8 所示。

图 5.8 展示的是各贷款区间的逾期分布图，从图中可以看出，1 万 ~2 万元的逾期率比较高，贷款金额越大逾期率越低，同时 5 000 ~1 万元的逾期率也只有 6.7%。

从分期期数上来看，主要分布在 12 期和 6 期区间（见图 5.9）。

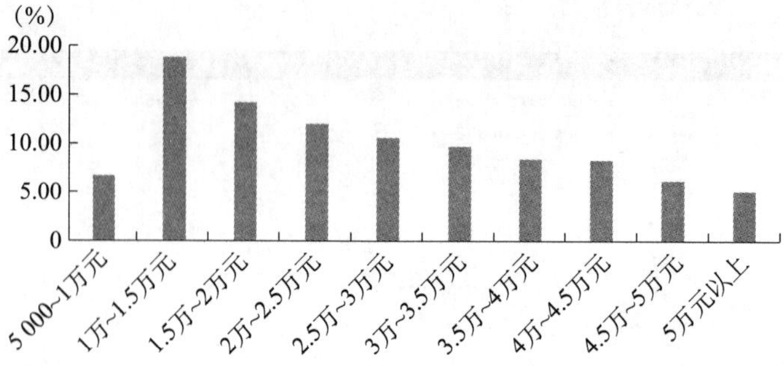

图 5.8　贷款金额的逾期率

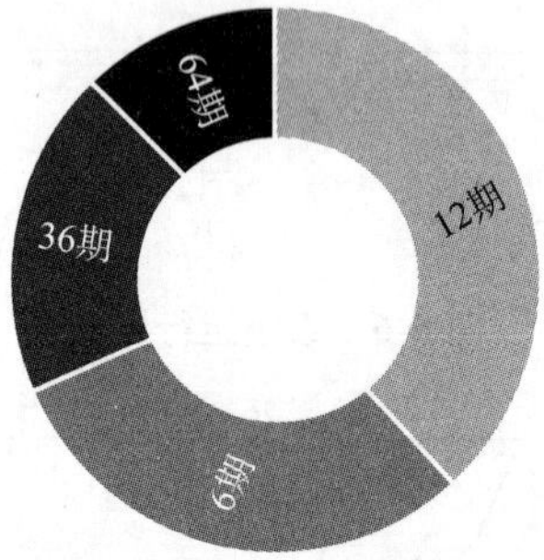

图 5.9　贷款分期数

从贷款用途来看，并用债务的逾期率最高。对并用债务构成进行分析，具体如图 5.10 所示。

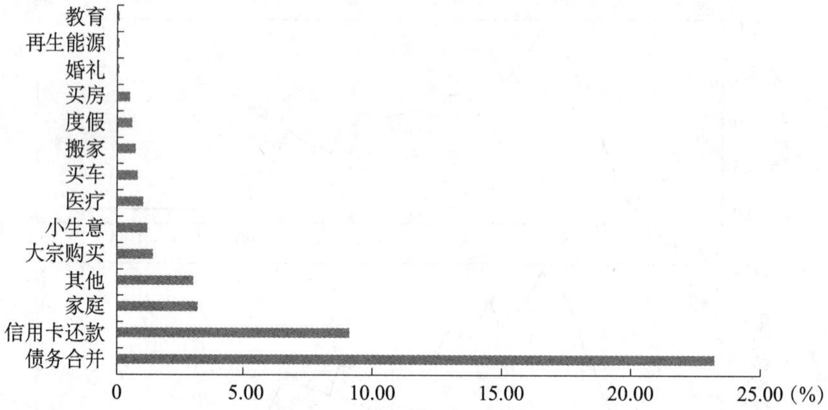

图 5.10　贷款用途逾期率

从图 5.11 中可以看到，在债务合并中，贷款金额区间在 1 万 ~1.5 万元逾期率最高，然后是 1.5 万 ~2 万元。债务合并是为那些被众多债务纠缠而找不到解决办法的人准备的，它可以将债务人多项负债捆绑起来，组合为一笔新贷款统一偿还。由此，债务人每月只需面对一个债权人，偿还一笔能够负担的还款额。但因为债务人本身已经背有债务，一旦周转不开，还是会产生逾期的风险。从以上分析可以看出，虽然它作为一些公司的主营业务，但仍需要慎重审批。对于债务合并申请中，在特定等级、特定利率区间、特定金额区间，要增加审批周期、提

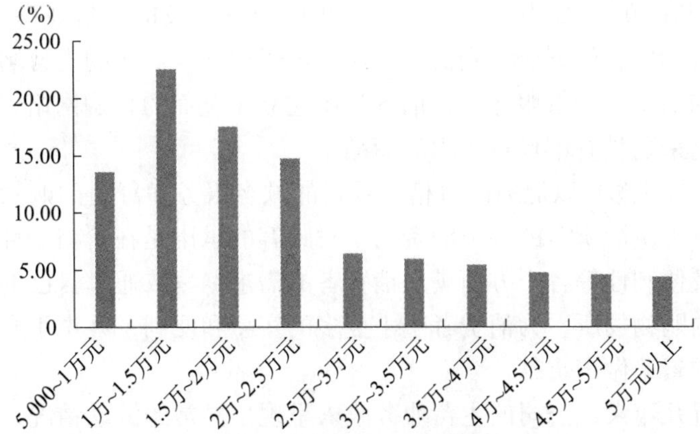

图 5.11　并用债务的逾期率

高审批标准、提高利率，或者以拒贷的审批方式来执行。

逾期费用的回收有两种方式：一种是一旦逾期，立马上报央行征信报告，然后采用催缴的方式进行催收；另一种是与客户进行沟通，商量还款方式和途径。这两种方式都是为了尽可能地收回逾期金额。图 5.12 针对已逾期的用户，对通过两种处理方式收回的欠款数据进行了统计。

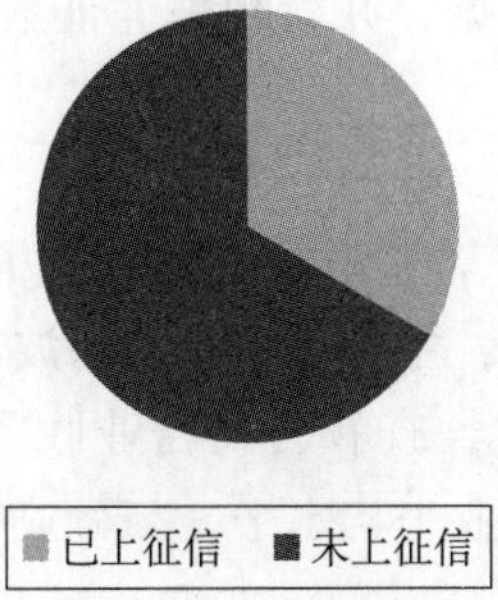

图 5.12　以不同方式收回的欠款

事实上，对于欠款后立刻上征信报告，可能会加重借款人的还款负担，造成“破罐子破摔”，增加催收难度。对于未上征信报告而采用类似破产重组的方式，则可以降低企业的催收难度，并在一定程度上提升贷款回收率。但采用此类方式，则需要对借款人的信用风险做一个详细系统的评估，以防止新的借款人是未逾期用户，避免平台被“薅羊毛”。

5.3　营业收入分析

5.3.1　主营业务收入结构分析

5.3.1.1　背景描述

S 集团是国内大型零售连锁集团，经过几十年的发展，集团成功登陆主板上市，集团现拥有500多家营运零售单位，集团业务涉及的零售业态包括大卖场、超级市场、折扣店、便利店、仓储式商店与电子商务，集团的上万名员工致力于为过亿级别的消费者提供服务。目前S集团建立了全面的采购网络，用于向不同地区的供应商采购具有市场竞争力的商品。

S集团经营理念是以低廉的价格、卓越的顾客服务和舒适的购物环境为广大消费者提供日常生活所需的各类消费品。对顾客的承诺是在价格、商品种类、质量、服务以及便利性等各个方面满足消费者的需求，争取通过自己的努力成为当地社区最好的购物场所，为消费者带来更多的实惠和便利，并携手和各商业伙伴为当地经济的繁荣做出贡献。

然而最近几年来，公司的主营业务收入呈现出异常的波动情况，在企业经营宏观环境无大波动的情况下，主营业务收入出现大幅波动的情况通常不符合企业财报该有的表现。因此，S集团授权审计部对最近几年的财务进行一次专项审计，通过揭示造成企业主营业务收入出现大幅波动的原因，以便优化企业的经营策略。

5.3.1.2 审计内容

提取审计周期内的凭证数据，并对相关凭证数据从以下四个方面展开分析，以完成对企业财务的专项审计。

审计的方法包括以下四种。

（1）整体趋势分析。通过对获取到的同行业开放的财务报表数据进行横向分析，查看相同的时间维度内，主营业务收入的波动率是否一致。同时通过将营业收入与利润表进行纵向对比，查看公司营业收入增长率和利润增长率是否一致、利润增长率是否接近于行业平均水平，与行业领先企业的利润增长率差距有多大。

（2）经营结构分析。公司经营涉及大卖场、超级市场、折扣店、便利店、仓储式商店与电子商务，需要对收入结构进行分析，判断主营业务收入的主要贡献方，同时对主营业务收入占比较小的领域进行分析，查看是否存在提升业务收入的空间，以便对主营业务收入的结构进行优化。

（3）区域分析。判断公司主要的收入增长点区域是否还存在继续上升的空间，对收入占比不大的区域进行分析，判断目前制约收入发展的瓶颈。

（4）时间维度分析。假期对零售行业收入影响比较大，分析判断假期销售的增长率是否符合预期。同时分析非假期时段的销售方式是否平稳，对于非假期时段的销售收入是否存在提升空间。

5.3.1.3 数据准备

通过对爬取到的网络数据进行清洗，可以得到所需的外部数据集市。具体流程如图5.13所示。

部分样本数据如表5.4所示。

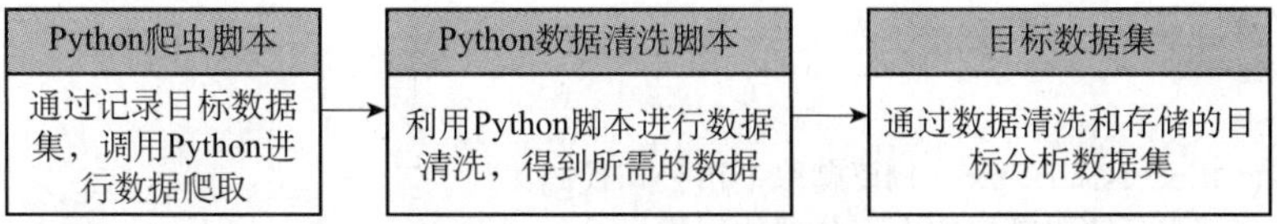

图 5.13　数据准备流程

表 5.4　部分样本数据　单位：元

主要会计数据	2018 年	2017 年	本期比上年同期增减（%）	2016 年
营业收入	73 638 872 388.03	58 217 861 314.17	26.49	38 862 189 993.84
归属于上市公司股东的净利润	35 203 625 263.22	27 079 360 255.74	30	16 718 362 734.16
归属于上市公司股东的扣除非经常性损益的净利润	35 585 443 648.60	27 224 083 628.17	30.71	16 954 689 021.77
经营活动产生的现金流量净额	41 385 234 406.72	22 153 036 084.13	86.82	37 451 249 647.05

同时，通过企业内部财务数据，获取目标年度的财务数据，同时获取店铺日流量数据，形成两个维度表。部分财务科目余额如表 5.5 所示。

表 5.5　部分财务科目余额　单位：元

年度	月份	科目名称	借贷方向	期初余额	期末余额	借方累计发生额	贷方累计发生额	账套
2017	2	主营业务收入	借	8 658 748.32	12 876 328.32	37 645 739.32	33 428 159.32	S 集团
2017	3	主营业务收入	借	12 876 328.32	21 187 564.23	35 472 358.54	27 161 122.63	S 集团
2017	4	主营业务收入	借	21 187 564.23	27 543 216.58	31 245 632.21	24 889 979.86	S 集团

店铺日流量如表 5.6 所示。

表 5.6　店铺部分日流量

年份	月份	累计客流量	店铺地址	店铺经营方式	店铺经营内容
2017	2	13 276	A 市 C 县 × × 路 56 号	直营	折扣店
2017	3	21 324	A 市 C 县 × × 路 56 号	直营	折扣店
2017	4	26 129	A 市 C 县 × × 路 56 号	直营	折扣店
2017	5	17 832	A 市 C 县 × × 路 56 号	直营	折扣店

5.3.1.4　模型构建

对主营业务收入结构进行分析的核心是构建上市公司已公布财报数据的自动爬取模型，该模型的 Python 语言实现如下。

```
import urllib.request
import re
import os
f=open('StocksNum.txt')#要爬取上市公司代码集
stocks = []# 存储要爬取的上市公司代码集
for line in f.readlines():
      line =line.replace('\n','')
      stocks.append(line)
f.close()
#开始爬取目标数据
for each in stocks:
      url='http://vip.stocks.finance.sina.com.cn/corp/go.php/vCB_Bulle-
      tin/stocksid/'+each+'/page_type/ndbg.phtml' #拼接目标网址
      req = urllib.request.Request(url)
      req.add_header('User-Agent','Mozilla/5.0 (Windows NT 6.2;rv:16.0)
      Gecko/20 100 101 Firefox/16.0')
      page =urllib.request.urlopen(req)
#数据处理
      try:
          html =page.read().decode('gbk')
          target =r'&id=[_0-9_]{6}'
          target_list = re.findall(target,html)
          os.mkdir('./'+each)
          sids = each
          for each intarget_list:
                target_url = 'http://vip.stocks.finance.sina.com.cn/corp/
                view/vCB_AllBulletinDetail.php?stocksid='+sids+each
                treq = urllib.request.Request(target_url)
                treq.add_header('User-Agent','Mozilla/5.0 (WindowsNT6.2;
                rv:16.0)Gecko/20 100 101 Firefox/16.0')
                tpages = urllib.request.urlopen(treq)
                try:
                      thtml = tpage.read().decode('gbk')
             file_url = re.search ('http://file.finance.sina.com.cn/211.
             154.219.97:9494/.*?csv ',thtml)
                try:
                      local = './'+sids+'/'+file_url.group(0).split("/")[-
                      1]+'.csv'
                      #调试用作文件占位
                      #open(local,'wb').write(b'success')
                      #print(local)
                      urllib.request.urlretrieve(file_url.group(0),local,None)
               except:
                      print('文件失效;'+target_url)
            except:
                print('年报下载页面编码错误;'+target_url)
    except:
        print('年报列表页面编码错误;'+url)
```

主营业务收入分析模型流程如图5.14所示。

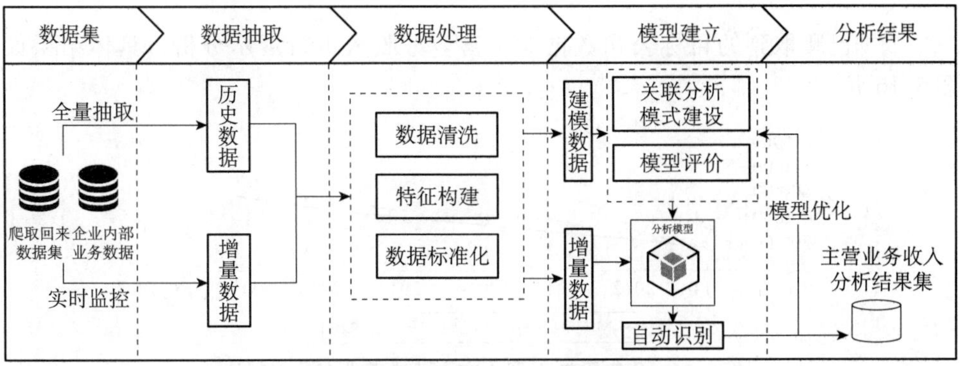

图5.14　主营业务收入分析流程

图5.14所示流程中核心过程描述如下。

（1）通过爬取外部企业的年报数据与企业内部数据组合成一个最开始的分析数据集，将数据集内所需的数据通过ETL工具进行全量抽取。

（2）通过对抽取的数据进行数据清洗，将数据进行关联查询分析，组合成分析数据集。

（3）通过对数据集进行分析，检测分析结果是否存在问题，是否满足实际使用需求。如果不满足，则需要进行修改。

（4）通过固化后的模型，对增量数据进行统计分析，可以实现自动分析、自动识别，满足全天候、全方位的审计分析需求。

系统运行界面如图5.15所示。

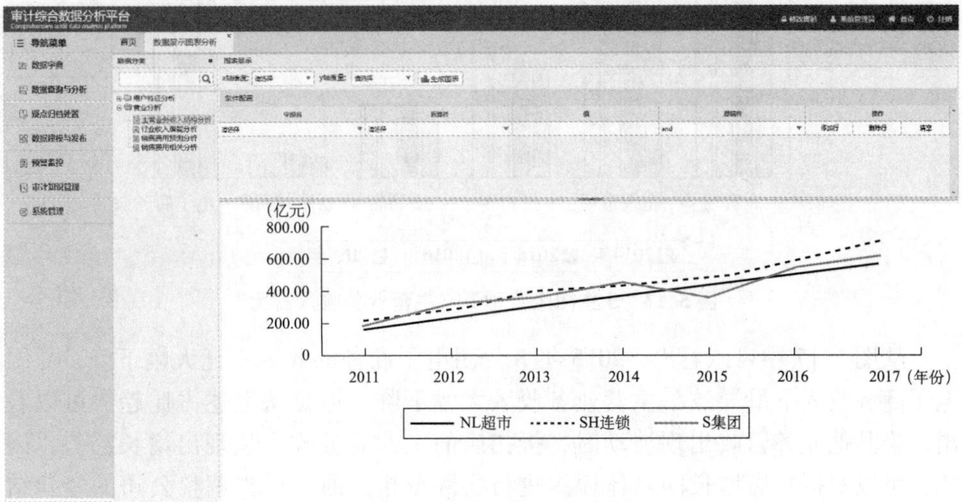

图5.15　系统运行界面

5.3.1.5 审计分析

依据已爬取到的目标公司数据对主营业务收入进行展示分析，具体结果如图5.16所示。

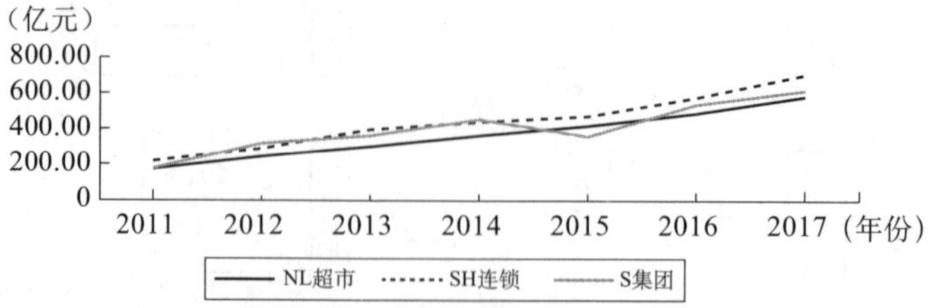

图5.16 S集团与A股上市企业主营业务收入对比

从图5.16可以看出，目前来说，市场整体营收都呈现增长的趋势，但是S集团在2015年其他企业增速降低的情况下，主营业务收入呈现出大幅下滑的情况。同时后期整体的营业收入已经滑入二级梯队，2017年在其他企业增长趋势大幅增加的情况下，S集团增长放缓。因此，需要对2015年主营业务收入进行具体分析，以检查主营营业务收入下滑的具体原因。

通过提取2014~2017年主营业务收入凭证信息，统计S集团各类经营实体对主营业务收入的占比趋势（见图5.17）。

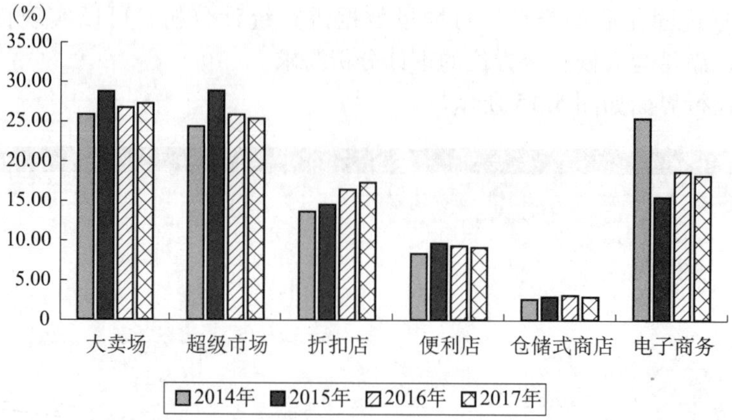

图5.17 S集团经营种类与主营业务收入占比

从图5.17中可以看出，2015年S集团电子商务的收入占比大幅下降，并因电子商务收入下滑导致了主营业务收入大幅下降，但是从上述占比趋势可以看出，当其他业务营收出现波动时，折扣店的主营业务收入呈现出增长趋势，因此，可以对折扣店增长的具体原因进行实际分析，通过适当调整公司的经营结构，促进主营业务的收入增长。

在此基础上对S集团2015年各地区各经营模式的销售占比进行统计分析。

从图5.18可以看出，华南地区消费者更倾向于超级市场，华北、华中、华东、华中便利店占比则比较高。

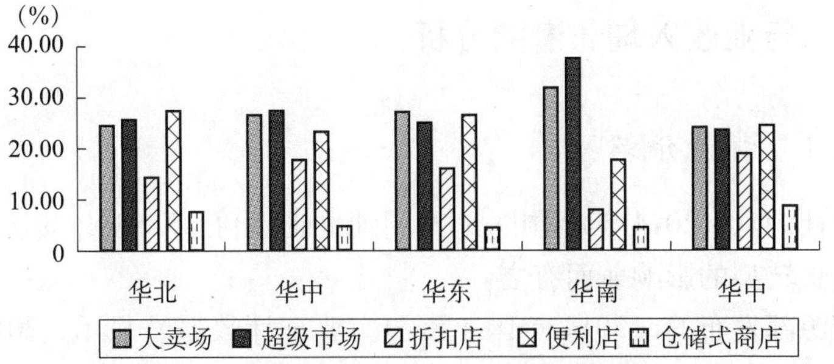

图 5.18　2015 年不同地区不同模式的销售占比

进一步，通过获取各门店流量信息，统计出各年份日均客流量走势，具体如图 5.19 所示。

图 5.19　不同年份的流量统计

从图 5.19 可以看出，节假日客流量在 2014～2016 年波动幅度比较小，工作日客流量随之也呈现出下降的趋势。2016～2017 年虽然工作日客流量处于下降趋势，但是工作日客流量却呈现上升的趋势。因而需要做好客户维护工作，以提升客户的忠诚度。同时，可以在节假日进行一些力度大的促销活动，以增加客户的活跃度。

通过上述分析和数据展示可以得出，S 集团在 2015 年因电子商务发展受限，造成主营业务大幅下滑。同时在 2015～2017 年主营业务收入增长放缓。从结构上看，在其他营业方式增速放缓期间，折扣店的主营业务收入占比持续增加，为此，可以适当调整产业结构，促进优势产业大力发展。从地域上看，华南消费者对超级市场的需求旺盛，为此可以依据地区的实际情况调整实际的产业结构。从时间维度来看，2014～2016 年门店工作日客流量呈现出下降趋势，但节假日的客流量波动不大。2016～2017 年节假日客流量虽然呈现出下降趋势，但工作日客流量却开始增长，为此需要做好线下渠道维护，做好客户服务与售后工作，增加客户好感度，维持客户忠诚度。

5.3.2 行业收入增长潜能分析

5.3.2.1 背景介绍

据新华社消息，2014 年全国房地产用地同比下降 25.5%，受房地产市场低迷和经济增长转型的影响兼而有之。

自然资源部发布的《2014 年国土资源主要统计数据》显示，2014 年全国国有建设用地供应 61 万公顷，同比下降 16.5%。其中，工矿仓储用地 14.7 万公顷，同比下降 29.9%；房地产用地 15.1 万公顷，同比下降 25.5%；基础设施等其他用地 31.1 万公顷，同比下降 1.9%。受工业增速下滑和房地产市场低迷影响，工矿仓储和房地产用地下降较大。土地年计划安排使用量、批准建设用地以及建设用地供应量等统计指标同比均有下降，这也预示着我国经济结构正从增量扩能为主转向调整存量、做优增量并存的深度调整。

虽然土地等国土资源供应量呈持续下降态势，但 2009 ~ 2013 年存在的大量批而未供和闲置土地的“涌出”，极大地缓解了土地的供需矛盾。数据显示，2014 年各地为拉动经济增长，交通、水利基础设施等其他用地供应大幅增加，基础设施用地占比首次超过 50%。

在此宏观环境下，某集团企业基于 2013 年经营环境的恶化以及 2014 年房产销量的直线下滑，准备调整经营战略，降低在房地产行业的投资力度，转变企业的投资方向。为此公司审计部门对以往的经济活动进行了一次专项的经营决策审计。

5.3.2.2 审计内容

战略一般划分为三个层次；公司层次战略、事业部层次战略和职能部门层次战略。战略审计应能覆盖各层次的战略管理活动，特别是公司整体层次的战略管理。战略管理过程一般划分为确定公司使命和目标、明确战略意图、分析公司内外环境以确定公司面临的机会与威胁以及公司相对于这些机会和威胁的优势与劣势（即所谓的 SWOT 分析）、制定并选择战略计划、实施战略计划与评估战略效果。战略决策审计应能深入战略决策管理过程的每个环节，对于战略选择的合理性评价和对于战略实施的有效性评价是战略决策审计最能发挥作用的地方，应成为战略决策审计的重点。

经营决策审计的职能是分析、评价与监督，评价与监督是审计的基本职能，通过战略决策审计，应能得出公司战略选择合理性和战略实施有效性的评价结果，并监督有关的责任人认真履行与战略管理有关的受托责任。我们之所以将分析也列入战略决策审计的职能，是因为战略分析对于战略决策审计有着特殊的重要性，它是战略决策审计的核心环节，准确地进行战略分析是进行战略评价和战略监督的前提。

战略决策审计的指导思想是促进企业科学决策、民主决策，提高企业战略决策制定和执行的绩效。审计人员利用自己的专长，向管理层提供与制定决策和执行决策有关的分析性信息，缩小战略决策在执行中的偏差，降低战略决策失误的风险。

战略决策审计的方法包括以下六点。

（1）促进建立健全风险管理过程和规范的战略决策程序。内部审计机构应促进和协调企业建立健全风险管理过程，加强风险管理，增强决策层的风险意识，完善风险管理体系，提供风险管理的组织保证，规范战略决策程序，提高企业整体抗风险能力；在决策执行过程中，内部审计人员认真分析企业面临的风险，了解企业能够接受的风险水平，进行风险预警，及时规避、转移和化解风险；内部审计机构应促进企业规范经营行为，降低经营风险，为企业的科学发展扫除障碍，增强企业的竞争能力，为企业增加价值。

（2）促进设置信息情报机构，向决策层提供准确的信息。内部审计机构积极向管理层建议设置信息情报机构。信息情报机构深入社会各界搜集包括竞争对手在内的各方面信息。内部审计人员对信息情报机构搜集的信息加以筛选、分析和研究，对各种不稳定因素进行判断，根据本行业当前的经济形势，向战略决策层提供制定决策所需的准确信息；内部审计机构还要向决策层提供准确的行业资本收益率，使其对外部环境作出正确的估计。

（3）分析评价企业的核心竞争力，使决策层正确认识自身实力。内部审计机构通过必要的审计程序，对企业自身的实力、企业的优势与劣势进行认真的分析，评价企业的获利能力、发展潜力以及企业自身存在的机遇，评价企业资本的有效程度，其核心是评价企业的竞争能力，即企业面对市场变化作出的反应能力，将分析和评价的结果提供给决策层，使其正确认识企业自身的实力，制定出科学、合理的战略决策。

（4）调查、了解市场信息，为重大战略决策提供科学依据。内部审计机构利用自身的优势和掌握的各种信息，对企业的重大投资决策项目进行分析和研究，向决策层提供全面、真实的信息；调查、了解客户的资信情况，向决策层提供准确的客户信息，为决策层是否决定向客户赊销提供决策依据；预测市场的需求情况，掌握存货的库存数量，分析影响销售量的各种因素，向决策层提供最优存货量的数据信息。

（5）促进建立战略决策管理系统。内部审计机构应积极向管理层建议，建立决策监督管理机制，对战略决策的科学性进行评价，对战略决策的绩效进行考核，增强决策层的危机感和责任感；内部审计人员及时对战略决策的执行情况进行检查，反映其中存在的问题，向决策层提出修改决策的建议；对因决策失误造成损失的，根据损失的大小，向管理层提出给予相关责任人经济或纪律处罚的建议。例如，北京市出台了《企业重大经营决策失误责任追究暂行办法》，该办法依据出现失误的具体情况，企业负责人将受到告诫、延期兑付绩效年薪、扣除绩效年薪、免职和禁入处理，对在决策过程中徇私舞弊、个人专断、滥用职权触犯法律的，移送司法机关追究刑事责任。

（6）着眼未来，研究和探索企业的发展方向。内部审计机构可以尝试开展各种咨询活动，例如，可以对企业重组、关联交易、资产置换等活动进行专项审计调查，为管理层提供决策参考；对经济担保、未决诉讼等引发的或有负债进行剖析，提出解决的办法，减少企业由于潜在负债可能造成的损失。内部审计机构要着眼未来，研究和探索企业的发展方向，瞄准企业发展的新问题，国内外市场的新动向，进行有效的预测，以适应企业科学发展、竞争和未来变化的需要，使企业立于不败之地。

5.3.2.3 数据准备

本书以人口数量作为分析切入点进行宏观分析，从国家统计局获取各个时间段以及各统计口径的人口数据，同时通过数据清洗，得到我们需要的分析结果集，部分数据如表5.7所示。

表5.7 人口统计数据

年份	年末总人口（万人）	男性人口（万人）	女性人口（万人）	城镇人口（万人）	乡村人口（万人）
1996	122 389	62 200	60 189	37 304	85 085
1997	123 626	63 131	60 495	39 449	84 177
1998	124 761	63 940	60 821	41 608	83 153
1999	125 786	64 692	61 094	43 748	82 038
2000	126 743	65 437	61 306	45 906	80 837
2001	127 627	65 672	61 955	48 064	79 563
2002	128 453	66 115	62 338	50 212	78 241
2003	129 227	66 556	62 671	52 376	76 851
2004	129 988	66 976	63 012	54 283	75 705

从表5.7中可以看出，目前存在年度、性别、城镇、农村四个统计维度。

5.3.2.4 模型构建

依据国家统计局的数据，从多维度进行分析，判断未来的人口趋势以及对行业产生的影响。

```
import pandas as pd
import matplotlib.pyplot as plt
#导入数据
datas = 'D:/Population_cost.csv'
x,y,z = data['time'],data['t_popula'],data['U_popula']
#分析数据和绘制图像
ax =plt.subplot()
ax.scatter(x[:10],y[:10],c = 'y')
ax.scatter(x[10:20],y[10:20],c = 'r')
ax.scatter(x[30:40],y[30:40],c = 'g')
ax.set_ylabel('Y')
```

```
ax.set_xlabel('X')
plt.show()
```

行业收入增长潜能分析模型流程如图 5.20 所示。

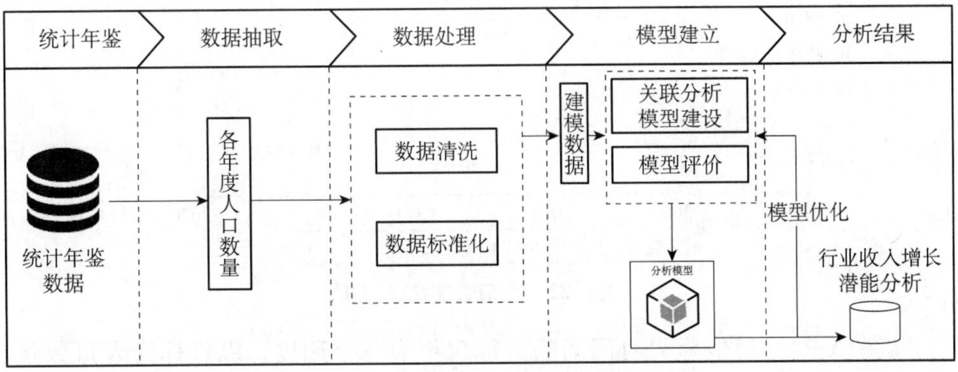

图 5.20　行业收入增长潜能分析流程

图 5.20 所示流程中核心过程描述如下。

（1）对原始数据进行探索性分析，了解原始数据之间的特征性关系，并将数据进行抽取，形成统计分析数据集。

（2）对数据集进行数据清洗和数据的标准化，并对标准化后的数据进行统计分析，并对分析结果进行检测优化，形成最终的结果集。

系统运行界面如图 5.21 所示。

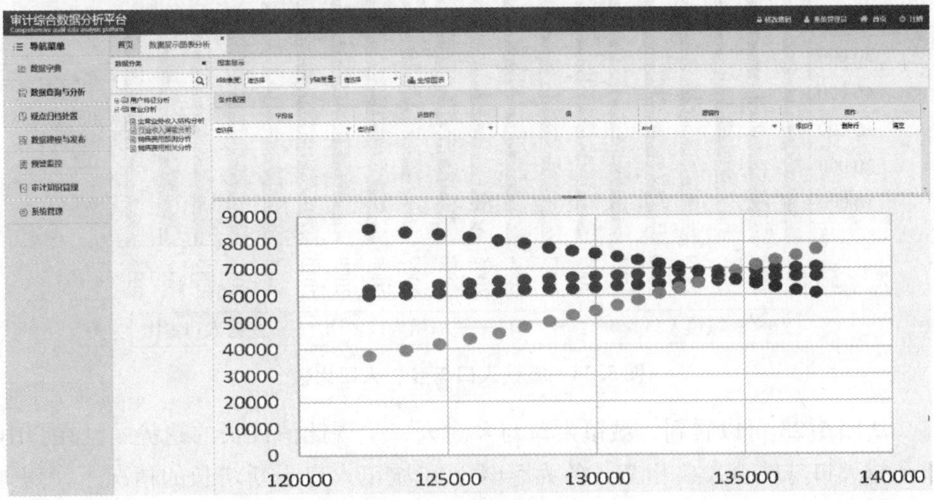

图 5.21　系统运行界面

5.3.2.5　审计分析

通过运行 Python 脚本，对原始数据集进行统计分析，得到如图 5.22 所示结果。

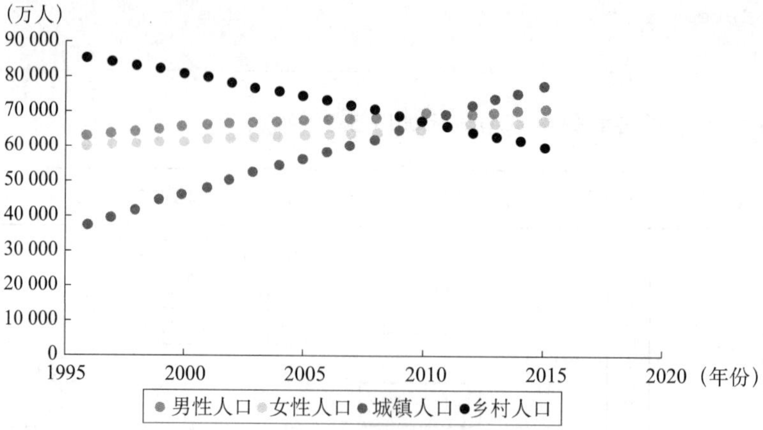

图 5.22　人口数据统计分析

从图 5.22（横坐标为时间间隔，每 5 年为一个刻度，纵坐标为人口数量，单位为万人）可以看出，从 1995 ~ 2015 年间城市人口、男性人口、女性人口都在随着时间的推移而增长，乡村人口数量随着经济的发展而降低。

同时，分析乡村人口和城镇人口的增长率以及与总人口的占比数量，具体如图 5.23 所示。

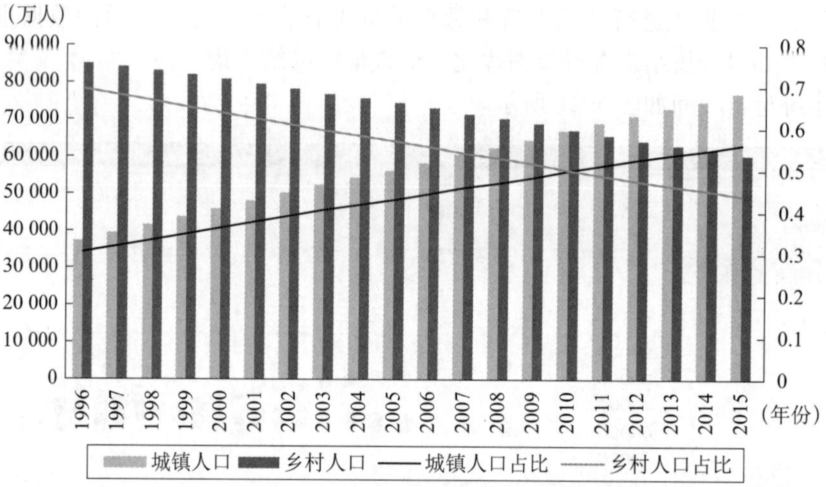

图 5.23　城镇人口与乡村人口比较

从图 5.23 可以看到，城镇人口与乡村人口呈现此消彼长的趋势。且在 2010 年乡村人口与城镇人口相交，各为 50%。在城镇人口不断增长的情况下，房地产的销售量却在不断地下滑，与人口增长呈现背离的趋势。2014 年中国国家统计局发布的中国城镇化率为 54.77%，远低于日本和美国的城镇化水平。从国家经营决策层来看，2014 年基础投资再度保持高位增长，因此，我国的城镇化水平还有待继续提高，房地产企业同样也存在相应的发展空间。

5.4　销售费用分析

5.4.1　销售费用预测分析

5.4.1.1　背景描述

A 省 E 市位于东南沿海地区，经过多年的发展，当地的经济活动比较活跃，供电局同区域内售电公司竞争激烈，对供电公司的发展存在一定的影响。

E 供电局近几年经营环境逐渐恶化，且周围存在多个售电单位进行竞争，市场竞争压力大，营收收入增长但是净利润却逐年下降，因而需要对目前的经营管理进行一次综合专项分析，发现经营管理漏洞，提升企业效益。

5.4.1.2　审计内容

通过审前调查发现，E 供电局最近 3 年应对市场经营环境恶化，为了维持市场占有率，开展了一系列的销售活动，用来提升企业的经营形象，维持市场占有率。最近 3 年营销费用的开销占比逐年增大，需要对其进行分析，对营销费用的合理性和合规性进行检查分析。通过调取营销与财务的专项数据，统计分析最近几年的销售费用与售电量增长趋势是否一致，如果不一致，则说明在某些方面企业的营销费用并没有转化为主营业务收入，或者转化的程度不高，需要对费用的支出进行合理的优化。利用线性合规对 E 供电局的营销费用进行预测分析，依据前 3 年的费用数据，预测明年的费用开支金额，对预测金额与实际金额差值大的原因进行具体分析。

5.4.1.3　数据准备

通过某供电企业内部存储的经营性系统数据库，提取年度售电量以及年度营销费用进行业务分析。具体流程如图 5.24 所示。

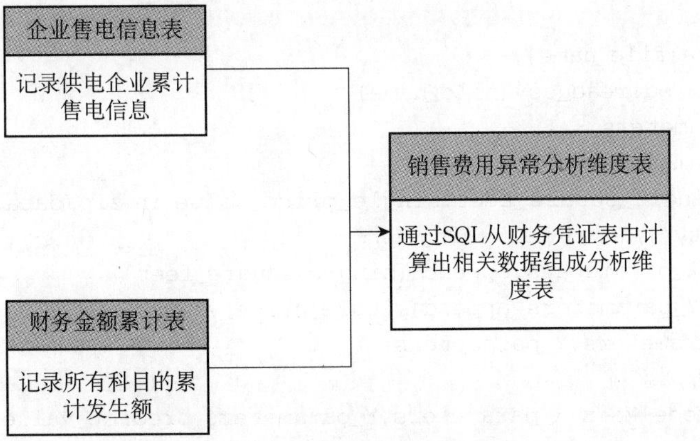

图 5.24　样本数据准备流程

销售费用异常分析维度表结构如表5.8所示。

表5.8　　销售费用异常分析维度表结构

字段名称	字段类型
年累计售电量	VARCHAR2
年累计营销费用	VARCHAR2
电费年	NUMBER
省级供电局信息	VARCHAR2
市级供电局信息	VARCHAR2
县级供电局信息	VARCHAR2

部分样本数据如表5.9所示。

表5.9　　部分样本数据

年份	年累计售电量	年累计销售费用	供电局
2017	876 340	1 542 358	E供电局
2016	764 633	1 276 937	E供电局
2015	784 329	964 725	E供电局
2014	654 323	785 188	E供电局

5.4.1.4　模型构建

通过供电局历年的数据进行线性回归分析，预测下年的销售费用数据，利用预测的数据同实际数据进行对比，对偏差大的数据进行预警。利用Python具体实现如下。

```
#-*-coding:utf-8-*-
import matplotlib.pyplot as plt
import numpy as np
import pandas as pd
from sklearn import datasets,linear_model
#处理数据
def get_data(file_name):
      data = pd.read_csv(file_name)
      X_parameters = []
      Y_parameters = []
      for single_square_feet,single_price_value in zip(data['sales_elec-
      tricity'],data['marketing ']):
            X_parameters.append([single_square_feet])
            Y_parameters.append(single_price_value)
return X_parameters,Y_parameters
#线性回归分析
def linearModelMain(X_parameters,Y_parameters,predict_value):
```

```
    regr = linear_model.LinearRegression()
    regr.fit(X_parameters,Y_parameters)
    predict_outcome = regr.predict(predict_value)
    predictions = {}
    predictions['intercept'] = regr.intercept
    predictions['coefficient'] = regr.coef
    predictions['predicted_value'] = predict_outcome
    return predictions
#线性回归拟合
def ShowLinearLine(X_parameters,Y_parameters):
    regr = linear_model.LinearRegression()
    regr.fit(X_parameters,Y_parameters)
    plt.scatter(X_parameters,Y_parameters,color = 'blue')
    plt.plot(X_parameters,regr.predict(X_parameters),color = 'red',lin-
    ewidth =4)
    plt.xticks(())
    plt.yticks(())
    plt.show()
X,Y = get_data('D:/marketing.csv')#分析数据结果集
Forecast_data = get_data('D:/Forecast.csv')#需要进行预测的数据集
predictvalue = [[Forecast_data]]#预测值
result = linear_model_main(X,Y,predictvalue)
print("Intercept value ", result['intercept'])
print(result['coefficient'])
print(result['predicted_value'])
show_linear_line(X,Y)
```

销售费用预测分析模型流程如图 5.25 所示。

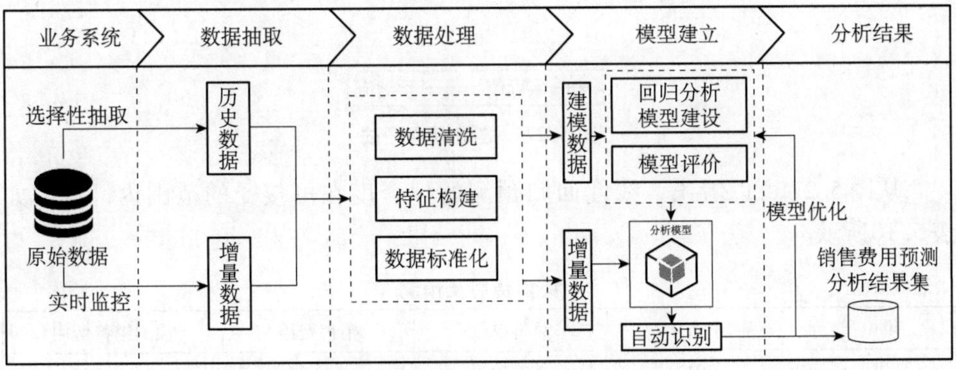

图 5.25　销售费用预测分析流程

图 5.25 所示流程的核心过程如下。

（1）通过企业的财务系统数据库将所需年度数据通过 ETL 进行抽取，并对抽取后的数据进行数据清洗、标准化和特征构建等操作，形成分析数据集。

（2）利用线性回归对数据进行预测分析，例如，利用 2012 ~ 2017 年的销售

费用数据，以地区为单位预测各地区在 2018 年的销售费用数据，同实际生成的费用进行对比。将区间差大的地区标记出来进行详细分析。

系统运行界面如图 5. 26 所示。

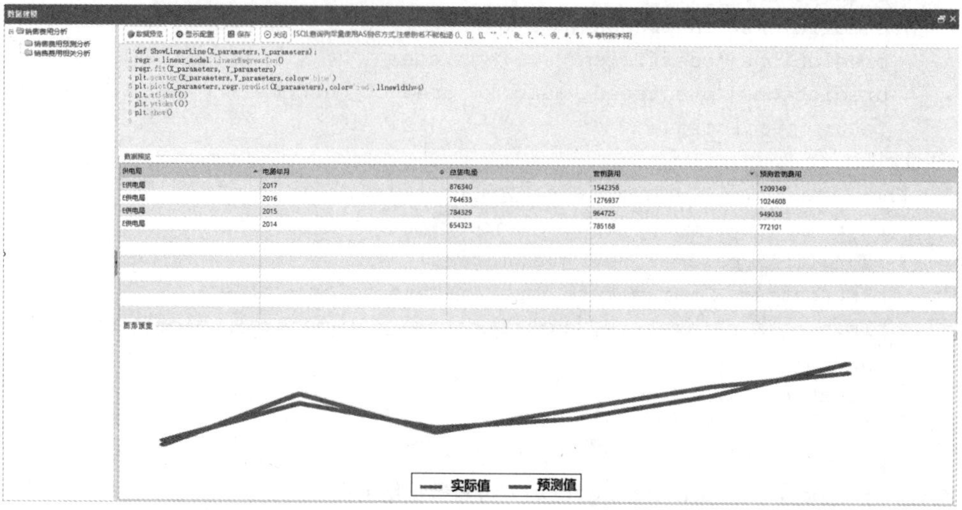

图 5. 26　系统运行界面

5. 4. 1. 5　审计分析

执行以上分析脚本，进行数据测试，测试线性回归拟合，具体如图 5. 27 所示。

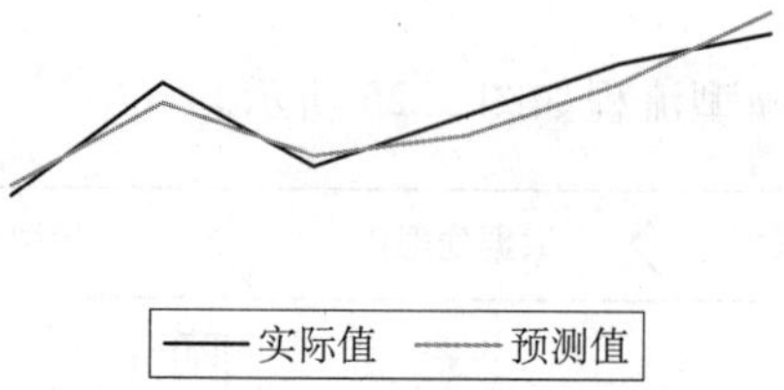

图 5. 27　数据拟合测试

从图 5. 27 可以看出，线性回归预测的拟合度在可接受的范围内，具体如表 5. 10所示。

表 5. 10　　　　销售费用及预测

供电局	电费年	总售电量	销售费用	预测销售费用
E 供电局	2017	876 340	1 542 358	1 209 349
E 供电局	2016	764 633	1 276 937	1 024 608
E 供电局	2015	784 329	964 725	949 038
E 供电局	2014	654 323	785 188	772 101

通过运行上述的线性回归脚本对营销费用进行预测，同时可对销售费用偏离

预测值大的供电局进行输出，如图5.28所示。

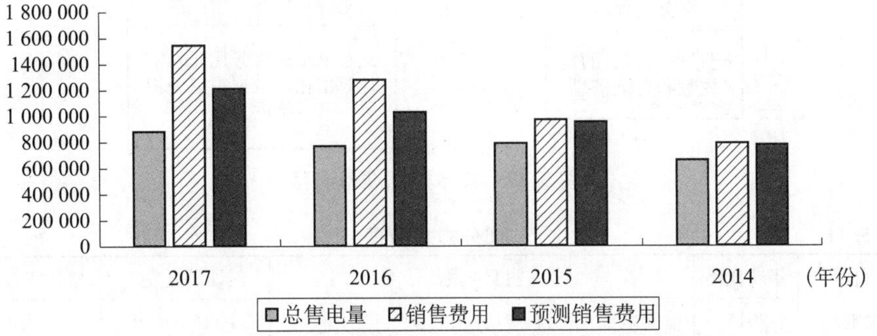

图5.28　E供电局总售电量与销售费用及预测费用对比

从图5.28可以看出，E供电局在2014～2015年销售费用与总售电量的增长趋势一致，同时与销售费用预测数值也十分接近。2016～2017年，随着销售费用的大幅增长，总售电量却没有明显的提高。需要对此期间的费用进行具体核查，检查费用支出是否合理。如果费用支出合理，则需要考虑对销售费用的支出结构进行优化，提升费用支出与售电收入的转换率。

5.4.2　销售费用相关分析

5.4.2.1　背景描述

A省E市位于东南沿海地区，当地经过多年的发展，经济活动较为活跃。供电局建设初期同区域内售电公司竞争激烈，对供电公司的发展存在一定的影响。近几年，E供电局不但经营环境逐渐恶化，而且周围还存在多个售电单位与之竞争，市场竞争压力大，出现了营收收入虽然增长但净利润却逐年下降的现象。为此，需要对目前的经营管理进行一次综合专项分析，发现经营管理漏洞，提升企业经济效益。

5.4.2.2　审计内容

通过审前调查发现，E供电局下属4个区县局最近几年输配电成本科目费用突增，需要对E供电局下属4个区县局费用突增的合理性进行检测分析，通过输配电成本下属科目进行科目关联性分析，检查关联性大的科目是否存在背离的情况，如果出现背离的情况，则需要对科目进行具体的分析。

5.4.2.3　数据准备

通过某供电企业内部存储的经营性系统数据库，对提取出的年度售电量以及年度销售费用进行业务分析。具体的数据准备流程如图5.29所示。

部分样本数据如表5.11所示。

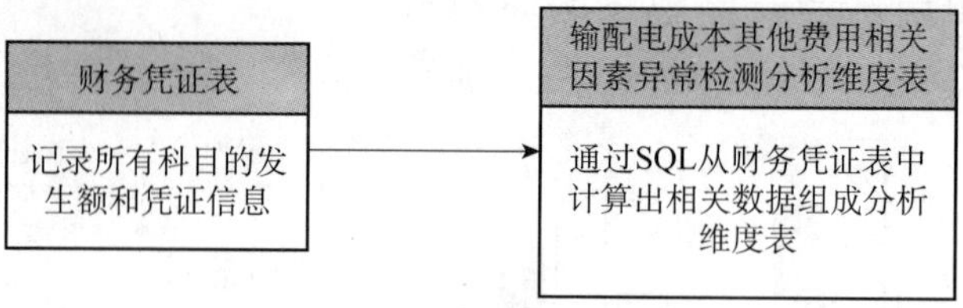

图 5.29　样本数据准备流程

表 5.11　部分样本数据

单位：元

账套代码	年度代码	科目名称	累计借方发生	累计贷方发生
E 供电局	2015	输配电成本/材料费/计量装置	4 116 376.9	0
E 供电局	2015	输配电成本/材料费/计量装置	1 229 664.2	0
E 供电局	2015	输配电成本/材料费/其他材料	10 560 199.87	0
E 供电局	2015	输配电成本/材料费/其他材料	2 024 681.88	0
E 供电局	2015	输配电成本/其他费用/VI 标准品费用	426 590.61	0
E 供电局	2015	输配电成本/其他费用/办公费	28 973 749.97	0
E 供电局	2015	输配电成本/其他费用/办公费	4 817 044.19	0
E 供电局	2015	输配电成本/其他费用/保险费	8 103 304.38	0
E 供电局	2015	输配电成本/其他费用/保险费	878 798.66	0
E 供电局	2015	输配电成本/其他费用/差旅费	3 459 431.01	0
E 供电局	2015	输配电成本/其他费用/差旅费	466 440	0
E 供电局	2015	输配电成本/其他费用/低值易耗品摊销	3 685 882.75	0
E 供电局	2015	输配电成本/其他费用/低值易耗品摊销	8 756	0
E 供电局	2015	输配电成本/其他费用/电网规划费	1 642 132.07	0
E 供电局	2015	输配电成本/其他费用/广告费	1 787 407.53	0
E 供电局	2015	输配电成本/其他费用/环卫费	158 600	0
E 供电局	2015	输配电成本/其他费用/环卫费	4 200	0

5.4.2.4　模型构建

相关分析是研究不同变量间密切程度的一种常用统计分析方法。某些数值型影响因素与关注的数值型属性之间通常会存在一定的相关性。相关系数是描述两变量间线性关系程度和方向的统计量，它是定性关系的一种量化。相关系数大于 0 代表正相关，相关系数小于 0 代表负相关。相关系数绝对值的大小表示相关度的强弱，绝对值越大相关性越强。如果两变量间的线性相关系数为 0，则意味着两变量之间无线性关系。

利用相关分析，可以对所有可能与目标相关的因素进行综合分析，帮助分析人员或决策人员将这种相关性进行量化，并形成易于学习和继承的结论，从而指导决策。

使用 Python 进行相关性计算，其核心代码如下。

```
from __future__ import print_function
import pandas as pd
catering_sale = 'D:/Transmission_distribution_cost.csv'
data =pd.read_csv(catering_sale)//读入样本数据
print(data.corr())    //相关度计算
```

销售费用相关分析模型流程如图 5.30 所示。

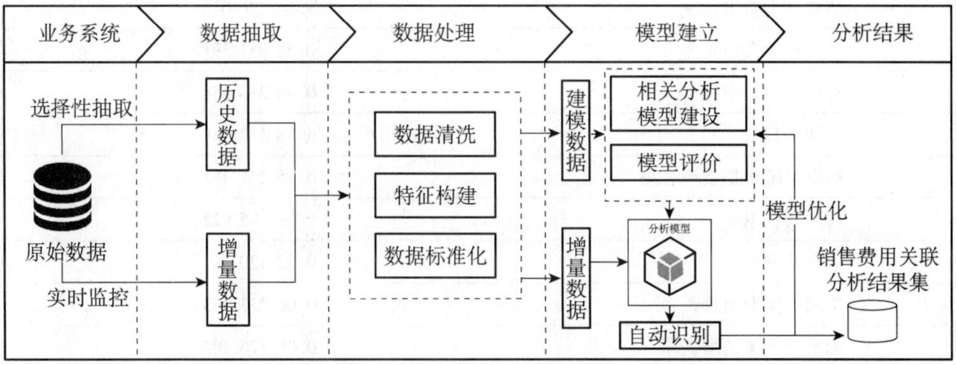

图 5.30　销售费用相关分析流程

图 5.30 所示流程的核心过程如下。

(1) 通过企业的财务系统数据库将所需年度数据和科目数据通过 ETL 进行抽取，并对抽取后的数据进行数据清洗、标准化和特征构建等操作，形成分析数据集。

(2) 依据分析结果集对销售费用下属子科目进行关联性分析，分析各科目在实际生产中的关联性，同时检查各单位在关联科目的费用走势是否一致，将不一致的供电单位和具体科目进行结果输出。

系统运行界面如图 5.31 所示。

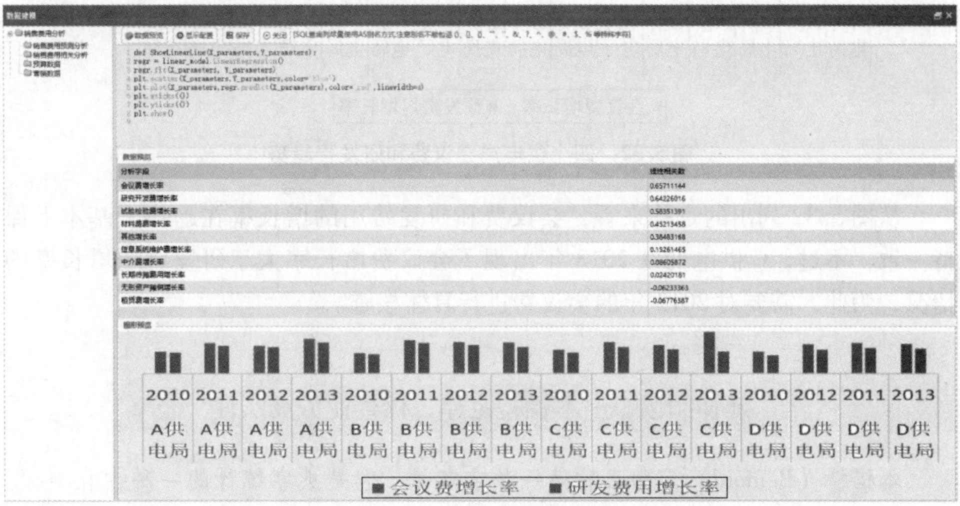

图 5.31　系统运行界面

5.4.2.5 审计分析

运行上述分析脚本，可以得到如表5.12所示的结果。

表5.12　　各项内容的线性相关系数

分析字段	线性相关系数
会议费增长率	0.65 711 144
研究开发费增长率	0.64 226 016
试验检验费增长率	0.58 351 391
材料费增长率	0.45 213 458
其他增长率	0.38 483 168
信息系统维护费增长率	0.15 261 465
税费增长率	0.08 605 872
中介费增长率	0.02 420 181
长期待摊费用增长率	-0.06 233 363
无形资产摊销增长率	-0.06 776 387
租赁费增长率	-0.07 593 585

从表5.12中可以看出，会议费增长率、研究开发费增长率之间具有较好的同向发展趋势（线性相关系数分别为0.65、0.64，相关系数越接近1说明越同向发展）。

进一步，图5.32列出了A、B、C、D四个供电局在2010~2013年的会议费增长率和研发费用增长率。

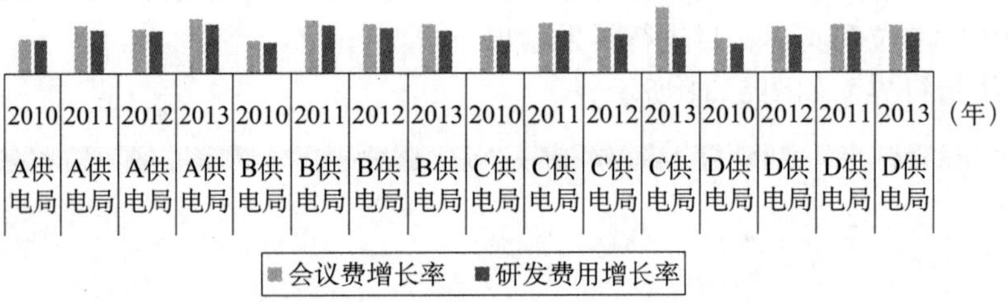

图5.32　四个供电局会议费和研发费趋势

从图5.32列出的走势来看，会议费和研发费用的增长率在趋势上基本上保持一致。不过，C供电局在2013年出现了会议费增长率大于研发费用增长率的情况，为此，需要对2013年的会议费进行具体核查。

延伸阅读——本福特定律：核查业务真实性

本福特（Benford）定律又称第一数字定律，它是数字统计的一种内在规律，是指所有自然随机变量，只要样本空间足够大，首位1~9的数字出现的概率在一定范围内具有稳定性。如图5.33所示，以1开头的样本占样本总量的30.1%，以2开头的样本占样本总量的17.6%，而以9开头的样本始终只占4.5%左右。

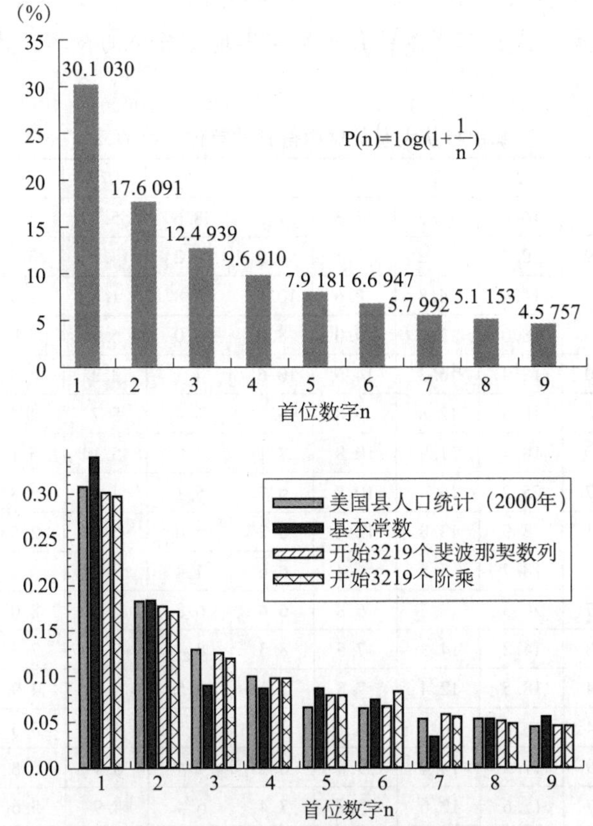

图5.33 本福特定律（首位数定律）

事实上，本福特定律的发现者并不是本福特，而是美国天文学家西蒙·纽康(Simon Newcomb，1835~1909)。

纽康在查阅对数表（常用对数编排而成的表格，用于计算）时发现了一个奇怪的现象：包含以1开头数值的那几页比其他页破烂得多，似乎表明计算所用的数值中，首位数是1的概率更高，因此，他在1881年发表了一篇文章提到并分析了这个现象，但没有引起人们的注意，直到57年之后的1938年，本福特又重新发现了这个现象。

说来令人奇怪，科学定律的发现有时候来自一些毫不起眼、小得不能再小的现象，本福特的发现便是如此。“以1开头的数字比较多”，这也算是一个定律吗？

本福特发现这种现象不仅仅存在于对数表中，也存在于其他多种数据中，于是，本福特检查了大量数据而证实了这一点。

本福特和纽康都从数据中总结出首位数字为n的概率公式为：

$$P(n) = \log_d\left(1+\frac{1}{n}\right)$$

其中，d取决于数据使用的进位制，对十进制数据而言，d=10。

随后，本福特收集并研究了20 229个统计数据，包括河流面积、人口统计、分子及原子重量、物理常数等多种来源的资料并分成20组。数据来源虽然千差万别，却基本上符合本福特定律，数据如表5.13所示。表中最后一行的数值，是根据本福特概率公式计算得到的每个数字出现于首位的概率，读者可以将它与真实数据相比较。

表5.13　　本福特从大量数据中得到的首位数字概率

统计项目	1	2	3	4	5	6	7	8	9	样本数
河流面积	31.0	16.4	10.7	11.3	7.2	8.6	5.5	4.2	5.1	335
人口	33.9	20.4	14.2	8.1	7.2	6.2	4.1	3.7	2.2	3 259
常数	41.3	14.4	4.8	8.6	10.6	5.8	1.0	2.9	10.6	104
报纸	30.0	18.0	12.0	10.0	8.0	6.0	6.0	5.0	5.0	100
热量	24.0	18.4	16.2	14.6	10.6	4.1	3.2	4.8	4.1	1 389
压强	29.6	18.3	12.8	9.8	8.3	6.4	5.7	4.4	4.7	703
损失	30.0	18.4	11.9	10.8	8.1	7.0	5.1	5.1	3.6	690
分子量	26.7	25.2	15.4	10.8	6.7	5.1	4.1	2.8	3.2	1 800
下水道	27.1	23.9	13.8	12.6	8.2	5.0	5.0	2.5	1.9	159
原子量	47.2	18.7	5.5	4.4	6.6	4.4	3.3	4.4	5.5	91
$n-1$，$\sqrt{n}$	25.7	20.3	9.7	6.8	6.6	6.8	7.2	8.0	8.9	5 000
设计	26.8	14.8	14.3	7.5	8.3	8.4	7.0	7.3	5.6	560
摘要	33.4	18.5	12.4	7.5	7.1	6.5	5.5	4.9	4.2	308
花费	32.4	18.8	10.1	10.1	9.8	5.5	4.7	5.5	3.1	741
X射线	27.9	17.5	14.4	9.0	8.1	7.4	5.1	5.8	4.8	707
联盟	32.7	17.6	12.6	9.8	7.4	6.4	4.9	5.6	3.0	1 458
黑体	31.0	17.3	14.1	8.7	6.6	7.0	5.2	4.7	5.4	1 165
地址	28.9	19.2	12.6	8.8	8.5	6.4	5.6	5.0	5.0	342
n，n_2，…，$n!$	25.3	16.0	12.0	10.0	8.5	8.8	6.8	7.1	5.5	900
死亡率	27.0	18.6	15.7	9.4	6.7	6.5	7.2	4.8	4.1	418
平均	30.6	18.5	12.4	9.4	8.0	6.4	5.1	4.9	4.7	1 011
本福德定律	30.1	17.6	12.5	9.7	7.9	6.7	5.8	5.1	4.6	

本福特定律适用范围异常广泛，自然界和日常生活中获得的大多数数据都符合这个规律。尽管如此，此规律仍然受限于以下两个因素。

（1）这些数据必须跨度足够大，样本数量足够多，数值大小相差几个数量级；

（2）人为规则的数据不满足本福特定律，例如，按照某种人为规则设计选定的电话号码、身份证号码、发票编号等。为造假而人工修改过的实验数据、彩票上的随机数据也不符合本福特定律。

尽管本福特和纽康都总结出了首位数字的对数规律，但并未给出证明，直到1995年美国学者泰德·希尔（Ted Hill）才从理论上对该定律作出了解释，并进行了严谨的数学证明。虽然本福特定律在许多方面都得到了验证和应用，但对于这种数字奇异现象人们依旧是迷惑不解。

本福特定律可用于检查各种数据是否有舞弊、造假。

美国华盛顿州曾侦破过一个当时最大的投资诈骗案，金额高达1亿美元。诈骗主谋凯文·劳伦斯及其同伙以创办高技术含量的连锁健身俱乐部为名，向5 000多个投资者筹集了大量资金。随后，他们挪用公款以作自身享乐。为了掩饰他们的不法行为，他们将资金在海外公司和银行间进行频繁转账，并且人为做假账，制造出一种生意兴隆的错觉。

所幸，当时有一位名为达雷尔·多雷尔（Darrell Dorrell）的会计师有所察觉，他将70 000多个与支票和汇款有关的数据收集起来，将这些数据首位数字发生的概率与本福特定律相比较，发现这些数据无法通过本福特定律的检验。最后经过了3年的司法调查，终于拆穿了这个投资骗局，2002年，劳伦斯被判20年牢狱。

2001年，美国最大的能源交易商安然公司（Enron Corporation）宣布破产，并传出公司高层管理人员涉嫌做假账的传闻。据传，安然高层改动过财务数据，因而他们所公布的2001～2002年每股盈利数据不符合本福特定律（见图5.34）。此外，本福特定律也被用于股票市场分析、检验选举投票欺诈行为等。

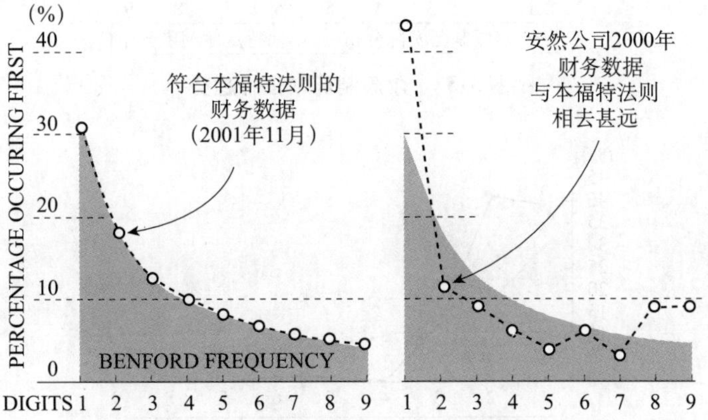

图5.34 安然公司数据相比本福特定律

资料来源：The Wall Street Journal。

挑选出四家A股上市公司，分别是信威集团（怀疑柬埔寨电信业务造假）、獐子岛（扇贝突然死光）、尔康制药（涉嫌严重造假）、雅百特（利润表严重注水），这四家公司的本福特趋势分别如图5.35、图5.36、图5.37和图5.38所示。

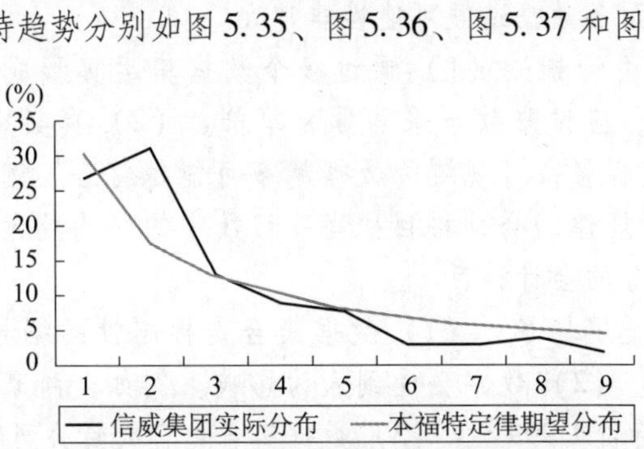

图5.35 信威集团本福特趋势

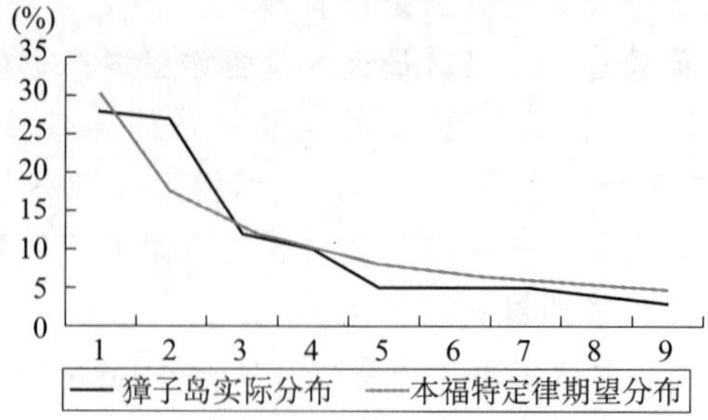

图 5.36　獐子岛本福特趋势

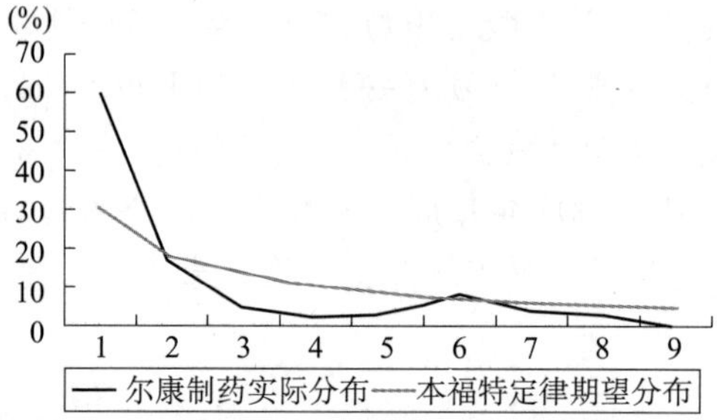

图 5.37　尔康制药本福特趋势

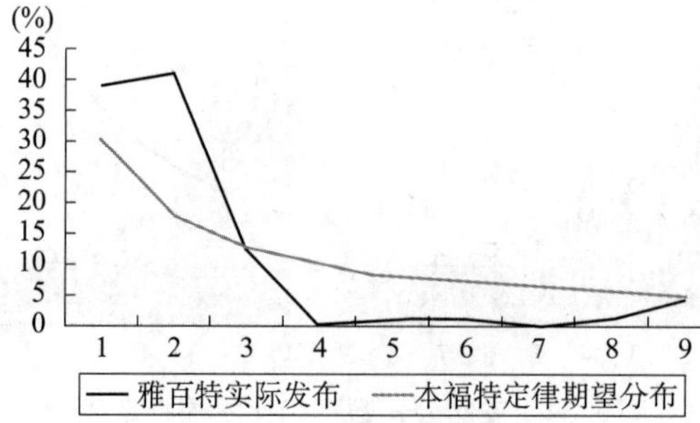

图 5.38　雅百特本福特趋势

上述四家公司财务数据的分布和本福特定律期望分布之间存在较大的差异，尤其是某些数字和定律之间的差异甚至能超过10%，非常明显的异常。从统计角度说明这些公司财务数据造假可能性非常大。

本福特定律适用场景：（1）通过多个数据集运算形成的。例如，应收账款=销售量×单价，应付账款=采购量×单价。（2）真实交易数据，交易量、重量等。(3）大数据量，可观测的数据越多可能越符合。例如，全年的交易数据。(4）符合下面规律的会计科目：当一组数字的平均数大于中位数，且偏差为正。例如，大部分的会计科目。

本福特定律不适用场景：（1）数据集合是标志性的编号。例如对账单号、发票号、邮政编码。(2）数字会受到人为影响。例如，商家营销手段，通常会把2 000元的商品标价1 999元。(3）数据集合包含大量公司特定的数字。例如，用来记录100美元退款的账户。(4）数据集合设定有最大值、最小值的门槛。例如，某类资产必须大于多少金额才会被记录。

思考题

1. 为什么审计不能只审计财务而是应该更关注业务呢?

2. 为什么在审计销售数据的时候除了需要企业内部提供的数据，还需要大量的企业外部数据呢?这些外部数据有哪些特点?对审计有什么帮助?

第6章　财务数据分析与审计

6.1　概述

财务舞弊是在财务报表中蓄意错报、漏报或泄露以欺骗财务报表使用者。在会计活动中相关当事人为了逃避纳税、分取高额红利、提取秘密公积金等谋取私利的目的，事前经过周密安排而故意制造虚假会计信息的行为。

GONE理论（又称为四因素论）将舞弊的产生归纳为四个因素：贪婪G（greed）、机会O（opportunity）、需要N（need）以及暴露E（exposure）。贪婪和需要是财务舞弊产生的内因，机会和暴露是财务舞弊产生的外因。它们相互作用，密不可分，没有哪一个因子比其他因子更重要，它们共同决定了舞弊风险的程度。GONE理论如图6.1所示。

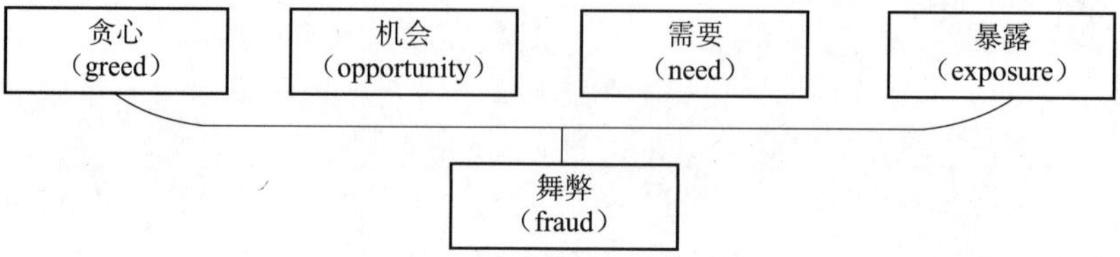

图6.1　舞弊的GONE理论

贪婪是指舞弊主体的主观特质，包括道德观、心理诉求、价值取向等。基于古典经济学"理性经济人"假设，舞弊主体追求个体效用最大化的心理，容易导致企业实施财务舞弊。

需要因子是指企业实施财务舞弊的需求、压力或动机，是财务舞弊产生的核心原因，例如企业为满足上市规则而实施的财务舞弊。舞弊者（包括个人和管理当局）进行会计舞弊是出于一系列复杂、繁多的理由，最普遍和最基本的理由是"需要"。例如，成都红光实业有限公司伪造了3年的盈利财务报告，非法上市筹集了2亿元资金，其主要目的是弥补其日益恶化的财务危机的需要。此外，舞弊者还有其他需要。如弥补现金短缺甚至吸毒或赌博的需要。根据行为科学的观点，需要实际上构成了行为的动机。

机会是指舞弊主体实施舞弊的外部环境，包括企业内部控制、治理结构、外部审计、外部监管等；机会因子同潜在舞弊者在企业中掌握的一定权力有关，管理当局本身拥有相对信息优势及管理会计工作的权限，倘若它的行为得不到应有的监督和制约，那么，它就有机会通过非法会计操作从而获取利益。

暴露因子包含两层含义，财务舞弊暴露的可能性和财务舞弊暴露后可能遭受的惩罚，是“舞弊的隐形成本”。舞弊具有欺骗性和隐瞒性，发现和揭露这种行为的可能性大小就会影响舞弊者作出是否实施会计舞弊行为的判断。惩罚的性质与程度也会关系到行为实施前的判断，从而给潜在的舞弊者以足够的威慑力。

由于信息技术的爆炸性发展，以软件、硬件、网络、通信等为核心的信息技术已迅速渗透于社会生活的各个领域，改变了经济、社会、文化的结构和运行方式。然而，信息技术是一把双刃剑，会计舞弊在IT环境下也更具隐蔽性、智能性、主体多元化和复杂性。

（1）隐蔽性。隐蔽性应该是舞弊的共性，但IT领域的舞弊更加隐蔽。IT环境下会计舞弊的对象是存储于磁性介质中的电子数据和应用程序，会计舞弊发生与否，对计算机信息系统并不造成任何损坏，电子数据载体的外观不会丝毫改变，仅凭目力观察难以发现。舞弊者对于计算机信息系统的侵害并不以实物接近为前提，即实施人可以通过内部网络甚至互联网，不需要临近系统便可操纵。

（2）智能性。在博弈过程中，舞弊与反舞弊相互挑战对方的智能。IT环境下会计舞弊运用了大量的计算机、数据库、网络等专业知识技能，使其智能性十分突出。

（3）主体多元化。从单位内部来看，IT环境下会计舞弊的主体，一是领导者授意、指使所为；二是单个成员或部分成员所为。由于网络技术的普及应用，IT会计舞弊主体已从单位内部扩展到外部。

（4）复杂性。IT环境下会计舞弊的复杂性是隐蔽性、智能性和主体多元化复合作用的结果。隐蔽性和智能性的结合，使会计舞弊更多地利用了信息系统的非法功能；主体多元化条件下，由于外部人员的参与，甚至内部员工和外部人员勾结，隐蔽性和智能性结合的舞弊情形更为复杂。

财务指标是指企业总结和评价财务状况和经营成果的相对指标，中国《企业财务通则》中为企业规定了三种财务指标，即：偿债能力指标，包括资产负债率、流动比率、速动比率；营运能力指标，包括应收账款周转率、存货周转率；盈利能力指标，包括资本金利润率、销售利润率（营业收入利税率）、成本费用利润率等。财务分析中，比率分析用途最广，但也有局限性，必须将各种比率有机联系起来进行全面分析，不可单独地去看某种或各种比率。

雷达图分析法是对企业财务情况进行系统分析的一种有效方法。这种方法是从企业的收益性、安全性、流动性、生产性、成长性五个方面分析企业的财务状况。并将这五个方面的有关数据用比率表示出来，填写到一张能表示各自比率关系的等比例图形上，再用彩笔连接各自比率的节点后，其形状恰似一张雷达图。

在数据分析与审计中，财务数据分析与审计是基础，因为所有的舞弊归根到底是财务舞弊。本章主要围绕舞弊特征查找、财务科目相关性分析等方面组织案例展开分析与审计。

6.2 舞弊特征分析

6.2.1 制造业舞弊特征分析

6.2.1.1 背景介绍

证监会把违规类型分为四种，分别是操纵股价、虚假财务报告、披露不实以及一般会计处理不当。

（1）操纵股价是指公司内部人员擅自利用自身权力对散户散播具有诱导性的投资信息，借此来达到操纵股价的目的，是财务报告舞弊行为之一。企业的股价在一定程度上反映了企业的经营状况，因此，许多企业为了向投资者树立其经营业绩良好的形象，通过篡改财务指标数据的舞弊方法而对财务报告进行粉饰。

（2）虚假财务报告的表现形式有虚假记载、误导性披露和重大遗漏。审计工作人员可以通过发现的违法行为线索继续顺藤摸瓜，从而判断企业是否编制了虚假财务报告。虚假记载是指财务报告制作者在已知财务数据存在错误的基础上，仍然进行违规行为，例如杜撰或篡改财务数据等，是财务报告舞弊行为之一。误导性披露是指财务报表制作者或相关人员在财务报表中运用具有诱导性的财务信息以达到自身目的。重大遗漏是指财务报告的相关人员在明知违规的情况下对财务报表中企业生产经营的盈亏状况与重大财务收入支出方面的遗漏。例如，某公司财务人员为了完成年初制订的利润计划，把年初制定的利润额分解到月做账，通过虚增销售收入和隐瞒费用支出来达到账目平衡。

（3）披露不实的表现形式有推迟披露、虚构利润和违规担保。其中，推迟披露是指公司由于某种原因，需要推迟时间发布财务报告。虚构利润是指企业通过虚构经营业务来增加收入和利润的财务造假行为。违规担保是指舞弊公司的管理层通过资金优势或关联企业长期占用公司的资金，以公司的名义对外交易，为了自身利益而操纵股价。2015 年经证监会披露，五洋建设虚减企业在 2012 ~

2014年的应收账款和应付账款，从而实现了少计提坏账准备，共计虚增了2.5亿元的利润①。昆明机床通过与其他公司签订虚假合约实现了收入虚增。违规担保是指子公司在违反公司制度的情况下继续实施担保，这对公司的利益和名誉造成了损害，但由于该违规事项未涉及财务报告舞弊，故本书把因违规担保而遭证监会披露的企业样本剔除。

（4）一般会计处理不当也是与财务报告有关的舞弊手段，将直接影响财务报告使用者对企业财务状况和经营成果的可靠性判断。

6.2.1.2 审计内容

一般而言，财务舞弊审计不同于常规性财务审计。在财务舞弊审计中，审计人员作为信息的收集者应将注意力集中在已发生的财务事件上，寻找与财务舞弊行为有关的证据，并确定其具体细节、损失的金额及问题的影响范围，而无法事先预计或测算。实施财务舞弊审计时可从异常现象中捕捉疑点，搜寻线索。财务舞弊审计主要关注以下六个方面。

（1）审查各种货币资金来龙去脉的真实性、合规合法性，是否存在多头开户、截留收益和转移收益现象。

（2）审查实物资产是否存在虚列和虚增、虚减的现象。

（3）审查各种往来账户的真实性、合规合法性、账户使用的正确性，特别是债权债务的真实性、是否存在利用往来账户转移和调节收益现象。

（4）审查财务成本账户、权益账户的正确性，其核算依据、计价和变化的正确性和合理合法性。

（5）会计账表反映的收入与业务部门反映的数据的相关性，审查虚增虚减和截留、转移收益现象。

（6）关注会计账户中的异常现象，例如反方余额、不正确的对应关系、红字冲销、频繁调账等情况。

6.2.1.3 数据准备

此处所选取的财务舞弊数据主要来自国泰安数据库和巨潮资讯网。舞弊企业样本来源于2011年1月1日～2017年12月31日受到中国证监会、上交所和深交所处罚的中国上市公司。具体如表6.1所示。

依据财务指标画出雷达图。通过将所绘雷达图与舞弊企业雷达图进行比较，将相似点作为财务舞弊的审计线索。

常见的财务指标涉及财务质量、流动性和内部治理三个维度，具体指标名称如表6.2所示。

---

① 证监会行政处罚：关于五洋建设集团股份有限公司计提坏账认定（http：//blog. sina. com. cn/s/blog_ 7c8396dd0102y17c. html）。

表 6.1　　部分样本数据

	2019 年三季报	2019 年中报	2019 年一季报	2018 年年报	2018 年三季报	2018 年中报	2018 年一季报	2017 年年报
主要指标：								
营业收入（元）	186 765 033.49	122 140 247.35	49 244 589.74	498 962 107.28	177 011 917.64	119 549 205.78	55 659 418.07	646 934 647.96
营业利润（元）	-3 850 829 153.90	-3 681 396 986.35	-210 054 581.11	-3 075 346 112.02	-928 966 185.77	-501 769 735.29	-574 445 581.09	-2 045 792 181.52
利润总额（元）	-16 299 721 444.18	-15 969 390 234.97	-209 961 834.99	-3 115 341 094.04	-929 655 686.34	-502 162 184.20	-574 394 278.87	-2 045 984 250.13
净利润（元）	-16 050 051 708.81	-15 741 455 964.09	-208 599 604.42	-2 952 445 668.00	-832 809 971.38	-452 106 028.41	-500 814 967.44	-1 769 659 773.79
归属于母公司股东的净利润（元）	-15 858 421 707.78	-15 552 186 319.17	-205 650 019.51	-2 898 301 975.21	-623 475 080.14	-448 744 627.81	-493 126 824.98	-1 768 843 462.56
盈利能力：								
销售毛利率（%）	26.81	23.58	12.32	29.19	38.55	37.38	34.28	22.91
销售净利率（%）	-8 593.71	-12 888.02	-423.6	-591.72	-470.48	-378.18	-899.78	-273.55
净资产收益率（%）	-6 896.55	-2 736.44	-2.51	-33.85	-7.71	-4.07	-4.69	—
总资产报酬率 ROA（%）	-112.51	-96.37	-0.55	-13.98	-3.68	-1.36	-1.08	—
投入资本回报率 ROIC（%）	-192.07	-185.21	-1.35	-17.46	-4.64	-2.49	-2.77	-9.53
营运能力：								
存货周转率（次）	0.13	0.09	0.05	0.39	0.11	0.08	0.04	—
应收账款周转率（次）	0.08	0.05	0.02	0.15	0.03	0.02	0.01	—
总资产周转率（次）	0.01	0.01	0	0.02	0.01	0.01	0	—
偿债能力：								
资产负债率（%）	211.02	170.25	62.07	61.08	55.3	53.62	54.07	52.36
股东权益比率（%）	-111.33	-70.47	36.76	37.74	43.45	45.1	44.7	46.39
已获利息倍数（倍）	-980.8	-1 438.01	-1.09	-9.81	-7.15	-1.47	-0.68	-1.08
流动比率	0.31	0.43	1.6	1.64	2.21	2.47	2.53	2.58
速动比率	0.19	0.32	1.49	1.53	1.98	2.24	2.32	2.38

表 6.2　　财务指标

特征	标号	名称	计算公式
财务质量特征	X1	其他应收款占流动资产的比重	其他应收款/流动资产
	X2	应收账款周转率	营业收入/应收账款平均占用额
	X3	每股净资产	所有者权益期末值/实收资本期末值
	X4	营业收入净利润率	净利润/主营业务收入
	X5	资本积累率	（期末股东权益 - 上年期末股东权益）/上年期末股东权益
	X6	现金收入比	经营活动产生的现金流量净额/营业收入
流动性特征	X7	流动比率	流动资产/流动负债
	X8	速动比率	（流动资产 - 存货）/流动负债
	X9	存货占流动资产的比重	存货/流动资产
	X10	现金流动负债比	经营活动现金净流量/期末流动负债
	X11	存货周转率	主营业务成本/存货期末余额
	X12	现金到期债务比	经营活动现金净流量/本期到期的债务
内部治理特征	X13	股权集中度	公司前五大股东持股比例之和
	X14	监事会规模	监事会成员人数
	X15	独立董事规模	独立董事
	X16	管理层持股比例	管理层持股数/总股数

依据表 6.1 所罗列的财务指标，按照如下步骤绘制出雷达图。

（1）将整个圆分成三个区域，分别代表要分析的三类指标，然后从每个区域的圆心开始向外画出发射线，它们将分别代表这三大类指标中所包括的每一项具体财务指标，并将名称和刻度值标记在雷达图上。

（2）按行业整理出相应指标数据，再将其按下式进行归一化，归一化后的数据如图 6.2 所示。其中，x 是归一化前的数据；y 是归一化后的数据。

$$y = \frac{x - minx}{maxx - minx}$$

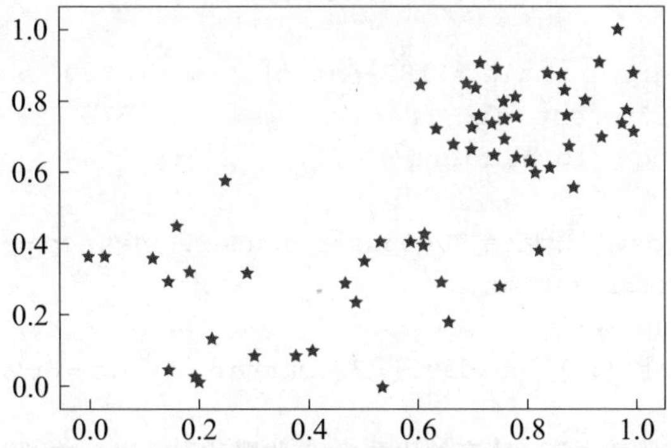

图 6.2　数据归一化

（3）把归一化后的每项指标取中位数，以实际财务指标数据的大小来衡量雷达图射线的长度，将数值标记在刻度轴上。所有标记刻度相连成一个多边形，即雷达图。

6.2.1.4 模型构建

使用python绘制财务指标雷达图的实现代码如下。

```
import numpy as np
import matplotlib.pyplot as plt
def noramlization(data):
    minVals = data.min(0)
    maxVals = data.max(0)
    ranges =maxVals - minVals
    normData = np.zeros(np.shape(data))
    m =data.shape[0]
    normData = data - np.tile(minVals,(m,1))
    normData = normData/np.tile(ranges,(m,1))
    return normData,ranges,minVals
def result_pic(result,sub_dara):
    labels =sub_dara #雷达图标签和种类
    kinds =list(result.iloc[:,0])
    result =pd.concat([result,result[['L']]],axis =1)
    centers =np.array(result.iloc[:,1:])
    #分割圆周长,并让其闭合
    n =len(labels)
    angle =np.linspace(0,2 * np.pi,n,endpoint =False)
    angle =np.concatenate((angle,[angle[0]]))
    #绘图
    fig =plt.figure()
    ax =fig.add_subplot(111,polar =True)    #参数polar,以极坐标的形式绘制图形
    #画线
    fori in range(len(kinds)):
        ax.plot(angle,centers[i],linewidth =2,label =kinds[i])
    #ax.fill(angle,centers[i]) #填充底色
    #添加属性标签
    ax.set_thetagrids(angle * 180 /np.pi,labels)
    plt.title('different kind')
    plt.legend(loc ='lower right')
    plt.show()
result =pd.read_csv('./data_7/cluster_center.csv',sep =',')
newgroup,_,_ =noramlization(result)
newdata = newgroup
plt.scatter(newdata[:,0],newdata[:,1],marker ='*',c ='r',s =24)
plt.show()
sub_data =['其他应收款占流动资产的比重','应收账款周转率','每股净资产','营业收入
```

```
净利润率','资本积累率','现金收入比','流动比率','速动比率','存货占流动资产的比重',
'现金流动负债比']
result_pic(newdata,sub_data)
```

舞弊特征分析模型流程如图 6.3 所示。

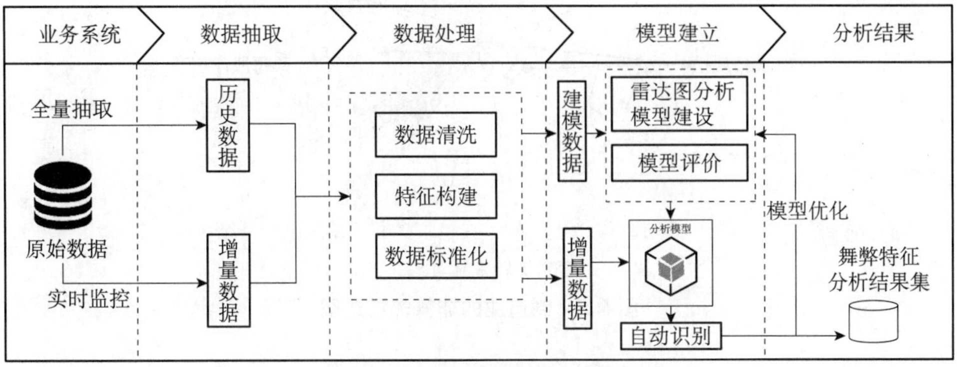

图 6.3　舞弊特征分析流程

依据图 6.3 所示的流程，通过 ETL 工具将企业的财务数据全量抽取，并对数据进行数据清洗等操作，形成可供分析使用的数据集。在数据集上进行关联分析，并依据实际业务需求对模型进行调整形成最终的模型。通过对增量数据自动抽取、清洗、分析，实现分析的全方位性。

系统运行界面如图 6.4 所示。

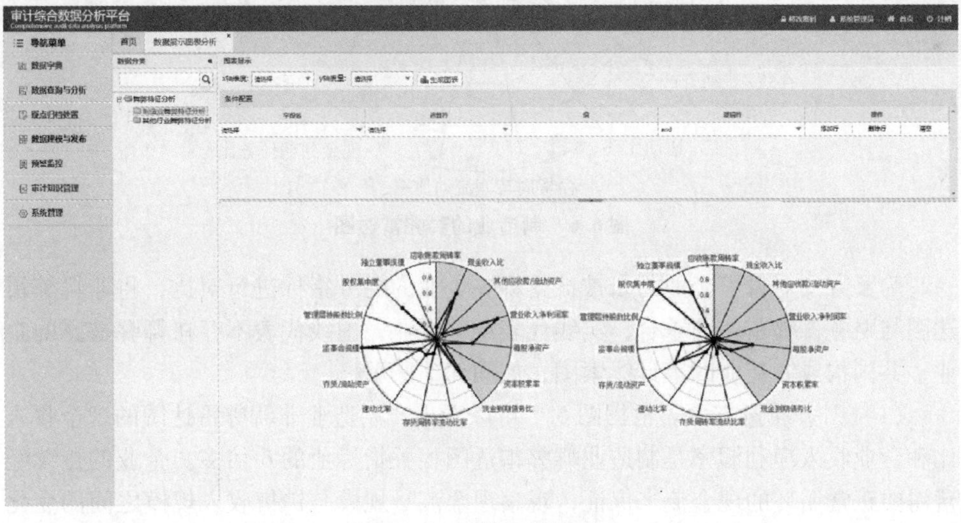

图 6.4　系统运行界面

6.2.1.5　审计分析

通过运行 Python 脚本，绘制出的制造业非舞弊雷达图与制造业财务舞弊雷达图，分别如图 6.5 和图 6.6 所示。

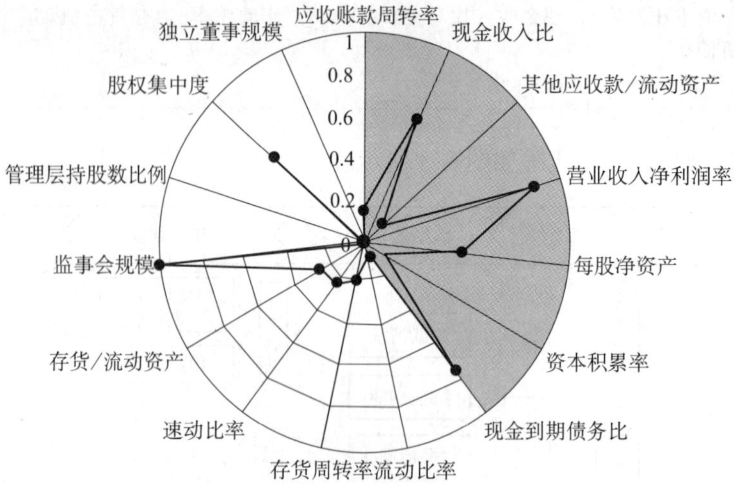

图 6.5 制造业的非舞弊雷达图

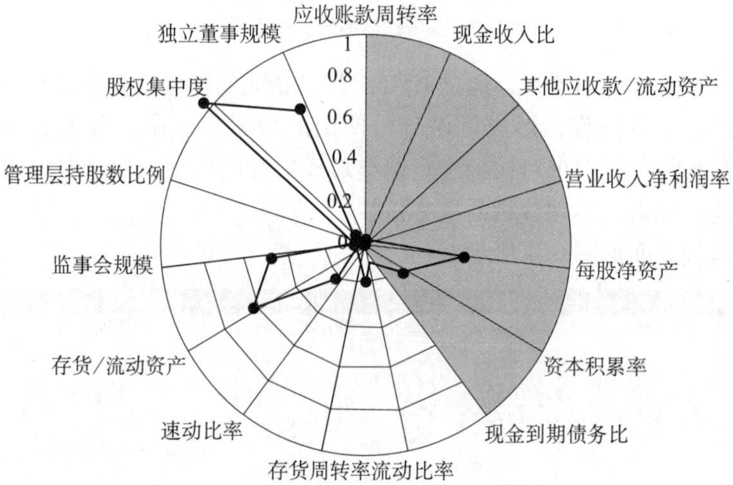

图 6.6 制造业的舞弊雷达图

为了方便对舞弊企业与未被披露舞弊企业的财务指标进行对比，将非舞弊雷达图与财务舞弊雷达图重合，实线代表舞弊企业，虚线代表不存在舞弊披露的企业，共同构成制造业的审计线索图，如图 6.7 所示。

（1）财务质量方面。根据图 6.7 可以看出，制造业非舞弊雷达图的现金收入比和营业收入净利润率是制造业舞弊雷达图相关指标值的 6 倍多。企业的持续经营需要正常循环的现金流来保证，观察现金流量规模与销售收入规模之间的变化能判断企业经营状况的优劣。经观察发现，制造业舞弊企业的现金收入比重较低。如果无法追溯检查到具体的经营业务原因，舞弊企业在该年销售收入业绩中可能存在虚假情况。如公司连续几年的现金收入比指标值一直较低，则表示该公司的营运资金状况不良，甚至对生产经营情况造成不良影响。若该状况一直持续，则该公司的财务困境只能依靠向外借款或拖欠账款改善，但长此以往该企业

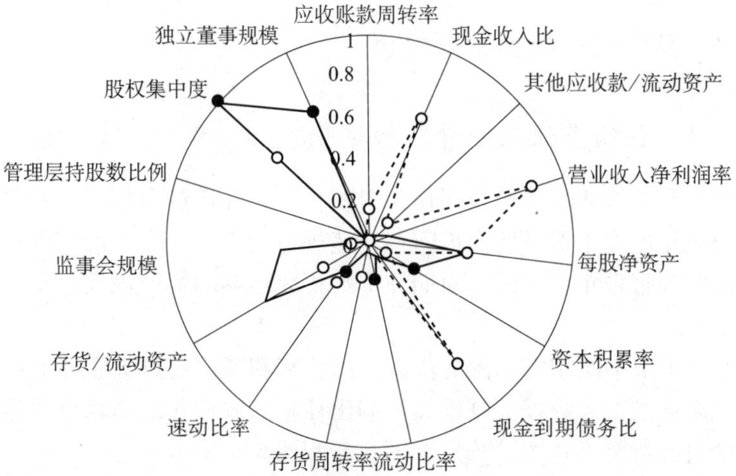

图 6.7　制造业的审计线索

很可能陷入恶性循环，导致管理层舞弊情况在财务报告中出现。为了发现管理层舞弊现象，审计工作人员应将企业销售情况与收入情况的相关业务进行详细核实。营业收入净利润率衡量的是上市公司在一定时期内通过销售和其他劳务收入所获得的净利润能力。营业收入净利润率的高低是反映净利润或者营业收入高低的相对值。制造业财务舞弊雷达图的营业收入净利润率低于制造业非舞弊雷达图的营业收入净利润率，表明该公司的净利润较低或营业收入相对较高。舞弊公司有存在虚增销售收入的可能性，因为这样可以向外界传递其产品占有率较高的假象。此外，管理层为了避税也会采取隐瞒营业收入的舞弊手段，审计人员应当注意其现金流入和营业收入的相关业务真实性。

（2）流动性方面。制造业非舞弊雷达图的现金到期债务比远高于制造业舞弊雷达图的指标值，同时存货占流动资产的比重远低于制造业舞弊雷达图的指标值。现金到期债务比表示公司的现金净流量用于偿还到期债务的能力。根据图 6.6 可知，制造业舞弊企业的现金到期债务比很低，表明其实际具备的短期债务偿还能力很低，容易引起企业舞弊，值得审计人员关注。企业的生产状况与经营规模在一定程度上取决于该企业的存货规模，若存货的生产速度远超过销售速度，则会造成大量的存货积压，占用过多资金，从而导致企业资金周转不灵，成为企业舞弊的诱因。此外，存货资金占用量大除了增加了企业成本外还影响其资金周转率，流动资金不足将阻碍盈利，甚至造成资金链断裂，会导致企业为掩盖其破产风险而粉饰其财务报表。

（3）内部治理方面。制造业财务均值模板的监事会规模指数是制造业财务舞弊雷达图的两倍之多，股权集中度相比舞弊企业较低。监事会的个人利益与公司利益直接相关，若公司发生舞弊而遭到披露，监事除了需要承担相关责任之外其直接利益也将受到损害。故而监事会规模的大小直接关系公司管理层经营决策的监督效率和持续经营。而股权集中度与财务舞弊发生的可能性成正比，股权集中度过高的环境下有助于企业管理层操纵股价等舞弊行为的产生。

6.2.2 其他行业舞弊特征分析

6.2.2.1 住宿餐饮业的舞弊特征分析

选取住宿和餐饮业非舞弊公司作为对照样本，筛选过程如下：对照样本在舞弊样本的违规年度内未遭证监会披露存在违规行为；对照样本的财务报告年度与舞弊样本的财务报告年度相同；对照样本与舞弊样本的资产规模水平差异大致控制在30%以内。

按照6.2.1节中绘制雷达图的步骤，以住宿和餐饮业舞弊企业的财务数据与制造业其他企业的财务数据为基础，绘制出住宿和餐饮业的非舞弊雷达图与住宿和餐饮业的财务舞弊雷达图，分别如图6.8和图6.9所示。

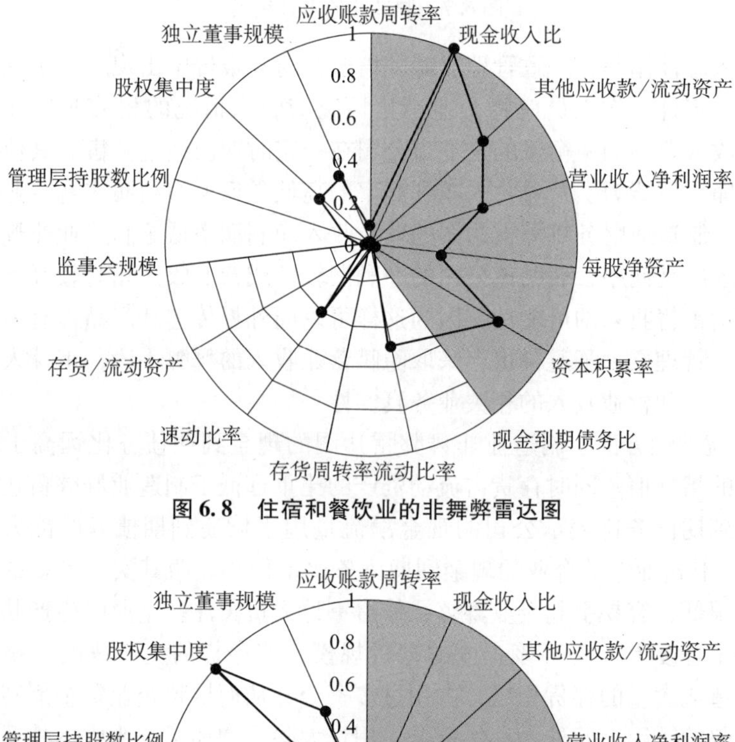

图6.8 住宿和餐饮业的非舞弊雷达图

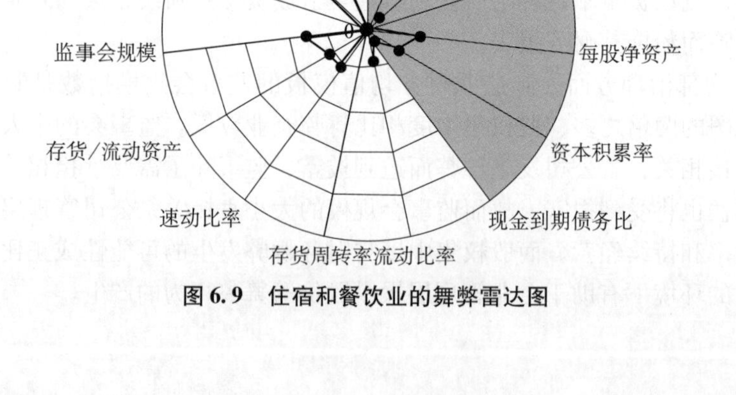

图6.9 住宿和餐饮业的舞弊雷达图

（1）财务质量方面。除了现金收入比和营业收入净利润率之外，舞弊样本企业的其他应收款占流通资产的比重和资本积累率与其他企业的相关指标也有较大差异。从图6.8和图6.9也可以看出，舞弊样本企业的其他应收款占流动资产的比重高于非舞弊公司的相关值，其他应收款净额也显著高于其他公司，这可能是一种虚构利润的有效途径。为判断企业资产运用效果的好坏与否，其他应收账款占流动资产的比重不失为一项客观的衡量指标。若该指标过高，企业的其他应收款过多则表明该企业具有通过虚增收入进行舞弊的可能性。若在审计过程中发现此情况，审计人员应当着重审查该企业相关业务的真实性，确保收入与业务笔笔对应。因为列入其他应收款科目的相关款项相对较为琐碎，故为虚增其他应收款的行为提供了很大的操作空间，以达到虚构利润来粉饰财务报告的目的。此外，许多舞弊公司为了避税，通过把营业收入拆分后错记在其他应收款项目中，得以虚减利润从而保持小规模纳税人的身份。因此，企业的其他应收款项目也值得审计人员关注。

（2）流动性方面。住宿和餐饮业非舞弊雷达图中的流动比率和速动比率是财务舞弊雷达图的2倍左右。可见，流动比率指数与财务舞弊的可能性存在负相关，这是因为该指标衡量了企业的盈利能力和企业将流动资产变现为现金来偿还债务的能力。若企业盈利状况不佳而导致其还债能力不足，容易发生企业通过篡改营业收入、利润和营业成本等数据以掩盖自身的经营问题。同理，速动比率与流动比率一样，共同作为衡量企业流动性的指标，直接反映了企业短期偿债能力的强弱。许多企业通过对流动资产相关指标的数据进行调整，大多数上市公司的可出售证券在其流动资产中占有一定份额，出售后会被计入在现金、应收账款、应收票据等项目中，审计工作人员应当对这些项目进行重点审计。

（3）内部治理方面。与制造业一样，住宿与餐饮业非舞弊企业的股权集中度同样小于舞弊企业。

6.2.2.2 采矿业的舞弊特征分析

选取采矿业非舞弊公司作为对照样本，筛选过程如下：对照样本在舞弊样本的违规年度内未遭证监会披露存在违规行为；对照样本的财务报告年度与舞弊样本的财务报告年度相同；对照样本与舞弊样本的资产规模水平差异大致控制在30%以内。

按照绘制雷达图的步骤，以采矿业舞弊企业的财务数据与采矿其他企业的财务数据为基础，绘制出采矿业的非舞弊雷达图与采矿业的财务舞弊雷达图，分别如图6.10和图6.11所示。为了方便将舞弊企业与未被披露舞弊企业的财务指标作对比，本书将非舞弊雷达图与财务舞弊雷达图重合，实线代表舞弊企业，虚线代表未被披露舞弊的企业，共同构成采矿业的审计线索图，如图6.12所示。

根据雷达图6.10，采矿业非舞弊雷达图的现金收入比、其他应收款/流动资产、营业收入净利润率和现金到期债务比远高于采矿业财务舞弊雷达图的相关指

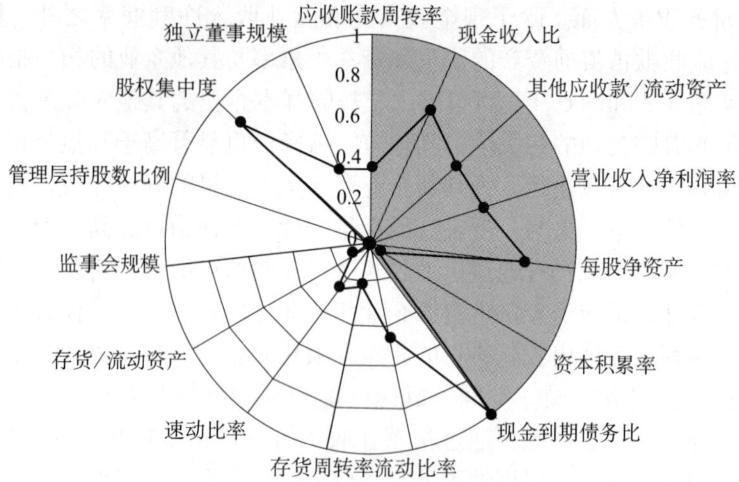

图 6.10　采矿业的非舞弊雷达图

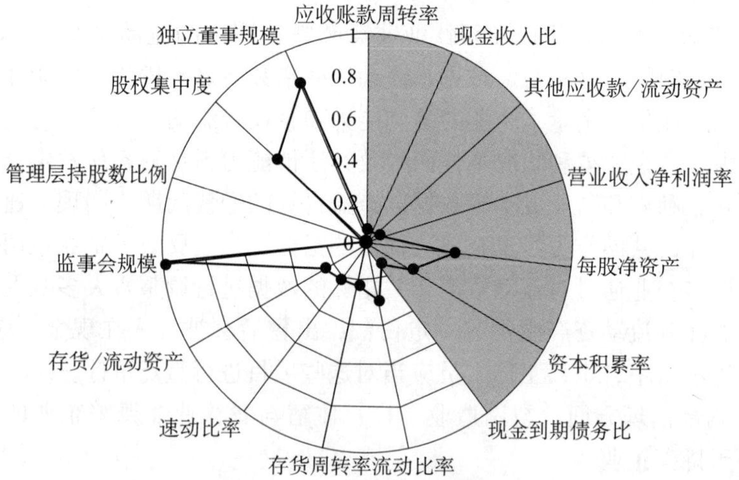

图 6.11　采矿业的舞弊雷达图

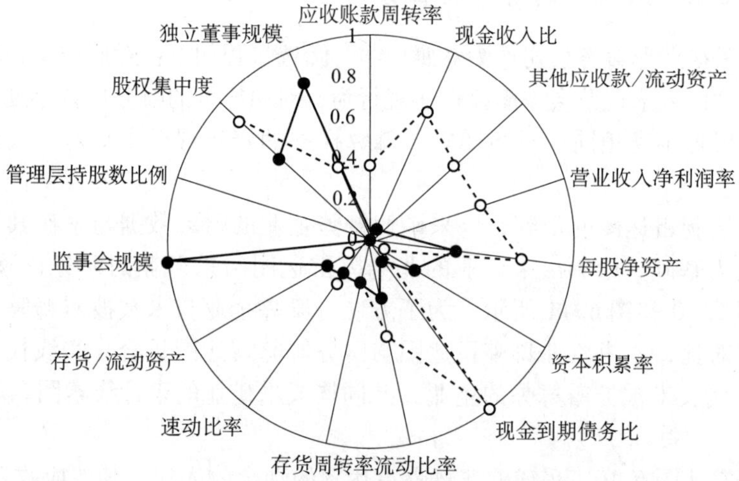

图 6.12　采矿业的审计线索雷达图

标。除此之外，采矿业财务均值模板的应收账款周转率、流动比率和每股净资产也是采矿业财务舞弊雷达图的3倍之多。

（1）财务质量方面。与其他行业不同，采矿业非舞弊雷达图的每股净资产和应收账款周转率远高于采矿业财务舞弊雷达图的相关指标值。每股净资产变化能够影响公司的盈利情况。两者之间存在正相关关系，当每股净资产越高时，能够对公司带来更高的收益，为公司创造更高的价值。同时，作为公司投资者的股东也能够享受公司盈利所带来的经济收益。通常，当公司的收益利润越高时，股东享受的股利收益更多是以现金的方式。正因为公司的发展势头较好，公司的经营者才会以现金的方式发放股利。当公司具备一定的盈利能力时，在未来的收益会增加，公司才有信心将现金发给股东分红。相反，对于可能存在经营不善未来或正在亏损的公司，是不会将现金股利发放给股东的，这样更加不利于公司的未来发展。这些经营不善、资金困难的公司，大多数存在着财务舞弊的现象。以这样的方式伪造现金流，反映不真实的公司收益情况，其会在应收账款、资产负债率等方面存在异常，以掩盖公司经营困难的现状。这些经营不善的企业不仅虚报自己的收入情况，同时在应收账款上也存在虚开情况。它们这两项指标增长异常，反映出较低的应收账款周转率，恰恰会被税务部门发现它们的舞弊行为，也是公司舞弊行为的一个重要特征。

（2）流动性方面。采矿业财务舞弊雷达图的现金到期债务比远远低于采矿业非舞弊雷达图的相关指标值，是舞弊企业经营不善的反映，公司在一定时间内无法偿还债务。公司内部需要花更多的人力物力去处理这些债务。经营者需要筹措资金去弥补公司的债务，短期时间内疲于奔命，无力对公司经营困难的状况进行改善，更加不利于公司的未来发展。这样的管理方式，不能及时调整公司的经营方向，会进一步影响公司的盈利能力。

（3）内部治理方面：与其他行业相似，采矿业非舞弊雷达图的股权集中度远小于采矿业财务舞弊雷达图的指标值。

6.2.2.3 批发零售业的舞弊特征分析

选取批发零售业非舞弊公司作为对照样本，筛选过程如下：对照样本在舞弊样本的违规年度内未遭证监会披露存在违规行为；对照样本的财务报告年度与舞弊样本的财务报告年度相同；对照样本与舞弊样本的资产规模水平差异大致控制在30%以内。

按照绘制雷达图的步骤，以批发和零售业舞弊企业的财务数据与批发和零售业其他企业的财务数据为基础，绘制出批发和零售业的非舞弊雷达图与批发和零售业的财务舞弊雷达图，分别如图6.13和图6.14所示。为了方便将舞弊企业与未被披露舞弊企业的财务指标作对比，本书将非舞弊雷达图与财务舞弊雷达图重合，实线代表舞弊企业，虚线代表未被披露舞弊的企业，共同构成批发和零售业的审计线索图，如图6.15所示。

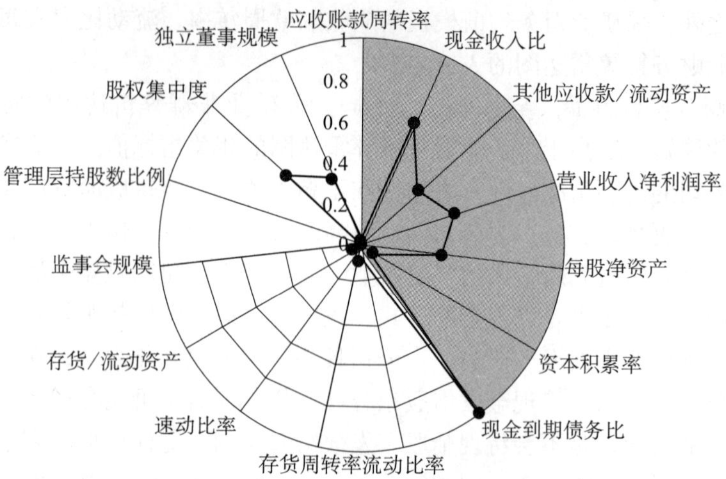

图 6.13　批发和零售业的非舞弊雷达图

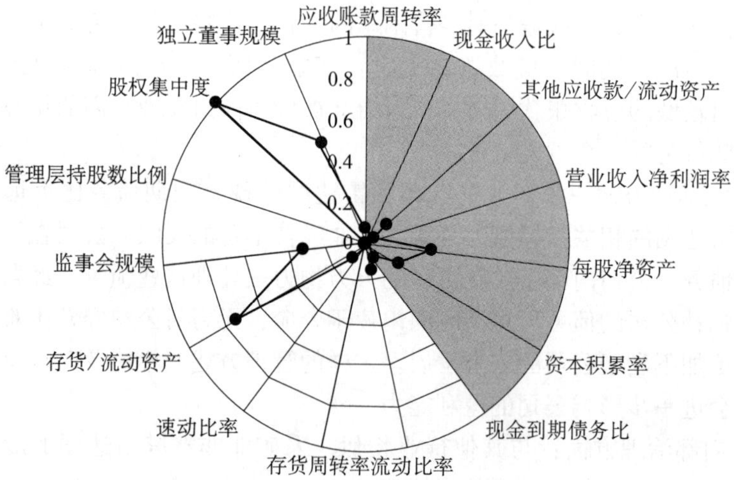

图 6.14　批发和零售业的舞弊雷达图

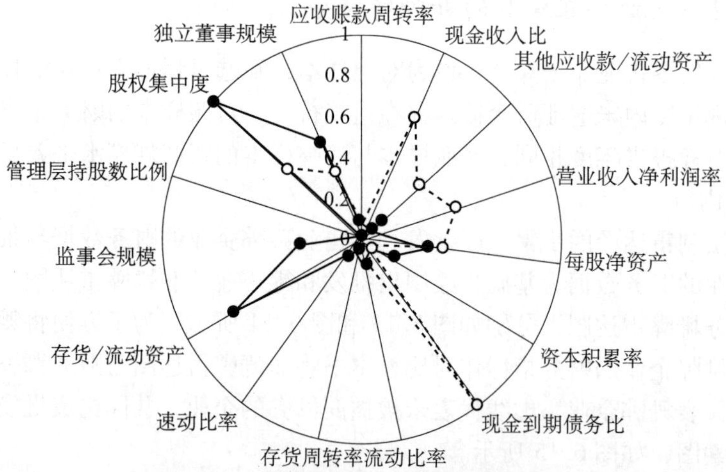

图 6.15　批发和零售业的审计线索雷达图

根据图6.13可知，批发和零售业非舞弊雷达图的现金收入比、营业收入净利润率、每股净资产和现金到期债务比远高于财务舞弊雷达图的相关指标值，存货占流动资产的比重和股权集中度小于舞弊企业。

（1）财务质量方面。与其他行业相似，批发与零售业非舞弊企业的现金收入比、其他应收款占流动资产的比重、营业收入净利润率和每股净资产都高于舞弊企业。

（2）流动性方面。与采矿业相似，批发与零售业非舞弊雷达图的现金到期债务比远高于财务舞弊雷达图的相关值。除此之外，非舞弊雷达图的存货占流动资产的比重远低于财务舞弊雷达图的相关值。这是因为舞弊公司为了粉饰财务报表，在虚减主营业务成本的同时虚增期末存货，导致财务报告中存货占流动资产的比重较高。

（3）内部治理方面。与其他行业相似，批发与零售业财务均值模板的股权集中度低于批发和零售业财务舞弊雷达图的相关值。舞弊企业股权集中度较高的原因往往是该企业股权集中、董事会只是摆设且会议次数较少、独立董事不作为且所占董事会人员比例较低、监事会形同虚设，上市公司越容易发生财务舞弊。

倘若监事会的规模较小，则对公司的监督作用会被削弱。首先，监事会的规模在一定程度上与企业舞弊行为发生的可能性成反比；其次，本书在评价企业内部治理效果的同时，引入管理层持股比例的原因是该指标与监事会规模共同影响财务舞弊的发生。若企业的高管和监事拥有一定的股权，则各自在公司具有一定权力，起到了分权制衡的作用，有利于遏制企业舞弊行为的发生。

与批发和零售业非舞弊雷达图相比较，批发和零售业的非舞弊雷达图中流通股比例相对较高。股东对管理层的监督可以分别通过参加股东大会等行为来进行，但随着企业经营规模的扩大和引入的投资增加，较高的流通股比例会阻碍管理层监管行为的有效进行。舞弊企业往往采用虚构业务和虚增利润的行为来粉饰财务报表。由于存货的计量较为困难，舞弊企业往往会从中入手，例如虚构往来业务的同时虚增成本、虚构收入。在以上行业中，此处所绘制出的制造业、住宿和餐饮业、采矿业、批发和零售业的财务舞弊雷达图还有一个共同特征：现金流动负债比在财务整体中较低，该指标与被审计公司偿还流动负债能力的大小成反比趋势，与该公司发生财务舞弊的可能性也成反比。因为现金流的舞弊手法往往是虚增或隐瞒现金额，从中进行作假较为不易，所以经营现金流量对流动负债比率的相对增加有利于预防企业财务舞弊的发生。

总之，财务舞弊雷达图有助于审计工作人员快速找到审计对象，通过比对分析，无论是相似点和非相似点都可以成为审计线索，例如通过与制造业、住宿和餐饮业、采矿业、批发和零售业的非舞弊雷达图对比之后发现，住宿和餐饮业以及采矿业财务舞弊企业的其他应收款在流动资产中的比例较大。企业资产运用效果的好坏与否，其他应收账款占流动资产的比重不失为一项客观的衡量指标。若该指标过高，企业的其他应收款过多则表明该企业具有通过虚增收入进行舞弊的可能性。若在审计过程中发现此情况，审计人员应当着重审查该企业相关业务的真实性，确保收入与业务笔笔对应。因为列入其他应收款科目的相关款项相对较为琐碎，故为虚增其他应收款的手法提供了很大的操作空间，以达到虚构利润来粉饰财务报告的目的。此外，许多舞弊公司为了避税，通过把营业收入拆分后错记在其他应收款项目中，得以虚减利润从而保持小规模纳税人的身份。

6.3 科目相关性分析

6.3.1 费用合理性分析

6.3.1.1 背景介绍

《输配电定价成本监审办法》是为提高输配电价制定的科学性、合理性和透明度，完善对电网输配电成本的监管，规范输配电定价成本监审行为，促进电网企业加强成本管理，根据《中华人民共和国价格法》《中共中央国务院关于推进价格机制改革的若干意见》《中共中央国务院关于进一步深化电力体制改革的若干意见》《政府制定价格成本监审办法》等有关规定制定的。由国家发改委、国家能源局于2019年5月24日印发实施。为了贯彻《输配电定价成本监审办法》，E供电局决定对下属供电单位进行输配电成本专项审计，对费用的合理以及合规性进行检测。

6.3.1.2 审计内容

输配电定价成本监审应遵循以下原则。

（1）合法性原则。计入定价成本的费用应当符合《中华人民共和国会计法》等有关法律法规、国家有关财务会计制度、价格监管制度等规定。

（2）相关性原则。计入定价成本的费用应当限于电网企业提供输配电服务发生的直接费用以及需要分摊的间接费用。

（3）合理性原则。计入定价成本的费用应当符合输配电服务的合理需要，影响定价成本水平的主要经济、技术指标应当符合行业标准或者公允水平。

输配电定价成本的主体是运行维护费，即电网企业维持电网正常运行的费用，包括材料费、修理费、人工费和其他运营费用。

（1）材料费指电网企业提供输配电服务所耗用的消耗性材料、事故备品等，包括企业因自行组织设备大修、抢修、日常检修发生的材料消耗和委托外部社会单位检修需要企业自行购买的材料费用。

（2）修理费指电网企业为了维护和保持输配电相关设施正常工作状态所进行的外包修理活动发生的检修费用，不包括企业自行组织检修发生的材料消耗和人工费用。

（3）人工费指电网企业从事输配电业务的职工发生的薪酬支出，包括工资总额（含津补贴）、职工福利费、职工教育经费、工会经费、社会保险费用、住房公积金，含农电工、劳务派遣及临时用工支出等。

（4）其他运营费用指电网企业提供正常输配电服务发生的除以上成本因素外的费用。主要包括：①生产经营类费用。包括农村电网维护费、委托运行维护费、租赁费等。②管理类费用。包括办公费、会议费、水电费、物业管理费、差旅费等。③安全保护类费用。包括电力设施保护费、劳动保护费、安全费、设备检测费等。④研究开发类费用。包括研究开发费等开展与输配电服务相关的产品、技术、材料、工艺、标准的研究、开发过程中发生的费用支出。⑤价内税金。包括车船税、房产税、土地使用税和印花税。⑥其他费用。包括无形资产摊销、低值易耗品摊销、财产保险费、土地使用费、管理信息系统维护费等。

同时，下列费用不得纳入输配电的定价成本。

（1）不符合《中华人民共和国会计法》等有关法律法规和国家有关财务会计、价格监管制度等规定的费用。

（2）与电网企业输配电业务无关的费用。包括：①宾馆、招待所、办事处、医疗单位、电动汽车充换电服务等辅助性业务单位、多种经营及“三产”企业的成本费用；②电网企业所属单位从事市场化业务对应的成本费用；③抽水蓄能电站、电储能设施、电网企业所属且已单独核定上网电价的电厂成本费用；④独立核算的售电公司的成本费用；⑤其他与输配电业务无关的费用。

（3）与输配电业务有关但按照国家有关规定由政府补助、政策优惠、社会无偿捐赠等有专项资金来源予以补偿的费用。

（4）各类赞助、滞纳金、违约金、罚款，以及计提的准备金。

（5）各类广告、公益宣传费用（停电故障信息公告、电力安全保护宣传、电力设备安全警示等费用除外）。

（6）除不可抗力外的固定资产盘亏、毁损和出售的净损失。

（7）向上级公司或管理部门上交的利润性质的管理费用、代上级公司或管理部门缴纳的各项费用、向出资人支付的利润分成以及对附属单位的补助支出等。

（8）经相关政府主管部门认定，在监审期间内除政策性因素外造成的未投入实际使用、未达到规划目标、擅自提高建设标准的输配电资产相关成本费用支出；国家重大输配电项目建设中，因企业自身责任导致工期延误、工程质量不合格、重复建设等造成的额外投资费用支出。

（9）其他不得纳入输配电定价成本的费用。

6.3.1.3　数据准备

通过某供电企业内部财务系统，利用 SQL 语句计算出输配电成本下属一级科目年度和月度累计发生额，组成财务分析维表。具体流程如图 6.16 所示。

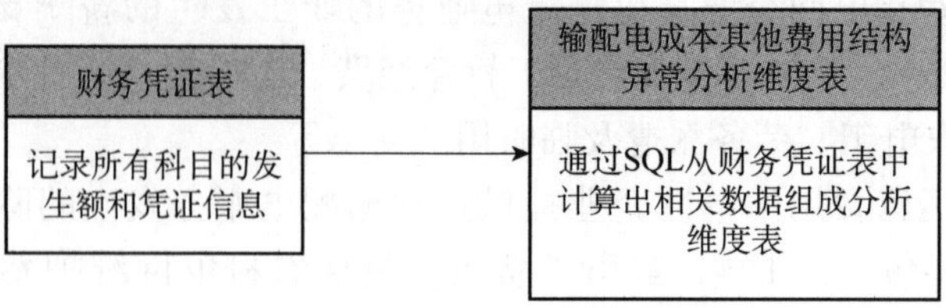

图 6.16　样本数据准备流程

部分样本数据如表 6.3 所示。

表 6.3　部分样本数据

账套代码	年度代码	科目名称	累计借方发生额	累计贷方发生额
A 供电局	2012	生产成本/输配电成本/会议费	32 000	36 000
A 供电局	2012	生产成本/输配电成本/长期待摊销费用	6 600	3 260
A 供电局	2012	生产成本/输配电成本/租赁费	16 800	40 000
A 供电局	2012	生产成本/输配电成本/材料费	349 073. 59	432 198. 23
A 供电局	2012	生产成本/输配电成本/研发费用	286 286. 5	265 914. 3
A 供电局	2012	生产成本/输配电成本/人工费	179 417. 59	213 649. 5
A 供电局	2012	生产成本/输配电成本/修理费	50 253. 71	67 321. 9

6. 3. 1. 4　模型构建

通过对供电局的生产成本下属科目进行分析，对费用占比大的科目利用线性回归分析，分析其费用是否在预测区间段，对于超出预测区间段的科目进行疑点输出。具体实现代码如 Python 脚本所示。

```
from __future__ import print_function
import os
import numpy as np
import pandas as pd
#使用 matplotlib 库画图
import matplotlib
import seaborn
import matplotlib.pyplot as plot
from sklearn import datasets
#读取数据
housing = pd.read_csv('k_search.csv')
target =pd.read_csv('k_search2.csv')  #财务数据
t =pd.read_csv('k_test.csv')          #测试数据
#数据预处理
housing.info()     #查看是否有缺失值
#特征缩放
from sklearn.preprocessing import MinMaxScaler
minmax_scaler =MinMaxScaler()
```

```
minmax_scaler.fit(housing)  #进行内部拟合,内部参数会发生变化
scaler_housing = minmax_scaler.transform(housing)
scaler_housing = pd.DataFrame(scaler_housing,columns = housing.columns)
mm = MinMaxScaler()
mm.fit(t)
scaler_t = mm.transform(t)
scaler_t = pd.DataFrame(scaler_t,columns = t.columns)
from sklearn.linear_model import LinearRegression
LR_reg = LinearRegression()
#进行拟合
LR_reg.fit(scaler_housing,target)
#使用均方误差用于评价模型好坏
from sklearn.metrics importmean_squared_error
preds = LR_reg.predict(scaler_housing)  #输入数据进行预测得到结果
mse = mean_squared_error(preds,target)
#绘图进行比较
plot.figure(figsize = (10,7))
num = 100
x = np.arange(1,num + 1)
plot.plot(x,target[:num],label = 'target')
plot.plot(x,preds[:num],label = 'preds')
plot.legend(loc = 'upper right')
plot.show()
```

成本科目异常分析模型流程如图 6.17 所示。

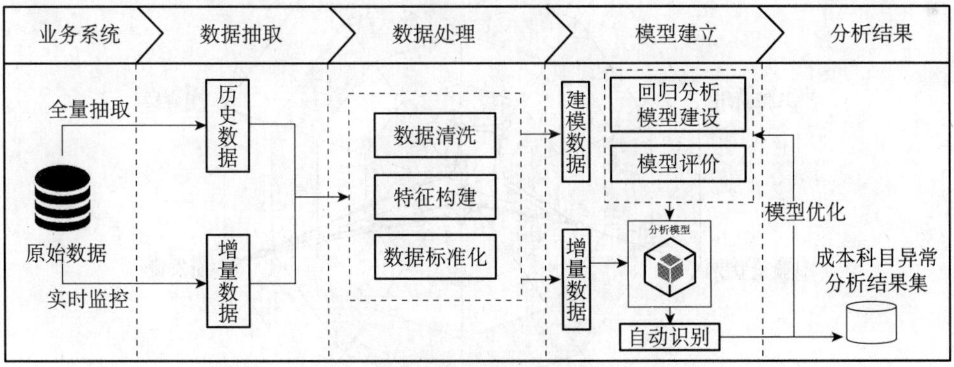

图 6.17　成本科目异常分析流程

图 6.17 所示流程的核心过程描述如下。

（1）通过 ETL 工具将所需的财务数据全量抽取过来，并对其进行一系列数据处理过程。使抽取过来的数据满足分析的要求。

（2）对处理后的数据采用线性回归分析，取各供电单位各科目的费用区间，对时间费用超过预测区间的科目进行预警输出。

系统运行界面如图 6.18 所示。

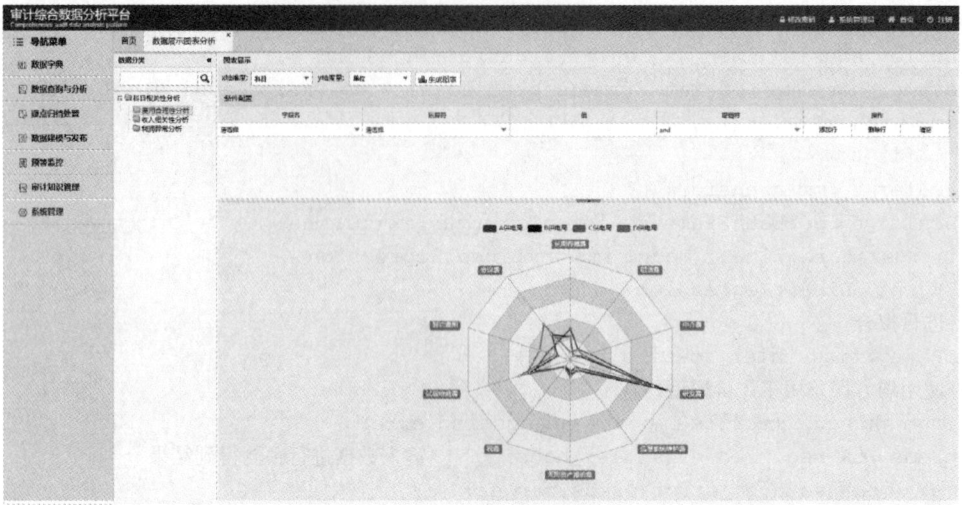

图 6.18　系统运行界面

6.3.1.5　审计分析

依据所获得的财务分析表，计算到目前为止各科目在输配电成本类的占比情况，输出数据依据雷达图进行展示，如图 6.19 所示。

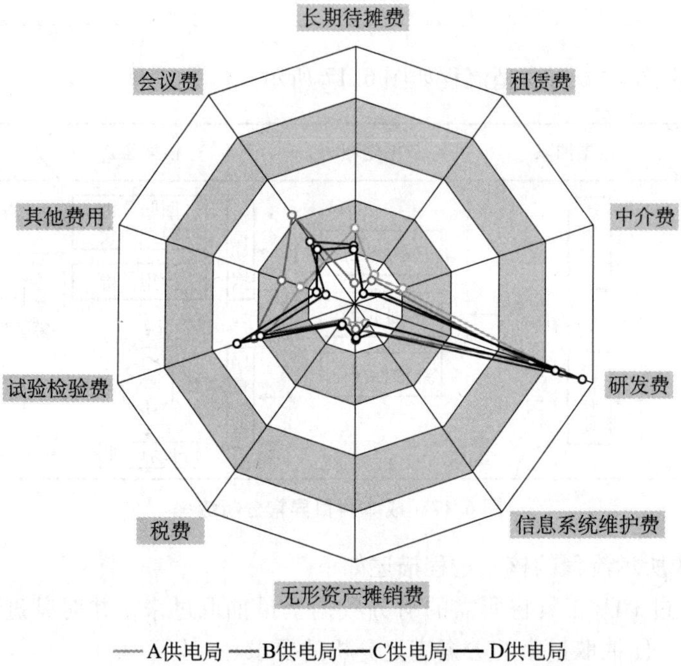

图 6.19　四个供电局各科目的输电成本占比

在业务内容相似、财务制度统一的情况下，各供电局的成本费用结构应该不会有太大的差异，即那些明显高于或低于主要群体的视为异常。

（1）从图 6.19 中可以发现，A 供电局的长期待摊费用占比超过其他供电局。需要检查 A 供电局在这个科目类别的费用增长情况是否合理，即通过线性回归分析，推测长期待摊费年度增长情况是否异常（见图 6.20）。

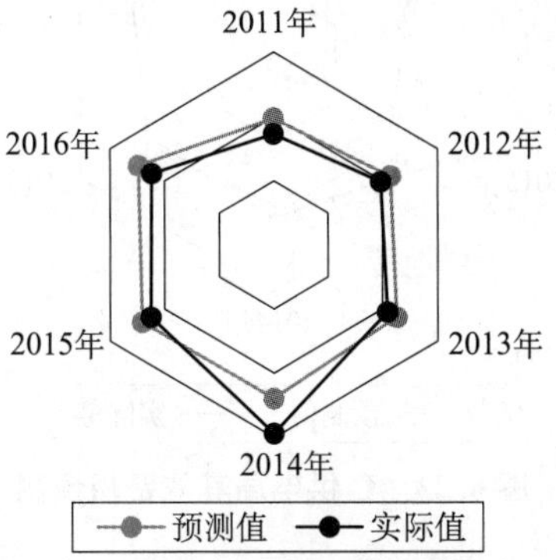

图 6.20　A 供电局长期待摊销费预测

（2）从图 6.19 可以发现，C 供电局的会议费和其他费用占比超过其他供电局，需要检查 C 供电局在这两个科目类别的费用增长情况是否合理。通过线性回归分析，推测会议费年度增长情况是否异常。

首先，对 C 供电局 2014 年会议费月份发生额进行线性回归分析预测，具体趋势如图 6.21 所示。

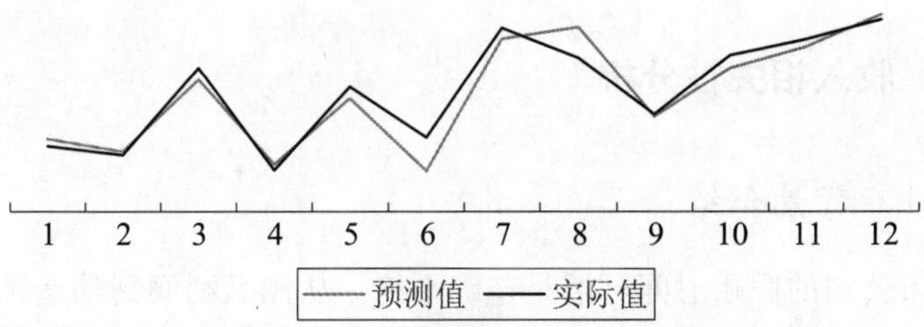

图 6.21　C 供电局 2014 年会议费预测

从图 6.21 可以看出，C 供电局在 2014 年 6 月和 2014 年 8 月会议费实际发生额偏离线性回归值，可以将 6 月和 8 月作为重点审计月份，检测会议费实际发生情况是否符合规定。

其次，通过线性回归分析，推测其他费用年度增长情况是否异常，具体如图 6.22所示。

从图 6.22 可以看出，2015 年其他费用实际发生额远偏离与预测值，需要对 2015 年其他费用进行具体的预测分析，具体如图 6.23 所示。

从图 6.23 可以看出，C 供电局在 2015 年全年其他费用呈现阶段递增的增长趋势，但是在 7 月份，其他费用的实际发生额远远大于预测值，且较其他月份的增长率也是明显增大，因而可以将此月份作为重点关注对象。

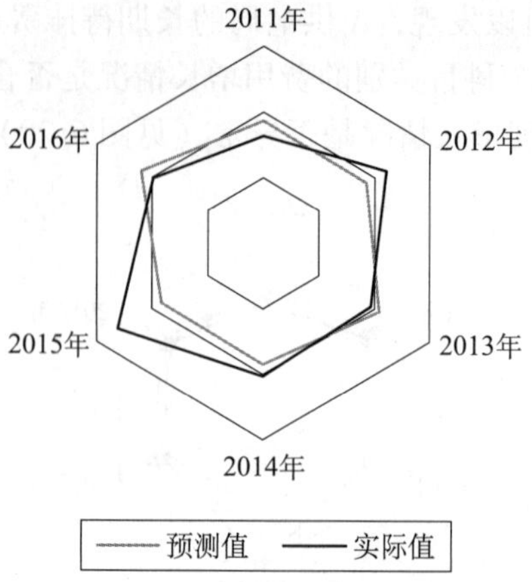

图 6.22　C 供电局其他费用预测

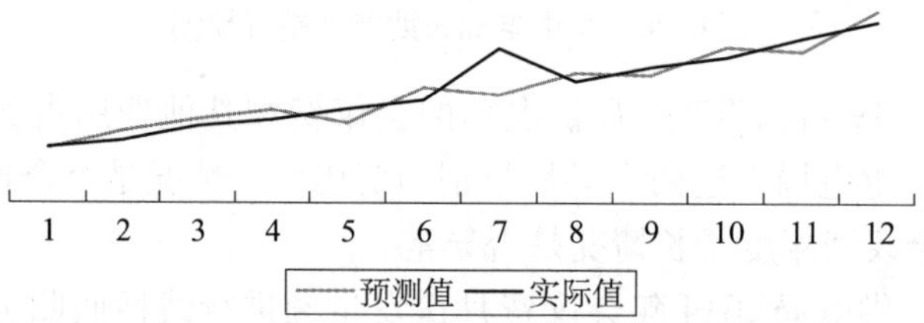

图 6.23　C 供电局 2015 年其他费用预测

6.3.2　收入相关性分析

6.3.2.1　背景介绍

中国上市公司的假账丑闻可谓是连绵不绝。从操纵利润到伪造销售单据、从关联交易到大股东占用资金、从虚报固定资产投资到少提折旧，等等。

媒体对上市公司假账的报道大部分还停留在表面层次，很少从技术层面揭穿上市公司造假的具体手段。作为审计人员，如何最大限度地利用自己掌握的信息，识破企业的假账行为非常重要。实际上，通过对上市公司财务报表的分析，许多假账手段都可以被识破，至少可以引起审计人员的警觉。

通常，我们分析企业的财务报表，既要有各年度的纵向对比，又要有同类公司的横向对比，只有在对比中我们才能发现疑问和漏洞。现在网络很发达，上市公司历年的年度报表、季度报表可以很容易找到，麻烦的是如何确定“同类公司”。“同类公司”除了必须与我们分析的公司有相同的主营业务之外，在资产规模、股本结构和历史背景等方面也是越相似越好。一般来讲，对比越多，识破假账的概率就会越大。

6.3.2.2　审计内容

通过企业公布的财务数据进行比对分析，对其他应收款、主营业务收入、净利润等相关科目进行分析，判断科目发生的金额是否与企业实际的经营特征一致，且没有存在逻辑上的错误。若有则极有可能存在做假账的可能性，需要进一步进行具体的核查和分析。

6.3.2.3　数据准备

通过对企业内部的财务系统进行数据抽取、数据清洗，形成了分析所需的数据集，具体流程如图 6.24 所示。

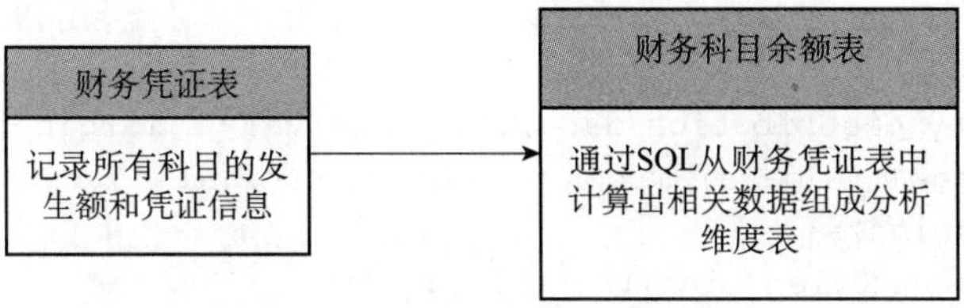

图 6.24　样本数据准备过程

样本数据格式如表 6.4 所示。

表 6.4　部分样本数据

账套代码	年度代码	科目名称	累计借方发生	累计贷方发生
E 供电局	2015	输配电成本/材料费/计量装置	4 116 376.9	0
E 供电局	2015	输配电成本/材料费/计量装置	1 229 664.2	0
E 供电局	2015	输配电成本/材料费/其他材料	10 560 199.87	0
E 供电局	2015	输配电成本/材料费/其他材料	2 024 681.88	0
E 供电局	2015	输配电成本/其他费用/VI 标准品费用	426 590.61	0
E 供电局	2015	输配电成本/其他费用/办公费	28 973 749.97	0
E 供电局	2015	输配电成本/其他费用/办公费	4 817 044.19	0
E 供电局	2015	输配电成本/其他费用/保险费	8 103 304.38	0
E 供电局	2015	输配电成本/其他费用/保险费	878 798.66	0
E 供电局	2015	输配电成本/其他费用/差旅费	3 459 431.01	0
E 供电局	2015	输配电成本/其他费用/差旅费	466 440	0
E 供电局	2015	输配电成本/其他费用/低值易耗品摊销	3 685 882.75	0
E 供电局	2015	输配电成本/其他费用/低值易耗品摊销	8 756	0
E 供电局	2015	输配电成本/其他费用/电网规划费	1 642 132.07	0
E 供电局	2015	输配电成本/其他费用/广告费	1 787 407.53	0
E 供电局	2015	输配电成本/其他费用/环卫费	158 600	0
E 供电局	2015	输配电成本/其他费用/环卫费	4 200	0

6.3.2.4　模型构建

通过对供电局各科目的实际发生额进行关联分析，查找出与异常的科目关联性并进行输出。具体 Python 实现如下所示。

```
# - * - encoding = utf - 8 - * -
import datetime
import numpy as np
import matplotlib.pyplot as plt
import matplotlib
#导入数据
zhfont1 = matplotlib.font_manager.FontProperties (fname = 'C: \Windows \
Fonts \2012BAH13F02.xls ')
#数据处理和展示
def probability_distribution(data,bins_interval =1,margin =1):
    bins = range(min(data),max(data) + bins_interval - 1,bins_interval)
    print(len(bins))
    for i in range(0,len(bins)):
        print(bins[i])
    plt.xlim(min(data) - margin,max(data) + margin)
    plt.title("Probability - distribution")
    plt.xlabel('Interval')
    plt.ylabel('Probability')
    #频率分布 normed = True,频次分布 normed = False
    prob,left,rectangle = plt.hist(x = data,bins = bins,normed = True,hist-
    type = 'bar',color = ['r'])
    for x,y in zip(left,prob):
        #字体上边文字
        #频率分布数据 normed = True
        plt.text(x + bins_interval /2,y + 0.003,'% .2f'% y,ha = 'center',va =
        'top')
    plt.show()
```

收入相关性分析模型流程如图 6.25 所示。

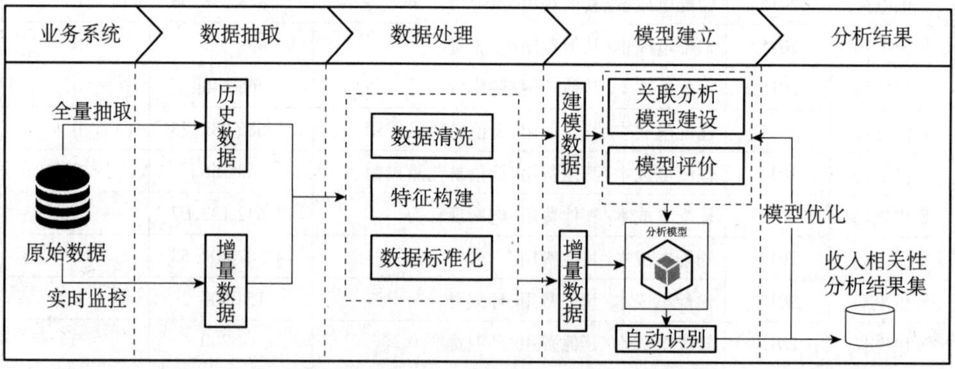

图 6.25 收入相关性分析流程

图 6.25 所示流程中核心过程描述如下。

(1) 将供电单位的财务数据通过 ETL 工具将所需的数据进行抽取，对抽取来的数据进行数据清洗和标准化等操作，形成分析数据集。

（2）对抽取过来的数据进行关联分析，检查各科目之间费用的关联性是否符合实际需求，如果不满足，则输出。

系统运行界面如图 6.26 所示。

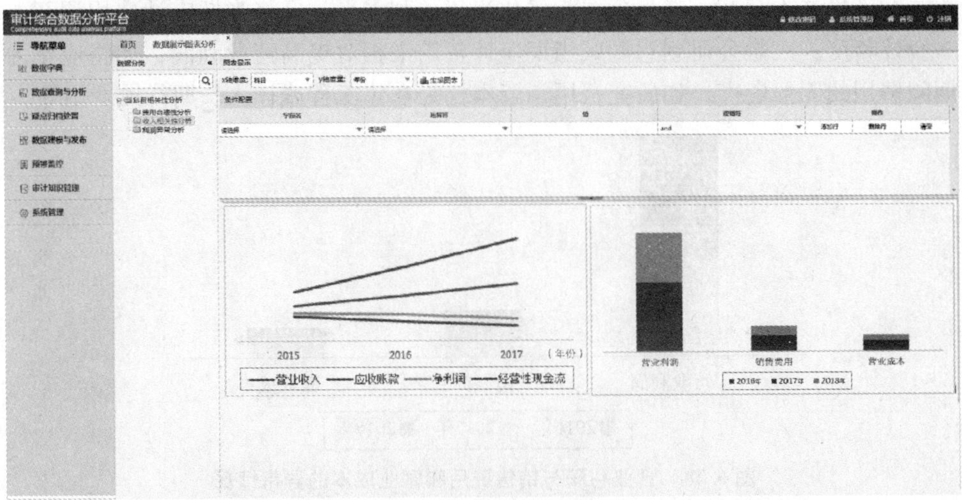

图 6.26　系统运行界面

6.3.2.5　审计分析

财务造假可以通过对以下九个科目的异常特征进行观察。

（1）营业收入增幅低于应收账款增幅，且营业收入和净利润与经营性现金流量相背离。在公司销售产品的过程中，一般都会产生应收账款。正常情况下，应收账款的变化幅度应与营业收入的变化相一致。如果应收账款增长速度高于营业收入，可能意味着：第一，公司放宽信用条件以刺激销售；第二，公司人为通过“应收账款”科目虚构营业收入。此外，理论上来说，虽然随着应收账款迅速增加和销售回款速度下降，经营性现金流也会自然随之下降，但是，如果经营性现金流净值的增长速度长期显著低于净利润甚至为负数，且应收账款的增速一直居高不下时，就需引起注意，因为这极有可能是公司虚构营业收入而非放松信用条件（见图 6.27）。

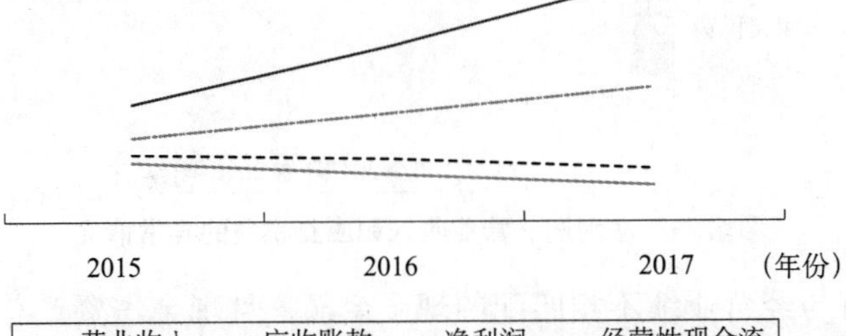

图 6.27　营业收入、应收账款、净利润和经营性现金流的异常情况

（2）营业利润大幅增加的同时营业成本、销售费用等增加比例很小。公司在正常经营产生营业收入时会不可避免地产生营业成本和销售费用，这两项费用一般与营业收入的增长率是保持一致的。如果当期营业利润出现了大幅增加，而营业成本、销售费用等没有变化或变化很小（见图6.28），则有三种可能：一是相关的销售并不存在；二是公司为优化当年盈利水平，已将当期应计费用调至上一会计年度；三是公司刻意调减当期应计费用来相对提高营业利润，如将应作为期间费用的无形资产，如研究费用、资本化为在建工程或计入长期待摊费用等。

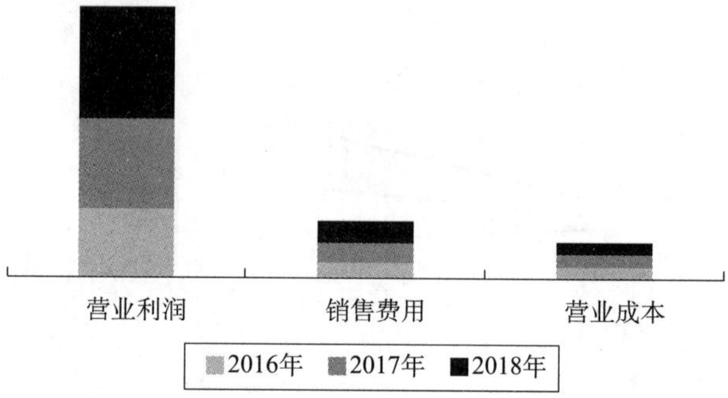

图6.28　营业利润与销售费用和营业成本的异常情况

（3）公司应交增值税、税金及附加和所得税费用异常低，与收入和利润增长幅度不匹配。公司所得税一般由公司利润乘以税率所决定，如图6.29所示，如果公司利润较高，但是所得税却低于应有的水平，说明所得税费用与净利润差异较大，在没有免税条款的情况下，很可能是报表舞弊的预警信号。同样，公司应交增值税应与销售商品增值额对应，税金及附加与提供应税劳务等相对应。如果应交增值税偏低，可能意味着营业收入被虚构。此外，如果应交税额与净利润差异较大，也可能是公司偷税漏税或虚构收入的预警信号。

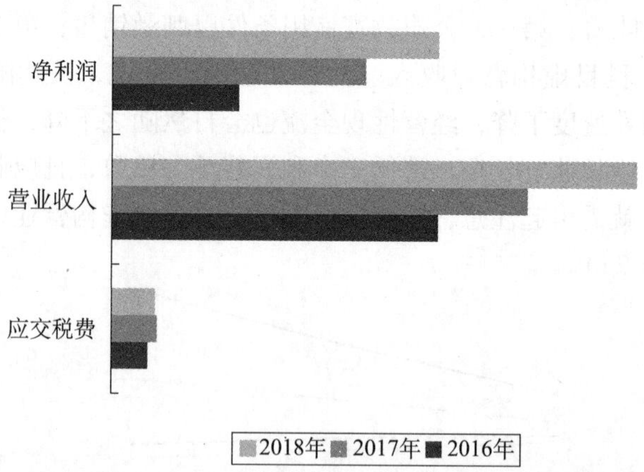

图6.29　净利润、营业收入和应交税费的异常情况

（4）拥有与经营业绩不相匹配的现金余额，且现金占资产总额比例过高，多年来变化很小。一般而言，公司为了避免负担额外不必要的机会成本，其货币资金余额都会与自身的经营情况相匹配。如图6.30所示，公司的货币资金余额明显超出经营规模的需要，且多年来无变化或变化较小，则可能是由以下两个方面原因造成：第一，现金用途受到限制，如进行质押、设立担保等，而公司未将相关情况进行披露；第二，现金资产被控股股东等关联方占用。

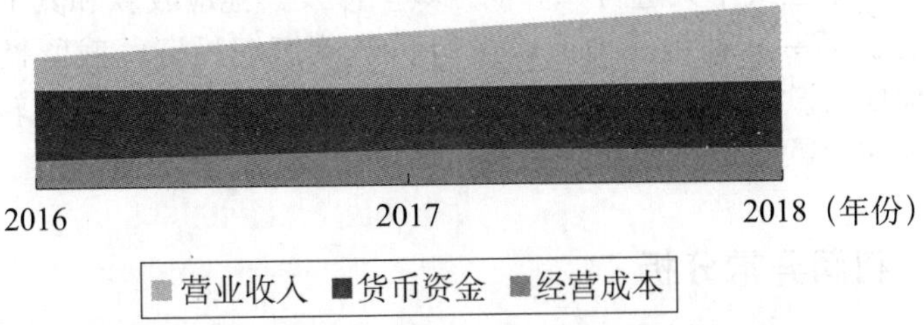

图6.30 营业收入、货币资金和经营成本的异常情况

（5）高额现金伴随着高额短期负债和逾期欠款等。如果公司拥有高额货币资金的同时还伴有高额的短期银行借款等短期负债或逾期借款，且高额货币资金基本上能够涵盖短期借款或逾期借款，那么该公司背后可能也存在着和上一情况相同的问题。

（6）应收账款变动不大的情况下，销售商品、提供劳务所收到的现金与营业收入和增值税增幅不匹配，如图6.31所示。理论上来讲，在应收账款年初年末余额变动幅度不大的情况下，当年的销售商品、提供劳务收到的现金增长幅度应与营业收入以及增值税的增幅相匹配，如现金流增幅远小于收入和增值税增幅，则有虚构收入并虚开增值税发票的嫌疑。

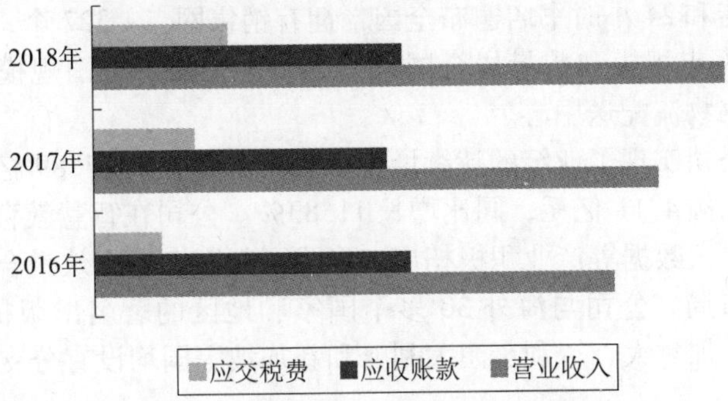

图6.31 应交税费与营业收入的异常情况

（7）应付账款变动不大的情况下，购买商品、接受劳务支付的现金与营业成本增幅不匹配。同应收账款一样，在应付账款年末余额变动幅度不大的情况下，当年的购买商品、接受劳务支付的现金应与营业成本增幅保持相当水平，如现金流增幅远小于营业成本，则公司有可能虚构收入，并相应虚构了相关营业成本。

（8）其他与投资活动相关的现金流会计科目异常情况。一是某会计年度现金流量表中出现大额的购建固定资产、无形资产和其他长期资产支付的现金，而在资产负债表及其附注中的固定资产原值、在建工程以及无形资产等长期资产项目在年度内没有发生明显变化；二是投资支付的现金、收回投资收到的现金与长期股权投资、可供出售金融资产等科目变动幅度不匹配；三是吸收投资收到的现金与验资报告中的货币出资金额不匹配。

（9）其他应收款或其他应付款数额巨大，与公司的主营业务收入规模不匹配的情况。由于公司会计人员将经营活动以外的其他各种应收或应付的款项全部用其他应收款和其他应付款科目核算，这使得这两个科目的核算内容比较繁杂，很容易成为某些单位或个人进行舞弊的工具。涉及其他应收款和其他应付款的舞弊手法主要有：第一，利用其他应收款科目隐藏短期投资，截留投资收益；第二，利用其他应收款隐藏利润，偷逃税款；第三，利用其他应收款转移资金；第四，利用其他应收款私设小金库；第五，利用其他应付款隐藏费用。

6.3.3 利润异常分析

6.3.3.1 背景介绍

××出版公司是全国最具影响力和规模最大的出版发行公司之一，兼有内容生产和渠道优势。××出版公司的主营业务为图书、报纸期刊、电子出版物、音像制品的编辑出版、发行，公司教育出版、一般图书出版、图书发行等主要业务板块在国内出版集团的排名均位居前列。在巩固传统业务优势的基础上，××出版公司持续加大转型升级力度，积极完善产业布局，目前已形成了一体化的产业链和多媒体、多业态的文化产业生态圈。

××出版公司辖全资及控股子公司 119 家，所属 20 多家出版机构被评为国家一级出版社。公司经营方式多样化，通过大书城、中心门店、专业书店、特色书店、小微书店和 24 小时书店遍布全国，拥有销售网点 1 327 个，总建筑面积达 91 万平方米，网点规模和数量居全国同行第一，并拥有全国规模最大、现代化程度最高的图书物流配送中心。

××出版公司实现了业绩的持续增长，公司营业收入 17.89 亿元，同比增长 6.68%，利润总额 4.11 亿元，同比增长 11.83%。公司在智慧教育、影视、职业教育、云计算、大数据等产业积极拓展，形成了新旧媒体有效融合、新老业务相辅相成的产业布局。公司与海外 30 多个国家和地区的著名出版机构保持合作，在英国、美国、加拿大、智利、澳大利亚和新加坡等国均设有分支机构。

6.3.3.2 审计内容

××出版公司的合并报表显示，随着经营的提升集团的库存也随之上升。为了更好地去库存，实现轻资产的目标，集团实行了一系列去库存的方针政策，但是在 2018 年年报中库存物资占比较 2017 年同期还上升了 4%。在此背景下，集团要求审计部对集团库存物资占比过高的现象以及之前各种去库存的方针政策的落地实施效果进行审计，以便检查出其中存在的不合理情况，并对企业的经营策略提出相应的改善建议。

6.3.3.3 数据准备

通过企业的财务系统数据库，从企业内部获取资产负债表、现金流量表、利润表以及相应的财务凭证信息组成一个分析数据集，部分样本数据如表6.5～表6.7所示。

表6.5 营业收入及成本

营业总收入	16.88 亿元	14.77 亿元	18.25 亿元	15.28 亿元	13.75 亿元
其中：营业收入	16.88 亿元	14.77 亿元	18.25 亿元	15.28 亿元	13.75 亿元
营业总成本	15.97 亿元	13.79 亿元	17.41 亿元	14.63 亿元	13.13 亿元
其中：营业成本	14.81 亿元	12.72 亿元	16.38 亿元	13.74 亿元	12.30 亿元
税金及附加	539.30 万元	586.21 万元	523.16 万元	191.86 万元	174.79 万元
销售费用	4 616.90 万元	4 030.97 万元	4 150.79 万元	3 670.51 万元	3 212.21 万元

表6.6 流动资产

货币资金	14.88 亿元	18.68 亿元	16.35 亿元	21.12 亿元	13.60 亿元
交易性金融资产	4.34 亿元	4.19 亿元	4.25 亿元	—	—
应收票据及应收账款	11.88 亿元	11.24 亿元	13.31 亿元	8.97 亿元	12.53 亿元

表6.7 经营活动产生的现金流量

销售商品、提供劳务收到的现金	42.74 亿元	29.68 亿元	12.64 亿元	71.91 亿元	41.85 亿元
收到的税费返还	3 321.34 万元	2 099.81 万元	1 366.94 万元	4 579.82 万元	3 539.65 万元

6.3.3.4 模型构建

通过对已经披露的财务数据绘制时序图，检测销售行为是否存在季节性的波动行为。

```
import pandas as pd
import numpy as np
import matplotlib.pylab as plt
from statsmodels.tsa.seasonal import seasonal_decompose
from matplotlib.pylab import rcParams
from statsmodels.tsa.arima_model import ARIMA
#rcParams 设定好画布的大小
rcParams['figure.figsize'] = 15,6
data =pd.read_csv(path + "AirPassengers.csv")
dateparse = lambda dates:pd.datetime.strptime(dates,'% Y - % m')
#- - - 其中 parse_dates 表明选择数据中的哪个 column 作为 date - time 信息,
#- - - index_col 告诉 pandas 以哪个 column 作为 index
#- - - date_parser 使用一个 function(本文用 lambda 表达式代替),使一个 string 转
换为一个 datetime 变量
```

```
data = pd.read_csv('AirPassengers.csv',parse_dates = ['Month'],index_col =
'Month',date_parser = dateparse)
#对数据进行处理
ts_log = np.log(ts)
ts = data['#Passengers']
moving_avg = pd.rolling_mean(ts_log,12)
#移动平均
ts_log_moving_avg_diff = ts_log - moving_avg
ts_log_moving_avg_diff.dropna(inplace = True)
test_stationarity(ts_log_moving_avg_diff)
expweighted_avg = pd.ewma(ts_log,halflife =12)
ts_log_ewma_diff = ts_log - expweighted_avg
test_stationarity(ts_log_ewma_diff)
#差分
ts_log_diff = ts_log - ts_log.shift()
ts_log_diff.dropna(inplace = True)
test_stationarity(ts_log_diff)
#分解(decomposing)可以用来把时序数据中的趋势和周期性数据都分离出来:
def decompose(timeseries):
#返回包含三个部分 trend(趋势部分),seasonal(季节性部分)和 residual(残留部分)
    decomposition = seasonal_decompose(timeseries)
    trend = decomposition.trend
    seasonal = decomposition.seasonal
    residual = decomposition.resid
    plt.subplot(411)
    plt.plot(ts_log,label = 'Original')
    plt.legend(loc = 'best')
    plt.subplot(412)
    plt.plot(trend,label = 'Trend')
    plt.legend(loc = 'best')
    plt.subplot(413)
    plt.plot(seasonal,label = 'Seasonality')
    plt.legend(loc = 'best')
    plt.subplot(414)
    plt.plot(residual,label = 'Residuals')
    plt.legend(loc = 'best')
    plt.tight_layout()
    return trend, seasonal,residual
#只对需要的部分作为想要的时序数据进行处理
trend, seasonal,residual = decompose(ts_log)
residual.dropna(inplace = True)
test_stationarity(residual)
#ARIMA 进行模型拟合
predictions_ARIMA_diff = pd.Series(results_ARIMA.fittedvalues,copy =
True)
print predictions_ARIMA_diff.head()
predictions_ARIMA_diff_cumsum = predictions_ARIMA_diff.cumsum()
```

```
predictions_ARIMA_log = pd.Series(ts_log.ix[0],index = ts_log.index)
predictions_ARIMA_log = predictions_ARIMA_log.add(predictions_ARIMA_diff_
cumsum,fill_value = 0)
predictions_ARIMA = np.exp(predictions_ARIMA_log)
plt.figure()
plt.plot(ts)
plt.plot(predictions_ARIMA)
plt.title('RMSE:% .4f'% np.sqrt(sum((predictions_ARIMA - ts) * * 2)/len
(ts)))
```

利润异常分析模型流程如图 6.32 所示。

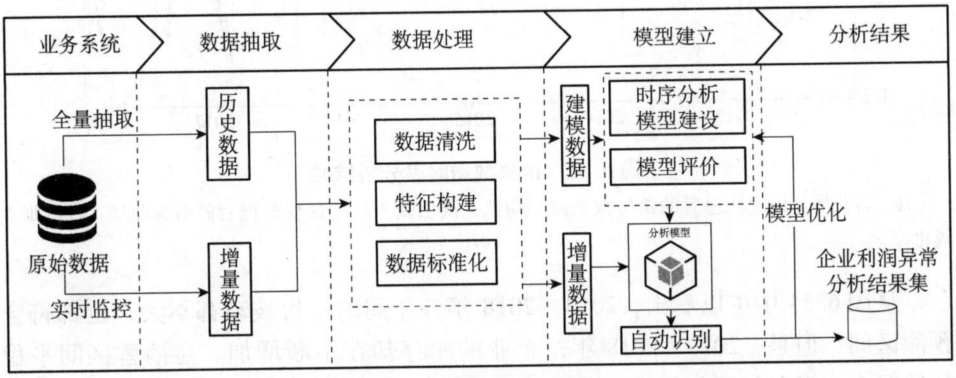

图 6.32　利润异常分析流程

通过 ETL 工作流，将所需的财务数据全量抽取，并对数据进行清洗和标准化，形成可供分析使用的数据集，在数据集上依据业务规则建立和完善模型。同时，通过对增量数据的自动抽取、清洗、分析，达到分析的自动化和智能化。

系统运行界面如图 6.33 所示。

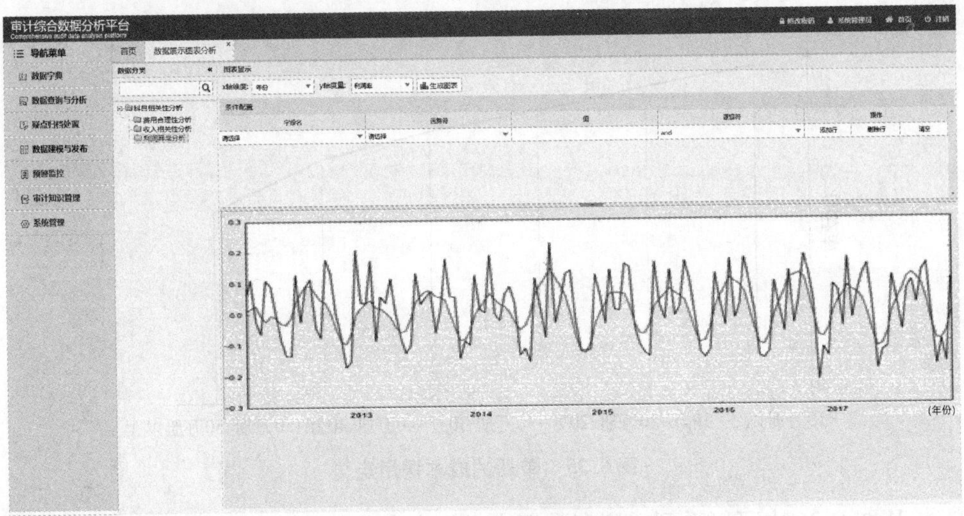

图 6.33　系统运行界面

6.3.3.5 审计分析

通过对 2013 ~ 2018 年的每月销售数据进行时序模型脚本分析，得到如图 6.34所示的结果。

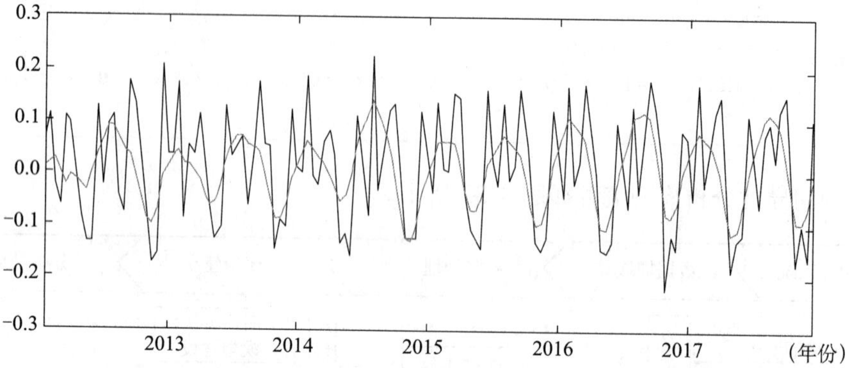

图 6.34 销售数据时序分析结果

注：深色线为经过处理后的销售数据波动曲线，浅色线为经过加权处理后的销售曲线，没有那么锐化。

从图 6.34 中可以看出，2013 ~ 2018 年各年间的销售波动都不大，也都符合预测区间，但是，2013 ~ 2018 年，企业的库存却在不断增加。在销售区间平稳的情况下，库存却不断高起，这显然不符合常理逻辑，因而需要对历年的库存数据进行一次具体的分析。

对于销售区间平稳但库存量加大的情况，有可能是因为单册书籍的印刷量越大单册成本越便宜，大量印刷书籍后销售量并没有同印刷量同步，造成库存积压。我们将库存书籍当时的产量数据以及单册的成本数据进行核查分析，核查结果如图 6.35 所示。

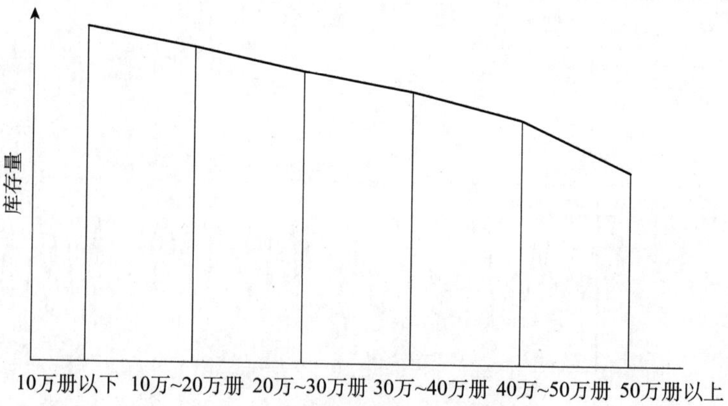

图 6.35 单册的成本费用走势

从图 6.36 中可以看到，库存数据当时的生产量都在 10 万 ~ 30 万册分布，但

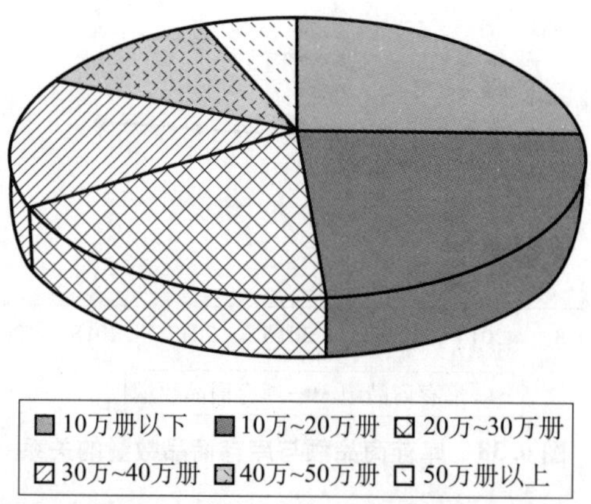

图 6.36　库存书籍当时的生成量

是此区间的单册成本并没有很大的成本价差，因而也不存在因为单册成本低而进行大批量生产的情况，库存积压的原因也不是因为这个。

在 2016 年公司下达清理库存命令后，公司的管理层减少了实体书店的书籍投放量，同时调整销售结构，加重线上的销售权重，此方法在运行两年后对去库存的最终目标收效甚微，因此，库存积压也不是由经营方式带来的，而是因为其他原因造成的。

到此，我们抛开库存这一狭隘的视角不谈，从企业整体的经营入手，通过数据对比分析，我们发现，2013 ~ 2016 年，随着企业销售收入的增加，企业净利润也在随之增加，但是，2016 ~ 2018 年，虽然企业销售收入的增加在放缓，然而净利润却在稳步增长，具体如图 6.37 所示。

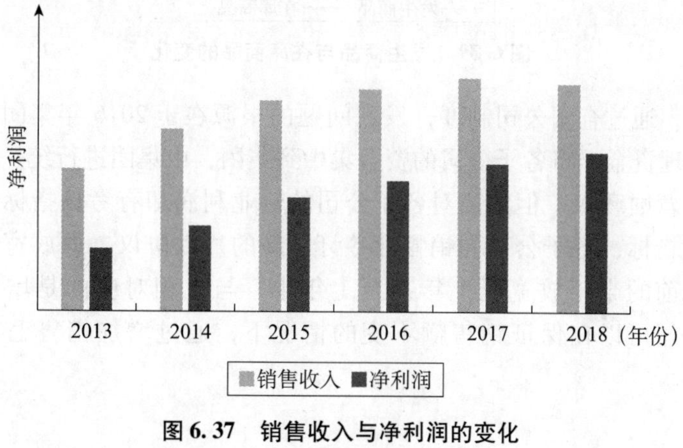

图 6.37　销售收入与净利润的变化

基于上述分析，库存商品与企业利润之间必存在某种其他原因才会导致销售收入与净利润之间增长趋势的不一致。为此，我们从费用化的角度对库存商品进行一次结构性分析，具体结果如图 6.38 所示。

从图 6.38 中可以看出，2016 ~ 2018 年，库存商品总量并没有随库存商品额

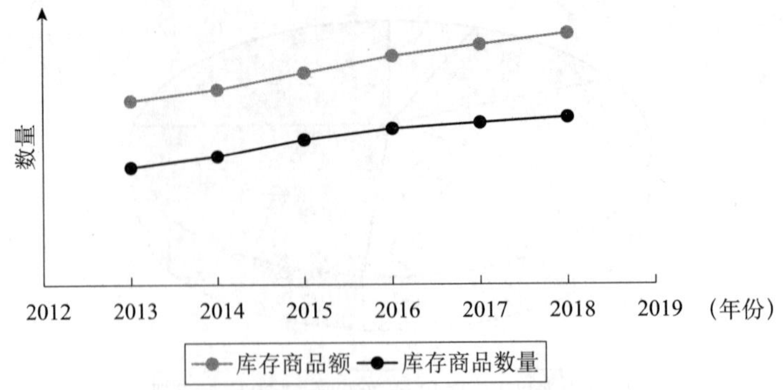

图 6.38 库存商品额与库存商品数量的关系

的增加而增加。与此同时，从图 6.39 对在库商品和发生商品的结构分析可以看出，2016 年库存商品中发生商品的库存开始突增，而实际的在库商品与库存商品在数量趋势上保持一致。至此我们可以认定，企业合并报表中的库存高企的原因并不是实际存货增加，而是债权的增加。

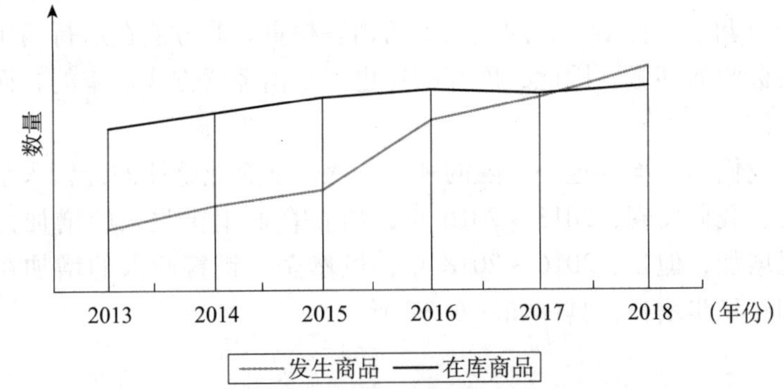

图 6.39 发生商品与在库商品的变化

进一步，通过查阅公司制度，发现问题的根源在于 2016 年集团公司为了更加便捷地管理资金，将各子公司的资金集中到集团，由集团进行统一调度。各子公司没有经营财政权，但集团对各子公司的营业利润却有考核指标。为了完成集团的考核指标，各子公司同销售商签订了新的货款协议，即放宽原来的结算周期，由之前的半年放宽至 1 年甚至 1 年半，与此相对应的是增加扣点。为此，各子公司可以在保证销售额不变的情况下，通过增加销售毛利率来调节利润。

延伸阅读——Excel：财务分析工具

微软的 Excel 提供了许多财务函数，这些函数大体上可分为四类，分别是投资计算函数、折旧计算函数、偿还率计算函数、债券以及其他金融函数。这些函数为审计人员进行财务分析提供了极大的便利。

（1）投资计算函数，如表6.8所示。

表6.8　投资计算函数

函数名称	函数功能
EFFECT	计算实际年利息率
FV	计算投资的未来值
FVSCHEDULE	计算原始本金经一系列复利率计算之后的未来值
IPMT	计算某投资在给定期间内的支付利息
NOMINAL	计算名义年利率
NPER	计算投资的周期数
NPV	在已知定期现金流量和贴现率的条件下计算某项投资的净现值
PMT	计算某项年金每期支付金额
PPMT	计算某项投资在给定期间里应支付的本金金额
PV	计算某项投资的净现值
XIRR	计算某一组不定期现金流量的内部报酬率
XNPV	计算某一组不定期现金流量的净现值

例如EFFECT（nominal_ rate，npery），该函数利用给定的名义年利率和一年中的复利期次，计算实际年利率。其中，nominal_ rate为名义利率；npery为每年的复利期数。

那么，EFFECT（6.13%，4）的计算结果为0.062724或6.2724%。

（2）折旧计算函数，如表6.9所示。

表6.9　折旧计算函数

函数名称	函数功能
AMORDEGRC	计算每个会计期间的折旧值
DB	计算用固定余额递减法得出的指定期间内资产折旧值
DDB	计算用双倍余额递减或其他方法得出的指定期间内资产折旧值
SLN	计算一个期间内某项资产的直线折旧值
SYD	计算一个指定期间内某项资产按年数合计法计算的折旧值
VDB	计算用余额递减法得出的指定或部分期间内的资产折旧值

例如，SLN（cost，salvage，life），该函数是按照直线法来计算固定资产折旧。用于返回某项资产以直线法计提的每一期的折旧值。其中，cost是必需参数，指固定资产原值；salvage是必需参数，指固定资产的残值；life是必需参数，指固定资产的折旧期数。

（3）偿还率计算函数，如表6.10所示。

表6.10　偿还率计算函数

函数名称	函数功能
IRR	计算某一连续现金流量的内部报酬率
MIRR	计算内部报酬率。此外正、负现金流量以不同利率供给资金计算
RATE	计算某项年金每个期间的利率

例如，IRR（values，guess），计算某一连续现金流量的内部报酬率。其中，values 为数组或单元格的引用，包含用来计算返回的内部收益率的数字。参数 values 必须包含至少一个正值和一个负值，以计算返回的内部收益率。参数 guess 为对函数 IRR 计算结果的估计值。Excel 使用迭代法计算函数 IRR。从 guess 开始，函数 IRR 进行循环计算，直至结果的精度达到 0.00001%。如果函数 IRR 经过 20 次迭代，仍未找到结果，则返回错误值 #NUM!。

如图 6.40 所示，如果要开办一家服装商店，预计投资为 110 000 元，并预期今后 5 年的净收益为 15 000 元、21 000 元、28 000 元、36 000 元和 45 000 元。

	A	B
1	投资	-110 000
2	预期第一年净收益	15 000
3	预期第二年净收益	21 000
4	预期第三年净收益	28 000
5	预期第四年净收益	36 000
6	预期第五年净收益	45 000
7		
8	四年后的内部收益率	-3.27%
9	五年后的内部收益率	8.35%
10	二年后的内部收益率	-48.96%

图 6.40　内部报酬率计算

此项投资 4 年后的内部收益率 IRR（B1：B5）为 -3.27%；此项投资 5 年后的内部收益率 IRR（B1：B6）为 8.35%；计算两年后的内部收益率时必须在函数中包含 guess，即 IRR（B1：B3，-10%）为 -48.96%。

（4）债券及其他金融函数，如表 6.11 所示。

表 6.11　　债券及其他金融函数

函数名称	函数功能
ACCRINTM	计算到期付息证券的应计利息
COUPDAYB	计算从付息期间开始到结算日期的天数
COUPDAYS	计算包括结算日期的付息期间的天数
COUPDAYSNC	计算从结算日期到下一个付息日期的天数
COUPNCD	计算结算日期后的下一个付息日期
COUPNUM	计算从结算日期至到期日期之间的可支付息票数
COUPPCD	计算结算日期前的上一个付息日期
CUMIPMT	计算两期之间所支付的累计利息
CUMPRINC	计算两期之间偿还的累计本金
DISC	计算证券的贴现率
DOLLARDE	转换分数形式表示的货币为十进制表示的数值

续表

函数名称	函数功能
DOLLARFR	转换十进制形式表示的货币分数表示的数值
DURATION	计算定期付息证券的收现平均期间
INTRATE	计算定期付息证券的利率
ODDFPRICE	计算第一个不完整期间面值＄100的证券价格
ODDFYIELD	计算第一个不完整期间证券的收益率
ODDLPRICE	计算最后一个不完整期间面值＄100的证券价格
ODDLYIELD	计算最后一个不完整期间证券的收益率
PRICE	计算面值＄100定期付息证券的单价
PRICEDISC	计算面值＄100的贴现证券的单价
PRICEMAT	计算面值＄100的到期付息证券的单价
PECEIVED	计算全投资证券到期时可收回的金额
TBILLPRICE	计算面值＄100的国库债券的单价
TBILLYIELD	计算国库债券的收益率
YIELD	计算定期付息证券的收益率
YIELDDISC	计算贴现证券的年收益额
YIELDMAT	计算到期付息证券的年收益率

例如，ACCRINTM（issue，maturity，rate，par，basis），该函数返回到期一次性付息有价证券的应计利息。其中，参数issue为有价证券的发行日；参数maturity为有价证券的到期日；参数rate为有价证券的年息票利率；参数par为有价证券的票面价值；参数basis为日计数基准类型（0或省略时为30/360，1为实际天数/实际天数，2为实际天数/360，3为实际天数/365，4为欧洲30/360）。

一个短期债券的交易情况如下，发行日为1995年5月1日；到期日为1995年7月18日；息票利息为9.0%；票面价值为￥1 000；日计数基准为实际天数/365。那么应计利息为：ACCRINTM（“95/5/1”，“95/7/18”，0.09，1 000，3）的计算结果，即19.232 28。

思考题

1. 为什么用雷达图展示财务特征比较好？
2. 为什么说Excel是财务分析的好帮手？
3. 如何用相关性方法分析会计科目？

第7章　资金数据分析与审计

7.1　概述

货币资金是指企业在生产经营过程中处于货币形态的那部分资金，它是企业流动资产的重要组成部分，包括库存现金、银行存款和其他货币资金。在企业日常经营活动中，货币资金是当前可以用来支付、流动性最强、诱惑力最大、最易被挪用、侵吞和贪污的资产，并且它与其他交易或业务活动的各项资产均有着密切的联系。货币资金舞弊是企业经营过程中的一大顽疾，影响着企业的正常运行，威胁着社会经济活动的秩序。

货币资金舞弊又分为侵占型货币资金舞弊和信息造假型货币资金舞弊。

侵占型货币资金舞弊一般是指企业内部人员联合造假，侵占公司财产。常见的有以虚开票据报账套取现金；虚构职工人数，虚增工资支出套取现金；通过往来账套取现金。例如，虚构一个并无真实交易往来的经济体或个人，舞弊者将资金汇往此处，并在账上做应收款项处理，日后做坏账处理。

信息造假型货币资金舞弊是上市公司会计舞弊的一种常见手段，主要包括高现金舞弊、受限资金舞弊、货币资金流水舞弊、募集资金使用舞弊和账外资金舞弊等形式。

(1) 高现金舞弊是指公司财务报表上的货币资金数额较大，而企业实际拥有的货币资金远少于报表数。这种舞弊可以通过核对银行存款询证函、银行对账单和余额表的合理性得到验证。

(2) 受限资金舞弊即企业将受限资金并入非受限资金，造成公司拥有大额货币资金可供支配的假象。受限资金就是在货币资金里不能随便动用的存款，来源主要是各种保证金存款，一般在“其他货币资金”科目中反映。期末在编制现金流量表时要将从“现金及现金等价物”中剔除使用受限资金，才是真正可供企业支配的货币资金。

(3) 货币资金流水舞弊是由于货币资金是以时点数的形式出现在财务报告中，企业通过在财务报告时点临时虚增或虚减资金造成假象。例如，在会计期末，有大笔款项流入解决股东借款等，清理“其他应收账款”科目，过了这个时点后，再将这笔资金流出。报表上显示企业该会计年度所有的货币资金就会虚高，造成财报使用者判断失误/错误。

（4）募集资金舞弊是指企业募集的资金未按照事先规划的用途使用，违反国家相关的规定。

（5）账外资金舞弊，即私设“小金库”，是指违反国家财经法规，采取侵占、转移、截留国家和单位收入等手段套取资金，未列入本单位财务账内或未纳入预算管理，私自存放、任意支配款项的行为，具有很大的隐蔽性。

由于货币资金的特殊属性，其安全管理具备涉及广、难度大、责任重和控制风险高等特点，所以审计人员在审计资金数据时，仅仅依靠会计信息系统中的数据是远远不够的，还需要依赖业务系统中的数据，以及大量的外部数据，只有这样才能揭示出资金的实际流向。面对的数据库有传统的关系型数据库，例如MySQL、Oracle等，也有适用于处理大量数据的高访问负载以及日志系统的键值数据库、适用于分布式大数据管理的列存储数据、适用于Web应用的文档型数据库和适用于社交网络的图形数据库等非关系型数据库。需要处理的数据类型分为结构化数据、半结构化数据和文本、图像、声音、影视等非结构化数据。因此，在审计资金数据时，往往需要采用复杂数据分析（sophisticated data analysis）方法。

复杂数据主要体现在三个方面：一是数据维度多、体量大、更新快和价值密度低；二是数据间的关联复杂，关系呈现出网络状；三是数据格式多样化，包括结构化数据、半结构化数据和非结构化数据。复杂数据具备更大的信息量，但同时也增加了数据处理难度。复杂数据分析就是通过整合各种功能强大的数据处理工具，以高性能的数据处理方式对数据进行采集、整合和分析，通过从复杂数据中挖掘出的有用信息，发现大量数据中蕴含的模式和规律，并进而产生出更多的价值。

资金是企业最重要的资源之一，是舞弊的源头。在数据分析与审计中，资金数据的分析很关键，由于资金在企业经营活动中形态不断变化，涉及方方面面，形成复杂的交易链条，本章围绕关联交易、贷款关联、信用卡交易等几个重要方面开展数据分析与审计。

7.2 资金关联性分析

7.2.1 关联交易分析

7.2.1.1 背景介绍

关联交易即企业关联方之间进行的交易。伴随着我国资本市场的不断成长，关联交易在我国上市公司经营活动中扮演着越来越重要的角色。上市公司之间的并购、联合、互相持股和互相担保等商业交易活动日渐增多，大型集团上市公司通常会设立子公司以不断提升自己的竞争力，这就使得关联公司之间的关联交易日趋增多，交易数额也越来越大。然而，由于我国经济体制不健全，在缺少公平竞争的市场环境下关联交易双方往往更容易使用控制、共同控制或施加重大影响等手段，让交易建立在不公允的基础上，以此达到利益转移或其他不正当的目的。关联交易所引发的不公平交易结果对证券市场的交易安全和稳定形成了诸多负面影响。为此，如何规范关联方、关联交易及其信息披露，切实保障债权人和股东的利益是一个迫切需要解决的重要问题。

增加上市公司关联交易信息的披露力度，投资者才能据此对关联交易作出正确的判断。我国现行的法律法规已经就此制定了一系列的措施，使关联交易信息处于强制披露的状态。例如，在《企业会计准则——关联方关系及其交易的披露》等法规中，关联方及其关系、关联交易信息披露的要求都得到了明确的规定。然而，就证券市场的现状来看，上市公司对关联交易信息的披露中还存在着许多问题，例如，许多公司会隐瞒或者不完整地披露公司关联方关系及关联交易的详细信息；所发生的关联交易是否有必要，对公司会产生怎样的影响难以预见；只选择和大股东有关的交易进行披露，选择性地忽略与子公司的交易。层出不穷的类似案例对我国的证券市场造成了巨大的影响。所以增加上市公司关联交易信息的披露力度势在必行。

宜宾五粮液股份有限公司于 1998 年 3 月在深圳证券交易所上市，股票代码为 000858。该公司由四川省人民政府批准成立，设立方式为募集方式，发起人为四川省宜宾五粮液酒厂，公司地址位于四川省宜宾市。该公司发行人民币普通公众股 8 000 万股，经过历年的送配，截至 2017 年 3 月末，该公司股本已增加到 37. 96 亿股。五粮液公司经营范围包括酒类产品及相关辅助产品的生产经营等，其主要产品为“五粮液”及其系列白酒。目前五粮液公司的产品线较长，产品品种达 60 多个，其中，仅五粮液系列酒就有 52 度五粮液、珍藏五粮液、五粮液年份酒等 28 个品种，同时还有五粮春、六和液、五粮醇等子品牌。

五粮液股份有限公司自正式上市后，仅留有五粮液品牌和酿酒、勾兑车间的五粮液，暂时失去了配套生产能力。五粮液股份有限公司的第一大股东名义上是宜宾市国有资产经营有限公司（由宜宾国资委直接控股的全资子公司），其持股比例高达 56. 07%。同时，五粮液集团又由宜宾国资委直接控制。虽然五粮液集团和五粮液非母子公司关系，但是由于地方政府已经将五粮液上市公司托管给五粮液集团，五粮液集团取得了对五粮液公司的实际控制权。

五粮液股权的高度集中决定了大股东严格控制股东大会的控制权，造成了大股东与中小股东之间的严重代理问题。中小股东的行为能力被剥夺在很大程度上是因为大股东的“一股独大”使自己失去了原有的话语权和表决权。

7. 2. 1. 2　审计内容

五粮液集团及下属子公司构建形成的一个为五粮液提供配套产品和服务的产业链群体与五粮液之间在采购原材料上有着密切的交易。五粮液的产品只有不到一半由上市公司控股的供销公司进行销售，更多是由集团控股的进出口公司销售。同时，作为白酒行业高端市场的龙头，五粮液公司的成长，很好地见证了我国白酒业的迅猛发展。20世纪80年代末至90年代初，五粮液通过价格、品质的同步提升，争取到与茅台并驾齐驱的位置。虽然从销售收入上看，五粮液在近年来似乎取得了不错的成绩，但五粮液的历年净利润却远不及茅台。在销售收入相当的情况下，它创造的净利润还不及茅台的一半。图7.1给出了五粮液与茅台营业收入与净利润趋势。

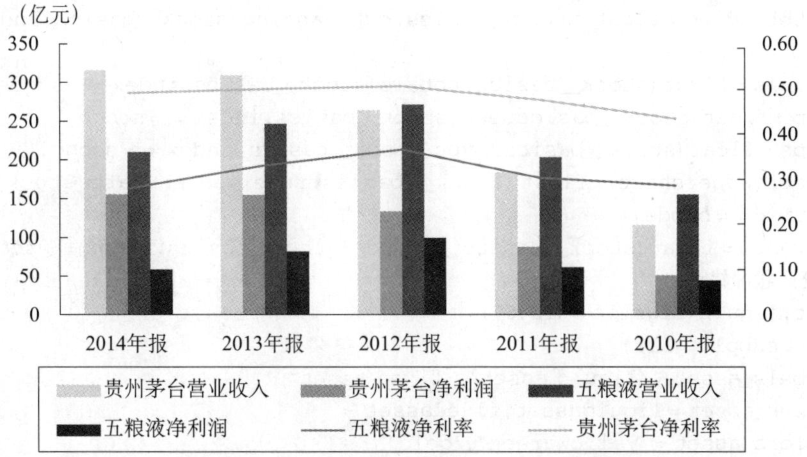

图7.1　五粮液与茅台营业收入与净利润趋势

7.2.1.3　模型构建

Tushare包是一个免费、开源的Python财经数据接口包。主要实现对股票等金融数据从数据采集、清洗加工到数据存储的过程，能够为金融分析人员提供快速、整洁和多样的便于分析的数据，为他们在数据获取方面极大地减轻工作量，使他们更加专注于策略和模型的研究与实现。考虑到Python pandas包在金融量化分析中体现出的优势，Tushare返回的绝大部分数据格式都是pandas DataFrame类型，非常便于用pandas/NumPy/Matplotlib进行数据分析和可视化。

```
import tushare as ts
import matplotlib.pyplot as plt
import numpy as np
#通过获 tushare 取相关的数据
def Asset_And_Equity(scode):
      scode = scode
   stock_basics = ts.get_stock_basics()
   stock__basics = stock_basics[stock_basics.index = = scode]#取得指定企业
的相关信息
#数据处理,将所需的数据处理出来,例如名称、地区、PE、PB 等相关信息处理出来
   name = str(stock__basics.name[stock__basics.index = = scode])
   industry = str(stock__basics.industry[stock__basics.index = = scode])
```

```
    area = str(stock__basics.area[stock__basics.index = = scode])
    pe = float(stock__basics.pe[stock__basics.index = = scode])
    pb = float(stock__basics.pb[stock__basics.index = = scode])
    liquidasset = float(stock__basics.liquidAssets[stock__basics.index = =
scode])
    fixedasset = float(stock__basics.fixedAssets[stock__basics.index = =
scode])
    totalasset = float(stock__basics.totalAssets[stock__basics.index = =
scode])
    outstanding = float(stock__basics.outstanding[stock__basics.index = =
scode])
    totals = float(stock__basics.totals[stock__basics.index = = scode])
    esp = float(stock__basics.esp[stock__basics.index = = scode])
    bvps = float(stock__basics.bvps[stock__basics.index = = scode])
    reservedpershare = float(stock__basics.reservedPerShare[stock__bas-
ics.index = = scode])
    perundp = float(stock__basics.perundp[stock__basics.index = = scode])
#绘制资产状况饼图
    plt.figure(figsize = (12,6))
    plt.subplot(131)
    labels_asset = 'liquid asset','fixed asset'
    sizes_asset = liquidasset,fixedasset
    colors_asset = 'yellowgreen','gold'
    plt.axis('equal')
    plt.pie(sizes_asset,
    explode = None,labels = labels_asset,colors = colors_asset,autopct = '%
1.1f% % ',shadow = True,startangle = 50)
    plt.title('Asset situation')
    col_labels = ['liquid(wanyuan)','fixed(wanyuan)','outstanding(yigu)',
'totals(yigu)']
    row_labels = ['% s'% scode]
    table_vals = [[liquidasset,fixedasset,outstanding,totals]]
    my_table = plt.table(cellText = table_vals,colWidths = [0.4] * 4,\
                            rowLabels = row_labels,colLabels = col_labels)
    #绘制股本状况饼图
    plt.subplot(132)
    labels_share = 'outstanding','totals'
    sizes_share = outstanding,totals
    colors_share = 'yellowgreen','gold'
    plt.axis('equal')
    plt.pie(sizes_share,explode = None,labels = labels_share,colors = col-
ors_share,autopct = '% 1.1f% % ',shadow = True startangle = 50)
    plt.title('Equity situation')
    #每股净资,每股未分配利润
    plt.subplot(133)
    ind = np.arange(2)
    numlist = [bvps,perundp]
    plt.bar(ind,numlist)
```

```
plt.xlabel('DATA PS')
plt.ylabel('YUAN')
plt.title('NA&UNDNI PS')
plt.xticks(ind,('NAPS','UNDNIPS'))
for a,b in zip(ind,numlist):
    plt.text(a,b+0.05,'% .2f'% b,ha='center',va='bottom',fontsize=7)
plt.show()
```

关联交易分析模型流程如图 7.2 所示。

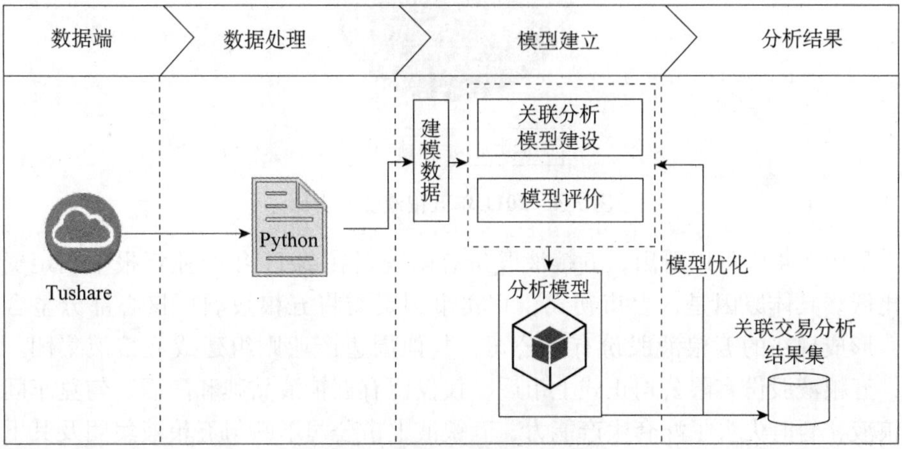

图 7.2　关联交易分析流程

图 7.2 中，通过 Python 访问 Tushare，获取相关企业的财经数据，并对数据进行处理，提取所需的目标数据，通过关联分析，对企业的财务数据以及披露的数据进行关联分析，并进而得到分析结果。

系统运行界面如图 7.3 所示。

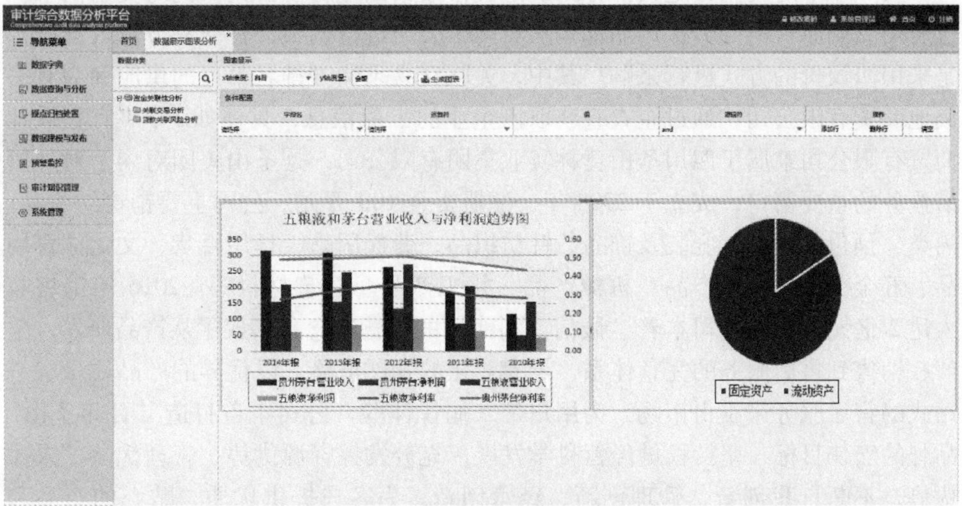

图 7.3　系统运行界面

7.2.1.4 审计分析

从2011年五粮液的企业年报中可以获得当年五粮液资产占比，如图7.4所示。

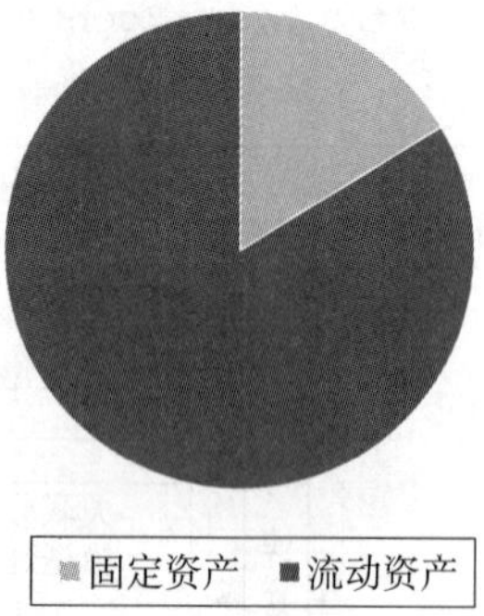

图7.4 2011年五粮液资产占比

从图7.4中可以看出，五粮液股份有限公司在2011年企业年报中固定资产占比低。具体原因是，上市初期，宜宾市国资委将五粮液酒厂核心部分整合上市，形成现在的五粮液股份有限公司，其他周边产业则组建成五粮液集团。因此，五粮液股份有限公司正式上市后，仅仅留有五粮液品牌和酿酒、勾兑车间的五粮液，暂时失去了配套生产能力，五粮液上市公司不断与五粮液集团及其下属公司发生数额巨大的关联交易，或为资产购销，或为产品购销等，甚至连一个小小的塑胶瓶盖也要从集团那里购买，原材料及销售环节的巨额关联交易更加难以避免。

进一步通过查询五粮液股份有限公司2011年的企业年报，的确检索到如表7.1所示的关联交易方清单。

表7.1中的关联方绝大部分的确是五粮液集团下属子公司。同时交易内容从包装用品到原材料到劳保用品都是从集团子公司进行购买，且交易方式大部分都是采用协议价的方式进行采购。其中，关联交易采购方排名第一的供应商为宜宾晟地商贸有限公司，通过企查查获取该企业的工商信息，具体如下："宜宾晟地商贸有限公司隶属于四川圣山莫林实业集团有限公司，是圣山集团对内、对外贸易业务的重要窗口，成立于2008年，注册资金100万元。公司主要销售纺织品、酒类、预包装食品、服装及饰品、针纺织品、劳保用品、日用百货、文化体育用品、五金交电、电子产品、机械产品、化工产品、建筑材料等。2016年销售收入达2亿元以上。公司本着'诚信、利他'的经营理念，形成了从产品研发、生产、销售到售后服务的完整体系，走专业化的发展道路，以优异的产品质量、一站式的售后服务来赢得市场，为用户带来愉悦体验。公司本着打造'百年圣山'品牌的宏伟目标，坚持稳健经营科学发展，充分发挥资源优势、管理优势、人才优势，不断自我创新、管理创新、经营创新，为客户提供优质、贴心的产品和服务。"

表 7.1 五粮液股份有限公司关联交易方清单

关联方	关联交易内容	关联交易定价方式及决策程序	本期发生额		上期发生额	
			金额(元)	占同类交易金额的比例(%)	金额(元)	占同类交易金额的比例(%)
宜宾晟地商贸有限公司	包装材料	成本加成	93 979 182.37	99.47	32 142 282.38	42.79
四川省宜宾普什集团有限公司	REID 防伪标	成本加成	43 322 939.16	100.00		
四川省宜宾普什集团有限公司	进口原材料	市场价	37 324 226.61	2.85	290 067 274.72	100.00
四川省宜宾普什模具有限公司	模具	成本加成	25 361 501.28	100.00	21 224 786.27	89.87
宜宾金龙贸易开发总公司	原材料	协议价	24 862 494.10		1 834 533.84	
四川省百味园食品有限责任公司	烧白、牛肉	协议价	10 543 921.43	100.00	15 219 999.14	98.03
宜宾晟地商贸有限公司	劳保用品	协议价	7 326 257.36		2 153 261.50	
四川省宜宾安吉物流集团有限公司	汽油	协议价	6 045 488.08		3 012 168.42	
宜宾环球光电节能科技有限公司	灯	协议价	3 958 577.45			
四川省宜宾五粮液集团进出口有限公司	葡萄酒原浆等	协议价	3 612 064.20		1 306 389.97	
四川宜宾环球光电玻璃制造有限公司	玻璃制品	协议价	2 720 583.64		133 347.39	
四川省宜宾圣山服装家纺有限公司	劳保用品	成本加成	2 693 660.89		42 971 358.62	

同时，获取该企业的上级集团信息，发现具体归口都为五粮液集团。部分信息描述如下：

“四川圣山莫林事业集团有限公司是集服装服饰和无纺布环保包装袋的创意、研发、设计、生产、销售于一体的大型国有企业集团，由宜宾五粮液集团投资成立，依托五粮液集团强大的综合实力与品牌价值，圣山莫林集团现已形成成都—宜宾两大服装—无纺布及制品生产基地，其生产体系延伸覆盖至崇州、自贡、眉山、屏山、兴文等地区。公司现有员工 1 200 余人，外围车位 2 000 余个，专业设计师、版师、工艺师、样衣师 60 余人。

圣山莫林集团下辖四川圣山白玉兰实业有限公司、宜宾圣山服装家纺有限公司、四川禾旭进出口贸易公司、宜宾晟地商贸有限公司等多家子公司，年可研发制造各类服装 1 500 万件（套），无纺布环保包装袋 8 000 万只，产品远销欧、美、非、亚数十个国家和地区，深受客户喜爱。‘让用户享受愉悦，为客户创造价值’是圣山莫林集团始终秉承的核心价值观，‘创新求进、诚信利他’的企业精神让公司致力于为全球客户提供高质量的服装服饰、无妨布产品及服务。肩负使命，圣山集团将稳定发展成衣加工、综合开发无纺布及制品、培育拓展服装上下游产业项目，对标先进，策马扬鞭，向着高附加值、产业集群、资源综合利用、占据行业领先地位的国际化企业奋进，实现‘卓越圣山、百年圣山’的宏伟蓝图！”

表 7. 2 列出了五粮液 2011 年披露的部分销售方关联交易数据：

从表 7. 2 中可以发现，关联交易销售方大部分为五粮液集团下属子公司。采购与销售方都为五粮液集团，且交易方式都为协议价格，这严重地影响了企业利润，同时也为向控股股东输送利益创造了条件。

7. 2. 2　贷款关联风险分析

7. 2. 2. 1　背景介绍

信贷业务是我国商业银行最为核心的业务，信贷资产质量的好坏关系到银行能否健康的生存与发展。如果商业银行的信贷风险不断膨胀，那么势必会造成不良资产剧增、信贷资金可用量减少及信贷资金周转速度的放慢，同时也会在一定程度上使整个商业银行的财务状况恶化、削弱其盈利能力，甚至导致其巨额亏损，面临破产威胁。银行信贷风险，是商业银行在经营货币和信用业务过程中，由于各种不利因素引起货币资金不能按时回流，不能保值增值的可能性。信贷风险是银行经营过程中所面临的最主要的风险之一。

在宏观经济增速放缓的背景下，银行业不良贷款惯性增长的趋势可能延续下去，可见，银行业整体业绩欠佳乃大势所趋。虽然目前我国商业银行不良贷款率还不是很高，但相当一部分银行在信贷风险方面，利用内部管理的便利性，对其进行了调节和控制，没有充分反映信贷风险。从中长期来看，银行业信用风险继

表 7.2　　五粮液 2011 年披露的关联交易数据

关联方	关联交易内容	关联交易定价方式及决策程序	本期发生额		上期发生额	
			金额（元）	占同类交易金额的比例（%）	金额（元）	占同类交易金额的比例（%）
四川省宜宾五粮液集团进出口有限公司	酒	协议价	376 157 570. 27	2. 04	280 610 945. 57	1. 99
宜宾康乾葡萄酒业有限公司	酒	协议价	29 390 218. 77	0. 16	28 099 586. 82	0. 20
宜宾寰宇商贸有限公司	成品酒	市场价	14 718 027. 99	0. 08		—
成都普什医药塑料包装有限公司	结晶料	成本加成	10 243 403. 87	0. 66	14 415 758. 52	1. 24
四川省宜宾五粮液集团有限公司	酒	市场价	9 140 552. 10	0. 05	1 282 752. 15	0. 01
四川省宜宾金贸酒业服务公司	酒	市场价	8 741 794. 58	0. 05	7 211 566. 44	0. 05
四川省宜宾普什驱动有限责任公司	塑料制品	协议价	8 530 706. 64	0. 55	49 190 047. 36	4. 22
宜宾金龙贸易开发总公司	混合粮	协议价	6 048 265. 48		2 480 912. 77	
四川圣山莫林实业公司	标牌	协议价	5 577 692. 29		2 355 000. 00	
宜宾金龙贸易开发总公司	酒	市场价	4 656 364. 13		3 862 720. 35	
成都普什信息自动化有限责任公司	防伪标	协议价	4 211 730. 95		8 834 800. 65	
四川省宜宾五粮液集团保健酒有限责任公司	瓶盖、纸箱等	成本加成	3 698 713. 55		4 545 544. 09	
四川省宜宾普什建材有限公司	电等	协议价	2 479 652. 77		1 004 853. 47	
宜宾寰宇商贸有限公司	包装材料	协议价	2 288 114. 85			
四川省宜宾金贸酒业服务公司	劳保用品、包装材料	协议价	1 938 796. 69			
四川省宜宾环球集团天沃商贸有限公司	玻瓶		1 873 682. 30		3 338 045. 50	
宜宾市国有资产经营有限公司	成品酒	市场价	1 786 184. 60			

续表

关联方	关联交易内容	关联交易定价方式及决策程序	本期发生额		上期发生额	
			金额（元）	占同类交易金额的比例（%）	金额（元）	占同类交易金额的比例（%）
四川省宜宾五粮液集团安吉物流公司	成品酒	市场价	1 289 123.06			
四川省宜宾五粮液集团宜宾制药有限责任公司	成品酒、包装材料	市场价	825 933.01		2 100 249.08	
四川省宜宾普什模具有限公司	成品酒	市场价	351 743.59			
四川圣山莫林实业公司	成品酒	市场价	283 589.75			
成都环球特种玻璃制造有限公司	玻璃瓶		102 132.15		15 610 145.53	
四川省宜宾五粮液集团保健酒有限责任公司	酒				965 909.24	
四川省宜宾普什模具有限公司	瓶盖				1 251 403.88	
四川省宜宾丽彩集团有限公司	纸				1 174 149.43	
四川宜宾环球集团有限公司	玻璃瓶				246 821.67	
四川省宜宾普什集团有限公司	聚酯切片				3 869 703.54	

续上升，信贷资产质量有进一步恶化趋势。2014 年商业银行平均资产利润率 1.23%，同比下降 0.04 个百分点；平均资本利润率 17.59%，同比下降 1.58 个百分点。全年不良贷款率可能上升 0.2～0.3 个百分点，达到 1.5%～1.6% 的水平。

7.2.2.2 审计内容

银行信贷风险，主要是指商业银行经营信贷业务的风险总和，即商业银行在经营货币和信用业务过程中，由于各种不利因素引起货币资金不能按时回流，不能保值、增值的可能性。主要从企业利用关联企业相互担保套贷、利用差额银行承兑汇票融资及挪用信贷资金等方面开展风险导向审计，把握审计重点和方法，帮助银行信贷前后台有效防范信贷风险，充分发挥审计监督评价和建设的职能。

关联企业贷款的核心是借款人通过各种相互关联的关系来套取银行的信用，套取银行的贷款。中小企业为了满足银行放贷要求、提高其信用等级，通过关联企业、产业链上下游客户、关系人等相互担保，形成担保链乃至关系更为复杂的“担保网”。一个集团利用股权控股若干家子公司，每个子公司都是独立法人，独立享有民事权利、承担民事责任。集团关联贷款形式有以下两种：一是子公司自身作为借款人申请贷款，用集团母公司固定资产作贷款抵押物；二是相互担保贷款，一家子公司贷款，其他子公司或集团公司保证担保。这种通过集团关联企业所套取的银行贷款一般都是在集团内部统一使用。银行信贷审批对关联担保十分敏感。担保链中的企业普遍存在超出自身实力对外融资和担保的现象，担保链整体净资产无法覆盖银行信贷风险，容易爆发风险连锁反应。在目前实体经济下行，各种风险加速暴露的背景下，部分关联企业的生产经营、财务状况会受到不同程度的冲击，特别是多头融资、过度融资的集团客户，风险随时可能出现，尤其应引起我们的密切关注和警示。

7.2.2.3 数据准备

通过银行贷款库内的记录信息，获取贷款的公司名称和担保人相关信息，具体信息如表 7.3 所示。

表 7.3　　贷款方及担保方信息

参数名称	参数说明
贷款企业组织机构代码	组织机构代码是对中华人民共和国内依法注册、依法登记的机关、企事业单位、社会团体，以及其他组织机构颁发一个在全国范围内唯一的、始终不变的代码标识
贷款企业统一信用代码	统一社会信用代码是一组长度为 18 位的用于法人和其他组织身份识别的代码，由国家标准委发布
贷款企业注册号	企业营业执照号

续表

参数名称	参数说明
贷款企业纳税人识别号	纳税人识别号是税务登记证上的号码，通常简称为“税号”
贷款企业法定代表人	法定代表人是指依法代表法人行使民事权利，履行民事义务的主要负责人
贷款人身份证号码	居民身份证，是用于证明持有人身份的一种法定证件
贷款人联系电话	贷款人的联系电话
贷款人名称	贷款人名称
担保方身份证	居民身份证，是用于证明持有人身份的一种法定证件
担保方电话号码	贷款人的联系电话
担保方名称	担保人名称
担保方法定代表人	法定代表人是指依法代表法人行使民事权利，履行民事义务的主要负责人
担保方纳税识别号	纳税人识别号是税务登记证上的号码，通常简称为“税号”
担保方注册号	企业营业执照号
担保方统一信用代码	统一社会信用代码是一组长度为18位的用于法人和其他组织身份识别的代码，由国家标准委发布
担保方组织机构代码	组织机构代码是对中华人民共和国内依法注册、依法登记的机关、企事业单位、社会团体，以及其他组织机构颁发一个在全国范围内唯一的、始终不变的代码标识

7.2.2.4 模型构建

依据获取到的贷款方与担保方信息，利用企查查爬取相关信息，并对股权进行穿透，以检查贷款方和担保方是否为关联方。具体实现如下。

```
from selenium import webdriver
from selenium.common.exceptions import NoSuchElementException
import pandas as pd
import time
import xlwt
import sys
reload(sys)
sys.setdefaultencoding('utf-8')
#伪装成浏览器,防止被识破
option = webdriver.ChromeOptions()
option.add_argument('--user-agent="Mozilla/5.0 (Windows NT 10.0;Win64;
x64) AppleWebKit/537.36 (KHTML, like Gecko) Chrome/65.0.3325.146 Safari/
537.36"')
driver = webdriver.Chrome(chrome_options = option)
#打开登录页面
driver.get('https://www.qichacha.com/user_login')
#单击用户名密码登录的标签
```

```
tag=driver.find_element_by_xpath('//* [@ id="normalLogin"]')
tag.click()
#将用户名、密码注入
driver.find_element_by_id('nameNormal').send_keys('username')
driver.find_element_by_id('pwdNormal').send_keys('passwd')
time.sleep(10)#休眠,人工完成验证步骤,等待程序单击"登录"
#单击登录按钮
btn=driver.find_element_by_xpath('//* [@ id="user_login_normal"]/but-
ton')
btn.click()
data=pd.read_csv('./air_data.csv')
inc_len=len(data['company_name'])
for i in range(inc_len):
    txt=inc_list[i]
    time.sleep(1)
    if(i==0):
        #向搜索框注入文字
        txt=txt.decode('utf-8')
        driver.find_element_by_id('searchkey').send_keys(txt)
        #单击搜索按钮
        srh_btn=driver.find_element_by_xpath('//* [@ id="V3_Search_bt"]')
        srh_btn.click()
    else:
        txt=txt.decode('utf-8')
        driver.find_element_by_id('headerKey').send_keys(txt)
        srh_btn=driver.find_element_by_xpath('/html/body/header/div/form/
        div/div/span/button')
        srh_btn.click()
    #获取首个企业文本
        print(i+1)
        inc_full=driver.find_element_by_xpath('//* [@ id="searchre-
        sult"]/tr[1]/td[3]/a').text
        print(inc_full)
        money=driver.find_element_by_xpath('//* [@ id="searchresult"]/
        tr[1]/td[3]/p[1]/span[1]').text
        print(money)
        date=driver.find_element_by_xpath('//* [@ id="searchresult"]/tr
        [1]/td[3]/p[1]/span[2]').text
        print(date)
        mail_phone=driver.find_element_by_xpath('//* [@ id="searchre-
        sult"]/tr[1]/td[3]/p[2]').text
        print(mail_phone)
        addr=driver.find_element_by_xpath('//* [@ id="searchresult"]/tr
        [1]/td[3]/p[3]').text
        print(addr)
    try:
```

```
        stock_or_others = driver.find_element_by_xpath('//* [@ id = "search
        result"]/tr[1]/td[3]/p[4]').text
        print(stock_or_others)
    except:
        pass
    #获取网页地址,进入
        inner = driver.find_element_by_xpath('//* [@ id = "searchresult"]/
        tr[1]/td[3]/a').get_attribute("href")
        driver.get(inner)
        inc_web = driver.find_element_by_xpath('//* [@ id = "companytop"]/
        div[2]/div[2]/div[3]/div[1]/span[3]/a').
        get_attribute("href")
        print("官网:" + inc_web)
        print('')
driver.close()
```

贷款关联分析模型流程如图 7.5 所示。

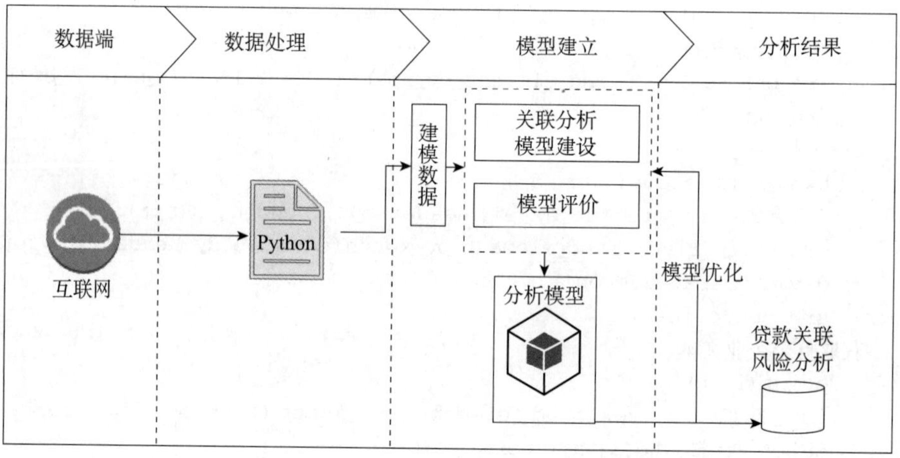

图 7.5　贷款关联分析流程

图 7.5 中，通过 Python 模拟人工登录从企查查上爬取数据，对爬取后的数据进行处理，形成分析的数据集。在数据集上建立关联分析模型，筛查贷款人与担保人是关联方的用户并输出。

系统运行界面如图 7.6 所示。

7.2.2.5　审计分析

依据对目标贷款企业信息进行爬取所获得的企业相关注册信息和法人以及风险信息，对法人代表以及企业自身风险、关联风险和法律诉讼情况进行综合分析，其结果如图 7.7 ~ 图 7.9 所示。

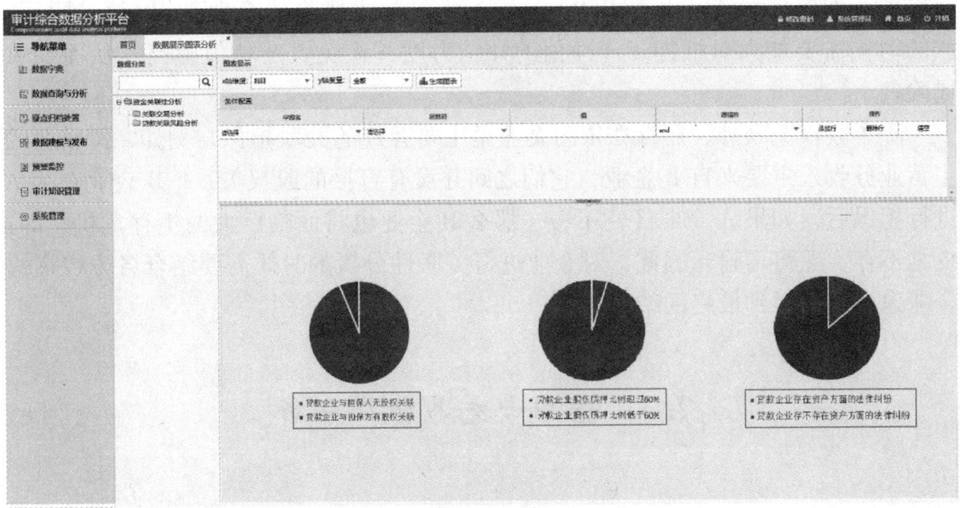

图 7.6　系统运行界面

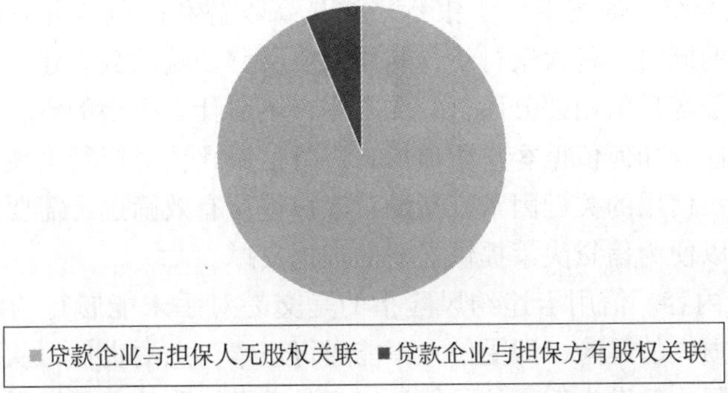

图 7.7　贷款企业与担保方的股权关联状况

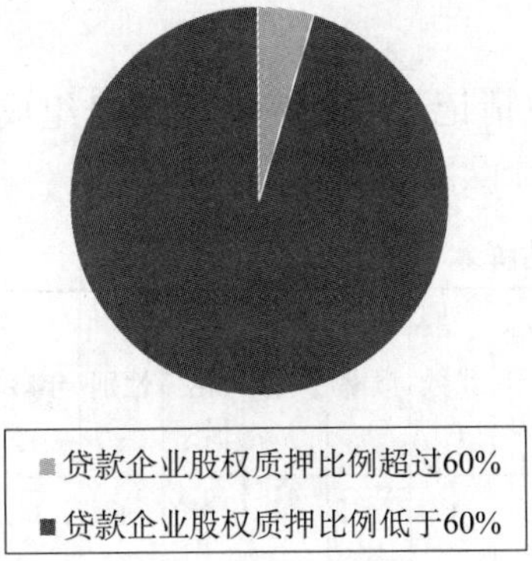

图 7.8　贷款企业股权质押占比情况

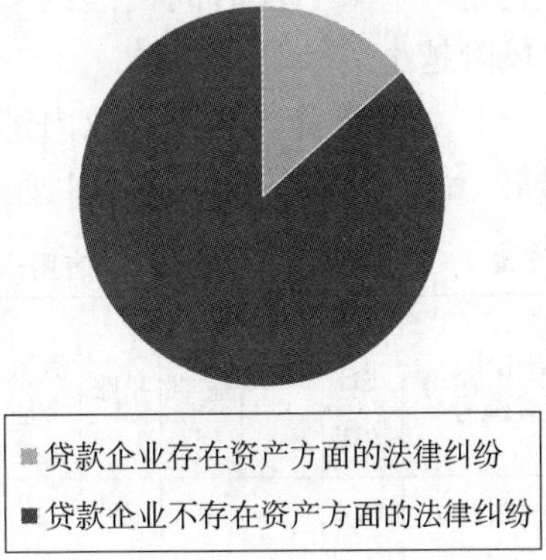

图 7.9　贷款企业资产法律纠纷状况

从以上分析可以看出，银行贷款还存在部分贷款企业与担保方之前存在股权关联（见图 7.7），同时还有部分存在股权质押严重（见图 7.8）以及本身存在资产纠纷的风险（见图7.9）。对于存在上述风险的企业，银行在进行贷款的时候需要加大对抵押资产净值的评估力度，避免资产估值虚高，从而加重风险。

除了股权关联外，还存在依附企业是主要客户的关联担保，例如，A企业的主营业务收入主要来自B企业，它们之间并没有直接的股权关系，B企业在为A进行担保后，如果A企业经营不善，那么B企业也将面临巨大的生存危机，即：皮之不存，毛将焉附。因此，对企业进行关联性分析的时候需要结合各方咨询综合考虑，才能得到最终的结果。

7.3 信用卡交易特征分析

7.3.1 信用卡违约特征分析

（1）背景介绍。信用卡对于银行来说是高收益和高风险并存的业务。在信用卡业务发展的同时，各大银行纷纷利用网络和移动端的数据建立起了客户信用评分系统。对于客户信用评分而言，要求客户填写什么类型的资料、如何鉴别所填资料的真实性、如何依据客户所填信息进行信用评估对银行来说至关重要。为了探索影响客户信用的关键因素，帮助对客户进行有效筛选，需要建立信用卡违约预测模型，以便为信贷决策提供必要的理论支撑。

（2）审计内容。信用卡违约风险指的是交易对手未能履行约定合同中的义务而造成经济损失的风险，即受信人不能履行还本付息的责任，从而使授信人的预期收益与实际收益发生偏离的可能性，它是金融风险的主要类型之一。

信用卡借贷场景中的评分卡是一种以分数的形式来衡量风险概率的一种手段，它是对未来一段时间内违约、逾期和失联概率的预测。一般来说，分数越高，风险越小。

（3）数据准备。利用企业内部的信用卡申请记录和用户逾期信息组成分析数据集，部分样本数据如表7.4所示。

表7.4 信用卡违约风险评估样本

信用卡顾客编号	申请书来源	瑕疵户	逾期	呆账	借款余额	退票	拒往记录	强制停卡记录	张数	频率	户籍	都市化程度	性别	年龄	婚姻
CDMS0000001	5	2	2	2	2	2	2	2	1	3	3	2	1	3	1
CDMS0000002	3	2	2	2	2	2	2	2	2	4	2	2	1	7	1
CDMS0000003	2	2	2	2	2	2	2	2	2	3	3	1	1	2	2
CDMS0000004	3	2	2	2	2	2	2	2	2	2	1	2	1	7	1

续表

信用卡顾客编号	申请书来源	瑕疵户	逾期	呆账	借款余额	退票	拒往记录	强制停卡记录	张数	频率	户籍	都市化程度	性别	年龄	婚姻
CDMS0000005	6	2	2	2	2	2	2	2	2	2	4	2	1	4	2
CDMS0000006	5	2	2	2	2	2	2	2	2	3	1	3	2	3	2
CDMS0000007	7	2	2	2	2	2	2	2	2	5	1	2	2	8	1
CDMS0000008	6	2	2	2	2	2	2	2	1	3	3	3	2	2	1
CDMS0000009	7	2	2	2	2	2	2	2	2	3	1	3	2	2	2
CDMS0000010	5	2	2	2	2	2	2	2	2	2	1	1	1	3	2
CDMS0000011	1	2	2	2	2	2	2	2	2	4	1	2	2	2	1
CDMS0000012	1	2	2	2	2	2	2	2	2	2	1	2	1	3	1
CDMS0000013	3	1	1	1	1	1	1	1	3	2	2	2	2	3	2
CDMS0000014	1	2	2	2	1	2	1	2	2	2	1	1	1	9	1
CDMS0000015	3	2	2	2	2	2	2	2	2	4	1	1	1	3	1
CDMS0000016	7	2	2	2	2	2	2	2	3	2	3	1	1	3	2
CDMS0000017	6	2	2	2	2	2	2	2	2	3	4	2	1	5	2
CDMS0000018	3	2	2	2	2	2	2	2	2	3	3	1	2	1	2
CDMS0000019	4	1	1	1	1	1	1	1	1	2	3	2	1	4	2
CDMS0000020	5	2	2	2	2	2	2	2	1	5	3	2	2	7	2
CDMS0000021	2	2	2	2	2	2	2	2	2	2	1	2	1	1	2

（4）模型构建。通过 Python 脚本分析信用卡违约用户的行为特征，具体如下所示。

```
import pandas as pd
import numpy as np
#导入数据
df = pd.read_csv('./cs.csv')
df.head()
#处理数据
df = df.set_index('ID',drop = True)  #设置索引列
df.head()
#对违约用户进行特征分析
df = df.fillna({'月收入':df['月收入'].mean()})
df1 = df.dropna()
df1.shape
age_cut = pd.cut(df1['年龄'],5)
```

```
age_cut_group = df1['优质客户'].groupby(age_cut).count()
age_cut_grouped1 = df1["优质客户"].groupby(age_cut).sum()
df2 = pd.merge(pd.DataFrame(age_cut_group),pd.DataFrame(age_cut_grouped1),left_index = True,right_index = True)
df2.rename(columns = {'优质客户_x':'总客户数','优质客户_y':'逾期客户数'},inplace = True)
df2.insert(2,"好客户数",df2["总客户数"] - df2["逾期客户数"])
df2.insert(2,"逾期占比",df2["逾期客户数"]/df2["总客户数"])
ax1 = df2[["好客户数","逾期客户数"]].plot.bar(figsize = (10,5))
#进行数据可视化
ax1.set_xticklabels(df2.index,rotation = 15)
ax1.set_ylabel("客户数")
ax1.set_title("年龄与优质客户数分布图")
ax11 = df2["逾期占比"].plot(figsize = (10,5))
ax11.set_xticklabels([0,20,29,38,47,55,64,72,81,89,98,107])
ax11.set_ylabel("逾期率")
ax11.set_title("逾期率随年龄的变化趋势图")
corr = df.corr()#计算各变量的相关性系数
xticks = list(corr.index)#x 轴标签
yticks = list(corr.index)#y 轴标签
fig = plt.figure(figsize = (15,10))
ax1 = fig.add_subplot(1,1,1)
sns.heatmap(corr,annot = True,cmap = "rainbow",ax = ax1,linewidths = .5,annot_kws = {'size':9,'weight':'bold','color':'blue'})
ax1.set_xticklabels(xticks,rotation = 35,fontsize = 15)
ax1.set_yticklabels(yticks,rotation = 0,fontsize = 15)
plt.show()
```

信用卡违约特征分析模型流程如图 7.10 所示。

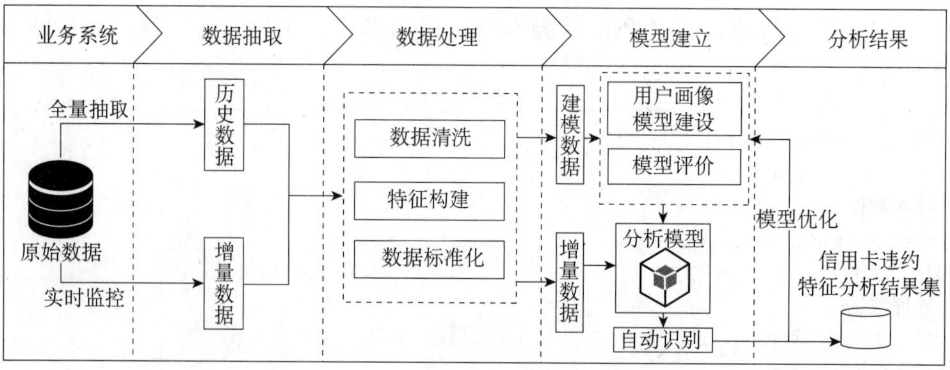

图 7.10　信用卡违约特征分析流程

图 7.10 所示流程中核心过程描述如下。

①通过 ETL 工具将信用卡违约用户全量抽取过来，并对其进行数据清洗、特征构建，形成可供分析的数据集。

②对数据集从对维度进行特征分析，从而构建出信用卡违约用户的用户画像。并通过增量数据自动识别处理促进画像的进一步完善。

系统运行界面如图 7.11 所示。

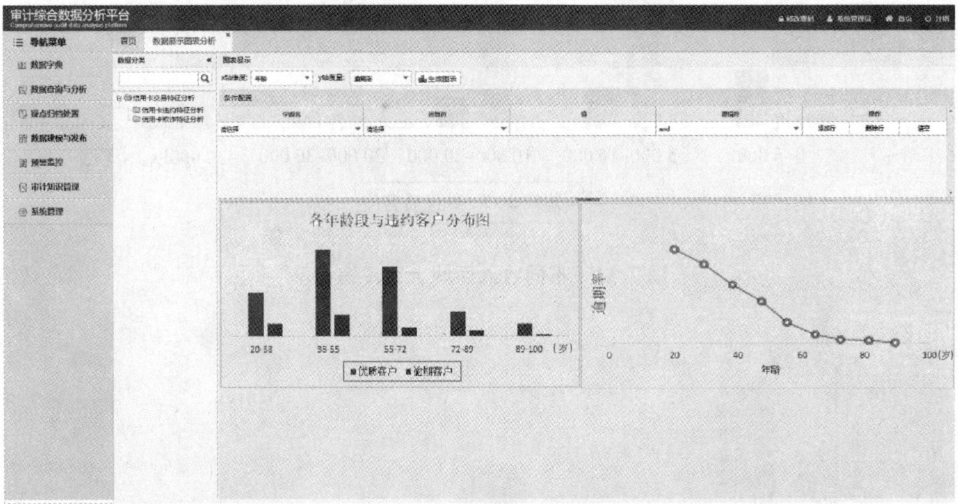

图 7.11　系统运行界面

（5）审计分析。运行上述分析脚本可得如图 7.12 ~ 图 7.15 所示的分析结果。

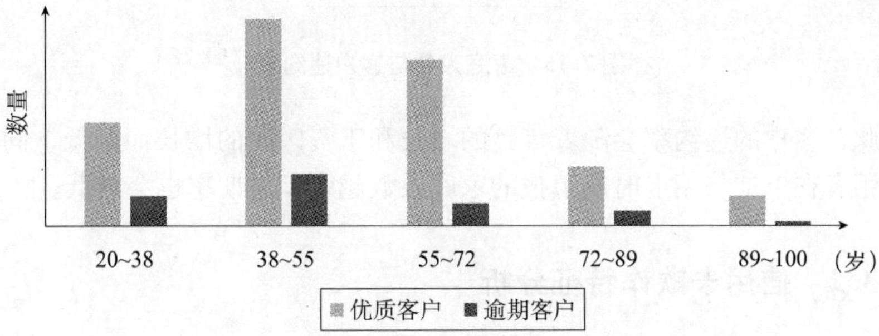

图 7.12　各年龄段优质客户与逾期客户的数量对比

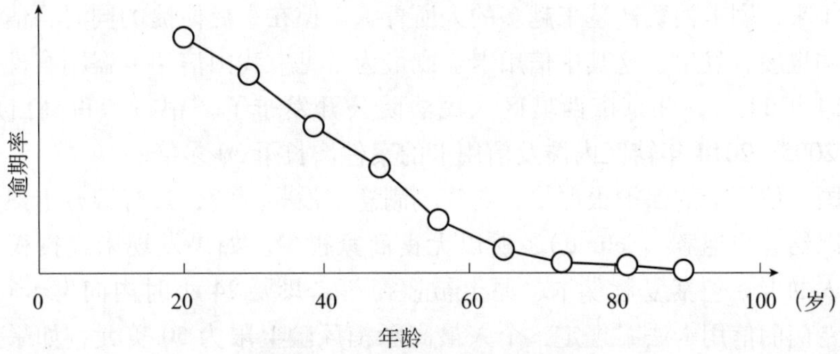

图 7.13　各年龄段信用卡逾期率

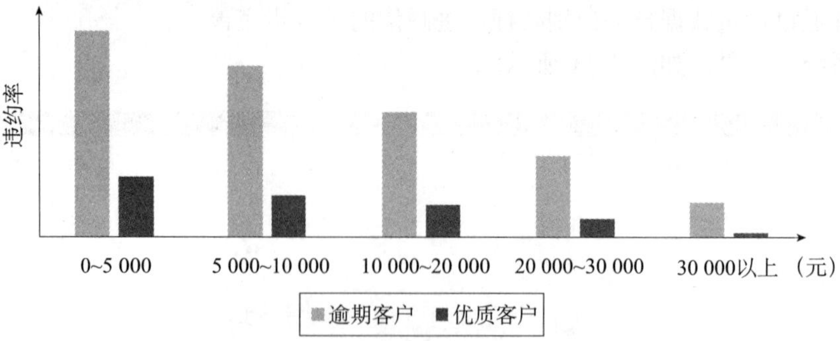

图 7.14 不同收入区间上客户违约率

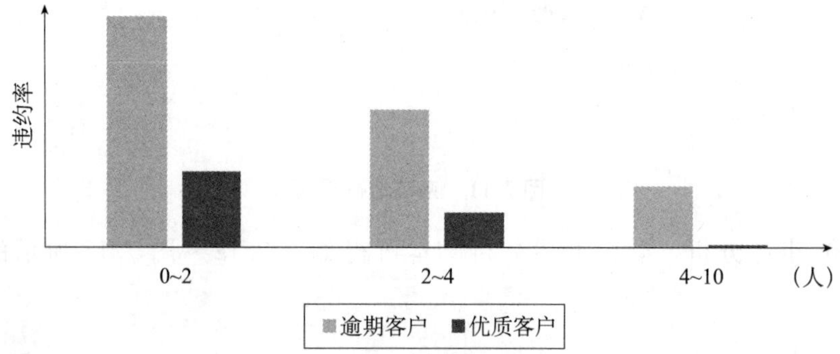

图 7.15 家庭人数与客户违约率

因此，客户的违约率会随着年龄的增长和工资区间的增长而降低，同时，信用卡使用者在申请信用卡时所填报的家庭人数越多，逾期率也会越低。

7.3.2 信用卡欺诈特征分析

7.3.2.1 背景介绍

近年来，刷卡消费被越来越多的人所青睐。但在享受便捷的同时，信用卡欺诈的新闻也屡有发生，这其中信用卡盗刷最为常见。我国信用卡盗刷案件频创新高，2014 年 11 月，北京市西城区人民法院公开发布了《银行卡审判白皮书》，显示仅 2005～2014 年辖区内涉及信用卡的案件增长了 50 多倍。

美国对信用卡的保护很严格，购物不满意、没收到货，拨打银行卡热线，基本都可以给客户退款（refund），所以无良商家很少。如果发现未经授权有人盗用持卡人的卡，包括复制伪卡、原卡被盗窃等，只要 24 小时内向发卡行报告，美国有专门的信用卡法案规定，个人最高承担风险上限为 50 美元，如果几天以后才发现，向发卡行报告，一般发卡行会和持卡人商量解决，但是不会要求持卡人承担超过 300 美元的责任。发卡行绝对不会以你电脑被黑客攻击，是你自己没有管好卡等理由推脱。

国内盗刷案件猖獗的原因主要有以下三个方面。

（1）个人信息保密观念淡薄。相比国外发达国家的极度重视隐私，国人显然还没有这个思想准备，街边摊办卡、莫名短信办卡、身份证外借、找人代办等，我们总是如此轻易地出卖了自己，以致各类被盗刷事件此起彼伏。

（2）银行业不规范操作，霸王条款频出。国外信用卡刷卡仅需凭借签名，商户和银行都会对持卡人的签名仔细核对，一旦发生盗刷，银行承担全责。而国内，银行和商户都没有形成这种习惯，把更多的盗刷责任转嫁到持卡人身上，持卡人不得不采用密码 + 签名的消费模式，还必须开通银行的失卡保障服务，才能获得失卡后部分赔偿。而被盗刷后的申诉过程，也需要耗费持卡人大量的时间和精力，实属不易。

（3）行业不规范，盗刷犯罪层出不穷。整个行业的不规范、法律的不健全，也让犯罪分子嗅到了商机，针对银行的不规范操作、信用卡用户的不理性申卡/用卡，犯罪方式可谓层出不穷，千变万化。常常发生人在家中坐，盗刷天上来的事件。

7.3.2.2　审计内容

信用卡盗刷是指故意使用伪造、作废的信用卡，冒用他人的信用卡骗取财物的行为，与信用卡违约是不一样的。信用卡盗刷是交易过程存在欺骗行为，而信用卡违约是指用户通过合理消费的消费行为消费后，到期没有归还，属于违约行为（例如，A 借 B 的钱，借钱时约定 3 个月后归还，同时约定归还利息和还款方式。3 个月后 B 无能力归还，B 的行为属于违约行为）。本节重点是对信用卡盗刷行为进行检测。

7.3.2.3　数据准备

数据样本为选定样本持卡人在两天内进行的 284 808 笔信用卡交易，其中 493 笔是欺诈交易（盗刷信用卡）。数据集非常不平衡，被盗刷占所有交易的 0.173%。

这份信用卡交易数据包含很多维度，拟采用主成分分析（principal component analysis，PCA）方法提取样本数据的主成分。PCA 是一种多变量统计方法，它是最常用的降维方法之一，通过正交变换将一组可能存在相关性的变量数据转换为一组线性不相关的变量，转换后的变量被称为主成分。

由于数据保密问题，此处无法提供有关数据的原始功能和更多背景信息。令数据特征 V1，V2，…，V28 是使用主成分分析（principal component analysis，PCA）获得的主成分，没有用 PCA 转换的唯一特征是“时间”和“量”。特征“时间”包含数据集中每个事务和第一个事务之间经过的秒数。特征“金额”是交易金额，此特征可用于实例依赖的成本认知学习。特征“类”是响应变量，如果发生被盗刷，则取值为1，否则为0。

采用如下代码读取样本数据。

```
import numpy as np
import pandas as pd
import warnings
warnings.filterwarnings('ignore')
pd.set_option('display.float_format',lambda x:'% .4f'% x)
from imblearn.over_sampling import SMOTE
import itertools
data_cr = pd.read_csv('creditcard.csv',encoding = 'latin -1')#读取数据
data_cr.head()#查看表格默认前5行
```

前5行样本数据如表7.5所示。

从表7.5中可以看出，样本数据是结构化数据，不需要做特征抽取。特征V1～V28是经过PCA处理，而特征Time和Amount的数据规格与其他特征差别较大，需要对其做特征缩放，将特征缩放至同一个规格。表7.6给出了数据统计。

从表7.6中可以看出，分析数据集大小为28万行、31列，同时数据类型基本是float64和int64类型。在数据质量方面，没有出现乱码或空字符，可以确定字段Class为目标列，其他列为特征列。

这份数据是全部标记好的数据，可以通过交叉验证的方法对训练集生成的模型进行评估。70%的数据进行训练，30%的数据进行预测和评估。

7.3.2.4 模型构建

（1）目标列Class呈现较大的样本不平衡，会对模型学习造成困扰。由于随机过采样采取简单复制样本的策略来增加少数类样本，这样容易产生模型过拟合的问题，即使得模型学习到的信息过于特别（specific）而不够泛化（general）。目前，样本不平衡常用的解决方法有过采样和欠采样，此处采用过采样处理样本不平衡，具体操作是使用SMOTE（synthetic minority oversampling technique）。SMOTE即合成少数类过采样技术，它是基于随机过采样算法的一种改进方案，基本思想是对少数类样本进行分析并根据少数类样本人工合成新样本添加到数据集中。

（2）要解决的问题是预测持卡人是否会发生信用卡被盗刷。信用卡持卡人是否会发生被盗刷只有两种可能，发生被盗刷或不发生被盗刷。又因为这份数据是标记好的（字段Class是目标列），也就是说它是一个监督学习的场景。于是，我们判定信用卡持卡人是否会发生被盗刷是一个二元分类问题，意味着可以通过二分类相关的算法来找到具体的解决办法，拟选用的算法是逻辑斯蒂回归（Logistic regression）。

表 7.5　　信用卡交易前 5 行样本数据

	Time	V1	V2	V3	V4	V5	V6	V7	V8	V9	…	V21	V22	V23	V24	V25	V26	V27	V28
0	0.000 0	-1.359 8	-0.072 8	2.536 3	1.378 2	-0.338 3	0.462 4	0.239 6	0.098 7	0.363 8	…	-0.018 3	0.277 8	-0.110 5	0.066 9	0.128 5	-0.189 1	0.133 6	-0.021 1
1	0.000 0	1.191 9	0.266 2	0.166 5	0.448 2	0.060 0	-0.082 4	-0.078 8	0.085 1	-0.255 4	…	-0.225 8	-0.638 7	0.101 3	-0.339 8	0.167 2	0.125 9	-0.009 0	0.014 7
2	1.000 0	-1.358 4	-1.340 2	1.773 2	0.379 8	-0.503 2	1.300 5	0.791 5	0.247 7	-1.614 7	…	0.248 0	0.771 7	0.909 4	-0.689 3	-0.327 6	-0.139 1	-0.055 4	-0.059 8
3	1.000 0	-0.966 3	-0.185 2	1.793 0	-0.863 3	-0.010 3	1.247 2	0.237 6	0.377 4	-1.387 0	…	-0.108 3	0.005 3	-0.190 3	-1.175 6	-0.647 4	-0.221 9	0.062 7	0.061 5
4	2.000 0	-1.158 2	0.877 7	1.548 7	0.403 0	-0.407 2	0.095 9	0.692 9	-0.270 5	0.817 7	…	-0.009 4	0.798 3	-0.137 5	0.141 3	-0.206 0	0.502 3	0.219 4	0.215 2

表 7.6 样本数据统计

	count	mean	std	min	25%	50%	75%	max
Time	284 807. 000 0	94 813. 859 6	47 488. 146 0	0. 000 0	54 201. 500 0	84 692. 000 0	139 320. 500 0	172 792. 000 0
V1	284 807. 000 0	0. 000 0	1. 958 7	-56. 407 5	-0. 920 4	0. 018 1	1. 315 6	2. 454 9
V2	284 807. 000 0	0. 000 0	1. 651 3	-72. 715 7	-0. 598 5	0. 065 5	0. 803 7	22. 057 7
V3	284 807. 000 0	-0. 000 0	1. 516 3	-48. 325 6	-0. 890 4	0. 179 8	1. 027 2	9. 382 6
V4	284 807. 000 0	0. 000 0	1. 415 9	-5. 683 2	-0. 848 6	-0. 019 8	0. 743 3	16. 875 3
V5	284 807. 000 0	-0. 000 0	1. 380 2	-113. 743 3	-0. 691 6	-0. 054 3	0. 611 9	34. 801 7
V6	284 807. 000 0	0. 000 0	1. 332 3	-26. 160 5	-0. 768 3	-0. 274 2	0. 398 6	73. 301 6
V7	284 807. 000 0	-0. 000 0	1. 237 1	-43. 557 2	-0. 554 1	0. 040 1	0. 570 4	120. 589 5
V8	284 807. 000 0	-0. 000 0	1. 194 4	-73. 216 7	-0. 208 8	0. 022 4	0. 327 3	20. 007 2
V9	284 807. 000 0	-0. 000 0	1. 098 6	-13. 434 1	-0. 643 1	-0. 051 4	0. 597 1	15. 595 0
V10	284 807. 000 0	0. 000 0	1. 088 8	-24. 588 3	-0. 535 4	-0. 092 9	0. 453 9	23. 745 1
V11	284 807. 000 0	0. 000 0	1. 020 7	-4. 797 5	-0. 762 5	-0. 032 8	0. 739 6	12. 018 9
V12	284 807. 000 0	-0. 000 0	0. 999 2	-18. 683 7	-0. 405 6	0. 140 0	0. 618 2	7. 848 4
V13	284 807. 000 0	0. 000 0	0. 995 3	-5. 791 9	-0. 648 5	-0. 013 6	0. 662 5	7. 126 9
V14	284 807. 000 0	0. 000 0	0. 958 6	-19. 214 3	-0. 425 8	0. 050 6	0. 493 1	10. 526 8
V15	284 807. 000 0	0. 000 0	0. 915 3	-4. 498 9	-0. 582 9	0. 048 1	0. 648 8	8. 877 7
V16	284 807. 000 0	0. 000 0	0. 876 3	-14. 129 9	-0. 468 0	0. 066 4	0. 523 3	17. 315 1

```
from imblearn.over_sampling import SMOTE #导入 SMOTE 算法模块
import matplotlib.pyplot as plt
from sklearn.linear_model import Logistic Regression
import matplotlib.gridspec as gridspec
#处理不平衡数据
sm = SMOTE(random_state = 42)      #处理过采样的方法
X,y = sm.fit_sample(X,y)
n_sample = y.shape[0]
n_pos_sample = y[y = = 0].shape[0]
n_neg_sample = y[y = = 1].shape[0]
clf1 = LogisticRegression()#构建逻辑回归分类器
clf1.fit(X,y)
predicted1 = clf.predict(X)#通过分类器产生预测结果
def plot_confusion_matrix(cm,classes,title = 'Confusion matrix',cmap =
plt.cm.Blues):
    #此函数打印并绘制混淆矩阵
    plt.imshow(cm,interpolation = 'nearest',cmap = cmap)
    plt.title(title)
    plt.colorbar()
    tick_marks = np.arange(len(classes))
    plt.xticks(tick_marks,classes,rotation = 0)
    plt.yticks(tick_marks,classes)
    thresh = cm.max()/2.
    for i,j in itertools.product(range(cm.shape[0]),range(cm.shape[1])):
        plt.text(j,i,cm[i,j],horizontalalignment = "center",color = "white"
if cm[i,j] > thresh else"black")
    plt.tight_layout()
    plt.ylabel('True label')
    plt.xlabel('Predicted label')
cnf_matrix = confusion_matrix(y,predicted1)  #生成混淆矩阵
np.set_printoptions(precision = 2)
#非正常混淆矩阵
class_names = [0,1]
plt.figure()
plot_confusion_matrix(cnf_matrix,classes = class_names,title = 'Confusion
matrix')
plt.show()
```

信用卡欺诈特征分析模型流程如图 7.16 所示。

通过将历史的欺诈行为数据全量同步到分析数据集中，并对分析数据集进行数据清洗和特征构建，形成最终的数据集，并在此基础上通过随机森林、逻辑回归等算法进行分析计算，形成最终的机器学习模型。并对增量数据进行自动分析检测。

图 7.17 为系统运行界面。

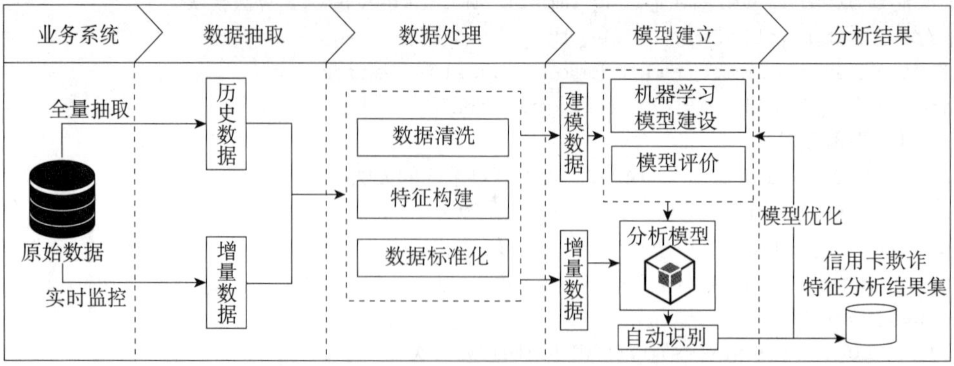

图 7.16 信用卡欺诈特征分析流程

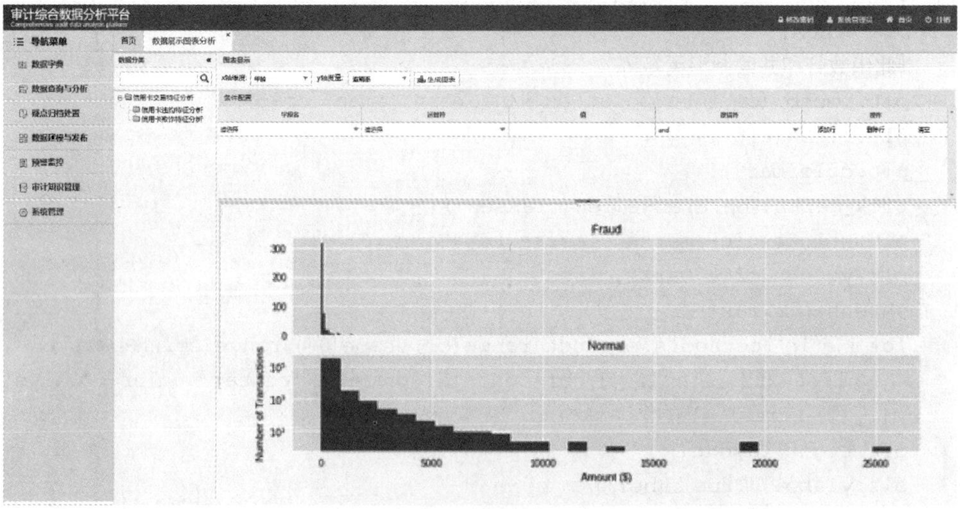

图 7.17 系统运行界面

7.3.2.5 审计分析

从图 7.18 中可以看出，信用卡被盗刷发生的金额与信用卡正常用户发生的金额相比呈现散而小的特点，这说明信用卡盗刷者为了不引起信用卡卡主的注意，更偏向选择小金额消费。

从图 7.19 和图 7.20 中可以看出，每天早上 9 点到晚上 11 点之间是信用卡消费的高频时间段，在信用卡被盗刷样本中，离群值发生在客户使用信用卡消费更低频的时间段。信用卡被盗刷数量案发最高峰在第一天上午 11 点达到 43 次，其余发生信用卡被盗刷案发时间在晚上时间 11 点至第二天早上 9 点之间，说明信用卡盗刷者为了不引起信用卡卡主注意，更喜欢选择信用卡卡主睡觉时间和消费频率较高的时间点作案；同时，信用卡发生被盗刷的最大金额仅为 21 250.87元。

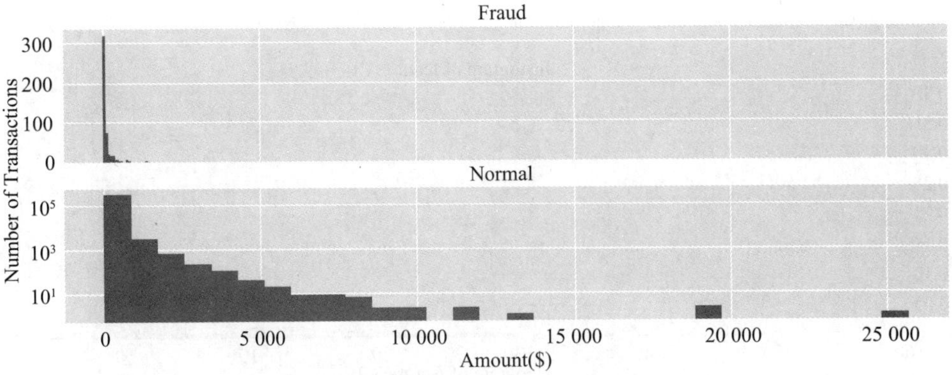

图 7.18 信用卡正常消费额与盗刷额对比

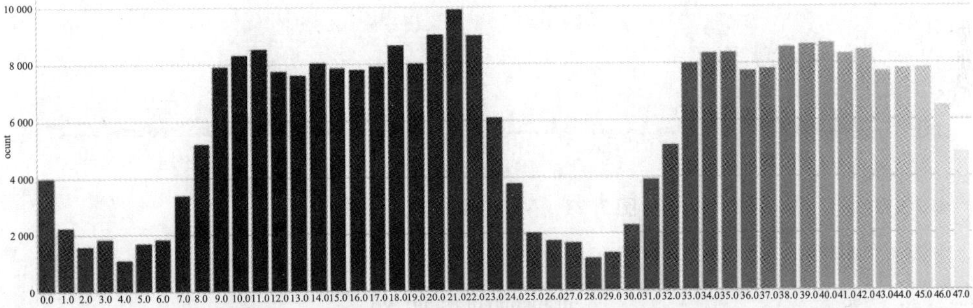

图 7.19 信用卡盗刷时间与金额

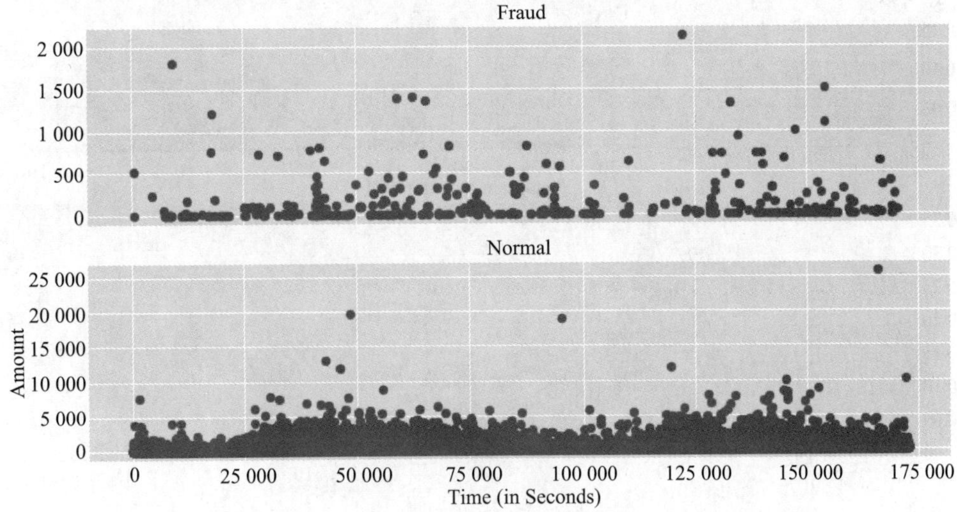

图 7.20 信用卡正常消费与盗刷的时间和金额对比

绘制各类用户熟悉的特征直方图，具体如图 7.21 ~ 图 7.26 所示。

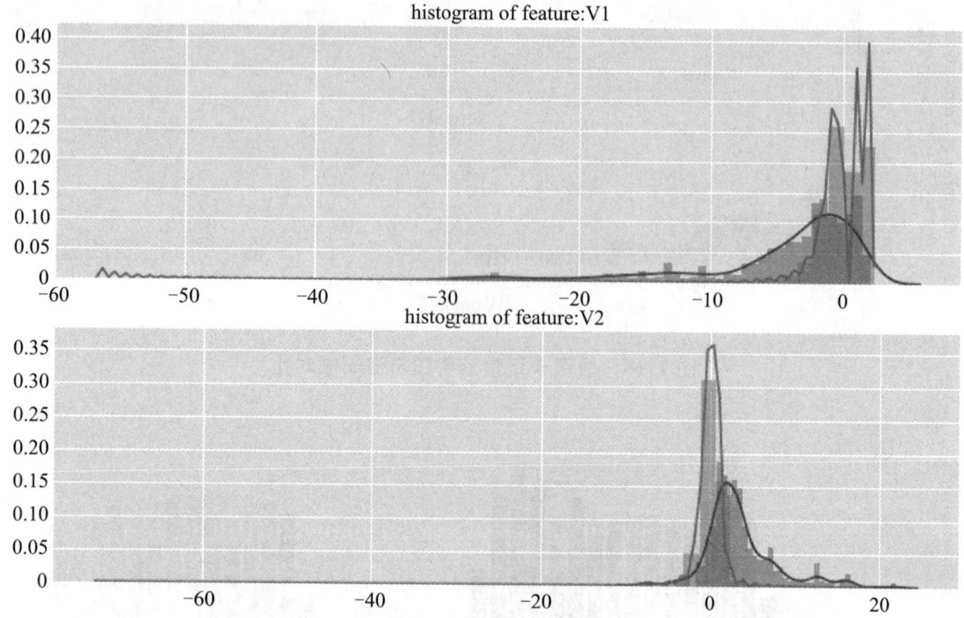

图 7.21　V1 和 V2 特征分布

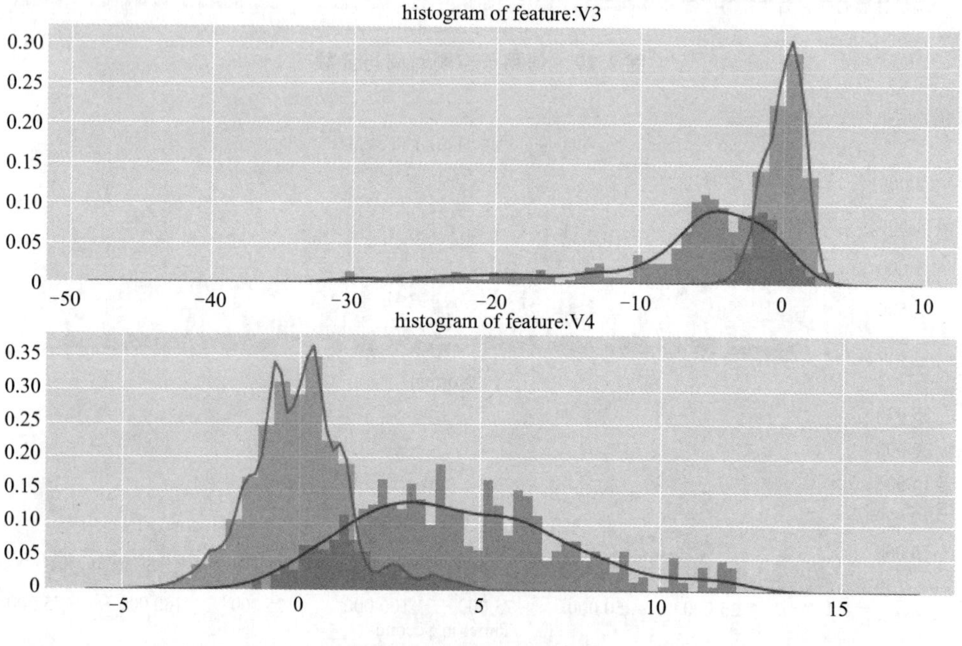

图 7.22　V3 和 V4 特征分布

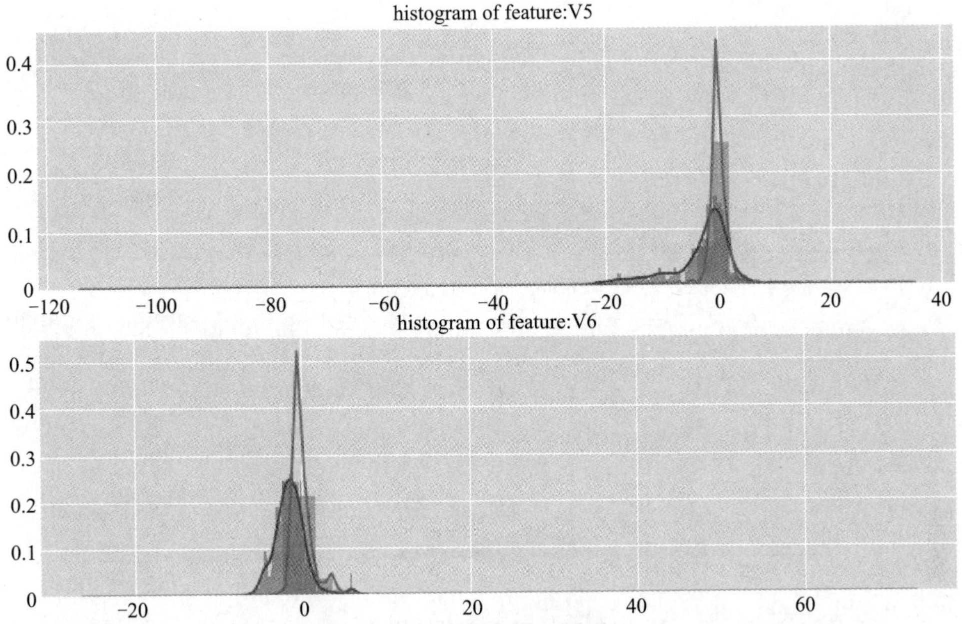

图 7.23　V5 和 V6 特征分布

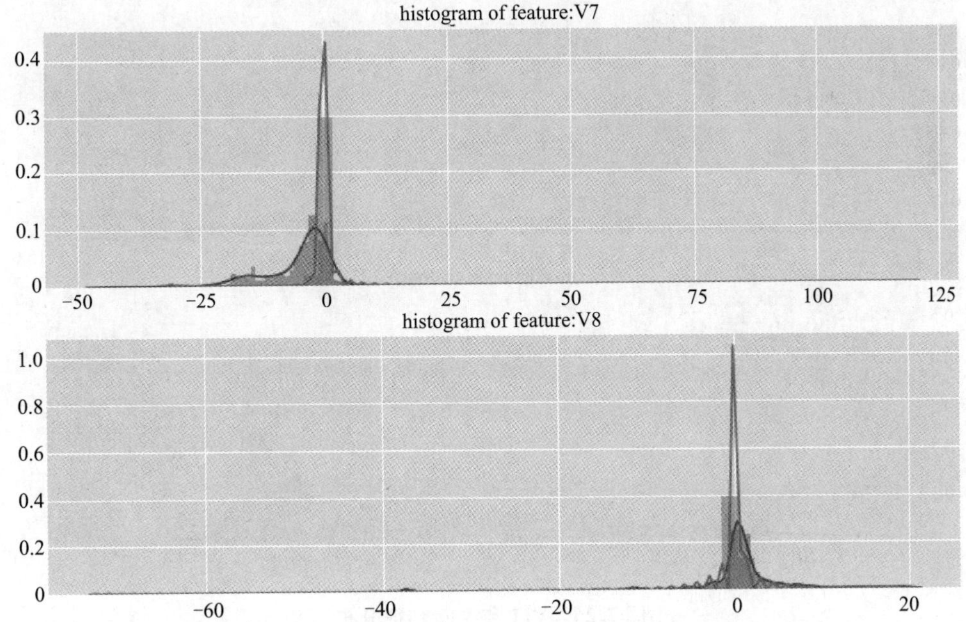

图 7.24　V7 和 V8 特征分布

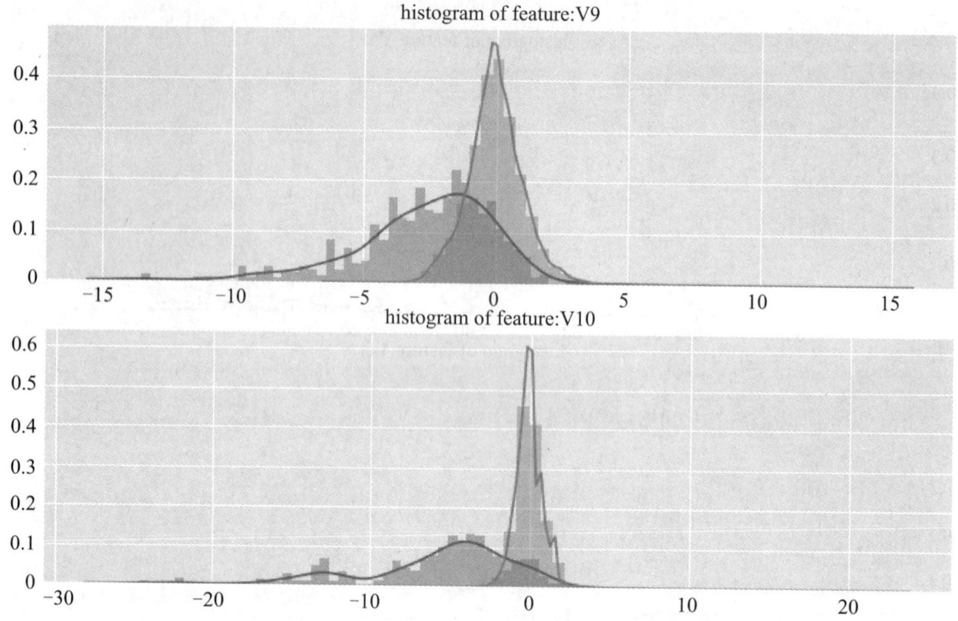

图 7. 25　V9 和 V10 特征分布

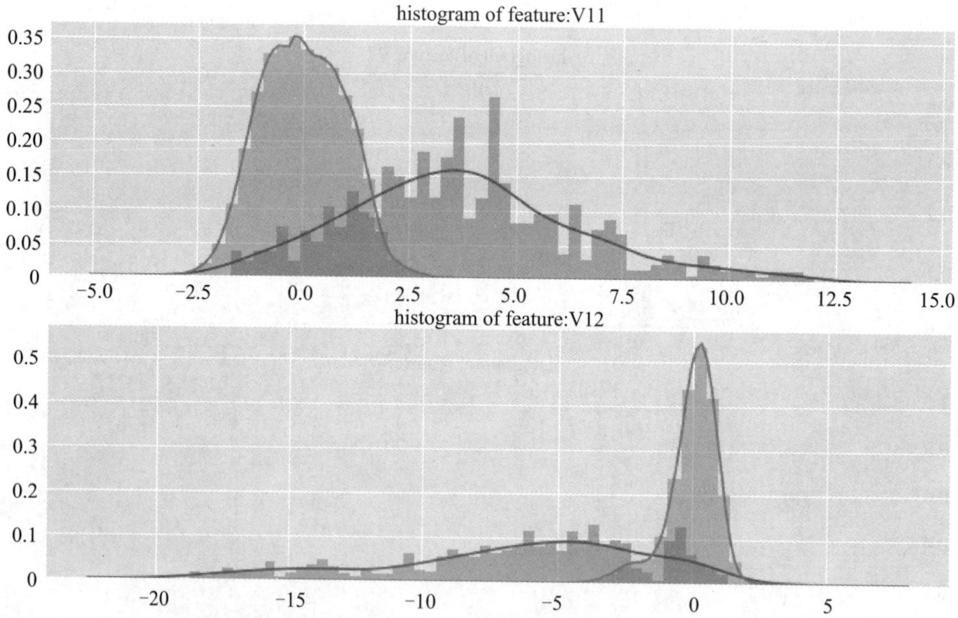

图 7. 26　V11 和 V12 特征分布

图 7. 21 ~ 图 7. 26 是不同变量在信用卡被盗刷和信用卡正常的不同分布情况，我们选择在不同信用卡状态下的分布有明显区别的变量。利用随机森林的特征重要性（feature importance）进行排序，结果如图 7. 27 所示。

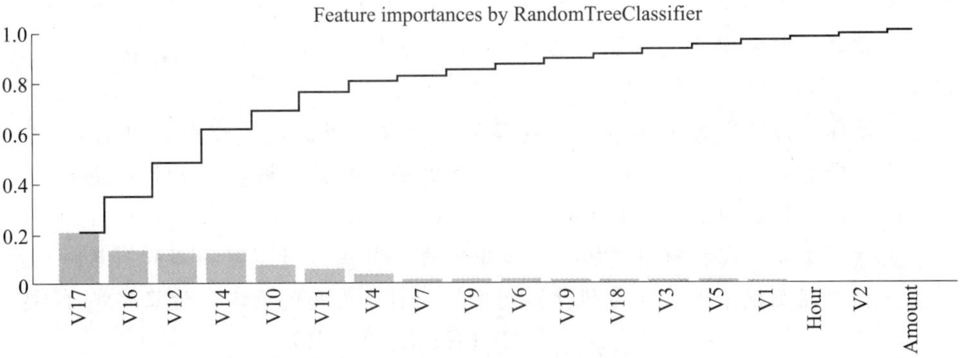

图 7.27　变量重要度排序

依据变量特征重要性对已有的数据进行机器学习分析，让机器自动判断用户行为是否有欺诈嫌疑。通过机器学习，就现有数据对用户进行分类，以判断用户的行为是否存在异常。输出结果如图 7.28 所示。

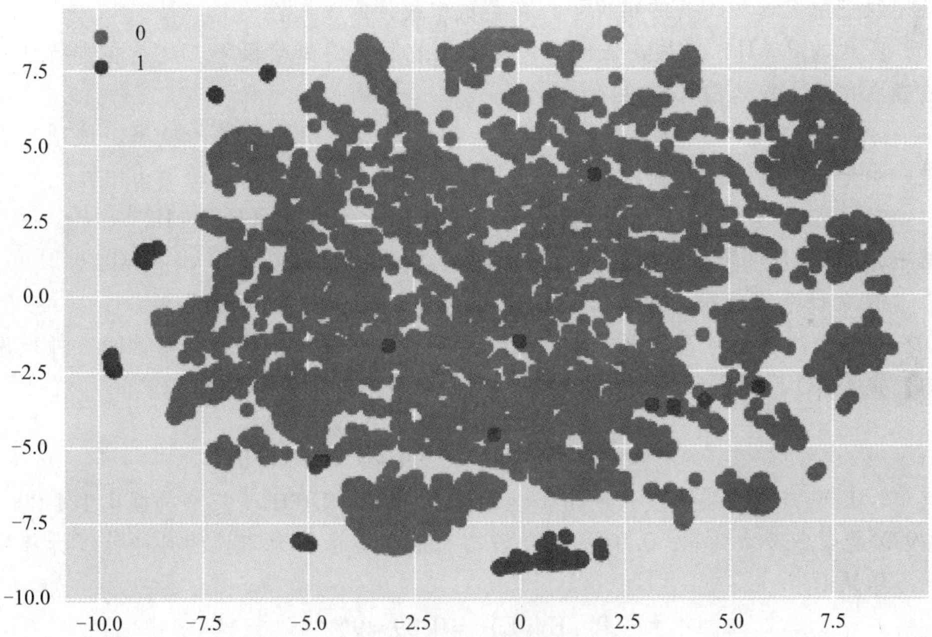

图 7.28　信用卡用户分类结果

图 7.28 中，深色光点为存在信用欺诈的用户行为，而浅色的则是正常的用户刷卡消费行为。

延伸阅读——贝叶斯定理：减少不确定性

托马斯·贝叶斯（Thomas Bayes，1701～1761）是英国神学家、数学家，皇家学会（世界上最古老的国家科学学会，也是英国促进科学研究的领先国家组织）会员。其他的科学家也加入了皇家学会，例如牛顿、达尔文和法拉第。他提出了最重要的概率定理之一，并以他的名字命名——贝叶斯定理，或条件概率定理。

假设你被诊断出患有非常罕见的疾病，这种病患的比例仅是人口的0.1%，即每千人中有1人。你参加的检查这种疾病的检测能正确地找出99%的患者，将健康的人错误分类的概率只有1%。

贝叶斯定理，或之前所说的条件概率定理，是用来计算某一事件（E）已经发生（例如在测试中被诊断为阳性）时假设（H）为真的概率。计算公式如下：

$$P(H|E)=\frac{P(E|H)P(H)}{P(E)}$$

等号左边的P（H|E）项是已经在疾病测试中诊断为阳性（E）的条件下患病（H）的概率，这是我们实际想要计算的。概率项中的竖线（|）表示条件概率（即B的条件下A的概率表示为P（A|B））。

假如假设为真，则右边分子的左项P（E|H）是事件的概率。在示例中，就是我们患有这种疾病的情况下，在测试中被诊断为阳性的可能性。

旁边的P（H）项是在任何事件发生之前假设的先验概率。这是在进行任何检查之前患上疾病的可能性。

分母上的P（E）项是事件的概率，即被诊断为疾病阳性的概率。该项可以进一步分解为两个较小项的和：患病且检测为阳性和不患病且检测为阳性。

$$P(E)=P(H)P(E|H)+P(\sim H)P(E|\sim H)$$

其中，P（~H）表示没有疾病的先验概率，~表示否定。

假设H患有疾病，事件E为在此类疾病的测试中被诊断为阳性。

如果使用我们见过的第一个公式（用于计算患病并被诊断为阳性的条件概率的完整公式），分解分母并插入数字，我们将得到以下计算公式：

$$P(H|E)=\frac{0.99\times 0.001}{0.001\times 0.99+0.999\times 0.01}$$

其中，0.99来自有疾病被诊断出阳性的概率99%，0.001是患病的概率1/1 000，0.999是未患病的概率，0.01是即使没有患病也被诊断为阳性的可能性。计算的最终结果是：

$$P(H|E)=0.09=9\%$$

我们可知，得这种病的概率只有9%！

现在想象一下，在第一次测试被诊断为阳性后，我们决定在另一个不同的诊所做另一次相同条件的测试来复查结果，不幸的是我们再次得到了阳性的诊断，这说明第二次测试也表明我们患有这种疾病。

现在患病的实际概率是多少？我们可以使用与之前完全相同的公式，只是将最初的先验概率（患病概率为0.1%）替换为之前的后验概率（在一次检测中被诊断为阳性的概率为9%），以及其他项，即：

$$P(H|E)=\frac{0.99\times 0.09}{0.09\times 0.99+0.91\times 0.01}$$

$$P(H|E) = 0.91 = 91\%$$

现在我们实际患此病的概率变高了，为91%。尽管情况看起来很糟糕，但在两次检测呈阳性后，我们仍然不能完全确定我们是否患有这种疾病。确定性似乎不存在于概率的世界。这个著名定理背后的事实是，我们永远不可能完全确定这个世界，因为它是一个不断变化的存在，变化是现实的本质。然而，我们可以做的是，就像这个定理所表达的，随着我们获得越来越多的数据或证据，我们对现实的认识有了更新和提高，减少了不确定性。

思考题

1. 为什么对资金审计很重要?
2. 关联交易分析在资金审计分析与审计中的重要性体现在哪些方面?

第8章　资产数据分析与审计

8.1　概述

企业资产的形成、使用、状况等仅靠简单的会计数据是难以描述清楚的，资产的审计要点是逐项检查其资产形成的原因，验证原始凭证和实物；查明有无专人负责管理并单独核算；入账转销的合法性及账务处理的正确性。因此，合同、文本、图片、照片等资料承载着丰富信息的非结构化数据，是反映资产的形成、使用、状况的重要数据来源，为解读隐藏在这些数据背后的复杂关系和潜在风险，审计部门需要与时俱进，引入文字识别和图像识别等技术，通过将物理空间的图片信息转变为信息空间的可审计数据，从而达到降低人工成本、提升内部审计效率、促进内部审计创新的目的。

随着大数据时代的到来和移动互联网技术的铺开，审计数据的载体变得越来越多样化，图片、照片、影像等资料承载着丰富的数据信息，分析这些非结构化数据，成为资产审计的有力武器之一。

文字识别技术（optical character recognition，OCR）是把图像文件经过预处理、图像切分、特征提取、匹配及模型训练等步骤将图片中的文字转化为可编辑文本的一种技术。文字识别技术是计算机视觉研究领域的分支之一，是模式识别和人工智能领域的一种应用，是处理分析非结构化数据的核心技术之一。

识别过程可以分为以下三个步骤：第一步是预处理，即对包含文字的图像进行处理以便后续进行特征提取、学习。这个过程的主要目的是减少图像中的无用信息，以便后面的处理。在这个步骤中通常有灰度化（如果是彩色图像）、降噪、二值化、字符切分以及归一化这些子步骤。经过二值化后，图像只剩下两种颜色，即黑和白，其中一个是图像背景；另一个是要识别的文字了。降噪在这个阶段非常重要，降噪算法的好坏对特征提取的影响很大。字符切分则是将图像中的文字分割成单个文字，识别的时候是逐字识别的。如果文字行有倾斜的话往往还要进行倾斜校正。归一化则是将单个的文字图像规整到同样的尺寸，在同一个规格下，才能应用统一的算法。第二步是分类器设计和识别，其中核心是特征提取和特征降维。特征是用来识别文字的关键信息，每个不同的文字都能通过特征来和其他文字进行区分。对于数字和英文字母来说，这个特征提取是比较容易的，因为数字只有 10 个，英文字母只有 52 个，都是小字符集。对于汉字来说，特征提取比较困难，因为汉字数量多、结构复杂、形近字多。在确定了使用何种特征后，还要进行特征降维，因为如果特征的维数太高，分类器的效率会受到很大的影响，为了提高识别速率，往往需要降维。第三步是优化处理，即对分类结果进行优化。首先，分类器的识别率不可能百分之百，会有一些识别错误，一般通过语言模型来进行校正；其次，文字存在排版、字体、大小等复杂情况，因而要对识别结果进行归一化。

在商业化的运用中，光学字符识别是实现文字高速录入的一项关键技术，在金融票据识别、身份信息识别、合同信息提取等场景都有比较成熟的应用。近年来，在审计领域，光学字符识别作为一个将图片信息文本化、可审计化的重要工具，能够为基于大数据的智慧审计提供更丰富的数据来源。此外，这种系统化的高效信息采集手段也可以帮助审计人员节省大量机械性操作所耗费的时间和精力，使得审计工作得以突破以往受制于手工录入信息而无法审核全量样本的限制，有助于降低抽样带来的数据缺失风险，在审计工作中释放更大的潜能。

资产审计方面一直存在一个难点，就是实际情况与财务核算之间是否一致的问题，需要审计人员花费大量的时间和精力去核实，通过文本和图像识别等一系列技术可以把数据分析从结构化数据拓展到非结构化数据，因而在资产审计方面特别适用。通过非结构化数据可以发现许多资产审计线索，因为篇幅有限，本章仅选取了资产状况分析、合同异常分析等案例开展数据分析与审计。

8.2　资产状况评价

8.2.1　资产收益分析

8.2.1.1　背景介绍

资产收益是凭借所占有资产取得的收益，例如存款利息、股息、红利等。资产作为收益的源泉不外乎于两种形式：一种是资金所有者通过存款方式进行间接投资，取得存款利息；另一种是资金所有者用于生产性投资，成为生产资料所有者从而获得股息红利或直接经营收入。只承认间接投资的存款利息的合法性，不承认直接投资的利润收益的合法性，通常会造成资金不足，而资金在社会再生产过程中具有极其重要的作用，为满足再生产的需要，需要鼓励人们将收入中的一部分转化为投资。

（1）收益额。以绝对数表示的资产价值增值量，称为资产收益额。资产收益额通常来源于两个部分：一是一定期限内资产的现金净收入；二是期末资产的价值（或市场价格）相对于期初资产的价值（或市场价格）的升值。前者多为利息、红利或股息收益，后者则称为资本利得。

（2）报酬率。以相对数表示的资产价值增值率称为资产收益率或资产报酬率。资产收益率通常是以百分比形式来表示，即资产增值量与期初资产价值（或价格）的比值，该收益率也包括两个部分：一是利息收益率；二是资本利得收益率。

（3）收益计算。

单期资产收益率 = 资产的收益额 ÷ 期初资产的价值（价格）

= （利息［或股息收益］+ 资本利得）÷ 期初资产的价值（价格）

= 利息收益率［或股息收益率］+ 资本利得收益率

例如，某股票一年前的价格为 10 元，一年中的税后股息为 0.25 元，现在的市价为 12 元，在不考虑交易费用的情况下，一年内该股票收益率是多少？

一年中的收益额 = 0.25 + （12 − 10） = 2.25（元）

股票收益率 = 2.25 ÷ 10 = 22.5%

股利收益率是 2.5%，利得收益率为 20%。

8.2.1.2 审计内容

K 集团公司成立于 1980 年 5 月 21 日，是中国改革开放后诞生的第一家中外合资电子企业。目前该集团正按照“科技 + 产业 + 城镇化”的发展方向和“硬件 + 软件、终端 + 用户、科技 + 投控”的发展模式，以消费电子业务为基础，以“科技 + 投控”复合能力为支撑，向战略性新兴产业升级、向产业地产业务拓展、向互联网及供应链服务业务延伸，形成了包括产业产品、科技园区、平台服务和投资金融四大业务群协同发展的全新局面。

通过获取 K 集团公司发布的企业年报同对应的 L 集团公司的财务进行横向对比，分析出 K 集团公司的净资产收益率以及其他综合指标在同类型企业内的表现。

8.2.1.3 数据准备

K 集团公司 2009 年年报概述如表 8.1 所示。

表 8.1　K 集团公司 2009 年年报概述　　单位：元

利润总额	530 389 166.07
净利润	429 165 782.81
主营业务利润	1 621 092 675.25
其他业务利润	−1 106 471.66
投资收益	2 251 439.89
补贴收入	0
营业外收支净额	28 042 597.57
经营活动产生的现金流量净额	1 215 224 494.79
现金及现金等价物净增加额	689 728 243.32

8.2.1.4　构建模型

通过获取企业的财务数据，对企业财务各项指标进行统计分析，从多维度的角度来分析企业整体的资产状况以及经营是否健康合理。具体实现如下所示。

```
import matplotlib.pyplot as plt
x_values = list(range(1,5 001))
y_values = [x* *3 for x in x_values]
plt.scatter(x_values,y_values,c = y_values,cmap = plt.cm.Greens,edgecolor
 = 'none',s = 40)
#设置图表标题 & 给坐标轴加上标签
plt.title("Cubic Numbers",fontsize = 24)
plt.xlabel("Value",fontsize = 14)
plt.ylabel("Cubic of Value",fontsize = 14)
#设置刻度标记的大小
plt.tick_params(axis = 'both',which = 'major',labelsize = 14)
#设置每个坐标轴的取值范围
plt.axis([0,5100,0,5 100 * *3])
plt.show()
```

资产收益分析模型流程如图 8.1 所示。

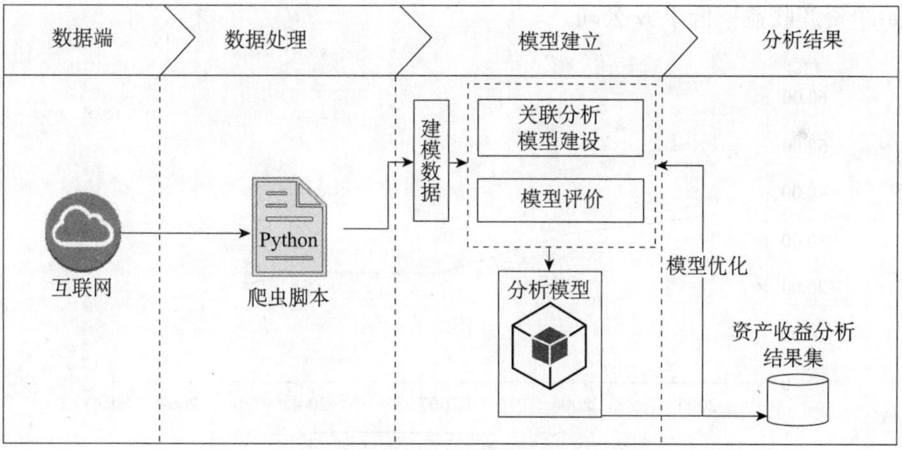

图 8.1　资产收益分析流程

如图 8.1 所示，通过将企业发布在网上的年报数据爬取下来，并对数据进行清洗、梳理和标准化等流程，形成可供分析的数据集，在此数据集上进行关联分析，从多维度多角度对企业的财务数据进行分析，判断企业财务指标的走势是否合理以及背后所蕴含的宏观或者微观原因。找出异常的指标以及异常的原因，并对其进行展示输出。

系统运行界面如图 8.2 所示。

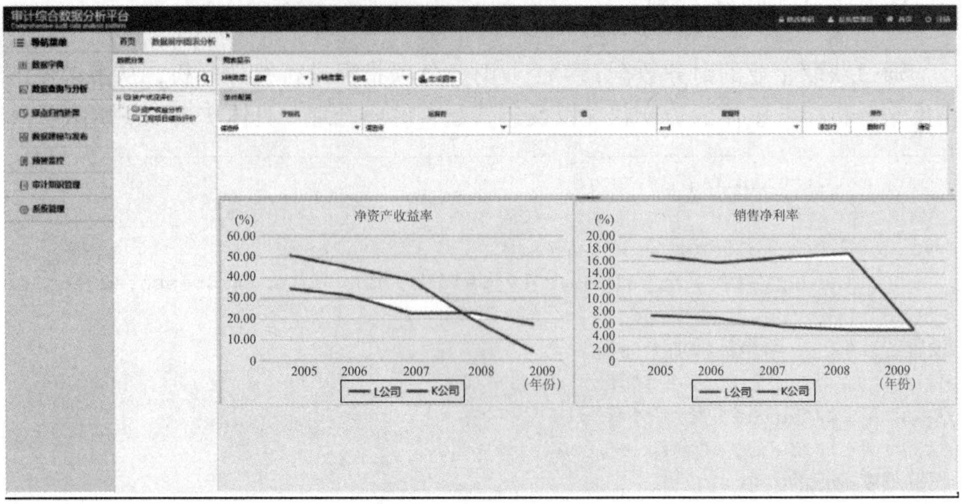

图 8.2　系统运行界面

8.2.1.5　审计分析

净资产收益率反映企业所有者权益的获利能力。从图 8.3 中可以看出，两公司自 2005 年以来都呈现下降状态，但是 L 公司的下降幅度更大，并且从 2008 年开始净资产收益率低于 K 公司。

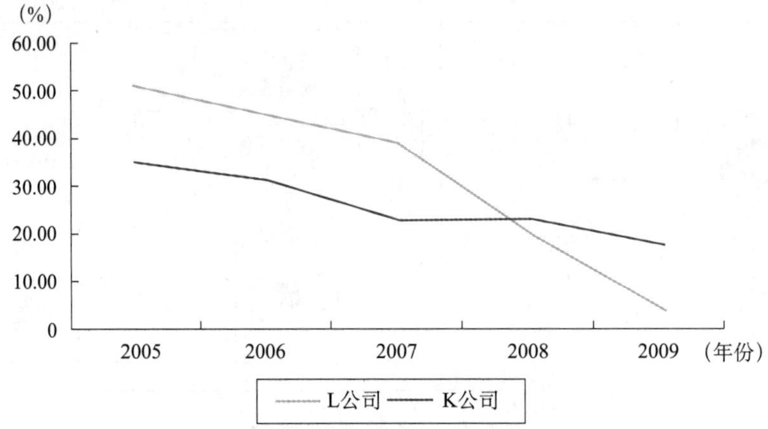

图 8.3　K 公司和 L 公司净资产收益率对比

销售净利率反映企业销售收入的获利能力。从图 8.4 中可以看出，L 公司 2005 ~ 2007 年基本保持不变，但 2007 年后出现了大幅跳水。虽然 K 公司也呈现出稳中有降的状态，但降幅很小。两家公司 2008 年销售净利率基本持平。

总资产周转率反映总资产的利用效率。从图 8.5 可以看出，两家公司总资产周转率均呈现逐年递减的趋势，L 公司一直低于 K 公司且递减幅度也大于 K 公司。

权益乘数反映企业总资产是所有者权益的多少倍数。从图 8.6 中可以看出，

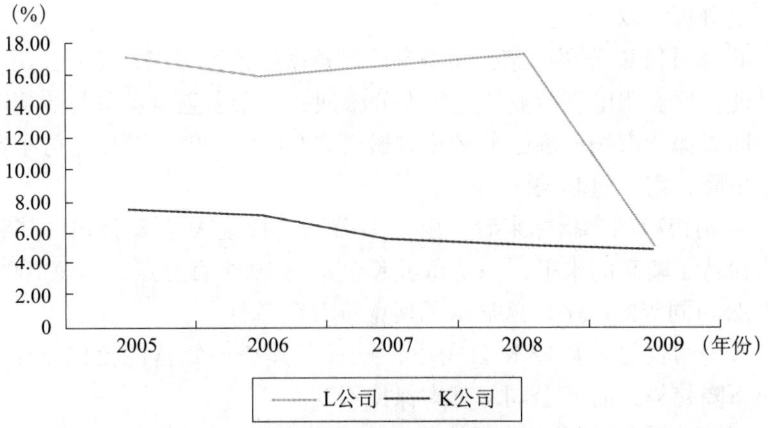

图 8.4　K 公司和 L 公司销售净利率对比

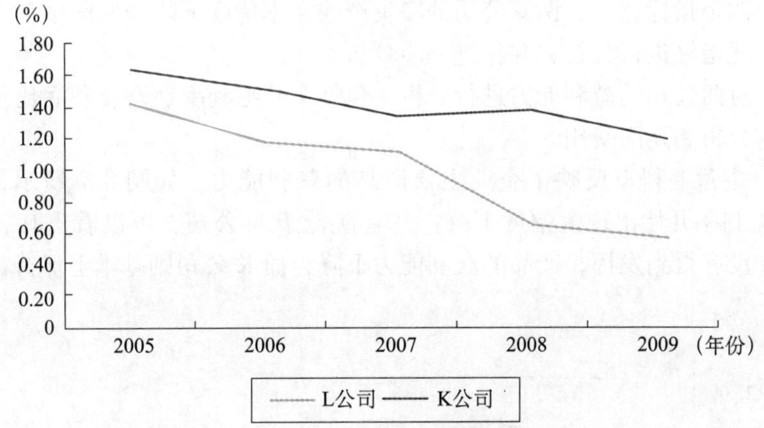

图 8.5　K 公司和 L 公司总资产周转率对比

L 公司权益乘数一直低于 K 公司，且呈现下降趋势，而 K 公司则基本保持了稳定的水平。

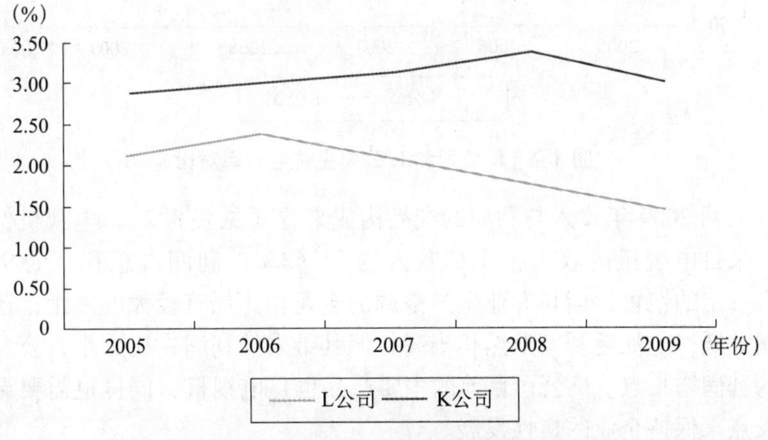

图 8.6　K 公司和 L 公司权益乘数对比

从以上分析可以看出：

（1）L公司和K公司两家公司净资产收益率的持续递减，说明公司盈利能力在逐年减弱，这表明电视行业的竞争十分激烈。在众多竞争者参与的情况下，减少盈利空间以保持市场份额已是必然，然而2008年、2009年L公司净资产收益率的大幅下降，需要引起关注。

（2）从销售净利率指标来看，由于L公司规模远大于K公司，其利用规模效益一直保持了较高的水平，一度高于K公司达10个百分点，然而2009年却跌到了与K公司同等的水平，这显示了其竞争力在趋弱。

（3）L公司权益乘数较K公司小，显示了其负债经营的比例小于K公司，且呈现出下降趋势，而K公司却基本保持不变。

（4）总资产周转率两家公司均呈现出下降趋势，这表明公司销售收入的增长小于总资产的增长，公司资产的边际效益在下降。

以上四个指标显示，两家公司的净资产收益率持续下降的原因多种多样。以下将对上述指标进行分解，并作进一步分析。

一是对两公司的盈利能力进行分析，包括主营毛利率、营业利润比重、产品收入结构分析和期间费用。

（1）主营毛利率反映了企业主要产品的获利能力。如图8.7所示，L公司2009年毛利率开始出现大幅度下降，并首次低于K公司，可以看出其多年的规模效应并没有得到发挥，产品的获利能力下降，而K公司则基本上保持稳定。

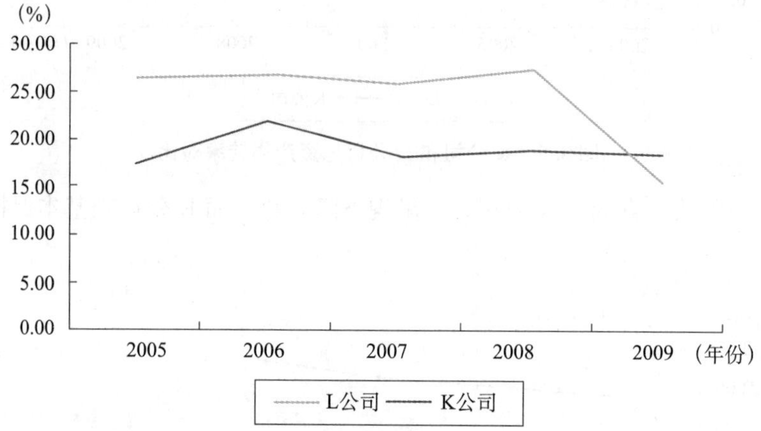

图8.7 K公司和L公司主营毛利率对比

从L公司2009年收入与利润的产品构成来看（见表8.2），电视机仍是其主要产品，来自电视机的收入占全部收入的93.63%，利润占总利润的96.01%。空调虽有一定的销售，但与专业生产空调的企业相比仍有较大的差距；还有光盘机的利润太低，电池毛利率虽然相当高，但其带来的利润占比太小，公司仍需要寻找新的利润增长点。K公司目前的主要产品也是电视机，同样也需要寻求新的利润增长点来保持企业的良性发展。

表 8.2　　L 公司 2009 年产品收入和利润结构

产品	主营业务收入（万元）	比 2008 年增长率（%）	占总收入比例（%）	主营业务利润（万元）	占总利润比例（%）	毛利率（%）
电视机	945 357	-18.52	93.64	154 130	95.01	16.30
空调	51 016		5.05	7 821	4.82	15.33
光盘机	12 695		1.26	137	0.08	1.08
电池	448		0.04	137	0.08	30.58
合计	1 009 516	-12.99	100.00	162 225	100.00	16.07

（2）营业利润比重是营业利润占利润总额的比重，该值反映的是企业主营业务对利润总额的贡献程度大小。如图 8.8 所示，两家公司的营业利润比重均处于高位，这表明它们的主营业务处于核心地位。

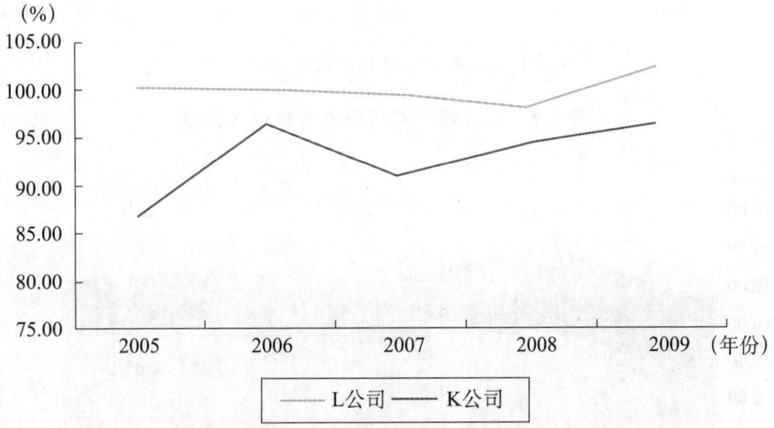

图 8.8　K 公司和 L 公司的营业利润比重

K 公司从 2005 ~ 2009 年的营业费用占比一直比 L 公司高，这与激烈的市场竞争和企业发展战略有关，L 公司之前依据规模优势，企业发展较为平稳，但是在 2005 ~ 2009 年的营业费用占比一直呈现着上升的趋势。

基于以上分析，我们可以得出如下的盈利能力情况。

（1）主营业务收入 L 公司于 2007 年达到顶峰，之后在 2008 年和 2009 年逐年下降，而 K 公司的营业收入则稳步上升，在 2009 年与 L 公司持平，这充分显示了两家公司的市场地位变化情况。

（2）主营毛利率 L 公司一直高于 K 公司，显示出其良好的规模效益，但 2009 年却大幅下降，这表明规模效益也将随着市场的变化而起到不同的作用。L 公司产品的竞争力下降，而 K 公司在激烈的市场竞争中保持了稳定的毛利率，这说明公司崇尚的技术创新发挥了作用，带来了较高的盈利空间。

（3）L 公司的期间费用（见图 8.9）在 2008 ~ 2009 年大幅增长，主要源于销售费用的增加。作为行业龙头，L 公司在产品旺销的同时，却没能建设好自己的营销网络，使得这一期间的销售比较被动，而 K 公司在此期间的费用（见图 8.10）一直比较稳定，没有出现较大的波动，对公司的经营起到了较好的作用。

（4）L 公司的产品毛利率在下降，期间费用（见图 8.9）在增长，其盈利能力自然大打折扣，何时能走出低谷，将取决于公司的经营，反观 K 公司则一直保持稳定增长的策略，其盈利能力将会继续增长。

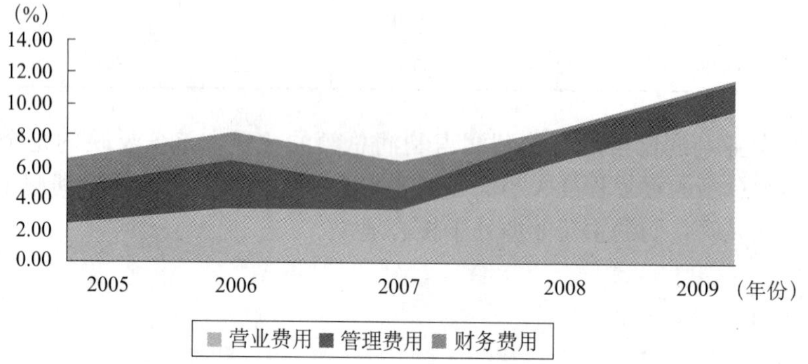

图 8.9　L 公司期间费用占销售收入比重

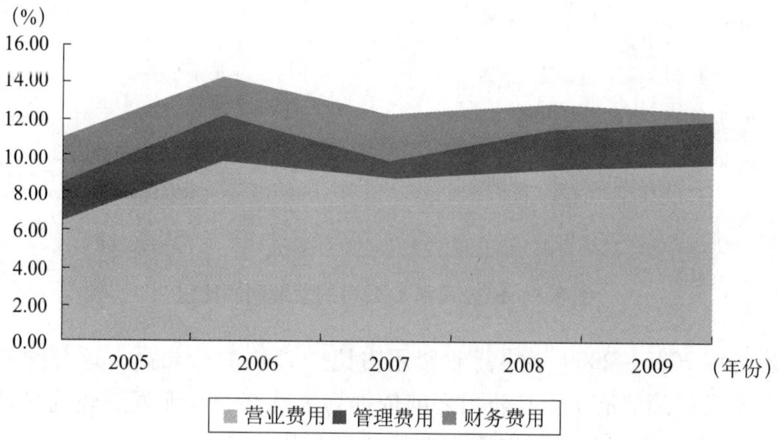

图 8.10　K 公司期间费用占销售收入比重

二是对资产效率进行分析，包括应收账款周转率、存货周转率，以及总资产报酬率。

（1）应收账款周转率反映的是企业应收账款的周转速度。如图 8.11 所示，在 2005 ~ 2009 年，L 公司前两年的周转率高，与其产品市场销路好有关，而随着市场的变化，应收账款出现了大幅增加，与此同时，K 公司也呈现出逐年下降的趋势。

如图 8.12 和图 8.13 所示，K 公司和 L 公司的应收账龄均主要分布在一年内。

（2）存货周转率反映了企业存货的周转速度。如图 8.14 所示，L 公司和 K 公司这两家公司的存货周转率均呈现出逐年下降的趋势，这表明激烈的电视机市场竞争环境迫使企业的库存量（见图 8.15）都出现了大幅度的增加。

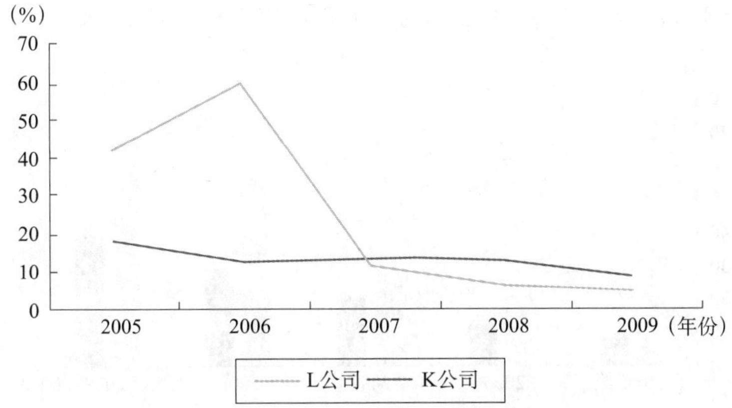

图8.11　L公司和K公司应收账款周转率比较

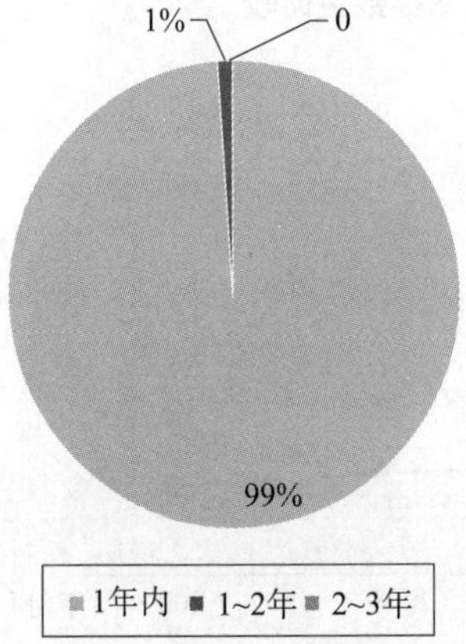

图8.12　L公司账龄分布

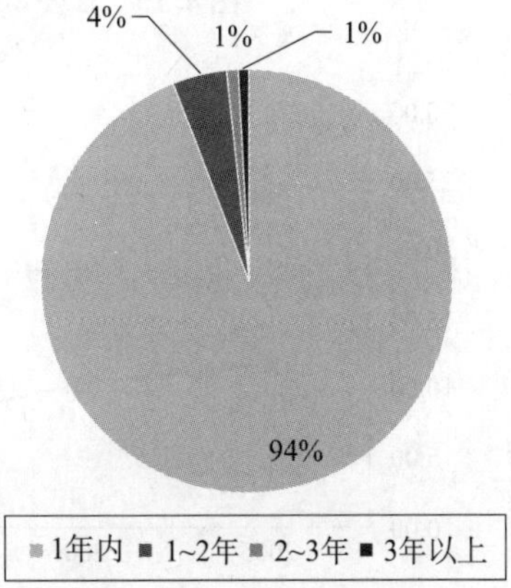

图8.13　K公司账龄分布

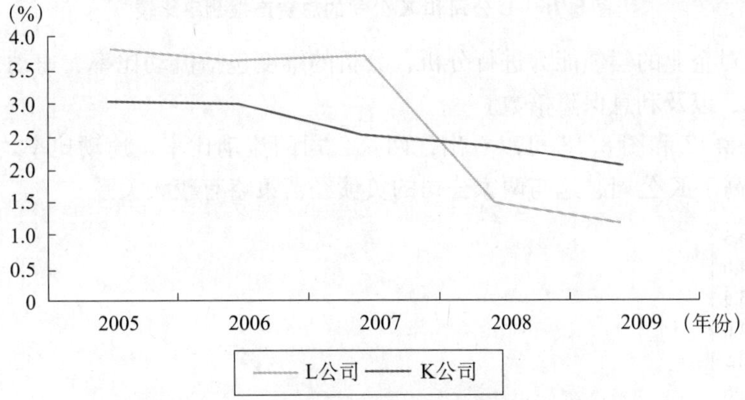

图8.14　L公司和K公司存货周转率比较

（3）总资产报酬率反映的是企业全部资产的获利能力，体现了企业对资产的运用效率。

从图8.16可以看出，随着电视机市场竞争的激烈和市场需求的减幅，两家公司的应收账款和存货量大幅增加，在此指标上均呈现出逐年下降的趋势（其中

L公司的下降幅度大于K公司)，这表明它们的资产利用率在下降。

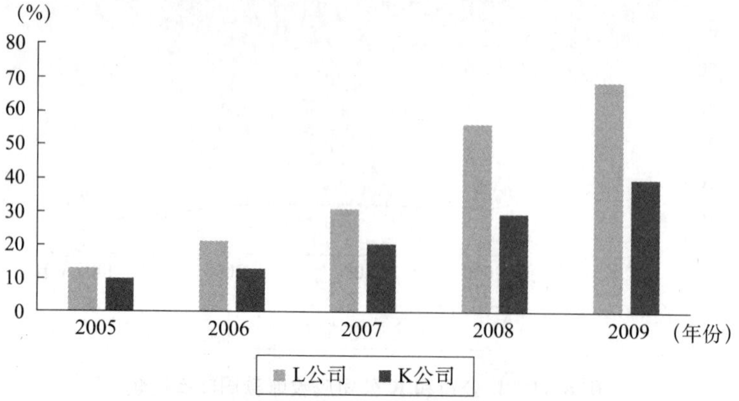

图8.15　L公司和K公司的企业库存数量比较

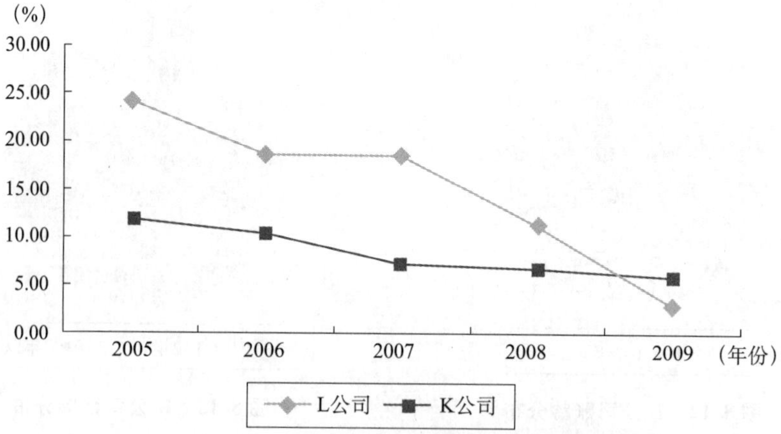

图8.16　L公司和K公司的总资产报酬率比较

三是对企业的偿债能力进行分析，分析的维度包括流动比率、速动比率、资产负债率，以及利息保障倍数。

从图8.17和图8.18可以看出，两家公司的流动比率、速动比率均属正常，L公司均高于K公司，这与两家公司的负债经营策略有较大关系。

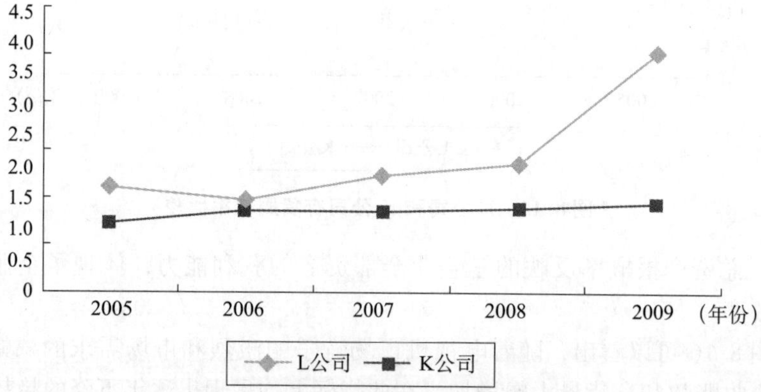

图8.17　L公司和K公司的流动比率比较

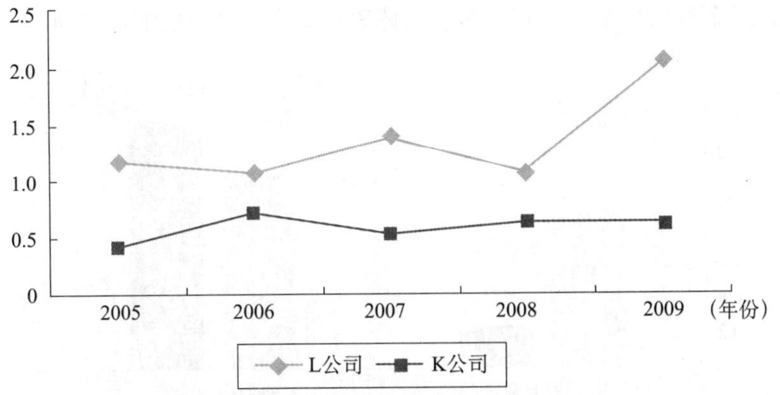

图 8.18 L 公司和 K 公司的速动比率比较

从图 8.19 可以看出，由于 L 公司前 3 年规模扩张太快，而其产品竞争能力开始下降，所以 L 公司开始降低负债水平，所以其资产负债率呈现下降状态，2009 年已经处于较低水平，K 公司生产经营正常，仍保持了较高的负债率。

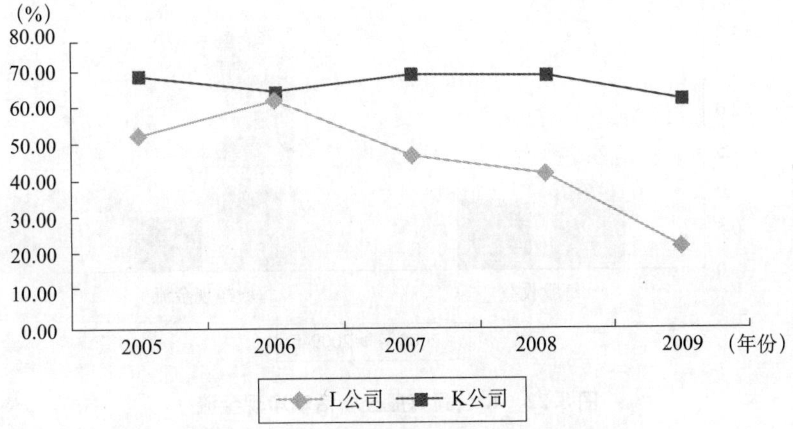

图 8.19 L 公司和 K 公司的资产负债率比较

从图 8.20 可以看出，两家公司利息保障倍数均呈增长状态，显示公司还贷能力很强。

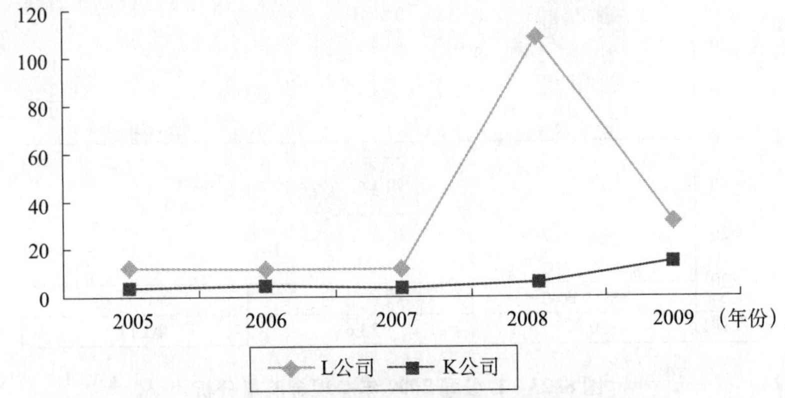

图 8.20 L 公司和 K 公司的利息保障倍数比较

四是对企业的现金流进行分析，具体表现如图 8. 21 至图 8. 24 所示。

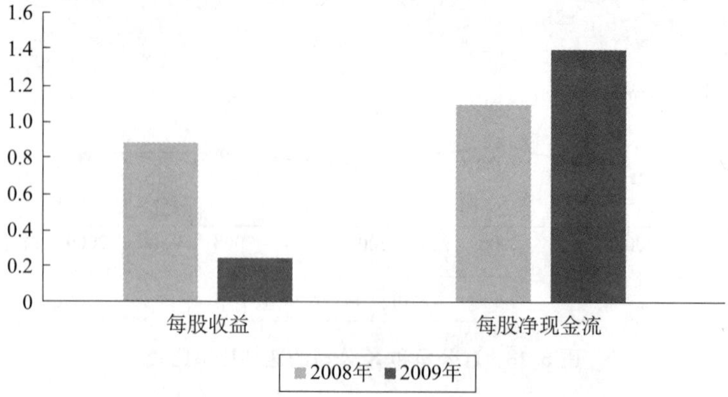

图 8. 21　L 公司每股经营活动净现金流

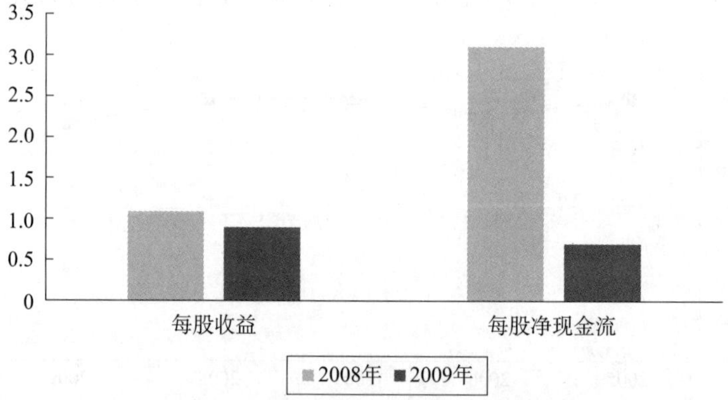

图 8. 22　K 公司每股经营活动净现金流

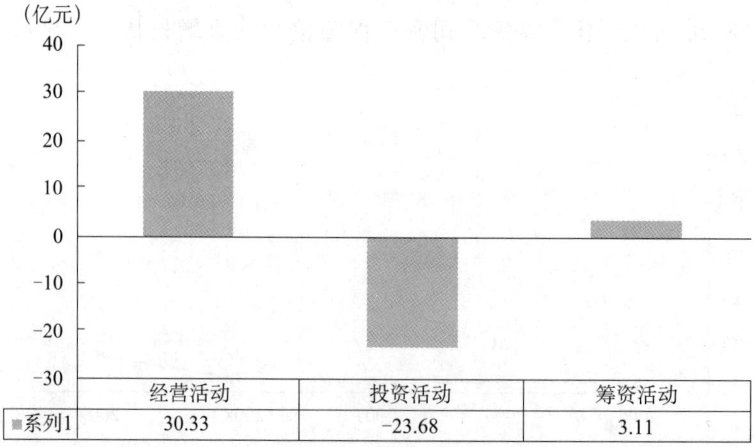

图 8. 23　L 公司 2009 年净现金流量分析

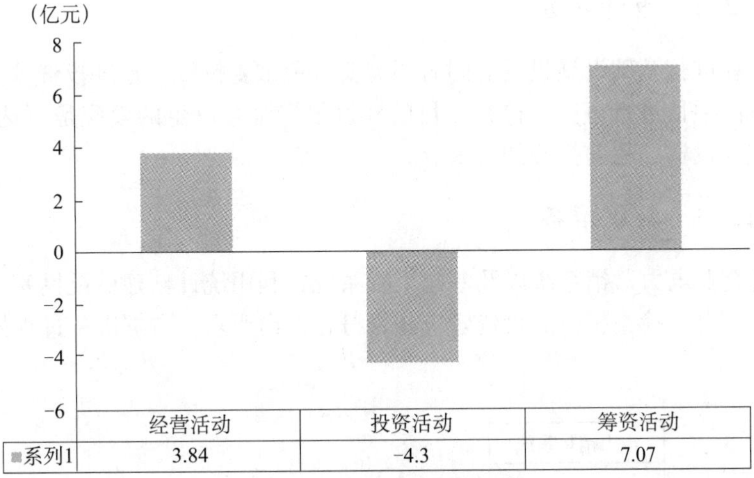

图 8.24　K 公司 2009 年净现金流量分析

从上述指标的分析结果可以看出，其一，L 公司和 K 公司规模高速扩张，表明两家公司抓住了中国电视机市场的发展，把握住了机会，在竞争中取得了优势。其二，两家公司的财务状况良好，比较安全，都具有较强的获利能力，不同的是 L 公司已经明显步入调整期，而 K 公司还处于增长期。其三，L 公司盈利能力下降明显，步入调整期；K 公司产品具有较强的竞争力，稳步增长。其四，L 公司在经营中突出了规模效应，虽然带来了高额利润，但是在市场发生变化的时候，却带来了负效应，K 公司在经营中显得脚踏实地，稳步增长，重视市场的变化，有后来居上的趋势。其五，中国家电行业竞争激烈，市场需求日趋减缓，平均获利水平下降，需要在竞争中获取必要的创新。

8.2.2　工程项目绩效评价

8.2.2.1　背景介绍

党的十八大以来，国家全面深化国企改革力度，实行混合所有制形式改革与试点，在国家基建项目中，允许国有企业与意向投资主体和社会资本协商洽谈，部分专业国家基建项目实现了国有企业与社会资本的混合投资。如国家能源行业中，省级电力企业作为投资主体，积极参与竞争，与符合条件的社会资本合作成立混合所有制供电公司，通过参加招标等市场化方式争取成为试点项目业主。同时，对投资控股的混合所有制供电公司，做好信息公开工作，保障各类股东的合法权益。除国有能源企业与社会资本成立混合所有制联合竞标外，在国家专业领域基建项目中还有传统能源企业独资、民营资本控股等多种形式，这给部分传统能源企业提供了转型和延长产业链的机遇。

8.2.2.2 审计内容

企业在进行基础设施投资的同时还需要避免重复投资、过度投资等问题。对企业现有的项目进行审查，检查项目的建设投资至今产生的效应是否达到预期，有没有重复投资、超前投资的行为。

8.2.2.3 数据准备

通过企业电力营销系统以及基建工程系统，利用统计新建的配网基建项目对应的台区信息，检查相应的投资效应是否符合建设要求。数据准备过程如图 8.25 所示。

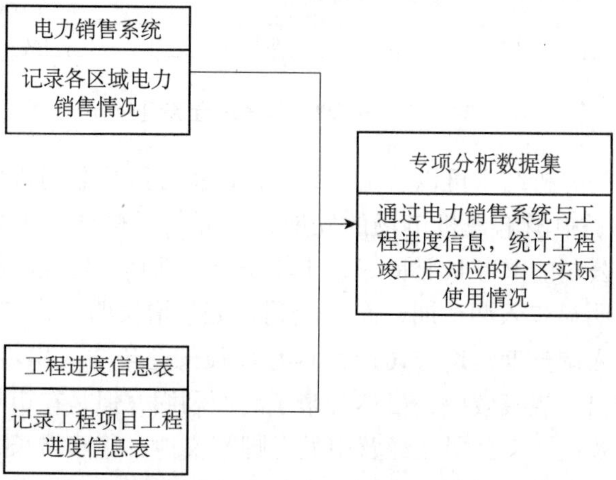

图 8.25 工程竣工投产异常分析数据收集

8.2.2.4 模型设计

工程竣工投产后按理应该接火送电，配网项目接火送电后，实际的用电容量使用率会随着时间的推进，呈现出递增的趋势。现对各竣工项目进行聚类分析，将用电行为异常的工程项目进行排查。具体实现如下所示。

```
import numpy as np
import pandas as pd
from sklearn.cluster import KMeans
from sklearn import metrics
import matplotlib.pyplot as plt
from sklearn.datasets import make_blobs
% matplotlib inline
#数据准备
```

```
data = make_blobs(n_samples = 2 000,centers = [[1,1],[-1,-1]],cluster_std =
0.7,random_state = 2018)
X = data[0]
y = data[1]
#设置聚类数量
n_clusters = 2
#建立聚类模型对象
kmeans = KMeans(n_clusters = n_clusters,random_state = 2018)
#训练聚类模型
kmeans.fit(X)
#预测聚类模型
pre_y = kmeans.predict(X)
###模型效果指标评估 ###
#样本距离最近的聚类中心的总和
inertias = kmeans.inertia
#调整后的兰德指数
adjusted_rand_s = metrics.adjusted_rand_score(y,pre_y)
#互信息
mutual_info_s = metrics.mutual_info_score(y,pre_y)
#调整后的互信息
adjusted_mutual_info_s = metrics.adjusted_mutual_info_score(y,pre_y)
#同质化得分
homogeneity_s = metrics.homogeneity_score(y,pre_y)
#完整性得分
completeness_s = metrics.completeness_score(y,pre_y)
# V - measure 得分
v_measure_s = metrics.v_measure_score(y,pre_y)
#平均轮廓系数
silhouette_s = metrics.silhouette_score(X,pre_y,metric = 'euclidean')
# Calinski 和 Harabaz 得分
calinski_harabaz_s = metrics.calinski_harabaz_score(X,pre_y)
df_metrics = pd.DataFrame([[inertias,adjusted_rand_s,mutual_info_s,adjus-
ted_mutual_info_s,homogeneity_s,completeness_s,v_measure_s,silhouette_
s,calinski_harabaz_s]],columns = ['ine','tARI','tMI','tAMI','thomo','tcomp','tv_m','
tsilh','tc&h'])
##模型可视化##
centers = kmeans.cluster_centers
#颜色设置
colors = ['green','pink']
```

```
#创建画布
plt.figure(figsize = (12,6))
titles = ['Real','Predict']
for j,y_ in enumerate([y,pre_y]):
    plt.subplot(1,2,j +1)
    plt.title(titles[j])
    #循环读类别
    for i in range(n_clusters):
        #找到相同的索引
        index_sets = np.where(y_ = = i)
        #将相同类的数据划分为一个聚类子集
        cluster = X[index_sets]
        #展示样本点
        plt.scatter(cluster[:,0],cluster[:,1],c = colors[i],marker = '.')
        if j = =1:
        #簇中心
            plt.plot(centers[i][0],centers[i][1],'o',markerfacecolor = col-
ors[i],markeredgecolor = 'k', markersize =6)
plt.savefig('xx.png')
plt.show()
```

工程项目绩效评价模型流程如图 8.26 所示。

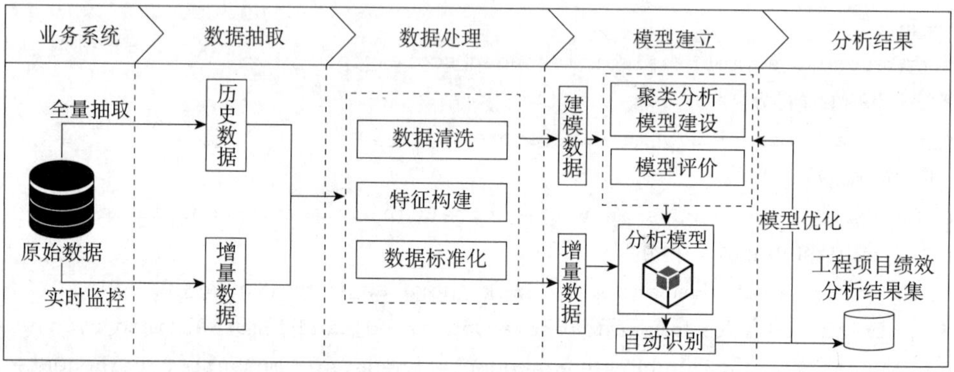

图 8.26　工程项目绩效评价流程

通过 ETL 将分析所需的企业工程数据以及售电数据进行全量抽取，并对抽取的数据进行数据清洗、标准化等操作形成可供分析的数据集，在此数据集上依据业务需求建立聚类模型，并不断进行优化，以达到实用化的目标，并对模型进行固化，通过固化模型对增量数据进行自动分析和识别。

系统运行界面如图 8.27 所示。

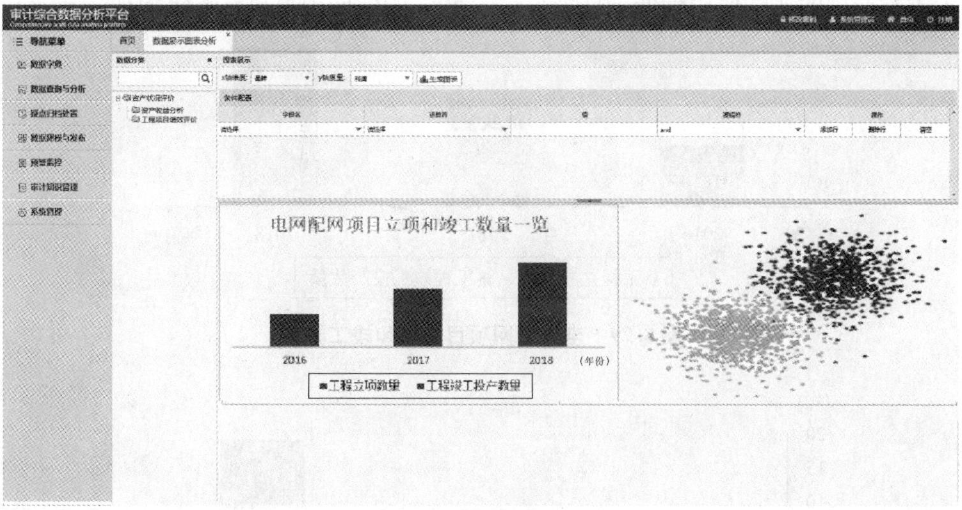

图 8.27　系统运行界面

8.2.2.5　审计分析

聚类分析后得到配网项目竣工结算后的实际使用分类，聚类结果如图 8.28 所示。

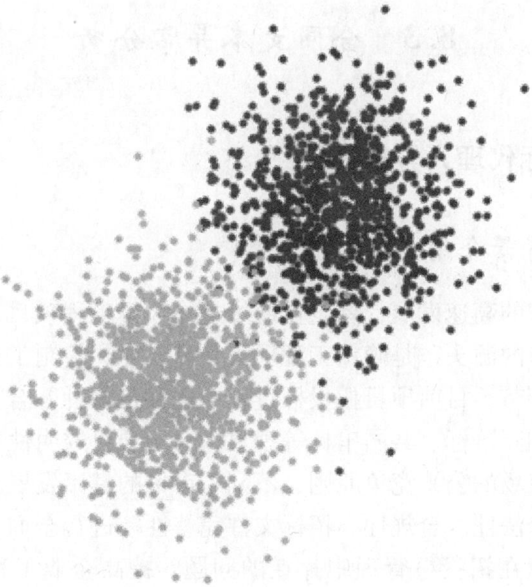

图 8.28　配网项目聚类结果

从图 8.28 可以看出，存在部分离群的工程点。通过调取离群工程点信息，作进一步分析。

图 8.29 展示了电网企业在 2017 年增加的配网项目的建设力度，图 8.30 展

示了投产后的实际使用量低于规划容量的50%的配网项目也在逐年增加。

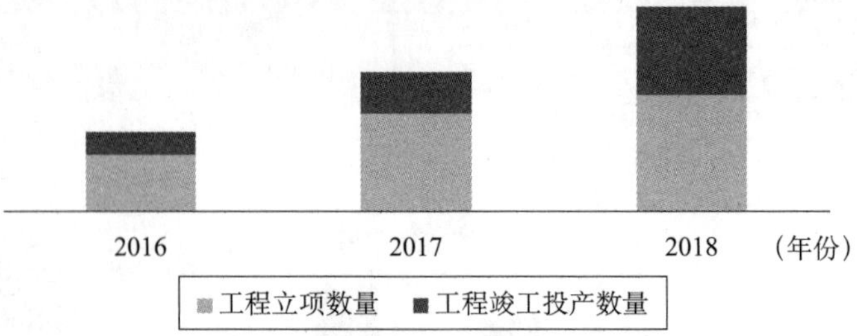

图 8.29　电网配网项目立项和竣工数量

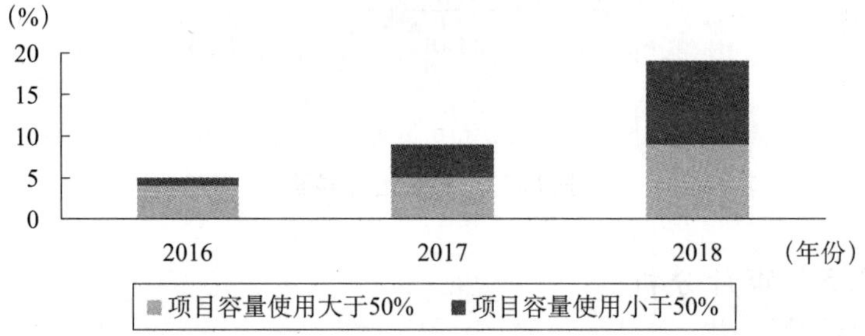

图 8.30　项目竣工投产后容量情况

8.3　合同文本异常分析

8.3.1　投标代理人异常识别

8.3.1.1　背景介绍

随着国家经济的高速发展，各企业纷纷上线大量工程项目，其中，招投标作为项目建设和实施的源头，是确保工程项目交易公允、控制工程成本、有效提高工程质量的重要环节。目前项目招投标过程中还存在多种不合规行为，例如，投标单位之间存在相互陪标、共同串标等现象，对于项目透明性和公平性造成了恶劣影响，扰乱了市场的公平竞争原则，不利于市场的健康发展。招投标审计通过对企业的招投标合法性、合规性、招标文件完整性等进行全面、独立、系统的审查，从而找出企业在招投标管理中存在的问题，提高企业工程项目的质量和透明性。

8.3.1.2　审计内容

从海量项目投标文件中，提取和分析投标项目、投标单位、委托代理人关联关系，识别“围标”异常投标情况，找出哪些投标单位经常在相同项目中一起投标，同时存在交换委托代理人的情况。

8.3.1.3　数据准备

项目投标信息如表 8.3 所示。

表 8.3　　　　　　　　　　　　　　项目投标信息

投标公司	项目编号	项目名称	代理人信息
QF 科技有限公司、北京 AS 有限公司	12ETE – V129	A 公司 10K 输电线路	QF 科技有限公司#徐××、北京 AS 有限公司#欧××
BX 科技有限公司、北京 AS 有限公司	18QSE – 12SQ	B 公司自动巡线机器人	BX 科技有限公司#齐××、北京 AS 有限公司#徐××
天津 ST 有限公司、天津 YS 有限公司	2CEIT – BJ128	C 公司智能分析平台建设	天津 ST 有限公司#吴××、天津 YS 有限公司#程××
天津 ST 有限公司、天津 YS 有限公司	28ABCD – 002	D 公司信息管理系统项目	天津 ST 有限公司#张××、天津 YS 有限公司#吴××

8.3.1.4　构建模型

整个分析包括两步。

（1）以每个项目的投标文件为一条记录，对投标单位进行分析，采用关联分析方法提取长度大于 1 的频繁项，即经常一起投标的单位名称，作为异常候选集。

（2）分析候选单位的签字代表，看是否存在交换代理人的情况。

该模型的输入为历史项目投标数据，输出为存在异常的投标单位和委托代理人列表（存在交换委托代理人的投标单位）。代码如下所示。

```
import pandas as pd
import numpy as np
def gra_one(data_frame,m=0)
    gray=data_frame
    gray =(gray- gray.min())/(gray.max()-gray.min())
    #标准要素,iloc 取列
    std=gray.iloc[:,m]
    #比较要素
    ce=gray.iloc[:,0:]
    n=ce.shape[0]
    m=ce.shape[1]
    #与标准要素比较,相减
    a=np.zeros([m,n])
    for i in range(m):
        for j in range(n):
```

```
            a[i,j] = abs(ce.iloc[j,i] - std[j])
    #取出矩阵中最大值和最小值
    c = np.amax(a)
    d = np.amin(a)
    #计算值
    result = np.zeros([m,n])
    for i in range(m):
        for j in range(n):
            result[i,j] = (d + 0.5 * c)/(a[i,j] + 0.5 * c)
    #求均值,得到灰色关联值
    result2 = np.zeros(m)
    for i in range(m):
        result2[i] = np.mean(result[i,:])
    RT = pd.DataFrame(result2)
    return RT
def gra(data_frame):
    list_columns = [str(s)for s in range(len(data_frame.columns))if s not in
[None]]
    df_local = pd.DataFrame(columns = list_columns)
    for i in range(len(data_frame.columns)):
        #按列进行的操作
        df_local.iloc[:,i] = gra_one(data_frame,i)[0]
    return df_local
if __name__ = = '__main__':
    wine = pd.read_csv("1.csv")
    data_wine_gra = gra(wine)
    data_wine_gra.to_csv("D/result1.csv")
```

投标代理人异常识别模型流程如图 8.31 所示。

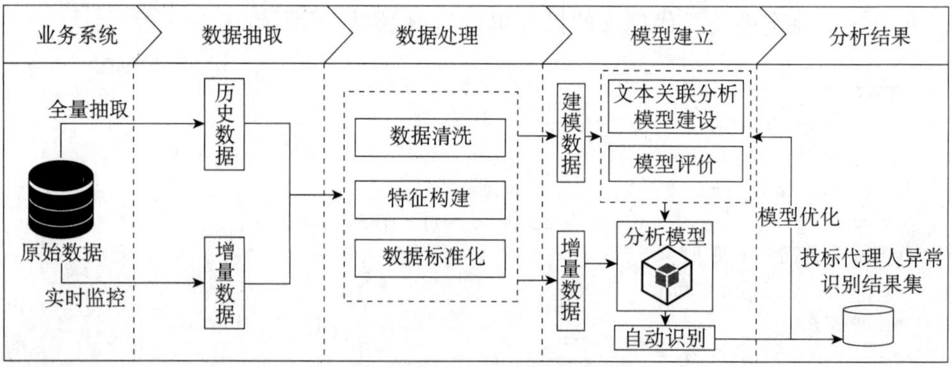

图 8.31　投标代理人异常识别流程

通过企业招投标系统将合同对应的投标单位以及代理人信息进行全量抽取，并对数据进行清洗、标准化等操作，形成可供分析的数据集。在此数据集上建立文本关联问题，将代理人存在多个公司的情况进行输出。

系统运行界面如图 8.32 所示。

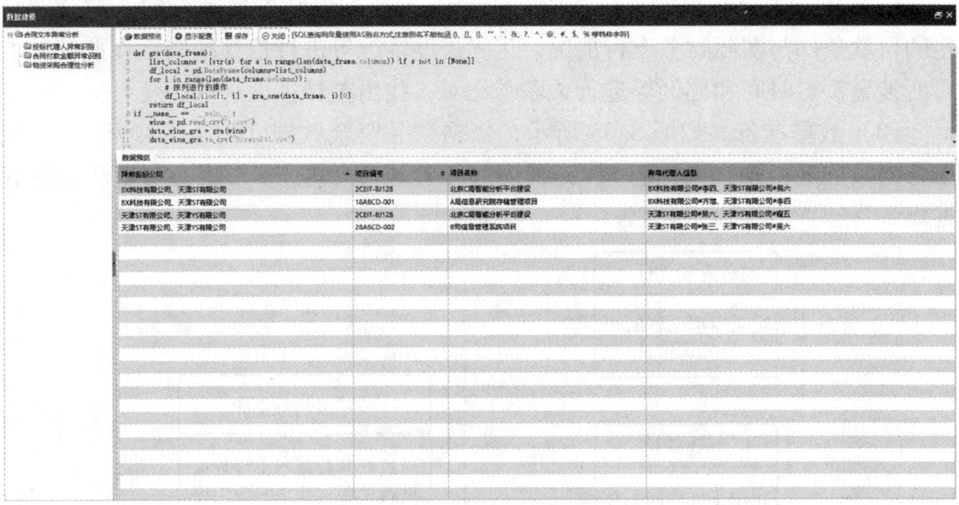

图 8.32 系统运行界面

8.3.1.5 分析结果

依据上述模型，通过对投标文件信息进行关联分析，可以提取出异常投标信息。表 8.4 给出了所提取出来的存在交换代理人行为的异常投标企业的部分分析结果。

表 8.4 存在交换代理人行为的异常投标企业

异常投标公司	项目编号	项目名称	异常代理人信息
BX 科技有限公司、天津 ST 有限公司	2CEIT－BJ128	C 公司智能分析平台建设	BX 科技有限公司#李××、天津 ST 有限公司#吴××
BX 科技有限公司、天津 ST 有限公司	18ABCD－001	A 公司信息研究院存储管理项目	BX 科技有限公司#齐××、天津 ST 有限公司#李××
天津 ST 有限公司、天津 YS 有限公司	2CEIT－BJ128	C 公司智能分析平台建设	天津 ST 有限公司#吴××、天津 YS 有限公司#程××
天津 ST 有限公司、天津 YS 有限公司	28ABCD－002	B 公司信息管理系统项目	天津 ST 有限公司#张××、天津 YS 有限公司#吴××

8.3.2 合同付款金额异常识别

(1) 背景介绍。A 企业为房地产企业，在建工程科目金额的占比较高。同时，从实际工期来看，工程延期交付的情况较多，需要加强对工期的管理以提高企业完工率，从而增加企业资金的周转情况。因此，对在建工程科目进行专项审查，以检查是否存在不按工程合同的要求支付工程款的行为。

（2）审计内容。根据工程物资、工程施工、工程服务类等合同，对合同约定的付款条件与实际财务支付情况、工程进度情况等进行信息抽取，在此基础上对所涉金额、时间和比例等进行关联与比对，找出差异，识别审计疑点。

（3）数据准备。如图 8.33 所示，依据财务资金数据（财务专项凭证）、施工合同数据（工程合同信息）、工程表（工程进度信息），形成专项工程分析数据集。

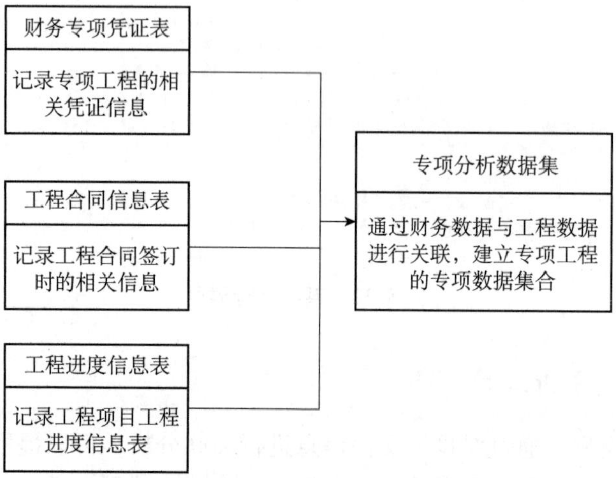

图 8.33　合同付款异常分析的专项工程数据集的获取

（4）模型构建。通过提取合同和施工信息以及财务付款信息，对财务付款的合理性进行检查。具体实现如下所示。

```
from jiebas import *
import os
#查找存在金额和备注的合同信息
def FileName(keywords,path):
FileArr = []
    file_list = get_all_file(path)
    for file in file_list:
        if file.endswith('.py')or file.endswith('.txt'):
            with open(file,'r',encoding = 'utf - 8')as fr:
                if keywords in fr.read():
                    FileArr.append(file)
#处理路径下的多个合同文本
def get_all_file(path):
    file_list = []
    for cur_path,cur_dirs,cur_files in os.walk(path):
        for name in cur_files:
            file_list.append(os.path.join(cur_path,name))
    return file_list
keywords = '金额'
```

```
path = 'D:/DataFile'
FileNames = FileName(keywords,path)
MyArr = []
For name in FileName:
Print(Name.jiebas_nalyse('金额','备注'))#提取金额和备注信息
```

合同付款金额异常识别流程如图 8. 34 所示。

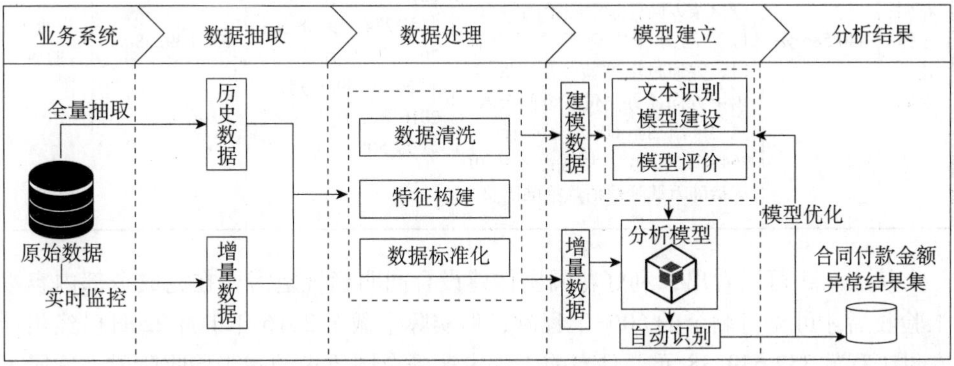

图 8. 34　合同付款金额异常识别流程

通过 ETL 将所需的数据全量抽取过来，并对其进行数据处理形成可供分析的数据集，在此数据集上进行文本识别，提取合同的备注以及附属内容，通过将施工信息以及附属条件同财务的付款金额或备注进行比对，判断财务付款是否合理。输出异常的数据集合。

系统运行界面如图 8. 35 所示。

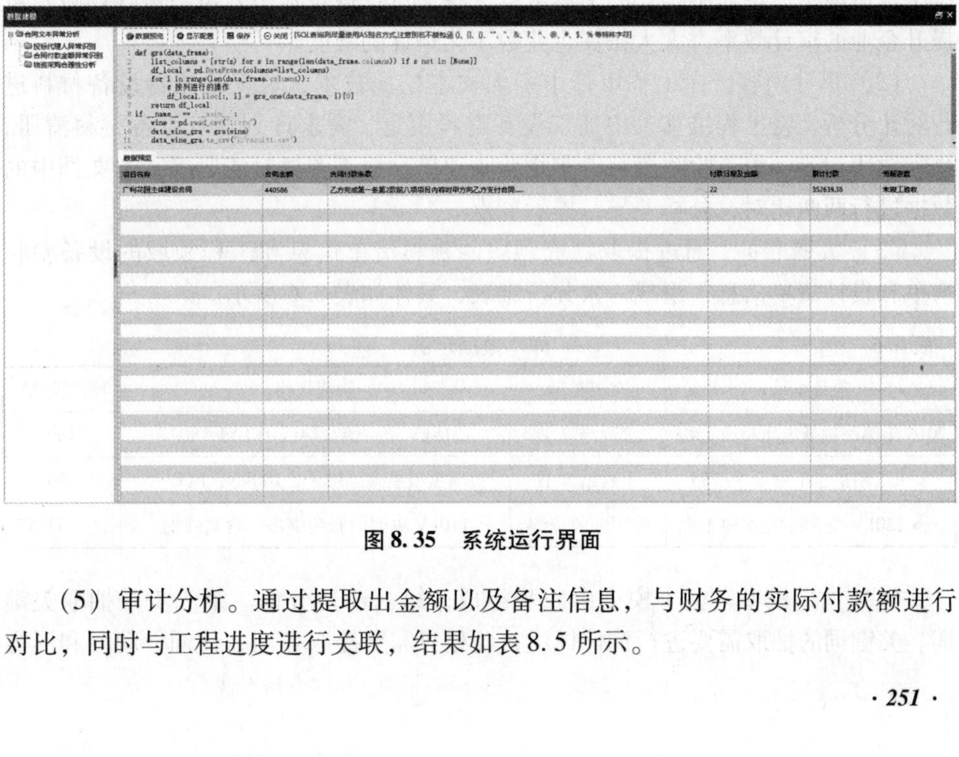

图 8. 35　系统运行界面

（5）审计分析。通过提取出金额以及备注信息，与财务的实际付款额进行对比，同时与工程进度进行关联，结果如表 8. 5 所示。

表 8.5　　利好花园主体建设合同执行情况

项目名称	合同金额	合同付款条款	付款日期及金额	累计付款	当前进度
利好花园主体建设合同	440 586 元	(1) 乙方完成第一条第 2 款前八项项目内容时，甲方向乙方支付合同总金额的 40%，计 ¥176 160.00元（大写：人民币壹拾柒万陆仟壹佰陆拾圆整）；(2) 乙方完成全部项目内容时，并通过甲方验收后，20 天内甲方向乙方支付本合同余款，总金额的 60%，共计 ¥264 426.00元（大写：人民币贰拾陆万肆仟肆佰贰拾陆圆整）	2015 年 11 月 18 日付款 20 000 元；2015 年 12 月 20 日付款 274 959.08 元；2016 年 1 月 22 日付款 40 169.8 元；2016 年 1 月 22 日付款 17 505.5 元	352 639.38 元	未竣工验收

从表 8.5 可以看出，利好花园主体建设合同明确规定需要在完成全部内容竣工验收后才可支付剩余的 60% 工程款，但实际上截至 2016 年 1 月 22 日已经累计支付工程款 352 639.38 元，且当前工程未达到合同要求的竣工验收阶段，这属于提前支付工程款的行为。

8.3.3　物资采购合理性分析

（1）背景介绍。随着文本挖掘技术和自然语言处理技术的飞速发展，很多行业已引入相关技术并广泛应用；同时，随着企业信息管理系统的日渐加强，系统中也沉淀了大量非结构化的文本数据。将文本挖掘技术引入电力审计领域，可提升企业的审计效率，大大拓展企业数字化审计的维度。

（2）审计内容。在工程审计中引入文本挖掘技术，对工程项目设备材料进行对比分析，将工程结算书中加工设备材料用量、需求计划涉及设备材料清册、物资领用记录、竣工验收资料、实物验收清单、竣工图材料清册等文本文档中的数据进行两两比对，分析差异，提示疑点。

（3）数据准备。通过提取物资领域的领料清单信息和工程领域的设备验收清单和设计清单信息，组成一张分析维表，具体如表 8.6 所示。

表 8.6　　样本数据示例

项目编码	文档类型	物资规格	领用数量
2016 年第一批低电压整改工程	工程结算书	15kV 架空绝缘导线 JKLYJ－80	100
××二期扩建工程 $ $ 线路	工程结算书	玻璃盘型悬式绝缘子，100kN，BLP－3	50
××220kV 变 3#主变扩建工程	竣工验收资料	110kV 单回耐张角钢塔，含高强钢	53.47

（4）构造模型。整个模型由四步组成，第一步是分词。第二步是抽取关键词。关键词的抽取需要进行词性标注，此处只需要提取名词、代词、动词和形容

词作为关键词；在提取关键词时，对于每一个关键词只记录其第一次出现的位置（为距离相似度计算做准备），同时记录其出现次数和词性（为了词形相似度计算做准备）。第三步是计算三种相似度，是该算法实现的主体部分，包括距离相似度计算、余弦相似度计算，以及模糊相似度百分比计算。第四步是句子相似度计算，这一步的主要任务是对三种相似度进行不同权重的组合（权重之和为1），模糊相似度百分比的权重大于0.5，距离相似度和余弦相似度的权重依次递减，且都小于0.5。其中，距离相似度实现语句如下。

```
import math
import re
import datetime
import time
def compute_cosine(text_a,text_b):
    #找单词及词频
    words1 = text_a.split('')
    words2 = text_b.split('')
    words1_dict = {}
    words2_dict = {}
    for word in words1:
        word = re.sub('[^a-zA-Z]','',word)
        word = word.lower()
        if word != '' and word in words1_dict:
            num = words1_dict[word]
            words1_dict[word] = num + 1
        elif word != '':
            words1_dict[word] = 1
        else:
            continue
    for word in words2:
        # word = word.strip(",.?!;")
        word = re.sub('[^a-zA-Z]','',word)
        word = word.lower()
        if word != '' and word in words2_dict:
            num = words2_dict[word]
            words2_dict[word] = num + 1
        elif word != '':
            words2_dict[word] = 1
        else:
            continue
    #排序
    dic1 = sorted(words1_dict.items(),key = lambda asd:asd[1],reverse = True)
    dic2 = sorted(words2_dict.items(),key = lambda asd:asd[1],reverse = True)
    #得到词向量
    words_key = []
    for i in range(len(dic1)):
        words_key.append(dic1[i][0])  #向数组中添加元素
```

```
    for i in range(len(dic2)):
        if dic2[i][0]in words_key:
            pass
        else:#合并
            words_key.append(dic2[i][0])
    vect1 = []
    vect2 = []
    for word in words_key:
        if word in words1_dict:
            vect1.append(words1_dict[word])
        else:
            vect1.append(0)
        if word in words2_dict:
            vect2.append(words2_dict[word])
        else:
            vect2.append(0)
    #计算余弦相似度
    sum =0
    sq1 =0
    sq2 =0
    for i in range(len(vect1)):
        sum + = vect1[i] * vect2[i]
        sq1 + = pow(vect1[i],2)
        sq2 + = pow(vect2[i],2)
    try:
        result =round(float(sum)/(math.sqrt(sq1) * math.sqrt(sq2)),2)
    except ZeroDivisionError:
        result =0.0
    return result
if __name__ = = '__main__':
    result =compute_cosine(text1,text2)
    print(result)
```

物资采购合理性分析模型流程如图 8.36 所示。

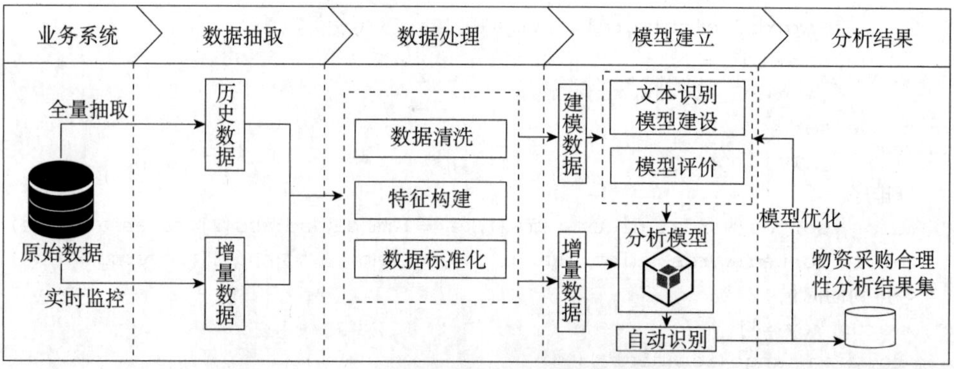

图 8.36　物资采购合理性分析流程

通过 ETL 工具将所需的物资采购数据全量抽取过来，并对抽取过来的数据进行数据处理，形成数据集，在此基础上通过文本识别技术以及文本相似度判断进行分析，对同一类工程的物资在不同文档中的不同规格进行输出。

系统运行界面如图 8. 37 所示。

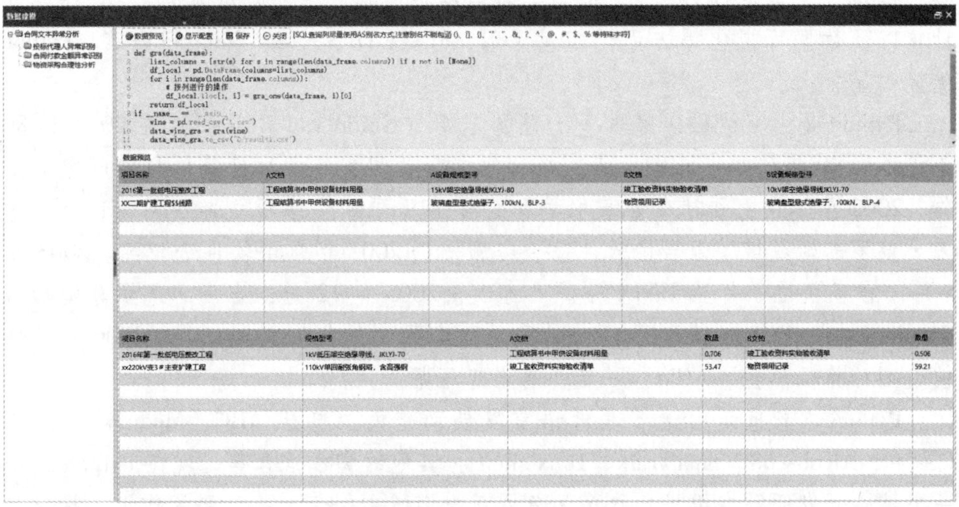

图 8. 37　系统运行界面

（5）审计分析。设备材料对比分析结果主要分为设备规格型号不一致、设备数量不一致、设备单价不一致、设备厂家不一致四种情况。在本项目中，通过文本抽取和相似关联比对，发现了不少项目四类材料不一致的情况，下面仅对设备规格型号不一致、设备数量不一致两种情况的部分结果进行列示，分别如表 8. 7 和表 8. 8 所示。

表 8. 7　　设备规格型号不一致

项目名称	A 文档	A 设备规格型号	B 文档	B 设备规格型号
2016 年第一批低电压整改工程	工程结算书中甲供设备材料用量	15kV 架空绝缘导线 JKLYJ－80	竣工验收资料实物验收清单	10kV 架空绝缘导线 JKLYJ－70
××二期扩建工程＄＄线路	工程结算书中甲供设备材料用量	玻璃盘型悬式绝缘子，100kN，BLP－3	物资领用记录	玻璃盘型悬式绝缘子，100kN，BLP－4

表 8. 8　　设备数量不一致

项目名称	规格型号	A 文档	数量	B 文档	数量
2016 年第一批低电压整改工程	1kV 低压架空绝缘导线，JKLYJ－70	工程结算书中甲供设备材料用量	0. 706	竣工验收资料实物验收清单	0. 506
××220kV 变 3# 主变扩建工程	110kV 单回耐张角钢塔，含高强钢	竣工验收资料实物验收清单	53. 47	物资领用记录	59. 21

延伸阅读——Python：数据分析利器

Python是一种面向对象、解释型计算机程序设计语言。Python语法简洁而清晰，具有丰富和强大的类库。它常被昵称为胶水语言，能够把用其他语言制作的各种模块（尤其是C/C++）很轻松地联结在一起。在数据分析和交互、探索性计算以及数据可视化等方面，相对于R、MATLAB、SAS、Stata等语言，Python优势明显。

Python是由荷兰科学家吉多·范罗苏姆（Guido van Rossum）在20世纪80年代末和90年代初设计出来的，当时他在荷兰国家数学和计算机科学研究所工作。2002年，在比利时布鲁塞尔举办的自由及开源软件开发者欧洲会议上，吉多·范罗苏姆获得了由自由软件基金会颁发的2001年自由软件进步奖。2003年5月，吉多获得了荷兰UNIX用户小组奖。2005年12月，吉多·范罗苏姆加入Google。他用Python语言为Google写了面向网页的代码浏览工具。2006年，他被美国计算机协会（ACM）认定为著名工程师。

Python本身也是由诸多其他语言发展而来的，包括ABC、Modula-3、C、C++、Algol-68、SmallTalk、Unix shell和其他的脚本语言等。现在Python是由一个核心开发团队在维护，吉多·范罗苏姆仍然占据着至关重要的作用，指导其进展。Python 2.7被确定为最后一个Python 2.x版本，它除了支持Python 2.x语法外，还支持部分Python 3.1语法。

Python的广泛用途，例如Python Web开发，编写桌面图形用户界面程序，图像处理、影视特效、3D游戏开发，网络爬虫技术，大数据分析与挖掘，Linux系统运维等。Python广为人知的应用案例有：Google搜索引擎的核心代码使用Python，迪士尼公司的动画制作与生成采用Python，大部分Linux操作系统都内建Python环境，豆瓣网使用Python作为主体开发语言，Yahoo使用Python建立全球站点等。

Python主要优点如下。

简洁易学：Python是一种代表简洁主义思想的语言。阅读一个良好的Python程序就感觉像是在读英语一样。它使你能够专注于解决问题而不是去搞明白语言本身。Python极其容易上手，因为Python有极其简单的说明文档。

速度快：Python的底层是用C语言写的，很多标准库和第三方库也都是用C语言写的，运行速度非常快。

免费、开源：Python是FLOSS（自由/开放源码软件）之一，使用者可以自由地发布这个软件的拷贝、阅读它的源代码、对它做改动、把它的一部分用于新的自由软件中。FLOSS是基于一个团体分享知识的概念。

高级语言：用Python语言编写程序的时候无须考虑诸如如何管理你的程序使用的内存一类的底层细节。

可移植性好：由于它的开源本质，Python已经被移植在许多平台上（经过改动使它能够工作在不同平台上）。

解释性语言：一个用编译性语言比如C或C++写的程序可以从源文件（即C或C++语言）通过编译器转换成执行文件，比较烦琐。而Python语言写的程序不需要编译成二进制代码，可以直接从源代码运行程序。在计算机内部，Python解释器把源代码转换成称为字节码的中间形式，然后再把它翻译成计算机使用的机器语言并运行。这使得使用Python更加简单。也使得Python程序更加易于移植。

面向对象：Python既支持面向过程的编程也支持面向对象的编程。在"面向过程"的语言中，程序是由过程或仅仅是可重用代码的函数构建起来的。在"面向对象"的语言中，程序是由数据和功能组合而成的对象构建起来的。

可扩展性强：如果需要一段关键代码运行得更快或者希望某些算法不公开，可以部分程序用C或C++编写，然后在Python程序中使用它们。

可嵌入性好：可以把Python嵌入C/C++程序，从而向程序用户提供脚本功能。

丰富的库资源：Python标准库确实很庞大。它可以帮助处理各种工作，包括正则表达式、文档生成、单元测试、线程、数据库、网页浏览器、CGI、FTP、电子邮件、XML、XML-RPC、HTML、WAV文件、密码系统、GUI（图形用户界面）及其他与系统有关的操作。这被称作Python的"功能齐全"理念。除了标准库以外，还有许多其他高质量的库，例如wxPython、Twisted和Python图像库等。

可读性好：Python采用强制缩进的方式使得代码具有较好可读性。而Python语言写的程序不需要编译成二进制代码。

Python数据分析需要安装的第三方扩展库有Numpy、Pandas、SciPy、Matplotlib、Scikit-Learn、Keras、Gensim、Scrapy等。下面对这些库进行简单介绍。

（1）Pandas。Pandas是Python强大、灵活的数据分析和探索工具，包含Series、DataFrame等高级数据结构和工具，安装Pandas可使Python中处理数据非常快速和简单。

Pandas是Python的一个数据分析包，Pandas最初被用作金融数据分析工具而开发出来，因此，Pandas为时间序列分析提供了很好的支持。

Pandas是为了解决数据分析任务而创建的，Pandas纳入了大量的库和一些标准的数据模型，提供了高效的操作大型数据集所需要的工具。Pandas提供了大量使我们快速便捷的处理数据的函数和方法。Pandas包含了高级数据结构，以及让数据分析变得快速、简单的工具。它建立在Numpy之上，使得Numpy应用变得简单。

Pandas带有坐标轴的数据结构，支持自动或明确的数据对齐，这能防止由于数据结构没有对齐而带来的数据丢失问题。Pandas可以合并流行数据库（如：基于SQL的数据库），同时，Pandas是进行数据清晰/整理的最好工具，可以处理来自不同来源、采用不同索引的数据而产生的常见错误。

（2）Numpy。Numpy提供了两种基本的对象：ndarray和ufunc。ndarray是存

储单一数据类型的多维数组，而 ufunc 是能够对数组进行处理的函数。Numpy 的功能：

N 维数组，一种快速、高效使用内存的多维数组，它提供矢量化数学运算。

可以不需要使用循环，就能对整个数组内的数据进行标准数学运算。

非常便于传送数据到用低级语言编写（C \ C + +）的外部库，也便于外部库以 Numpy 数组形式返回数据。

Numpy 不提供高级数据分析功能，但可以更加深刻的理解 Numpy 数组和面向数组的计算。

（3）Matplotlib。Matplotlib 是强大的数据可视化工具和作图库，是主要用于绘制数据图表的 Python 库，提供了绘制各类可视化图形的命令字库、简单的接口，可以方便用户轻松掌握图形的格式，绘制各类可视化图形。

Matplotlib 是 Python 的一个可视化模块，它能方便地做线条图、饼图、柱状图以及其他专业图形。使用 Matplotlib，可以定制所做图表的任一方面。它支持所有操作系统下不同的 GUI 后端，并且可以将图形输出为常见的矢量图和图形测试，如 PDF、SVG、JPG、PNG、BMP、GIF，通过数据绘图，我们可以将枯燥的数字转化成人们容易接收的图表。Matplotlib 是基于 Numpy 的一套 Python 包，这个包提供了丰富的数据绘图工具，主要用于绘制一些统计图形。Matplotlib 有一套允许定制各种属性的默认设置，可以控制 Matplotlib 中的每一个默认属性：图像大小、每英寸点数、线宽、色彩和样式、子图、坐标轴、网格属性、文字和文字属性。

（4）SciPy。SciPy 是一款方便、易于使用、专门为科学和工程设计的 Python 包，作为一组专门解决科学计算中各种标准问题域的包的集合，它包含的功能有最优化、线性代数、积分、插值、拟合、特殊函数、快速傅立叶变换、信号处理和图像处理、常微分方程求解和其他科学与工程中常用的计算等，这些对数据分析和挖掘十分有用。

Python 有着像 Matlab 一样强大的数值计算工具包 Numpy，它提供许多对用户友好的和有效的数值例程，例如数值积分和优化；有着绘图工具包 Matplotlib；有着科学计算工具包 Scipy。Python 能直接处理数据，而 Pandas 几乎可以像 SQL 那样对数据进行控制。Matplotlib 能够对数据和结构进行可视化，快速理解数据。Scikit - Learn 提供了机器学习算法的支持，Theano 提供了深度学习框架（还可以使用 CPU 加速）。

（5）Keras。Keras 是深度学习库，人工神经网络和深度学习模型，基于 Theano 之上，依赖于 Numpy 和 Scipy，利用它可以搭建普通的神经网络和各种深度学习模型，例如语言处理、图像识别、自编码器、循环神经网络、递归神经网络、卷积神经网络等。

（6）Scikit - Learn。Scikit - Learn 是 Python 常用的机器学习工具包，提供了完善的机器学习工具箱，支持数据预处理、分类、回归、聚类、预测和模型分析等强大机器学习库，其依赖于 Numpy、Scipy 和 Matplotlib 等。

Scikit－Learn 的安装需要 Numpy、Scopy、Matplotlib 等模块，Scikit－Learn 的主要功能分为六个部分，分别是分类、回归、聚类、数据降维、模型选择、数据预处理。

Scikit－Learn 自带一些经典的数据集，例如用于分类的 iris 和 digits 数据集，还有用于回归分析的 boston house prices 数据集。该数据集是一种字典结构，数据存储在 data 成员中，输出标签存储在 target 成员中。Scikit－Learn 建立在 Scipy 之上，提供了一套常用的机器学习算法，通过一个统一的接口来使用，Scikit－Learn 有助于在数据集上实现流行的算法。

Scikit－Learn 还有一些库，例如用于自然语言处理的 Nltk、用于网站数据抓取的 Scrappy、用于网络挖掘的 Pattern、用于深度学习的 Theano 等。

（7）Scrapy。Scrapy 是专门为爬虫而生的工具，具有 URL 读取、HTML 解析、存储数据等功能，可以使用 Twisted 异步网络库来处理网络通信，架构清晰，且包含了各种中间件接口，可以灵活地完成各种需求。

（8）Gensim。Gensim 是用来做文本主题模型的库，常用于处理语言方面的任务，支持 TF－IDF、LSA、LDA 和 Word2Vec 在内的多种主题模型算法，支持流式训练，并提供了诸如相似度计算、信息检索等一些常用任务的 API 接口。

以上就是一些常用的数据分析库的简单介绍，有兴趣的读者可以深入学习研究一下相关使用方法。

思考题

1. 资产数据分析与审计的范围和内容是什么？
2. 为什么对工程项目进行审计很重要？
3. 如何通过合同中的关键字分析查找审计线索？

第9章　主题数据分析与审计

9.1　概述

对于一般的审计采用营销数据分析与审计，财务数据分析与审计，资金数据分析与审计，资产数据分析与审计等四类分析手段，还有一些审计属于专门的审计项目，例如医保审计、税务审计、经济责任审计、环境保护审计等，这些审计除了需要审计师具备一般的审计知识和经验外，还需要专门的知识体系，而且它们自成一体，我们把这些审计划归到单独一类，称为主题数据分析与审计，诸如医保审计和税务审计。此处医保审计是指对城镇职工医疗保险基金的收支、管理及卫生医疗机构的弄虚作假、套取医保基金等行为进行审计。该类审计不但需要专业的审计知识，还需要具备医疗、医药等相关行业的业务知识。与此类似，税务审计需要了解企业所在的行业，因为不同的行业在偷漏税上的差异很大，如针对房地产行业的税务审计，就特别需要掌握与房地产相关的一些领域知识。

一方面，审计数据大部分是表结构数据（结构化数据），以及越来越多的半结构化数据（如网页数据）和非结构化数据（如合同、文本、语音、图像等）；另一方面，审计本身知识体系的表达，特别是为了表达上述专门审计的知识体系，也常常需要使用复杂结构数据。这使得诸如树结构数据和图结构数据等非线性数据结构备受关注。

树结构是一种重要的非线性数据结构，直观地看，它是数据（在树中称为结点）按分支关系组织起来的结构，很像自然界中的树那样。在树形结构中，结点间具有分支层次关系，每一层上的结点只能和上一层中的至多一个结点相关，但可能和下一层的多个结点相关。而图结构是一种比树结构更复杂的非线性结构。在图形结构中，任意两个结点之间都可能相关，即结点之间的邻接关系可以是任意的。

图结构最典型的应用之一就是知识图谱（knowledge graph）。2012 年谷歌首次提出了知识图谱这一概念，谷歌将知识图谱用于搜索引擎的查询分析，它集合了应用数学、可视化技术、图像学等理论与方法，通过查找分析、引文分析等将知识进行可视化呈现，从而为使用者提供热点分析和趋势预测。知识图谱技术可以依据习惯和爱好为我们推荐合适的服务。目前，搜索、地图、个性化推荐、互联网、风控等众多应用场景都依赖于知识图谱的帮助。

知识图谱本质上是语义网络，是一种基于图的数据结构，由节点（point）和边（edge）组成。在知识图谱里，每个节点表示现实世界中存在的“实体”，每条边为实体与实体之间的“关系”。知识图谱作为对数据进行结构化组织与体系化管理的核心技术之一，不仅改变了互联网行业，也给审计行业带来了深刻变革。知识图谱包含丰富复杂的关系，这种直观的表示方法可以帮助我们更有效地分析复杂关系中潜在的风险。通过知识图谱可以高效直观地刻画审计对象各种属性之间的关联网络，从而全维度地对审计的主题进行画像，形成基于某个主题的审计知识库、审计风险库等。一些欺诈会涉及团伙作案并形成复杂的关联网络，这就给反欺诈审核带来了新的挑战。采用知识图谱技术，可以将企业内部与外部海量且繁杂的数据内容整合为一个统一的知识网络，形成主题审计的一个知识图谱。知识图谱是这类审计非常实用的技术之一。

树结构的一个重要应用就是故障树。故障树分析（fault tree analysis，FTA）是美国贝尔实验室于1962年开发的，它采用逻辑的方法进行故障的分析工作，其特点是直观明了、思路清晰、逻辑性强，不但可以做定性分析，也可以做定量分析。故障树是一种特殊的树状逻辑因果关系图，描述系统中各种事件之间的因果关系，体现了以系统工程方法研究安全问题的系统性、准确性和预测性，它是安全系统工程的主要分析方法之一。本章把故障树分析法应用到房地产企业的偷漏税审计中，循果溯因，构建了一棵房地产企业的“故障”（即审计线索）树，从而方便直观形象地发现问题，以提高审计效率与精准度。

理论上讲，本章内容可以归类到前面四类数据审计当中，但是审计常常遇到一些围绕某个特定主题的审计项目，这类审计项目本身具有一定的特殊性和专门性，因此，我们将之称作主题数据分析与审计。本章选取了两个比较有代表性的审计项目，即医保审计和税务审计，分别利用知识图谱和故障树技术进行分析，希望读者能够管中窥豹，举一反三。

9.2 医保审计

9.2.1 医保基金的审计知识图谱

9.2.1.1 医保审计

医疗保险基金审计（简称“医保审计”）是指政府审计机关对于医疗保险基金的收入、运行管理和支出情况的真实性、合法性、效益性进行监督、鉴证和评价。其审计内容主要有城镇居民医疗保险基金、新农合基金和城镇职工医疗保险基金、大病统筹基金、民政救助基金等。随着医保制度的发展和普及，医疗保险基金的金额急剧增长，医疗保险基金涉及国计民生，医疗保险基金是民生之本，因此，国家对医疗保险基金审计的工作也高度重视，希望通过审计工作能够加强对医疗保险基金的管理，确保基金合理、合规、有序地运行，杜绝违法乱纪、盗用医保金的现象出现，切实保障国家根本利益，为人民群众谋福祉。

医疗保险基金涉及国计民生，通过政府审计对其监督从而促进政策制度的完善。通过审计的监督、评价，可以发现基金筹集、运行、支出中遇到的各种问题，审计机关通过审计报告的形式对问题进行全面的分析梳理，对违法乱纪行为进行移交，对不合理、违规的行为提出审计意见，从而帮助医保经办或者管理机构更加合理、规范地进行管理。审计工作因为主要围绕被审计单位展开，随着被审计单位信息化的发展，审计机关也需要与时俱进，积极推进信息化，创新审计方法，从而更加有效地进行审计，帮助医疗保险基金平稳运行，促进制度的完善。在《“十三五”国家审计工作发展规划》中，审计署为了进一步强化对社保专项基金的管理和运行进行审计监督，将养老保险和医疗保险两个部分作为重点审计的内容，审计署每年都会组织特派办展开医疗保险基金审计和养老保险基金审计。首先选取地区试点审计，通过研究之后制定工作方案，再实施审计程序，发现专项基金运行的问题，从而起到防错纠弊的作用，规范医疗保险基金的运行和管理，促进医疗保险基金常态化发展。

医疗保险基金审计的主要内容包括以下三个方面。

（1）医疗保险基金筹集的审计 。医疗保险基金审计首先是根据医保业务流程确定自建来源，确保医保要严格按照制度流程规范，合理、如实地征缴保险金。检查是否合理、如实征缴保险金的两个主要指标是缴费基数和缴费比例，从而评价被审计单位是否按照规定征缴保险金。根据险种分类，因为城乡居民医疗保险尚未在全国全面推广，因而仍然将医疗保险主要分为城镇居民医疗保险、新型农村合作医疗保险和城镇职工基本医疗保险。其中，城镇居民医疗保险和新型农村合作医疗保险基金筹集主要是通过居民个人按基数缴纳及政府补助，而城镇职工医疗保险基金筹集主要是通过参保人和参保单位按照工资的一定比例分别缴纳。城镇职工医疗保险的职工缴纳部分主要是通过单位缴纳，因此，单位需要先向有关部门提出参保申请，并上报缴费基数、平均工资、缴费比例等情况，再由医保经办机构对这些情况进行登记、核实。经审核后，参保单位每个月都需要根据医保经办机构下发的征缴计划缴纳保险金，银行每个月将相应的金额从参保单位划转到其基金账户。审计人员在对医疗保险基金的筹集进行审计时，需要重点关注参保单位的缴费比例、缴费基数、参保人数等数据，检查这些条件是否符合相关规定。因此，审计人员应该重点从参保单位和医保经办机构两个对象出发，将医疗保险基金筹集的审计重点放在以下两个方面。

一是对参保单位的审计监督。对于参保单位的审计，主要是检查参保单位是否按照规定比例和缴费基数缴纳医疗保险金；是否及时、足额缴纳，有无推迟缴纳医疗保险金的情况；有无将医疗保险金用于其他方面；有无拒绝缴纳医疗保险基金、逃避、拖欠医保基金的情况；参保人缴纳的保险金是否重复列支、重复报销；通常对于缴费情况良好的单位，医保经办机构选择季收或者半年收，并且收缴会在当季或者当年完成。审计人员在检查参保单位是否及时、足额缴纳时，对于未及时、足额缴纳的单位不可轻易下结论，还应该进行延伸审计，进一步了解迟延或者少缴的原因。有时有些问题的产生不仅仅发生在参保单位身上，也有可能是由于医保经办机构审核工作的不严谨或者对于基金管理不严，主要包括两种情况：首先，医保经办机构由于人员有限，在面对巨大的业务量时无法一一核实参保单位信息，只能从收集的资料中抽查部分单位的情况，导致未抽查到的单位一些潜藏的问题被忽略了；其次，参保单位经营不善、各项支出导致负担较重，因而可能会少报或者少缴医疗保险金，从而减少部分开支，医保经办机构出于企业稳定发展的考虑，可能会违背规定，降低征缴标准，从而确保下达的征缴计划及时完成。

二是对医保经办机构的审计监督。依据《全国社会保障基金条例》《社会保险法》等法律法规的有关规定，医保经办机构是医保基金筹集、管理和支付的主要经办机构，审计机关需要对医保经办机构的医疗保险基金筹集工作进行审计，审计的内容主要有：医保经办机构在征缴医疗保险基金的过程中是否按照规定，合理、如实、及时地进行征缴；医保经办机构是否违背规定为某些单位开通绿色通道，减少缴费基数或者缴费比例；是否未经许可，随意违背规定调整征缴比例。基金收到后，医保经办机构是否及时将筹集的医疗保险基金从相关账户划转上缴到财政专用账户；医保经办机构是否存在将医疗保险基金截留、挪用，转移到小金库等违法违规问题。对于是否将筹集的基金及时转入财政专用账户这一审计内容，是由于医保经办机构要根据规定要求及时将基金转入相应账户，确保做到“收支两条线”。审计人员在工作中应重点审计医保经办基金是否及时、足额将征缴的基金存入医疗保险基金专户中，对于医疗保险基金截留、未及时缴入财政专用账户的情况，审计人员应做进一步延伸审计，发现截留、未及时上缴的症结所在。

（2）医疗保险基金支出的审计。结合以往的审计经验，医疗保险基金的支出审计涉及的范围广、数量大，审计人员由于人员少、时间技术有限，对于医疗保险基金的支出的审计常常力不从心，而这一环节又是关系到人民利益、医院利益等的重要环节，因此，对医疗保险基金审计的重点内容如下。

一是针对参保主体的审计监督。参保主体包括参保人和参保单位，两者需要根据规定比例缴纳保险，主要审计的重点有：参保人是否存在捏造个人信息、伪造病历、串通医生等情况；在患者费用报销环节，部分人员会编制虚假增值税发票、篡改个人基本信息、伪造凭证等方式骗取医疗保险基金。由于不同医疗保险之间系统不兼容，如果参保人员同时参加新农合保险与城镇居民医保，在进行住院治疗后就可以在新农合管理部门和医保中心分别报销医疗费用，通过重复报销套取医保金。医保政策和目前的信息技术发展现状导致了缺乏对城镇居民医保和新农合统一管理的机制，容易出现重复参保的情况。通常计算机审计过程是，分别从管理部门获取数据，分别获得两个部门管理的参保数据，将其参保人员进行交叉比较并筛选，以发现有无存在重复参保的问题。审计人员还需利用信息化技术，提取所有参保人的住院信息和缴费信息，再从社保经办机构处获取相关人员的参保信息，然后将已收集的该医院就诊人员及有关信息与通过医保进行费用报销的数据进行综合比照分析，从而发现有无存在参保人员骗取医疗保险基金的现象。

二是对医保经办机构的审计监督。对医保经办机构支出工作履行情况的监督主要关注其对于医疗保险基金的使用是否符合国家相关法规条例的规定；有无截留基金、拒绝支付、挪用基金致使基金不能及时或者足额支付的情况；在医疗保险基金使用过程中，医保经办机构是否严格按照规定执行，是否将医疗保险基金用于别的医保报销之外的地方，例如用作其他社会保险、用在办事人员自身、其他与医疗保险不相关的事项中；是否将医疗保险基金用于三公经费、行政经费、设备采购等平衡其他预算的事项中；医保经办机构在支付医疗保险基金时是否严格按照国家法律的规定支出，有无缩小或者扩大医保报销范围，有无提高或降低支付标准等情况；医保经办机构是否对于医疗保险基金编制预决算方案，是否建立了对于医疗保险基金的决策、审批制度；方案是否提交给财政部门和社保部门审核，是否经过财政部门及有关社会保障机关审核通过，财政部门和社保部门是否对预决算方案的合理性、科学性等进行分析评价。针对医保经办机构编制的预决算，审计人员可以结合有关财政部门的财务报告和财务报销进行复核比对。

（3）对医疗保险参保情况审计。对于参保单位违反参保规定的问题，可以进一步细分为：参保单位违反规定为职工缴纳医疗保险，例如缴费基数、缴费比例与规定比例不符，还有问题源于员工的情况，员工在就业之前已经参加了新型农村合作医疗保险或者城镇居民医疗保险，或因为单位人员的流动性较大，导致单位缴纳金额不正确等问题。针对这些情形，审计机关可以采用对比分析的方法或者分析推理的方法进行重点审查。一是通过对比分析的方法。将当年参保的单位信息进行收集，对单位数量进行汇总，再从医保经办机构的统计部门调取数据，将两者进行比较，审查是否存在参保单位应保未保的情况；二是通过横向的比较发现问题。医疗保险是社会保险的一部分，要发现医保缴纳情况的一些问题，也可以通过分析其他保险的参保情况进行推理，例如通过住房公积金的来侧面推测医疗保险的缴纳情况，因为通常参保人员缴纳的是五险。之所以会存在上述的第二种问题，主要是因为不同的险种是由不同的医保经办机构办理的，而不同的机构之间所用的系统也不统一。通常情况下，社保局负责征缴城镇职工医疗保险和城镇居民医疗保险，卫健委系统负责征缴新型农村合作医疗保险，在系统分开管理的情况下，就会存在重复参保的情况，这也给一些投机取巧者钻了空子，从中套取医保金。审计人员通常做法是分别调取卫健委系统的数据和社保部门的数据进行比对，从中发现重复问题。

9.2.1.2 审计知识图谱的构建

知识图谱与表格数据不同的是，它是以图数据的形式存储在数据库中，节点和边是其基本构成要素，节点代表了现实中存在的实体，边代表了实体之间的不同关系，也代表了属性，它的基本公式是“实体—属性—实体”或者“实体—属性—属性值”，这一基本公式构成了巨大的知识网络，最终形成了知识图谱，因此，知识图谱可以有效地表示知识之间的关联性。

根据办理医疗保险的业务流程和医疗保险基金审计的内容，对医疗保险基金审计中涉及的实体及实体之间的相互关系进行了定义。将面向医保审计的知识图谱中的实体定义为：医保经办机构、医院、患者、参保单位、疾病、药品、诊疗项目和医生共八个。

设G为面向医保的审计知识图谱的实体集，G＝{H，I，J，K，L，M，N，P}，其中，H为“患者”实体集；I为“参保单位”实体集；J为“医保经办机构”实体集；K为“药品”实体集；L为“诊疗项目”实体集；M为“疾病”实体集；N为“医生”实体集；P为“医院”实体集。

面向医保的审计知识图谱中关系R有9类，共计14个，分别如下。

“依据”关系（J，依据，L/K/M）：医保经办机构在与医院进行结算时，会依据诊疗项目目录及药品目录确定报销范围或者按病种进行报销；

“参保”关系（H/I，参保，J）：未就业的居民参保新农合或者城镇居民医疗保险，就业的人员与企业按不同比例参保城镇职工医疗保险；

“患有”关系（H，患有，M）：患者患有某种疾病；

“就医”关系（H，就医，N）：患者去医院就医，这一关系发生于患者和医生之间；

“诊断”关系（N，诊断，M）：医生根据患者病征为患者诊断疾病；

“治疗”关系（K/L，治疗，M）：医生诊断疾病后，为患者开出诊疗项目和药品治疗疾病；

“服用”关系（H，服用，K）：患者根据医生开出的医嘱内容服用药品；

“进行”关系（H，进行，L）：患者根据医生的医嘱进行诊疗；

“结算”关系（J，结算，P）：医保经办机构和医院进行费用结算。

由此，得到面向医保审计的知识图谱，如图9.1所示。

通过知识图谱可以高效直观地刻画医保审计对象各种属性之间的关联网络，从而多角度、全方位地对医保审计进行刻画。从面向医保的审计知识图谱可见，医院（P）和医保经办机构（J）之间主要会因药品（K）、诊疗项目（L）产生问题，医院会通过虚增药品或者虚增耗材的数量，违规收取诊疗项目费用，超药品目录范围报销等手段骗取医疗保险基金，医保经办机构还会因审查不严等从而为非定点医疗机构报销费用。另外，患者（H）是医疗保险基金的主要参与者以及使用者，因此，根据不同疾病（M）类型，例如老年病、妇女病等，可以发现参保人本身会利用社会保障卡在家庭成员之间串用。可能会发生一人参保全家共享的问题。关于职工医保方面，主要由患者（H）和参保单位（I）共同向医保经办机构（J）缴纳职工医保，一方面，职工在单位入职后，单位可能不够正规或者处于用人成本的考虑，不参与社会保险，导致“应保未保”的问题，还可能存在退休职工未被纳入医保范围的问题；另一方面，职工在入职之前已经参与了城镇居民保险或者新农合，在入职后单位又为其缴纳了职工医保，这样会导致“重复参保”问题，因而增加了参保人重复报销的可能性。

对于医保审计来说，具体的审计分析流程如图9.2所示。

医保的相关数据存储Neo4j图形数据库，通过使用Python对图形数据库进行查询和统计分析，建立知识图谱审计模型，并将最后的结果存储到疑点数据库中供审计人员进行调用和现场核查。

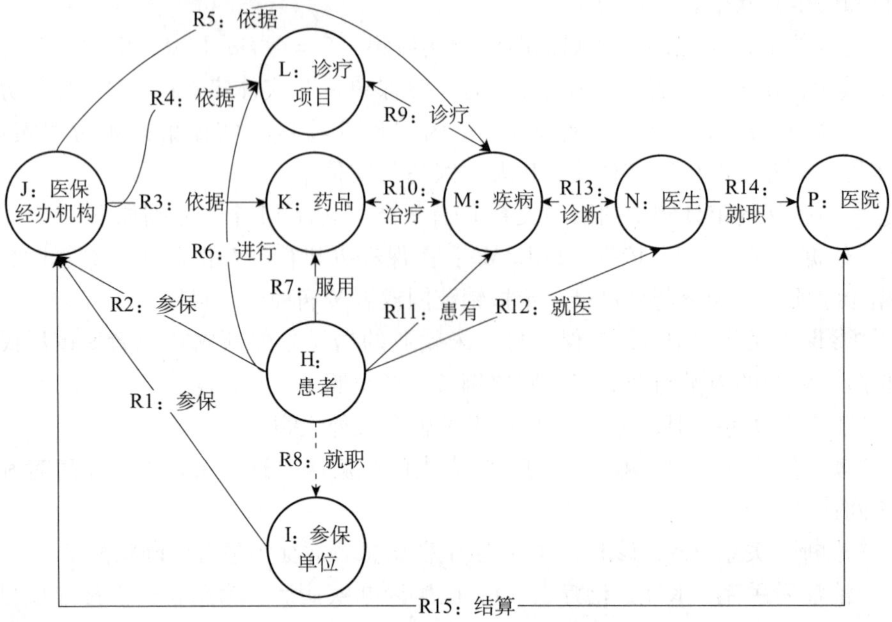

图 9.1　面向医保的审计知识图谱

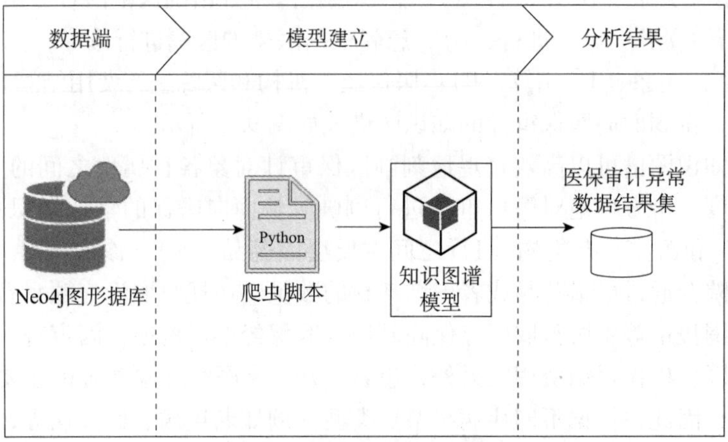

图 9.2　医保审计分析流程

9.2.2　重复参保问题分析

（1）背景介绍。随着医疗保险制度的不断发展，我国逐渐形成了城镇职工医疗保险、城镇居民医疗保险、新型农村合作医疗保险三个保险类型，基本实现了医疗保险制度的全覆盖，2018 年我国的参保率高达 95%。在医疗保险基金审计中，重复参保问题是指参保人在不同的单位有城镇职工医疗保险的账号，或者是有两个以上不同医疗保险的账号，从而在报销时能够享受多个报销，骗取医疗保险基金；应保未保问题是指属于享受最低生活保障的人员或者家庭，应该都参加医疗保险却没有参加。无论是重复参保还是应保未保问题，都是对医疗保险制度执行不到位的表现。

（2）审计内容。应保未保指的是在实行医疗保险的过程中符合参加医保条件的城镇职工或城乡居民未能参加对应的医疗保险。目前我国要求医保全覆盖，但在一些贫困落后地区仍会有一些居民不愿意参保，也存在一些违法违规的企业，为了节约公司的成本，不给员工缴纳医疗保险。重复参保问题指的是参加多份医疗保险，我国的医疗保险险种多、医疗保险政策又有地域性差异，因此，随着居民工作的变更和人员在地区之间的流动，容易在不同的险种之间发生串保现象。

（3）数据准备。从药品目录、诊疗项目目录、国际疾病分类（ICD-10）数据中提取实体数据及其属性。提取了H省各市的医保经办机构的实体信息，H省医院实体及其属性的信息。剩下的患者实体、医生实体，数据来源为医院，参保单位实体从就职的单位中提取。

（4）模型构建。要发现重复参保问题、应保未保问题，可以以“患者”实体为切入点，通过查询医保经办机构、患者与参保单位之间的关系发现审计疑点，即通过实体集｛J，H，I｝三个实体之间的关系：（J，R_2，H），（J，R_1，I），（H，R_8，I），从而发现可能存在的审计问题。很多看似不相关的数据通过关联分析就能发现一些异常，例如，一位居民享受城镇居民医保，但是其工作状态是在职，通过查询他的工作单位可以了解单位的参保情况，检查该居民是否存在重复参保的情况。如图9.3所示。

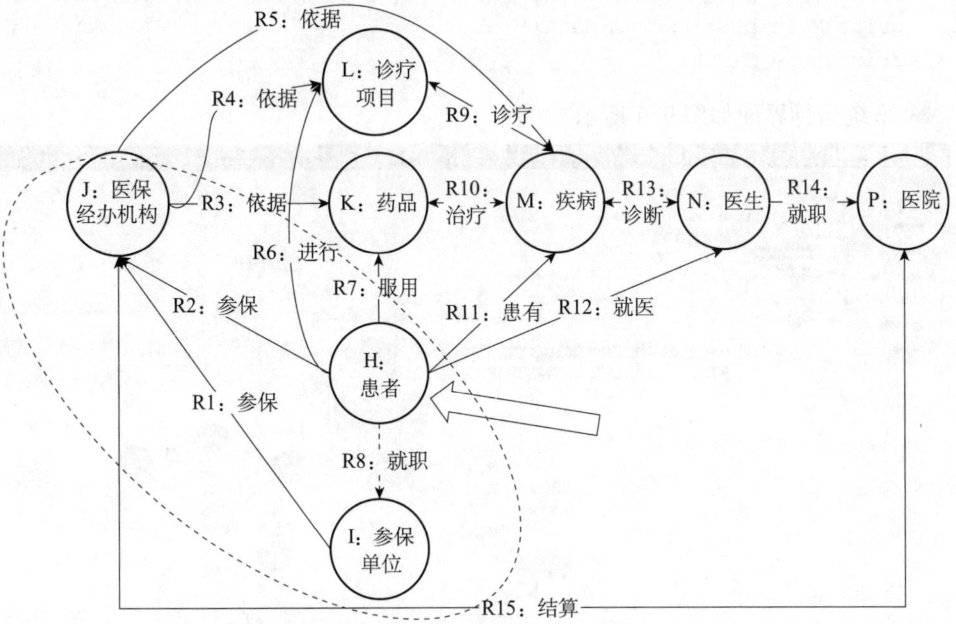

图9.3　重复参保/应保未保问题的分析模型

重复参保的审计分析代码描述如下：

```
#coding:utf-8
from py2neo import Graph,Node,Relationship,NodeMatcher
#建立数据库连接
test_graph = Graph(
    "localhost",
    username = "neo4j",
    password = "root"
)
#通过 cypher 语句查询
#统计患者与同一疾病在报销时使用的参保关系
Multiple_reimbursement = 'MATCH (a:患者) - [:参保] - > (M) RETURN a.peopleid,count(M.insuranceid)ORDER BY count(M.insuranceid)DESC LIMIT 10'
Multiple_reimbursement_data = test_graph.run(Multiple_reimbursement).data()
#统计患者与医保经办机构存在的关系网络
Multiple_insured = 'MATCH(a:患者) - [:参保] - > (J)RETURN a.peopleid, count(J.insuranceid)ORDER BY count(J.insuranceid)DESC LIMIT 10'
Multiple_insured_data = test_graph.run(Multiple_insured).data()
#查询特定节点的数据
Node_data = 'MATCH(m:患者) - - > (n)WHERE(m.peopleid = "100 004" or m.peopleid = "100 081" or m.peopleid = "100 009" or m.peopleid = "100 086") RETURN m,n'
Node_data1 = test_graph.run(Node_data).data()
print(Multiple_reimbursement_data)
print(Multiple_insured_data)
print(Node_data1)
```

系统运行界面如图 9.4 所示。

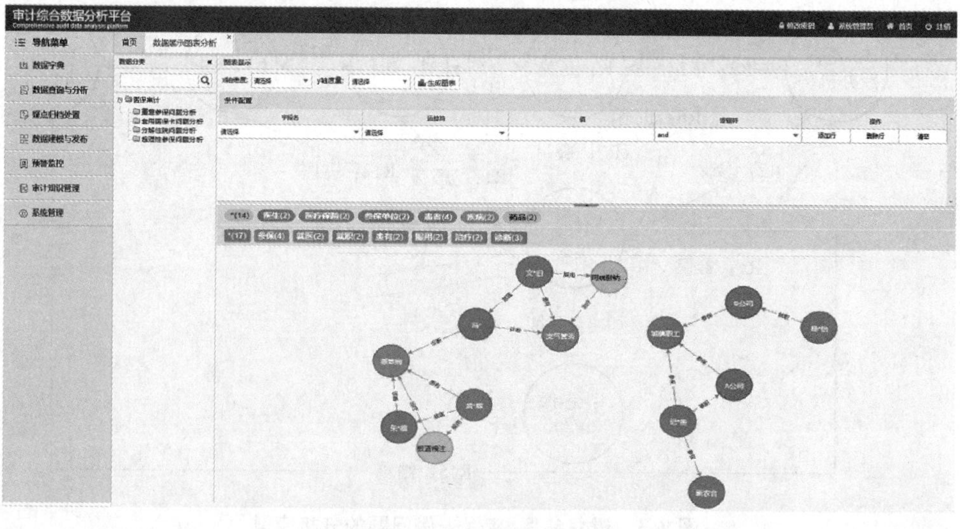

图 9.4　系统运行界面

（5）审计分析。分析模型的可视化结果如图9.5所示。

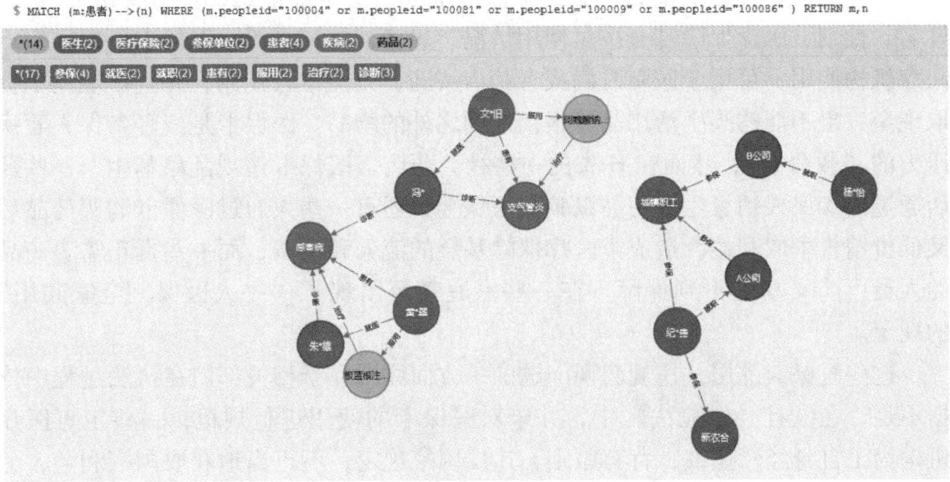

图9.5　分析模型的可视化结果

从图9.5可以看出：其一，“黄＊翠”和“文＊旧”既不是在职人员也没有参加任何医疗保险，应进一步了解。《职工医疗保险条例全文规定》第二章第七条规定：“基本医疗保险费由用人单位和从业人员共同缴纳。其中用人单位按本单位从业人员月工资总额的5%～7%缴纳，从业人员缴纳基本医疗保险费费率不低于本人月工资总额的2%。”其二，“杨＊怡”在“D公司”工作，而“D公司”也是在医保机构有参保记录的单位，图中只有她参加工作的记录，而没有她参保的记录，存在应保未保的可能性，因此，这一现象应引起审计人员注意，对于此类情况应进行重点核实。其三，“纪＊贵”是A公司的一名员工，A公司按规定参加了职工医疗保险，“纪＊贵”本人也缴纳了职工医疗保险，但图中显示他还参加了新型农村合作医疗保险，存在重复参保的嫌疑，应进一步确定审计疑点和重点。

针对发现的异常点，不能立刻下结论，还要结合医疗保险基金审计目标和内容，进一步分析异常点发生的原因，并分析其是否会产生社会影响，是否影响收支合理性。另外，还可以通过其他方法来辅助决策，如可以根据养老保险参保情况或者公积金缴纳情况等来与参加医疗保险的情况进行比较，确定是否存在应保未保的情况。对于重复参保的情况，主要是由于三个医疗保险由不同的部门进行管理，三者之间的信息闭塞造成无法对数据进行实时监控，导致一些参保人既参加了新农合又参加了城镇职工医疗保险。如果要进一步确认，可以对筛选出来的人员在两个系统中进行筛选比对，这样既可以因为查询的数据少了而节省时间，又可以有针对性地根据审计线索对指向性的问题作进一步的分析。

9.2.3　套用医保卡问题分析

（1）背景介绍。医保卡的全称是社会保障卡，它是参保人在医院就诊后付费的个人账户专用卡，每一张社保卡的ID都具有唯一性，它与每个人的身份证号码一一对应，社保卡里面存储有参保人本人的身份证信息，包括身份证号码、姓名、性别、医疗保险基金拨付使用情况、患者消费记录等。医保卡可以在定点医疗机构使用，可用于医院看病或者药店买药，只能本人使用，并且不能用于提取现金，也不能购买生活用品等报销范围之外的物品。医保卡是减轻参保人看病压力的“救命卡”，然而在H省的一些社会药店，医保卡违规乱象丛生，一些药店通过向参保人销售生活用品以骗取医保金，还有一些人通过医保卡购买药品后又低价销售牟取利益，造成了医疗保险基金的流失和浪费，而一些真正需要药品的人员可能又享受不到保障。在一些家庭甚至出现了“一人医保，全家共用”的现象。

这些医保卡乱用、违规套现问题的一方面原因在于相关部门在执法过程中依据不足，在《社会保险法》中，并未对医保卡的使用进行规范，一些定点医疗机构为了自身经营业绩，背弃原则，违反国家规定，不正当地获取国家利益；另一方面原因在于对医疗保险基金审计的监管依旧不够严格，这给一些为了牟取自身利益的医疗机构钻了监管的空子，通过如销售生活必需品等手段来获取非法利益。这主要是由于各方监管落实不到位，缺乏一个有效、健全的监督机制，导致医保卡成为一些人套现的工具。

（2）审计内容。医保卡里面的保险金应该是专款专用，仅限本人在就医、住院、买药时使用，医保卡里的医疗保险金应该是参保人自身的救命钱，如果挪作他用，不仅是对参保人自身生命的不负责，也造成了国家医保金的流失。因此，审计人员要关注是否存在套用医保卡的现象。

（3）数据收集。从药品目录、诊疗项目目录、国际疾病分类（ICD-10）数据中提取实体数据及其属性。提取了H省各市医保经办机构的实体信息，H省医院实体及其属性的信息。剩下的患者实体、医生实体，数据来源为医院，参保单位实体从就职的单位中提取。

（4）模型构建。参保主体之间违规使用医保卡的审计思路如图9.6所示，以“患者”实体为切入点，通过分析（H，R_{11}，M）之间的关系，从患者的“年龄”属性、“性别”属性等角度入手，查询面向｛H，M｝实体之间的各种隐藏关系。

根据以往审计实践，出借、冒用医保卡主要发生在直系亲属身上，主要是夫妻之间互用医保卡、未成年子女使用父母的医保卡和老年父母使用子女的医保卡。审计人员应对参保人合规使用情况进行评价、鉴证与监督，重点审计参保人是否存在冒用他人身份就行治病就医，这种行为是与社保相关法律法规相违背的。用Python语言进行审计分析是分步进行的，先从医院的信息系统中提取患者住院信息和缴费信息，再抽取医保经办机构信息系统中的参保信息，进行两者之间的分析，综合比对姓名、年龄、疾病、科室等情况考虑是否存在病人与医保卡对不上的情况，从而发现有无存在套用医保卡的现象，而知识图谱无须分步提取数据，只需进行可视化操作，就可以获得关联数据的可视化结果。

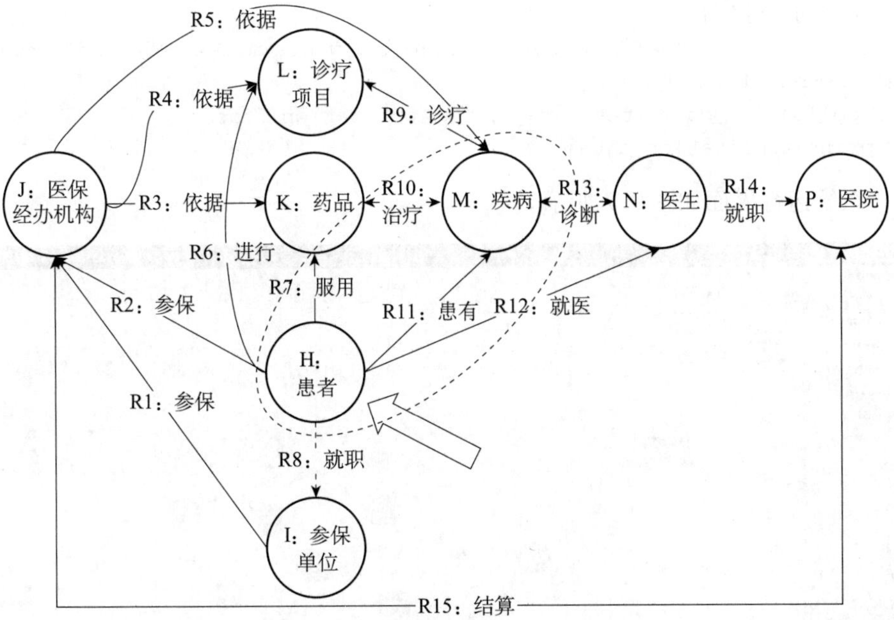

图 9.6　套用医保卡问题的分析模型

第一，以套用未成年人医保卡为例，套用医保卡审计分析的代码描述如下。

```
# coding:utf - 8
from py2neo import Graph,Node,Relationship,NodeMatcher
#建立数据库连接
test_graph = Graph(
  "localhost",
   username = "neo4j",
   password = "root"
)
#通过 cypher 语句查询
#通过儿科疾病患者大于 16 岁的节点信息
Application = 'MATCH(p:患者) - - > (q:疾病)where(p.age > "16" and q.room
= "儿科")RETURN DISTINCT p,q'
Application_data = test_graph.run(Application).data()
print(Application_data)
```

第二，以男性套用女性医保卡为例，套用医保卡审计分析的代码描述如下：

```
#coding:utf - 8
from py2neo import Graph,Node,Relationship,NodeMatcher
#建立数据库连接
test_graph = Graph(
      "localhost",
      username = "neo4j",
      password = "root"
)
#通过 cypher 语句查询
```

```
#疾病与性别不符
Application = 'MATCH(m:患者) - - > (n:疾病)where(m.sex = "男" and n.room =
"妇科")RETURN DISTINCT m,n '
Application_data = test_graph.run(Application).data()
print(Application_data)
```

系统运行界面如图 9.7 所示。

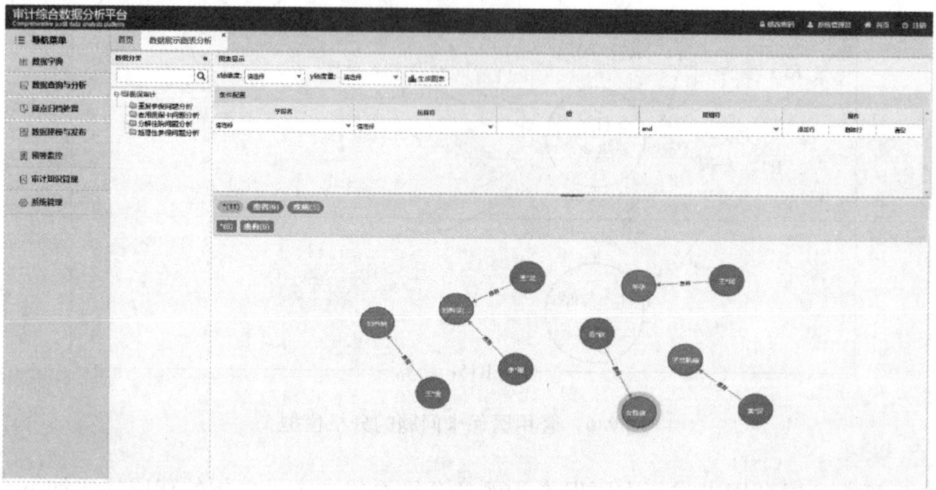

图 9.7　系统运行界面

（5）审计分析。如图 9.8 所示，点击患者“欧 * 勤雷”实体显示其年龄属性为“41 岁”，年龄大于 17 岁，但是他曾经患有“百日咳”，点击这一疾病实体显示其科室属性为“儿科”，这与他的年龄属性不相符，说明有并非他本人使用了医保卡就医。

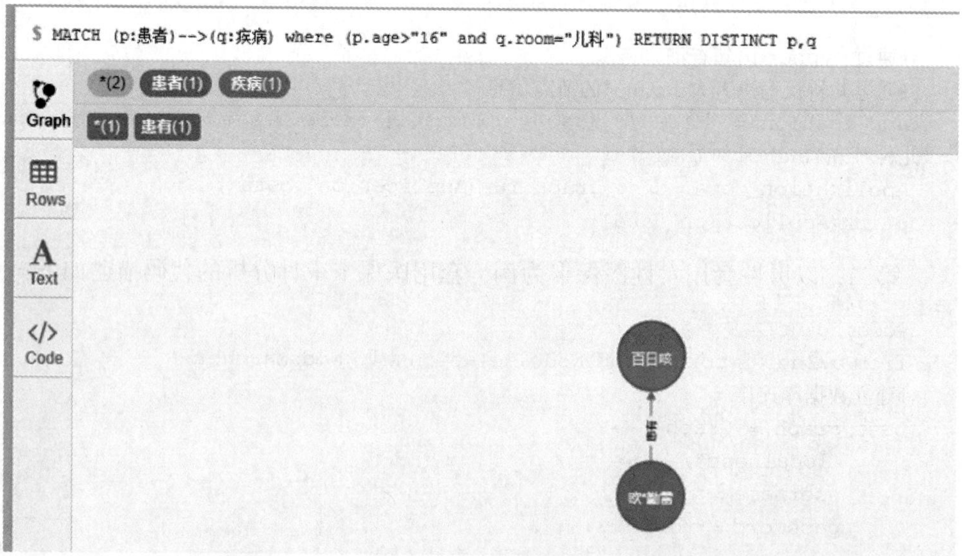

图 9.8　套用未成年人医保卡问题的可视化结果

异性参保人之间的这种情况可以从患者住院所属科室是男病区还是女病区来区分或者依据疾病特征结合病人性别进行分析。根据这一思路，可以筛选出住在男病区但医保卡信息为女性的或住在女病区但医保卡信息为男性的患者。如图9.9所示，图中五位患者性别属性均为“男”，通过查询他们与疾病之间的关系，可以发现，这些疾病的科室属性均为“妇科”，这与他们的性别属性不相符，这是一种异常的情况。

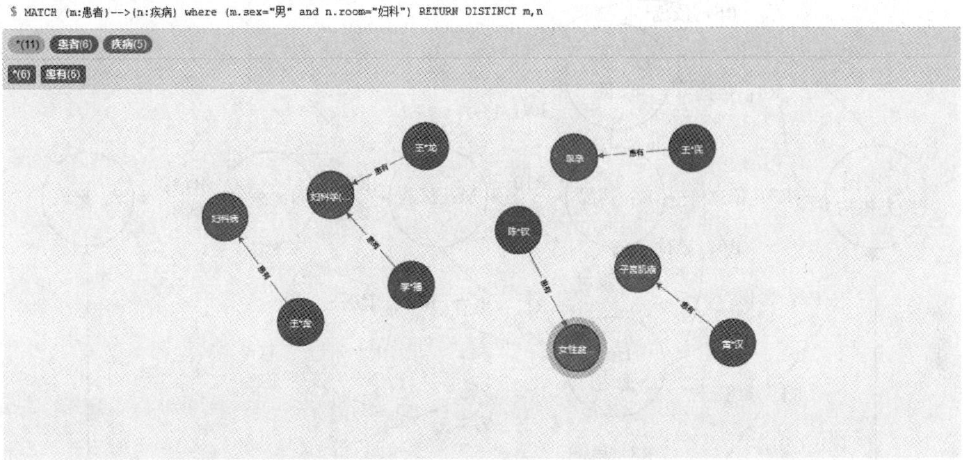

图9.9　套用女性医保卡问题的可视化结果

9.2.4　分解住院问题分析

（1）背景介绍。分解住院也称二次返院、二次入院，通常是指患者在病情尚未完全恢复的时候，医院为患者多次办理出院、入院的手续。它产生的主要原因是，医保经办机构对住院患者采取的是次均定额结算的方式。如果病人住院产生的费用超过了限定的额度，对超出的金额医保经办机构将拒绝拨付，这就将报销的压力转移到了医院，由医院负责超出部分的金额，这种行为是国家法律严格禁止的，它侵犯了病人的利益，同时也给国家医疗保险金造成了浪费。

（2）审计内容。“分解住院”是一种严重违反医疗保险规定并侵犯患者权益的行为，审计人员需要分解住院行为的特点，然后通过数据分析查找分解住院行为。

（3）数据准备。从药品目录、诊疗项目目录、国际疾病分类（ICD-10）数据中提取实体数据及其属性。提取了H省各市的医保经办机构的实体信息，H省医院实体及其属性的信息。剩下的患者实体、医生实体，数据来源为医院，参保单位实体从就职的单位中提取。

（4）模型构建。“分解住院”一般有两个特征：一是病人有连续多次住院记录；二是病人多次住院之间的间隔时间短。因此，可以从{H，M，N}三个实体角度入手，如图9.10所示，针对分解住院呈现出的特征，以“患者”和“疾病”实体为切入点，审计路径可以按照住院日期属性筛选住院频次。“同一科室不同病种”和“同一病种不同科室”可能都是医院为了规避“分解住院”的规定，将病人变换病种以后再次入院治疗，通过分析｛H，M，N｝三实体之间的关系：（H，R_{11}，M）（H，R_{12}，N）（M，R_{13}，N），可以分析出医生和患者间易发生的问题。

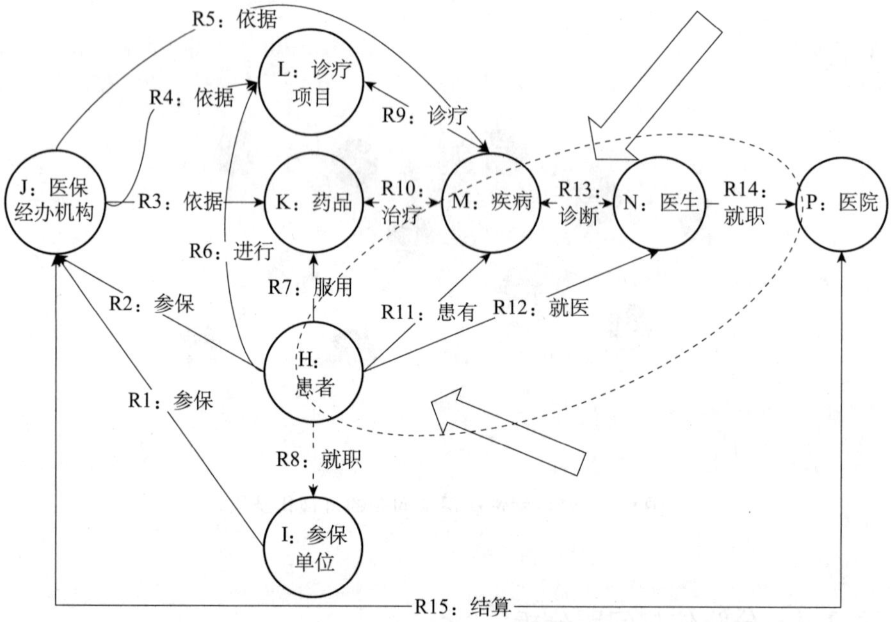

图9.10　分解住院问题分析模型

针对分解住院呈现出的特征，按照住院日期属性筛选住院频次，即依据住院时间筛选出病人在一段时间内的住院次数。分解住院审计分析Python脚本如下。

```
#coding:utf-8
from py2neo import Graph,Node,Relationship,NodeMatcher
#建立数据库连接
test_graph = Graph(
      "localhost",
      username="neo4j",
      password="root"
)
#通过cypher语句查询
#筛查住院次数
Application = 'MATCH (a:患者)--> (n) RETURN a.peopleid, count(n.jibingid)ORDER BY count(n.jibingid)DESC '
Application_data=test_graph.run(Application).data()
print(Application_data)
#特定患者的节点数据
```

```
Node = MATCH(a:患者) - - > (b)WHERE(a.peopleid = "213 566" or a.peopleid =
"100 102")
RETURNa,b´
Node_date = test_graph.run(Node).data()
print(Node_date)
```

系统运行界面如图 9.11 所示。

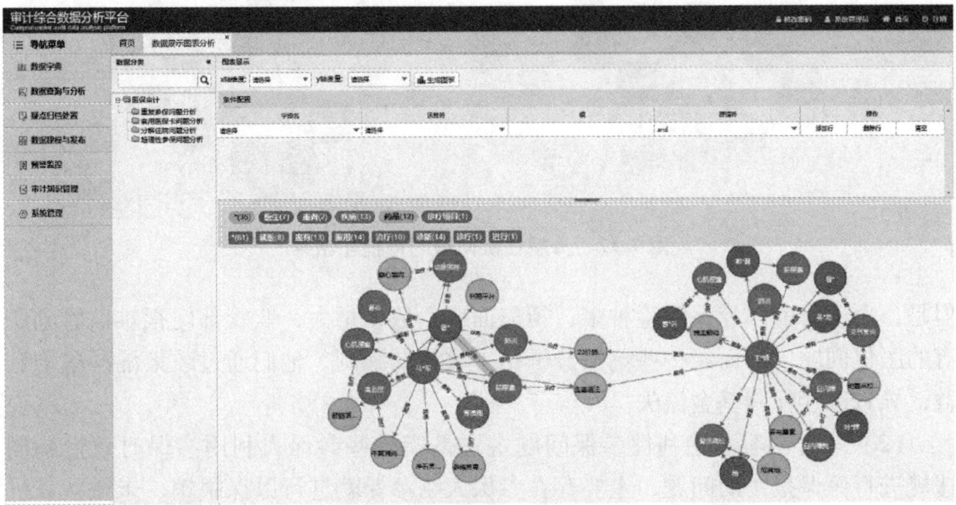

图 9.11 系统运行界面

(5) 审计分析。从图 9.12 中可以看出，"马＊军" 在 2016 年共有 7 次住院记录，并且他每次患的疾病都不同，他就诊的医生主要是 "曾＊"，查询 "曾＊" 的信息，发现他所属的科室是 "老年科"。"王＊妹" 共就诊过 5 次，并且每次都就诊于不同的科室，每次疾病种类也不同。针对上述两种情况，审计人员调取病案、检验单、结算费用明细等进行进一步调查，调取病案确认病人是否有真实的入院就诊记录，为了排除医院制造假病历的情况，审计人员还调取医院检验系统的检验数据，将检验数据与病人病案中所附的检验数据进行比对，确认检验数据的真实性。

9.2.5 趋利性参保问题分析

(1) 背景介绍。《X 市新型农村合作医疗实施办法》规定，新农合实行每年一次性缴费制度，当年缴费后，次年 1 月 31 日至 12 月 31 日为新农合的有效期间，当年生病住院不得使用新农合保险。《H 省城镇居民医疗保险实施办法》规定，每年第四季度市城镇居民医疗保险的参保期间，当年不得享受城镇居民医疗保险的待遇，到次年 1 月 31 日至 12 月 31 日方可享受城镇居民医疗保险。《H 省城镇从业人员基本医疗保险条例》规定，参保人参加城镇职工医疗保险的，须连续缴费满一年后方可享受城镇职工医疗保险待遇，不可新参保即享受统筹报销。

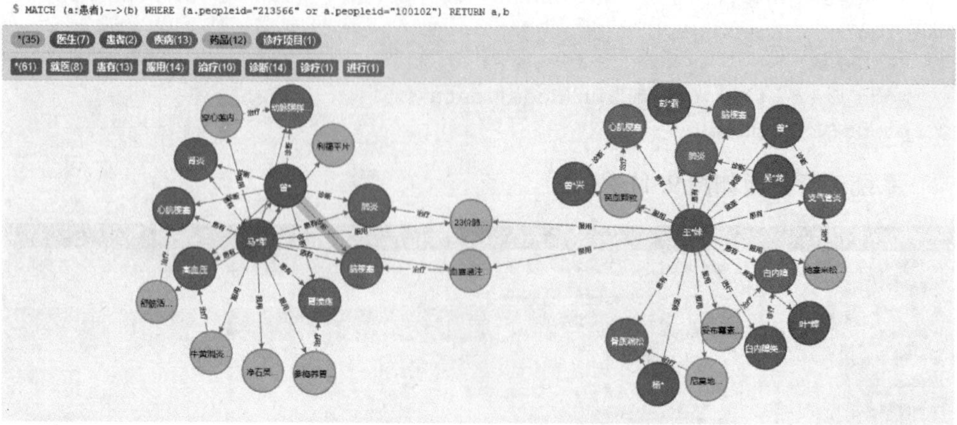

图 9.12　分解住院问题的可视化结果

但是，由于目前医疗保险险种多、覆盖面广、数据量大，监管部门很难监管到所有的医保问题，从而给一些不法分子钻了政策的漏洞，他们通过政策漏洞牟取利益，导致医疗保险基金流失。

（2）审计内容。趋利性参保问题主要是指一些参保人利用参保时效性漏洞违规进行医保报销的问题，主要存在参保人刚参保就进行医保报销、未缴费就进行医保报销、医保生效后参与医保报销即退保等行为，这些行为造成了医疗保险基金的损失，损害了医疗保险的公平性，需要审计人员特别予以关注。通过知识图谱可以发现一些医保地的政策性漏洞，并进而促进监管部门对趋利性参保行为进行监管，并堵上政策漏洞。

（3）数据准备。从药品目录、诊疗项目目录、国际疾病分类（ICD-10）数据中提取实体数据及其属性。提取了 H 省各市的医保经办机构的实体信息，H 省医院实体及其属性的信息。剩下的患者实体、医生实体，数据来源为医院，参保单位实体从就职的单位中提取。提取的 H 省医保数据为 2017 年度的数据，以参保时间为切入点，筛选出在 2016 年 1 月 1 日后参保的人员作为重点审计对象。

（4）模型构建。对于先报销后缴费、新参保即报销问题，主要是参保人员利用了参保时间的漏洞进行违规报销。审计人员基于知识图谱，以时间属性为切入点，对医保经办机构、患者和医生三个实体进行关联分析。从图 9.13 发现，通过分析（J，R_2，H），（H，R_{12}，N）之间的关联关系，可以较为直观地发现违规行为。

针对未缴费即先报销的问题，可以从患者的入院日期和参保日期入手，将两者进行比较，未缴费先报销即患者的入院日期早于参保日期，针对这种情形，不管是新型农村合作医疗保险、城镇居民医疗保险还是城镇职工医疗保险，都违背了相关的规定。

针对城镇职工医疗保险首次参保者在未满一年就报销的问题，也需从参保时间入手，以时间属性为切入点，对医保经办机构、患者和医生三个实体进行关联分析，可以较为直观地发现违规行为，从而帮助审计人员找到审计线索。

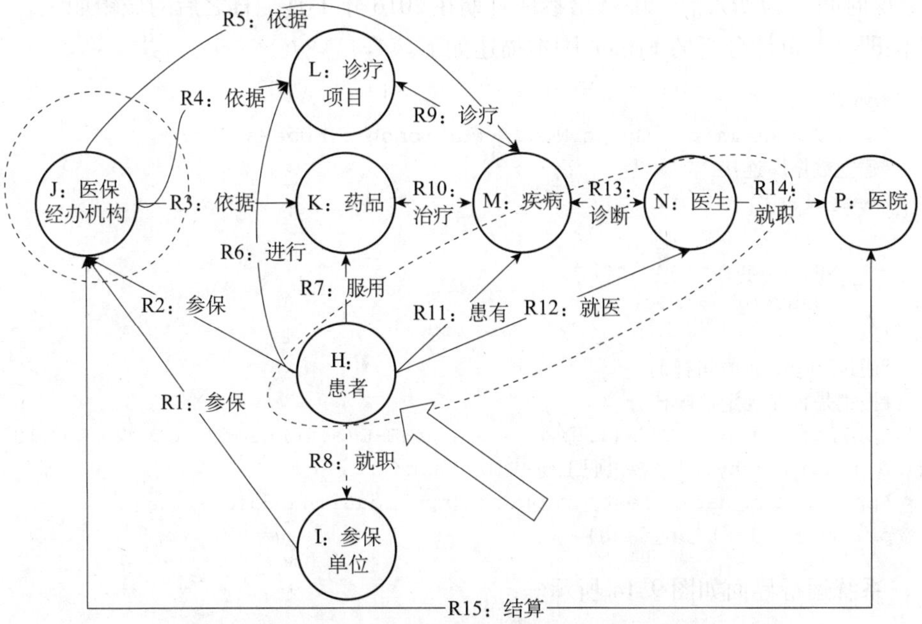

图9.13 趋利性参保问题分析模型

未缴费先报销，即在参保人缴费参保之前就先进行报销，这一行为违反了医保的规定，是参保人钻了政策漏洞的趋利性参保行为，以参保人为切入点，将“参保时间”“入院时间”相互比较，筛选出入院日期在参保日期之前的实体。未缴费先报销审计分析的python脚本描述如下。

```
#coding:utf-8
from py2neo import Graph,Node,Relationship,NodeMatcher
#建立数据库连接
test_graph = Graph(
    "localhost",
    username="neo4j",
    password="root"
)
#通过cypher语句查询
#参保时间和住院时间
Application = 'MATCH (a:患者) - - > (b) WHERE a.admissiondate <
a.insureddate RETURN a,b'
Application_data=test_graph.run(Application).data()
print(Application_data)
```

新参保即报销，是指参保人员首次参保，尚在等待期内即进行医保报销的行为，这一行为主要发生在城镇职工医疗保险参保人群中，参保人员利用参保等待期的政策潜在漏洞，违规享受医疗保险报销待遇，损害了医疗保险的公平性，扰乱了参保秩序，侵犯了其他参保人的权利。基于 2017 年度的医保数据，针对 2016 年 1 月 1 日之后参与城镇职工医疗保险的人员进行重点审计。以参保人的“参保时间”为切入点，筛选出参保日期在 2016 年 1 月 1 日之后的城镇职工。新参保即报销审计分析的 Python 脚本描述如下。

```
#coding:utf - 8
from py2neo import Graph,Node,Relationship,NodeMatcher
#建立数据库连接
test_graph = Graph(
      "localhost",
      username = "neo4j",
      password = "root"
)
#通过 cypher 语句查询
#报销是否在规定期限核查
Application = 'MATCH(a:患者) - > (b)WHERE(a.insureddate > "20 160 101"
and a.insurancetype = "城镇职工")RETURN a,b'
Application_data = test_graph.run(Application).data()
print(Application_data)
```

系统运行界面如图 9.14 所示。

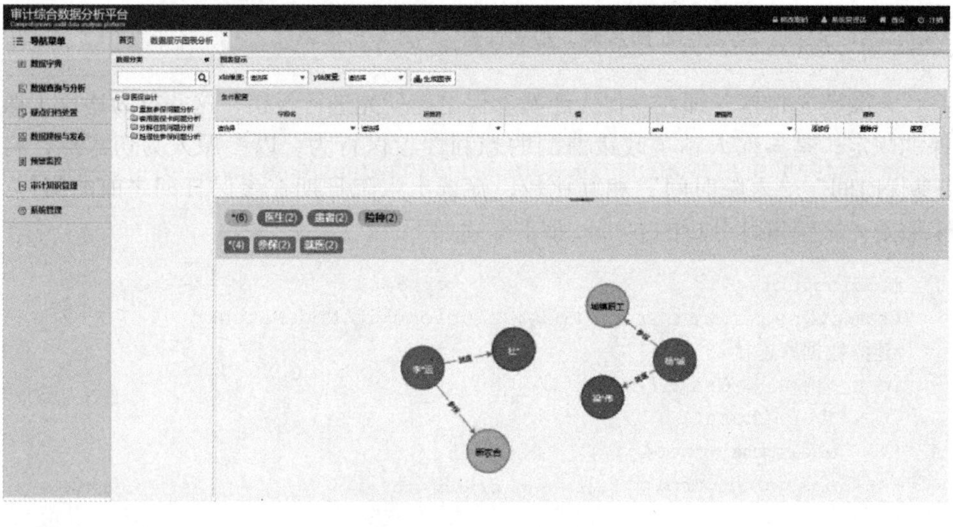

图 9.14　系统运行界面

（5）审计分析。未参保先报销审计分析的可视化结果如图 9.15 所示，患者“李＊运”“杨＊城”曾经在 H 省人民医院就医，但是两位参保人的缴费参保日期在住院日期之后，审计人员应作进一步审计，对两位参保人的医保报销记录进行核对，检查报销金额对应的日期是否在规定的期限内。

新参保即报销审计分析的可视化结果如图 9.16 所示，患者“符＊雄”曾经在 H 省人民医院就医，他的参保日期为 2016 年 7 月 30 日，有可能存在新参保即报销的问题，应确定为审计线索，作进一步审计，与医保经办机构的医保报销记录进行核对，检查报销金额对应的日期是否在规定的期限内。

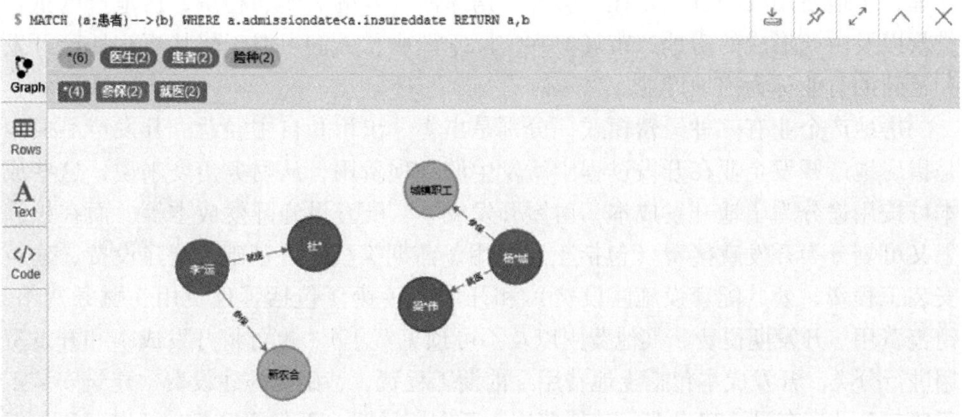

图 9.15　未参保先报销分析的可视化结果

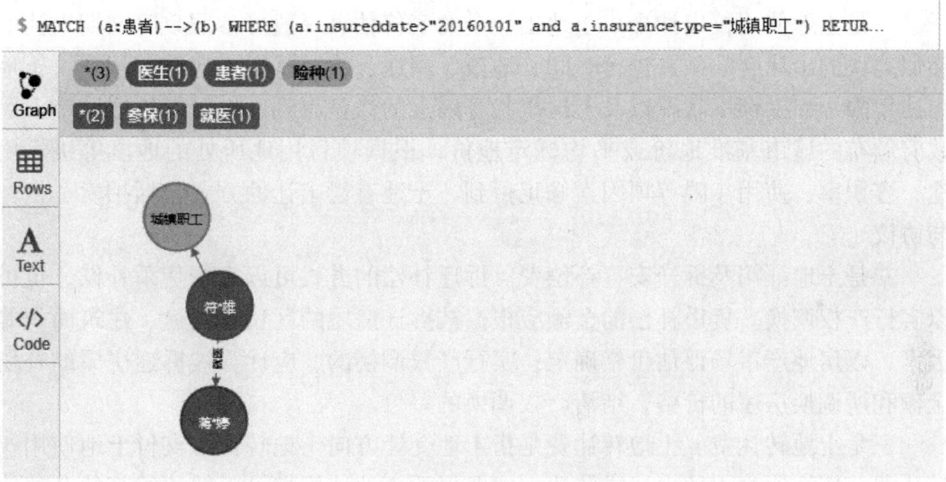

图 9.16　新参保即报销分析的可视化结果

9.3　税务审计

9.3.1　房地产税收的审计线索树

9.3.1.1　房地产企业的开发成本

房地产业是指以土地和建筑物为经营对象，从事房地产开发、建设、经营、管理以及维修、装饰和服务的集多种经济活动为一体的综合性产业，是具有先导性、基础性、带动性和风险性的产业。主要包括土地开发，房屋的建设、维修、管理，土地使用权的有偿划拨、转让，房屋所有权的买卖、租赁，房地产的抵押贷款以及由此形成的房地产市场。在实际生活中，人们习惯于将从事房地产开发和经营的行业称为房地产业。

房地产企业有三种经营模式，分别是出售、出租和自主经营。开发产品成本是指房地产开发企业在开发过程中所发生的各项费用；从财务角度来说，这些成本可按用途分为土地开发成本、房屋开发成本、配套设施开发成本等。而在核算上又可划分为开发直接费（包括土地费用、前期工程费、基础设施建设费、建筑安装工程费、公共配套设施建设费）和开发间接费（包括管理费用、财务费用、销售费用、开发期税费、其他费用以及不可预见费等）。也可将开发成本和开发费用进行分类。开发成本包括土地费用、前期工程费、基础设施建设费、建筑安装工程费、公共配套设施建设费、其他费用、开发期税费、不可预见费。开发费用包括管理费用、财务费用、销售费用。因此，房地产开发项目总成本费用构成如下。

（1）土地费用。具体包括以下方面。

一是土地使用权出让金。土地出让金的底价估算一般可参照政府同期出让的类似地块的出让金数额并进行时间、地段、用途、临街状况、建筑容积率、土地出让年限、周围环境状况以及土地现状等因素的修正得到，也可以依据城市人民政府颁布的城市基准地价或平均标定地价，根据项目用地所处的地段等级、用途、容积率、使用年限等项因素修正得到。土地有偿出让的方式包括拍卖、招标与协议。

二是土地征用及拆迁安置补偿费。拆迁补偿的方式可以实行货币补偿，也可以实行产权调换。货币补偿的金额应根据被拆迁房屋的区位、用途、建筑面积等因素，以房地产市场评估价格确定；实行产权调换的，应计算被拆迁房屋的补偿金额和所调换房屋的价格，结清产权调换的差价。

三是土地转让费。土地转让费是指土地受让方向土地转让方支付土地使用权转让费。依法通过土地出让或转让方式取得的土地使用权可以转让给其他合法使用者。

四是土地租用费。土地租用费是指土地租用方向土地出租房支付的费用。在房地产开发投资中不多见，但在房地产置业投资中（如购入酒店作出租经营之用时）经常采用。

（2）前期工程费。前期工程费主要包括开发项目的前期规划、设计、可行性研究、水文地质勘测以及“三通一平”等土地开发工程费支出。

项目的规划、设计、可行性研究所需的费用一般可按项目总投资的一个百分比估算。一般情况下，规划及设计费为建筑安装工程费的3%左右，可行性研究费占项目总投资的0.1%～0.3%，水文、地质勘探所需的费用可根据所需工作量结合有关收费标准估算，一般为设计概算的0.5%左右。

“三通一平”等土地开发费用，主要包括地上原有建筑物、构筑物拆除费用、场地平整费用和通水、电、路的费用。这些费用的估算可根据实际工作量，参照有关计费标准估算。一般为设计概算的0.35%。

(3) 基础设施建设费。基础设施建设费又称为红线内外工程费，是指建筑物2米以外和小区规划红线以内的各种管线和道路等工程的费用，主要包括供水、供电、道路、绿化、供气、排污、排洪、电信、环卫等设施的建设费用以及各项设施与市政设施干线、干管和干道的接口费用。

基础设施费通常采用单位指标估算法来计算。粗略估算时，各项基础设施工程均可按建筑平方米或用地平方米造价计算。

(4) 建筑安装工程费。建筑安装工程费是指直接用于工程建设的总成本费用，主要包括建筑工程费（结构、建筑、特殊装修工程费）、设备及安装工程费（给排水、电气照明、电梯、空调、煤气管道、消防、防雷、弱电等设备及安装）以及室内装修工程费用等。

(5) 公共配套设施建设费。公共配套设施建设费是指居住小区内为居民服务配套建设的各种非营业性的公共配套设施（又称公建设施）的建设费用。主要包括居委会、派出所、托儿所、幼儿园、公共厕所、停车场等。

(6) 开发间接费。开发间接费是指房地产开发企业所属独立核算单位在开发现场组织管理所发生的各项费用。包括工资、福利费、折旧费、修理费、办公费、水电费、劳动保护费、周转房摊销和其他费用等。

(7) 管理费用。管理费用是指房地产企业行政管理部门为组织和管理房地产项目的开发经营活动而发生的各种费用。主要包括管理人员工资、工会经费、业务接待费、职工教育经费、劳动保险费、待业保险费、董事会费、咨询费、审计费、诉讼费、房产税、土地使用税（企业管理用房）、车船费、技术开发费、无形资产摊销、开办费摊销等各种费用。管理费用可以项目投资或前述1~5项直接费用为基数，取某个百分比计算。这个百分数一般为3%。

(8) 财务费用。财务费用是指房地产开发企业为筹集资金而发生的各项费用，主要包括借款和债券的利息、金融机构手续费、保险费、融资代理费、外汇汇兑净损失以及企业为项目筹资发生的其他财务费用。

(9) 销售费用。销售费用是指开发项目在销售产品过程中发生的各项费用以及专设销售机构或委托销售代理的各项费用。主要包括以下三项：广告宣传及市场推广费、销售代理费、其他销售费用。

(10) 其他费用。其他费用主要包括临时用地费和临时建设费、工程造价咨询费、总承包管理费、合同公证费、施工执照费、工程监理费、竣工图编制费、工程保险费等。这些费用按当地有关部门规定的费率估算，一般约占投资额的2%~3%。

(11) 开发期间税费。开发项目投资估算应考虑项目在开发过程中所负担的各种税费和地方政府或有关部门征收的费用。在一些大中城市，这部分税费已成为开发建设项目投资构成中占较大比重的费用。各项税费应当根据当地有关法规标准估算。以广州为例，这些税费一般包括配套设施建设费（小区建安造价的5.5%，单体11%）、土地使用税、建筑工程质量监督费、供水增容费（已免征）、供电增容费（已免征）、物业管理基金（按售价2%计收，用于出租的物业，开发商交，用于出售的，买家交）等。

（12）不可预见费。不可预见费包括备用金（不含工料价格上涨备用金）、不可预见的基础或其他附加工程增加的费用、不可预见的自然灾害增加的费用。它依据项目的复杂程度和前述各项费用估算的准确程度，以上述各项费用之和为基数，按3% ~5%计算。

此外，如果是开发项目完成后出租或自营的项目，还应涉及以下两项费用。

（13）运营费用。运营费用是指房地产项目开发完成后，在项目经营期间发生的各种运营费用。主要包括管理费用、销售费用等。

（14）修理费用。修理费用是指以出租或自营方式获得收益的房地产项目在经营期间发生的物料消耗和维修费用。

9.3.1.2 审计风险树

税务审计主要为了查看企业是否按规定交税、有没有偷税漏税行为、有没有弄虚作假等情况。当企业面临税务稽查、变更、并购等问题时，对企业进行全面的税务审计，查漏补缺，并提出补救方案，最终能够很好地通过税务稽查。

房地产行业是我国经济的支持产业，其行业的入库税款额占我国财政收入的比例较高，向来是税务机关关注的重点行业，这就要求房地产企业务必关注自身的税务风险和涉税风险点，加强内部审计，降低税务风险。

目前，房地产企业税收风险管理现状并不乐观，存在着较多的缺陷，稽查案例频发，是广大房地产企业普遍存在的税务风险。房地产企业税务风险管理现状的不足之处集中在以下两点。

一是避税动因强烈，税收风险意识淡薄。房地产企业本属资金密集型行业，税费负担高，资金占用大，造成管理层避税动因强烈。

二是房地产企业涉税环节多，每一个开发经营环节都有对应的税收活动和相应的涉税风险点。房地产企业更多的是从成本控制的角度来控制税收风险，即关注在税费支出最小化。

由于房地产属于资金密集型、人力密集型的行业，而且材料管理和施工管理难度大、漏洞多，费用成本构成复杂，因而税务审计难度大。通过审计风险树可以直观形象地指导针对房地产的税务审计工作，图9.17就是一棵面向房地产企业的审计风险树。

如果在风险树的各个分支上标出风险系数，就可以形成针对某个企业的审计线索树，使得审计工作有的放矢，大大提高审计的效率和质量。由于风险系数受很多因素影响，例如同类企业的情况、以往审计的结果、产品性质（住宅房、写字楼、商业房等）、销售方式（出售、自营、出租等）、所在地域和所处的时间区间等，因此，还需要结合其他数据进行计算和剪支，从而形成针对某个企业的审计线索树。

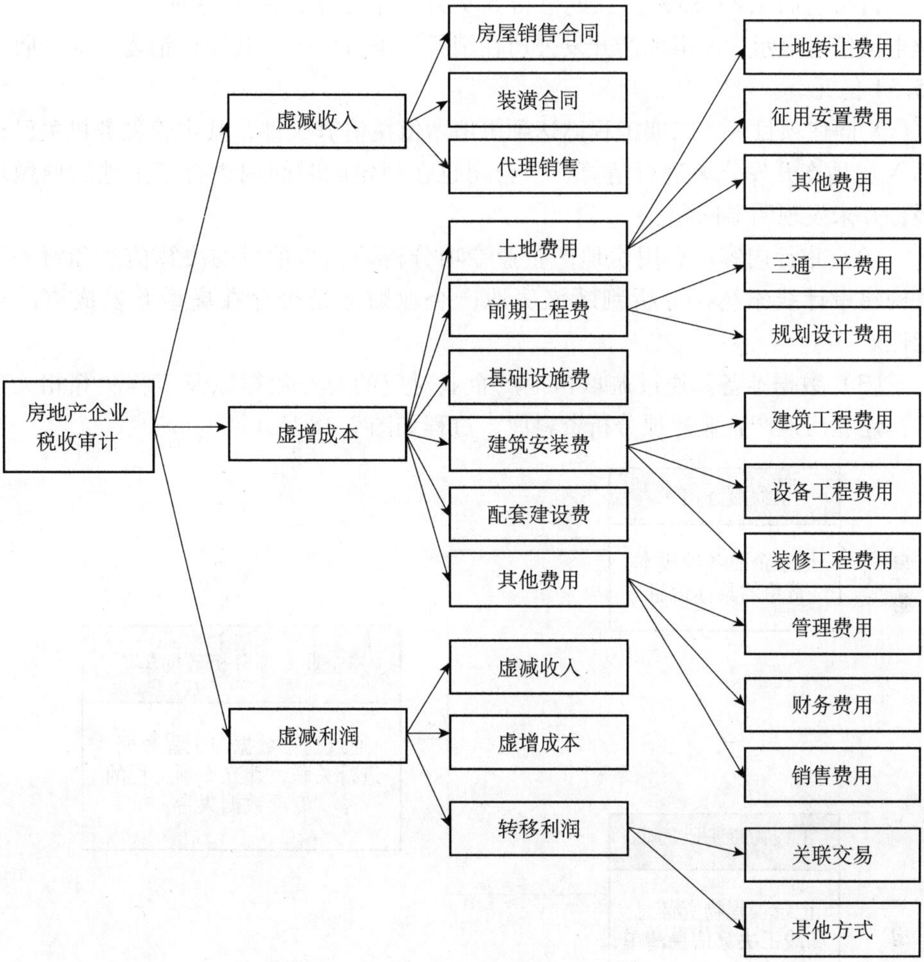

图 9.17　房地产行业的审计线索树

9.3.2　房地产企业税收分析

（1）背景介绍。A 部门在一起经济案件调查过程中，发现了一条企业涉税违法线索：N 房地产开发公司涉嫌以虚列成本的方式少缴税款。A 部门于是将线索传递至税务机关稽查部门，请求协助调查。接到线索后，税务稽查部门迅速组织人员对该企业进行立案调查。

检查人员了解到，N 房地产开发公司于 2010 年 4 月成立，注册资本 50 000 万元，公司类型为其他有限责任公司，主要从事房地产开发、经营、租赁、物业管理等业务。

该公司开发销售的 X 商住项目自 2015 年 1 月起开工建设，实际建设可售总面积为 43.1 万多平方米，分三期进行开发。截至 2018 年 12 月 31 日，X 商住项目一期已售出 10.9 万多平方米，占可售面积 93.50%；二期已售 11.8 万多平方米，占可售面积83.88%；三期已售5.9万多平方米，占可售面积34.42%。企业申报信息显示，N房地产开发公司在销售该项目房产上共取得销售不动产收入15.54亿元。

X商住项目一、二期工程已达到土地增值税清算条件，其主管税务机关已通知N房地产开发公司进行清算，该公司也在规定的时间内进行了土地增值税申报，并未发现明显问题。

（2）审计内容。利用房地产企业专项分析数据与项目的决算信息和财务信息构建审计线索树，分析判断该房地产企业财务是否存在虚增开发成本的可能性。

（3）数据准备。通过调取房地产企业对应的财务数据以及工程决算相关信息，建立房地产企业专项分析资料库，过程如图9.18所示。

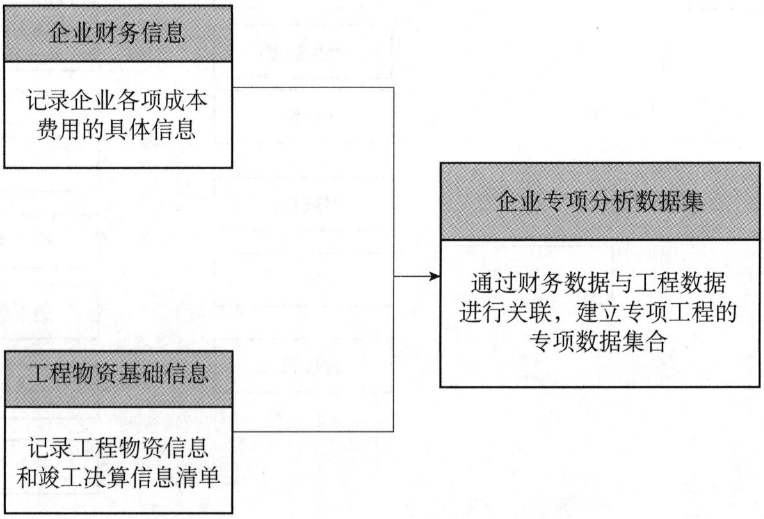

图9.18　房地产企业专项分析数据收集过程

（4）模型构造。利用房地产企业专项分析数据与项目的决算信息和财务信息构建房地产企业税收分析审计线索树模型，判断房地产企业的费用信息是否合理、是否存在虚增开发成本。模型核心代码如下所示。

```
class decisionnode:
    def __init__(self,value,isleaf=False,leafcounts=0,maxlevel=1):
        self.childs=[]
        self.value=value
        self.isleaf=isleaf
        self.leafcounts=leafcounts
        self.maxlevel=maxlevel
    def addchild(self,child):
        self.childs.append(child)
class RelationTree:
    def __init__(self,basewidth=100,basedepth=100):
```

```
        self.basewidth = basewidth
        self.basedepth = basedepth
        self.root = None
    def gentree(self,db,mothervalue,tablename,childcol,mothercol):
        self.root = decisionnode(mothervalue)
        cur = db.cursor()
        def swap_gentree(node):
            cur. execute("select% s from% s where% s = '% s'"% \
              (childcol,tablename,mothercol,node.value));
            results = cur.fetchall()
            #如果是叶子节点,则直接返回
            if not results:
                returndecisionnode(node.value, isleaf = True, maxlevel
                 =1)
            #说明是非叶子节点
            #对非叶子节点进行其下包含的叶子节点进行统计(leafcounts)
            #该节点之下最深的深度 maxlevel 收集
            maxlevel =1
            for each in results:
                entrynode = swap_gentree(decisionnode(each[0]))
                if(entrynode.isleaf):
                    node.leafcounts + = 1
                else :
                    node.leafcounts + = entrynode.leafcounts
                if(entrynode.maxlevel > maxlevel):
                   maxlevel = entrynode.maxlevel
                node.addchild(entrynode)

            node.maxlevel = maxlevel +1
            return node
        swap_gentree(self.root)
```

房地产企业税收分析流程如图 9.19 所示。

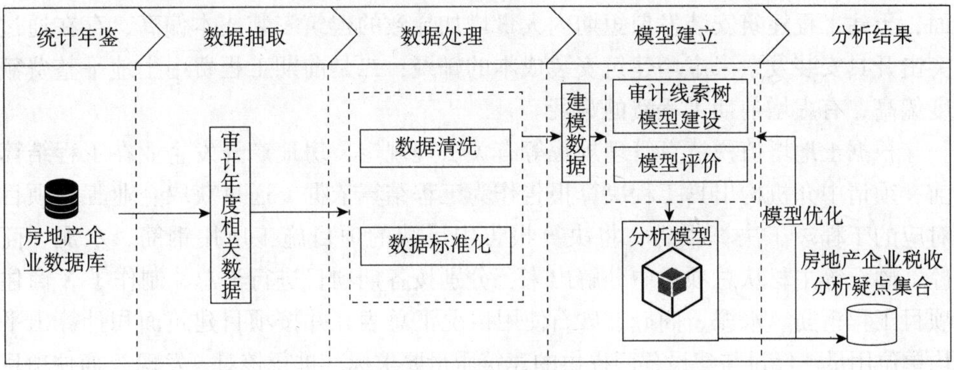

图 9.19 模型流程

通过企业数据库获取相应年份所需的审计数据，并通过对数据的清洗和标准化处理形成可供分析的数据集，在此数据集上依据审计需求建立审计线索树模型，并依据业务不断对模型进行优化。提高模型的实用化程度，并输出疑点集合。

系统运行界面如图 9.20 所示。

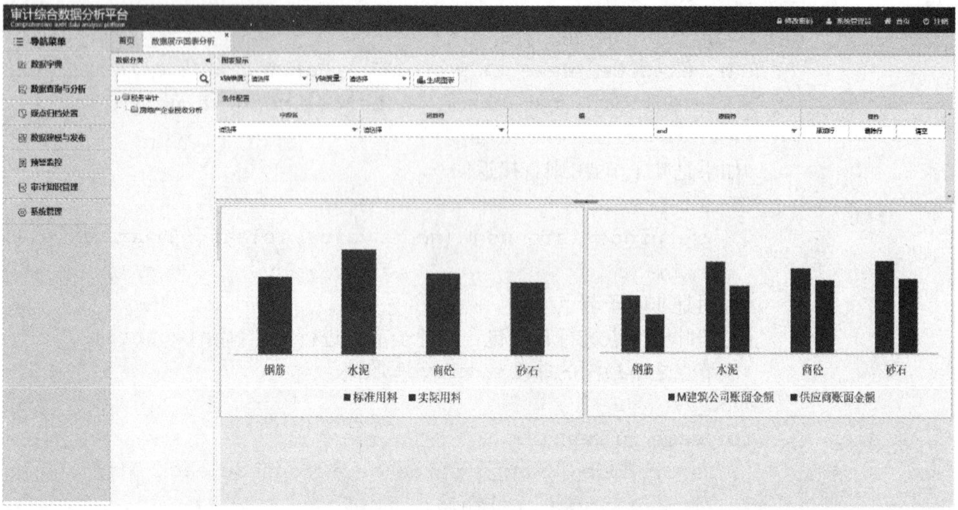

图 9.20　系统运行界面

（5）审计分析。通过同类型企业对应的数据，判断当前企业的费用、收入等信息是否合理，再结合以往房地产税务审计获得的审计风险树，进行剪支（虚线框即为去掉的分支），最终获得如图 9.21 所示的 N 房地产开发公司的审计线索树（实线框）。按图索骥，根据审计线索和疑点，有针对性地做实地调查，发现了许多问题。

通过运算，得出 N 房地产开发公司在 X 商住项目工程决算上的工程成本远高于同市其他同类型企业的开发项目成本。成本走势如图 9.22 所示。

随后对 N 房地产开发公司进行账面检查时发现多处疑点，一是在账面凭证方面，土建工程建筑安装发票短期内大量增加导致的建筑安装成本偏高，存在通过突击开具安装发票来虚增建筑安装成本的嫌疑；二是前期工程费中土地平整费额度偏高，有虚增前期工程费的嫌疑。

根据土地增值税清算管理规程等有关法规规定，房地产开发企业在工程结算前，须请中介机构出具工程决算报告作为工程结算依据。通过获取企业工程项目对应的工程竣工决算报告，将决算报告中反映的项目施工所用钢筋、水泥、商砼、砂石等主材从总项目中分解出来，分别按各期项目进行汇总，制作了 X 商住项目工程钢筋、水泥、商砼、砂石使用情况汇总表，并按项目建筑面积计算出平均单位用量。经过与建设部门提供的建筑质量要求标准进行核对，发现 X 商住项目钢筋、水泥、商砼、砂石等主材的使用量大幅度高于指导标准和行业标准（见图 9.23），大幅增加了成本，属于超标建设，这并不符合房地产企业的经营常规。

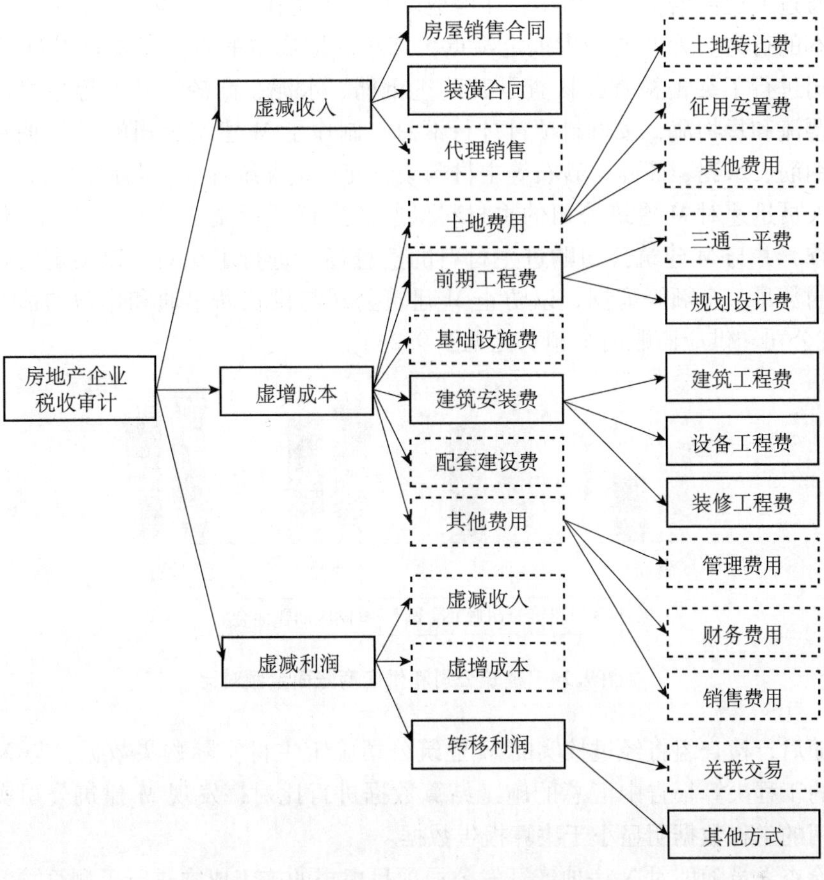

图 9.21　N 房地产开发公司的审计线索树

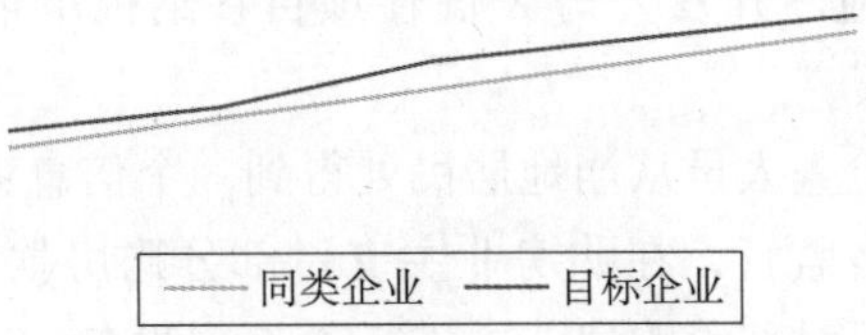

图 9.22　同类企业建筑项目和目标企业建筑项目成本走势

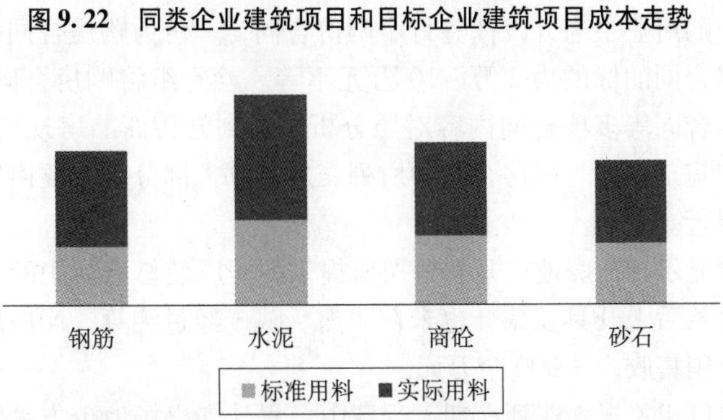

图 9.23　实际用料与标准用料比较

通过上述数据，可以得出，N 房地产开发公司在项目开发过程中确实存在虚增成本的行为。为了进一步锁定疑点，落实虚增成本的事实，检查人员对 M 建筑公司进行了突击检查，核查了其购进钢筋、水泥、商砼、砂石等主材的资金流、票流和货物流，按材料项目进行汇总，制作了 M 建筑公司施工 X 商住项目时，钢筋、水泥、商砼、砂石等主材购买、使用情况统计表。与此同时，另一组检查人员迅速对 M 建筑公司的主材料供应商进行了货流、票流和资金支付等方面调查，并与 M 建筑公司购进主材料的信息逐一进行了比对，以锁定实际购进主材的数量、金额等证据，以防止 M 建筑公司与供货商串通和作假的情况发生（建筑公司和供应商账面金额对比见图 9. 24）。

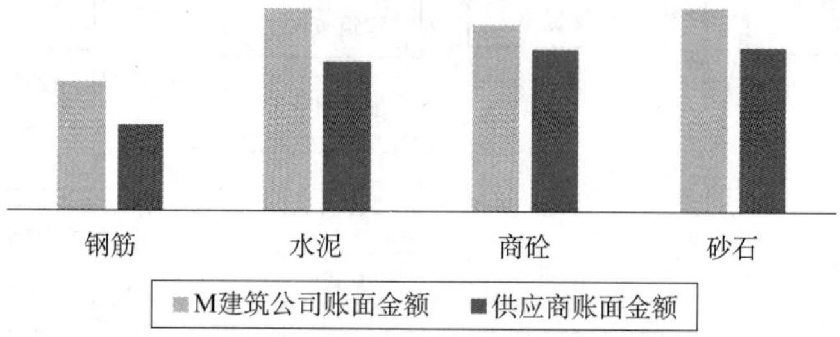

图 9. 24　建筑公司和供应商账面金额对比

随后，检查组将经过核实的 M 建筑公司施工主材实际购买数据，与 X 商住项目的工程决算报告中汇总的施工结算数据进行比对，发现 M 建筑公司实际购进使用的主材数据明显小于决算报告数据。

检查人员随即对 N 房地产开发公司项目虚报的施工成本进行了测算，掌握了 X 商住项目钢筋、水泥、商砼、砂石等主要材料结算与实际购买的差额情况。经测算，初步确定 N 房地产开发公司 X 商住项目在纳税申报时，涉嫌虚增建筑安装工程成本 5 400 万元。

在调查过程中，检查人员从当地居民处得到一个信息：N 房地产开发公司为了少缴税款和逃避价格监管，在购房业主支付部分购房款后，未开具正式发票。为了核实情况，检查组对部分购房业主进行了走访调查。

经了解，购房业主与开发商签订了两份合同，一份为购房合同；另一份为装修合同。装修合同的标的为 2 万 ~20 万元不等。检查组将购房合同、装修合同、建设工程施工合同等多项合同内容对照分析，并到已售商品房现场勘察后发现，装修合同所列施工内容与购房合同中所列交房条件大部分为重复内容，甚至有的合同根本未履行。

调查结果显示，N 房地产开发公司所提供的房屋装修合同中的业务并未真正实施，企业收款后未开具发票，也未在账内反映。经过测算，N 房地产开发公司涉嫌账内少记销售收入 3 000 余万元。

X 商住项目相关报表账列前期工程费中，累计支出场地土方平整费用 960 万元，根据施工方结算表，该工程平整费用每立方米 22 元，总工程量约为 43. 6 万立方米。

为了核实X商住项目支出场地平整费用的真实性，检查人员走访项目所在地附近的居民，了解到X商住项目所在地之前是一片荒地，地势较平坦。同时，有关部门提供的X商住项目前期岩土工程勘察报告也显示，该项目素填土（全新人工填土层）平均厚度为2.55米，实际需土方平整工程量约为27.6万立方米。综合第三方调查信息，检查人员认为，企业虚增了场地平整工程量16万立方米，并测算N房地产开发公司涉嫌虚增场地平整工程费用352万元。

通过以上分析和实地探访，N房地产开发公司承认通过虚增成本、少记收入等方式逃避纳税的违法事实，并提供了账外账，N房地产开发公司在X商住项目建设和销售过程中，累计虚增建筑安装工程成本5 400万元，虚增场地平整工程成本410万元，少记销售收入3 250余万元。并且该企业将虚增成本和少记收入获得的账外收入9 060万元作为红利向股东进行了分配。

延伸阅读——ACL：审计分析软件

ACL技术是由加拿大大不列颠哥伦比亚大学及维多利亚大学的终身教授哈特沃（Hart. Will）博士于1974年开始研发的，应用于审计分析及数据研究，1987年创立了ACL公司。

ACL审计数据分析系统是为非计算机专业的审计及内控人员开发的一款数据分析软件，其主要的任务是围绕以风险为导向的审计工作理念去发现风险、控制风险。ACL一直为审计和内控人员及财务管理人员提供交易数据分析软件解决方案和专业服务。作为一款审计工作专用的数据分析工具，ACL内置了100多个的审计工作中常用的数据分析命令和函数。具体如下。

统计命令，可以快速对数据全域进行统计分析，获取数据的记录计数、域合计、平均域值、绝对值、最大域值和最小域值等数据的概览。

分类命令，分类命令可对字符域中每个唯一值的相关记录计数，并为每个唯一值的指定数值域计算小计。

汇总命令，计算选定字符域或日期域的每个不同值的记录数，并对每个不同值的数值域进行小计。

账龄命令，输出具有表示以下内容的列：账龄间隔、每个间隔中的记录数以及每个间隔给出的记录数占记录总数的百分比。如果对一个或多个域进行了小计，则会显示以下附加列：另一个百分比列，以及每个间隔的域小计。

Benford命令，可使用Benford公式生成数字分析。该命令可以计算数据集中每个前导数字或数字组合的出现次数，并将实际计数的结果与预期结果比较。使用Benford公式计算预期计数结果。为了帮助估计实际计数和预期计数之间的偏差大小，此命令输出中还包含每个计数的Z统计值。还可以使用界限选项，以帮助审计人员确定明显超出预期范围数字的出现频率。

重复命令，用于检测活动表中的关键字域是否包含重复项。

ACL功能丰富，主要包括以下内容。

（1）探索分析的操作全部在视窗界面进行，让审计人员可以无须编写代码就能进行各种数据分析。

（2）ACL内建有文本型数据库，无须额外的数据库支持。

（3）在分析探索过程中可以对数据表进行不断的尝试和深入的挖掘，且在这个过程中不会产生中间数据表。

（4）审计轨迹，在ACL软件的整个分析过程，包括鼠标点击命令操作和前台界面中输入的分析条件都可以被系统生成操作日志，这些日志就是我们进行数据分析的审计轨迹，可以作为审计证据使用。同时这些日志也可以被系统生成一段脚本程序，如果要重复分析过程，只需运行该脚本程序。

（5）ACL可以直接访问Oracle、DB2、MsSQL等数据库，也可读取DBF、Excel、PDF、CSV格式的数据文件。

（6）可以同时导入同一数据库中的多张数据表，以及同时导入Excel表中的多个Sheet。

（7）有着完善的数据验证手段，可以通过统计、时间命令对数据的有效性和完整性进行全面的检查。

（8）ACL的大文本直读功能，对于从业务系统中输出的超大分割文本文件，可以不做任何的数据转换，在几秒内就可以直接对几十个G的数据进行分析。方便现场审计工作中进行快速的数据分析。

（9）ACL的数据读取为单向模式，也就是数据只能从数据源读取到ACL中，而无法在ACL中对数据源进行回写操作，充分地保护了数据源的数据。

（10）系统可以将分析结果输出到多种格式的文件（Excel、Access、DBF、CSV等），也可以将结果写入指定的数据库中。

思考题

1. 什么是主题数据分析与审计？
2. 知识图谱在医保审计中是如何应用的？
3. 在经济责任审计、扶贫资金审计等专项审计中如何应用知识图谱？
4. 故障树还可以应用在哪些审计领域？

第10章 信息系统审计

10.1 概述

10.1.1 信息系统审计含义

由于信息系统审计（information system audit，ISA）仍处于不断发展变化之中，目前还没有一个公认的定义。以下分别介绍三种比较有代表性的定义。

日本通产省情报处理开发协会信息系统审计委员会的定义（1985 年）为："信息系统审计是由独立于审计对象的信息系统审计师，站在客观的立场上，对以计算机为核心的信息系统进行综合的检查、评价，向有关人员提出问题与劝告，追求系统的有效利用和故障排除，使系统更加健全。"该定义比较偏重于技术角度，没有强调企业经营风险与计算机技术之间的关系。1996 年，该委员会对信息系统审计重新定义为"为了信息系统的安全、可靠与有效，由独立于审计对象的信息系统审计师，以第三方的客观立场对以计算机为核心的信息系统进行综合的检查与评价，向信息系统审计对象的最高领导层提出问题与建议的一连串的活动"。该定义中强调了独立性问题。

信息系统审计领域的著名专家威伯（Ron Weber）教授的定义（1999 年）是："信息系统审计是收集并评估证据，以判断一个计算机系统（信息系统）是否有效做到保护资产、维护数据完整、完成组织目标，同时最经济的使用资源。"显然，该定义比日本通产省的定义好得多，体现了信息系统外部审计的鉴证目标，既对被审计单位的信息系统保护资产安全及数据完整的鉴证，又体现了内部审计的管理目标，即被审计信息系统保护资产安全，数据完整性，以及信息系统的有效性目标。

信息系统审计影响最大的国际组织——国际信息系统审计和控制协会（ISACA）的定义为："信息系统审计是一个获取并评价证据，以判断计算机系统是否能够保证资产的安全、数据的完整以及有效率利用组织的资源并有效果地实现组织目标的过程。"该定义比威伯的定义更详细一些。

同时，国际信息系统审计和控制协会还提出了信息系统审计的主要内容，包括以下六项。

（1）信息系统审计程序。依据信息系统审计标准、准则和最佳实务等提供信息系统审计服务，以帮助组织确保其信息技术和运营系统得到保护并受控。

（2）信息技术（IT）治理。确保组织拥有适当的结构、政策、工作职责、运营管理机制和监督实务，以达到公司治理中对 IT 方面的要求。

（3）系统和基础建设生命周期管理。系统的开发、采购、测试、实施（交付）、维护和（配置）使用，与基础框架，确保实现组织的目标。

（4）IT 服务的交付与支持。IT 服务管理实务可确保提供所要求的等级、类别的服务，以满足组织的目标。

（5）信息资产的保护。通过适当的安全体系（例如安全政策、标准和控制），保证信息资产的机密性、完整性和有效性。

（6）灾难恢复和业务连续性计划。一旦连续的业务被（意外）中断（或破坏），灾难恢复计划确保（灾难）对业务影响最小化的同时，及时恢复（中断的）IT 服务。

综上所述，信息系统审计紧紧围绕信息系统这个中心展开审计工作，例如，企业的持续能力和容灾能力，它们是企业信息系统安全性的综合体现；企业的信息基础设施则是企业信息系统安全的物质基础；网络架构、通信设备与技术等是信息系统安全的结构基础；操作系统是信息系统安全的软件基础；数据库系统的安全可靠直接影响信息系统中数据的安全与真实；财务软件可以影响财务审计的真实性，电子商务软件可以影响交易的真实性，其他的应用软件则对企业业务数据的真实性产生影响。图 10.1 反映了信息系统审计的各个部分以及相互之间的关系。

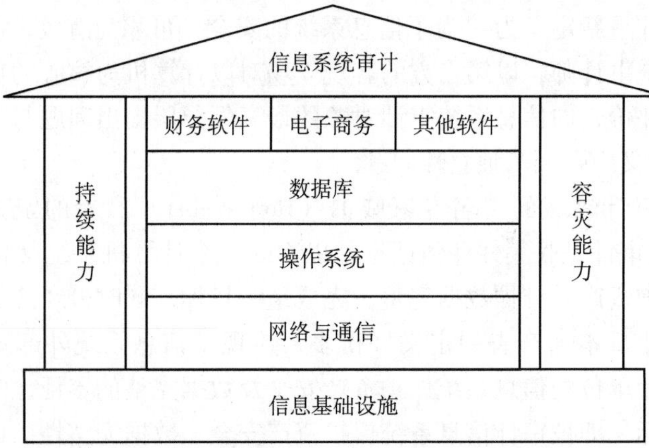

图 10.1　信息系统审计的各个部分关系

10.1.2　信息系统审计作用

1968 年，美国执业会计师协会出版了《电子数据处理系统与审计》，1969 年在洛杉矶成立了电子数据处理审计师协会（Electronic Data Processing Auditor Association，EDPAA）。1994 年，电子数据处理审计师协会更名为信息系统审计与控制协会（Information System Audit and Control Association，ISACA），以适应信息系统审计发展的需要，总部在美国的芝加哥。目前在世界上 100 多个国家设有 160 多个分会，现有会员 2 万多人。该协会是信息系统审计方面影响最大的国际性组织，它还是职业资格考试——注册信息系统审计师（Certified Information System Auditor，CISA）考试的发起者和组织者。

与“信息孤岛”时期的信息系统在企业经营管理活动中的作用完全不同，在互联网时代，企业的经营管理活动越来越依靠信息系统。网络世界潜伏着各种危险因素，它们随时威胁着企业信息系统的安全，导致系统中断、个人信息泄密或者数据被破坏等，危及企业生存、损害消费者利益，进而对整个国家的经济安全和信息安全造成严重影响。因此，保护企业的信息资产和信息系统安全已经成为信息系统审计师最主要的职能之一。

10.1.2.1 信息系统审计成为外部审计不可或缺的一环

自 2001 年以来，美国的安然、世界通信、默克制药、施乐和法国的威旺迪等国际大公司相继曝出假账丑闻，而且愈演愈烈。这些丑闻严重打击了投资者的信心，欧美股市不断创历史新低。

1990 ~ 2000 年，安然公司的销售收入从 59 亿美元上升到 1 008 亿美元，净利润从 2.02 亿美元上升到 9.79 亿美元。1999 年，安然公司创建了基于互联网的全球商品交易平台——“安然在线”，提供从电和天然气现货到复杂的衍生品等 1 500 多种商品，在不到一年时间内，“安然在线”发展成为年交易规模近 2 000 亿美元的全球最大的电子商务交易平台，从一家普通天然气经销商，逐步发展成为世界上最大的天然气采购商和出售商、世界最大的电力交易商、世界领先的能源批发商，在全球拥有 3 000 多家子公司，拥有世界最大的电子商务交易平台，被评为最具创新精神的公司。然而，安然公司利用复杂的关联企业网，通过电子商务交易平台进行虚假的关联交易，形成虚假利润，误导公众，抬高股价，并最终导致了泡沫破灭，公司破产、股民巨亏，而公司的高管却通过抛售股票获得巨额收益。电子交易的特点是虚拟化、无纸化、匿名、支付手段电子化，信息流、物资流和资金流是完全分离的，操作过程隐蔽性强，复杂度高，增加了审计取证的难度，交易的真实性无法按照传统方法审核，安达信公司没有针对电子交易这一新生事物采取相应对策，造成对电子数据真实性审计的缺失，导致对财务报告真实性审计失去了意义，这又进一步助长了安然公司的舞弊动机，以致泡沫越来越大。

安然事件不仅造成了公司破产，更造成了公众对审计的信用危机。为了挽回公众对资本市场的信心，美国国会和政府通过了萨班斯法案（SOX 法案），规范企业电子数据的保存、审计和责任等问题，赋予了信息系统审计前所未有的功能定位。正如国际会计联合会会长梅尔所指出的：“会计师将不得不对实际上通过计算机报告的财务信息承担责任。”目前，一些大的会计师事务所都成立了独立的风险管理部门，专门从事信息系统审计工作。

10.1.2.2 信息系统审计师成为内部控制的主要参与者

2008年，法国第二大银行兴业银行的交易员杰罗姆·凯维埃尔（Jerome Kerviel）进行了未经授权的交易，导致该行损失49亿欧元（约合72亿美元），这几乎等于该银行一年的总收入。这是历史上单个交易员造成的最大一笔损失。

凯维埃尔闯过了银行信息系统设置的五道关卡，动用的资金超过500亿欧元，这一数字超过了兴业银行当时的市值，远远超过了他的权限，他还利用信息系统隐瞒他所进行的违规交易，规避内部审计，因而在2007年末之前这些行为一直没有被发现。但2008年新年假期过后市场出现动荡，他的交易造成严重损失，导致东窗事发①。

兴业银行最受业界推崇的是它的金融投资业务，其盈利能力在同业中属于佼佼者，尤其是在风险较高的金融衍生品市场中，兴业银行凭借严格的风险控制管理能力长时间位居头把交椅，即使在2007年夏天的金融市场动荡期，行业杂志仍然给予它最高评级。可是，兴业银行的一整套严格成熟的风险控制机制并没有与银行的信息系统很好地衔接，从而让凯维埃尔钻了空子。

兴业银行事件值得我们思考：当企业的许多内部控制机制已经程序化、数字化、虚拟化以后，内部控制与信息系统已经成为相互融合的一个整体，这是内部控制面临的新问题。我国的《企业内部控制基本规范》对“信息系统”做了这样的阐述：“信息系统是指企业利用计算机和通信技术，对内部控制进行集成、转化和提升所形成的信息化管理平台。”该定义非常准确地描述信息系统与内部控制的关系。内部控制建设问题更多地变成了信息系统建设问题，对内部控制的审计更多地变成了对信息系统的审计。因此，信息系统审计师要参与企业内部控制的修订，向决策层提供咨询，从信息系统入手加强业务风险控制体系的建设和管理，以帮助企业充分考虑信息系统控制与业务风险控制的协调。

10.1.3 信息系统审计分类

信息系统审计的分类方式各不相同，主要是把信息系统审计分为一般控制审计和应用控制审计两种类型。所谓一般控制是对信息系统运行环境的控制，立足于管理角度，所采用的控制措施普遍适用于某一单位的信息系统，控制对象包括信息系统的组织结构、运行环境、信息系统的开发、维护和运行、信息系统的使用人员等。应用控制则是对信息系统运行过程的控制，立足于技术角度，不同的应用系统有不同的控制要求，但一般都包括输入控制、计算机处理与数据文件控制，以及输出控制。一般控制是应用控制的基础，应用控制是一般控制的深化。

① 陈耿等：《信息系统审计、控制与管理》，清华大学出版社2014年版。

这样的分类方式虽然突出了信息系统审计与内部控制之间的关系，但是不能全面反映信息系统审计的功能，而且两种类型之间存在大量重复交叉，导致实际应用中产生许多混乱。在进行分类时必须使不同类型之间的交集尽可能的少，这是分类的基础原则。据此，本书把信息系统审计划分成真实性审计、安全性审计和绩效审计三种基本类型。

（1）真实性审计。真实性审计的主要目标是审核企业信息系统和电子数据的真实性、完整性、合法性，为财务审计提供依据。

安然虚构交易量是通过电子商务平台实现的，可是这些电子数据是否真实地反映了实际情况，财务审计的方法和手段已经无能为力了。因此，信息系统审计的作用就是审核企业计算机系统所提供的数据，只有保证计算机系统中的数据是真实、完整、合法的，基于这些数据之上的财务审计才能是真实而有效的，也才能防止“假账真审”现象的出现，为财务审计保驾护航。因此，真实性审计属于财务审计的必要组成部分，两者相互印证，共同承担审计职能。

（2）安全性审计。安全性审计的主要目标是审查企业信息系统和电子数据的安全性、可靠性、可用性、保密性等。一是预防来自互联网对信息系统的威胁；二是预防来自企业内部对信息系统的危害。

现代企业的风险不仅来自市场、财务，也来自互联网和信息系统自身。来自互联网的病毒、木马、黑客等可以中断企业的正常业务，甚至导致企业破产。一些恐怖事件或地质灾害等破坏信息系统导致企业业务中断等。与此同时，来自企业信息系统自身的漏洞也可能给企业造成伤害，甚至造成毁灭性打击，例如，凯维埃尔利用信息系统的缺陷等越权进入系统，进行违规操作导致百年银行几乎破产。

可见，信息资产已经成为企业最重要的资产之一，审计师为投资者、债权人、经营者提供财务风险鉴证是不够的，他们还需要对企业的信息系统和信息资产安全提供审计服务。

安全性审计是真实性审计的基础与前提，为真实性审计提供依据。很难想象一个在安全方面存在严重问题和缺陷的信息系统，它提供的数据会真实可靠。

安全性审计也可以是专门审计事项，它向投资人、债权人、经营者提供信息资产安全方面的审计和咨询服务。

（3）绩效审计。信息系统的绩效审计是对企业在信息系统方面的投入产出比的审核，即效果性、效率性、经济性等。首先，信息系统为企业创造的经济效益不是直接的，难以简单地用货币进行核算，所以如何衡量信息系统的贡献是十分困难和复杂的事情；其次，信息化应用项目实施非常复杂与困难，耗费的时间长，投入大，但是成功率又比较低，因而常常被称为“投资黑洞”。虽然面临种种困难，但企业仍然必须不断地推广应用信息技术，以提升自身的核心竞争力，因此，企业在投资信息系统以及管理信息系统的开发和应用、评价信息系统的使用效果等方面需要加强风险控制、监督和评价工作，这些都是信息系统绩效审计面临的挑战。如何正确、合理地评价企业信息系统投资的绩效，给企业的投资者、债权人、经营者、管理者等提供决策参考，是信息系统绩效审计的主要作用。

信息系统绩效审计属于绩效审计的范畴，只不过它审计的对象是信息系统本身，其中对信息系统使用效果的评价是关键，也是难点。

10.1.4 信息系统审计目标

审计本质上是根据审计目标对收集的证据进行分析评价并得出结论的过程。一切审计活动都是为了实现一定的审计目标，并围绕审计目标进行。可以说，审计目标是审计工作的“纲”，它贯穿审计活动的一切方面和审计过程的始终。为此，清楚地认识和理解所要达到的审计目标，是有效开展审计工作的一个首要条件。信息系统审计的目标由一组目标构成：真实性、完整性、合法性、安全性、可用性、可靠性、保密性、效果性、效率性、经济性等。

（1）真实性，是指信息系统中的数据要如实地反映企业的实际生产经营活动。通过一系列技术手段可以确保数据的真实性，例如数字签名、时间戳、不可否认协议、不可修改存储装置等。这种真实性的破坏可能来自企业高层的舞弊行为，例如通过财务软件故意做假账，通过电子商务系统虚构交易等，到达虚增或虚减利润的目的；也可能来自企业的中层和基层员工的舞弊行为，例如通过非法访问或修改信息等手段，达到非法牟利的目的等；也可能来自企业外部，例如黑客入侵、病毒破坏等，造成商业秘密外泄，删改企业信息等目的。

（2）完整性，是指信息系统中的数据不被偶然或蓄意地删除、修改、伪造、乱序、重放、插入等破坏和丢失的特性。在信息系统中，数据与元数据是存放在不同地方的，数据的逻辑地址与物理地址也不一样，因此，设备故障、误码、人为攻击、计算机病毒等都会破坏数据完整性。在信息系统中，数据完整性是数据真实性的基础。

（3）合法性，是指信息系统在购买、使用、开发、维护的过程中，以及信息系统里的数据在生产、加工、修改、转移、删除等处理中都必须符合相关法律、法规、准则、行规以及企业内部的规定等。

（4）安全性，是指信息系统在遭受各种人为因素破坏的情况下仍然能正常运行的概率。威胁信息系统安全性的因素可能来自信息系统和企业的外部，也可能来自企业和信息系统的内部。外部如黑客入侵、病毒攻击、线路侦听、木马、非法用户访问等，内部包括授权用户的越权访问、修改、删除等操作。

（5）可靠性，是指信息系统在遭受非人为因素破坏或误操作情况下仍然能正常运行的概率。威胁信息系统可靠性的因素包括自然灾害对硬件和环境的破坏、误操作对软件和硬件的破坏，以及设备故障、软件故障等。可靠性与安全性不同，可靠性所指的破坏因素是非人为的，安全性所指的破坏因素是人为的。

（6）保密性，是指防止信息系统中数据泄露给非授权用户的特性。常用的保密技术包括防侦收、信息加密、物理隔离等措施。保密性与安全性不同，保密性是指信息系统中信息的外泄，安全性是指对信息系统的入侵。

（7）可用性，也是信息系统安全性的一个重要指标，是指信息可被授权实体访问并按需求使用的特性，即信息系统在提供服务时允许被使用的属性，或者是信息系统在部分受损或需要降级使用时，仍能为用户提供有效服务的属性。信息系统最基本的功能是提供服务，而用户的需求是信息系统的可用性。可用性还体现在身份识别与确认、远程控制、数据跟踪等方面。由于数据的访问与数据存储介质、显示介质、软件版本等有关，无法访问的数据也无真实安全可言，因此，可用性还体现在数据访问方面。

（8）效果性，是指信息系统在企业生产管理应用中产生的效果，即信息系统的应用使企业在生产、管理、产品、服务、财务、人力管理等方面的改善和提升。例如，减少了生产时间，提高了资金周转，降低库存，增加了服务质量，扩大了产品种类等。

（9）效率性，是指信息系统应用以后对提高企业的劳动生产率所作的贡献，例如人均生产率、人均成本等。

（10）经济性，是指信息系统的投入产出比，通过分析投入资金和时间成本、人力成本的减少、生产效率的提升等方法，核算信息系统的投入与产出的比率，得到信息系统的效益值。

由此可见，经济性、效果性和效率性是绩效审计的目标，经济性是可以用货币核算的，而效果性和效率性需要采用其他方法进行评价。对于安全性审计而言，安全与保密是从人为角度来看，可靠性是从技术层面来看，可用性是信息系统的特有性质。而真实性审计的目标是真实、合法和完整，完整性也是信息系统的特性。表 10.1 列出了三类基本的信息系统审计与审计目标之间的关系。

表 10.1　　三类信息系统审计的审计目标

		真实性	完整性	合法性	安全性	可用性	可靠性	保密性	效果性	效率性	经济性
信息系统审计	真实性审计	√	√	√							
	安全性审计				√	√	√	√			
	绩效审计								√	√	√

10.1.5　信息系统审计职能

信息系统审计具有审计、控制、管理三大职能，如图 10.2 所示。

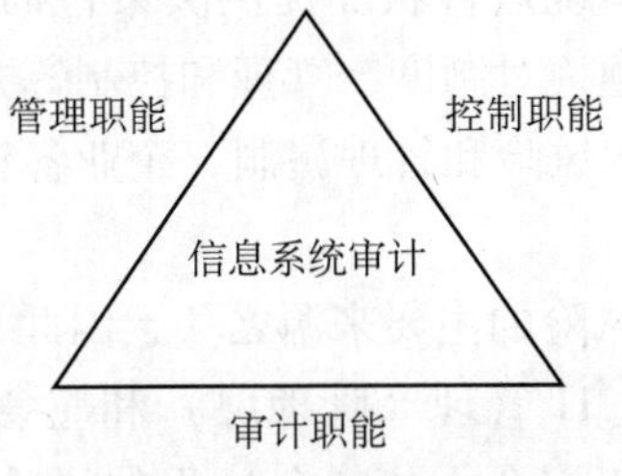

图 10.2　信息系统审计职能

(1) 审计职能。所谓审计职能，就是以相关规定、标准等为评价依据，评价被审计对象的信息资产和信息系统是否安全、可信，反映的财务收支和经济活动的电子轨迹是否合法、合规、合理和有效，从而督促被审计对象遵纪守法，提高经济效益。

根据审计目标、内容和方法等，审计职能分为真实性审计、安全性审计和绩效审计三种类型，如图 10.3 所示。

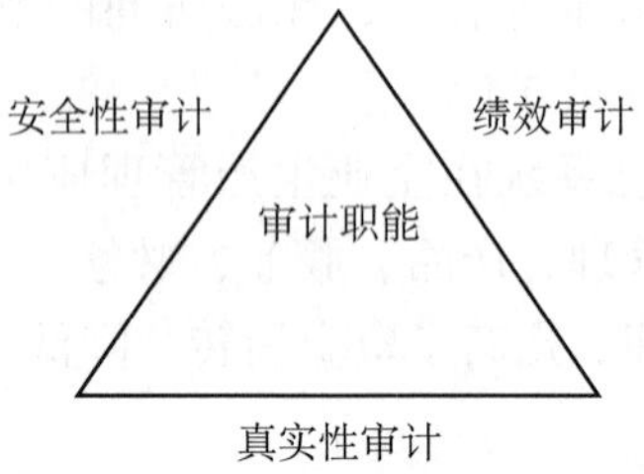

图 10.3　审计职能涉及的三种类型

(2) 控制职能。随着企业内外部经营活动的信息化、网络化和移动化，信息系统已经成为企业主要的控制手段，所谓控制职能就是不断调整系统功能和流程，不断采用新的信息技术，从而不断提高控制的时效性和有效性，确保原来的目标得以实现。

麻省理工学院信息研究中心主任皮特·威尔博士通过研究发现，面对同样的战略目标，信息系统内部控制水平较高的企业获利能力高出 20%，这足以说明信息系统内部控制的作用变得越来越大。因此，信息系统审计的控制职能也可以从一般控制、应用控制和过程控制三个维度展开，如图 10.4 所示。

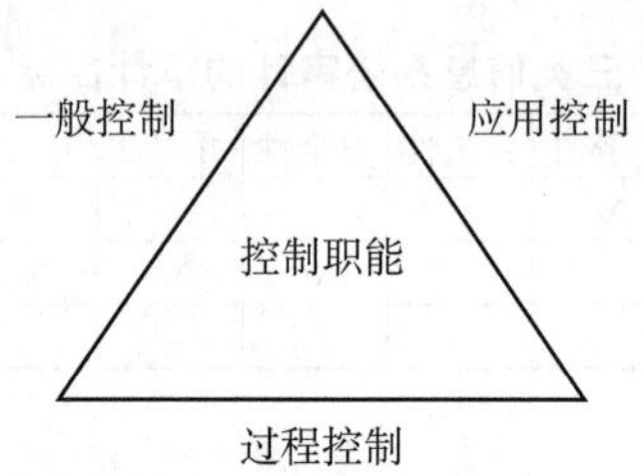

图 10.4　控制职能涉及的三个维度

(3) 管理职能。所谓管理职能，是指信息系统审计人员有义务和责任对企业的信息资产安全与信息系统运行状况提供决策咨询，确保 IT 发展与企业的战略一致，在工作中发现问题，对制度、管理和控制等方面提供有针对性的咨询服务，预防出现大的信息技术风险和管理漏洞，企业各管理层提供服务，不断改进经营管理水平。

IT 风险已经成为企业风险的主要来源之一，因此，信息系统审计的管理职能必须从 IT 治理（决策层）、IT 管理（管理层）和应急管理（操作层）三个层面展开，对企业的信息资产实施全方位、全过程的风险管理，帮助企业提高抗 IT

风险的能力，如图10.5所示。

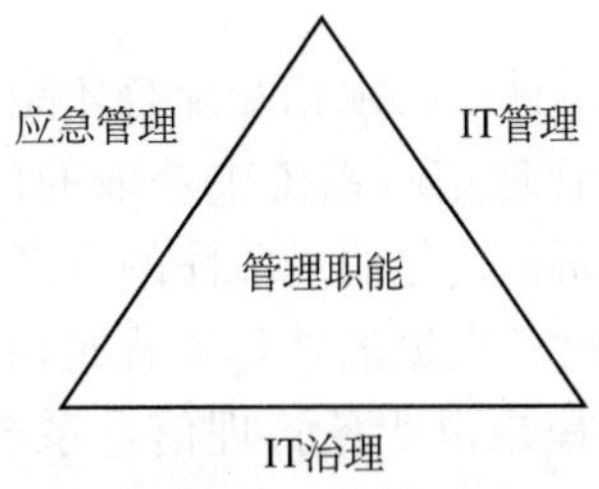

图10.5　管理职能涉及的三个层面

10.2　真实性审计

10.2.1　真实性审计概述

10.2.1.1　真实性审计的含义

信息系统真实性审计是指被审计单位的管理信息系统，特别是财务信息系统中的数据和流程是否有错误，使用过程中是否存在错弊，应当通过一定的审计程序，由信息系统审计人员对信息系统中数据的真实可信程度发表意见，信息系统真实性审计的作用就是审核组织的信息系统所提供的数据是真实、完整、合法的，为财务审计保驾护航。

财务真实性审计是指被审计单位的会计资料能够真实、公允地反映其财政、财务收支情况，会计处理符合会计准则和有关会计制度的规定的检查。由于财务数据全部出自信息系统，因此，审计师将不得不对实际上通过计算机报告的财务信息承担责任。可是经由信息系统产生的数据并不是真实可信的，因此，开展信息系统真实性审计是审计本质的客观需要。

真实性审计的目标是信息系统和电子数据的真实性、完整性、合法性。

10.2.1.2　真实性审计的内容

随着企业信息化建设不断深入，不仅是企业的大量信息存储在计算机系统中，而且信息处理的流程也已经电子化、程序化、虚拟化。因此，国际上知名的会计师事务所都已经意识到会计信息系统所带来的审计风险，并且让信息系统审计师协助审计小组工作。

信息系统审计人员主要关注财务数据的真实性，而财务数据的真实性不仅与财务软件的处理流程有关，也与其他数据的真实性密切相关，例如航空企业中，生产统计子系统中包含了飞机航油的情况，所以对审计成本数据的真实性有重要参考价值；票务子系统中包含了机票销售情况，所以对收入数据的真实性有重要影响，航班查询子系统可以进一步核实生产统计子系统、票务子系统数据的真实性。

注册会计师和信息系统审计师必须相互配合才能完成审计工作，但是，注册会计师和信息系统审计师从管理信息系统中获取的信息是不一样的，如图 10.6 所示。对于信息系统审计师而言，他们最关注的有三个模块，即财务系统、业务系统、电子商务系统。因为财务数据的处理流程是由财务管理信息系统（软件）实现的，业务数据的处理流程是由业务管理信息系统（软件）实现的，交易数据的处理流程是由电子商务系统（软件）实现的。因此，审计业务系统的目标就是审查业务数据处理流程的真实性和合法性，以及业务数据输入环节的真实性和合法性；审计财务系统的目标就是审查财务数据处理流程的真实性和合法性，以及财务数据输入环节的真实性和合法性；审计电子商务系统的目标就是审查电子交易的真实性，以及电子交易处理流程的合法性。另外，还要审查业务系统、财务系统、电子商务系统之间，以及与其他信息系统之间的逻辑一致性。只有通过这样的审计程序，审计人员才能对信息系统中的数据真实可靠的程度发表意见，降低财务审计的风险。

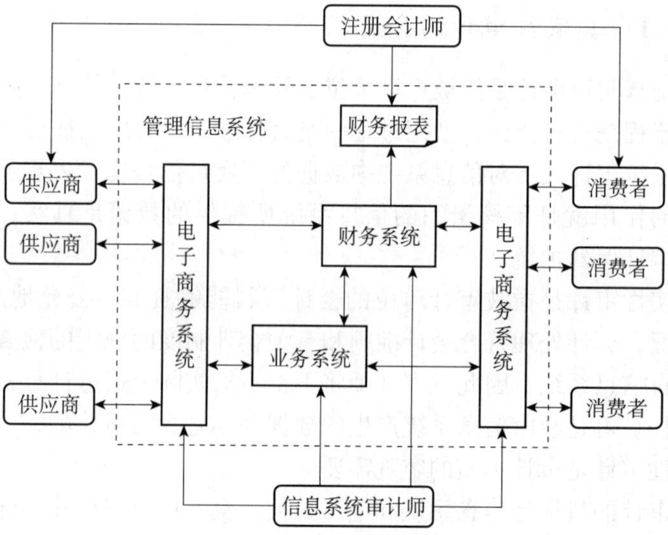

图 10.6　真实性审计的内容

由此可见，真实性审计的主要目标是通过审核被审计单位的计算机系统，主要是管理信息系统，即业务系统、电子交易系统、财务系统等，确保系统中的财务数据、交易数据和业务数据的真实、合法、完整。数据的完整是数据真实性的充分条件，数据的合法是数据真实性的必要条件。

10.2.1.3　真实性审计的方法

对于审计人员而言，企业的财务数据、业务数据、交易数据的真实性和合法性是最重要的，审计小组应该先了解信息系统的运行情况，管理措施实施情况等，根据审计对会计信息数据的需求，实施一定的信息系统审计方法来测试会计信息系统产生数据的有效性，以达到降低审计风险的目的。

审计人员在调查性访谈前，应准备调查问卷，提高访谈效率。调查性访谈的主要对象一般可以包括以下六类。

（1）组织的领导、信息化主管领导、信息部门领导；

（2）业务部门主管，以及应用管理、业务应用、业务操作人员；

（3）财务部门主管，以及财务软件操作人员，财务软件维护人员；

（4）信息安全主管及网络管理员、系统管理员、数据库管理员、文档介质管理人员；

（5）内部审计人员；

（6）系统建设主管以及建设管理、软件开发、系统集成人员；

（7）外包服务方主管及外包方运行、维护人员。

审计人员应当根据实际需要，设计一些调查问卷和检查表等，调查表格应保证结构清晰、系统、详细，确保问题的答案明确，不能产生二义性。对审计内容应建立检查表，检查表结构清晰、涵盖所有审计事项，如表10.2至表10.5所示。

表10.2　　管理信息系统调查

管理措施	是	否	不适用	评价
1. 输入控制。 （1）是否有必要的控制措施保证只有经授权的业务才允许执行和输入？ （2）是否有必要的控制措施保证所有经授权的业务都能得到及时的执行和输入？ （3）是否有必要的控制措施保证数据准备过程的及时和准确？ （4）数据输入后是否有足够的程序化控制以保证输入的正确性和准确性？ （5）数据输入后是否按规定保留必要的审计线索？ （6）是否有足够的控制措施保证错误数据得到及时改正并重新输入控制系统？ 2. 处理控制。 （1）是否有必要的控制措施保证数据处理的完整性和准确性？ （2）处理过程是否留有必要的审计线索以备检查之用？ 3. 输出控制。 （1）是否有足够的控制措施保证输出的完整性和准确性？ （2）是否有足够的控制措施保证输出结果发送到经过授权的人手中？				
调查结果：				

审计人员：　　审计日期：　　复核人员：　　复核日期：

表10.3　　管理信息系统输入分析

序号	控制措施	目标				备注
		输入数据的正确性	输入数据的合理性	输入数据的安全性	输入数据的完整性	
1	只有批准的人才能进行输入操作并要作操作日志记录					
2	对输入的数据进行程序校验或人工复核					
3	对输入数据的格式、类型、范围进行检查					

续表

序号	控制措施	目标				备注
		输入数据的正确性	输入数据的合理性	输入数据的安全性	输入数据的完整性	
4	对输入数据的完整性进行检查，如果输入的数据不完整则应拒绝接受不完整的数据，并提示错误					
5	如果信息系统要求数据不能重复，则当输入重复的数据时提示错误，并拒绝接受重复的数据					
6	输入的界面应当简单、清晰、一致					
7	当输入出错时应能提示错误信息，拒绝接受输入的数据并让操作人员重新输入					

审计人员：　　审计日期：　　复核人员：　　复核日期：

表 10.4　管理信息系统预处理分析

序号	控制措施	目标				备注
		输入数据的正确性	输入数据的合理性	输入数据的安全性	输入数据的完整性	
1	只有批准的人才能执行信息系统中数据的处理工作					
2	在进行处理之前程序自动检查处理条件是否满足					
3	使用程序对处理结果的正确性进行自动检查					
4	在进行处理之前程序自动检查待处理的数据是否合理					
5	在进行处理之后程序自动检查处理的结果是否合理					
6	在程序中采取措施防止数据经过处理以后发生丢失的情况					
7	在程序中采取措施保证所有需要处理的数据都被处理					
8	在程序中保证需要处理的数据不会被重复处理					
9	在进行数据处理之前，保证将要处理的数据确实是需要处理的数据					
10	在处理过程中如果发生错误，信息系统必须令处理终止，向操作人员提示出错，并把信息系统内部数据的状态恢复到处理之前的状态，并记录错误信息					

审计人员：　　审计日期：　　复核人员：　　复核日期：

表 10.5　管理信息系统输出分析

序号	控制措施	目标					备注
		输出信息的正确性	输出信息的完整性	输出信息的及时性	输出信息的安全性	输出信息的格式符合用户要求	
1	只有批准的人才能进行显示、打印、传输或拷贝数据的操作						
2	对各种纸质的输出数据妥善保管，只有授权的人员才能阅读						
3	对输出保存在磁盘、磁带或光盘上的重要数据进行访问控制，只有授权的人员才能阅读						
4	对敏感的电子数据应加密以后再输出						
5	信息系统进行输出之前检查是否满足输出的条件						
6	输出之前数据正确性的检查						
7	数据不完整的情况下应拒绝输出并提示出错						

续表

序号	控制措施	目标					备注
		输出信息的正确性	输出信息的完整性	输出信息的及时性	输出信息的安全性	输出信息的格式符合用户要求	
8	输出数据的格式必须要满足使用部门的要求						
9	输出的格式要简单清晰、易读易懂						
10	数据及时输出给用户						
11	在输出过程中如果发生故障，信息系统应能提示出错						

审计人员：　　审计日期：　　复核人员：　　复核日期：

10.2.2 财务系统审计

10.2.2.1 六要素审计方法

从财务审计的角度来看，审计人员主要关注资产、负债、权益、收入、成本和利润六要素之间的关系。而在信息化环境下，会计核算要素体现在信息系统之中，单纯地审查会计要素可能出现“假账真审”现象，正如国际会计联合会会长罗伯特梅尔曾指出：“会计师将不得不对实际上通过计算机报告的财务信息承担责任。”因此，审计人员也要同时重视会计信息系统的真实性问题。

从会计信息系统角度以及系统所体现的业务流程，本书提出针对会计信息系统的六要素审计方法，即用户、账套、科目树、凭证、账簿、报表，如图 10.7 所示。为会计信息系统生成的财务报表的真实性、完整性和合法性提供审计意见。

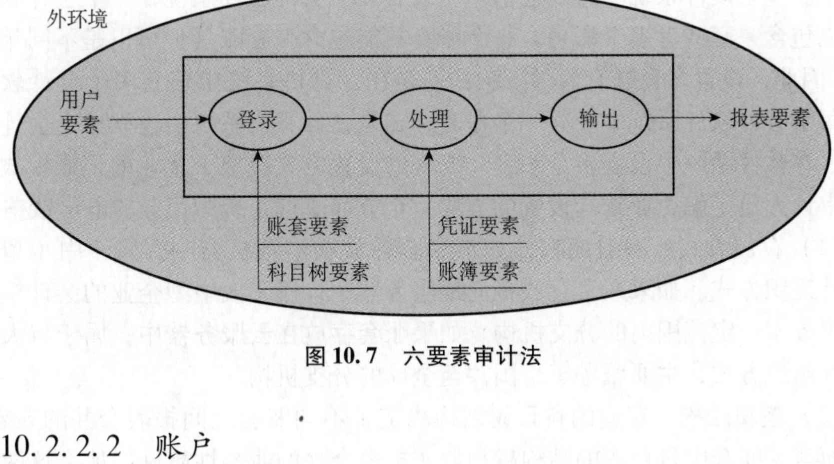

图 10.7　六要素审计法

10.2.2.2 账户

账户是会计人员进入企业第四维空间——信息空间的一把钥匙，是会计信息化管理过程的逻辑起点。本质上看，账户是一种访问控制机制，管理好账户是所有会计管理工作的重要一环。

账户包含三个属性：用户、角色、权限。用户代表进入系统的使用者，例如企业的会计人员张三、李四等；角色代表企业系统工作的职能和具体岗位，例如会计人员、主管、出纳仓库管理员等；权限是对一个或多个角色或用户赋予相应的操作，使其能够使用某个模块、功能等。

（1）权力制衡。账户中具有两个特殊的用户，即系统管理员和账套管理员用户。其中，系统管理员用户负责建立新的账套，指定账套管理员，为新账套授权等业务，不参与财务日常工作；账套管理员用户拥有账套操作的所有权限。

（2）不相容职位分离。信息化环境使得信息处理大多处于自动化，较少地进行人为干预，这就可能面临着一人有多项职位，因此，要分离不相容职责，以防有关人员在数据处理过程中发生舞弊行为。账户通过用户、角色属性，明确进入系统的相关人员及其相关的身份，并通过权限属性，按照不相容职位分离的规范，对一个或多个角色或用户赋予相应的职责，以此达到有效的访问控制。

（3）授权审批控制。账户的权限属性规定了一个角色所能处理的业务事项，明确不同员工行使的职能及承担相应责任。根据企业日常经营管理活动进行授权，此外，对于突发事件，还可以进行特权授予。一旦获得相应的用户权限，就能很好地防止越权审批现象的发生，以此保证信息系统安全运行。

信息化环境下的用账户在控制方面主要体现在防止非法进入、非法篡改、明确员工相应职责等方面，因此，信息系统审计应该关注账户的使用动态，如果管理不好，说明企业的内部控制是有问题的，需要加大审计力度。

10.2.2.3 账套

账套是一个独立、完整的数据集合，这个数据集合包括一整套独立、完整的系统控制参数、用户权限、基本档案、会计信息、账表查询等，就是一个独立的数据库。一个硬件系统中可以包括一个或者多个会计软件系统，一个会计软件系统可以包含一套或者多个账套，一个账套只能包含一套账（但可以是不同年份的账）。因此，设置多套账有两种方法：一是在计算机系统中建立多个会计软件系统，每个会计软件系统中设立一个账套；二是在计算机系统中建立一个会计软件系统，在软件系统中设立多个账套。账套的设置方式决定了企业的记账模式，这需要审计人员了解企业账套设置的方式，全方面掌握系统中记载的电子数据。

（1）存储方式。一般而言，如果账套存放在本地机器中，属于中小型企业的会计组织方式。如果账套存放在局地服务器中，属于大中型企业的会计组织方式，服务于一定范围内的分支机构。如果账套存放在云服务器中，属于特大企业的会计组织方式，主要服务于全国甚至全球的分支机构。

（2）逻辑结构。账套的科目树结构决定了不同账套之间报表合并的兼容性。一般而言，账套中科目树的结构越相似，报表合并的兼容性越好，那么这两个账套的逻辑结构的相似度高。

首先，审计人员要了解账套的存储方式，防止出现多个账套而不知道；其次，审计人员要关注不同账套的报表是如何合并的，是否合法真实。

10.2.2.4 科目树

会计科目是经济活动进行核算和归结的依据，科目树就是根据会计科目的层级和归属所形成的一个树形结构，如图10.8所示。

科目树包含n（n>0）个节点的有穷集，其中每个元素称为节点（node）；有一个特定的节点被称为根节点或树根（root）；除根节点之外的其余数据元素被分为m（m≥0）个互不相交的集合T1，T2，…，Tm-1，其中每一个集合Ti（1≤i≤m）本身也是一棵树，被称作原树的子树（subtree）。一级科目共有六个节点，分别代表核算的六个要素，即资产、负债、权益、收入、成本、利润。二级科目根据企业的需要设定，科目设几个层级也是企业自己定义，最下一级科目也称为末级科目。

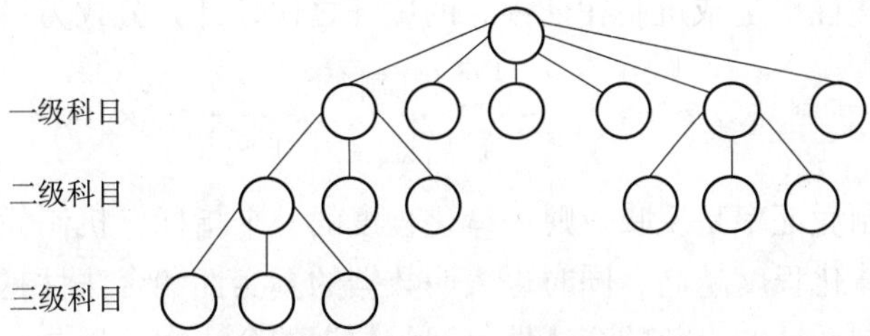

图10.8 科目树的逻辑模型

科目树的结构使得其具有层次性，便于相关的编码。会计科目树编码就是将企业会计核算中所使用的会计科目逐一地按系统要求描述给系统，以便计算机识别、分类、汇总、查询，它是会计信息系统初始化中最烦琐、最复杂、最主要的部分。会计科目树编码应遵循以下原则。

（1）唯一性。一个编码只能表示一个科目，而一个科目也只能有一个编码。

（2）可扩展性。编码要为今后企业发展保留一定的空间，以便增加新的内容。

（3）稳定性。可扩展性是稳定性的前提条件。科目编码的稳定性与会计信息系统的问题性是密切相关的。

（4）规范性。编码必须具有一定的结构、格式，以便于计算机处理、存储、统计、查询等。

科目树在会计信息系统中处于中心地位，科目树的控制机制是会计内部控制的核心，直接决定整个会计工作是否可靠可控。因此，审计人员应当重点关注科目树编码原则，保科目树编码的正确有效性。

一般而言，“较长”的科目分支是企业的主要业务和复杂业务，舞弊风险相对较大，是审计重点，以确保数据的真实、安全。

10.2.2.5 凭证

传统意义上的记账凭证是指能够用来证明经济业务事项发生、明确经济责任并据以登记账簿、具有法律效力的书面证明，它是一种纸质证明。而在信息化背景下的凭证，是嵌于系统的一种电子数据，用于对实例树的叶节点数值调整。

信息化环境下，记账凭证输入是会计信息化工作的逻辑起点。记账凭证是会计核算合法合理的关键环节，同时也是会计控制的重要环节。记账凭证的控制有两个关键节点，即审核和记账。

（1）在审核前，记账凭证可以修改，删除等；

（2）审核后，记账前，记账凭证修改和删除都受到限制；

（3）记账后，记账凭证处于限制状态，无法修改和删除。

随着信息化程度的提高，人为输入机制凭证越来越少，机制凭证越来越多，机制凭证一个重要特点是参数设置，这些机制凭证参数称为元数据，是制作机制凭证的规则，这里采用机制凭证率作为指标。

所谓机制凭证率是指机制凭证占总的凭证之比，计算公式为：

$$\text{机制凭证率} = \frac{\sum \text{机制凭证}}{\sum(\text{机制凭证} + \text{手工凭证})} \times 100\%$$

可见，机制凭证率是反映业财一体化程度的一个指标。机制凭证率数值越大则说明业财一体化程度越高，同时也表明数据的真实性和合法性越高，这时候审计重点关注机制凭证的参数的合法性，即元数据的合法性；反之，机制凭证率数值低，说明人为干扰因素多，舞弊风险大，需要加大审计，而且审计关注重点是凭证制作本身的真实性和合法性。

10.2.2.6 账簿

手工环境下的账簿是由具有一定格式而又互相联系的账页组成，用以全面、系统、连续记录各项经济业务的簿籍，是编制财务报表的依据，也是保存会计资料的重要工具。

而信息化环境下的账簿是根据科目树的实例树直接产生的，平行登记总账和明细账的控制功能失效，报表也不是根据账簿生成的，因此，通过审核账簿中的数据与凭证和科目中的数据进行比对，已经没有意义了。如果审计人员要了解数据的真实性，最可靠的方法是直接打开数据库进行查询分析。

10.2.2.7 报表

信息化环境下的报表制作与手工环境下的报表制作不相同，是通过实例树计算生成的。在信息化环境下，报表分为三个属性，分别是实例树、取数公式、存储。其中，实例树是报表的数据来源，取数公式是报表的计算方式，存储是报表的存放地方。

在会计信息系统中，报表是根据系统实例树、取数公式由计算机自动生成的，为保证报表的真实性，主要取决于两个方面：一是输入数据，来源于实例树；二是数据处理，主要依赖于取数公式。

因此，审计人员的关注重点有：

（1）只要凭证输入正确，那么实例树就准确无误，在此也体现上述凭证构建的必要性，彼此之间是相互联系、影响的。

（2）对于报表的取数公式，一般表达式如下：

LxCy = 取数表达式

其中，公式左边为报表中某个数据项的位置，Lx 表示第 x 行；Cy 表示第 y 列。公式右边的取数表达式为数据的来源即由科目树生成的实例树中的具体数据。确保两个属性无误后，系统会自动生成一个报表模板的数据库文件。因此，审计人员应该关注实例树、取数公式，审查取数公式是否与财务准则的规定一致，以确保报表数据的真实性、安全性、合法性。

10.2.3　业务系统审计

10.2.3.1　业务系统的真实性

业务系统记录了在每次业务活动中活动主体之间的物质流动和信息流动，任何与事实不符的记录都会导致有关电子记录数据项之间的逻辑相悖或数据信息与实际的经营活动之间的不符（包括有意作弊错误和无意录入错误）。

所以通过验证输入数据与输出数据对标准依赖关系的符合性即可判定管理信息系统处理流程的正确性。如果一个系统的数据输入与数据输出违背了应该存在的依赖关系，则系统必然存在不合规的业务处理环节。但反之却不然，即一个符合依赖的输入和输出并不能确定整个系统是合规的，还需要确认输入数据本身的真实性。

根据业务活动过程中以各种形式存在的数据，确立相关数据之间的逻辑依赖关系，分析数据项之间的实际关系与信息系统中的关系的符合程度，即可审核管理信息系统处理流程的正确性。

10.2.3.2　分析业务流程

业务流程图是目前审计人员用于了解审计环境、把握审计重点的常用工具。它用少数几种图形符号描述系统内各部门、人员之间业务关系、作业顺序和管理信息流向。业务流程图描述了业务过程的具体环节和业务流程的实际处理步骤。

业务流程图以业务处理过程为中心，强调处理活动、处理部门以及流动的管理信息，对审计人员理顺业务过程、掌握内控及管理薄弱环节、确定审计重点具有重要意义。但是业务流程图却无法对计算机辅助审计直接提供帮助，因为业务流程图忽略了系统存在的大量数据，无法体现动态活动所涉及动态数据与静态电子数据之间的映射关系，进而无法与信息系统存在的电子数据之间产生关联，电子数据无法充分利用。

审计组开展了“某省辖淮河流域水污染防治效益专项审计调查”工作，对各类环保资金（补助）项目执行情况和相关财政预算资金收缴使用情况进行审计调查，其中的排污费征收、管理和使用是该次审计调查内容的重要组成部分。

案例针对排污费收缴合规性，从熟悉业务流程入手，以数据流图为工具，发现排污费征收过程中以各种形式存在的数据并确立相关数据之间应有的逻辑关联关系，利用计算机工具验证各种关联关系的一致性和符合性，从而发现排污费征收过程中的违规环节和不当行为。

业务流程图中共有五种符号，其中，圆圈表示业务处理单位或部门；方框表示业务处理内容；报表符号表示输入输出数据（报表、报告、文件等）；不封口的方框表示存档文件；矢量连线表示业务过程联系。排污费征收业务流程如图 10.9 所示。

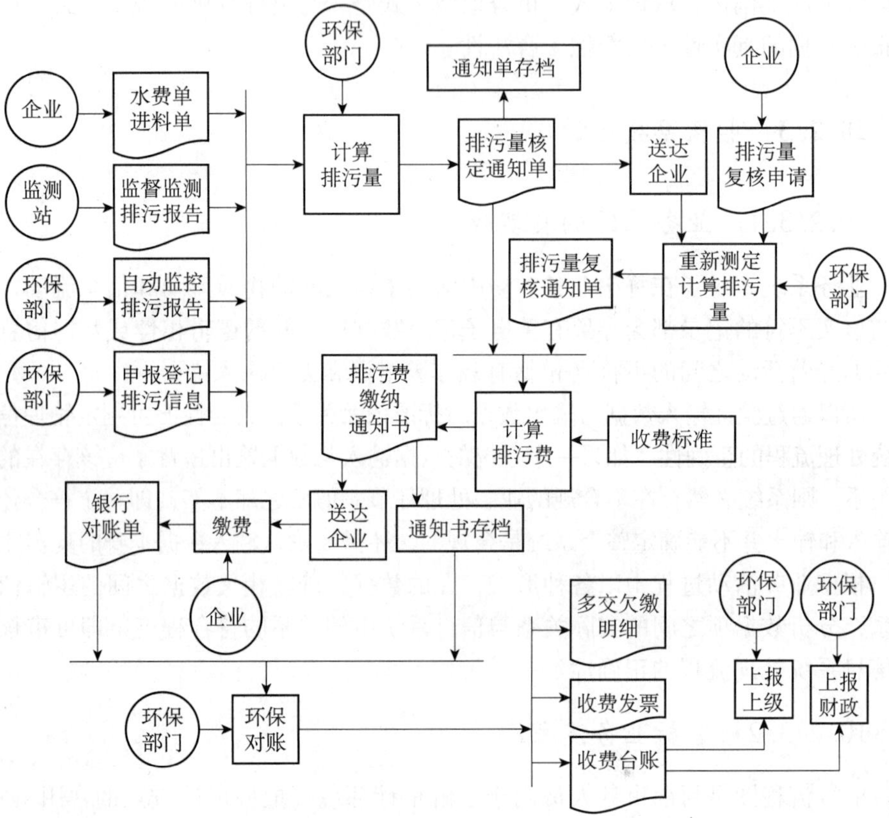

图 10.9　排污费征收业务流程

10.2.3.3　画出数据流图

数据流图是实现动态活动数据到静态电子数据映射的最佳工具。数据流图以图形方式刻画数据信息从输入到输出的移动变换过程，综合反映出信息和数据在系统中的存储、输出—输入流动和处理情况。被审计的电子数据与数据流图中数据具有对应关系。

数据流图以数据为中心，摒弃了业务活动的时间、人员、场所等具体物理因素，以数据为线索将繁杂的业务活动实现条理化。数据流图能准确描述系统中数据的存在形式以及子系统之间数据的输出—输入关系。其中的数据流元素指出了系统存在的各种数据以及数据的来源和去向，这将有利于发现具有关联关系的数据项；加工处理元素是指由输入数据到输出数据的加工过程和处理逻辑，决定了相关数据项之间应有的确定的逻辑关联关系。因此，数据流图可以很好地辅助审计人员发现相关数据项以及数据项之间的确定逻辑，是实现将动态的业务处理过渡到可验证的静态电子数据的重要工具。可以说，有了系统的数据流程图，也就明确了静态电子数据在计算机审计中的利用方式。

数据流图同样只有很少的四种图形符号：矩形表示数据的外部单位实体数据；圆表示变换数据的处理逻辑；箭头表示数据流。

根据排污费征收业务流程我们得到了排污费征收数据流，如图10.10所示。

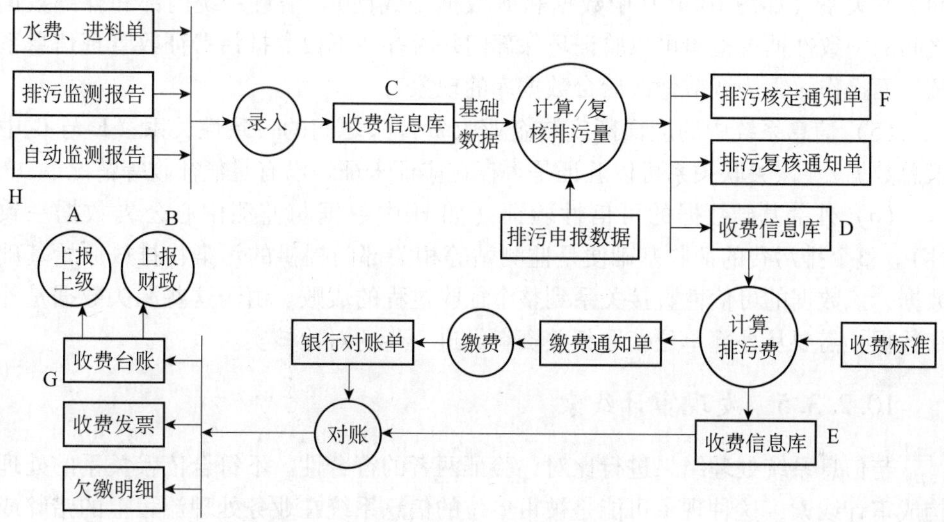

图10.10　排污费征收数据流

10.2.3.4　分析逻辑关系

根据排污费征收数据流图，具有逻辑相关性典型数据项组合如下。

（1）信息系统应征排污费汇总数据分别与上报上级环境保护局汇总数据与上报财政局汇总数据之间具有一致性关系（图10.10中A与B数据之间的关系）。应征额度与实征额度之间应该具有一致性，台账汇总数据是针对实征数据的汇总，所以应征额度与汇总数据之间应具有相等（约等）关系一致性。该关联关系可以从整体上验证环保部门是否做到足额征收、是否虚列财政收入、是否存在违规核定排污费等行为。

（2）每个企业污染物排放量核定基础数据和最终核定量之间的关联关系（图10.10中C与D之间的排污量核定相关数据）。污染物排放量的核定值是根据核定基础数据和相关规定计算得来的，而且在基础数据确定时，计算结果也是确定的，两者应该存在连贯的相等关系。该关联关系可以验证环保部门是否遵守了国家相关规定按照相关标准和规定核定企业的污染物排放量。

(3) 信息系统中的污染物核定量与排污费应征额度之间的关联关系（图10.10中E与D之间的排污费核定相关信息）。排污费应征额度是根据核定的污染物排污费量数据和相关规定计算得来的，而且一旦污染物排放核定数据确定，排污费应征额度数据也必将是确定的，因此，两者应该存在连贯的一致性关系。该关联关系可以验证环保部门是否遵守了国家相关规定，按照相关规定核定企业排污费。

(4) 各种外部数据与信息系统录入数据、各种信息系统数据与打印数据之间具有一致性，例如信息系统中的污染物排放量核定值与污染物排放核定通知书中的污染物排放量核定值，信息系统中的应征额度与缴费通知书中的应缴数额之间关联关系（如图10.10D中数据和F数据一致性）。信息系统内部和外部数据之间的一致性抽查检验可以验证环保部门是否存在不按照排污费征收管理信息系统界面操作，人为调节修改后台数据库的现象。

(5) 信息系统中的应征额度与企业收费台账之间的一致性关系（E与G中汇总数据）。该关联关系可以验证是否存在应征未征、没有足额征收等情况。

(6) 外部基础数据的可信性验证（如H中数据与监测中心公告数据一致性）。整个排污费的征收基础便是监测站等相关部门提供的污染物排放原始基础数据，该数据的可信性直接关系到整个征收过程的成败。由于这些源头数据是外部数据，需要从外部单位获取相关资料做进一步的对比核实。

10.2.3.5 发现审计线索

与信息系统处理结果进行比对，验证两者的符合性。不符合依赖关系的处理构成审计线索，这种现象可能是被审单位的信息系统在业务处理流程上的错弊或输入时的错弊，并且进一步查证这些错弊产生的原因。

根据上面提取的逻辑关系，审计人员成功地发现该省四地市环境保护部门2007年在排污费申报、核定、征收、上缴等环节存在不同程度的多征少征、人为核定等违规行为，包括排污费少征1 700余万元、虚列财政收入800余万元。

这些审计问题的发现归功于对被审计单位的业务信息系统处理流程的审查，如果采用一般的审查被审计单位的财务数据和财务信息系统，此类错弊问题是无法查出的。

10.3 安全性审计

10.3.1 安全性审计概述

(1) 安全性审计的含义。信息技术对企业发展的作用是一把双刃剑，既可以给企业创造巨大的价值，也可以给企业造成潜在的巨大风险。安全性审计的主要目标就是审查企业信息系统和电子数据的安全隐患。这种安全危害可能来自企业外部，例如黑客攻击、数据外泄、系统瘫痪等，也可能来自企业内部，例如舞弊、系统中断、非法更改、不恰当的访问等。这些安全隐患可能中断企业的正常经营活动，丢失宝贵的信息资产，泄露企业的商业机密等。因此，当企业管理当局权衡信息系统所带来的潜在风险时，他们需要通过中介机构对安全性作出检查和评价。审计师为投资者、债权人、经营者提供财务风险鉴证是远远不够的，他们还需要对企业的信息系统和信息资产安全提供鉴证。

此外，财务审计也需要对信息系统的安全状况作出评价，为正确判断财务信息的真实性、可靠性提供依据。我们很难想象一个在安全方面存在严重问题和缺陷的信息系统提供的数据会真实可靠。因此，信息系统的安全性审计也是真实性审计的前提。

具体而言，安全性审计的目标是信息系统和电子数据的安全性、保密性、可靠性、可用性。

（2）安全性审计的内容。安全性审计主要包括数据安全、操作系统安全、数据库系统安全、网络安全、设备安全、环境安全等方面。

操作系统介于硬件和其他软件之间，是所有软件运行的基础，因此，操作系统的安全性决定了整个软件系统的安全状态。而环境安全、设备安全属于硬件安全。

数据库系统是管理信息系统最重要的支撑软件，数据库系统是否安全直接影响企业数据（特别是财务数据）的真实性和安全性。长期积累下来的数据是企业最宝贵的数字资源，它们反映了企业的经营状况和财务状况，同时也为决策提供依据，甚至也隐藏着企业的许多商业秘密，这些宝贵的数据不能被恶意篡改，不能未经授权的访问，必须始终处于安全状态，这是安全性审计的根本目的。

企业通过电子商务平台建立了采购网络和销售网络，可是信息系统受到的威胁也大量来自互联网，例如黑客攻击、木马钓鱼、病毒传播等，给企业运作造成极大的影响，甚至威胁企业的生存，所以抵御外部攻击，保证网络安全至关重要。

（3）安全性审计的方法。审计人员应当根据审计的具体需要，设计检查分析表，检查分析表的结构要清晰，问题要明确，要涵盖所有的审计事项，如表10.6～表10.13所示。

表10.6　　系统环境安全管理控制调查

控制措施	是	否	不适用	评价
1. 环境安全的控制。 （1）是否远离人造和自然灾害的多发区？ （2）是否有良好的供电和稳压系统？ （3）备份文件是否远离系统存放？ 2. 系统安全管理控制。 （1）是否只有经过授权批准的人员才能接触系统和操作系统？				

续表

控制措施	是	否	不适用	评价
（2）维修人员与用户工作人员是否权限分明？ （3）检查系统日志开启是否正常，审计线索有否中断和篡改？ 3. 灾难恢复计划。 （1）是否建立后备的第二工作场所？ （2）是否建立灾难恢复队伍？ （3）灾难发生时确定系统恢复的重要部分？				
调查结果：				

审计人员：　　　　审计日期：　　　　复核人员：　　　　复核日期：

表 10.7　　　　系统运行管理控制调查

控制措施	是	否	不适用	评价
1. 系统日常操作管理。 （1）是否制定了信息系统的上机守则？ （2）操作人员是否经过培训？ （3）对不同的操作岗位是否定期进行轮换？ （4）是否定期检查信息系统的运行和性能并向管理部门汇报？ （5）是否配有专门的系统维护技术人员？ 2. 系统文档管理。 （1）信息系统日常运行所需的文档是否齐全？ （2）人员调离岗位时是否及时收回其拥有的文档？ （3）信息系统中重要的技术和业务文档是否由专人保管？ （4）信息系统中重要的文档是否需要通过权限才能阅读？ （5）是否对信息系统中重要的文档进行了备份？ 3. 系统硬件和软件管理。 （1）添置和更换硬件设备时是否说明新设备的扩展性和与原有设备的兼容性？ （2）是否记录了硬件的升级或更新日志？ （3）是否记录了计算机软件的升级或更新日志？ （4）信息系统中重要的软件及其文档资料是否由专人保管？ 4. 信息系统日志管理。 （1）是否每天都记录了系统的运行日志？ （2）是否记录了出现故障的情况和相应的维修日志？ （3）系统是否记录了操作人员的操作日志和程序的运行日志？				
调查结果：				

审计人员：　　　　审计日期：　　　　复核人员：　　　　复核日期：

表 10.8　　　　数据资源管理控制调查

控制措施	是	否	不适用	评价
1. 备份控制。 （1）对系统的软件和数据文件是否有备份制度？ （2）比较重要的业务处理过程（如月末、年末结转等）是否也进行备份？ （3）关键的信息是否有应急备份制度？ 2. 访问控制。 （1）信息系统内是否建立了严格控制措施？				

续表

控制措施	是	否	不适用	评价
(2) 是否能有效地防止无关人员使用系统和越权操作？ (3) 是否存在人员权限设定的控制制度？ (4) 是否存在建立操作日志的相关制度？ (5) 访问时是否要求进行身份验证？				
调查结果：				

审计人员： 审计日期： 复核人员： 复核日期：

表 10.9 安全防范措施调查

调查内容	是	否	不适用	评价
1. 硬件接触控制。 (1) 是否制定了人员出入机房的制度？ (2) 机房管理制度的制定是否合理、健全？ (3) 是否严格执行机房管理制度？ (4) 机房和数据存放地是否设置了安全的接触控制措施（如门禁制度、监视录像等）？ (5) 人员出入机房和数据存放地时是否进行登记？ (6) 是否严格采用了物理锁，例如常规的钥匙、电子通道证章锁、加密锁、组合锁或生物锁等？ (7) 是否在重要区域的入口处安排了安全警卫或安装了视频监控设备和报警系统等监视装置；安全警卫是否可靠安全？ (8) 重要的设备是否使用了电磁屏蔽，防止重要数据通过电磁辐射泄漏？ (9) 重要数据的备份是否由专人负责存放？ (10) 生产机或存放重要数据的计算机设备是否安全存放？ 2. 预防灾害措施。 (1) 是否有适当的防火设备和措施来防范火灾对机房和设备的毁坏？ (2) 是否有适当的防水设备和措施来防范水灾对机房和设备的毁坏？ (3) 是否有适当的防电源变化的措施？ (4) 是否有适当的防潮防尘设备和措施？ (5) 是否有适当的防雷设备和措施来防范雷电对机房和设备的毁坏？ (6) 是否制定了"硬件灾难的补救计划"，即一旦硬件被毁损应立即采取的措施及恢复系统的步骤和方法？ (7) 是否建立了保险制度来减少由于意外事件造成的损失？ 3. 网络物理环境安全。 (1) 电线和网线是否老化或裸露？ (2) 网络是否采取了安全隔离措施？ (3) 是否采用了网络冗余措施？				
调查结果：				

审计人员： 审计日期： 复核人员： 复核日期：

表 10.10 物理环境设备调查

调查内容	是	否	不适用	评价
1. 支持方式。 (1) 供水和供电是否能保证信息系统的正常运行？ (2) 办公建筑是否能满足被审计单位的需求？				

续表

调查内容	是	否	不适用	评价
(3) 办公建筑是否配备了空气调节和湿度控制等相应的设备？ (4) 办公环境是否具有机房电力设备？ 2. 硬件设备。 (1) 硬件设备的购买是否合法，生产厂商是否可靠？ (2) 计算机和外围设备的选型是否合理？ (3) 是否定期检查、测试硬件的可靠性？ (4) 是否记录硬件的升级或更新日志等？ (5) 添置和更换硬件设备时是否说明新设备的扩展性和与原有设备的兼容性？ 3. 网络物理环境。 (1) 网络硬件设备（例如路由器、硬件防火墙、交换机等）的选型是否合理？ (2) 网络通信的速度和带宽，服务器的种类和型号、路由器的速度和端口数目、文件存储系统容量如何？ (3) 网络的拓扑结构和网络的布线是否合理？ (4) 网络中各个节点的级别分配是否合理？ (5) 网络中心机房的构建以及网络设备是否进行定期升级和维护？				
调查结果：				

审计人员：　　　　审计日期：　　　　复核人员：　　　　复核日期：

表 10.11　　　　操作系统安全分析

调查内容	是	否	不适用	评价
1. 操作系统软件。 (1) 操作系统是否符合整个信息系统的软件环境的需求？拥有的用户群数为多少？ (2) 操作系统是否设置了密码？屏幕保护时是否设置了密码？外围设备的驱动程序是否正常运行？ 2. 数据库管理系统。 (1) 被审计单位所采用的数据库管理系统的类型？ (2) 数据库是否采取了安全措施？ (3) 数据是否能对并发操作进行控制？ (4) 数据库是否进行备份，备份是否安全可靠？ (5) 数据库是否采取了访问控制？ (6) 数据是否采取了保密控制？ (7) 数据资源的存储环境是否恒温，是否能够防潮、防霉和防止强磁场干扰？ (8) 是否定期检查并记录存放数据的介质是否存在故障？				
调查结果：				

审计人员：　　　　审计日期：　　　　复核人员：　　　　复核日期：

表 10.12　　　　网络软件基本情况调查

调查内容	是	否	不适用	评价
1. 网络配置。 (1) 路由信息是否易被泄露？ (2) 交换机和路由器设备配置是否合理？ (3) 服务器以及移动设备在管理使用上是否存在安全漏洞？				

续表

调查内容	是	否	不适用	评价
2. 网络协议和协议软件。 （1）是否存在未经授权非法访问业务网络和业务调度系统？ （2）是否存在系统被监听的情况，用户的口令密码和通信密码是否易被窃取？ （3）是否对网络的安全漏洞进行探测扫描？ （4）是否对通信线路和网络设备实施拒绝服务攻击，防止线路拥塞和系统瘫痪等？ 3. 网络通信软件。 （1）是否对敏感的数据采用加密通信或数字签名？ （2）是否在通信的数据中插入校验码？ （3）是否在数据通信过程中使用确认应答与超时重传机制？				
调查结果：				

审计人员： 审计日期： 复核人员： 复核日期：

表 10.13 系统安全基本情况调查

调查内容	是	否	不适用	评价
1. 入侵检测系统。 （1）入侵检测系统是否能满足对于信息系统网络环境安全的需求？ （2）入侵检测系统与防火墙/路由器间的通信是否安全？ （3）入侵检测系统中是否包含用于生成日常事件日志的工具和自动响应机制？ （4）入侵检测系统是否能提供适当的安全保证？ 2. 病毒和其他恶意代码。 （1）各个终端用户是否采取了防病毒策略？ （2）系统中是否存在未授权的软件？ （3）防病毒软件厂商是否安全可靠？ （4）防病毒软件是否能提供信息系统所需的安全保证？ 3. 防火墙技术。 （1）防火墙是否能根据网络变化提供新的配置服务？ （2）是否能对数据包过滤进行检查？ （3）是否具有系统的分离特性？ （4）防火墙本身是否自带了审计工具？ （5）是否具有弱点探测的能力？ （6）是否具有报警与报告的能力？				
调查结果：				

审计人员： 审计日期： 复核人员： 复核日期：

10.3.2 系统访问控制

10.3.2.1 访问控制与安全的关系

访问控制是针对越权使用信息系统资源的防御措施。基本目标是为了限制访问主体（如用户、进程、服务等）对访问客体（如数据、系统、数据库等）的访问权限，防止企业的商业秘密和敏感数据被非法访问，使数据在合法范围内使用，从而保障数据的安全。因此，访问控制技术在数据的保密性、完整性和可用性三个方面同时提供安全保障。

数据的访问控制策略一般有三种：自主型访问控制策略（discretionary access control，DAC）、强制型访问控制方策略（mandatory access control，MAC）和基于角色的访问控制策略（role-based access control，RBAC）。访问控制强度也由弱到强，各自适用的范围不同。在 DAC 策略中，用户对不同的数据对象有不同的存取权限，而且用户还可以将其拥有的存取权限转授给其他用户。DAC 访问控制完全基于访问者和对象的身份。MAC 策略对于不同类型的信息采取不同层次的安全策略，对不同类型的数据来进行访问授权。在 MAC 策略中，存取权限不可以转授，所有用户必须遵守由数据库管理员建立的安全规则，其中最基本的规则为“向下读取，向上写入”。显然，与 DAC 相比，MAC 机制比较严格。近年来，RBAC 得到了广泛的关注，成为解决数据安全访问的有效方法。

10.3.2.2　自主访问控制

自主访问控制（DAC）又称任意访问控制，是访问控制策略中最常用的一种方法。这种访问控制方法允许用户自主地在系统中规定谁可以存取它的资源实体，即用户（包括用户和进程）可选择同其他用户一起共享某个文件。所谓自主，是指具有授予某种访问权力的主体（用户）能够自己决定是否将访问权限授予其他的主体。安全的管理软件系统需要具备的特征之一就是自主访问控制，它基于对主体所属的主体组的识别来限制对客体的存取。

存取许可与存取模式是自主访问控制机制中的两个重要概念。存取许可的作用在于定义或改变存取模式，或向其他用户（主体）传送。存取模式的作用是规定主体对客体可以进行何种形式的存取操作，在各种以自主访问控制机制进行访问控制的系统中，存取模式主要有：读（R）、写（W）、执行（RW）、空操作（null）（即主体对客体不具有任何的存取权）。

自主访问控制的具体实施可采用以下五种方法。

（1）目录表访问控制。在目录表访问控制方法中借用了系统对文件的目录管理机制，为每一个欲实施访问操作的主体，建立一个能被访问的“客体目录表”。当然，客体目录表的修改只能由该客体的合法属主确定，否则将可能出现对客体访问权的伪造。因此，系统必须在客体的拥有者控制下维护所有的客体目录。目录表访问控制机制的优点是容易实现，每个主体拥有一张客体目录表，这样主体能访问的客体及权限就一目了然了，依据该表对主体和客体的访问与被访问进行监督比较简便。它的缺点有：一是系统开销，浪费较大，这是由于每个用户都有一张目录表，如果某个客体允许所有用户访问，则将给每个用户逐一填写文件目录表，因而会造成系统额外开销；二是由于这种机制允许客体属主用户对访问权限实施传递并可多次进行，造成同一文件可能有多个属主的情形，各属主每次传递的访问权限也难以相同，甚至可能会把客体改用别名，因而使得能越权访问的用户大量存在，管理上繁乱易错。

（2）访问控制列表（access control list，ACL）。访问控制列表的策略正好与目录表访问控制相反，它是从客体角度进行设置的、面向客体的访问控制。每个客体有一个访问控制列表，用来说明有权访问该客体的所有主体及其访问权限。访问控制表（ACL）是目前采用最多的一种方式。

例如，我们可以制定一张 ACL：

```
<john.acct,r>
<jane.pay,rw>
```

其中，john 和 jane 表示用户的 ID；acct 和 pay 表示用户所属组的 ID；r 和 w 表示所允许的访问类型。该访问控制表说明 john 属于 acct 组，用户只能阅读文件；jane 属于 pay 组，用户可以阅读和修改文件。

访问控制列表通常还支持统配符，从而可以制定更一般的访问规则。例如，我们可以制定：

```
<*.*,r>
```

表示任何组当中的任何用户都可以读文件。

也可以制定如下规则：

```
<@.*,rw>
```

表示只有文件的属主（@）才能读和写文件。

访问控制列表方式的优点在于它的表达直观、易于理解，而且比较容易查出对某一特定资源拥有访问权限的所有用户，有效地实施授权管理，而且还能较好地解决多个主体访问一个客体的问题。缺点是由于访问控制列表需占用存储空间，并且由于各个客体的长度不同而出现存放空间碎片，造成浪费；每个客体被访问时都需要对访问控制列表从头到尾扫描一遍，影响系统运行速度和浪费了存储空间。

（3）访问控制矩阵（access control matrix，ACM）。访问控制矩阵是对上述两种方法的综合。直观地看，访问控制矩阵是一张表格，每行代表一个用户（即主体），每列代表一个存取目标（即客体），表中行和列的交叉点表示某个主体对某个客体的访问权限。表 10.14 是访问控制矩阵的原理。

表 10.14　　访问控制矩阵

用户	文件 1	文件 2	文件 3
张华	R W	null	R
李强	R	R W	W
王军	R W	R	null

抽象地说，系统的访问控制矩阵表示了系统的一种保护状态，如果系统中用户发生了变化，访问对象发生了变化，或者某一用户对某个对象的访问权限发生了变化，都可以看作系统的保护状态发生了变化。由于访问控制矩阵只规定了系

统状态的迁移必须有规则，而没有规定是什么规则，因而该模型的灵活性很大，但给系统带来了安全漏洞。

尽管存取控制表灵活方便，但将它应用到网络规模较大、需求复杂的企业内部网络时，就暴露了一些问题。

①存取控制表需要对每个资源指定可以访问的用户或组以及相应的权限。当网络中资源很多时，需要在存取控制表中设定大量的表项。而且当用户的职位、职责发生变化时，为反映这些变化，管理员需要修改用户对所有资源的访问权限。

②单纯使用存取控制表，不易实现最小权限及复杂的安全政策。随着网络的迅速发展扩大，尤其是内联网（Intranet）的兴起，对访问控制服务的质量也提出了更高的要求，用传统的自主访问控制已很难满足。首先，如上所述，自主访问控制将赋予或取消访问权限的一部分权力留给用户个人，管理员难以确定哪些用户对哪些资源有访问权限，不利于实现统一的全局访问控制；其次，在许多组织中，用户对他所能访问的资源并不具有所有权，组织本身才是系统中资源的真正所有者。而且，各组织一般希望访问控制与授权机制的实现结果能与组织内部的规章制度相一致，并且由管理部门统一实施访问控制，不允许用户自主地处理。显然 DAC 已不能适应这些需求。

（4）强制访问控制。强制访问控制（MAC）是将主体和客体分级，然后根据主体和客体的级别标记来决定访问模式。“强制”主要体现在系统强制主体服从访问控制策略上。如果系统认为某一个用户不适合访问某个文件，那么任何人（包括文件所有者）都无法使该用户具有访问该文件的权利。强制访问控制主要用于多层次安全级别的应用中。

所谓“强制”，就是安全属性由系统管理员人为设置，或由操作系统自动地按照严格的安全策略与规则进行设置，用户和他们的进程不能修改这些属性。所谓“强制访问控制”，是指访问发生前，系统通过比较主体和客体的安全属性来决定主体能否以他所希望的模式访问一个客体。

强制访问控制的实质是对系统当中所有的客体和所有的主体分配敏感标签（sensitivity label）。用户的敏感标签指定了该用户的信任等级，也被称为安全许可。而文件的敏感标签则说明了要访问该文件的用户所必须具备的信任等级。例如，美国国防部的多级安全策略有四种不同的等级，分别是绝密级（top secret）、机密级（secret）、秘密级（confidential）及普通级（unclassified），其级别为 $T>S>C>U$。

强制访问控制就是利用敏感标签来确定谁可以访问系统中的特定信息的。贴标签和强制访问控制可以实现多级安全策略（multi-level security policy）。这种策略可以在单个计算机系统中处理不同安全等级的信息。只要系统支持强制访问控制，那么系统中的每个客体和主体都有一个敏感标签同它相关联。

强制访问控制可以分为两种：下读/上写，上读/下写。

采取下读/上写后，信息流只能从低级别流向高级别，可以保证数据的保密性。

- 下读（read down）：主体级别大于客体级别的读操作；
- 上写（write up）：主体级别低于客体级别的写操作。

采取上读/下写的意义在于可以实现数据的完整性。

- 上读（read up）：主体级别低于客体级别的读操作；
- 下写（write down）：主体级别大于客体级别的写操作。

强制访问控制的主要缺陷在于实现工作量太大、管理不便、不够灵活，而且强制访问控制由于过于偏重保密性，对其他方面如系统连续工作能力、授权的可管理性等考虑不足。

（5）基于角色的访问控制。RBAC 与以前的访问控制相比，在主体和权限之间增加了一个中间桥梁——角色。权限被授予角色，而管理员通过指定用户为特定的角色来为用户授权。这大大简化了授权管理，具有强大的可操作性和可管理性，有效缓解传统安全管理处理瓶颈问题。

RBAC 的思想核心是安全授权（permission）和角色（role）相联系，用户首先要成为相应角色的成员，才能获得该角色对应的权限。这大大简化了授权管理，角色可以根据组织中的工作创建，然后根据用户的责任和资格分配角色。用户可以轻松地进行角色转换，而随着新应用和新系统的增加，角色可以分配更多的权限，也可以根据需要撤销相应的权限。实际表明把管理员权限局限在改变用户角色，比赋予管理员更改角色权限更安全。

RBAC 核心模型包含五个基本的静态集合：用户集（users）、角色集（roles）、对象集（objects）、操作集（operators）和特权集（perms），以及一个运行过程中动态维护的集合——会话集（sessions）。这些集合称为 RBAC 的组件，如图 10.11 所示。

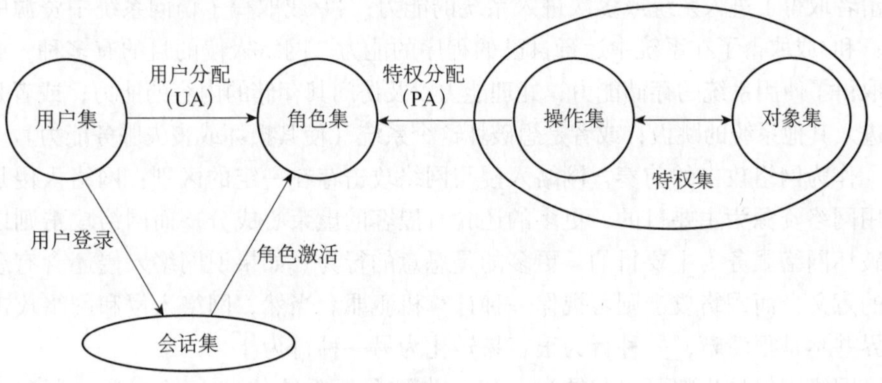

图 10.11 RBAC 核心模型

①用户集：包括系统中可以执行操作用户，是主动的实体。

②对象集：包含系统需要保护的信息，是系统中被动的实体。

③操作集：是定义在对象上的一组操作。

④特权集：对象上的一组操作构成了一个特权，特权是不可分割的最小单元，一旦将某个特权分配给用户，该用户可以执行特权中包括的所有操作。

⑤会话集：会话表示的是用户和角色之间的关系。用户每次必须通过建立会话来激活角色，得到相应的访问权限。

角色是 RBAC 模型的中心，它是用户与特权之间的桥梁。从图 10.11 中可以看出，用户分配（UA）和特权分配（PA）使用户与特权关联起来。

RBAC 一个最重要的特色就是它自身是一个中性策略。RBAC 是一个结合策略的方法而不是具体化某一个特殊的安全策略的方法。近些年的研究已经使 RABC 日趋成熟，在 RABC 模型中可以表示 DAC 和 MAC 模型，被认为是一种普遍适用的访问控制模型，尤其适用于大型组织的有效访问控制机制。

10.3.3 网络入侵防御

10.3.3.1 网络入侵

网络入侵的历史从“飞客”（phreak）开始。飞客是早期攻击电话网的青少年，在电话线路还是使用模拟技术而且控制信号采用带内传输时，飞客们就开始研究各种盗打电话而不用付费的技术，后来这些免费的电话用户们开始集会（通过电话网等电子手段）交流各种信息并逐渐形成一个群体。飞客们通过非法进入电话网系统，可免费偷打长途电话，甚至干扰电话网的正常运行，包括冒充电话服务部门，扰乱电话服务等。随着互联网（Internet）的发展，现代意义上的网络“入侵者”或“黑客”出现了。

网络入侵是指对接入网络的计算机系统的非法进入，即有攻击者未经合法的手段和程序而取得了使用该系统资源（包括处理能力）的权力。网络入侵表现为攻击者取得了进入系统或多次进入系统的能力；和/或取得了访问系统中资源的能力；和/或取得了在系统中运行自己的程序的能力。网络入侵的目的有多种，或者是取得了使用系统的存储能力、处理能力以及访问其存储的内容的能力；或者是作为进入其他系统的跳板；或者是想破坏这个系统（使其损坏或丧失服务能力）。

作为网络攻击的前奏，网络入侵与网络攻击存在一定的区别：网络入侵是以窃用网络资源为主要目的，更多的还含有黑客的虚荣心成分；而网络攻击则以干扰破坏网络服务为主要目的，更多的是恶意的行为。如果说网络入侵还含有恶作剧的意义，而网络攻击则可视作一种计算机犯罪。当然，网络入侵和网络攻击的边界并不是很清晰，一种行为很容易转化为另一种行为。

网络入侵的步骤可以归纳为：（1）获取目标系统信息；（2）通过漏洞进入系统；（3）获取超级用户权力；（4）消除入侵痕迹；（5）摧毁系统。

网络入侵所利用的漏洞大体有以下三类。

（1）网络传输和协议的漏洞。攻击者利用网络传输时对协议的信任以及网络传输的漏洞进入系统。例如 IP 欺骗和信息腐蚀就是利用网络传输时对 IP 和 DNS 的信任；而嗅包器则利用了网络信息明文传送的弱点。另外，攻击者还可利用协议的特性进行攻击。如对 TCP 的序号攻击，而 UDP 既没有握手机制也没有顺序号，更容易冒充。攻击者也可以设法避开鉴别过程，或通过冒充（如源地址）而混过鉴别过程。

（2）系统的漏洞。攻击者可以利用服务进程的BUG和配置错误进行攻击。任何向外提供服务的主机都有可能存在这样的漏洞，它们常被攻击者用来获取对系统的访问权。由于软件的BUG不可避免，这就为攻击者提供了各种机会。另外，软件实现者为自己留下的后门（和陷门）也为攻击者提供了机会。例如，Internet蠕虫就是利用了Unix和VMS中一些网络功能的BUG和后门。

（3）管理的漏洞。攻击者可利用各种方式从系统管理员和用户那里诱骗或套取可用于非法进入的系统信息，包括口令、用户名等。

10.3.3.2 网络漏洞扫描

网络入侵的突破点是漏洞，包括硬件、软件或策略上的缺陷，使得攻击者能够在未授权的情况下访问或控制系统。网络入侵的一个有效防范方法是漏洞扫描，它能够自动检测远程或本地主机安全性弱点，它利用了一系列的脚本模拟对系统进行攻击的行为，然后对结果进行分析。漏洞扫描通过采用积极的、非破坏性的办法来检验系统是否有可能被攻击崩溃。著名的漏洞扫描工具有Nessus。

10.3.3.3 网络入侵检测

网络入侵防范的主要手段是入侵检测（intrusion detection），它通过收集和分析网络行为、安全日志、审计数据、其他网络上可以获得的信息以及计算机系统中若干关键点的信息，检查网络或系统中是否存在违反安全策略的行为和被攻击的迹象。入侵检测作为一种积极主动的安全防护技术，提供了对内部攻击、外部攻击和误操作的实时保护，在网络系统受到危害之前拦截和响应入侵。因而被认为是防火墙之后的第二道安全闸门，在不影响网络性能的情况下能对网络进行监测。入侵检测通过执行以下任务来实现：监视、分析用户及系统活动；系统构造和弱点的审计；识别反映已知进攻的活动模式并向相关人士报警；异常行为模式的统计分析；评估重要系统和数据文件的完整性；操作系统的审计跟踪管理，并识别用户违反安全策略的行为。

入侵检测是防火墙的合理补充，帮助系统对付网络攻击，扩展了系统管理员的安全管理能力（包括安全审计、监视、进攻识别和响应），提高了信息安全基础结构的完整性。它从计算机网络系统中的若干关键点收集信息，并分析这些信息，以检测网络中是否有违反安全策略的行为和遭到袭击的迹象。入侵检测被认为是防火墙之后的第二道安全闸门，在不影响网络性能的情况下能对网络进行监测，从而提供对内部攻击、外部攻击和误操作的实时保护。

入侵检测所采用的技术可分为特征检测与异常检测两种。

（1）特征检测（signature-based detection）又称作“Misuse detection”，这一检测假设入侵者活动可以用一种模式来表示，系统的目标是检测主体活动是否符合这些模式。它可以将已有的入侵方法检查出来，但对新的入侵方法无能为力。其难点在于如何设计模式既能够表达“入侵”现象又不会将正常的活动包含进来。

（2）异常检测（anomaly detection）的假设是入侵者活动异常于正常主体的活动。根据这一理念建立主体正常活动的“活动简档”，将当前主体的活动状况与“活动简档”相比较，当违反其统计规律时，认为该活动可能是“入侵”行为。异常检测的难题在于如何建立“活动简档”以及如何设计统计算法，从而不把正常的操作作为“入侵”或忽略真正的“入侵”行为。

为实现入侵检测功能，入侵检测系统通常包含四个组成部分：一是事件产生器，从计算环境中获得事件，并向系统的其他部分提供此事件；二是事件分析器，分析数据；三是响应单元，发出警报或采取主动反应措施；四是事件数据库，存放各种数据。

目前常见的入侵检测系统主要有基于主机的入侵检测系统、基于网络的入侵检测系统和分布式的入侵检测系统三类。

（1）基于主机的入侵检测系统。一般主要使用操作系统的审计、跟踪日志作为数据源，某些也会主动与主机系统进行交互以获得不存在于系统日志中的信息以检测入侵。这种类型的检测系统不需要额外的硬件，对网络流量不敏感、效率高，能准确定位入侵并及时进行反映，但是占用主机资源，依赖于主机的可靠住，所能检测的攻击类型受限，不能检测网络攻击。

（2）基于网络的入侵检测系统。通过被动地监听网络上传输的原始流量，对获取的网络数据进行处理，从中提取有用的信息，再通过与已知攻击特征相匹配或与正常网络行为原型相比较来识别攻击事件。此类检测系统不依赖操作系统作为检测资源，可应用于不同的操作系统平台；配置简单，不需要任何特殊的审计和登录机制；可检测协议攻击、特定环境的攻击等多种攻击，但它只能监视经过本网段的活动，无法得到主机系统的实时状态，精确度较差。大部分入侵检测工具都是基于网络的入侵检测系统。

（3）分布式的入侵检测系统。这种入侵检测系统一般为分布式结构，由多个部件组成，在关键主机上采用主机入侵检测，在网络关键节点上采用网络入侵检测，同时分析来自主机系统的审计日志和来自网络的数据流，判断被保护系统是否受到攻击。

10.4 绩效审计

10.4.1 绩效审计概述

10.4.1.1 绩效审计的含义

这里的绩效审计特指 IT 绩效审计，是指对信息技术应用的经济性、效率性和效果性所作的评价与监督。

（1）经济性（economy），是指以最低的资源耗费获得一定数量和质量的产出，也就是节省的程度。节约可以体现在许多方面，如ERP的建立增加自动化程度，提高了人员的工作效率，减少了相应部分的人工费用。各类业务ERP也带来各种不同费用的减少，如供应ERP的建立，有助于选择价格和供应商，做到及时订货，从而节省采购费用。库存管理ERP将使原材料和在制品的库存量得到压缩，减少流动资金的占用。生产ERP将实现均衡生产，提高生产劳动生产率，减少产品工时成本，按期交货，非正常支出减少（如延期罚金等）。财务ERP将加速资金周转，提高准确率，避免不必要的经济损失。ERP能及时、准确地提供对决策有重要影响的信息，从而提高决策的科学性和可行性，节省投资，避免不必要的开支。

（2）效率性（efficiency），是指产出（如产品、服务）与投入的关系，即以最小的投入取得一定的产出或以一定的投入取得最大的产出。也就是说，对企业的ERP项目的资源投入，力争取得最大的产出，或确保以最小的资源投入取得一定数量的产出。企业通过ERP系统提高了企业物流、资金流、信息流一体化管理的效率，从而降低了库存，提高了资金利用率和减少了经营风险；控制了产品生产成本，缩短了产品生产周期；提高了产品质量和合格率；减少了坏账、呆账金额等；改善了与顾客和供应商的关系，提高了企业的信誉。

（3）效果性（effectiveness），是指既定目标实现的程度，即预期结果与实际结果之间的关系。例如完成预算目标、应用目标、进度目标等情况（实际产出与目标的关系）。审计的任务是检查预期目标是否达到。它不考虑为达到预期目标所投入的资源情况。当然，既经济而又有效率地取得预期效果是可能的。特别是应用目标的实现是效果性审计的重要内容。首先，ERP应用实现了业务流程再造，业务流程的优化提升了企业竞争力，加快市场响应速度，显著改善客户满意度；其次，ERP应用实现了绩效监控动态化，为企业提供丰富的管理信息，用好这些信息并在企业管理和决策过程中发挥作用，动态监控管理绩效变化，即时反馈和纠正管理中存在的问题；最后，ERP应用可以使得管理改善持续化。

如图10.12所示，经济性、效率性与效果性三者之间既相互区别又相互联系。经济性审计主要局限于资源方面，更多用货币衡量，着重投入和成本分析。而效率性审计主要涉及对资源使用情况的审查，即“投入”与“产出”的关系。效果性审计是对ERP项目应用以后产出情况的审查。经济性应该是在效果有保障条件下的节约，效率性的最终目的也是要达到效果性。可以说，经济是前提，效率是过程，效果是目的，经济性、效率性都应与效果性相一致。在绩效审计评价中，应该以“效果好”为优先选择条件，实行以实现“效果性”为主导地位的综合审计评价。三者之间是环环相扣，密不可分的。而事实上，三者之间也并没有明显的界限区分，实际业务中更难把三者完全割裂开来，因此，绩效审计应将三者作为一个整体加以审计。孤立地强调某一方面都是无意义的。

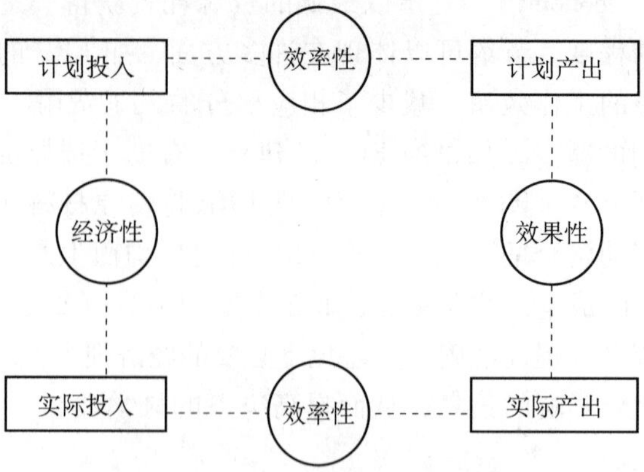

图 10.12　经济性、效率性与效果性关系

10.4.1.2　绩效审计的特点

传统绩效审计的对象是资产，IT 绩效审计的对象是信息资产，由于信息资产的特殊性，所以 IT 绩效审计与一般的绩效审计相比，呈现出许多不同的特征，主要体现在以下三个方面。

(1) 软件生产的特殊性。软件及软件产品的加工对象是信息而不是物理实体，这使得对其检验、管理带来一定的难度。软件生产的自动化程度较低，主要依靠人的智慧来完成，因此，无论是软件的生产还是维护，工作量核定是非常困难的。

(2) 投入产出的特殊性。信息系统的投入产出与普通工程项目不同，信息系统在开发中凝结的是脑力劳动和知识价值，使得开发成本难以计算。信息系统项目的很多效益不是直接的，即需要通过组织管理水平的提高来实现其价值，并且信息系统的效益在一定程度上取决于企业的应用水平，这也给系统收益的计算带来了不便。信息系统还具有效益滞后性，信息系统的作用和价值要在其投入使用一段时间后才能体现出来。

(3) 效益度量的特殊性。信息系统会涉及技术、管理、经济、社会以及法律等各个方面，信息系统项目的效益有些是可以用货币价值来度量的，更多的效益则无法用金钱来衡量。因此，对于效益的量化标准至今也没有公认的尺度。

10.4.1.3　绩效审计的方法

传统的评价侧重于财务方面的评价，通常采用投资回收期、投资收益率、净现值等方法衡量 IT 系统应用的效果。这种评价的最大弊端在于忽视了 IT 系统的无形收益，而无形收益占据 IT 系统收益相当大的比例。

由于单纯评价财务无法反映其真实性，需要考虑财务与非财务之间的平衡。在信息系统的绩效审计中借鉴了平衡计分卡的综合平衡的思路，并根据信息系统本身的特点构建 IT 平衡计分卡的四个平衡面的评价框架。

与其他绩效审计的方法一样，IT绩效审计的方法不是封闭的、一成不变的，而是动态的、综合的，需要信息系统审计人员具有创新精神。总之，审计人员应根据“3E”审计目标（即经济性（economy）、效率性（efficiency）、效果性（effectiveness）），按照综合平衡的思想，采用平衡计分卡的框架，参考企业信息化指标体系，对信息系统的绩效进行审计和评价。

10.4.2 软件成本估算

10.4.2.1 软件估算方法

在信息系统的设计和开发中，软件开发成本占总成本的比例很大。在企业的信息化建设过程中，用户、项目管理人员、项目审计人员都希望得到一个对开发成本和开发时间适度准确的估算。然而软件是知识产品，是人的思想的成果，结构非常复杂，管理难度大，很难精确地计算项目的开销，只能进行估算。一般而言，软件成本与工作量成正比，对工作量的估算是准确进行成本和进度估算的基础，而软件规模估算又是工作量估算的基础。必须指出，大量的软件开发经验显示生产率随着软件规模的增加而下降，这意味着软件的规模增加时，工作量应该呈指数增长，软件成本也节节攀升，信息化项目也成了花钱的“无底洞”项目。因此，科学地估算软件成本非常重要，是IT项目效益评价的关键，也是绩效审计的基础。

软件项目中常用的四个估算概念进行说明。

（1）规模估算。所要开发的软件规模是一个需要作出估算的参数，它是估算工作量的基础，有了这个数据才可以对工作量和进度作出准确的估算。进行规模估算应该十分了解项目的需求。软件规模的衡量尺度有代码行、功能点数量、程序单元数、报告数等。

（2）工作量估算。这是对开发软件产品所需人力的估算，它和进度一起决定了开发团队的规模和构建。通常以人天、人月、人年的形式来衡量，并且通过转换系数在不同单位之间进行转换。工作量估算是由规模和与项目有关的因素所驱动的，例如团队的技术和能力、所使用的语言和平台、平台的可用性与适用性、团队的稳定性、项目中的自动化程度等。

（3）进度估算。进度是项目开始日期到项目结束日期之间的一个时间段。进度估算是项目级或阶段级的，而不是详细的人员级估算，进度估算是项目计划和控制的基础。进度与工作量是互补的，也就是说如果希望加快进度，可以提高工作量，如果适当控制工作量，那么进度就会受到影响。这与用户的要求和预算资金有关。

（4）成本估算。在任何软件项目中，成本中的一个主要组成部分是人力成本（基于估算出的工作量）。此外，其他成本如差旅费、通信、培训等也需要做估算。这些和人力成本一起用于估算项目的总成本。计算出了项目的工作量和进度，就可以估算软件成本了。

10.4.2.2 软件规模估算

软件项目的规模是影响软件项目成本和工作量的重要因素。软件项目规模估算常见的方法有代码行（LOC）估算和功能点（FP）估算，下面分别对这两种方法进行介绍。

（1）代码行估算。用软件项目的代码行数表示软件项目的规模是十分自然和直观的。代码行数可以用人工或软件工具直接测量，几乎所有的软件开发组织都保存软件项目的代码行数记录。利用代码行数不仅能度量软件的规模，而且还可以度量软件开发的生产率、开发每行代码的平均成本、文档与代码的比例关系、每千行代码存在的软件错误个数等。

为了方便计算，我们定义以下四个概念。

①生产率：

$$P_1 = L/E$$

其中，L 是软件项目的代码行数，用千行代码 kLOC（1 kLOC = 10^3 LOC）度量；E 是软件项目的工作量，用人月（PM）度量；P_1 是软件项目的生产率，用每人月完成的代码行数（LOC/PM）度量。

②每行代码的平均成本：

$$C_1 = S/L$$

其中，S 是软件项目的总开销，用人民币度量；C_1 是每行代码的平均成本，用人民币/行代码行度量。

③文档与代码比：

$$D_1 = P_d/L$$

其中，P_d 是软件项目的文档页数；D_1 是每千行代码的平均文档页数。

④代码出错率：

$$EQR_1 = N_e/L$$

其中，N_e 是软件项目的代码错误数；EQR_1 表示每个功能点平均错误个数。

【例 10－1】 表 10.15 提供了一个典型的软件项目记录。利用这些数据，可以方便地计算出：

P_1 = 12.1 kLOC/24 PM = 504 LOC/PM

C_1 = 1 008 000 元/12.1 kLOC = 83 305.78 元/LO

D_1 = 365 P_d/12.1 kLOC = 30.16 P_d/ kLOC

EQR_1 = 29 个/12.1 kLOC = 2.4 个/ kLOC

表 10.15　　软件项目记录

项目	工作量 PM	成本（元）	代码行 kLOC	文档页数 Pd	错误 Ne	人数 M
Pj1	24	1 008 000	12.1	365	29	3
Pj2	62	2 640 000	27.2	1 224	86	5
Pj3	43	1 884 000	20.2	1 050	64	6

用软件代码行估算软件规模简单易行。其缺点是：代码行数的估算依赖于程序设计语言的功能和表达能力；采用代码行估算方法会对设计精巧的软件项目产生不利的影响；在软件项目开发前或开发初期估算它的代码行数十分困难；代码行估算只适合用于过程式程序设计语言，对非过程式的程序设计语言不太实用。

（2）功能点估算。面向功能的软件功能度量是阿尔布雷特（Albrecht）于1979年提出的，它与统计代码行数的直接度量方式不同，是涉及多种因素的间接度量方式。它是根据事物信息处理程序的基本功能定义的，因此，在软件系统设计初期就能够估算出软件项目的规模。阿尔布雷特用五个信息量的“加权和”CT和14个因素的“复杂性调节值”F_i（i=1，2，…，14）计算功能点FP。

$$FP = CT\left[0.65 + 0.01\sum_{i=1}^{14} F_i\right]$$

其中，CT按表10.16计算。

表10.16　计算功能点度量

项目	加权因子					
测量参数	值	简单	一般	复杂	=	□
用户输入数	□	×3	×4	×6	=	□
用户输出数	□	×4	×5	×7	=	□
用户查询数	□	×3	×4	×6	=	□
文件数	□	×7	×10	×15	=	□
外部界面数	□	×5	×7	×10	=	□
CT						□

F_i 由表10.17给出，F_i 取值为0，1，…，5，表示 F_i 在FP中起作用的程度。当 $F_i=0$ 时，表示否定或 F_i 不起作用，$F_i=5$ 时，表示肯定或 F_i 作用最大。

表10.17　F_i 定值

序号i	问题	F_i 取值0，1，2，3，4，5
1	系统需要可靠的备份和复原吗？	
2	系统需要数据通信吗？	
3	系统有分布处理功能吗？	
4	性能是临界状况吗？	
5	系统是否在一个存在的实用的操作环境下运行	
6	系统需要联机on-line数据入口吗？	
7	联机数据入口需要输入信息构造复杂的屏幕界面或操作吗？	
8	系统需要联机更新主文件吗？	
9	系统的输入、输出、文件、查询复杂吗？	
10	系统的内部处理复杂吗？	
11	代码设计可重用吗？	
12	设计中包括转换和安装吗？	
13	系统的设计支持不同组织的多次安装吗？	
14	系统的设计有利于用户的修改和使用吗？	

表10.17中的5个信息量按下列方式取值。

（1）用户输入数。用户为软件提供的输入参数个数。

（2）用户输出数。软件系统为用户提供的输出参数个数。

（3）用户查询数。一个联机输入确定一次查询，软件以联机输出的形式实时地产生一个响应，统计各种查询的个数。

（4）文件数。统计逻辑的主文件数，如数据的一个逻辑编组。

（5）外部界面数。统计所有机器可读的界面，利用这些界面可以将信息从一个系统传送到另一个系统。

与用代码行定义软件项目的开发效率、成本度量一样，用功能点也可以定义相应概念。

（1）生产率：

$$P_f = FP/E$$

其中，P_f 表示每人月完成的功能点数。

（2）平均成本：

$$C_f = S/FP$$

其中，C_f 表示每功能点平均成本。

（3）文档与功能点比：

$$D_f = P_d/FP$$

其中，D_f 表示每功能点平均具有的文档页数。

（4）代码出错率：

$$EQR_f = N_e/FP$$

其中，EQR_f 表示每个功能点平均错误个数。

功能点估算没有直接涉及软件系统本身的算法复杂性，因此，它适合算法比较简单的事物处理系统的软件规模度量，对于算法比较复杂的软件系统，例如实时系统软件、过程控制软件等就不适用了。1986 年，乔斯（Jones）推广了功能点的概念，把软件项目中的算法复杂性因素引入功能点计算中来。为了避免混淆，把阿尔布雷特定义的功能点称为简单功能点，用 FP_S 表示，把乔斯推广的功能点称为功能点，用 FP 表示。推广的功能点包括计算机程序中用于各类问题求解的算法因素，如求解线性代数方程组、遍历二叉树的各个节点、处理中断等。功能点计算仍用前述的计算公式，其中 CT 按表 10.18 计算。

表 10.18　推广的功能点度量

测量参数	值	权值	=	□
用户输入数	□	×4	=	□
用户输出数	□	×5	=	□
用户查询数	□	×4	=	□
文件数	□	×7	=	□
外部界面数	□	×7	=	□
算法	□	×7	=	□
CT				□

对一般的工程或事务处理软件，用表 10.16 和表 10.18 两种方法计算出来的 FP

值应该基本上相同。但对于比较复杂的软件系统，FP 比 FP_S的值高 20% ~35%。

功能点估算的优点是：

（1）与程序设计语言无关，它不仅适用于过程式语言，也适用于非过程式的语言；

（2）因为软件项目开发初期就能基本上确定系统的输入、输出等参数，所以功能点度量能用于软件项目的开发初期。

功能点度量的缺点是：

（1）它涉及的主观因素比较多，例如各种权函数的取值；

（2）信息领域中的某些数据有时不容易采集；

（3）FP 的值没有直观的物理意义。

10.4.2.3 软件工作量估算

软件项目的规模是影响软件项目成本和工作量的重要因素，软件项目代码行和功能点估算是成本和工作量估算的基础。假设已估算出 LOC 或 FP 的乐观值 a、悲观值 b 和一般值 m，那么可以根据下列加权公式计算出期望值，即：

$$E = (a + 4m + b)/6$$

其中，乐观值是指在任何事情都顺利的情况下，完成某项工作的时间；悲观值是指在最不利的情况下，完成某项工作的时间；一般值是指在正常情况下，完成某项工作的时间。

人们希望 LOC 或 FP 的值落在区间［a，b］之外的概率极小。当 LOC 或 FP 的期望值估算出来之后，根据以前软件项目的开发的平均生产率 LOC/PM 或 FP/PM 就可以计算出工作量。例如，软件项目的规模估算 310 FP，以前完成的软件项目的生产率 5.5 FP/PM，于是工作量估算为 E = 310/5.5 = 56 PM。如果当前估算的软件子项目比以前完成的项目复杂，那么所用的生产率可以低于平均生产率，反之也可以高于平均生产率。

【例 10－2】 估算一个计算机辅助设计（CAD）软件项目的工作量。

将该项目按功能分解为如下七个子项目。

（1）用户界面和控制；

（2）二维几何分析；

（3）三维几何分析；

（4）数据库管理；

（5）计算机图形显示；

（6）外形控制；

（7）设计分析。

表 10.19 首先给出七个子项目代码行的乐观估计、悲观估计和一般估计值。其次计算出加权平均值。分析七个子项目的估算复杂性和难度，参照以前开发类似项目的经验，给出开发每行代码的平均成本、每月开发的代码行数。用这两组数据计算出七个子项目的开发成本和工作量。最后汇总的该软件开发项目规模为

33 360 LOC，成本为 656 680 元，工作量为 144.5 PM。

表 10.19　　工作量估算

功能	乐观估计 LOC	一般估计 LOC	悲观估计 LOC	加权平均	元/LOC	LOC/PM	成本（元）	工作量（人月）
用户界面和控制	1 790	2 400	2 650	2 340	14	315	32 760	7.4
二维几何分析	4 080	5 200	7 400	5 380	20	220	107 600	24.4
三维几何分析	4 600	6 900	8 600	6 800	20	220	136 000	30.9
数据库管理	2 900	3 400	3 600	3 350	18	240	60 300	13.9
计算机图形显示	3 900	4 900	6 200	4 950	22	200	108 900	24.7
外形控制	1 990	2 100	2 450	2 140	28	140	59 920	15.2
设计分析	6 600	8 500	9 800	8 400	18	300	151 200	28.0
总计				33 360			656 680	144.5

10.4.2.4　软件成本估算

计算机软件的估算模型是根据以前完成项目的实际数据导出的，用于新软件项目的计划阶段。由于导出模型的数据是“从前的”“局部的”，因此，估算模型不可能使用于当前所有的软件项目和全部开发环境。这些模型的计算结果仅有一定的参考价值，以下介绍一种常用的软件成本估算模型，即 CoCoMo 模型。

1981 年，伯姆（Boehm）提出“构造性成本模型”（constructve cost model, CoCoMo 模型）。它是在静态、单变量模型的基础上构造出来的。伯姆把 CoCoMo 模型分为基本、中间和详细三个层次，分别用于软件开发的三个不同阶段。基本 CoCoMo 模型用于系统开发的初期，估算整个系统的工作量（包括软件维护）和软件开发所需要的时间，中间 CoCoMo 模型用于估算各个子系统的工作量和开发时间，详细 CoCoMo 模型用于估算独立的软件，如子系统内部的各个模块。由于篇幅的限制，只介绍基本 CoCoMo 模型和中间 CoCoMo 模型两种情况。

（1）基本 CoCoMo 模型。基本 CoCoMo 模型是静态、单变量模型，具有下列形式：

$$E = a\ (L)^{b}$$

$$D = cE^{d}$$

其中，E 表示工作量，单位是人月（PM）；D 表示开发时间，单位是月；L 是项目的代码行估计值，单位是千行代码；a、b、c、d 是常数，取值如表 10.20 所示。

表 10.20　　简单 CoCoMo 模型参数

软件类型	a	b	c	d	使用范围
组织型	2.4	1.05	2.5	0.38	各类应用程序
半独立型	3.0	1.12	2.5	0.35	各类应用程序、编译程序等
嵌入型	3.6	1.20	2.5	0.32	实时处理、控制程序、操作系统

前述的工作量计算式和开发时间计算式给出了软件代码行数与工作量、工作量与开发时间之间的函数关系。伯姆把软件划分为组织型、半独立型和嵌入型三

类，允许不同应用领域与复杂程度的软件按照上述三类软件的使用范围选取相应的参数 a、b、c、d。

（2）中间 CoCoMo 模型。中间 CoCoMo 模型以基本 CoCoMo 模型为基础，在工作量估计公式中乘以工作量调节因子 EAF，有下列公式：

$$E = a\ (L)^{b} EAF$$

其中，L 是软件产品的目标代码行数；a、b 是常数，取值如表 10.21 所示。

表 10.21　　中间 CoCoMo 模型参数

软件类型	a	b
组织型	3.2	1.05
半独立型	3.0	1.12
嵌入型	2.8	1.20

工作量调节因子与软件产品属性、计算机属性、人员属性和项目属性有关。

软件产品属性包括软件可靠性、软件复杂性、人员属性和项目属性有关。

计算机属性包括程序执行时间、程序占用内存的大小、软件开发环境的变化以及软件开发环境的响应速度。

人员属性包括分析员的能力、程序员的能力、有关应用领域的经验、开发环境的经验，以及程序设计语言的经验。

项目属性包括软件开发方法的能力、软件工具的质量和数量以及软件开发的进度要求。上述四种属性共 15 个要素。每个要素调节因子 F_i（$i = 1, 2, \cdots, 15$）的值分为很低、低、正常、高、很高、极高，共六级。正常情况下，$F_i = 1$。Boehm 推荐的 F_i 值的范围是 0.70 ~ 1.66，如软件复杂性的调节因子可取为（0.70，0.85，1.00，1.15，1.30，1.65）。当 15 个 F_i 的值选定后，EAF 的计算如下：

$$EAF = \prod_{i=1}^{15} F_i$$

调节因子集的定义和调节因子定值是由统计结果和经验决定的。不同的软件开发组织在不同的历史时期，随着环境的变化，这些数据不会一成不变。使用中间 CoCoMo 模型不仅可以估算开发软件产品的工作量，而且还可以比较各种开发方案对工作量的影响。

【例 10-3】 用基本 CoCoMo 模型估算〖例 10-2〗中的工作量、开发时间和参加项目开发的人数。

在〖例 10-2〗中，目标代码行数为 33.3 kLOC，CAD 软件开发属于中等规模、半独立型，从表 10.21 中查到 a = 3.0，b = 1.12。代入 $E = a\ (L)^{b}$，得：

$$E = 3.0\ (L)^{1.12} = 3.0 \times\ (33.3)^{1.12} = 152\ PM$$

将 E 的估算值代入式 $D = cE^{d}$，并取 c = 2.5，d = 0.35，得：

$$D = 2.5E^{0.35} = 2.5 \times 152^{0.35} = 14.5\ （月）$$

于是，建议参加项目开发的人数：

$$N = E/D = 152/14.5 \approx 11\ （人）$$

这里计算出来的11人是粗略估计。严格地说，在软件项目开发过程中，11个人不可能都有相同的能力，也不可能有相同的经验和知识结构，并且在软件开发的各个阶段对人的要求也不同。另外，若干人共同开发一个软件项目时，还应该增加他们之间项目通信和交换意见的额外工作量。一般来说，由N个程序员组成的小组，实现相同估摸的程序，相互通信为 $C_N^2=N(N-1)/2$，设每次通信和交换意见的平均工作量为 μ，则增加的通信开销为：

$$E_c=\mu N(N-1)/2$$

【例10-4】 计算3人和5人开发一个程序的通信开销。3人和5人开发一个程序相互通信和交换意见的关系如图10.13所示。

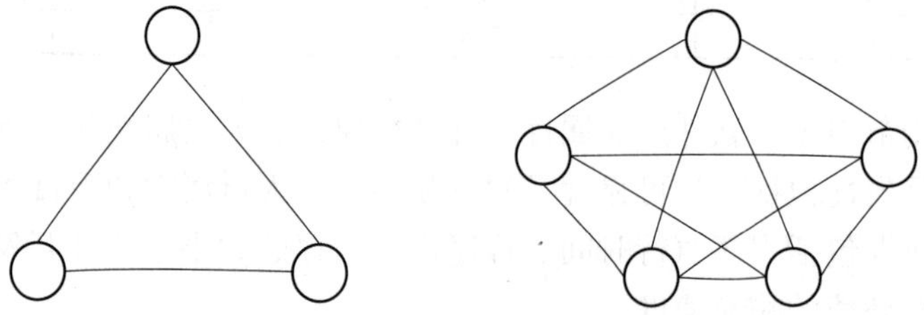

图10.13 N=3和N=5时的相互通信关系

将N=3和N=5分别代入式 $E_c=\mu N(N-1)/2$，得：

$$E_c(3)=\mu\times3\times(3-1)/2=3\mu$$

$$E_c(5)=\mu\times5\times(5-1)/2=10\mu$$

一般场合下，有N个程序员组成的小组共同开发一个程序总的工作量 E_T 满足：

$$E_T=E+E_c$$

于是，程序员小组的生产率为：

$$P_c=LOC/(E+E_c)$$

程序员小组生产力和单个程序员生产率的比为：

$$R_p=E/(E+E_c)$$

随着程序员小组人数的增加，$E_c\approx\mu N^2/2$，程序员小组的生产率将会下降，这反映了以下事实：盲目增加程序员人数会推迟软件完成的日期。

10.4.3 系统应用审计

（1）IT平衡计分卡。由于信息技术是一种通用技术，在企业中的作用大部分是通过间接的方式显现出来的，作用的机理复杂，所以采取平衡计分卡的方法评价信息技术在企业应用中贡献度是最合适的。

本书针对信息技术的特殊性，对平衡计分卡的四个维度做了适当修改，分别用“财务”评价信息技术的经济性，“用户体验”评价信息技术的效果性，“内部流程”评价信息技术的效率性，“创新能力”评价信息技术的3E之间关系，即评价信息技术在企业未来发展中的作用，信息技术如何渗入核心竞争力，是信息技术绩效的关键。

IT平衡计分卡各维度之间不是孤立而是相互联系的，如图10.14所示。在平衡计分卡的使用过程中要特别注意策略背后的因果关系。在IT平衡计分卡的四个维度中，创新能力维度为其他三个维度的目标提供了基础架构，是驱使其他三个维度获得卓越成果的动力。通过创新，可以使IT员工技能上升，生产率改进，从而提高IT应用开发能力与服务能力。IT内部过程的改善可以提供更适合客户需要的产品或者服务，从而提高对业务能力的支持，增加IT的价值贡献。

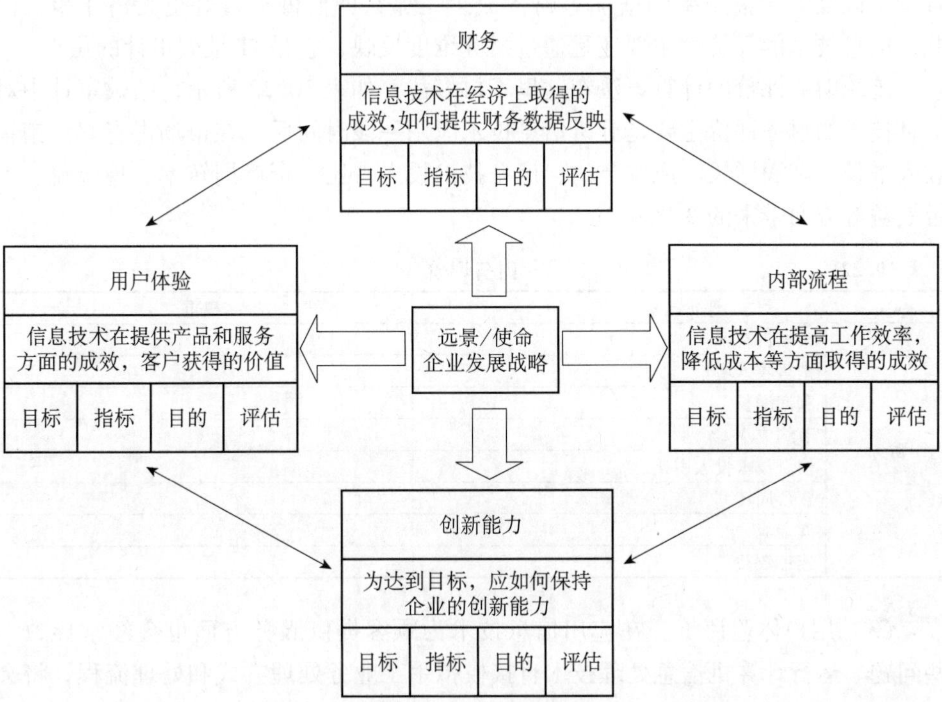

图10.14 IT平衡计分卡

基于BSC的IT绩效审计模式不是上述四个方面的简单组合，也不是一些财务指标与非财务指标的简单拼凑，它与企业战略和整套考评手段相联系，从经营单位角度为整个企业的未来绘制蓝图，制定企业的全盘发展战略，以促进信息技术在企业价值链上的融合，使企业看到信息技术是如何为企业做贡献的。

基于BSC的IT绩效审计模式中每一项指标都是一系列因果关系中的一环，通过它们把相关IT目标同组织的战略联系在一起。其中四个指标之间形成一定的"驱动关系"，一方面表现为企业绩效审计模式的各方面指标必须代表业绩结果与业绩驱动因素的双重含义；另一方面企业绩效审计模式本身必须是包含业绩结果与业绩驱动因素双重指标的绩效审计系统，通过财务与非财务审计手段之间的相互补充达到"平衡"。这种IT绩效审计是在定量评价与定性评价之间、客观评价与主观评价之间、指标的前馈指导与后馈控制之间、组织的短期增长与长期发展之间、IT战略与发展战略之间、各个利益相关者的期望之间寻求“平衡”，能够快速、全面地考评企业的IT绩效。

（2）财务评价。虽然传统的偏重于财务衡量的评价系统存在着种种局限，实际上，非财务指标无论看起来离财务指标有多远，它的评估落脚点决定了它最终向财务指标回归。这是因为，尽管非财务指标的运用越来越多，重要性日益显著。但是，信息技术的投入必须要产生经济效益，可能这些效益的大部分不是直接效益，但无论如何这些效益是可以通过财务数据反映出来的。假如质量、客户满意度、生产率等方面的改善和提高无法转化为企业销售额的增加和营业费用的减少，以及资产报酬率的增加等财务成果，那么即使做得再好也无济于事。因此，信息技术的经济性主要还是通过财务维度反映，它是IT绩效审计的焦点。

传统财务评价的计算方法在这里不再多述。如表10.22所示，绩效审计中对信息技术的财务评价主要是分析信息技术应用一段时间后，在市场占有率、销售收入增长、利润增长、成本节约、信息技术投入占比、资产周转率、现金流、连带效益等方面带来的变化。

表10.22　　财务评价

评价指标		权重
财务	市场占有率	
	销售收入增长	
	利润增长	
	节约成本	
	信息技术投入占比	
	资产周转率	
	现金流	
	连带效益	

（3）用户体验评价。在应用信息技术为顾客提供服务方面也会经常导致一些问题。运行计算机信息处理技术直接模拟手工业务处理方式和处理流程，将会对很多不合理或无效的工作（也许手工业务处理方式下必须存在）进行计算机自动处理，由于人们必须按照计算机的要求工作而不是按照顾客的要求办事，因此，人们经常认为信息技术应用会导致不灵活而不是灵活，信息技术应用根本达不到预期想象的效果。

用户体验主要从用户的视角评价信息技术在支持企业产品和服务的质量与成本有效性方面的贡献度，是从用户的角度评价信息技术的效果性，只有从用户角度评价信息技术应用的效果才是公正客观的，因此，用户体验是IT绩效审计的关键。

与竞争对手比较，信息技术在以下几个方面具有贡献度和支持度，例如提供的产品和服务品种更丰富、品质更高、更个性化、更快捷、更高效、更完善、更方便、更全面，使得客户获得全方位体验，满意度提升。同时，用户体验会随着信息技术的发展而不断发展（见表10.23）。

表 10.23　　用户体验评价

评价指标		权重
用户体验	可操作性	
	可靠性	
	安全性	
	稳定性	
	故障率	
	恢复时间	
	个性化	
	方便性	
	快捷性	
	全面性	
	完善性	

（4）内部流程评价。信息技术应用没有释放其潜能的原因之一是企业在应用信息技术时，总是沿用旧的或已存在的方式做事，而不是注重工作应该怎样做，然后考虑应用信息技术来辅助实现它。办公自动化系统的应用就是一个很好的例子。应用办公自动化信息系统梦想“无纸化办公”，其结果导致更多的纸张使用。不管报告是否有价值，报告越来越多，格式也越来越漂亮。人们不惜花数天时间去写报告并绘有精美的图表等以期高一级管理层对自己工作的认可或批准。因为在办公自动化软件上修改文字和图表实在太容易，以至于人们一遍又一遍地进行修改完善以便得到每一级管理层的欣赏。问题就在于处理办公事务的流程和方式没有改变。

因此，信息技术的应用必须与企业内部流程的不断优化结合，目标是在提高效率的同时降低工作强度，在提高产品和服务质量的同时降低成本，在扩大规模的同时降低管理难度。需要分析在信息技术应用后，在以下方面的变化情况：分别是在提供同样产品和服务的前提下，人力成本的占比；同样人力条件下，提供产品和服务的质量和数量；在行业中，平均人工费、平均成本、平均信息技术投入、库存周转率、资金周转率；从订单、材料采购、生产、库存、销售全过程的时间、用工、费用等；人力与信息技术投入的比例等。

流程再造的目的是提高劳动生产率，减小劳动强度，降低生产成本，提高用户的满意度等，因此，用内部流程评价信息技术应用后对企业工作效率方面的贡献度和支持度，它是 IT 绩效审计的核心（见表 10.24）。

表 10.24　　内部流程评价

评价指标		权重
内部流程	信息传递时间	
	生产流程优化	
	管理流程优化	
	库存周转率	
	资金周转率	
	平均用工占比	
	工作强度	

续表

评价指标		权重
内部流程	系统可操作性	
	加强管理	
	辅助决策	

(5) 创新能力评价。企业未来的发展归根到底靠创新，只有不断地创新，才能提高效率、增加效益、扩大效果，因此，创新能力是 IT 绩效审计的根本，反映了 3E 之间的关系。信息技术作为一种通用技术，要让信息技术充分发挥导航器、使能器和倍增器的作用（见表 10.25）。

信息化过程的改善与绩效的实现最终离不开正确的人、正确的技术使用和正确的方法。信息化的发展方向要能够适应或者引导企业的战略方向，企业要具备不断利用信息技术提升客户体验的能力，不断利用信息技术开发新产品的能力，不断利用信息技术优化内部流程的能力，不断引入最新的信息技术的能力，不断融合信息技术的能力。

表 10.25　　创新能力评价

评价指标		权重
创新能力	新产品的开发时间	
	信息技术投入占比	
	员工培训	
	无形资产增长	
	品牌	

(6) 指标权重计算。从绩效审计的特点可以看出，绩效审计的难点是评价标准的设立和指标的建立。平衡计分卡提供的将财务业绩指标和非财务业绩指标从不同角度进行分类的一般性框架能很好地为绩效审计所用，即使被审计单位没有设计平衡计分卡指标，审计人员也可以利用其平衡思想设计相关指标，以避免指标设计中“只见树木，不见森林”的弊端。绩效审计可以以一般的平衡计分卡为起点来设计绩效审计所需要的体现经济性、效率性和效果性目标的指标，并根据被审计单位的组织特点对这些目标实现的关键成功因素进行指标设计。

用平衡计分卡确定了绩效评价指标后，还需要对指标的重要性进行划分，即赋予不同的权重。最简单的方法就是专家打分，综合平均后得出的指标权重比较贴合实际，但同时主观性太强，会影响绩效评价的结果。因此，应该用量化方法对指标权重进行设置，20 世纪 70 年代中期由美国运筹学家托马斯·塞蒂（T. L. Satya）提出的层次分析法（analytical hierarchy process，AHP），是一种定性和定量相结合的、系统化、层次化的分析方法，可以帮助审计人员计算指标权重。

延伸阅读——安然事件：信息系统审计转折

安然（Enron）曾是一家位于美国的世界级能源公司。在 2001 年宣告破产之前，安然拥有约 21 000 名雇员，是世界上最大的电力、天然气以及电讯公司之一，名列《财富》杂志“美国500强”的第七名。然而，2001年12月2日，安然公司突然向纽约破产法院申请破产保护，该案成为美国历史上企业第二大破产案。

1990~2000年的10年间，安然公司的销售收入从59亿美元上升到1 008亿美元，净利润从2.02亿美元上升到9.79亿美元，成为与通用、埃克森、美孚、壳牌等百年老店平起平坐的新一代商业巨擘。

1999年11月，面对美国网络经济的繁荣，安然公司创建了第一个基于互联网的电子商务平台——“安然在线”，提供从电和天然气现货到复杂的衍生品等1 500多种商品交易。安然的核心业务是能源及其相关产品，但在安然，这种买卖被称作“能源交易”。据介绍，该种生意是构建在信用的基础上，也就是能源供应者及消费者以安然为媒介建立合约，承诺在几个月或几年之后履行合约义务。在这种交易中，安然作为“中间人”可以很短时间内提升业绩。由于这种生意以中间人的信用为基础，一旦安然出现任何丑闻，其信用必将大打折扣，生意马上就有中止的危险。此外，这种业务模式对于安然的现金流向也有着重大影响。大多数安然的业务是基于“未来市场”的合同，虽然签订的合同收入将计入公司财务报表，但在合同履行之前并不能给安然带来任何现金。合同签订得越多，账面数字和实际现金收入之间的差距就越大。不到一年时间，即发展成为年交易规模近2 000亿美元的全球最大的电子商务交易平台。高效率的电子商务交易平台成就了安然的辉煌，使其成为最具创新精神的公司，但同时也埋下了安然崩塌的隐患，高效率的电子商务交易平台也使安然可以“方便、高效、快捷”地实现在关联企业之间进行“对倒”，通过“对倒”创造交易量，创造利润，创造“经营神话”。经历了四大步跨越，从名不见经传的一家普通天然气经销商，逐步发展成为世界最大的天然气采购商和出售商，世界最大的电力交易商，世界领先的能源批发做市商，世界最大的电子商务交易平台，一步一个高潮，步步走向辉煌。

真正使安然公司在全世界名声大噪的，却是使这个拥有上千亿资产的公司2002年在几周内破产的财务造假丑闻。安然欧洲分公司于2001年11月30日申请破产，美国本部于2日后同样申请破产保护。公司的留守人员主要进行资产清理、执行破产程序以及应对法律诉讼。

安然事件后，国际会计联合会会长罗伯特梅尔指出：“会计师将不得不对实际上通过计算机报告的财务信息承担责任。”

思考题

1. 结合一个企业的调查，按照真实性审计的要求分析企业的财务系统的状况。

2. 结合一个企业的调查，按照安全性审计的要求分析企业存在的安全隐患。

3. 结合一个企业的调查，按照绩效审计的要求评价企业应用系统的绩效如何。

4. 分析电子商务是如何影响企业的内部控制和财务数据产生的，特别是百度、阿里巴巴等完全依靠网络的新型企业而言，注册会计师和信息系统审计人员应该如何面对？

5. 找几个典型行业，分析这些行业对信息系统的依赖程度，讨论信息系统的作用。

第11章 IT内部控制

11.1 概述

11.1.1 IT内控的含义

COSO将内部控制定义为："内部控制是受企业董事会、管理层和其他职员共同作用，为实现经营的效果性和效率性、财务报告的可靠性以及对适用的法律、法规的遵循性等目标提供合理保证的一种过程"。较之于传统的内部控制概念，这一定义的发展在于将内部控制作为一种动态的过程而不仅仅是静态的制度来阐述。内部控制不应仅着眼于会计流程和财务报告，还应针对经营活动的效率、效果和所遵循的法律法规。这个广义的定义体现了现代意义上的全程和全面的控制理念。相应地，内部控制框架也被划分为五个内部控制要素，分别是控制环境、风险评估、控制活动、信息与沟通、监控。

随着企业业务流程自动化程度的不断提高，控制活动逐渐被嵌入计算机程序中或者消失，传统的手工业务控制活动正逐渐被自动化业务控制所替代。计算机代替员工来实施对业务的各种控制，业务控制的有效性依赖于会计信息系统的完整性、效率和安全性。在此情境下，传统的内部控制活动在信息环境下必然涉及自动化业务控制和信息系统内部控制。其中，自动化业务控制是以信息技术为实现手段的传统控制活动，其控制目标与传统控制活动的目标相一致，都是为了达到营运的效率和效果、财务报表的可靠性，以及对相关法令的遵循等目标。同时，其控制对象也与传统控制活动的控制对象一致，都是企业的生产经营过程。

与自动化业务控制不同，信息系统内部控制（IT内控）是对信息系统中非法事件进行的预防、检测和纠正等控制措施的总称，其控制目标是为了达到信息系统的效率、安全性和完整一致性，并服从于业务控制目标。它的控制对象是信息系统，包括计算机硬件和软件资源、应用系统、数据和相关人员等信息系统组成要素，涉及控制环境、风险评估、控制活动、信息与沟通、监控这五个要素。

11.1.2 IT 内控的目标

IT 内部控制帮助组织在 IT 运行过程中能够适应不断变化的约束因素，建立良好的风险控制环境，形成一个强大弹性内部控制系统，以应对组织面临的各种挑战和意外事件。IT 内部控制本身并不是目标，控制的存在是为了帮助业务目标的实现。控制也许会加大经营成本，并且可能是非常昂贵的成本。IT 内部控制通过建立一个可持续监控的控制环境，使得组织风险可识别、可控和可管理。IT 内部控制的目标包括以下三点。

（1）与业务目标一致。信息系统内部控制要从组织目标和信息化战略中抽取信息需求和功能需求，形成总体的信息系统内部控制框架，为系统运行提供保障，并保证信息技术跟上持续变化的业务目标。

（2）有效利用信息资源。目前信息化工程超期、IT 外部的需求得不到满足、IT 平台支持业务应用等问题较为突出，通过信息系统内部控制可以对信息资源进行有效管理，保护投资的回收并支持决策。

（3）风险管理。由于组织越来越依赖于信息技术和网络，新的风险不断涌现。信息系统内部控制强调风险管理，通过制定信息资源的保护级别，强调对关键的信息技术资源实施有效的监控和事故处理。信息系统内部控制使组织适应外部环境的变化，也使组织实现对内部业务流程中资源的有效利用，从而达到改善管理效率和水平的重要手段。

11.1.3 IT 内控的要素

在内部控制理论中，内部控制要素是指内部控制制度的构成要素，是对内部控制系统科学合理的简明划分。合理确定内部控制要素有利于具体实施内部控制制度。内部控制的内容，归根到底是由基本要素组成的。COSO 内部控制框架指出内部控制是控制环境（control environment）、风险评估（risk assessment）、控制活动（control activities）、信息与沟通（information & Communication）和监测（monitoring）五项基本要素构成。在信息技术环境下，企业内部控制系统仍然由上述五个基本要素构成，但是每项基本的内容却呈现出新的特征。

（1）IT 内部控制环境。控制环境是对企业内控系统的建立和实施具有重大影响的各种因素的总称，内部控制环境在企业 IT 领域的体现是 IT 的内部控制环境，同样 IT 内部控制环境是实施 IT 内部控制的基础。主要包括 IT 治理架构、IT 组织与职责、IT 决策机制、IT 合规与 IT 审计等。

（2）IT 风险评估。企业信息化带来的 IT 风险已经成为企业风险管理的主要方面。风险评估主要包括目标设定、风险识别、风险分析和风险应对。IT 目标设定可以理解为 IT 战略与 IT 规划，IT 风险识别、分析与应对包括对信息资产的风险、IT 流程的风险，以及应用系统的风险识别、分析与应对。

（3）IT 控制措施。针对风险评估的结果，在 IT 方面需要实施具体的 IT 控制措施，包括 IT 技术类控制措施，例如防火墙、防病毒、入侵检测、身份管理、权限管理等，以及 IT 管理类控制措施，包括各类 IT 管控制度与流程，例如开发管理、项目管理、变更管理、安全管理、运营管理、职责分离，授权审批等。

（4）信息与沟通。在 IT 领域也需要明确具体的 IT 管理制度和沟通机制，建立服务台与事件管理程序，及时传达企业内部层级之间和与企业外部相关的信息。

（5）监督检查。需要建立 IT 内部控制体系的审核机制，评价 IT 控制的有效性。通过 IT 技术手段如日志、监控系统、综合分析平台等，和管理手段如内部 IT 审核、管理评审、专项检查等措施，不断改进企业的 IT 内部控制。

IT 控制要素及其构成方式，决定着内部控制的内容与形式，使得 IT 内部控制目标、IT 内部控制要素以及 IT 内部控制主体三者之间存在着直接的关系。

11.1.4 IT 内控的特征

随着 IT 应用的不断深入，IT 内控越来越成为降低企业风险、提高企业现代化管理水平的焦点。作为企业内部控制有机组成部分的 IT 内控具备与传统内部控制不同的特点。

（1）整合性。IT 内部控制服务于组织整体内控的需求，不能脱离组织的内控需求独立存在。IT 内控与组织的整体控制需求相一致，必须与其他控制内容紧密联系、互相配合，才能实现组织内部控制的目标。

（2）全面性。IT 内部控制是对企业 IT 环境的全面控制，而不是局部性控制。IT 控制涉及与 IT 相关的所有内容，包括与 IT 相关的组织结构、规则制定、政策、IT 基础设施、应用系统等多方面的内容。IT 控制涉及与之相关的所有业务流程和经营管理活动，IT 控制活动贯穿业务流程和经营管理活动的每个环节。IT 控制不仅仅考核 IT 的运行情况，还需要进行各种分析和研究，并及时提出改进意见，实施改进措施。

（3）经常性。IT 内部控制不是阶段性和突击性工作，它涉及对 IT 各种业务职能和管理职能的经常性检查和考核，并且 IT 控制的改进活动也是持续发生的。

（4）潜在性。IT 内部控制行为与日常的业务与管理活动并不是明显的割裂开来，而是隐藏与融汇在其中。不论采取何种管理方式，执行何种业务，均有潜在的 IT 控制意识与控制行为。

（5）关联性。组织的 IT 内部控制是一个完整的体系，各个要素之间紧密联系，各个控制目标活动相互关联。一种控制措施的成功与否均会影响另一种控制措施。一种控制措施的建立，可能会导致另一种控制措施的加强、减弱或取消。

11.1.5 IT 内控的分类

IT 内部控制按照不同标志可以划分为不同的类别。（1）以控制内容为标志，IT 内部控制可划分为一般控制和应用控制；（2）以控制地位为标志，IT 内部控制可划分为主导性控制和补偿性控制；（3）以控制功能为标志，IT 内部控制可划分为预防式控制和侦察式控制；（4）以控制时序为标志，IT 内部控制可划分为原因控制、过程控制和结果控制。

美国执业会计师协会第 3 号《审计准则公告》《国际审计准则》第 20 号以及我国《独立审计具体准则第 20 号》，都把计算机会计内部控制分为一般控制（general controls）和应用控制（application controls）两大类，并将前者定义为：（1）电子数据处理的组织和操作的计划；（2）对系统或程序的设计、开发和变动的记录、审核、测试和批准；（3）由制造商在设备内部所设置的控制；（4）对接触设备和数据文件的控制；（5）对系统的运行有影响的其他数据和指令程序的控制。公告把应用控制定义为输入控制、数据处理控制和输出控制。

分类是一种手段，目的是便于人们对事物的理解或认识，分类标准的模糊性会造成控制内涵的不明确，到底哪些方面的控制属于一般控制，哪些属于应用控制，这种分类有时候会给相关工作带来混乱。为更加全面地反映企业的 IT 控制，本书拓展了按照控制内容的分类，在一般控制与应用控制两类控制的基础上增加了过程控制，主要是针对软件形成过程的特殊性，这样 IT 内部控制就变为由一般控制、应用控制、过程控制三个维度构成。其中，一般控制侧重于管理活动，应用控制侧重于软件的应用，过程控制侧重于软件的形成。

11.2 一般控制

11.2.1 概述

信息系统一般控制是确保组织信息系统正常运行的制度和工作程序，其主要目标是保护数据与应用程序的安全，并确保信息系统在异常中断的情况下仍能持续运行。如果计算环境中出现了信息系统一般控制缺陷，则会影响信息系统整体的可信程度，例如，程序变更控制缺陷可能会导致未授权人员对检查录入数据字段格式的编程逻辑进行修改，导致系统接受不准确的录入数据；与安全和访问权限相关的控制缺陷可能会导致数据录入不恰当地绕过合理性检查，而该合理性检查在其他方面将使系统无法处理金额超过最大容差范围的支付操作。信息系统一般控制在被审计单位的组织层面、系统层面以及应用程序总体层面实施，一般控制的实施效果是信息系统应用控制效果的决定性因素。如果没有适当的一般控制，应用控制容易被规避、篡改而导致失效。表 11.1 给出了一般控制调查表。

表 11.1　　一般控制调查

控制措施	是	否	不适用	评价
1. 组织机构的设置。 （1）是否按信息系统运行所需来划分各种组织机构？ （2）机构设置是否适合被审计单位的实际规模，符合被审计单位的总体经营目标？（索取组织机构图） 2. 职责划分。 （1）是否不同职责由不同的人承担，能否保证人员之间的工作可以互相检查和监督？ （2）授权行为的管理是否按照系统特性实现人员职权的分离？ （3）对未授权行为是否进行检测与控制？ （4）人员的职责与权限是否通过规章制度加以明确？ 3. 业务分配。 （1）对具有唯一性关键性的业务是否有指定替代人员？ （2）是否定期对工作人员进行考核？ （3）对关键信息的掌握者是否有相应的牵制措施？ （4）聘用人员与工作岗位是否相符？ （5）是否有明确的交接班规章制度？人员离岗后，是否归还所有的报告、文档和书籍，及时删除信息系统的账号和口令？ 4. 教育培训。 （1）是否有根据信息系统的需要对人员进行培训的相关制度？ （2）是否存在识别组织内人员所存在的知识上和能力上的盲点的相关控制措施？ （3）是否针对这些盲点开设培训课程？ 5. 健康管理。 （1）工作人员是否具有良好的工作环境和人文环境？ （2）是否有完善的医疗保障体系？ （3）是否超负荷工作以及是否充分发挥其能力？				
调查结果：				

11.2.2　组织控制

组织结构是企业内的关键决策实体，企业必须明确定义 IT 组织结构，以确保企业所需的服务能够成功交付、信息安全能够得到保障、风险管理和质量保证能够得到实施。定义组织结构可能需要描述各个组织的主要职能，确保能够正确分离职责并确定企业中负责使用和管理各种信息和资源的人员。组织结构可以在其控制范围内界定和实施政策，而组织结构的活动又由政策来界定。建立适当的 IT 组织架构是实现 IT 管理和治理的必要手段，在 COBIT5.0 中，组织架构被定义为支持企业 IT 综合治理和管理体系得以实施的七大成功因素之一，企业的治理和管理活动需要不同的组织结构，并服务于不同的用途。例如，在大多数企业中，整体治理是董事长领导下的董事会的责任，具体的治理责任可能授予适当级别的特别组织结构，尤其是在较大型综合性企业中更是如此，而管理则是首席执行官（CEO）领导下行政管理层的责任。每个企业可以采取不同的方式来构建组织结构，COBIT5.0 中从整个企业的层面列举了更详尽的组织结构，在这个组织结构中，不仅仅涉及 IT 部门，而且列举了大量与 IT 控制有关的组织，如表 11.2 所示。由于企业的业务规模和性质不一样，各个企业实际的组织结构、部门名称和职务名称也不尽相同。企业需要根据自己实际情况建立适当的组织结构，以保障 IT 控制的有效实施。

表 11.2　　与 IT 控制相关的组织与岗位

角色/组织	描述
董事会	企业中最高行政管理人员和/或非执行董事构成的团体，他们负责企业的治理并整体掌控企业资源
首席执行官（CEO）	负责企业整个管理的最高级别官员
首席财务官（CFO）	企业中负责全面财务管理，包括财务风险控制，以及可靠和精确的会计管理的最高级别官员
首席营运官（COO）	企业中负责营运的最高级别官员
首席风险官（CRO）	企业中负责全面风险管理的最高级别官员。可设置一个 IT 风险职能岗位以监督 IT 相关的风险
首席信息官（CIO）	企业中负责 IT 与业务战略一致的最高级别官员，还负责规划、提供资源，以及管理支持企业目标的 IT 服务和解决方案的交付
首席信息安全官（CISO）	企业中负责企业各种信息安全的最高级别官员
企业主管人员	负责某一具体业务单位或子公司运营的高级管理人员
业务流程所有者	负责实现流程目标、推动流程改进和批准流程变更等流程绩效的人员
战略（IT 执行）委员会	由董事会委任的高级管理人员构成的团体，以确保董事会参与和始终知晓重大 IT 相关的事务和决定。该委员会负责管理 IT 驱动的投资组合、IT 服务和 IT 资产，保证交付价值和管理风险。正常情况下该委员会由一名董事会成员而不是首席执行官主持
（项目或项目集）督导委员会	由负责项目集和项目指导的利益相关者和专家构成的团体，包括管理和监控计划、资源配置、收益和价值交付以及项目集和项目风险管理
架构委员会	由负责对企业架构相关的事务和决策予以指导的利益相关者和专家构成的团体，还负责设定架构政策和标准
企业风险委员会	由负责支持企业风险管理（ERM）活动和决策所必需的企业层面协调和一致同意的企业管理人员构成的团体。可以成立一个 IT 风险理事会，以便更详细地考虑 IT 风险，并为企业风险委员会提供建议
人力资源负责人	负责企业中关于人力资源的规划和政策的最高级别官员
合规部	企业中负责法律、监管和合约合规指导的职能部门
审计部	企业中负责提供内部审计的职能部门
架构负责人	负责企业架构流程的高级人员
开发负责人	负责 IT 相关解决方案开发流程的高级人员
IT 运营负责人	负责 IT 运营环境和基础设施的高级人员
IT 行政管理负责人	负责 IT 相关记录和支持 IT 相关行政管理事务的高级人员
项目集和项目管理办公室（PMO）	负责支持项目集和项目经理的职能部门，并负责收集、评估和报告关于其项目集和构成项目的信息

续表

角色/组织	描述
价值管理办公室（VMO）	充当管理投资和服务组合秘书处的职能部门，其职能还包括对投资机会和业务案例进行评估和提供建议，推荐价值治理/管理方法和控制手段，并报告投资和服务可持续和创建价值的进展情况
服务经理	为特定客户（用户）或客户（用户）团体管理开发、实施、评价和持续管理新建和现有产品和服务的人员
信息安全经理	管理、设计、监督和/或评估企业信息安全的人员
业务持续性经理	管理、设计、监督和/或评估企业业务持续性能力的人员，以保证企业的关键职能部门能在破坏性事件之后持续运行
隐私官	负责监控隐私法律的风险和对业务的影响的人员，并且还将指导和协调实施符合隐私保护条例的政策和活动。也称为数据保护官

资料来源：企业 IT 治理与管理框架（COBIT 5）。

IT 部门是组织实现 IT 管理的重要部门，负责企业信息化建设，指导、监督各级信息技术部门工作，建立纵向汇报、沟通和监控机制。各级信息技术部门的岗位设置从安全和内部控制与风险管理的角度，考虑职责分离的要求，可在重要岗位建立员工储备机制。如图 11.1 所示的组织结构主要反映了 IT 部门的一种常见组织结构，体现了风险管理、应用程序开发、运维等方面的职能。组织结构图是描述企业组织结构的重要资料，通过组织结构图来清晰定义各个部门之间的层次和权限。

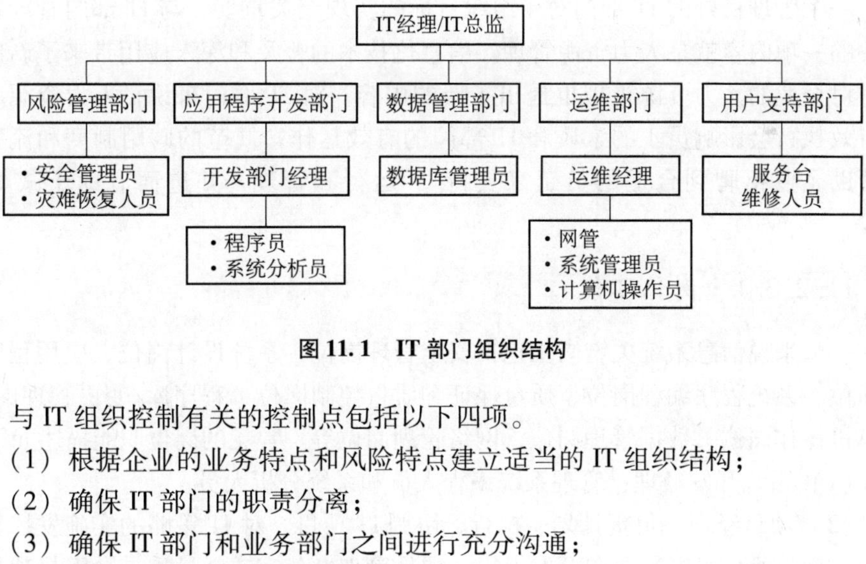

图 11.1　IT 部门组织结构

与 IT 组织控制有关的控制点包括以下四项。

（1）根据企业的业务特点和风险特点建立适当的 IT 组织结构；

（2）确保 IT 部门的职责分离；

（3）确保 IT 部门和业务部门之间进行充分沟通；

（4）确保 IT 部门内部充分沟通。

组织管理的控制测试矩阵如表 11.3 所示。

表 11.3　组织管理的控制测试矩阵

序号	控制措施	控制目标		备注
		职责分离	人员管理控制	
1	是否制定了职责分离的规章制度	√	√	
2	业务人员的工作职责明确清晰	√	√	

续表

序号	控制措施	控制目标		备注
		职责分离	人员管理控制	
3	信息技术部门只负责信息系统的开发和维护工作，日常的业务操作只能由相关业务部门的工作人员来进行	√		
4	信息技术人员未经批准不能接触备份的数据，不能在无监督的情况下进行数据备份和恢复的工作	√		
5	系统的输入人员与复核人员不能相互兼任	√		
6	业务操作人员不能保管操作手册以外的系统技术文档	√		
7	业务操作人员不能管理系统产生的重要业务档案	√		
8	聘用人员与工作岗位是否相符		√	
9	对因工作需要接触秘密数据的工作人员签订保密协议书		√	
10	对关键性业务配备了后备人员		√	
11	定期对工作人员的工作进行考核		√	
12	定期对信息系统人员进行培训		√	
13	关键技术由多人掌握		√	
14	人员离岗后，信息系统中的账号和口令及时删除		√	
15	人员离岗后，及时归还所有的报告、文档和书籍		√	

11.2.3 人员控制

一个管理良好的IT部门对于组织目标的实现至关重要，与IT部门管理密切相关的一项内容就是人力资源管理。信息化技术的普及和深入应用带来了新的风险，对企业的人力资源管理也提出了新的内容。对IT部门来说，人力资源政策的有效执行会影响员工的素质和IT部门的有效运作，规范的聘用制度和流程能够帮助企业招聘到合适的员工来支持IT运行和管理，并进而有助于减少IT风险。

11.2.3.1 岗位职能

一般来说信息系统关键岗位包括安全管理岗位、系统设计岗位、应用程序编程岗位、系统程序编程岗位、质量保证和质量控制岗位、程序库/变更管理岗位、计算机操作岗位、数据管理岗位、网络管理岗位等。常见的岗位职能描述如下。

（1）系统开发经理：管理系统编程人员和系统分析人员。

（2）项目经理：负责计划、执行、协调IT项目，对IT策略的实施发挥核心作用。项目经理可能需要向开发组织、项目管理办公室或督导委员会汇报项目进度情况。

（3）系统分析员：根据用户需求设计系统的专业人员，了解用户需求，并制定相关要求和功能规范以及高级设计文档，这些文档能够帮助编程人员编制程序。

（4）应用程序编程人员：负责开发和维护应用程序，包括开发新代码或更改应用程序的现有设置。应用程序编程人员尽量在测试环境下工作。

（5）质量保证（QA）经理：负责谈判和推动信息技术所用方面的质量活动，确保人员遵循规定的质量过程。

（6）质量控制：负责执行测试或审查来证实和确保软件没有缺陷且满足用户期望。

（7）数据管理员：负责IT环境中的数据架构以及将数据作为公司资产进行管理。

（8）数据库管理员：负责定义和维护企业数据库系统中的数据结构，确保存储在数据库系统中的共享数据的安全。

（9）最终用户：负责操作应用程序，即通常所说的使用业务应用系统的用户，这些用户通过业务应用系统处理日常的业务/事务。

（10）服务台/帮助台：在IT环境中，服务台是企业中的一个单位，负责应对用户遇到的各种技术问题及难题。服务台人员可能利用第三方帮助台快速查找常见问题的答案。服务台应具备对已报告、已解决以及已上报的问题进行记录的程序，以便对难题/问题进行分析，有助于监视用户组以及改进软件/信息处理设施的服务。

（11）最终用户支持经理：充当IT部门与最终用户之间的联系枢纽。

（12）控制组：负责收集、转换和控制输入，以及对用户输出的平衡和分配。控制组的监督人员通常会向运营经理报告。控制组要处理敏感数据。

（13）运营经理：管理IT部门的计算机操作员。

（14）系统管理员：负责维护计算机系统以及大型和中型机系统，典型的职责包括：添加和配置新设备；建立用户账户；安装软件；执行用户防止/检测/纠正病毒传播的程序和分配存储空间等。

（15）计算机操作员：负责准确而有效地操作网络、系统和应用程序，为业务用户和客户提供高质量的IT服务。任务一般包括：执行和监视预先安排的作业；协助及时备份；监控对敏感数据未经授权的访问和使用；监控和检查是否遵循IS和业务管理部门制定的IT操作流程；参与灾难恢复计划的测试；监控信息资源的性能、容量、可用性和故障以及协助故障排除和应急处理等。

（16）安全管理员：确保各种用户均符合公司的安全政策，并且所采取的控制是适当的，防止对公司资产（包括数据、程序和设备）的未授权访问。其职能通常包括：维护数据和其他IT资源的访问规则；确保已授权用户的ID和密码保持安全性和机密性；监控安全违规行为并采取纠正措施；定期审查和评估安全政策并向管理层提出改进建议；制定员工安全意识培训计划；进行安全测试等。

（17）网络管理员：负责管理网络中的关键组成部分，包括路由器、交换机、防火墙、网络划分、性能管理和远程访问等，对局域网进行技术和管理控制，包括确保传输链路正确运作、系统备份持续进行等。

企业应当建立岗位职责描述文档或者工作说明文档，确保岗位之间具有充分的职责分离。文档应当清楚地描述岗位职责以及禁止的行为，文档还应当包括相关岗位所需的技术知识、技能和能力，能作为雇用、晋升和业绩评估的依据。此外还应该给所有职位设定风险级别，建立筛选岗位人员的标准。

11.2.3.2 专业培训

鉴于信息技术和产品更新速度之快，培训对 IT 专业人员来说显得更为重要，培训不仅可以确保 IT 资源得到更有效和更高效地使用，而且还可以鼓舞士气，特别是当企业部署了新的硬件和软件时，必须进行培训。

培训管理主要控制点如表 11.4 所示。

表 11.4　　培训管理主要控制点

主要控制域	主要控制点
培训计划	（1）制定年度信息化培训计划，明确培训周期、培训方式、培训内容和考核方式等相关内容； （2）针对不同岗位建立相应的培训计划，培训计划中应该明确培训方式、培训对象、培训内容、培训时间和地点、考核方式等内容；其中，培训内容应该包含信息安全基础知识、岗位操作规程等
培训记录和评估	（1）对培训过程进行记录，包括对培训人员、培训内容、培训结果等进行描述； （2）定期评估其录用人员（特别是信息安全管理人员、信息技术人员、关键或敏感岗位人员）的技能，以确保其能够满足岗位信息安全职责的需要，并根据评估结果，制定和不断更新对录用人员的信息安全培训计划
交叉培训	（1）建立交叉培训制度，以降低对单个员工的依赖，并可作为接任计划的一部分； （2）在进行交叉培训时，事先评估目标人员完全了解整个系统所有部分的风险，以及可能暴露哪些信息

11.2.3.3 职责分离

职责分离控制是为了避免和降低职责冲突风险而采取的控制措施。其中，职责冲突风险是指企业的管理层、员工或业务岗位因为不合理的职责授权而存在的可能导致舞弊、欺诈和过失等事件发生的风险。企业构建职责分离控制体系的主要工作在于对职责分离控制进行设计、部署和监督。企业通过构建自己的职责分离控制体系可以避免一个人同时承担多个关键职能的可能性。如果这些关键职能集于一身，这可能出现错误或滥用现象，并且在正常的业务操作过程中通常难以及时发现，因此，运用职责分离可以有效防范同一员工在履行多项职责时可能发生的舞弊或错误，例如滥用资产、虚报财务报表、资金使用不当或者对数据进行非授权的修改而不为人所察觉等。例如某大型企业，由于其主要竞争对手总是能在竞价时略低于其报价，导致该集团总是竞价投标失败，后经过排查发现该集团使用的 ERP 系统内没有进行合理的访问授权管理，导致系统内出现明显的职责冲突，使得某些不相关的员工能轻易通过 ERP 系统查看到与产品有关的成本信息，进而导致成本信息泄露给了竞争对手。

由于工作性质的原因，企业 IT 人员往往具有比一般用户更高的系统权限，为此，IT 部门的职责分离控制显得尤其重要。例如，某网游公司的系统开发人员利用自身的职务之便，登录到网游平台并篡改游戏道具，借助倒卖给玩家以获得非法所得，给公司造成了百余万元的经济损失。为防止公司利益受损，企业应当采取合适的职责分离控制措施，例如系统开发人员不应该拥有访问生成环境的权限等。

对职责进行分离后，可以限制对计算机、生产数据库、生产程序、程序文件、操作系统以及系统工具的访问，以减少由于个人操作所带来的潜在危害。企业由于业务流程和技术性质的差异，涉及的风险也不同，企业需要根据自身业务风险的特点合理进行职责分离，确定相关环境的适当控制时需要考虑企业的组织结构及相关职能。职责分离控制的原则依据被审计单位的规模及其面临的风险来确定。规模较大或舞弊风险较高的单位，应当设置更为严格的职责分离控制。

实现职责分离和有效的人员管理是信息系统安全管理控制的主要目标之一。在计算机信息处理环境中，业务处理环境发生了重大的变化，业务流程处理是基于信息系统平台来完成，同一笔业务的授权、处理、复核、记录等工作可以通过计算机程序来实现，整个工作可以由一个人单独操作计算机完成，所以在计算机信息系统环境中，职责分离原则在业务处理层次被削弱，因此，信息系统需要从组织结构和人员管理上来实现信息系统环境下的各种职务之间的职责分离。职责分离的目的在于保证不同的人员承担不同的职责，人员之间可以互相监督和检查，以防止错误和舞弊行为。对于信息系统来说，有效的职责分离应当在系统层面和应用程序层面执行，确保某个岗位不会控制业务流程的所有关键阶段，例如，应当严格限制程序员对生产环境中的程序进行修改，或者不允许一个计算机程序员独立完成程序设计、测试和变更等关键环节，以减小舞弊风险。

企业的信息技术部门负责组织信息系统的技术支持，应当建立有效的管理制度，明确规定有关技术支持岗位职责和要求，应当对关键岗位进行有效分离控制，并且定期检查关键岗位人员的职责分离情况。企业应当建立信息系统开发、运行与维护等环节的岗位责任制度和不相容职务分离制度，防范利用计算机舞弊和犯罪。

一般而言，信息系统不相容职务涉及的人员可分为三类，分别是系统开发建设人员、系统管理和维护人员、系统操作使用人员。开发人员在运行阶段不能操作使用信息系统，即开发职责和业务操作是不相容职责，否则开发人员就可能掌握其中的涉密数据并进行非法利用；系统管理职责和业务操作是不相容职责，系统管理和维护人员担任密码保管、授权、系统变更等关键任务，如果允许其使用信息系统，就可能较为容易地篡改数据，从而达到侵吞财产或滥用计算机信息的目的。此外，信息系统使用人员也需要区分不同岗位，包括业务数据录入、数据检查、业务批准等。他们之间也应有必要的相互牵制。一般来说，申请、审批、操作、监控是系统访问过程中典型的不相容岗位（或职责）。企业应建立用户管理制度，加强对重要业务系统的访问权限管理，避免将不相容职责授予同一用户。在进行职责分离时，还需要从信息系统生命周期的角度分析，不仅要考虑不同阶段之间的不相容职责，也要考虑同一阶段内的不同职责，比如系统开发与验收测试是不相容职责。

在职责分离控制实施中，由于计算机操作的独立性，不能保证关键岗位人员的行为都是经过授权的，因此，需要建立书面的制度和实际的程序来监控关键岗位的操作。在岗位职责描述的基础上，企业可以建立职责分离矩阵来详细定义职责分离情况。表 11.5 为 IT 部门职责分离控制矩阵提供了范例，该表指出了对哪两个职能进行组合可能会导致潜在的控制风险。

表 11.5　　职责分离控制矩阵

项目	控制小组	系统分析员	程序员	服务台和支持经理	最终用户	数据录入员	计算机操作人员	数据库管理员	网络管理员	系统管理员	安全管理员	系统编程员	质量保证人员
控制小组		×	×	×		×	×	×	×	×		×	
系统分析员	×			×	×		×				×		×
程序员	×			×	×	×	×	×	×	×	×	×	×
服务台和支持经理	×	×			×	×		×	×	×		×	
最终用户		×		×			×	×	×			×	×
数据录入员	×			×			×	×	×	×	×	×	
计算机操作人员	×	×						×	×	×	×	×	
数据库管理员	×			×					×	×		×	
网络管理员	×			×									
系统管理员	×			×								×	
安全管理员		×		×								×	
系统编程员	×			×									×
质量保证人员		×		×									

企业如果因为某些原因需要合并某些职责，则应当制定相应的补偿控制措施，并切实履行。例如企业应当明确那些因为被审计单位规模、资源分配等原因所导致的无法实施有效职责分离控制的岗位，并制定相应的补偿性控制措施。补偿控制是指当识别的职责冲突无法通过改变职责授权来消除时，企业可以选择引入补偿性控制来间接规避职责冲突风险。补偿控制属于内部控制，可以在无法适当进行职责分离时，减少现有或潜在的控制弱点带来的风险。补偿性控制往往被视作是以较低成本来规避职责冲突风险的手段之一。常见的补偿控制包括以下五种。

（1）审计轨迹：审计轨迹可以帮助 IT 部门追溯事务流程，通过审计轨迹可以确定事务发起人、输入日期和时间、输入类型、包含的信息字段以及更新的文件。审计轨迹可以以日志的形式来提供。

（2）对账/核对：由数据控制小组通过使用总数核对控制及资产负债表来执行有限的应用程序对账，这种独立的验证方法可以加倍确保应用程序处理成功，且数据处于适当的平衡状态。

（3）异常报告：异常报告一般由管理层进行处理，异常报告记录了发生的例外情况，例外情况需要得到及时合理的解决。

（4）交易日志记录：交易日志记录可以通过手工生成或计算机生成，用于记录所处理的事务。

（5）管理层审查：管理层可以通过观察和问询来审查用户的行为。

11.2.4　日常控制

随着组织信息化的深入发展，IT 运维管理已成为日常管理活动之一。IT 运行维护的主要目的是确保信息系统正常运转，确保 IT 服务质量达到预定目标，确保所有的问题和事件被完整准确地识别并及时得到解决，确保信息系统处理无论在发生较小的或重大的中断后，均能及时得到恢复，保证 IT 能够为企业的经营管理活动提供有效的支持。企业要重视 IT 日常运行维护工作，应该安排专人负责。日常运维活动主要包括信息技术资产管理、系统的日常操作和维护（例如各种设备的保养、故障的诊断与排除、易耗品的更换与安装等）、系统运行状态监控、时间报告和处理以及灾难备份等。表 11.6 给出了日常控制的主要内容。

表 11.6　　　　日常控制的主要内容

控制域	控制项详细描述
日常操作维护	（1）企业应制定信息系统使用操作程序、信息管理制度以及各模块子系统的具体操作规范，及时跟踪、发现和解决系统运行中存在的问题，确保信息系统按照规定的程序、制度和操作规范持续稳定地运行； （2）建立配套设施、软硬件维护方面的管理制度，对其维护进行有效的管理，包括明确维护人员的责任、涉外维修和服务的审批、维修过程的监督控制等； （3）对信息系统相关的各种设备（包括备份和冗余设备）、线路等指定专门的部门或人员定期进行维护管理； （4）建立基于申报、审批和专人负责的设备安全管理制度，对信息系统的各种软硬件设备的选型、采购、发放和领用等过程进行规范化管理； （5）对终端计算机、工作站、便携机、系统和网络等设备的操作和使用进行规范化管理，按操作规程实现主要设备（包括备份和冗余设备）的启动/停止、加电/断电等操作； （6）确保信息处理设备必须经过审批才能带离机房或办公地点； （7）确保每个运行操作都有详细的计划（时间表，负责人等）（例如数据库备份计划、批处理操作计划等）； （8）检查和授权运行日程的变更； （9）切实做好系统运行记录，尤其是对于系统运行不正常或无法运行的情况，应将异常现象、发生时间和可能的原因做详细记录； （10）预测设备更换/容量，以保证当前作业流量的最大化并为未来需求制定战略计划； （11）在系统停机和硬件/软件重新复原期间审核控制台的日志活动； （12）维护作业记账报告和其他审计记录； （13）审核操作员日志以识别预订和实际活动之间的差异
资产管理	（1）编制并保存与信息系统相关的资产清单，包括资产责任部门、重要程度和所处位置等内容。 （2）建立资产安全管理制度，规定信息系统资产管理的责任人员或责任部门，并规范资产管理和使用的行为。 （3）根据资产的重要程度对资产进行标识管理，根据资产的价值选择相应的管理措施。 （4）对信息分类与标识方法做出规定，并对信息的使用、传输和存储等进行规范化管理

续表

控制域	控制项详细描述
介质管理	(1) 建立介质安全管理制度，对介质的存放环境、使用、维护和销毁等方面做出规定。 (2) 确保介质存放在安全的环境中，对各类介质进行控制和保护，并实行存储环境专人管理。 (3) 对介质在物理传输过程中的人员选择、打包、交付等情况进行控制，对介质归档和查询等进行登记记录，并根据存档介质的目录清单定期盘点。 (4) 对存储介质的使用过程、送出维修以及销毁等进行严格的管理，对带出工作环境的存储介质进行内容加密和监控管理，对送出维修或销毁的介质应首先清除介质中的敏感数据，对保密性较高的存储介质未经批准不得自行销毁。 (5) 根据数据备份的需要对某些介质实行异地存储，存储地的环境要求和管理方法应与本地相同。 (6) 对重要介质中的数据和软件采取加密存储，并根据所承载数据和软件的重要程度对介质进行分类和标识管理
监控	(1) 对通信线路、主机、网络设备和应用软件的运行状况、网络流量、用户行为等进行监测和报警，形成记录并妥善保存，以实现计算机资源的最佳使用； (2) 组织相关人员定期对监测和报警记录进行分析、评审，发现可疑行为，形成分析报告，并采取必要的应对措施； (3) 建立安全管理中心，对设备状态、恶意代码、补丁升级、安全审计等安全相关事项进行集中管理

表 11.7 给出了数据资源管理的控制矩阵。

表 11.7　　数据资源管理的控制矩阵

序号	控制措施	控制目标		备注
		数据安全性	数据完整性	
1	定期备份重要的数据	√		
2	在对数据资源进行重要的处理（入结账）之前，对数据进行备份	√	√	
3	备份的数据异地存放	√		
4	备份的数据由非技术人员的专人保管	√		
5	信息技术人员未经批准不能接触备份数据	√	√	
6	数据库备份和恢复工作需要在有监督的情况下进行	√	√	
7	系统的维护工作需要在有监督的情况下进行	√	√	
8	由专人负责重要数据的备份和恢复工作	√	√	
9	备份数据的存放和领用要有相应的记录	√	√	
10	需要授权才能领取备份的数据	√	√	
11	对备份或恢复工作日志进行了记录	√	√	
12	明文规定了数据备份和恢复工作的规范步骤	√	√	
13	备份数据的恢复工作需要得到批准	√	√	
14	对系统的操作人员实施密码控制，防止无关人员使用系统	√	√	
15	业务报告或报表要经过批准才能产生	√		
16	对系统的操作人员实施权限控制，保证不同权限的人员只能操作权限规定的功能或只能访问权限规定的数据	√	√	
17	对操作人员的管理建立日志，记录有关操作人员的增加、删除以及对操作人员的口令或权限的更改的详细情况	√	√	

续表

序号	控制措施	控制目标		备注
		数据安全性	数据完整性	
18	对操作人员的工作建立审计日志，记录进入系统工作的人员、时间、调用的功能模块、访问的数据、所作的操作等情况	√	√	
19	操作人员未经批准不能擅自拷贝数据	√		
20	对高度敏感的数据以加密的方式存储和传输	√		
21	存放数据的房间能够防潮、恒温、防毒和防止强磁场干扰	√		
22	定期检查并记录存放数据的介质是否存在故障	√		

表 11.8 给出了系统环境安全管理的控制矩阵。

表 11.8　　　　系统环境安全管理的控制矩阵

序号	控制措施	控制目标						备注
		防止火灾	防止水灾	防尘防潮恒温	防止电源变化	防止非法侵入	防止计算机病毒	
1	计算机房或数据存放中心应远离加油站、储气站、蓄水池	√	√	√				
2	制定了火灾应急计划	√	√	√	√	√	√	
3	计算机房制定了防止火灾、水灾、防尘和防潮的规章制度	√	√	√				
4	计算机房或数据存放的房间配备了干粉灭火器	√						
5	计算机房或数据存放的房间设置了火灾警探测器水灾探测器	√	√					
6	计算机房或数据存放的房间设置了火灾警报和水灾警报	√	√					
7	定期对计算机房空气进行净化处理			√				
8	计算机房具有防潮和恒温设备			√				
9	计算机房配置了备用电源或独立的备份供电				√			
10	计算机房配置了电源稳压装置				√			
11	计算机设备的电源与空调、照明和其他动力用电的电源相互独立				√			
12	制定了人员出入机房的制度					√		
13	机房和数据存放地设置了门禁系统和门卫					√		
14	人员出入机房和数据存放地时使用门禁卡并进行登记					√		
15	安装了闭路电视或成像系统、报警系统等监视装置					√		
16	重要的设备使用了电磁屏蔽，防止重要数据通过电磁辐射泄漏					√		
17	重要的数据采用加密传输和加密保存					√		
18	重要数据的备份由专人负责存放					√		
19	生产机或存放有重要数据的计算机设备不能直接与公网（如 Internet）相连					√	√	

续表

序号	控制措施	控制目标						备注
		防止火灾	防止水灾	防尘防潮恒温	防止电源变化	防止非法侵入	防止计算机病毒	
20	明文规定禁止下载或使用来历不明的软件						√	
21	在重要的机器上使用软盘或移动硬盘时，先用查毒软件查杀病毒，确认无病毒后才使用						√	
22	使用外来的软件和数据之前，先查毒再使用						√	
23	定期对信息系统中的计算机系统进行查毒或杀毒						√	

表11.9给出了系统运行管理的控制矩阵。

表11.9　　系统运行管理的控制矩阵

序号	控制措施	控制目标			备注
		确保系统正常运行	确保系统的文档、日志的安全和完整	确认系统的硬件和软件的兼容性和安全性	
1	制定了信息系统的上机守则	√			
2	操作人员经过培训	√			
3	对不同的操作岗位，定期进行轮换	√			
4	任何外来的数据源（磁盘、光盘、网络等）必须经过批准才能输入信息系统	√			
5	定期发布病毒公告并安装相应的补丁程序	√			
6	定期检查信息系统的运行和性能并向管理部门汇报	√			
7	配备有专门的系统维护技术人员	√			
8	每天记录系统的运行日志	√	√		
9	记录出现故障的情况和相应的维护日志		√		
10	系统记录了操作人员的操作日志和各程序的运行日志		√		
11	信息系统具有以下重要文档：工作计划和日程安排，系统或软件的使用手册和操作指南，系统设计文档，数据库设计文档，软件的概要设计文档，软件的详细设计文档		√		
12	技术人员调离岗位时应收回其拥有的技术文档		√		
13	业务人员调离岗位是应收回其拥有的操作文档		√		
14	信息系统中重要的技术文档和业务文档由专人保管		√		
15	信息系统中重要的文档只有通过授权才能阅读		√		
16	对信息系统中重要的文档进行了备份		√		
17	购买硬件设备时应考虑新设备与原设备的兼容性			√	
18	记录硬件的升级或更新日志			√	
19	记录计算机软件的升级或更新日志			√	
20	信息系统中重要软件及其文档资料应有专人保管			√	
21	对信息系统中重要的软件及其文档资料进行了备份			√	
22	信息系统中重要的软件只有经过授权才能拷贝			√	

11.3 应用控制

11.3.1 概述

应用控制是为适应各种业务数据处理的特殊要求，保证业务数据处理完整、准确地完成而建立的内部控制。组织运营过程会涉及各种类型的业务，每种类型的业务及其数据处理具有其特殊流程和要求，这就决定了具体应用控制的设计需要结合具体的业务。应用控制针对的是与计算机应用相关的事务和数据，控制手段可以采取内嵌在计算机程序中的自动化控制，也可以采取人工控制，两种手段相结合，以确保数据的准确性、完全性、有效性、可验证性和一致性，从而保证数据的完整性和可靠性。

根据系统论原理，信息系统及其数据处理都可以抽象为输入、处理和输出三个阶段，这三个阶段都涉及权限和访问控制。作为一个信息系统，如果其与其他信息系统通过接口存在信息交换，那么参数设定是系统运行的基础。基于此，信息系统应用控制需要从输入控制、处理控制、输出控制三个方面来考虑。

11.3.2 输入控制

输入控制是为了确保输入信息系统的数据的真实性、完整性和准确性而实施的控制活动。输入控制的目的是确保每笔要被处理的事务都被准确完整地输入、处理和记录，以保证只有有效授权的信息才能被输入，且信息只能被处理一次，而不能被漏输或重复处理。在集成环境下，还需要对数据来源系统的控制方式进行审查，包括编辑检查、合法性和访问控制等。当输入控制不充分、不恰当的时候，不但会导致系统中形成大量无效的记录，同时还可能对系统中数据的完整性、准确性、有效性和机密性造成损害。常见的输入控制类型主要包括：

（1）利用原始凭证控制数据来源，以确保数据的真实性。如果输入数据有原始凭证，在输入数据时需要提供原始凭证，以便控制输入数据的来源，防止在系统中人为输入虚假数据。例如，财务系统中输入报销信息时，需要提供相应的发票信息，当对发票进行过核查后才能将对应的信息输入到系统中。在使用原始凭证时，可以参照以下方法对原始凭证进行控制：

①对原始凭证预先进行编号，然后再使用；

②按编号顺序使用原始凭证；

③对原始凭证的真伪进行审查。

（2）通过数据自动处理来控制数据出错。该方法常用来控制编号自动生成或者不同业务单据之间的信息复制，例如，采购订单的编号是按照预定的规则自动生成的连续编号，入库单中的物料信息是自动复制于采购订单。

（3）数据数量控制。如采购订单的采购行项目仅允许输入不超过三组数据。

（4）利用编辑校验机制确保数据的正确性、有效性和完整性。对输入数据进行确认，假如输入程序允许监管者忽视数据的校验机制，将通过日志进行记录并用于后期审核。编辑校验的类型主要包括：

①序列校验。数据按顺序编号，序列之外的或重复的数据被拒绝或出错，例如，采购订单的编号必须符合特定的编号格式。

②限值校验。数据不能超过预定义的值，例如折扣小于等于0.3。

③范围校验。数据在预定义的范围内，如采购订单的采购价格大于0小于等于100。

④合理性校验。数据符合预定义的发生率。

⑤查表方式。输入数据符合预定义的标准，这种标准用一个计算机处理的表格来维护，表格中包含了可能的值，例如，性别只能选择“男”或“女”，通过CITY编号查找CITY名称。

⑥键入检查。重复输入相同的内容以判断是否输错，例如不同的人重复输入同一组数据，比较输入内容，再如输入新密码时输入两遍。

⑦校验位检查。计算一个数值加在原始数据之后，以确保数据没有被篡改，尤其在检查传输错误时比较有效。

⑧必填性检查。数据不能为空，例如订单编号必填。

⑨重复性检查。数据不能重复，例如订单编号不能重复。

⑩逻辑关系检查。判断多个数据之间的逻辑关系是否正确，例如某个特定条件为真，要求其他一个或多个条件也要为真。

（5）核对批量总数。当输入的数据/事务比较多时，可以将输入数据/事务进行分组，每一组称为一个批量/批次，对每一个批量计算一个总数。通过核对批量事务的总数来确保每笔业务都输入了系统并且仅输入了一次，减少数据输入错误。比如将100张订单作为一个批量/批次，对录入前和处理后的订单总数进行核对以判断100张订单是否都录入了系统并且仅录入了一次。常用的总数包括：

①金额总数：验证已处理的总金额是否等于处理前批量事物的总金额。比如核对100张订单录入前的总金额与处理后的总金额是否一致。

②记录总数：验证批量中各文档包含的项目总数与处理后的项目总数是否一致。例如，批量中是100张订单，将100张订单中的产品项进行汇总，假设是500项，核对处理后订单中的产品项是否是500。

③文档总数。验证批量中的文档总数是否与处理后的文档总数相等。例如批量中包含100张订单，核对处理后系统增加的订单总数是否是100。

④Hash总数。选择批量中的某个数值型字段，计算该批量中这个数值型字段的和值，比较处理前后该和值是否相等，这个和值可能没有什么实际意义，仅仅是为了进行比较。例比如批量中有100张订单，将这100张订单的订单编号全

部加起来得到一个和值，比较处理前后这个和值是否相等。

（6）联机系统或数据库系统中的批输入完整性。

①通过限制时段、终端以及人员输入等方式来建立批量控制；

②监管者检查在线批量，然后将其释放到系统中进行处理。

（7）错误报告和错误处理方法。输入处理需要保证输入数据是正确的，输入错误（包括数据转换错误）能够被识别并被修改。数据修改应该通过正式的数据修改流程来进行，并且数据修改经过了授权，修改的结果应该得到验证，这样修改后的数据才能被作为正常处理的一部分重新输入系统。输入错误处理方法有：

①只拒绝有错误的事务，其他事务继续处理；

②拒绝整批事务，在错误纠正后才进行处理；

③将整批事务挂起不进行处理，等待修改错误；

④接受整批事务的同时标记出错的事务，以便识别和修改错误。

表 11.10 给出了输入控制措施。

表 11.10　　输入控制措施

控制目标	控制措施
在将交易提交系统处理前，系统应当确保交易已经用户审批	1. 由用户控制，利用标准的按数字编号排序的输入表格； 2. 重大输入行为要经用户管理部门授权
确保经用户批准的数据输入在正确的会计期间内得以处理，并且同一交易只处理一次	1. 提前为原始文件编好编号。用户部门应当对使用过的原始文件进行记录，并保证它们是按顺序进行处理的。如果一些文件丢失，应当查明丢失原因，确保只有经过授权的交易才能被处理，并识别出未被处理的交易。 2. 批控制程序。这些程序是用来控制文件输入数量以及批处理文件中关键字段数目的，有助于保证所提交的交易被准确地输入到系统并进行处理。批处理程序可能包括： (1) 确定关键字段的批数或杂项。把批文件中的数值域加总起来便是杂项。尽管这个总值本身并没有什么特别的含义，但是它可以用来识别输入过程中的错误或遗漏。对每一批会计分录中的各个会计编号进行运算就是一个例子。如果有一个或多个的账户数值输入错误，那么会计编号总数就会与杂项不一致。 (2) 确定并批准分批标题和传送控制表格，这些表格能够保证批控制程序的正确运行。 (3) 为批次进行编号有助于识别哪些批次未经授权以及哪些批次被遗漏。 (4) 建立控制日志，用以记录批处理的信息。该日志应当由用户部门进行维护，记录下被提交处理的批次以及找出他们离开时批次发生的变动。确保会计期末的最后一个批处理能够正确运行非常重要。 (5) 用户把输入总值和输出总值进行对比，确保系统处理过程中未丢失或增加任何数据，以保证数据录入和处理的准确性。负责此项任务的员工不能同时负责其他不相容的工作，例如数据转换。 (6) 用户应当对包含有错误的批作业以及错误的性质作相应的记录。这种记录是非常有价值的，因为经常性的同类错误可能说明正确的控制程序并未得到有效执行。 (7) 确定每一输入文件的控制总值。如果输入不是成批完成，由于每一文件都有一定的关键字段值或杂项总计，则可以依次确定信息输入是否正确。 3. 将输入计算机的交易信息与输入文件进行一对一的人工检查。但对批控制来说，这个方法的效率较低

续表

控制目标	控制措施
保证数据输入文件完整且准确地转录到计算机可以识别的表格中	1. 编制书面指导手册以规范转录工作。 2. 指导手册中附有要用到的所有原始文件的样本。 3. 要求对重要的输入数据进行键校验。此处键校验是指通过再次输入该数据来检查最初转入数据的准确性的过程。如果两次转入的数据之间存在差异，系统就会拒绝接受该数据，因此，必须重新输入。由于存在员工绕过该项数据验证程序的可能性，因此，应当对此进行充分的监督。 4. 在已录入的原始文档上作相应的标记以避免数据的重复录入。 5. 对收到的待输入文档作准确的记录。 6. 对数据转入工作进行监督。 7. 对原始文件的访问权限进行严格限制。 8. 利用每批数据录入前与录入系统后应当相等这一点进行控制。在此控制程序下，批控制数据随单一数据项目转录到计算机中。然后计算机对一些合适的字段进行汇总，确定该汇总值是否一致，若前后不一致，则拒绝输入。 9. 核对数位。检查码是某些字段，例如账户编号的最后一位数字。作为数据验证程序的一部分，计算机通过对该字段的其他位数字进行特定运算得到一个数字，该数字即为检查码。如果字段中的某一位数字输入有误，那么上述运算结果就会与检查码不符，系统会据此拒绝输入该数据
避免不完整或不准确的数据被系统接受并进行处理	1. 对数据类型进行检查，以确保每一字段的数据类型无误。 2. 对空白字段进行测试，确保所有相关的字段值都是非空的。 3. 对数据范围或其合理性进行检查，例如，每小时工资不应超过一个既定的数额；实际工作时间不应超过所有可供工作时间的总和等。 4. 将不同字段的数据联合起来进行比较，检查其是否符合计算机程序中已详细说明的某种规则。例如，工资单系统中的行政人员工资中不应含有加班费。 5. 以账户编号、员工编号、存货编号为基础，检查输入数据是否与相关的数据库信息相匹配。 6. 检查系统是否对某些数据进行了重复处理，识别出那些具有相同顺序编号的输入数据。 7. 对账户余额进行检查，确保某些交易数据的差额归零。例如，日记账分录中借方与贷方的差额为零。 8. 利用批控制总值进行检查，检查批输入数据的汇总值是否与批文件标题下的批控制总值相一致

表 11.11 给出了系统输入的控制矩阵。

表 11.11　　　　系统输入的控制矩阵

序号	控制措施	控制目标				备注
		输入数据的正确性	输入数据的合理性	输入数据的安全性	输入数据的完整性	
1	只有批准的人才能进行输入操作并要作操作日志记录			√		
2	对输入的数据进行程序校验或人工复核	√	√		√	
3	对输入数据的格式、类型、范围进行检查	√	√			
4	对输入数据的完整性进行检查，如果输入的数据不完整则应拒绝接受不完整的数据，并提示错误				√	
5	如果信息系统要求数据不能重复，则当输入重复的数据时提示错误，并拒绝接受重复的数据		√		√	

续表

序号	控制措施	控制目标				备注
		输入数据的正确性	输入数据的合理性	输入数据的安全性	输入数据的完整性	
6	输入的界面应当简单、清晰、一致	√	√		√	
7	当输入出错时应能提示错误信息，拒绝接受输入的数据并让操作人员重新输入	√	√		√	

11.3.3　处理控制

处理控制是为了确保应用程序处理的准确性和可靠性而实施的控制活动，以确保应用系统按规定对数据进行处理，例如，对业务按照预定的规则进行正常处理，业务数据在处理过程中没有丢失、增加、重复或者不恰当的更改，处理过程中的错误能够被发现并及时得到更正。处理控制是应用控制的关键环节，直接影响应用系统数据的完整性与准确性；同时，处理控制的薄弱与误差也会直接影响到应用系统中所有交易运行的结果。常见的处理控制有以下八种类型。

（1）手工重新计算。采用手工方式重新处理一些事务，与系统中的处理进行比较，以保证预期任务被系统处理完成。

（2）自动计算。在处理过程中，对某些数值进行自动计算，以减少手工处理带来的错误。如采购订单按照录入的采购物料单价和采购数量自动计算采购总价；根据销售单价和数量自动计算销售金额；根据医疗参保人员条件、病种等自动计算医疗报销金额；根据银行还款记录、公积金缴纳情况自动计算公积金提取额等。

（3）自动处理。根据业务运行规则，自动创建关联信息或记录。例如，采购订单入库后，系统会自动制作相应的会计凭证。

（4）流程控制。将业务处理的规则嵌入业务处理流程中，例如，采购订单在未审核前不能进行收货入库；社保系统中未被工伤受理的不能认定；未被认定的不能鉴定；未鉴定的不能进行工伤待遇审核支付等。

（5）批处理。例如，系统根据计划的时间和频率运行 MRP，生成采购计划。

（6）编辑校验。通过数据范围、合理性、限值等来检查数据的准确性、完整性和有效性，具体参见输入控制中的相关内容。

（7）运行过程总数。验证应用处理过程中不同阶段的数值，确保数据被输入到计算机后能被正确处理。

（8）例外报告。信息系统在发生处理错误时创建例外报告，提醒用户处理相应的错误。

表 11.12 给出了处理控制措施。

表 11.12　　处理控制措施

控制目标	控制措施
确保所有被拒绝处理的交易得到及时纠正和妥善处理，特别是选择合适的会计截止时间	1. 设立一个手工登记簿，用以记录被拒绝的交易数据以及其后的重新处理过程。该手工登记簿可能含有带注释的计算机拒绝交易列表复印件。 2. 对纠正后的交易分批处理，这样可以保证所有的拒绝处理交易都已得到妥善的处理。 3. 由原用户根据原始文件的错误对被拒绝处理的交易进行修改，并经正常输入控制和授权后再次提交给系统处理。 4. 定期对拒绝处理的交易数据进行分析，包括重要性分析、原因分析、账龄分析和交易截止时间分析等，管理人员可以此来确定是否是因输入程序存在缺陷而造成的交易处理被拒绝，并以此评估交易数据错误所造成的影响。 5. 对于重大的拒绝处理交易，在期末要对其进行调整，以便能够在恰当的会计期间得到处理。 6. 手工处理被系统拒绝处理的交易数据（例如，手工制作销售发票或收据）。这种手工控制的效率较低，但如果被拒绝处理的交易数量很小是可以接受的。在这种情况下，应当选择经适当授权的人手工处理数据，以便对数据进行及时的更新
确保系统内所有的未决交易数据能够正确并及时地得到处理，尤其是要保证它们被记入正确的会计期间	1. 与所有其他的输入文件一样，要对用于分配、转移或注销未决数据的行为进行相应的控制。这些行为需要经用户部门适当的授权和检查。 2. 在每一处理阶段，对未决数据的任何变动与文件更新报告做比较。 3. 检查用户所做的所有数据调整是否存在相应的经授权的输入文件来对应。 4. 抽取部分信息进行数据调整，并对其进行人工检测。 5. 调查系统报告的异常数据（例如，长期挂账的应收或应付账款、重大数据等），确定企业是否采取了适当的纠正措施，尤其关注相应的会计截止日期是否恰当
确保系统可以正确地识别出未决数据，并将其妥善保存等待处理	1. 采用计算机程序控制，确保后续处理过程中未决事项信息与数据库中的记录相一致，并将处理完的未决交易从临时文件中移除。 2. 将未决交易列入和移出临时文件的信息都打印出来作为一项完整的审计轨迹。对于由手工和计算机系统对未决交易所作的改动，要分开打印。 3. 采用更新控制程序，确保未决交易处理前后的控制总值相互协调。 4. 在定期的异常报告中，对数值较大及长期出现在报告中的数据项进行突出显示，予以强调。 5. 定期对所有的重大项目进行账龄分析。 6. 根据需要，实用查询程序全部或部分列出临时文件中的重大未决数据
确保所有的数据都依照正确的数据文件得到处理以及检测文件之间是否平衡	1. 利用平衡控制程序检查，例如： （1）现处理阶段的初始结余是否与上一处理阶段的期末结余相等（阶段之间的检查或称为连续性检查）； （2）现处理阶段的初始结余加上本阶段处理的交易数据之和是否与本处理阶段的期末结余相等（文件更新控制）； （3）现处理阶段经首次程序处理后的结余是否与本处理阶段的初始结余加上第一次所处理的交易数据之和相等。在接下来的各个步骤中也是如此（程序间的检查）； （4）文件更新之后各个记录的结余之和是否与控制记录中的净结余相等（扫描和积累控制）。 2. 检查标题标签，确认程序所读文件正是所需要的文件。这个检查功能是由信息处理部门中的作业安排功能执行的。通过判断文件名称、程序名称和创建日期是否与作业安排日期相匹配，确定程序所读文件是否正确。 3. 控制记录或尾记录。在该项控制中，读取或处理文件的程序独立计算文件中的记录总数和记录值。然后，将这些数值与控制记录或尾记录中的值相比较，以确保整个文件得到正确的处理。

续表

控制目标	控制措施
确保所有的数据都依照正确的数据文件得到处理以及检测文件之间是否平衡	4. 如果这些控制之间未达到平衡，应规定可采取的各种措施。例如： （1）立即终止数据的处理； （2）立即向用户报告不一致的情况，以便用户进行调查
确保管理层能够对每笔交易的各个处理阶段，从源文件的起源到每个处理结果的输出，进行跟踪。识别存储在计算机的某单独项目	1. 用唯一的序号或批号鉴别每一文档，以便利用此序号或批号追溯到计算机处理结果；反之，也可以从最终交易处理结果追查至相关的原始文档。在原始文件准备工作完成后，对文件做好相应的标记，以便引用。 2. 每天或定期打印所有数据输入和交易生成的报告，这些报告可能包括编辑报告和详细的交易清单。 3. 文件更新后报告数据库控制总数以便对用户进行协调。 4. 如果公司使用缩微胶片来存储原始文档或输出文档，那么记录总数应当与输入输出的总数一致。因此，应当对此进行检查以确保缩微胶片所存储的数据是完整的。 5. 在已处理的交易信息或存入汇总信息中的交易信息被打印出来之前，报告程序已处理的记录总数。 6. 明确规定原始文档、输出文档、缩微胶片记录和磁带磁盘文件的保留政策
确保系统及时处理所有经批准的信息输入，并且保证每一交易不会被重复处理	1. 编制并维护一份数据控制日志，记录数据接收处理的时间、数据处理完成的时间以及将处理结果反馈给用户的时间。 2. 核实批次序号，确定存在遗漏处理或重复处理的时间。 3. 确认输入交易都已经过适当的授权。 4. 删除已输入文件，以避免重复处理。 5. 对被拒绝处理的交易数据进行记录，以便后续跟踪以及经相应修改后再次提交

表 11.13 是系统处理的控制矩阵。

表 11.13　　系统处理的控制矩阵

序号	控制措施	控制目标				备注
		输入数据的正确性	输入数据的合理性	输入数据的安全性	输入数据的完整性	
1	只有批准的人才能执行信息系统中数据的处理工作			√		
2	在进行处理之前程序自动检查处理条件是否满足	√	√		√	
3	使用程序对处理结果的正确性进行自动检查	√				
4	在进行处理之前程序自动检查待处理的数据是否合理	√	√			
5	在进行处理之后程序自动检查处理的结果是否合理	√	√			
6	在程序中采取措施防止数据经过处理以后发生丢失的情况	√			√	
7	在程序中采取措施保证所有需要处理的数据都被处理	√			√	
8	在程序中保证需要处理的数据不会被重复处理	√			√	
9	在进行数据处理之前，保证将要处理的数据确实是需要处理的数据	√				
10	在处理过程中如果发生错误，信息系统必须令处理过程终止，向操作人员提示出错，并把信息系统内部数据的状态恢复到处理之前的状态，并记录错误信息	√	√	√	√	

系统通信的控制矩阵如表 11.14 所示。

表 11.14　系统通信的控制矩阵

序号	控制措施	控制目标			备注
		数据的正确性	数据的保密性	数据的完整性	
1	对敏感的数据进行加密通信	√	√	√	
2	对敏感的数据在通信之前进行数字签名			√	
3	在通信的数据中插入校验码	√			
4	在数据通信过程中使用超时重传机制	√		√	
5	对通信线路和设备的运行情况进行监控和分析	√	√	√	

系统数据库的控制矩阵如表 11.15 所示。

表 11.15　系统数据库的控制矩阵

序号	控制措施	控制目标		备注
		数据安全性	数据完整性	
1	用户的标识与鉴别	√		
2	对数据库中的数据进行存取控制	√		
3	对数据库中高度敏感的数据加密保存	√		
4	定义了完整的约束条件来保证数据库中数据的完整性		√	
5	对数据库的并发操作进行控制		√	
6	将数据库中的数据定期备份到磁盘或磁带上	√	√	
7	对数据库的所有更新操作进行日志记录	√	√	
8	对数据库的所有操作进行审计记录	√	√	

11.3.4　输出控制

输出控制是为了确保输出数据的正确性（包括符合一定的格式要求）以及输出数据以一致和安全的方式传递给经过授权用户而实施的控制活动。输出控制失效必将影响输出信息的准确性，甚至可能会造成重要信息的泄密与滥用。

常见的控制技术包括以下六点。

（1）在安全的地方登记和存储重要表单：可调整的、敏感的和重要的表格要记录日志并且要存放在安全的地方，防止被盗或被破坏，日志要定期调整，有随时可用的详细清单，任何不一致都要进行适当的调查。

（2）报告分发：可分为手工分发或自动分发。根据不同的权限分发给不同的人。操作人员要证实输出报告是完整的、按计划发送的，所有报告在分发出去之前要登记，报告接受人进行登记以表明收到了报告。含有敏感数据的报告应该在安全的受控制的条件下打印计算机产生的可流通的文书、表格和签字应该被适当控制。当某个系统的输出需要手工向另一个系统输入时，要建立相应的人工控制环节，以防范非法篡改与信息泄密等。

（3）平衡和核对：输出要定期与控制总量进行平衡，提供审计轨迹以便对事务进行跟踪和数据调整。

（4）输出错误处理：在应用程序输出过程中要建立报告和控制错误的机制，错误报告要及时传递给产生错误的部门进行检查和修改。

（5）输出报告保留：要严格遵守保留周期，保留政策中要包括相关的法律法规。IS 审计师要关注记录保留政策，输出数据可能被限制在特定的 IT 资源。

（6）报告接收登记。

表 11.16 列出了与输出控制有关的措施。

表 11.16　　　　输出控制措施

控制目标	控制措施
该控制的目的是为了检测输出结果中的错误和不当之处	1. 将主文件记录的控制总值与用户人工编制的控制总值进行比对。该项控制程序可以确保前几个阶段积累的数据（包括未决数据）加上当前阶段输入的数据之和与当前阶段末的积累数据值是一致的。 2. 将信息系统生成的输出控制总值及中间控制总值与输入控制总值相比较。该控制程序可以保证所有提交的数据均可以得到处理。 3. 将编辑验证报告中通过验证的输入信息和其他程序生成的信息与文件更新报告相比较。该项控制程序可以确保所有通过验证的交易均得到处理。 4. 对比文件更新前后的情况，确保程序对正需要处理的文件进行处理，例如，文件更新前后总数相等。 5. 对其他的信息控制总值或输出信息进行检查。 6. 制定有效的程序，严格限制机密文件只向经授权的人员发放。 7. 利用带有连续编号的可转让票据，并注意安全保存。 8. 管理人员对输出的用作可转让支付工具的输出凭证进行检查，超过一定数额的支付工具应当由 IT 部门以外的相关人员进行会签。 9. 对原始凭证、数据文件、计算机输出微胶片文件、打印的纸质文件等规定一个保留期限。所规定的保留期限应当符合客户的实际需要以及法律规定的硬性需求。对于原始凭证和计算机输出文件的建档和查阅，应当有正确的流程和程序控制。 10. 规定适当的确认异常报告的程序，并制定合适的异常报告处理程序，包括对无效数据和不符数据的报告。用户应当确保异常报告的标准切实可行，并且及时对其进行更新。异常报告中应当含有报告的日期以及对其所采取的措施，并及时归档。 11. 用户部门管理人员对打印输出的文件进行检查，确定这些文件是否合理，从而发现各种明显的处理错误
该控制的目的是确保输出结果的合理性，以及被正确地分发给用户及其他第三方。	1. 在转发处理结果之前，将输出总值与输入总值、累积数据以及中间处理控制进行对比。虽然用户对数据处理的完整性及准确性负最终责任，数据控制部门也要进行初步检查，以避免带有明显错误的输出结果发送到用户手中。 2. 建立特殊的控制程序，以确保机密性输出文件传达给正确的用户管理部门。 3. 对那些直接由数据控制部门发送到第三方的输出结果进行详细审查（例如，销售发票、工资支付清单等），以发现明显的错误

系统输出的控制矩阵如表 11.17 所示。

表 11.17　　　　系统输出的控制矩阵

序号	控制措施	控制目标					备注
		输出信息的正确性	输出信息的完整性	输出信息的及时性	输出信息的安全性	输出信息的格式符合用户要求	
1	只有批准的人才能进行显示、打印、传输或拷贝数据的操作				√		
2	对各种纸质的输出数据妥善保管，只有授权的人员才能阅读				√		
3	对输出保存在磁盘、磁带或光盘上的重要数据进行访问控制，只有授权的人员才能阅读				√		

续表

序号	控制措施	控制目标					备注
		输出信息的正确性	输出信息的完整性	输出信息的及时性	输出信息的安全性	输出信息的格式符合用户要求	
4	对敏感的电子数据应加密后再输出				√		
5	信息系统进行输出之前检查是否满足输出条件	√	√				
6	数据输出之前的正确性检查	√					
7	数据不完整的情况下应拒绝输出并提示出错		√				
8	输出数据的格式必须要满足使用部门的要求					√	
9	输出的格式要简单清晰、易读易懂					√	
10	数据及时输出给用户			√			
11	在输出过程中如果发生故障，信息系统应能提示出错	√	√				

11.4 过程控制

11.4.1 概述

11.4.1.1 信息资产的含义

资产（assets）是指由企业过去的交易或事项形成的，被企业拥有或控制的，预期会给企业带来经济利益的资源，例如流动资产、固定资产、无形资产等。随着信息技术在企业中的广泛应用，信息也成为一种资产，ISO17799 提出“信息是一种资产，像其他重要的业务资产一样，对组织具有价值，因此需要妥善保护”。

人们习惯把计算机、通信设备、磁介质等看作信息资产，而不习惯于把对组织有重要价值的电子数据、软件、文档、人员等看作资产，往往忽略了对这些资产的保护，实际上这些资产对组织的业务持续性来说至关重要。一般来讲，企业的信息资产可以分成以下五类。

（1）电子数据：数据库和数据文件、运行与支持程序的参数等；

（2）文档：合同、指南、用户手册、系统文件、培训材料、业务持续性计划、应急安排等；

（3）软件资产：应用软件、系统软件、开发工具和实用程序等；

（4）硬件资产：计算机设备、通信设备、网络设备、存储设备、环境设备等；

（5）人员：员工、客户等。

信息资产是企业拥有和控制的一项既特殊又非常重要的资产，除了具有物质资产的基本属性之外，还具备以下重要的特点。

（1）共享性。信息资产的共享性来自信息本身的非独占有性。信息资产持有者不会因为传递信息而失去它们，信息资产的获得者取得信息资产也不以其持有者失去信息资产为必要前提，两者在信息使用上不存在排他性。

（2）高附加值。信息资产一旦被企业应用，创造出的经济利益，通常不是受到生产规模的约束，而是受到市场规模的约束。

（3）高风险性。信息资产的高风险性源自信息资产使用的高附加值，一旦信息资产遭到破坏，会给企业造成重大影响，甚至倒闭。

（4）复杂性。信息资产远比其他任何资产复杂，包括数字、软件、硬件、人员、管理等，在企业中发挥的作用也更加广泛、基础、隐蔽和复杂，再加上信息资产的高风险特征，因此，加强对信息资产的控制是内部控制中非常重要的内容之一。

软件是信息资产中最复杂的资产，所以本节专门讨论软件资产的内部控制问题。

11.4.1.2　软件生命周期

软件在经历了需求分析、设计、编程后，进入运行阶段，在使用过程中随着外部环境的变化，需要不断地维护、修改和更新。当软件不再适应发展需要的时候就会被淘汰，旧的软件系统会被新的软件系统所替代。因此，软件系统从产生、运行到退出使用的过程称为软件生命周期（software life cycle，SLC）。

软件生命周期一般分为五个阶段，即总体规划阶段、需求分析阶段、系统设计阶段、系统实现与测试阶段、系统运行与维护阶段等，如图 11.2 所示。每个阶段都有其明确的任务，任务完成后都将交付给下一阶段一定规格的文档作为下一阶段开发的依据，如总体规划阶段向需求分析阶段提交可行性分析报告。需求分析阶段根据可行性分析报告，进一步对系统的功能进行分析和设计，并提交系统方案说明书。系统设计阶段根据系统功能设计方案进行系统体系设计，并提交系统设计说明书。系统实现与测试阶段则根据系统设计要求进行编码和测试。最终进入系统运行和维护阶段。由于人们对问题的认识有一个不断深化的过程，所以有时会出现反复。

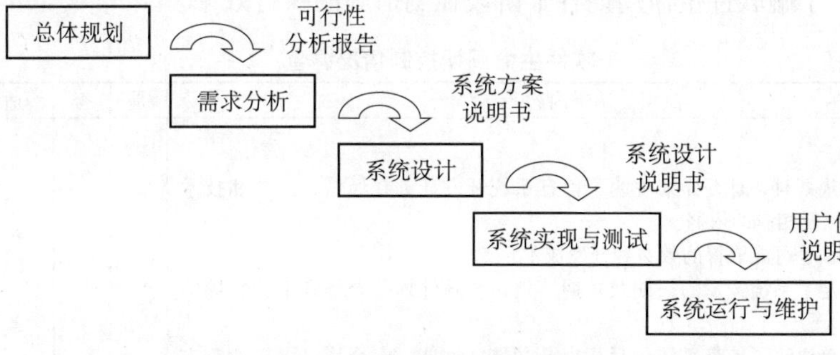

图 11.2　软件生命周期

图 11.3 给出了软件生命周期中各个阶段的工作量比例，分别是总体规划阶段占 1%、需求分析阶段占 6%、系统设计阶段占 6%、系统实现与测试阶段占 22%、系统运行与维护阶段占 65% 等。从图 11.3 中可以看出，编程工作量只占系统开发很小的一部分，系统开发不仅需要编程人员，还需要管理层、最终用户、需求分析和设计人员的互相配合和共同承担。软件开发过程中产生的开发类文档有《需求分析说明书》《概要设计说明书》《详细设计说明书》《数据库设计说明书》《测试计划》《测试报告》《程序维护手册》《程序员开发手册》《用户操作手册》《项目总结报告》，所涉及的管理类文档有《项目计划书》《质量控制计划》《配置管理计划》《用户培训计划》《质量总结报告》《评审报告》《会议记录》《开发进度月报》。

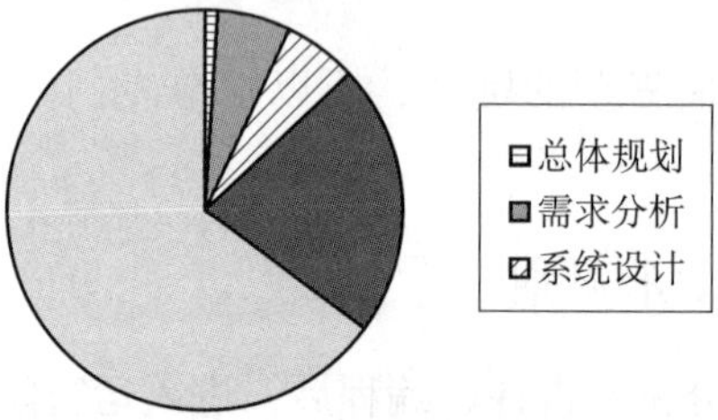

图 11.3　软件生命周期各阶段工作量比例

11.4.1.3　软件全过程控制

著名的质量管理专家威廉·爱德华兹·戴明（W. E. Deming）认为，产品质量涉及生产的所有环节，只有各个生产层面都不忽视质量，才能得到高质量的产品。信息系统是典型的知识产品，是对企业在客观世界中的问题空间与解空间的具体描述，涉及企业生产经营活动的方方面面，包括人、财、物、产、供、销、质量、技术、管理、控制等因素，导致了系统的规模与功能越来越庞大，结构越来越复杂。因此，企业无论是自行开发系统，还是合作开发系统，抑或委托开发系统，都必须对软件开发的全过程进行控制与监督。

针对整个软件开发生命周期的控制措施可以通过问卷调查表的形式（见表 11.18）了解软件生命周期各个阶段控制措施的执行效果。

表 11.18　软件生命周期控制情况调查

调查内容	是	否	不适用	评价
1. 系统规划。 （1）在系统规划时，是否详细说明了信息系统开发任务在经济、法律和技术上的可行性以及相应的依据？ （2）是否评估了可能取得的效益和开发成本？ （3）是否制定了系统开发的长期及短期计划；开发计划是否得到主管领导的认可？ （4）是否明确说明了信息系统的目标以及功能、性能、安全性、可靠性等方面的设想				

续表

调查内容	是	否	不适用	评价
(5) 对需要的资源（如计算机软件、硬件、人力等）、资金、时间等是否进行了评估； (6) 是否明确说明了系统开发过程中组织变动、业务改变时的相关对策。 2. 需求分析。 (1) 业务和数据的流程是否通畅、合理？ (2) 数据业务过程和实现的管理功能之间的关系是否明确？ (3) 旧系统管理模式的改革和新系统管理方法的实现是否具有可行性？ (4) 需求分析文档是否齐全、有效？ (5) 用户是否参加了需求分析的工作？ 3. 系统设计。 (1) 设计阶段的文档是否齐全，是否得到主管人员和用户的认可？ (2) 系统设计时是否考虑让系统能够提供足够的审计线索？ (3) 系统的设计说明书是否提供了对信息系统的故障或错误的解决对策？ (4) 系统的组成结构、各模块之间的关系等是否合理？程序模块是否具有良好的层次结构？ 4. 系统软件编码。 (1) 是否采用良好的程序设计方法来编写代码？ (2) 源程序是否满足良好的程序设计风格？ (3) 开发人员是否按照系统详细设计说明书的要求编写程序？ (4) 编写程序的人物分工是否适当，管理人员是否确实掌握了工作进度？ (5) 是否按照系统开发计划完成编码的任务？ (6) 源程序代码的管理是否规范？ 5. 系统测试。 (1) 测试的步骤是否齐全？测试文档是否齐全？测试方案是否恰当？ (2) 测试环境与信息系统运行的实际生产环境是否相同？ (3) 测试实施是否覆盖了整个系统？ (4) 测试结果是否合格？ (5) 是否对所发现的错误进行了处理？ 6. 系统试运行。 (1) 试运行的环境是否与实际使用的环境一样？ (2) 信息系统试运行的结果是否满足系统需求规格说明书中所有的要求？ (3) 是否及时地修改所发现的错误？ (4) 信息系统在修改错误后是否重新进行了测试？ 7. 系统维护。 (1) 信息系统的更新工作是否得到负责人的批准？ (2) 信息系统是否按照维护计划进行更新？ (3) 更新后的系统在投入使用之前是否进行了详细的测试和试运行？ (4) 更新后的系统在投入使用之前是否得到开发、运行、维护及用户负责人的认可？旧信息系统的废除是否得到了运行及用户负责人的认可				
调查结果：				

11.4.2 软件质量控制

软件能力成熟度模型（capability maturity model for software，CMM）描述和分

析了系统开发过程能力的发展程度，确立了一个系统开发过程能力成熟度的分级标准，一共包括 5 个级别（见图 11.4）、18 个关键控制过程、52 个控制目标、300 多个关键活动，详见 CMM2.0（见表 11.19）。随着能力成熟度的逐步提高，企业的竞争力也在不断地提高，系统开发的风险则逐步下降，软件产品的质量稳步上升。

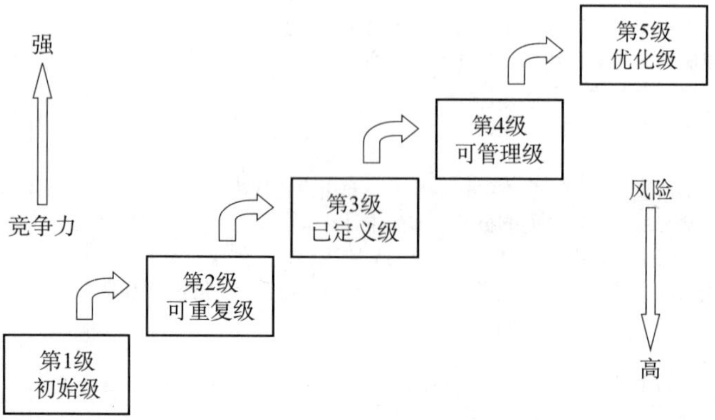

图 11.4　CMM 模型

表 11.19　　CMM 模型的关键控制过程

级别	控制点	控制目标
CMM1	无控制点	软件开发过程没有质量管理，进度、预算、功能和质量等方面处于不可控状态
CMM2	需求管理	通过一定的质量控制活动，软件开发过程已制度化，有章可循，可以不断重复，软件质量有了基本的保障
	软件项目计划	
	软件项目跟踪和监督	
	软件子合同管理	
	软件质量保证	
	软件配置管理	
CMM3	组织过程焦点	在 CMM2 质量控制活动的基础上进一步加强控制措施，软件开发过程已经实现标准化，所有开发活动都有明确的定义，软件的质量有了较可靠的保障
	组织过程定义	
	培训程序	
	集成软件管理	
	软件产品工程	
	组间协调	
	同行评审	
CMM4	定量管理过程	在 CMM3 质量控制活动的基础上又增加了两项控制活动，实现了软件开发过程的定量化，使得软件开发活动置于精确化的管理中，软件质量是可控的
	软件质量管理	
CMM5	缺陷预防	在 CMM4 控制活动的基础上进一步加强控制，使得软件开发过程是一个不断改进的过程，从而防止同类问题再次出现，软件质量有可靠的保障
	技术改革管理	
	过程更改管理	

在 CMM 模型中，每个级别的能力成熟度的特征分别为：

（1）初始级：系统开发过程的特点是无序的，有时甚至是混乱的。系统开发过程的定义处于几乎毫无章法和步骤可循的状态，软件产品所取得的成功往往依赖于极个别人的努力和机会。公司的软件开发无序，进度、预算、功能和质量等方面不可预测，软件的质量取决于个人的能力与水平。

（2）可重复级：已经建立了基本的项目管理过程，这些过程可以用于对成本、进度和功能特性进行跟踪。对于类似的工程项目，有章可循并能重复以取得成功的经验。达到该级的软件公司其软件开发过程已经制度化、规律化和可重复。

（3）已定义级：系统开发过程均已文档化、标准化、工程化，并形成了整个系统开发组织的标准开发过程。全部项目均采用与实际情况相吻合的、适当修改后的、标准的开发过程来进行操作。达到该级的软件公司在软件开发过程中已经实现了标准化。

（4）可管理级：系统开发过程和产品质量有详细的度量标准。系统开发过程和产品质量得到了定量的认识和控制。达到该级的软件公司其软件开发过程已经定量化。

（5）优化级：通过系统开发过程的量化反馈，以及新的思想和技术应用，能够不断地、持续地对开发过程进行改进。达到该级的软件公司在软件开发过程中会自发地不断改进，以防同类问题二次出现。

（1）需求管理（requirement management，RM）。对分配需求进行管理，即要在客户和实现客户的软件项目之间达成共识；控制软件需求，为软件工程和管理建立基线；保持软件计划、产品和活动与系统软件的一致性。

（2）软件项目计划（software project planning，SPP）。为软件工程的动作和软件项目活动的管理提供一个合理的基础和可行的工作计划过程。其目的是为执行软件工程和管理软件项目制订合理的计划。

（3）软件项目跟踪与监督（software project tracking and oversight，SPTO）。对软件项目过程中的实际动作建立一种透明的机制，以便当软件项目的实际动作偏离计划时，能够有效地采取措施。

（4）软件子合同管理（software subcontract management，SSM）。选择合格的软件分承包商和对分承包合同的有效管理。此项工作对大型软件项目十分重要。

（5）软件质量保证（software quality assurance，SQA）。目的是对软件项目和软件产品质量进行监督和控制，向用户和社会提供满意的高质量产品，它和一般的质量保证活动一样，是确保软件产品从生产到消亡为止的所有阶段，达到预期的软件质量而进行的有计划、有系统的管理活动。

（6）软件配置管理（software configuration management，SCM）。它包括标识在给定时间点上的软件的配置，系统地控制对配置的更改，并维护在整个软件生命周期中配置的完整性和可跟踪性。这里的配置是指软件或硬件所具有的功能特征和物理特征，这些特征可能是技术文档中所描述的或产品所实现的特征。

（7）组织过程焦点（organization process focus，OPF）。建立企业在软件开发过程中应承担的责任。在软件开发过程中，组织过程焦点集中了各项目的活动和运作的要点，可以给组织过程定义提供一组有用的活动。这种活动可以在软件项目中得到发展，并在集成软件管理中定义。

（8）组织过程定义（organization process definition，OPD）。在软件开发过程中开发和维护的一系列操作，利用它们可以对软件项目进行改进，这些操作也建立了一种可以在培训等活动中起到良好指导作用的机制，其目标是制定和维护组织的标准软件过程，收集、评审和使用有关软件项目所使用的组织的标准软件过程的信息。

（9）培训程序（training program，TP）。提高软件开发者的经验和知识，以便他们可以更加高效和高质量地完成自己的任务。

（10）集成软件管理（integrated software management，ISM）。把软件的开发和管理活动集中到持续的和确定的软件过程中来，它主要包括组织的标准软件过程和相关的操作，这些在组织过程定义中已有描述。当然，这种组织方式与该项目的商业环境和具体的技术需求有关。

（11）软件产品工程（software product engineering，SPE）。提供一个完整定义的软件过程，能够集中所有软件过程的不同活动以便产生良好的、有效的软件产品。软件产品工程描述了项目中具体的技术活动，例如需求分析、设计、编码和测试等。

（12）组间协调（intergroup coordination，IC）。为了软件开发的各个组之间能够协同工作而采取的一种管理措施。对于一个软件项目来说，一般会设置若干个工程组：软件开发组、系统测试组、软件质量保证组、软件配置管理组、软件工程过程组、培训组等。这些工程组只有相互协作、配合、支持，才能使项目在各个方面更好地满足客户的需要。组间协调关键过程的目的就在于此。

（13）同行评审（peer reviews，PR）。处于同一工作领域的其他软件人员对该软件项目产品进行检测的一种手段，其目的是为了能够较早和有效地发现软件产品中存在的错误并改正它们。它是一种在软件产品工程中非常重要的和有效的工程方法。

（14）定量过程管理（quantitative process management，QRM）。在软件项目中定量控制软件过程表现，这种软件过程表现代表了实施软件过程后的实际结果。当过程稳定在可接受的范围内时，软件项目所涉及的软件过程、相对应的度量，以及度量可接受的范围就被认可为一条基准，并用来定量地控制过程表现。

（15）软件质量管理（software quality management，SQM）。建立对项目软件产品质量的定量了解和实现特定的质量目标。软件质量管理涉及确定软件产品的质量目标；制定实现这些目标的计划；监控及调整软件计划、软件工作产品、活动和质量目标，以满足客户和最终用户获得高质量产品的需求和期望。

（16）缺陷预防（defect prevention，DP）。在软件开发过程中识别出缺陷产生的原因，并据此采取预防措施，防止缺陷再度发生。为了能够识别缺陷，一方面要分析以前所遇到的问题和隐患；另一方面还要对各种可能出现缺陷的情况加以分析和跟踪，从中找出有可能出现和重复发生的缺陷类型，并对缺陷产生的根本原因进行确认，同时预测未来活动中可能产生的错误趋势。

（17）技术变更管理（technology change management，TCM）。识别新技术（如新的工具、方法和过程等），并将其有序地引入组织的各种软件过程中。同时，修订由此引发的各种标准变化，例如，组织的标准软件过程和项目定义软件过程进行处理，使之适应工作的需要。

（18）过程变更管理（process change management，PCM）。本着改进软件质量、提高生产率和缩短软件产品开发周期的目的，不断改进组织中所用软件过程的实践活动。过程变更管理活动包括定义过程改进目标、不断地改进和完善组织的标准软件过程和项目定义软件过程。制订培训和激励性的计划，以促使组织中的每个人参与过程改进活动。

11.4.3　软件资产控制

信息系统开发阶段最大的风险就是没有规范、可行的开发流程管理制度，不仅会导致信息系统的开发成本、质量、时间进度失控，而且还会导致系统脱离企业的实际业务需求，诸如无法实现业务处理和业务控制的要求、无法有效地支持业务的开展，以及无法有效地预防和发现错误与舞弊，因而有必要制定并不断地完善开发流程的管理制度，按照信息系统生命周期，对系统开发过程中的每一个阶段进行审查，并从项目启动、需求分析、设计、编程、测试、上线、评价与维护等多个环节进行控制，以发现系统建设过程中存在的风险，确保系统的开发质量。

具体来说，企业开发信息系统的风险主要体现在：一是项目计划不当；二是在需求分析环节，重要风险是需求本身不合理，需求文档表述不准确、不完整；三是设计环节不能满足用户需求、设计方案的成本效益未能匹配、设计方案不全面以至于面临较多的变更；四是在编程和测试环节，重要风险是编程与设计不符、程序员风格各异、缺乏有效的程序版本控制和测试不充分；五是在系统上线环节，重要风险是没有完整可行的上线计划，导致人员培训不足、数据准备不合格，系统上线混乱无序，质量和进度无法保证；六是在系统评价环节，重要风险是未能及时有效地掌握系统运行情况，不能及时发现系统的错误与不足。

系统开发的控制活动涉及开发与实施活动的管理、项目启动、分析与设计，自行开发的系统建设与软件包的选择、测试和质量保证、数据转换、上线、文档与培训等多个领域的内容，主要的控制措施如表 11.20 所示。

表 11.20　软件控制措施

阶段	主要控制措施
项目计划	• 企业应当根据信息系统建设整体规划提出分阶段项目的建设方案，明确建设目标、人员配备、职责分工、经费保障和进度安排等相关内容，按照规定的权限和程序审批后实施。 • 企业可以采用标准的项目管理软件（如 microsoft project 或 MSPROJ）制定项目计划，并加以跟踪，在关键环节进行阶段性评审，以保证过程可控。 • 项目关键环节编制的文档应参照《GB8 567-88 计算机软件产品开发文件编制指南》等相关国家标准和行业标准进行，以提高项目计划的编制水平

续表

阶段	主要控制措施
需求分析	• 信息系统归口管理部门应当组织企业内部各有关部门提出开发需求，加强系统分析人员和有关部门的管理人员、业务人员的交流，经综合分析提炼后形成合理的需求。 • 编制表述清晰、表达准确的需求文档。需求文档是业务人员和技术人员共同理解信息系统的桥梁，必须准确表述系统建设的目标、功能和要求，企业应当采用标准建模语言（如UML），综合运用多种建模工具和表现手段，参照《GB8 567-88 计算机软件产品开发文件编制指南》等相关标准，提高系统需求说明书的编写质量。 • 企业应当建立健全需求评审和需求变更控制流程。依据需求文档进行设计（含变更后的需求文档）前，应当评审其可行性，由需求提出人和编制人签字确认，并经业务部门与信息系统归口管理部门负责人审批
系统设计	• 系统设计负责部门应当就总体设计方案与业务部门进行沟通和讨论，说明方案对用户需求的覆盖情况；存在备选方案的，应当详细说明各方案在成本、建设时间和用户需求响应上的差异；信息系统归口管理部门和业务部门应当对选定的设计方案予以书面确认。 • 企业应参照《GB8 567-88 计算机软件产品开发文件编制指南》等相关国家标准和行业标准，提高系统设计说明书的编写质量。 • 企业应建立设计评审制度和设计变更控制流程。 • 在系统设计时应当充分考虑信息系统建成后的控制环境，将生产经营管理业务流程、关键控制点和处理规程嵌入系统程序，实现手工环境下难以实现的控制功能，例如，对于某一财务软件，当输入支出凭证时，可以让计算机自动检查银行存款余额，防止透支。 • 应充分考虑信息系统环境下的新的控制风险，例如，要通过信息系统中的权限管理功能控制用户的操作权限，避免将不相容职务的处理权限授予同一用户。 • 应当针对不同的数据输入方式，强化对进入系统数据的检查和校验功能。例如，凭证的自动平衡校对。 • 系统设计时应当考虑在信息系统中设置操作日志功能，确保操作的可审计性。对异常的或者违背内部控制要求的交易和数据，应当设计由系统自动报告并设置跟踪处理机制。 • 预留必要的后台操作通道，对于必需的后台操作，应当加强管理，建立规范的操作流程，确保足够的日志记录，保证对后台操作的可监控性
编程和测试	• 项目组应建立并执行严格的代码复查评审制度。 • 项目组应建立并执行统一的编程规范，在标识符命名、程序注释等方面统一风格。 • 应使用版本控制软件系统（如CVS），保证所有开发人员基于相同的组件环境开展项目工作，协调开发人员对程序的修改。 • 应区分单元测试、组装测试（集成测试）、系统测试、验收测试等不同测试类型，建立严格的测试工作流程，提高最终用户在测试工作中的参与程度，改进测试用例的编写质量，加强测试分析，尽量采用自动测试工具提高测试工作的质量和效率，具备条件的企业，应当组织独立于开发建设项目组的专业机构对开发完成的信息系统进行验收测试，确保在功能、性能、控制要求和安全性等方面符合开发需求
上线	• 企业应当制定信息系统上线计划，并经归口管理部门和用户部门审核批准。上线计划一般包括人员培训、数据准备、进度安排、应急预案等内容。 • 系统上线涉及新旧系统切换的，企业应当在上线计划中明确应急预案，保证新系统失效时能够顺利切换回旧系统。 • 系统上线涉及数据迁移的，企业应当制定并保存详细的数据迁移计划，计划应涵盖具体的数据迁移步骤。数据迁移的过程应当在原始位置和目的地之间进行测试，确保数据的完整、准确和有效。用户部门应当参与数据迁移过程，对迁移前后的数据予以书面确认
业务外包	• 企业在选择外包服务商时要充分考虑服务商的市场信誉、资质条件、财务状况、服务能力、对本企业业务的熟悉程度、既往承包服务成功案例等因素，对外包服务商进行严格筛选。 • 企业可以借助外包业界基准来判断外包服务商的综合实力。

续表

阶段	主要控制措施
业务外包	• 企业要严格外包服务审批及管控流程，对信息系统外包业务，原则上应采用公开招标等形式选择外包服务商，并实行集体决策审批。 • 企业在与外包服务商签约之前，应针对外包可能出现的各种风险损失，恰当拟订合同条款，对涉及的工作目标、合作范畴、责任划分、所有权归属、付款方式、违约赔偿以及合约期限等问题作出详细说明，并由法律部门或法律顾问审查把关。 • 开发过程中涉及商业秘密、敏感数据的，企业应当与外包服务商签订详细的“保密协议”，以保证数据安全。 • 在合同中约定付款事宜时，应当选择分期付款方式，尾款应当在系统运行一段时间并经评估验收后再支付。 • 应在合同条款中明确要求外包服务商维持专业技术服务团队的稳定性。 • 企业应当规范外包服务评价工作流程，明确相关部门的职责权限，建立外包服务质量考核评价指标体系，定期对外包服务商进行考评，并公布服务周期的评估结果，实现外包服务水平的跟踪评价。 • 引入监理机制，降低外包服务风险
外购调试	• 企业应明确自身需求，对比分析市场上的成熟软件产品，合理选择软件产品的模块组合和版本。 • 企业在软件产品选型时应广泛听取行业专家的意见。 • 企业在选择软件产品和服务供应商时，不仅要评价其现有产品的功能、性能，还要考察其服务支持能力和后续产品的升级能力。 • 在选择服务提供商时，不仅要考核其对软件产品的熟悉、理解程度，也要考核其是否深刻理解企业所处行业的特点、是否理解企业的个性化需求、是否有过相同或相近的成功案例

11.4.4 软件资产变更控制

在 IT 项目开发过程，许多原因都有可能导致项目产生变更，例如硬件的升级扩容、软件的修改与升级等，系统变更是为了更好地满足企业需求，一个变更还有可能导致其他的变更，因而变更发生后要综合考虑，权衡关系。与变更管理紧密联系的就是配置管理，在项目开发过程中被列为配置项的内容进行更改时必须遵守正式的变更控制流程。在变更管理的过程中应加强对变更申请、变更成本与进度的控制，企业应当建立标准流程来实施和记录系统变更，保证变更过程得到适当的授权与管理层的批准，并对变更进行测试。正式的变更流程一般包括变更请求、变更评估、变更批准或驳回，已批准变更的实现和测试。确保只有被批准的变更才能予以实现，并放入相应的基线中，而且确保所有被批准的变更均实现。变更控制的目的不是限制变更的发生，而是对变更进行有效管理，确保变更有序进行。变更控制的目标是确保对程序和相关基础组件的变更是经过请求、授权、执行、测试和实施的，以达到管理层的控制目标。

系统变更的控制活动包括授权和跟踪变更申请、系统编程、测试和质量保证、对程序变更实施过程的控制、迁移到生产环境的授权、文档和培训、变更管理等。变更控制活动可以从变更制度和变更实施两个方面来进行设计，常见的变更控制措施如表 11.21 所示。

表 11.21　变更控制措施

变更域	变更控制措施
变更制度	• 建立变更管理制度，系统发生变更前，向主管领导申请，变更和变更方案经过评审、审批后方可实施变更，并在实施后将变更情况向相关人员通告。 • 建立变更控制的申报和审批文件化程序，对变更影响进行分析并文档化，记录变更实施过程，并妥善保存所有文档和记录。 • 信息系统变更应当严格按照管理流程进行操作，信息系统操作人员不得擅自进行软件的删除、修改等操作；不得擅自升级、改变软件版本；不得擅自改变软件系统的环境配置。 • 企业应加强紧急变更的控制管理
变更实施	• 确认系统中要发生的变更，并制定变更方案。 • 一般的程序变更请求需要由用户部门管理层审批并存档保留。 • 系统变更程序（如软件升级）需要遵循与新系统开发项目同样的验证和测试程序，必要时还应当进行额外测试。 • 程序变更上线之前需要经过管理层的检查和审批。 • 变更在被移植到生产环境前被测试，测试的级别应当和变更的大小相当。 • 系统的开发和测试环境必须与生产环境分离，相冲突的职责被适当分离。 • 企业应加强对将变更移植到生产环境中的控制管理，包括系统访问授权控制、数据转换控制、用户培训等。 • 建立中止变更并从失败变更中恢复文件化程序，明确过程控制方法和人员职责，必要时对恢复过程进行演练。 • 保证对硬件和软件的变更不会引起正常业务处理的中断（如银联交易系统的中断）。 • 检查和授权对网络、系统和应用程序的变更

延伸阅读——法兴事件：传统内控终结

法国兴业银行创建于 1864 年 5 月，当年由拿破仑三世签字批准成立，经历了两次世界大战并最终成为法国商界支柱之一。可就是这样一个创造了无数骄人业绩的老牌银行在 2008 年初因一个底层交易员的违规操作而受到了重创，“金字塔”险些瞬间倾塌。

2005 年 6 月，该银行的交易员热罗姆·科维尔躲过了严密的监控系统，开始进行违规越权交易。2007 年到 2008 年初，他擅自动用了高达 500 亿欧元（合 733 亿美元）的衍生品头寸，投资欧洲股指期货。科维尔的欺诈行为暴露之时，正值 2008 年初欧洲股市暴跌之际。法国兴业银行进行了紧急平仓，整整抛售三天之后将损失定格为 49 亿欧元。此次欺诈案的规模远远超过了历史上最为臭名昭著的巴林银行倒闭案。

不论从性质上还是规模上来说，此次事件都堪称“法国历史上最大的金融悲剧”。何以一个从法国三流商学院毕业、年薪不到 10 万欧元的年轻人能够撼动具有 140 多年历史的老牌银行的根基，并撬动了欧洲乃至全球股市？法国兴业银行的内部控制到底发生了什么，致使科维尔一个人可以轻易绕过五重安全控制系统，躲过由 2 000 多人组成的庞大监控队伍，挪用巨额资金在股指期货市场上赌博？从表面上来看，悲剧的发生主要是由于交易员利用自身对公司风险管控系统的深入认识进行违规交易，而银行风险系统也没能及时觉察。但我们进一步分析发现，公司信息系统的控制与传统的内部控制不适应了。

在2008年1月18日之前的几天，法国兴业集团就已经查出科维尔的交易记录上存在不寻常的交易风险，并对此进行了额外控制。2008年1月18日，银行一名经理收到了一封来自另一家大银行的电子邮件。邮件内容是确认此前约定的一笔交易，但问题是法国兴业银行早已限制与这家银行的交易往来。很快，银行内部组成一个小组对此进行清查，指出这是一笔虚假交易，伪造邮件的是正是科维尔。一天之后，科维尔被要求对此进行解释。与此同时，法国兴业银行也查出对方银行对这笔所谓的交易根本一无所知。科维尔最初还想靠老办法蒙混过关，但最终还是承认他伪造了虚假贸易往来。银行在19日连夜查账，并在20日震惊地发现，这起欺诈案件所涉及的资金总额如此惊人。

20日早晨，所有的头寸都被最终确认；当天下午，总体盈亏程度被确认。在18日（周五）交易日结束时，兴业银行损失接近20亿美元，但不幸的是，21日（周一）重新开盘时，由于全球股市遭遇“黑色星期一”，损失进一步扩大。

21日，法国兴业集团开始在非常不利的市场环境之中对“欺诈案”中头寸进行紧急平仓，整整抛售三天。平仓记录显示，1月21日至23日，法国兴业集团的一系列市场对冲措施恰和上述几日欧洲股市暴跌相联系。不过，法国兴业集团等到1月24日将相关头寸全部平仓之后，才首次在公告中向公众披露，轧平这些仓位导致的经济损失高达48.2亿欧元。

2008年1月30日，法国兴业银行董事成立了一个由独立董事组成的排外性的特别委员会。该特别委员会与内部审计委员会合作，拥有对所有外部专家和顾问的信息追索权。同时，特别委员会还委任普华永道作为这项绿色任务（green mission）的审计顾问，对内部调查结果进行再次审查。

2月20日，法国兴业特别委员会向法国兴业董事会提交了一份名为《绿色任务》的针对交易员热罗姆·科维尔欺诈事件的中期调查报告。这份长达12页的报告指出，兴业银行内部监控机制并未完全运转，内部监控系统多个环节有可能存在漏洞，主要包括对交易盘面资金的监督、对资金流动的跟踪、后台与前台完全隔离规则的遵守、信息系统的安全及密码保护等。

该报告披露，第75次警报拉响之后才让科维尔的行径败露。从2006年6月至2008年1月，法国兴业银行大多数的风控系统已自动针对科维尔的各种交易发出了75次报警。其中，2006年科维尔的交易引起了5次警报，而2007年发布的可疑交易更多，共达到67次，随着交易量的膨胀，警报越来越频繁，平均每月有5次以上。而在2008年1月的3次警报的最后一次，欺骗终于败露。

2008年7月4日，法国银行监管机构——法国银行委员会对兴业银行开出400万欧元罚单（当时其罚款上限为500万欧元），原因是兴业银行内部监控机制“严重缺失”，导致巨额欺诈案的发生。银行委员会在一份公告中指出，兴业银行内部监控机制严重缺失，使得金融交易在各个级别缺乏监控的情况下，在较长时期内难以被察觉并得到纠正，因而存在较大可能发生欺诈案并造成严重后果。法国兴业银行也对科维尔提出了四项指控，其中包括滥用信用和欺诈未遂。在这四项指控中，量刑最为严重的滥用信用一项，最高可判7年监禁，并处以75万欧元罚款。

思考题

1. 试述IT内控与传统内控的区别。
2. 调查一个企业，分析该企业的内控是以IT内控为主还是以传统内控为主。
3. 如何分析IT内控的风险点？

第12章　IT风险管理

12.1　IT风险识别

12.1.1　IT风险管理

《新巴塞尔协议》指出，IT风险是指任何由于使用计算机硬件、软件、网络等系统所发生的不利情况，包括程序错误、系统宕机、软件缺陷、操作失误、硬件故障、容量不足、网络漏洞以及故障恢复等。这个定义侧重技术层面，导致对IT风险的认识不深刻不全面。根据《光明日报》的统计，企业在防火墙、防病毒、入侵检测系统、虚拟专用网设备等投入占了整个安全产品市值的绝大部分，而花费在信息安全管理、咨询、安全意识、培训、教育方面的费用微乎其微，这说明许多企业管理者对IT风险的认识也停留在技术层面，企业花了绝大部分的钱保护了只占信息资产20%的数据资产，而且我们的技术手段还谈不上100%地有效保护这20%的数据资产。这说明大部分企业对IT风险的认识停留在技术层面，没有充分理解IT风险对企业的巨大影响，上述定义不利于我们对IT风险管理的全面认识。

乔治·韦斯特曼和理查德·亨特在《IT风险》中指出："IT风险引发的事故导致企业不得不承受远比以前更高的成本。它们在企业内外伤害我们的顾客和支持者；它们损害企业的名誉；它们将企业管理团队的弱点暴露无遗。而且，它们侵蚀企业的利润，削弱企业的竞争优势。"因此，管理IT风险是所有企业管理者不得不面对的一项挑战，因为它们无时无刻不在处理大量技术复杂、产生于万千服务器并缺少可靠的风险监督的信息。企业的风险来自很多方面，而不是仅仅来自市场和财务，企业管理者要同时考虑计算机系统的漏洞、操作失误、人为攻击、灾害破坏等一系列风险。在以上给出的信息资产概念基础上，我们给出IT风险（information technology risk）的定义：IT风险是所有对信息资产造成破坏的可能性的统称。

COSO报告明确指出，企业里的每个人对企业风险管理都有责任。尽管内部控制和企业风险管理都是由董事会负责，但企业风险管理使董事会扮演更加重要的角色和承担更大的责任，并且要求其变得更加警惕。企业风险管理的成功与否在很大程度上依赖于董事会，董事会需要批准企业的风险偏好，对企业风险管理进行监督，并把握企业的风险承受能力。其他管理人员支持企业风险管理的理念，促使与风险承受能力的协调，并在各自负责的领域把风险控制在相应的风险容忍度内。风险主管、财务主管和内部审计等人员通常承担关键的支持性责任。其他人负责按照制定的指令和协议执行企业风险管理。至于企业的外部团体，例如顾客、供应商、商业伙伴、外部审计、监管者、财务分析师，经常能提供一些有用的信息影响企业风险管理，但他们不对企业风险管理的有效性负责，而且，他们也不是企业风险管理的一部分。

由此可见，IT 风险管理就是围绕企业的发展战略，以 IT 风险为导向，动员和组织各类资源，综合采取各种技术手段和管理手段，对信息资产实施全员、全方位、全生命周期管控的过程。

IT 管理的核心是 IT 风险的评估、识别、处理等，关键是信息安全管理体系建设，使得对 IT 风险的管控是全方位、可持续的过程。IT 风险管理包括两个部分的内容，即 IT 治理和 IT 管理。IT 治理与 IT 管理不同，IT 治理侧重决策，强调董事会在提升 IT 价值和降低 IT 风险的作用；IT 管理侧重执行力，强调在企业管理的各个环节中提升 IT 价值和降低 IT 风险。安全事件管理与业务连续性管理是最重要的基于 IT 风险导向的管理职能。

12.1.2　IT 风险评估

IT 风险评估围绕着资产、威胁、脆弱性和安全措施这些基本要素展开，在对基本要素的评估过程中，需要充分考虑业务战略、资产价值、安全需求、安全事件、残余风险等与这些基本要素相关的各类属性。图 12.1 中方框部分的内容为风险评估的基本要素，椭圆部分的内容是与这些要素相关的属性。

图 12.1 中的风险要素及属性之间存在着以下关系。

（1）业务战略的实现对资产具有依赖性，依赖程度越高，要求其风险越小；

（2）资产是有价值的，组织的业务战略对资产的依赖程度越高，资产价值就越大；

（3）风险是由威胁引发的，资产面临的威胁越多则风险越大，并可能演变成为安全事件；

（4）资产的脆弱性可能暴露资产的价值，资产具有的弱点越多则风险越大；

（5）脆弱性是未被满足的安全需求，威胁利用脆弱性危害资产；

（6）风险的存在以及对风险的认识导出安全需求；

（7）安全需求可通过安全措施得以满足，需要结合资产价值考虑实施成本；

（8）安全措施可抵御威胁，降低风险；

（9）残余风险有些是安全措施不当或无效，需要加强才可控制的风险，而有些则是在综合考虑了安全成本与效益后不去控制的风险；

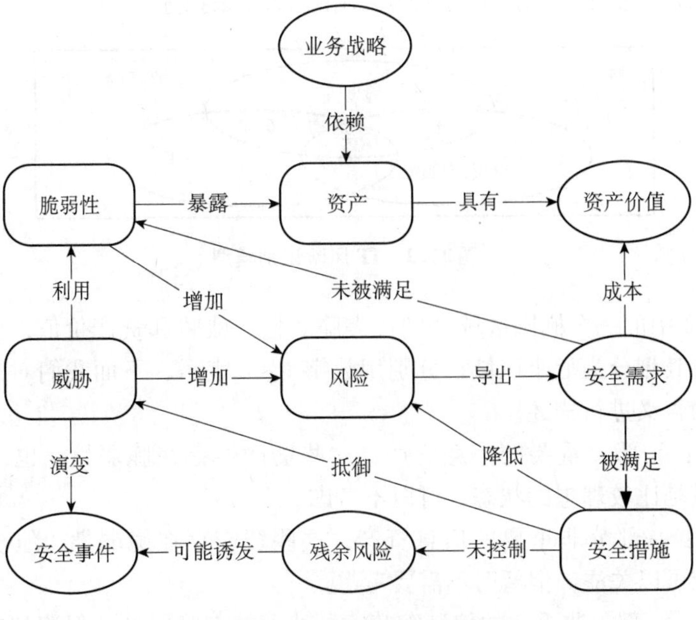

图 12.1 风险评估要素关系

(10) 残余风险应受到密切监视，它可能会在将来诱发新的安全事件。

12.1.3 IT 风险识别

1955 年，美国宾夕法尼亚大学沃顿商学院的施耐德教授第一次提出了“风险管理”的概念。风险管理已经是企业的一种日常管理行为，但是理解 IT 风险管理仍然成为那些对 IT 技术缺少深刻认识的企业管理者的一项挑战。技术的复杂性、对 IT 风险的误判以及周边环境习惯性的扩大企业风险，直接导致一些风险被忽略而另一些风险被夸大。既然 IT 风险是企业运营中不得不考虑的重要因素，可以判定只有那些能够有效识别和管理 IT 风险的企业才能可持续的发展。因此，如何正确对信息资产进行分类，划分不同的等级，正确识别出风险评估的对象，是进行 IT 风险评估乃至 IT 风险管理的一个非常关键的前提条件。

对于信息资产来说，各种不同的对象存在不同的情况，有的资产可能具有较多脆弱性，有的资产可能受到诸多威胁，有的资产可能目前尚未受到威胁，但是对于风险评估来说属于高重要性对象，等等。而造成信息资产风险的主要因素有三个，分别是脆弱性、威胁和资产的价值。脆弱性（vulnerability）又称弱点或漏洞，是信息资产中存在的可能被威胁利用造成损害的薄弱环节，脆弱性本身不会造成损害，但是一旦被威胁利用就可能对资产造成损害。威胁是指一切可能造成信息资产损害的事件，这些事件既可能是人为的事故，也可能是自然灾害；既可能是蓄意的破坏，也可能是意外的失误。资产价值又称重要性，是信息资产的重要程度，可以从完整性、可用性和机密性等方面评估信息资产的重要性。脆弱性、威胁和资产价值对风险的影响可以用图 12. 2 来描述。

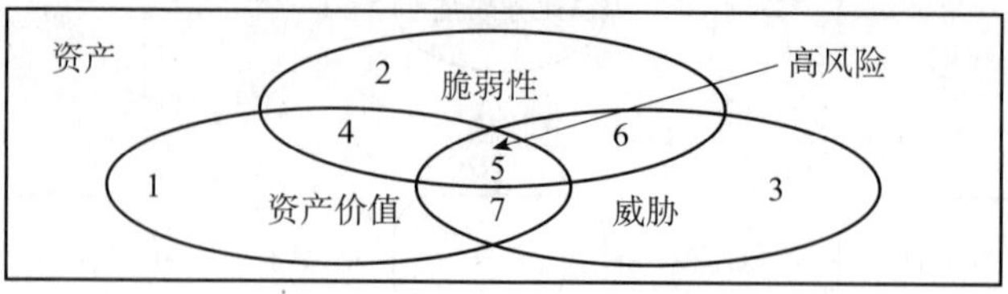

图 12. 2　IT 风险识别模型

图 12. 2 中的三个椭圆区域分别代表脆弱性、威胁和资产价值，三个椭圆相互重叠，将其划分为七个区域，分别用数字 1 ~ 7 表示，下面我们对这七个区域分别代表的含义进行描述。

区域 1：一部分重要的信息资产，这些资产不存在脆弱性，也没有遭到威胁。该区域是比较理想的状态，可以不考虑。

区域 2：一部分非重要的信息资产，这些资产存在脆弱性，但没有遭到威胁。该区域可以关注，但暂时不需要考虑。

区域 3：一部分非重要的信息资产，虽然不具有脆弱性，但遭到威胁。这样的威胁不能形成危险，可以不考虑。

区域 4：一部分重要的信息资产，存在脆弱性，但是没有遭到威胁。这说明需要密切关注，但暂时不要考虑。

区域 5：一部分重要的信息资产，既有脆弱性，又遭到威胁，这是风险管理的重点区域。

区域 6：一部分非重要的信息资产，既有脆弱性，又遭到威胁。说明这些风险是企业可以接受的。

区域 7：一部分重要的信息资产，不存在脆弱性，但是遭到特定的威胁。这说明，通过技术升级、加强管理等措施，堵塞了漏洞，改善了资产的脆弱性，虽然遭到威胁，但是没有危险。

12. 1. 4　IT 风险计算

风险识别的目标就是对信息资产的脆弱性、威胁和资产价值进行分析，找出风险的大小等级，为确定风险评估的对象奠定基础。风险是信息资产本身的脆弱性、受到的威胁以及其价值共同作用的结果，因此，从数学角度来说，风险是三个变量的函数，用公式表示为：

$$\text{IT 风险} = \text{资产价值} \times \text{脆弱性} \times \text{威胁}$$

信息资产的价值也可以用三个变量的函数来表示：

$$\text{资产价值} = \text{完整性} \times \text{可用性} \times \text{机密性}$$

在进行具体的风险识别时，可以采用风险矩阵的方法来确定风险的大小等级。风险主要是由威胁发生的概率、脆弱性被威胁利用的概率以及信息资产的重要程度来确定，因此，我们可以根据这三个因素构成一个三维的风险价值矩阵，然后按照威胁、脆弱性和重要程度的识别与评价方法逐一确定目标信息资产的每一威胁发生的概率、脆弱性被该威胁利用的概率和资产的重要程度，从而可以从风险价值矩阵中查出对应的风险值。

12.1.4.1 资产价值赋值

资产价值应依据资产在机密性、完整性和可用性上的赋值等级，经过综合评定得出。可以根据自身的特点，选择对资产机密性、完整性和可用性最为重要的一个属性的赋值等级作为资产的最终赋值结果；也可以根据资产机密性、完整性和可用性的不同等级对其赋值进行加权计算得到资产的最终赋值结果。加权方法可根据组织的业务特点确定。我国的《信息安全风险评估指南》将资产划分为五级，级别越高表示资产越重要，如表12.1所示。表12.2~表12.4分别提供了如何给资产的机密性、完整性和可用性赋值的方法。

表12.1 资产价值赋值

等级	标识	描述
1	很低	不重要，其安全属性破坏后对组织造成很小的损失，甚至忽略不计
2	低	不太重要，其安全属性破坏后可能对组织造成较低的损失
3	中	比较重要，其安全属性破坏后可能对组织造成中等程度的损失
4	高	重要，其安全属性破坏后可能对组织造成比较严重的损失
5	很高	非常重要，其安全属性破坏后可能对组织造成非常严重的损失

表12.2 资产机密性赋值

赋值	标识	定义
1	很低	可对社会公开的信息，公用的信息处理设备和系统资源等
2	低	仅能在组织内部或在组织某一部门内部公开的信息，向外扩散有可能对组织的利益造成轻微损害
3	中等	组织的一般性秘密，其泄露会使组织的安全和利益受到损害
4	高	包含组织的重要秘密，其泄露会使组织的安全和利益遭受严重损害
5	很高	包含组织最重要的秘密，关系未来发展的前途命运，对组织根本利益有着决定性的影响，如果泄露会造成灾难性的损害

表12.3 资产完整性赋值

赋值	标识	定义
1	很低	完整性价值非常低，未经授权的修改或破坏对组织造成的影响可以忽略，对业务冲击可以忽略
2	低	完整性价值较低，未经授权的修改或破坏会对组织造成轻微影响，对业务冲击轻微，容易弥补
3	中等	完整性价值中等，未经授权的修改或破坏会对组织造成影响，对业务冲击明显，但可以弥补
4	高	完整性价值较高，未经授权的修改或破坏会对组织造成重大影响，对业务冲击严重，较难弥补
5	很高	完整性价值非常关键，未经授权的修改或破坏会对组织造成重大的或无法接受的影响，对业务冲击重大，并可能造成严重的业务中断，难以弥补

表 12.4　　资产可用性赋值

赋值	标识	定义
1	很低	可用性价值可以忽略，合法使用者对信息及信息系统的可用度在正常工作时间低于25%
2	低	可用性价值较低，合法使用者对信息及信息系统的可用度在正常工作时间达到25%以上，或系统允许中断时间小于60分钟
3	中等	可用性价值中等，合法使用者对信息及信息系统的可用度在正常工作时间达到70%以上，或系统允许中断时间小于30分钟
4	高	可用性价值较高，合法使用者对信息及信息系统的可用度达到每天90%以上，或系统允许中断时间小于10分钟
5	很高	可用性价值非常高，合法使用者对信息及信息系统的可用度达到年度99.9%以上，或系统不允许中断

12.1.4.2　脆弱性赋值

可以根据对资产的损害程度、技术实现的难易程度、弱点的流行程度，采用等级方式对已识别的脆弱性的严重程度进行赋值。由于很多弱点反映的是同一方面的问题，或可能造成相似的后果，赋值时应综合考虑这些弱点，以确定这一方面脆弱性的严重程度。

对某个资产，其技术脆弱性的严重程度还受到组织管理脆弱性的影响。因此，资产的脆弱性赋值还应参考技术管理和组织管理脆弱性的严重程度。技术脆弱性涉及物理层、网络层、系统层、应用层等各个层面的安全问题。管理脆弱性又可分为技术管理脆弱性和组织管理脆弱性两个方面，前者与具体技术活动相关，后者与管理环境相关，如表12.5所示。

表 12.5　　脆弱性识别内容

类型	识别对象	识别内容
技术管理脆弱性	物理环境	从机房场地、机房防火、机房供配电、机房防静电、机房接地与防雷、电磁防护、通信线路的保护、机房区域防护、机房设备管理等方面进行识别
	网络结构	从网络结构设计、边界保护、外部访问控制策略、内部访问控制策略、网络设备安全配置等方面进行识别
	系统软件（含操作系统及系统服务）	从补丁安装、物理保护、用户账号、口令策略、资源共享、事件审计、访问控制、新系统配置（初始化）、注册表加固、网络安全、系统管理等方面进行识别
	数据库软件	从补丁安装、鉴别机制、口令机制、访问控制、网络和服务设置、备份恢复机制、审计机制等方面进行识别
	应用中间件	从协议安全、交易完整性、数据完整性等方面进行识别
	应用系统	从审计机制、审计存储、访问控制策略、数据完整性、通信、鉴别机制、密码保护等方面进行识别
组织管理脆弱性	技术管理	从物理和环境安全、通信与操作管理、访问控制、系统开发与维护、业务连续性等方面进行识别
	组织管理	从安全策略、组织安全、资产分类与控制、人员安全、符合性等方面进行识别

脆弱性严重程度可以进行等级化处理，不同的等级分别代表资产脆弱性严重

程度的高低。等级数值越大，脆弱性严重程度越高。表 12.6 是《信息安全风险评估指南》提供的一种赋值方法。

表 12.6　脆弱性赋值

等级	标识	定义
1	很低	如果被威胁利用，将对资产造成的损害可以忽略
2	低	如果被威胁利用，将对资产造成较小损害
3	中	如果被威胁利用，将对资产造成一般损害
4	高	如果被威胁利用，将对资产造成重大损害
5	很高	如果被威胁利用，将对资产造成完全损害

12.1.4.3　威胁赋值

给威胁赋值之前，要先识别威胁的来源。而威胁的来源是多样复杂的，可以是人为造成的事故，这些事故可能是蓄意的破坏，精心设计的舞弊，或者操作不当。同时，自然灾害、设备故障，甚至一个偶然事件引发的政治事件等都可能带来严重的威胁，如表 12.7 所示。

表 12.7　威胁来源

来源		描述
环境因素	自然	洪灾、火灾、地震、雷击、静电等
	其他	软件、硬件、数据、通信线路方面的故障；断电、灰尘、潮湿、温度、鼠蚁虫害、电磁干扰；战争、恐怖袭击、骚乱、罢工
人为因素	恶意	不满的或有预谋的内部人员对信息系统进行恶意破坏；采用自主或内外勾结的方式盗窃机密信息或进行篡改，获取利益； 外部人员利用信息系统的脆弱性，对网络或系统的机密性、完整性和可用性进行破坏，以获取利益或炫耀能力
	非恶意	内部人员由于缺乏责任心，或者由于不关心和不专注，或者没有遵循规章制度和操作流程而导致故障或信息损坏；内部人员由于缺乏培训、专业技能不足、不具备岗位技能要求而导致信息系统故障或被攻击

根据过去的经验和有关部门的统计数据来进行判断威胁出现的频率，需要考虑以下三个方面。

（1）以往安全事件报告中出现过的威胁及其频率的统计；

（2）实际环境中通过检测工具以及各种日志发现的威胁及其频率的统计；

（3）近一两年来国际组织发布的对于整个社会或特定行业的威胁及其频率统计，以及发布的威胁预警。

可以对威胁出现的频率进行等级化处理，不同等级分别代表威胁出现频率的高低。等级数值越大，威胁出现的频率越高。表 12.8 是我国《信息安全风险评估指南》提供的威胁出现频率的一种赋值方法。

表 12.8　威胁赋值

等级	标识	定义
1	很低	威胁几乎不可能发生，仅可能在非常罕见和例外的情况下发生
2	低	出现的频率较小，或一般不太可能发生，或没有被证实发生过

续表

等级	标识	定义
3	中	出现的频率中等（或>1次/半年），或在某种情况下可能会发生，或被证实曾经发生过
4	高	出现的频率较高（或≥1次/月），或在大多数情况下很有可能会发生，或可以证实多次发生过
5	很高	出现的频率很高（或≥1次/周），或在大多数情况下几乎不可避免，或可以证实经常发生

12.1.4.4 风险计算

下面我们给出一个风险价值矩阵的例子（见表12.9）：将威胁发生的概率划分为低、中、高三级，分别赋值0～2；将脆弱性被威胁利用的概率也划分为低、中、高三级，分别赋值0～2；将信息资产的重要程度划分为五级，分别赋值0～4。风险值最简单的计算方法是将三个参数值相累加。当然，在实际计算信息资产的风险值时可考虑更复杂的计算公式。

表12.9　风险价值矩阵

威胁发生的概率	0			1			2		
脆弱性被利用的概率	0	1	2	0	1	2	0	1	2
资产重要程度	0	1	2	1	2	3	2	3	4
	1	2	3	2	3	4	3	4	

12.2 IT治理

12.2.1 IT治理的概念

IT治理是IT风险管理的重要组成部分，目前对IT治理还处于探索阶段，还没有形成一致公认的定义。以下介绍几种主要的观点。

美国南加州大学教授罗伯特·鲁塞（Robert Roussey）认为，IT治理用于描述被委托治理实体的人员在监督、检查、控制和指导实体的过程中如何看待信息技术。IT的应用对于组织能否达到它的远景、使命、战略目标至关重要。

德勤的定义是，IT治理是一个含义广泛的概念，包括信息系统、技术、通信、商业、所有利益相关者、合法性和其他问题。其主要任务是，保持IT与业务目标一致，推动业务发展，促使收益最大化，合理利用IT资源，IT相关风险的适当管理。

国际信息系统审计与控制协会（ISACA）认为：IT治理是一个由关系和过程所构成的体制，用于指导和控制企业，通过平衡信息技术与过程的风险、增加价值来确保实现企业的目标。

中国 IT 治理研究中心的定义是，IT 治理用于描述企业或政府是否采用有效的机制（就是为鼓励 IT 应用的期望行为而明确决策权归属和责任承担的框架），使得 IT 的应用能够完成组织赋予它的使命，同时平衡信息技术与过程的风险、确保实现组织的战略目标。

《公司治理的基本原则》一书对“公司治理”所下的定义为：为确定组织目标和确保目标实现的绩效监控所提供的治理结构。我们认为 IT 治理是公司治理在信息时代的重要发展，是公司治理的一部分。因此，IT 治理用于描述企业是否采用了有效的治理结构，使得 IT 的应用能够完成企业赋予它的使命，同时平衡信息技术与过程的风险，确保实现企业的战略目标。

12.2.2 IT 治理的职能

IT 治理和 IT 管理是两个不同的概念，它们之间的区别就在于：IT 治理侧重决策；IT 管理则强调制定和执行这些决策。

IT 治理的主要职能是，证实 IT 战略与企业战略一致；证实 IT 通过明确的期望和衡量手段交付；指导 IT 战略、平衡支持企业和使企业成长的投资；确定决策信息资源应着重使用的地方。最高管理层（董事会）通过下述指标衡量业绩，定义和检查衡量手段以及管理，证实目标已经达到，并且衡量业绩，减少不确定性。

IT 治理和其他治理活动一样，集中在最高管理层（董事会）和执行管理层。然而，由于 IT 治理的复杂性和专业性，治理层必须强烈依赖企业的下层来提供决策和评估活动所需要的信息。为保证有效的 IT 治理，设立 IT 治理委员会和内部信息系统审计是 IT 治理最重要的环节。

12.2.3 IT 治理委员会

治理层面对 IT 的关注，需要从组织保障上设立 IT 治理委员会，实现最高管理层（董事会）对 IT 的监管。当董事会和高管层需要做 IT 决策时，该委员会能够提供支持，从而使投资巨大的 IT 项目处于可控状态，并使企业获得更大的竞争优势。ING、梅隆金融等发达国家先进企业都是在董事会设立的 IT 治理委员会。ITGov 中国 IT 治理研究中心认为：IT 治理委员会和 CIO 制度的缺失，是当前我国信息化建设制度安排上的“致命性”缺陷。

从另一个角度来看，当前企业的信息化过程实质上是流程的重组和利益再分配的过程，势必触及一些部门和个人的利益，势必遭到他们的反对，这种情况下的指导和协调工作，已经远远超出信息化部门领导的职责和权力范围，必须在企业最高管理层（董事会）以建立 IT 治理委员会，才能有效地推进信息化工作，规避 IT 风险，实现业务战略目标。

因此，IT 治理委员会由组织的最高管理层（董事会）以及管理执行层包括 IT 管理和业务管理有关部门负责人、管理技术人员组成，定期召开会议，就企业战略与 IT 战略的驱动与设置等议题进行讨论并作出决策，为组织 IT 管理提供导向与支持，把 IT 治理的相关规范融入组织的内部控制中。

IT 治理委员会的职责包括审查批准信息化战略，确保其与业务战略和重大策略相一致；评估信息技术及其风险管理工作的总体效果和效率；分析信息技术风险成因，掌握主要的信息技术风险，确定可接受的风险级别，确保相关风险能够合理管理；规范职业道德行为和廉洁标准，增强组织文化建设；统一全体人员对信息化治理的思想、认识和意识培养；确保内部审计部门进行独立有效的信息技术风险管理审计，对审计报告进行确认并落实整改；确保信息化治理工作所需资金。

如果需要则可以设立一个由高级管理层、信息化部门和主要业务部门的代表组成的信息技术管理委员会，负责监督各项职责的落实，定期向董事会和高级管理层汇报信息化战略规划的执行、信息化预算和实际支出、信息化管理的整体状况。

12.2.4 IT 战略制定

随着对信息系统依赖性的增加，IT 治理成为公司治理中很关键的一个方面。管理层需要确保 IT 与公司战略一致而且公司战略也很好地利用了 IT 的优势，因此，IT 治理的第一步就是制定 IT 战略。

（1）商业特征决定 IT 需求。首先企业要分析自己处于什么样的商业环境。埃森哲公司提出了 IT 需求矩阵（见图 12.3），通过两个指标来把企业划分成四类。一个指标是变化的速度。某些企业处在一个变化较快的行业，例如高科技行业。在这样的行业，消费者的需求和偏好经常改变，产业政策也时常推陈出新，新技术层出不穷，有时一个新技术会一下子改变整个产业价值链；而另外有一些行业的发展状态则相对稳定，不会有那么快的变化，例如航空业。在这样的行业，消费者的需求、竞争格局、政府管制、技术以及供应商等方面的变化都是缓慢发生的。另一个指标是竞争的基础。从竞争的基础来看，企业可以分为两类。一类企业以规模为基础进行竞争，对于这类组织来说，重点在于降低成本，利用规模经济优势应对竞争；另一类企业以产品和服务的差异性为竞争的基础。这类企业力求先于竞争对手提供新的产品和服务，或者是开创新的商业模式，以此获得竞争优势。

如图 12.3 所示，这四类不同的企业对 IT 的需求是不一样的。

A 类组织发展的关键在于严格控制成本，因此，这类企业希望利用 IT 来保持低成本，通过如外包这类节省成本的方法来提供成熟的能力。

B 类组织的管理层期望利用信息来提高决策能力，并开发新的产品和服务，以高收入来抵消不断增长的 IT 支出。

C 类组织按优先次序制订 IT 投资计划以及长期能力的路线图，它们在对成本进行有效管理的同时，根据路线图，运用 IT 来实现计划中的新能力，以满足市场不断变化的需求。

D 类组织期望 IT 具有高度的灵活性，以满足迅速变化的商业策略和要求。

	规模竞争	差异化竞争
变化快	C类 处于变化快的行业，以运营效率为竞争基础	D类 处于变化快的行业，以产品服务的差异化为竞争基础
变化慢	A类 处于变化不快的行业，以运营效率为竞争基础	B类 处于变化不快的行业，以产品服务的差异化为竞争基础

图 12.3 IT 需求矩阵

这类企业倾向于提供创新的 IT 解决方案，以获得先发优势，因此，它们的 IT 投资重点在于创造新的能力。

（2）是采取集权、分权还是混合的模式。对于 A 类组织，其首选的组织模式应该是集权式治理，IT 对于预算和决策负有责任。加拿大邮政公司就采用这种方法，该公司坚持一种简单化的组织模式，有一个集权部门来对公司行为进行优先排序，并通过单一的 IT 资源来完成。

在标准的决策方面，A 类组织谋求在全组织范围内加强架构、技术和供应商的标准化，只是在一些被证明是正当的例外情况下才允许有所背离。一家大型的法国保险公司就是这方面的一个例子。该公司在集团范围内对 IT 架构实行了标准化，因而它可以优化其核心的 IT 流程，整合系统支持其非寿险业务，移植数据，配置新的系统以支持其健康险业务。

在资源决策方面，A 类组织善于利用内外部资源的组合，通常会与少量几家优选的服务提供商达成服务协议。当某个全球性的化学品公司认为 IT 并非其核心业务时，其便将整个 IT 运作外包出去，包括其 ERP 系统全球范围内的实施和支持。

（3）其他决策。企业在制定 IT 战略时，还要考虑技术标准、技术路线、投资方案等，例如企业需要将什么技术标准化，采用什么样的技术标准；信息系统是向外购买还是内部开发；是着重于目前需要还是更看重未来拓展，以及如何权衡；是建立一个综合性的 ERP 系统还是多种系统再集成；IT 项目的投资总额、方式、结构、进度等。

12.3 IT 管理

12.3.1 IT 风险处理

我国的《信息安全风险评估指南》提出了将 IT 风险划分为五级，等级越高，风险越高，如表 12.10 所示。

表 12.10　　　　风险等级划分

等级	标识	描述
1	很低	一旦发生造成的影响几乎不存在，通过简单的措施就能弥补
2	低	一旦发生造成的影响程度较低，一般仅限于组织内部，通过一定手段很快能解决
3	中	一旦发生会造成一定的经济、社会或生产经营影响，但影响面和影响程度不大
4	高	一旦发生将产生较大的经济或社会影响，在一定范围内给组织的经营和组织信誉造成损害
5	很高	一旦发生将产生非常严重的经济或社会影响，例如组织信誉严重破坏、严重影响组织的正常经营，经济损失重大、社会影响恶劣

风险等级处理的目的是为风险管理过程中对不同风险的直观比较，以确定企业安全策略。应对风险的措施有四种，即规避风险、接受风险、降低风险和转移风险。

（1）规避风险：通过避免受未来可能发生事件的影响而消除风险。通常情况下可以采用多种方法来规避风险。例如，建立灾备中心、数据多重备份、软件及时更新、技术升级等措施可以规避一些风险。

（2）接受风险：不采取任何行动，将风险保持在现有水平。企业应当综合考虑风险控制成本与风险造成的影响，提出一个可接受的风险范围。对某些资产的风险，如果风险计算值在可接受的范围内，则该风险是可接受的风险，应保持已有的安全措施。

（3）降低风险：采取政策或措施将风险降低到可接受的水平。如果风险评估值在可接受的范围外，即风险计算值高于可接受范围的上限值，是不可接受的风险，需要采取安全措施以降低、控制风险。还有一种确定不可接受风险的办法是根据等级化处理的结果，不设定可接受风险值的基准，对达到相应等级的风险都进行处理。根据成本效益原则，平衡投入资金与降低风险的关系，或者改善内部控制措施以弥补技术上的缺陷等，从而降低风险水平。

（4）转移风险：将风险转移给其他能够承担的组织。企业在综合考虑风险控制成本与风险造成的影响，将一些自身难以承受但又不得不承担的风险进行转移。例如，软件外包、IT 服务外包、灾备中心外包等，可以把自己不擅长的 IT 项目外包，从而将相关的 IT 风险转移给有能力承担的企业，或者与其他企业联合建设灾备中心等需要大量资金的项目，将风险进行部分转移。

12.3.2　IT 风险控制

构筑信息安全管理体系（information security management system，ISMS），设立 IT 风险管理机构，是提高企业 IT 风险管理水平的重要保证。

董事会应该成为企业 IT 风险管理工作的最高决策者和监督者，就企业 IT 风险管理的有效性对股东会负责。董事会内部可以设置专门的 IT 风险管理委员会，制定企业风险管理政策与策略等，例如确定风险基调，提出正确的风险问题，划分风险类别，将风险与绩效考核挂钩等。成立专门的 IT 审计部门，负责监督执行效果。这些属于 IT 治理的内容。

经理层应该成为企业 IT 风险管理政策与策略的执行者，主要负责企业 IT 风险管理的日常工作。就企业 IT 风险管理工作的有效性对董事会负责。企业的管理职能部门应该形成各有分工、各司其职、相互联系、相互配合的有机整体。根据各企业经营特点，应该确立各部门、各单位风险控制的重点环节和重点对象。制定相应的风险应对方案；监督企业决策层和各部门、各单位的规范运作。当风险发生时，风险管理组织系统应该能够全面有效地指导和协调风险应对工作，确保业务的连续性，有相关专家组成的机构对信息安全事件进行有效管理。这些属于 IT 管理的内容。

12.3.3 内部 IT 审计

内部审计师拥有的风险管理、内部控制的知识与技能，能帮助 IT 治理实现其核心目标：控制风险以促进组织目标实现。因此，在公司治理中，内部审计发挥着越来越重要的作用。

目前，我国内部审计一般尚未与 IT 治理相结合，成为 IT 治理的有机部分，对风险管理也不够关注。为此，要逐步完善企业法人治理结构，明确企业外部和内部的委托代理关系，培养管理者的竞争意识和风险意识，形成内部审计的需求市场，为内部审计的发展创造良好的环境。同时，要顺应内部审计科学发展的客观规律，在实践中有意识地推动风险导向内部审计的发展。从强调确认和测试控制的完整性，逐步转向强调确认和测试风险是否得到有效管理；从传统的强调关注风险因素，逐步转向关注前景规划。内部审计的建议应不再仅是强化控制、提高控制效率和效果，而应该包括规避风险、转移风险和控制风险，通过风险管理的有效化，评价并改进组织的治理程序，提高公司整体的管理效率和效果。

鉴于内部审计在确保公司内部控制制度有效运转及管理和控制风险等方面的独特作用，内部审计师已被看作是与董事会、高级管理层、外部审计师构成有效公司治理的四大基石之一，对 IT 治理的基础作用同样不能令人忽视。因此，在公司治理中，内部审计是组织内部不容忽视的一支力量。

承担 IT 审计的部门，从组织地位来讲必须独立于系统部门或用户部门。刚推行 IT 审计时，在部门中设置 IT 审计师来完成内部 IT 审计的情况。但 IT 审计师的独立性存在问题。有些企业为了实施 IT 审计，临时组成 IT 审计小组，IT 审计完成后解散，同样也存在独立性的问题。

IT 审计师要具有信息系统结构以及系统开发方面的有关知识。另外，还要具有控制与组建系统的能力，以及在特定系统中识别哪些控制为最重要控制的能力。

外部 IT 审计通过委托合同，直接让具有丰富的知识与经验的 IT 审计师来进行。而对于内部IT审计，在推进IT审计制度时，培养内部IT审计人员，并不断地进行培训教育是十分重要的。

对IT审计人员的培养，可采用各种方法，对参与企业内部系统开发，具有实践经验的人员让其参加IT审计教育课程，另外也可通过委托外面进行培训等各种方法来完成。以下是三种具体方法。

12.3.4 IT管理框架

IT管理是在信息化运营阶段通过运维管理制度的规范，IT管理系统工具的支持，引导和辅助管理人员对各种IT资源进行有效的监控和管理，保证整个IT系统稳定、可靠和永续运行，为业务部门和用户提供优质的IT服务，以较低的IT运营成本追求业务部门较高的满意度。IT管理的重点在于业务策略与IT部门提供的服务之间的一致性。IT管理需要建立必要的管理机制来确保可预测的IT服务交付，从而确保业务流程和IT流程之间的联系。IT管理框架如图12.4所示。

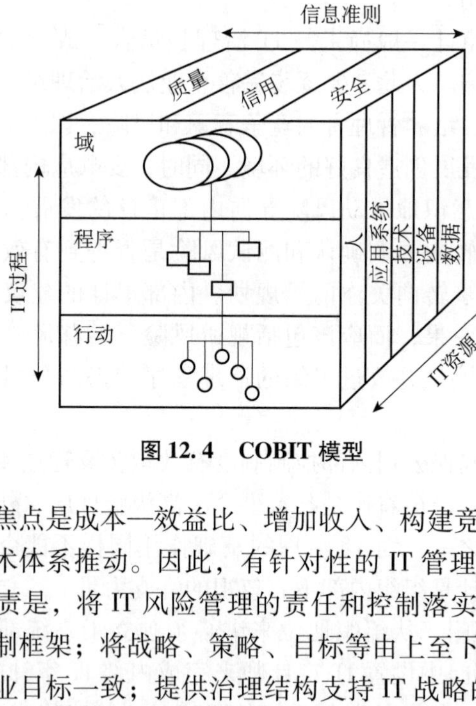

图12.4 COBIT模型

企业管理者的焦点是成本—效益比、增加收入、构建竞争力等。这些都由信息、知识、信息技术体系推动。因此，有针对性的IT管理成为成功的一个关键因素。IT管理的职责是，将IT风险管理的责任和控制落实到企业中，制定明确的政策和全面的控制框架；将战略、策略、目标等由上至下落实到企业，并使信息技术的组织与企业目标一致；提供治理结构支持IT战略的实施，制定IT基础设施加快商业信息的创造与共享；通过衡量公司业绩和竞争优势来测度信息技术的效果；使用平衡计分卡，发现管理中的盲区与不足；关注IT必须支持的商业竞争力，例如增加客户价值的业务过程，在市场上差异化的产品和服务，通过多产品和服务来产生增值；关注重要的增值信息技术过程；关注与规划和管理IT资产、风险、工程项目、客户和供应商相关的核心竞争能力。

12.3.4.1 IT管理的目标

必须明确企业IT管理的目标，企业总是希望信息资产能够保值增值，即期望信息系统的服务质量能不断提高，功能逐渐强大且易于使用，服务效率和工作效率同时提高。为了实现目标，将企业对信息的需求分为以下三个部分。

（1）质量需求：质量、成本、服务；

（2）信任需求：运行的效果和效率，信息的可靠性，符合法规的要求；

（3）安全需求：保密性、完整性、可用性。

根据这三个方面的需要，将企业的IT管理目标设定为七个方面。

（1）有效性（effectiveness）：以及时、正确、一致和可用的方式处理和传递业务流程相关的信息；

（2）高效性（efficiency）：以最优化的资源使用方式提供要求的信息；

（3）保密性（confidentiality）：防止敏感信息被非法泄露；

（4）完整性（integrity）：保证信息的准确性、完备性和合法性，同时符合政府或企业的价值观和期望值；

（5）可用性（availability）：保证业务流程要求的信息是可用的，无论现在还是将来；

（6）兼容性（compliance）：符合业务流程必须遵守的法律、法规和合同；

（7）可靠性（reliability）：为政府或企业的管理提供恰当的信息。

12.3.4.2 IT管理的资源

企业中涉及IT管理的资源包括应用系统、信息、基础设施和人员等，通过组织、运行、控制、监督等确保IT管理目标的实现，这些IT资源分为五类。

（1）应用系统（applications）：指人工和程序化过程的总和；

（2）信息（information）：指信息系统使用、处理、存储、输出的数字、文字、图像、影像、声音等；

（3）技术（technology）：包括硬件、操作系统、数据库管理系统、网络、多媒体等；

（4）基础设施（infrastructure）：指支持和保护信息系统的所有相关基础设施；

（5）人员（people）：指与信息系统设计、开发、使用、管理、维护等相关的人员。

12.3.4.3 IT管理的内容

根据管理职能，将IT管理划分为四个管理领域（domains），即计划和组织、获取和实施、转移和支持、监督和评价。每个管理领域又细分为若干个管理过程（processes），每个管理过程再分为若干个管理活动（activities）。将IT管理的内容从纵向分成三个层次，如图12.5所示。

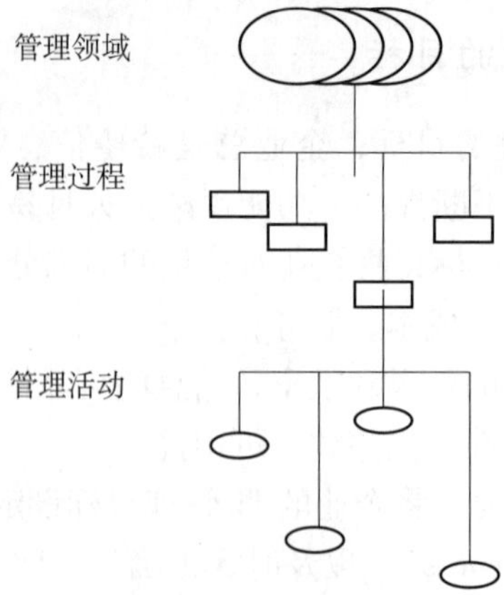

图 12.5 IT 管理

以下按照计划和组织、获取和实施、转移和支持、监督和评价四大管理职能分别加以阐述。

12.3.4.4 IT 计划与组织

计划和组织（plan and organize，PO）职能包括战略和战术，关注 IT 如何才能更好地有助于业务目标。另外，这部分还说明战略和战术的实现需要从不同的方面去计划、交流和管理，同时合理的组织和技术设施要准备妥当，如表 12.11 和表 12.12 所示。

表 12.11　　IT 计划组织与 IT 目标、IT 资源的关系

IT 管理内容	IT 目标							IT 资源			
	效果	效率	保密性	完整性	可用性	一致性	可靠性	应用系统	信息	基础设施	人员
定义一个战略性的 IT 计划	P	S						√	√	√	√
定义信息的体系架构	S	P	S	P				√	√		
决定采用技术的方向	P	P						√		√	
定义 IT 流程、机构和关系	P	P									√
IT 投资的管理	P	P					S	√		√	√
管理目标和方向的沟通	P					S			√		√
IT 人力资源的管理	P	P									√
质量管理	P	P		S			S	√	√	√	√
IT 风险的评估和管理	S	S	P	P	P	S	S	√	√	√	√
项目管理	P	P						√		√	√

注：P——主要；S——次要；√——涉及。

表 12.12　　IT 计划和组织的主要内容

定义一个战略性的 IT 计划	IT 价值管理；业务与 IT 的结合；目前的容量和性能评估；IT 战略计划；IT 战术计划；IT 投资量管理
定义信息的体系架构	企业信息架构模型；企业的数据字典和数据构造法则；数据分类表；完整性管理
决定采用技术的方向	规划技术的发展方向；技术基础的计划；监督未来的发展趋势和规律；技术标准；IT 体系架构咨询委员会

续表

定义IT流程、机构和关系	IT处理框架；IT战略委员会；IT指导委员会；IT功能的组织安排；IT组织结构；岗位和职责的建立；IT质量保障的责任；风险、安全和一致性的责任；数据和系统的所有权；监督管理；职位分离；IT员工安置；关键的IT员工；已约定的员工政策和程序；关系
IT投资的管理	财务管理框架；在IT预算内的优先次序安排；IT预算编制；成本管理；效益管理
管理目标和方向的沟通	IT政策和控制环境；企业IT风险和控制框架；IT政策管理；政策、标准和程序的推行；IT目标和方向的沟通
IT人力资源的管理	员工的录用和晋升；员工任职资格；角色和职责；岗位培训；对个人的依赖；员工清退程序；员工工作情况评价；工作的改变和终止
质量管理	质量管理制度；IT标准和质量控制实践；开发和获得标准；消费者的关注；持续改善；质量衡量、监控和评论
IT风险的评估和管理	IT风险管理框架；风险因素环境的建立；事件识别；风险评估；风险响应；一个风险行动计划的维护和监控
项目管理	程序管理框架；项目管理框架；项目管理方法与步骤；利益相关者义务；项目范围说明；项目各阶段的启动；集成的项目计划；项目资源；项目风险管理；项目质量计划；项目更改控制；项目保障计划；项目实施过程的衡量、报告和监控；项目完成

12.3.4.5 IT获取与实施

获取和实施（acquire and implement，AI）职能为实现IT战略，就要选择、开发或获取相关的IT解决方案，同时必须同业务处理过程结合起来去实施。另外，该领域还覆盖对现有系统的更新和维护，确保系统的生命周期顺利运转，如表12.13和表12.14所示。

表12.13　IT获取实施与IT目标、IT资源的关系

IT管理内容	IT目标							IT资源			
	效果	效率	保密性	完整性	可用性	一致性	可靠性	应用系统	信息	基础设施	人员
自动识别解决方案	P	S						√		√	
应用软件的取得与维护	P	P		S			S	√			
技术基础的取得与维护	S	P		S	S					√	
操作和使用的可行性	P	P		S	S	S	S	√		√	√
处理IT资源	S	P				S		√	√	√	√
更新管理	P	P		P	P		S	√	√	√	√
安装和授权的解决方案和更新	P	S		S	S			√	√	√	√

注：P——主要；S——次要；√——涉及。

表12.14　IT获取和实施的主要内容

自动识别解决方案	业务功能与技术需求的定义和维护；风险分析报告；行动备选方案的可行性研究和形式化；需求与可行性的决策和步骤
应用软件的取得与维护	高水平设计；详细设计；应用系统的可控性和可审计性；应用系统的安全性和可用性；已获得的应用软件的配置和性能；源数据收集的设计；应用软件的开发；软件质量保障；应用系统需求管理；应用软件维护

续表

技术基础的取得与维护	技术性基础设施获取计划；基础设施资源的保护和可用性；基础设施维护；可行性测试环境
操作和使用的可行性	操作解决方案的规划；知识传递到管理人员；知识传递到最终用户；知识传递到操作人员和技术支持人员
处理 IT 资源	处理的控制；供应商合同管理；供应商选择；IT 资源获取
更新管理	更新标准和流程；影响的评估、优先和认可；紧急更新；更新状态跟踪和报告；更新完成和归档
安装和授权的解决方案和更新	培训；测试计划；执行计划；测试环境；系统和数据的转换；更新测试；最终的认可测试；提升产品；实施后评价

12.3.4.6 IT 转移与支持

转移和支持（deliver and support，DS）领域关注提供所需要的服务，包括安全服务到培训服务。为了提供服务，必须建立必要的支持过程。从 IT 提供商的角度，该领域关注如何提高服务水平确保用户满意；从用户的角度，该领域关注如何形成安全可靠的信息资产，提升 IT 价值，如表 12.15 和表 12.16 所示。

表 12.15　　IT 转移支持与 IT 目标、IT 资源的关系

IT 管理内容	IT 目标							IT 资源			
	效果	效率	保密性	完整性	可用性	一致性	可靠性	应用系统	信息	基础设施	人员
服务层级的定义和管理	P	P	S	S	S	S	S	√	√	√	√
第三方服务的管理	P	P	S	S	S	S	S	√	√	√	√
性能和容量的管理	P	P			S			√		√	
持续服务的确保	P	S			P			√	√	√	√
系统安全的确保			P	P	S	S	S	√	√	√	√
成本的确认和分摊		P					P	√	√	√	√
使用者的教育和训练	P	S									√
服务台和事件管理	P	P						√			√
配置管理	P	S			S		S	√	√	√	
问题管理	P	P			S			√	√	√	√
数据管理				P			P		√		
物理环境管理	P			P	P					√	
运行管理	P	P		S	S			√	√	√	√

注：P——主要；S——次要；√——涉及。

表 12.16　　IT 转移和支持的主要内容

服务层级的定义和管理	服务层级管理框架；服务的定义；服务层级协议；操作层级协议；服务层级达到标准的监控和报告；服务层级协议和合同的评价
第三方服务的管理	所有供应商关系的识别；供应商关系管理；供应商风险管理；供应商执行情况的监控
性能和容量的管理	性能和容量规划；当前的性能和容量；未来的性能和容量；IT 资源的可用性；监控和报告

续表

持续服务的确保	IT 持续框架；IT 持续计划；关键的 IT 资源；IT 持续计划的维护；IT 持续计划的测试；IT 持续计划演练；IT 持续计划的发布；IT 服务的恢复和重启；非现场的备份存储；重启后的评价
系统安全的确保	IT 安全管理；IT 安全计划；识别管理；用户账户管理；安全性测试、监视和监控；安全事件定义；安全技术的保护；密钥管理；对恶意软件的防御、侦测和修正；网络安全；敏感数据交换
成本的确认和分摊	服务的定义；IT 会计；成本模型和计费；成本模型维护
使用者的教育和训练	教育和培训需要的识别；教育和培训转移；接受的培训的评估
服务台和事件管理	服务台；客户咨询的注册；事件升级；事件结束；报告和趋势分析
配置管理	配置的参数库和基准；配置项的识别和维护；配置完整性评论
问题管理	问题的识别和分类；问题追踪和解决；问题结束；配置、事件和问题管理的集成
数据管理	面向数据管理的业务需求；存储和存档安排；媒体库管理系统；处置；备份和还原；面向数据管理的安全需求
物理环境管理	地点选择和布局规划；物理安全措施；物理存取；防御环境因素的干扰；物理设施管理
运行管理	操作的流程和说明书；作业调度；IT 基础环境监控；敏感文件和输出设备；处理的连续性

12.3.4.7　IT 监督与评价

监督和评价（monitor and evaluate，ME）职能需要经常评估所有的 IT 处理过程的效率和检查它们是否符合控制需求，如表 12.17 和表 12.18 所示。

表 12.17　　IT 监督评价与 IT 目标、IT 资源的关系

IT 管理内容	IT 目标							IT 资源			
	效果	效率	保密性	完整性	可用性	一致性	可靠性	应用系统	信息	基础设施	人员
IT 实施的监督和评价	P	P	S	S	S	S	S	√	√	√	√
内部控制的监督与评价	P	P	S	S	S	P	S	√	√	√	√
确保与外部需求一致						P	S	√	√	√	√
IT 实施的监督和评价	P	P	S	S	S	S	S	√	√	√	√

注：P——主要；S——次要；√——涉及。

表 12.18　　IT 监督和评价的主要内容

IT 实施的监督和评价	监控的措施；监控数据的定义和收集；监控方法；实施评估；决策机构和管理机构的报告；补救行为
内部控制的监督与评价	内部控制框架的监控；监督评论；控制例外；控制自我评价；内部控制的保障；对第三方的内部控制；补救行为
确保与外部需求一致	外部的法律、法规、合同相一致的需求的识别；外部需求响应的优化；与外部需求一致的评估；一致的正面保障；集成报告
IT 治理的提供	IT 治理框架的建立；战略联盟；价值转移；资源管理；风险管理；实施效果衡量；独立性保证

12.4 应急管理

12.4.1 信息安全事件分类

信息安全事件是指由于自然或者人为以及软硬件本身缺陷或故障的原因，对信息系统造成危害，或对社会造成负面影响的事件。既包括主机范畴的事件，也包括网络范畴的事件，例如黑客入侵、信息窃取、拒绝服务攻击、网络流量异常等。我国将信息安全事件分为七类，分别为有害程序事件、网络攻击事件、信息破坏事件、信息内容安全事件、设备设施故障、灾害性事件和其他事件，每类事件又包括若干子类，如图 12.6 所示。

- 信息安全事件
  - 有害程序事件
    - 计算机病毒事件
    - 蠕虫事件
    - 特洛伊木马事件
    - 僵尸网络事件
    - 混合攻击程序事件
    - 网页内嵌恶意代码事件
    - 其他有害程序事件
  - 网络攻击事件
    - 拒绝服务攻击事件
    - 后门攻击事件
    - 漏洞攻击事件
    - 网络扫描窃听事件
    - 网络钓鱼事件
    - 干扰事件
    - 其他网络攻击事件
  - 信息破坏事件
    - 信息篡改事件
    - 信息假冒事件
    - 信息泄露事件
    - 信息窃取事件
    - 信息丢失事件
    - 其他信息破坏事件
  - 信息内容安全事件
    - 违反法律法规事件
    - 舆论炒作事件
    - 组织串连事件
    - 其他信息内容安全事件
  - 设备设施故障
    - 软硬件自身故障
    - 外围保障设施故障
    - 人为破坏事故
    - 其他设备设施故障
  - 灾害性事件　水灾、台风、地震、雷击、坍塌、火灾、恐怖袭击、战争等导致的信息安全事件
  - 其他事件

图 12.6　信息安全事件分类

12.4.1.1 有害程序事件

有害程序事件（malware incidents，MI）是指蓄意制造、传播有害程序，或是因受到有害程序的影响而导致的信息安全事件。有害程序是指插入信息系统中的一段程序，有害程序危害系统中数据、应用程序或操作系统的保密性、完整性或可用性，或影响信息系统的正常运行。有害程序事件包括计算机病毒事件、蠕虫事件、特洛伊木马事件、僵尸网络事件、混合攻击程序事件、网页内嵌恶意代码事件和其他有害程序事件七个子类。

（1）计算机病毒事件（computer virus incidents，CVI）是指蓄意制造、传播计算机病毒，或是因受到计算机病毒影响而导致的信息安全事件。其中，计算机病毒是指编制或者在计算机程序中插入的一组计算机指令或者程序代码，它可以破坏计算机功能或者毁坏数据，影响计算机使用，并能自我复制。

（2）蠕虫事件（worms incidents，WI）是指蓄意制造、传播蠕虫，或是因受到蠕虫影响而导致的信息安全事件。其中，蠕虫是指除计算机病毒以外，利用信息系统缺陷，通过网络自动复制并传播的有害程序。

（3）特洛伊木马事件（trojan horses incidents，THI）是指蓄意制造、传播特洛伊木马程序，或是因受到特洛伊木马程序影响而导致的信息安全事件。其中，特洛伊木马程序是指伪装在信息系统中的一种有害程序，具有控制该信息系统或进行信息窃取等对该信息系统有害的功能。

（4）僵尸网络事件（botnets incidents，BI）是指利用僵尸工具软件，形成僵尸网络而导致的信息安全事件。其中，僵尸网络是指网络上受到黑客集中控制的一群计算机，它可以被用于伺机发起网络攻击，进行信息窃取或传播木马、蠕虫等其他有害程序。

（5）混合攻击程序事件（blended attacks incidents，BAI）是指蓄意制造、传播混合攻击程序，或是因受到混合攻击程序影响而导致的信息安全事件。其中，混合攻击程序是指利用多种方法传播和感染其他系统的有害程序，可能兼有计算机病毒、蠕虫、木马或僵尸网络等多种特征。混合攻击程序事件也可以是一系列有害程序综合作用的结果，例如，一个计算机病毒或蠕虫在侵入系统后安装木马程序等。

（6）网页内嵌恶意代码事件（web browser plug-ins incidents，WBPI）是指蓄意制造、传播网页内嵌恶意代码，或是因受到网页内嵌恶意代码影响而导致的信息安全事件。其中，网页内嵌恶意代码是指内嵌在网页中，未经允许由浏览器执行，影响信息系统正常运行的有害程序。

（7）其他有害程序事件（other malware incidents，OMI）是指不包含在以上六个子类之中的有害程序事件。

12.4.1.2 网络攻击事件

网络攻击事件（network attacks incidents，NAI）是指通过网络或其他技术手段，利用信息系统的配置缺陷、协议缺陷、程序缺陷或使用暴力攻击对信息系统实施攻击，并造成信息系统异常或对信息系统当前运行造成潜在危害的信息安全事件。网络攻击事件包括拒绝服务攻击事件、后门攻击事件、漏洞攻击事件、网络扫描窃听事件、网络钓鱼事件、干扰事件和其他网络攻击事件七个子类。

（1）拒绝服务攻击事件（denial of service attacks incidents，DOSAI）是指利用信息系统缺陷或通过暴力攻击的手段，以大量消耗信息系统的 CPU、内存、磁盘空间或网络带宽等资源，从而影响信息系统正常运行为目的的信息安全事件。

（2）后门攻击事件（backdoor attacks incidents，BDAI）是指利用软件系统、硬件系统设计过程中留下的后门或有害程序所设置的后门而对信息系统实施攻击的信息安全事件。

（3）漏洞攻击事件（vulnerability attacks incidents，VAI）是指除拒绝服务攻击事件和后门攻击事件之外，利用信息系统配置缺陷、协议缺陷、程序缺陷等漏洞，对信息系统实施攻击的信息安全事件。

（4）网络扫描窃听事件（network scan & eavesdropping incidents，NSEI）是指利用网络扫描或窃听软件，获取信息系统网络配置、端口、服务、存在的脆弱性等特征而导致的信息安全事件。

（5）网络钓鱼事件（phishing incidents，PI）是指利用欺骗性的计算机网络技术，使用户泄露重要信息而导致的信息安全事件。例如，利用欺骗性电子邮件获取用户银行账号密码等。

（6）干扰事件（interference incidents，II）是指通过技术手段对网络进行干扰，或对广播电视有线或无线传输网络进行插播，对卫星广播电视信号非法攻击等导致的信息安全事件。

（7）其他网络攻击事件（other network attacks incidents，ONAI）是指不包含在以上六个子类之中的网络攻击事件。

12.4.1.3 信息破坏事件

信息破坏事件（information destroy incidents，IDI）是指通过网络或其他技术手段，造成信息系统中的信息被篡改、假冒、泄露、窃取等而导致的信息安全事件。信息破坏事件包括信息篡改事件、信息假冒事件、信息泄露事件、信息窃取事件、信息丢失事件和其他信息破坏事件六个子类。

（1）信息篡改事件（information alteration incidents，IAI）是指未经授权将信息系统中的信息更换为攻击者所提供的信息而导致的信息安全事件，例如网页篡改等导致的信息安全事件。

（2）信息假冒事件（information masquerading incidents，IMI）是指通过假冒他人信息系统收发信息而导致的信息安全事件，例如网页假冒等导致的信息安全事件。

（3）信息泄露事件（information leakage incidents，ILEI）是指因误操作、软硬件缺陷或电磁泄漏等因素导致信息系统中的保密、敏感、个人隐私等信息暴露于未经授权者而导致的信息安全事件。

（4）信息窃取事件（information interception incidents，III）是指未经授权用户利用可能的技术手段恶意主动获取信息系统中信息而导致的信息安全事件。

（5）信息丢失事件（information loss incidents，ILOI）是指因误操作、人为蓄意或软硬件缺陷等因素导致信息系统中的信息丢失而导致的信息安全事件。

（6）其他信息破坏事件（other information destroy incidents，OIDI）是指不包含在以上五个子类之中的信息破坏事件。

12.4.1.4 信息内容安全事件

信息内容安全事件（information content security incidents，ICSI）是指利用信息网络发布、传播危害国家安全、社会稳定和公共利益的内容的安全事件。信息内容安全事件包括以下四个子类。

（1）违反宪法和法律、行政法规的信息安全事件；

（2）针对社会事项进行讨论、评论形成网上敏感的舆论热点，出现一定规模炒作的信息安全事件；

（3）组织串连、煽动集会游行的信息安全事件；

（4）其他信息内容安全事件等。

12.4.1.5 设备设施故障

设备设施故障（facilities faults，FF）是指由于信息系统自身故障或外围保障设施故障而导致的信息安全事件，以及人为使用非技术手段有意或无意地造成信息系统破坏而导致的信息安全事件。设备设施故障包括软硬件自身故障、外围保障设施故障、人为破坏事故、和其他设备设施故障四个子类。

（1）软硬件自身故障（software and hardware faults，SHF）是指因信息系统中硬件设备的自然故障、软硬件设计缺陷或者软硬件运行环境发生变化等而导致的信息安全事件。

（2）外围保障设施故障（periphery safeguarding facilities faults，PSFF）是指由于保障信息系统正常运行所必需的外部设施出现故障而导致的信息安全事件，例如电力故障、外围网络故障等导致的信息安全事件。

（3）人为破坏事故（man-made destroy accidents，MDA）是指人为蓄意地对保障信息系统正常运行的硬件、软件等实施窃取、破坏造成的信息安全事件；或由于人为的遗失、误操作以及其他无意行为造成信息系统硬件、软件等遭到破坏，影响信息系统正常运行的信息安全事件。

（4）其他设备设施故障（information facilities other faults，IF-OT）是指不包含在以上三个子类之中的设备设施故障而导致的信息安全事件。

12.4.1.6 灾害性事件

灾害性事件（disaster incidents，DI）是指由于不可抗力对信息系统造成物理破坏而导致的信息安全事件。灾害性事件包括水灾、台风、地震、雷击、坍塌、火灾、恐怖袭击、战争等导致的信息安全事件。

12.4.1.7 其他事件

其他事件（other incidents，OI）类别是指不能归为以上六个基本分类的信息安全事件。

12.4.2 信息安全事件确认

信息安全事件在未最终确认之前统称为信息安全事态。信息安全事态的发现通常依赖于在技术、物理或规程等方面产生的异常。例如，来自火/烟探测器或者入侵（防盗）警报；来自审计追踪分析设施、防火墙、入侵检测系统和防病毒工具所发出的警报。

常见的信息安全事态的征兆和预兆有：Web 服务器崩溃、用户抱怨主机连接网络速度过慢、电子邮件管理员可以看到大批的反弹电子邮件与可疑内容、网络管理员通告了一个不寻常的偏离典型的网络流量流向等。常见的信息安全事态检测与发现工具有：网络和主机 IDS、防病毒软件、文件完整性检查软件；系统、网络、蜜罐日志；公开可利用的信息；第三方监视服务等。

无论被发现的信息安全事态其源头是什么，获得异常情况信息的人员都必须遵照相关规程启动信息安全事件发现与报告程序，并使用信息安全事件管理方案所规定的信息安全事态报告单（图 12.7 给出了一份信息安全事态报告单的示例模板）在第一时间内把信息安全事态报告给指定的运行支持组与管理层。为方便所有人员理解信息安全事件管理方案，所有人员都要知晓信息安全事态的报告方法，诸如信息安全事态报告单的格式以及在信息安全事态发生时应该通知联系人的详细信息。

安全运行支持组对信息安全事态报告单实施签收，并将其输入信息安全事态/事件数据库。为开展事件检测，运行支持组除了从信息安全事态报告中获得相关信息，还需要从其他地方收集更多的可用信息。随后，运行支持组对所报告的信息安全事态展开检测，以诊断该信息安全事态是一次误报，还是一次信息安全事件。对信息安全事态性质进行诊断需要综合考虑多种因素，使用多种方法，例如：（1）确认网络和系统轮廓；（2）理解正常的行为；（3）使用集中的日志管理并创建日志保留策略；（4）执行事件关联；（5）维护和使用信息知识库；（6）过滤数据；（7）建立诊断矩阵；等等。表 12.19 给出了诊断矩阵的示例。

信息安全事态的诊断结果不外乎于两种。

（1）如果确定该信息安全事态属于误报，应将信息安全事态报告单填写完

信息安全事态报告

第1页/共1页

事态日期：
事态编号：(由组织的ISIRT管理者分配)
相关事态和/或事件标识号（如果有的话）：

报告人的详细情况

姓名：　　　　地址：
单位：　　　　部门：
电话：　　　　电子信箱：

信息安全事态描述

事态描述：
- 发生了什么
- 如何发生的
- 为什么会发生
- 受影响的部分
- 对业务的负面影响
- 任何已确定的脆弱性

信息安全事态细节

发生事态的日期和时间：
发现事态的日期和时间：
报告事态的日期和时间：
事态是否结束？（选择）是 □　否 □
如果是，具体说明事态持续了多长时间（天/小时/分钟）：

图 12.7　信息安全事态报告单示例

毕并发送给 ISIRT，同时将拷贝发送给事态报告人及其部门管理者。

（2）如果信息安全事态最终被确定为信息安全事件，则应填写信息安全事件报告单。信息安全事件报告单需要确认与描述的内容包括以下六点。

①该信息安全事件属于什么情况；

②事件是如何引起的：由什么情况或由谁引起；

③事件带来的危害或可能带来的危害（如表 12.19 所示）；

④事件对组织业务造成的影响或潜在影响；

⑤该信息安全事件是否属于重大事件；

⑥到目前为止是如何处理的。

表 12.19　　信息安全事态诊断矩阵

征兆	拒绝服务	恶意代码	非授权访问	不正确使用
文件，关键，访问尝试	低	中	高	低
文件，不适当的内容	低	中	低	高
主机崩溃	中	中	中	低
端口扫描，输入不正常	高	低	中	低
端口扫描，输出不正常	低	高	中	低
带宽消耗	高	中	低	中
电子邮件使用率	中	高	中	中

图 12.8（a）~（e）给出了一个信息安全事件报告单的示例模板。

信息安全事件报告

第1页/共5页

事件日期：

事件编号：（事件编号应由组织的ISIRT管理者分配，并与相关的事态编号相对应）

相关事态和/或事件标识号（如果有的话）：

运行支持组成员的详细情况

姓名：　　地址：

电话：　　电子信箱：

ISIRT成员的详细情况

姓名：　　地址：

电话：　　电子信箱：

信息安全事件描述

事件的进一步描述：

- 发生了什么
- 如何发生的
- 为什么会发生
- 受影响的部分
- 对业务的负面影响
- 任何已确定的脆弱性

信息安全事件细节

发生事件的日期和时间：

发现事件的日期和时间：

报告事件的日期和时间：

事件是否结束？（选择）　是 □　否 □

如果是，具体说明事件持续了多长时间（天/小时/分钟）：

如果否，具体说明到目前为止事件已经持续了多长时间：

(a)

信息安全事件报告

第2页/共5页

信息安全事件的类型

（选择一项，然后填写相关栏目）　实际发生的□　未遂的 □　可疑的 □

（选择一项）

基本分类　有害程序事件（MI）□

子类　计算机病毒事件（CVI）□　蠕虫事件（WI）□

特洛伊木马事件（THI）□　僵尸网络事件（BI）□

混合攻击程序事件（BAI）□　网页内嵌恶意代码事件（WBPI）□

其他有害程序事件（OMI）□

起因　故意□　过失□　非人为□　未知□

基本分类　网络攻击事件（NAI）□

子类　拒绝服务攻击事件（DOSAI）□　后门攻击事件（BDAI）□

漏洞攻击事件（VAI）□　网络扫描窃听事件（NSEI）□

网络钓鱼事件（PI）□　干扰事件（II）□

其他网络攻击事件（ONAI）□

起因　故意□　过失□　非人为□　未知□

基本分类　信息破坏事件（IDI）□

子类　信息篡改事件（IAI）□　信息假冒事件（IMI）□

信息泄露事件（ILEI）□　信息窃取事件（III）□

信息丢失事件（ILOI）□

其他信息破坏事件（OIDI）□

起因　故意□　过失□　非人为□　未知□

(b)

信息安全事件报告

第3页/共5页

基本分类 灾害性事件（DI）□

基本分类 其他事件（OI）□（指不能归为以上六个基本分类的信息安全事件）

受影响的资产（如果有的话）
（提供受事件影响或与事件有关的资产的描述，包括相关序号、许可证和版本号）

信息/数据：
硬件：
软件：
通信设施：
文档：

事件对业务的负面影响

对以下的每个选项指出是否相关，使用各类别（包括对业务运行造成的财务损失）

破坏（FD）、商业和经济利益（CE）、个人信息（PI）、法律法规义务（LR）、管理和业务运行（MO）、声誉损失（LG））的指南，用“1－10”衡量尺度在“数值”项中记录事件对所涉及的所有各方业务造成负面影响的程度。将所适用的指南的类别代号字母填写到“指南”项中，并且如果了解实际成本，可填写到“成本”项中。

	数值	指南	成本
违背保密性 □□ （即未授权泄露）			
违背完整性 □□ （即未授权篡改）			
违背可用性 □□ （即不可用）			
违背抗抵赖性 □□			
遭受破坏 □□			

事件的全部恢复成本

	数值	指南	成本
（如果可能，给出事件恢复的实际总成本，用“1－10”衡量尺度填写“数值”项，用实际成本填写“成本”项）			

(c)

信息安全事件报告

第4页/共5页

事件的解决

事件调查开始日期：
事件调查员姓名：
事件结束日期：
影响结束日期：
事件调查完成日期：
调查报告的引用和位置：

涉及的人员/作恶者

（选择一项）
人员（PE）□□　　有组织的团体（GR）□□
合法建立的组织/部门（OI）□□　　事故（AC）□□
无作恶者（NP）□□
例如，自然因素、设备 故障、人为错误

作恶者的描述

实际的或察觉的动机

（选择一项）
犯罪/经济收益（CG）□□　　政治/恐怖主义（PT）□□
消遣/黑客攻击（PH）□□　　报复（RE）□□
其他（OM）□□
具体说明：

已采取的解决事件行动

（例如，“无行动”“内部行动”“内部调查”“由……进行外部调查”）

计划采取的解决事件行动

（参见上例）

未完成的行动

（例如，调查仍在被其他人员要求）

(d)

信息安全事件报告

第5页/共5页

结论

（选择一项，指出事件后果级别，并用简短的叙述性文字来论证这一结论）
（指出任何其他的结论）

特别严重☐　严重☐　较大☐　较小☐

被通知的个人/实体

（这一细节应由负责信息安全并声明所需行动的人员填写。如果需要，可以由机构的信息安全管理者进行调整）

信息安全管理者 ☐　　ISIRT管理者 ☐
站点管理者 ☐　　信息系统管理者 ☐
（说明哪一站点）
报告发起人 ☐　　报告发起人的部门管理者 ☐
警察 ☐　　其他 ☐
（例如，帮助台、人力资源部、管理层、内部审计、执法机关、外部*CERT*等）
具体说明：

涉及的个人

报告发起人	评审人	评审人
签字： 姓名： 角色： 日期：	签字： 姓名： 角色： 日期：	签字： 姓名： 角色： 日期：
评审人	**评审人**	**评审人**
签字： 姓名： 角色： 日期：	签字： 姓名： 角色： 日期：	签字： 姓名： 角色： 日期：

（e）

图 12.8　信息安全事件报告单

信息安全事件常见的危害及影响如表 12.20 所示。

表 12.20　　信息安全事件常见危害及影响

种类	描述	威胁子类
软硬件故障	由于设备硬件故障、通信链路中断、系统本身或软件缺陷造成对业务实施、系统稳定运行的影响	设备硬件故障、传输设备故障、存储媒体故障、系统软件故障、应用软件故障、数据库软件故障、开发环境故障
物理环境影响	断电、静电、灰尘、潮湿、温度、鼠蚁虫害、电磁干扰、洪灾、火灾、地震等环境问题或自然灾害	
无作为或操作失误	由于应该执行而没有执行相应的操作，或无意地执行了错误的操作，对系统造成的影响	维护错误、操作失误
管理不到位	安全管理无法落实、不到位，造成安全管理不规范，或者管理混乱，从而破坏信息系统正常有序运行	
恶意代码和病毒	具有自我复制、自我传播能力，对信息系统构成破坏的程序代码	恶意代码、木马后门、网络病毒、间谍软件、窃听软件
越权或滥用	通过采用一些措施，超越自己的权限访问了本来无权访问的资源，或者滥用自己的职权，作出破坏信息系统的行为	未授权访问网络资源、未授权访问系统资源、滥用权限非正常修改系统配置或数据、滥用权限泄露秘密信息
网络攻击	利用工具和技术，例如侦察、密码破译、安装后门、嗅探、伪造和欺骗、拒绝服务等手段，对信息系统进行攻击和入侵	网络探测和信息采集、漏洞探测、嗅探（账户、口令、权限等）、用户身份伪造和欺骗、用户或业务数据的窃取和破坏、系统运行的控制和破坏

续表

种类	描述	威胁子类
物理攻击	通过物理的接触造成对软件、硬件、数据的破坏	物理接触、物理破坏、盗窃
泄密	信息泄露给不应了解的他人	内部信息泄露、外部信息泄露
篡改	非法修改信息，破坏信息的完整性使系统的安全性降低或信息不可用	篡改网络配置信息、篡改系统配置信息、篡改安全配置信息、篡改用户身份信息或业务数据信息
抵赖	不承认收发行为	发送抵赖、接收抵赖

12.4.3 信息安全事件分级

在确定发生了信息安全事件后，为了对该事件进行有效的应急响应，还需要能够对信息安全事件进行响应的等级划分。

12.4.3.1 分级要素

信息安全事件分级主要考虑三个因素：信息系统的重要程度、系统损失和社会影响。

（1）信息系统的重要程度。信息系统的重要程度主要考虑信息系统所承载的业务对国家安全、经济建设、社会生活的重要性以及业务对信息系统的依赖程度，划分为特别重要信息系统、重要信息系统和一般信息系统。

（2）系统损失。系统损失是指由于信息安全事件对信息系统的软硬件、功能及数据的破坏，导致系统业务中断，从而给事发组织所造成的损失，其大小主要考虑恢复系统正常运行和消除安全事件负面影响所需付出的代价，划分为特别严重的系统损失、严重的系统损失、较大的系统损失和较小的系统损失，说明如下。

①特别严重的系统损失：造成系统大面积瘫痪，使其丧失业务处理能力，或系统关键数据的保密性、完整性、可用性遭到严重破坏，恢复系统正常运行和消除安全事件负面影响所需付出的代价十分巨大，对于事发组织是不可承受的。

②严重的系统损失：造成系统长时间中断或局部瘫痪，使其业务处理能力受到极大影响，或系统关键数据的保密性、完整性、可用性遭到破坏，恢复系统正常运行和消除安全事件负面影响所需付出的代价巨大，但对于事发组织是可承受的。

③较大的系统损失：造成系统中断，明显影响系统效率，使重要信息系统或一般信息系统业务处理能力受到影响，或系统重要数据的保密性、完整性、可用性遭到破坏，恢复系统正常运行和消除安全事件负面影响所需付出的代价较大，但对于事发组织是完全可以承受的。

④较小的系统损失：造成系统短暂中断，影响系统效率，使系统业务处理能力受到影响，或系统重要数据的保密性、完整性、可用性遭到影响，恢复系统正常运行和消除安全事件负面影响所需付出的代价较小。

(3) 社会影响。社会影响是指信息安全事件对社会所造成影响的范围和程度，其大小主要考虑国家安全、社会秩序、经济建设和公众利益等方面的影响，划分为特别重大的社会影响、重大的社会影响、较大的社会影响和一般的社会影响，说明如下。

①特别重大的社会影响：波及一个或多个省份的大部分地区，极大威胁国家安全，引起社会动荡，对经济建设有极其恶劣的负面影响，或者严重损害公众利益。

②重大的社会影响：波及一个或多个地市的大部分地区，威胁到国家安全，引起社会恐慌，对经济建设有重大的负面影响，或者损害公众利益。

③较大的社会影响：波及一个或多个地市的部分地区，可能影响国家安全，扰乱社会秩序，对经济建设有一定的负面影响，或者影响公众利益。

④一般的社会影响：波及一个地市的部分地区，对国家安全、社会秩序、经济建设和公众利益基本没有影响，但对个别公民、法人或其他组织的利益会造成损害。

12.4.3.2 分级标准

依据以上分级要素，可将信息安全事件划分为三大类，分别为信息安全事故、严重信息安全事件和一般信息安全事件，如表 12.21 所示。

表 12.21　　信息安全事件分级

等级	等级名称	要素考虑	量化示例
Ⅰ级	信息安全事故	使特别重要信息系统遭受特别严重的系统损失，并产生特别重大的社会影响	安全事件造成业务中断或间隔时间在 30 分钟以上；或者影响的范围涉及两个或两个以上业务系统；或者业务系统数据损坏、丢失，并且无法恢复；或者重要数据泄露；或者业务系统或网络被破坏或损坏，并且预计在 30 分钟内无法恢复
Ⅱ级	严重信息安全事件	使特别重要的信息系统遭受严重的系统损失，或使重要信息系统遭受严重的系统损失，一般信息信息系统遭受特别严重的系统损失，产生重大的社会影响	安全事件造成业务中断或间断时间在 30 分钟以内，并未造成业务系统数据损坏；或业务系统数据部分破坏、丢失，可以通过备份进行恢复。例如，某服务器被入侵后，业务数据被删除，被删除数据有备份
Ⅲ级	一般信息安全事件	会使重要信息系统遭受较小的系统损失、一般信息系统遭受严重或严重以下级别的系统损失，产生一般的社会影响	由于安全隐患或系统遭受入侵、尝试性入侵，但未造成不良后果的网络通信或系统业务运行中出现的一般故障，或利用本网发起的对其他网络的攻击

12.4.4 信息安全事件处置

不同级别的信息安全事件的遏制、根除与恢复流程有所不同，图 12.9 ~ 图 12.11分别给出了一般信息安全事件、严重信息安全事件和安全事故的处理流程。

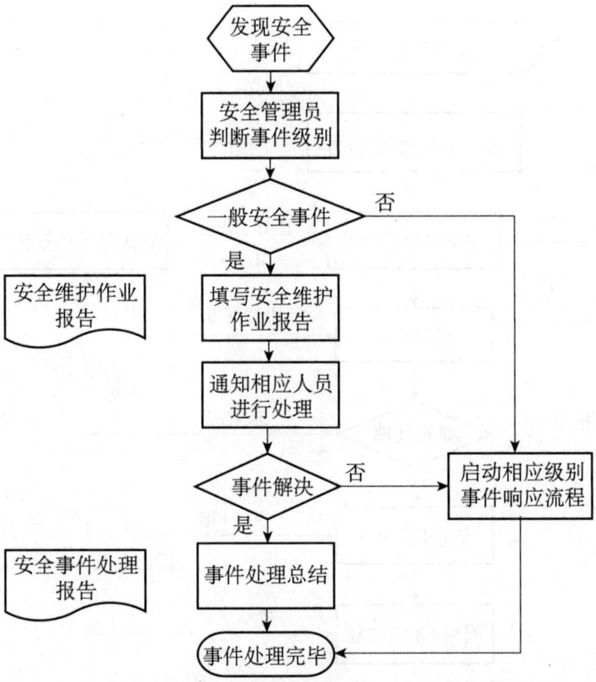

图 12.9　一般信息安全事件处理流程

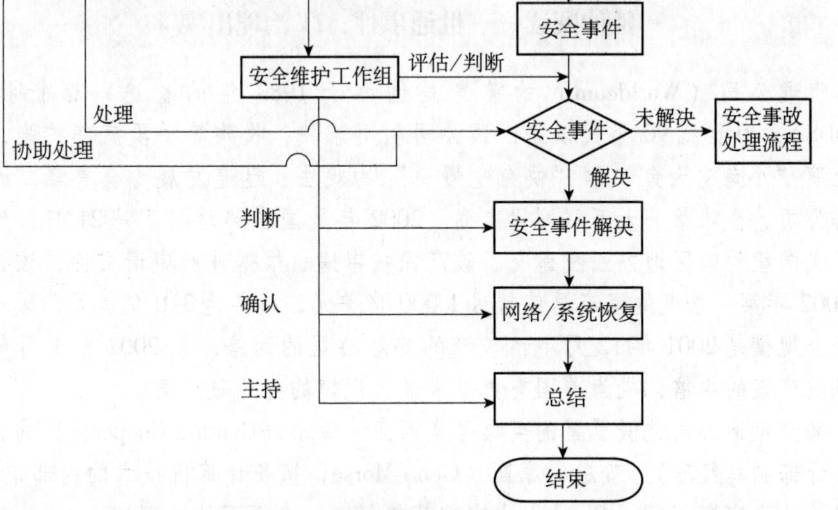

图 12.10　严重信息安全事件处理流程

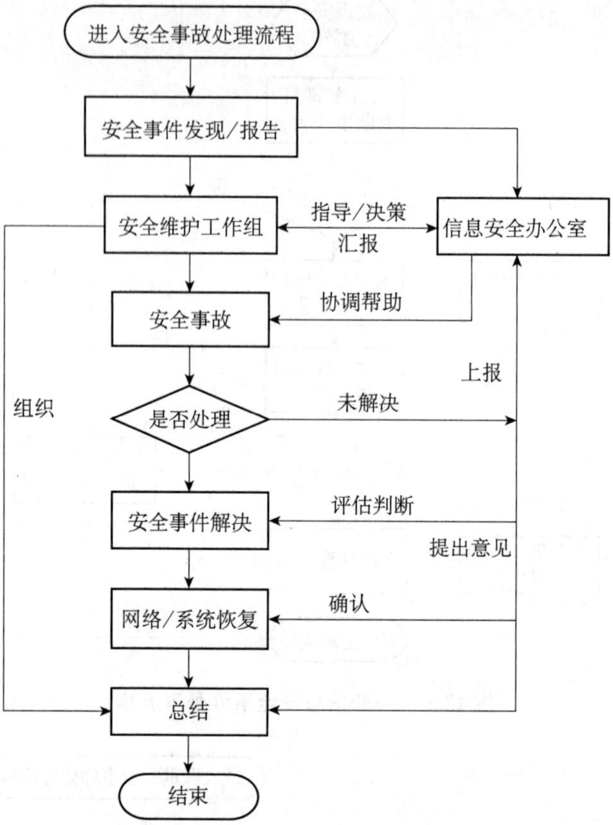

图 12.11 安全事故处理流程

延伸阅读——世通事件：IT 治理出现

世通公司（Worldcom）的前身是创办于 1983 年的长途电话折扣公司(LDDS)，20 世纪 90 年代以来，该公司利用兼并、收购等手段疯狂扩张，一次次上演“小鱼吃大鱼”和“快鱼吃慢鱼”的戏法，迅速发展为全美第二大长途电话公司、全球第一大互联网供应商。2002 年美国东部时间 7 月 21 日，世通公司正式向纽约南区地方法院递交了破产保护申请。根据破产申请文件，该公司截至 2002 年第一季度的资产总值超过 1 000 亿美元，债务达 310 亿美元，破产涉及的资金规模是 2001 年 12 月申请破产的安然公司的两倍，是 2002 年 1 月份环球电讯破产案的 4 倍，成为美国有史以来最大规模的企业破产案。

揭开世通公司造假黑幕的英雄是辛西亚·库珀（Cynthia Cooper，世通公司内部审计部副总经理）、哲恩·摩斯（Gene Morse，擅长计算机技术的内部审计师）和格林·史密斯（Glyn Smith，内审部高级经理、辛西亚的助理）。

(1) 说者无心，听者有意。

辛西亚对世通公司会计处理的疑心源于一次意外的会面。2002年3月初，世通公司无线通信业务的负责人约翰·思图帕克（John Stupka）拜会了辛西亚·库珀，向她抱怨苏利文的一笔会计处理。为了应对电信业不景气可能产生的坏账，思图帕克所在部门按照行业惯例和会计准则的规定，于2001年第三季度计提了4亿美元的准备。但苏利文勒令思图帕克将这4亿美元的坏账准备冲回，以抬升世通公司对外报告的盈利。思图帕克担心这一做法将使其部门在下一个季度发生大额亏损，但迫于苏利文的压力，只得屈从。喜欢刨根问底、倔强执着的辛西亚就此事致电安达信，但安达信的合伙人肯·艾卫瑞（Ken Avery）粗暴地拒绝了辛西亚的质询，声称他只听命于苏利文。被激怒的辛西亚遂下令其下属哲恩·摩斯彻查到底，并将此事告知了世通公司审计委员会主席马克斯·波比特（Max Bobbitt）。3月6日，审计委员会在华盛顿召开了例会，辛西亚与其顶头上司苏利文分别就这4亿美元坏账准备的会计处理做了陈述。在审计委员会的压力下，苏利文不得不作出让步，同意予以更正。第二天，恼羞成怒的苏利文提醒辛西亚注意自己的职责范围，警告她以后不得再干预无线电部门的会计处理。

(2) 神秘邮件，疑团顿开。

2002年3月12日，美国证券交易管理委员会（SEC）正式对世通公司的会计问题展开调查。原因是电信业的不景气使世通的直接竞争对手美国电话电报公司（AT&T）遭受巨额损失，而世通却在2001年度仍然报告巨额利润。SEC的举动令世通高层措手不及，也引起了辛西亚的警觉。特别是安然事件的暴光和安达信被司法部起诉，使辛西亚对世通的会计处理疑虑重重。因此，尽管与苏利文发生了不愉快的冲突，辛西亚仍毅然决定，将内部审计的范围由经营绩效审计秘密扩展至财务审计，具体工作由摩斯负责。

5月12日，辛西亚的副手史密斯收到了一封电子邮件，附上了当地报纸刊登的一篇文章，披露了德州分公司的一位雇员因为对一些资本支出账务处理的恰当性提出质疑而遭解雇。这份电子邮件引起了辛西亚的极大兴趣。因为收到邮件前，经过两个多月的调查，摩斯等人已发现了众多无法解释的巨额资本性支出。2001年前三个季度，世通对外披露的资本支出中，有20亿美元既未纳入2001年度的资本支出预算，也未获得任何授权。这一严重违反内部控制的做法，使辛西亚和摩斯怀疑世通可能将经营费用转作资本支出，以此增加利润。这封神秘邮件促使辛西亚决定将调查的重点放在资本支出项目。

辛西亚和史密斯就这20亿美元的资本支出质问财务计划部主任瑟提时，瑟提将解释为“预付容量”。当被问及“预付容量”的确切含义以及将“预付容量”作为资本支出的依据时，瑟提表示无可奉告，但不妨询问副总裁兼主计长迈耶斯。辛西亚和史密斯不敢贸然质问迈耶斯。正在困惑不解之时，摩斯的一项重大发现使调查柳暗花明。5月28日下午，摩斯从计算机记录上查出了一笔既没有原始凭证也缺乏授权签字的5亿美元的计算机费用。与“预付容量”一样，这5亿美元也被记录为资本支出，摩斯立即向辛西亚报告这一惊人发现。种种迹象表明，世通的高层通过将经营费用转作资本支出进行了大规模的利润造假。

(3) 侵入计算机，获取铁证。

为了获取世通公司会计造假的直接证据，必须进入世通计算机的会计信息系统调阅相关的会计分录和凭证。然而，只有经过苏利文的批准，内部审计部才有资格不受限制地使用世通的电脑会计系统。颇有“黑客”风范的摩斯没有让辛西亚失望，很快就利用信息部安装和测试新系统的机会，获得了自由进出电脑会计系统的方法。鉴于世通很多有疑点的资本支出都是由总部化整为零转嫁至各地分支机构进行记录。摩斯进行电脑会计系统后，将取证重点锁定“内部往来”。“内部往来”发生频繁，每月大约有35万笔。有一次，摩斯偷偷下载这些数据时，几乎瘫痪了服务器，导致信息部紧急关闭计算机会计系统。这一插曲差点使摩斯的“黑客行动”败露。自此，摩斯只好选择在夜深人静时，进入负荷较轻的电脑会计系统。经过一周的加班加点，摩斯成功地收集了世通公司将20亿美元经营费用“包装”成资本支出的直接证据。至此，世通公司的会计造假基本上真相大白。

根据世通的职责分工，只有27个工作人员的内审部只负责经营绩效审计，从事业绩评估和预算控制，财务审计不在其工作职责范围之内，而是外包给安达信，而且辛西亚对世通的首席财务官苏利文负责，这直接导致了IT治理的出现。

思考题

1. 为什么要提出IT治理?
2. IT风险有哪些?
3. 结合一个企业，试分析IT风险对企业的影响?
4. 企业应如何应对IT风险?

主要参考文献

［1］陈耿，韩志耕，卢孙中．信息系统审计、控制与管理［M］．北京：清华大学出版社，2014.

［2］陈耿，王万军．信息系统审计［M］．北京：清华大学出版社，2009.

［3］陈耿，倪巍伟，朱玉全．审计知识工程［M］．北京：清华大学出版社，2006.

［4］朱玉全，杨鹤标，孙蕾．数据挖掘技术［M］．南京：东南大学出版社，2006.

［5］周志华．机器学习［M］．北京：清华大学出版社，2016.

［6］刘勤．管理会计信息化发展的力量与实务［M］．北京：立信会计出版社，2019.

［7］黄红梅，张良均．Python 数据分析与应用［M］．北京：人民邮电出版社，2018.

［8］［美］马克·J. 施尼德詹斯（Marc J. Schniederjans）等．商业数据分析原理、方法与应用［M］．王忠玉译．北京：机械工业出版社，2018.

［9］［美］盖丽特·徐茉莉（Galit Shmueli）．数据挖掘：商业数据分析技术与实践［M］．北京：清华大学出版社，2018.

［10］王汉生．数据思维：从数据分析到商业价值［M］．北京：中国人民大学出版社，2017.

［11］［美］韦斯·麦金尼（Wes McKinney）．利用 Python 进行数据分析（原书第2版）［Python for Data Analysis：Data Wrangling with Pand］［M］．徐敬一译．北京：机械工业出版社，2018.

［12］宋天龙．Python 数据分析与数据化运营（第 2 版）［M］．北京：机械工业出版社，2019.

［13］［德］伊夫·希尔皮斯科（Yves Hilpisch）．Python 金融大数据分析［M］．姚军译．北京：人民邮电出版社，2015.

［14］［德］Yves Hilpisch. Python 金融衍生品大数据分析：建模、模拟、校准与对冲［M］．北京：电子工业出版社，2017.

［15］董付国．Python 数据分析、挖掘与可视化慕课版［M］．北京：人民邮电出版社，2020.

［16］秦荣生，卢春泉．审计学（第 10 版）［M］．北京：中国人民大学出版

社，2019.

［17］杨周南．新企业会计准则实施操作精要［M］．北京：机械工业出版社，2007.

［18］王海林，吴沁红，杜长任．会计信息系统——面向财务业务一体化［M］．北京：电子工业出版社，2012.

［19］财政部会计司编写组．企业会计准则第14号——收入应用指南2018［M］．北京：中国财政经济出版社，2018.

［20］财政部会计司编写组．企业会计准则第22号——金融工具确认和计量应用指南2018［M］．北京：中国财政经济出版社，2018.

［21］财政部会计司编写组．《企业会计准则第21号——租赁》应用指南2019［M］．北京：中国财政经济出版社，2019.

［22］企业会计准则编审委员会．企业会计准则实务应用精解：会计科目使用+经济业务处理+会计报表编制（2020年版）［M］．北京：人民邮电出版社，2020.

［23］周彦平，赵会军，朱明艳．证券公司与基金公司会计实务［M］．北京：中国财政经济出版社，2019.

［24］于秉汝．工业会计与纳税真账实操从入门到精通［M］．北京：中国铁道出版社有限公司，2019.

［25］许明，范长红．房地产企业税收实务深度解析与会计处理［M］．北京：立信会计出版社，2019.

［26］立信集团．中华人民共和国现行审计法规与审计准则及政策解读［M］．北京：立信会计出版社，2018.

［27］霍华德·M．施利特著．财务诡计如何识别财务报告中的会计诡计和舞弊［M］．续芹，陈柄翰，石美华，王兆蕊译．北京：机械工业出版社，2019.

［28］徐炜．大数据与企业财务危机预警［M］．福建：厦门大学出版社，2019.

［29］王昊奋，漆桂林，陈华钧．知识图谱：方法、实践与应用［M］．北京：电子工业出版社，2019.

［30］肖仰华等．知识图谱：概念与技术［M］．北京：电子工业出版社，2019.

［31］宋志华．电网企业内部审计实务［M］．北京：中国电力出版社，2011.

［32］宋志华，陈圣朝，张修桂．电网企业内部审计［M］．北京：中国电力出版社，2019.

［33］中国电力出版社．审计综合管理系统编码规范（Q\GDW719-2012）/国家电网公司企业标准［M］．北京：中国电力出版社，2012.

［34］殷洪良．银行审计方法和技巧［M］．北京：中国金融出版社，2009.

［35］中华人民共和国审计署金融审计司．商业银行审计指南［M］．北京：中国金融出版社，2003.

［36］中华人民共和国审计署外资运用审计司. 世界银行贷款项目审计操作指南［M］. 北京：中国时代经济出版社，2000.

［37］李宏瑾. 经济增长经济自由与不良贷款［M］. 北京：中国金融出版社，2008.

［38］牛恺. 房地产企业审计从入门到精通［M］. 北京：人民邮电出版社，2019.

［39］［美］托马斯·W. 米勒（Thomas W. Miller）著，营销数据科学：用R和Python进行预测分析的建模技术［M］. 崔立真，鹿旭东译. 北京：机械工业出版社，2017.

［40］巴伦一. 信贷全流程风险管理［M］. 北京：北京联合出版公司，2018.

［41］张灿鹏，郭砚常. 市场调查与分析预测（第2版）［M］. 北京：北京交通大学出版社，2018.

［42］刘乃达，戴祥. 企业债投资市场数据分析（从入门到精通）［M］. 北京：中国人民大学出版社，2016.

［43］段国圣，段胜辉. 资产管理实务、方法与理论：专题研究报告选编［M］. 北京：社会科学文献出版社，2018.

［44］［美］Edward，E.，Qian（钱恩平）著. 风险均衡策略［M］. 郑志勇，曹传琪译. 北京：电子工业出版社，2017.

［45］中国华融资产管理公司博士后科研工作站. 不良资产处置前沿问题研究［M］. 北京：中国金融出版社，2004.

［46］刘语琪. 面向财务舞弊的审计线索可视化方法研究［D］. 南京：南京审计大学硕士学位论文，2019.

［47］周红宇. 知识图谱在医疗保险基金审计中的应用研究［D］. 南京：南京审计大学硕士学位论文，2019.

敬 告 读 者

为了帮助广大师生和其他学习者更好地使用、理解、巩固教材的内容，本教材提供课件，读者可关注微信公众号“会计与财税”获取相关信息。

如有任何疑问，请与我们联系。

QQ：16678727

邮箱：esp_bj@ 163. com

教师服务 QQ 群：606331294

读者交流 QQ 群：391238470

经济科学出版社

2020 年 9 月

会计与财税　　教师服务 QQ 群　　读者交流 QQ 群　　经科在线学堂